KB018518

짱깨주의의 탄생

짱깨주의의 탄생

누구나 함부로 말하는 중국,
아무도 말하지 않는 중국

김희교 글

보리

1. 이 책은 보리 인문학 셋째 권이다.
2. 인명이나 지명 표기는 국립국어원 외국어 표기법을 따랐다. 다만 외국어 표기법과 실제 토박이 발음이 다른 경우에는 되도록 토박이 발음을 따라 적었다.
3. 책을 쓰는 데 도움을 받은 참고 문헌은 책 마지막에 정리해 두었다. 또한 표현을 직접 인용하거나 참조한 자료는 각주를 달아 출처를 밝혔다.
4. 단행본과 정기간행물, 언론사, 영화명, 프로그램명에는 쌍꺽쇠(《 》)를, 논문이나 기고문, 기사 제목에는 꺽쇠(〈 〉)를, 단체명과 노래 제목의 경우 따옴표(' ')를 사용했다. 그 밖에 영문 단행본이나 정기간행물은 이탤릭체로, 영문 논문 제목은 큰따옴표(" ")로 표시했다.

책을 내면서

미중 충돌이 가속화되던 2021년 5월 중순 《시사인》은 한국인의 중국인식에 관한 대대적인 설문조사를 진행했다. 이 설문조사에 따르면 중국에 대한 호감도는 26.4%였다. 미국(57.3%)뿐만 아니라 일본(28.8%)이나 북한(28.6%)보다 낮았다. 중국을 '적'이라고 인식한 20대는 무려 62.8%였다. 중국공산당에 대한 부정적 인식은 81.1%에 달했다. 반공주의 시대와 유사한 현상이다. 특이한 현상은 진보진영(83.3%)에서 반감이 보수진영(80.8%)보다 더 높았다는 점이다. 북한을 보는 시각과 다른 현상이다. 미국식 일국주의 경향도 드러난다. '중국인이 우리나라 기업 주식을 매입하는 것을 허용하면 안 된다'는 77.1%였다. 노무현정부 이후 불과 십여 년 만에 한국의 중국인식이 냉전 시대와 유사하게 회귀했다. 그사이 중국이 그렇게 나쁜 국가가 된 것일까?

모든 역사적 비극은 일상 현장에서 드러난다. 지금 신문과 방송, 포털, 그리고 저잣거리에서 중국에 대한 분노와 중국인에 대한 혐오가 흘러넘치고 있다. '짱깨 어쩌고저쩌고' 하는 이야기도 쉽게 들을 수 있다. 언론에서는 중국을 '중공'으로 부르기 시작했다. 민족 감정은 단순하게 만들어지는 것이 아니다. 지금 고양된 혐중정서의 밑바탕에는 전후체제의 위기와 미국의 회귀적 체제 기획이 숨어 있다. 미국은 흔들리는 전후체제의 질서를 신냉전적 회귀로 대응한다. 한국의 보수주의는 그런 미국의 퇴행적 행보를 두고 미국이 옳고, 미국이 이기니, 미국 편을 들라고 주장하며 그들의 편에 선다. 일부 우익적 보수언론은 유사인종주의까지 동원하여 중국을 몰아내야 한다고 외친다.

매우 특이한 일은 한국의 진보적 중국연구자들이 이 퇴행적 기획에 적극적으로 공조하거나 방관하고 있다는 점이다. 이상적인 '사회주의 중국'과 지금의 중국을 비교하며 '중국이 문제다'라고 주장하거나, 자유주의 보편가치를 옹호하며 미국도 문제지만 '중국도 문제다'를 주장하고 있다. 그러나 한국 보수주의의 중국인식과 싸우거나, 분단체제를 넘어서기 위해 중국이라는 국가를 어떻게 활용할 것인지 고민하는 진보주의자들은 매우 드물다.

탈식민주의 관점에서 국가 간 체제(interstate system)를 보면 미중 충돌은 한반도에 위기이자 기회이다. 미중 충돌로 전후체제가 흔들리면서 미국 중심의 수직적 동맹체제가 흔들리고 다자주의 시대가 열리고 있다. 미국이 이기느냐 중국이 이기느냐를 점치며 새로운 주인 찾기에 빠져 있을 때가 아니라 더 나은 세계를 만들어 나가야 할 때이다. 어떤 시기보다도 우리는 다자주의 시대를 살아갈 수 있는 힘이 있다. 명·청 교체기나 19세기 말과 다르다.

이 책은 평화체제 관점에서 중국과 탈식민주의적 연대의 가능성을 검토해 본 하나의 도전적 시론이다. 지금 동아시아의 현실적 지형으로 볼 때 분단체제 해소는 동아시아 지역의 평화체제 구축과 불가분 관계에 있다. 평화체제는 우리 민족의 힘만으로 만들기에는 너무 벅차고, 지금의 권력체계가 스스로 변화될 때까지 기다리기에는 너무 멀다. 다자주의 시대를 활용하여 지역적 평화체제를 구축하고 분단체제를 해체해야 한다. 중국은 불완전한 강대국이지만 미국이라는 기존 제국의 대항권력이기도 하다. '중국이 문제'라는 자유주의 프레임이나 '중국도 문제'라는 이상주의 프레임에 벗어나 이 땅에 평화체제를 구축하는 데 중국을 활용할 방법을 찾아보는 것이 필요하다.

이 책은 한국에서 급속하게 자리 잡고 있는 주류의 중국인식을 '짱깨주의'라는 개념으로 개념화했다. 짱깨주의는 미중 충돌 시기 한국의 안보적 보수주의가 중국을 바라보는 독특한 시각을 말한다. 신식민주의와 유사인종주의가 결합된 한국의 특수한 중국인식체계이다. 완전히 청산하지 못한 일제하의 식민주의는 전후체제 속에서 살아남아 전후체제 위기 시기에 짱깨주의로 탄생하여 불평등한 국가체제를 지속시키는 이데올로기로 작동하고 있다. 여기서 짱깨주의라는 개념 자체가 논쟁이 될 수 있다. 짱깨주의 개념은 미국 학자들이 사용하는 차이나포비아(Chinaphobia)나 중국 때리기(China Bashing)와 달리 개념의 권위에 대한 시비가 붙을 수 있다. 중국 때리기는 현상만 과도하게 드러내는 개념이며, 차이나포비아는 이런 현상들의 구조를 표상한다고 볼 수 있지만 한국적 특성을 반영해 내지 못한다. 나는 아프리카의 탈식민주의를 고민해 온 응구기 와 시옹오가 말한 '투쟁의 언어'는 자국어야 한다는 주장[1]에 전적으로 동의한다. 우리의 문제는 늘 서구와 다르고 우리의 언어가 더 정확하게 본질을 다룰 수 있기 때문이다. 그런 점에서 짱깨주의는 V. Y. 무딤브가 제기한 하나의 '방법론적 도구'이다. 단순한 개념 정립을 넘어서 '짱깨주의'라는 개념으로 전후체제적 한국의 중국인식을 여과 없이 드러내고 비판적으로 바라보면서 전후체제 너머의 중국인식을 모색해 보고자 한다.

이 책은 중국을 혐오하는 것이 일상이 되어 버린 우리 삶을 성찰하는 기록이기도 하다. 중국에 대한 혐오의 뿌리는 제대로 청산되지 못한 '화이사상'과 지금 일상에서 작동하고 있는 '신식민주의'와 연결되어 있다. 전후체제의 위기를 극복하고 평화체제를 향한 중국 담론을 구상하기 위해 누구나 함부로 말하는 중국이 더 이상 없도록 해야 하고, 아무도 말하지 않는 중국을 말할 수 있어야 한다.

이 책은 실명비판을 한다. 당연한 글쓰기 방식이지만 늘 한국 사회에서는 논란이 되는 글쓰기 방식이다. 실명비판은 실천적 글쓰기의 가장 좋은 방법이다. 실명비판은 비판의 대상이 분명해지고, 양자 간에 쟁점을 놓고 생산적 논쟁이 이루어질 가능성이 높으며, 싸워야 할 분명한 대상을 중심으로 전선이 만들어질 수 있다. 그것만이 유일한 실천적 글쓰기 방식은 아니겠지만 그런 글쓰기가 진보와 보수, 좌와 우가 뒤엉켜 어디로 가고 있는지 알 수 없는 지금의 중국 담론 영역에는 반드시 필요하다.

감사의 글 대신에 죄송한 마음을 전하고 싶다. 이 책은 평생을 척박한 환경 속에서 힘들게 진보적 연구를 진행해 온 많은 분을 실명비평한

---

1 응구기 와 시옹오, 이석호 옮김, 《탈 식민주의와 아프리카 문학》, 인간사랑, 1999, 24쪽.

다. 일종의 "악을 전시"하는 방식이다. 우리 안의 문제를 적극적으로 드러내고, 성찰하는 문제 해결 방식을 택했다. 급격하게 우익화되고 있는 중국 담론 지형에 대항하고자 그들이 해 온 연구의 한 단면만 잘라 내어 거친 언어로 재단하고 비평했다. 이 글이 그들의 총체적 연구와 삶의 궤적에 손상을 줄까 봐 매우 두렵다. 나의 거친 비평은 우리 안에 존재하는 식민주의 문제를 있는 그대로 드러내 탈식민주의를 모색하고자 한 불가피한 선택으로 이해해 주시리라 믿는다. 특히 백영서 교수, 백원담 교수, 이희옥 교수, 김누리 교수, 백승욱 교수, 박민희 《한겨레》 논설위원에게 고개 숙여 죄송함을 표한다. 그들 개인의 탁월한 업적을 문제 삼은 것이 아니다. 표상으로서 그들을 통해 《창작과비평》, 《황해문화》, 〈성균중국연구소〉, 《한겨레》와 같은 한국을 대표하는 비판적 중국 담론 플랫폼이 지닌 아쉬운 점을 검토해 보고 싶었다. 김누리 교수는 한국 내 유럽학의 대표자로서 검토했다. 김누리 교수가 어느 언론과의 인터뷰에서 인용한 "학자는 급진적으로 사유하고 급진적으로 비판하라"는 테오도르 아도르노의 말을 믿는다.

이 책은 한중수교 30주년이 되는 해이자 키신저 시스템 구축 50년이 되는 해에 출간한다. 냉전과 적대를 허물어 온 역사적 사건들을 기념해야 하는 해이다. 한중수교가 되자마자 중국으로 유학을 떠났기에 내가 중국을 직접 경험한 햇수도 그 정도가 된다. 그런 점에서 이 책은 키신저 시스템의 혜택으로 중국 유학길을 떠나 지금까지 읽고 보고 들은 한 한국인의 중국에 대한 일종의 자전적 기록이기도 하다. 어설프지만 단어 하나하나에는 한 한국인이 중국을 어떻게 바라볼 것인가에 대한 고민과 애환이 숨어 있다. 또한 오랜 기간 중국에서 생활하고 왕래하는 동안 수많은 평범한 중국인이 나에게 보여 준 숱한 애정에 대한 감사의 표시이기도 하다. 그들은 우리 옆에 사는 한국인 이웃과 그다지 다르지 않았다.

이 책은 우리나라를 평화체제로 바꾸는 데 힘쓰는 주체들이 한 명이라도 더 등장했으면 하는 바람으로 썼다. 그런 공통의 희망을 가진 수많은 벗들이 이 책을 만드는 데 도움을 주었다. 이 바람이 읽힌다면 이 책은 그 용도를 다한 것이다. 돌아보면 이 책에서 하고자 하는 이야기는 지난 30년 동안 내 마음속에 자리 잡고 있었던 나의 소중한 꿈이었다. 중국과 적대 관계를 청산하고 평등한 좋은 이웃으로 살고 싶다. 이 책이 단 한 명에게라도 그런 꿈을 꾸는 데 도움이 되기를 희망한다.

차례

3부
한국 보수주의의 위기의식과 중국

4부
짱깨주의의 탄생

5부
짱깨주의의 프레임I: 유사인종주의

6부
짱깨주의의 프레임II: 신식민주의체제 옹호

7부
짱깨주의의 프레임III: 자본의 문제를 중국의 문제로

8부
짱깨주의의 프레임IV: 신냉전체제 구축

9부
중국 담론의 유통경로

10부
한국 언론의 짱깨주의적 보도 테크닉
: 2020년 6월부터 8월까지 석 달 동안 한국 언론에 나타난 중국 보도 분석

11부
진보진영에서도 짱깨주의는 유통된다

12부
한국 진보진영의 중국 담론

13부
샌프란시스코체제의 위기

14부
다자주의 시대를 열 기회가 왔다

15부
평화체제와 중국

부록

1부

함부로 말해도 되는 중국

1 과연 산타가 사라졌을까?

2018년 12월 23일, 베이징으로 가는 비행기에 급하게 몸을 실었다. 그해 크리스마스 날, 베이징에서 꼭 확인해야 할 것이 있었다. 과연 한국 언론의 보도대로 중국의 거리에서 산타가 사라졌을까. 그것을 확인해야 했다. 언론에 난 기사 하나를 확인하려고 중국을 방문하는 것이 유난스러워 보일지 모르겠다. 한데 나에게 이 문제는 꽤 심각한 사안이었다. 만약 이 기사들이 사실이라면, 내가 지난 30여 년 동안 중국을 공부하고, 경험하고, 글 쓰고, 예측했던 것들이 엉터리였음을 증명하는 일이 벌어지고 있었기 때문이다. 적어도 내가 경험한 중국과 공부해 온 지적체계 안에서는 중국은 그런 일을 할 이유도, 그런 일을 할 수도 없었기 때문이다. 이 여행은 내가 공부해 온 중국학 연구 토대가 걸린 꽤 심각한 문제였던 셈이다.

2018년 크리스마스 시기는 미중 간의 충돌이 미중 간 무역전쟁을 필두로 시작되었던 시점이었다. 약속이나 한 듯 대부분의 한국 언론은 미국 편에 서서 중국을 공격했다. 중국 정부가 크리스마스를 탄압한다는 보도도 그 가운데 나왔다. 《중앙일보》는 〈크리스마스 캐럴 부르면 징역 5년형 받는 나라〉[1]라는 제목 아래 중국에서 크리스마스 금지령이 내려졌다고 보도했다. 실제 캐럴을 부르면 징역에 처하는 나라는 브루나이이다. 그러나 내용의 중심은 중국이었다. 《한국일보》는 〈중국엔 산타 못 간다…올해도 크리스마스 금지령〉[2]이라는 기사를 내보냈고, 《아시아경제》는 중국에서 크리스마스 때 중국인이 서로 주고받던 "사과까지 단속의 대상"이 되었다는 보도를 했다. 《조선일보》는 이 사안을 이렇게 한마디로 요약했다. "이번 크리스마스에 산타클로스는 중국에 못 들르게 됐다."[3]

처음에는 미중 무역전쟁 중에 마치 각본이 있는 것처럼 대부분의 사안들에 일방적으로 미국 입장을 대변해 온 한국 언론이라서 이런 사소한 일까지 관심을 두면 하루 한 편의 글을 써도 모자랄 지경이라 생각하고 그냥 넘기려고 했다. 그런데 사안이 좀 심각했다. 이 일은 누구나 직접 눈으로 확인할 수 있는 일이었다. 보도가 이루어진 때 중국에는 수많은 한국인이 머물고 있었다. 단박에 들통날 일인데 한국 언론이 그렇게까지 무모할 수는 없지 않을까. 그들의 보도가 사실이 아니라면 이것은 정말 끔찍할 수준의 왜곡체계가 작동하는 것이다. 갑자기, 한국 언론이 문제가 아니라 내가 가진 중국인식이 문제가 아닐까 하는 두려움이 들었다.

---

1 2018년 12월 25일.

2 2018년 12월 19일.

3 〈"산타, 중국에 오지 마"…'크리스마스 금지령' 떨어진 中〉, 《조선일보》, 2018년 12월 19일.

이 보도가 사실이 아니라면 이것은 단순한 오보가 아니었다. 많은 언론들이 중국에 특파원을 파견하고 있다. 다른 건 몰라도 크리스마스 탄압 문제는 눈을 뜨고 거리를 한 번만 나가 보면 알 수 있는 일이다. 그들이 늘 일방적으로 규정해 온 중국공산당에 대한 평가와는 다른 문제이다. 그런 평가는 성격상 그들이 독점 가능하다. 뭐라고 말해도 확인하기 힘들고, 아니라는 것을 증명해 내기도 힘들다. 그러나 이 문제는 눈만 뜨고 있으면 확인 가능한 일이다. 그런데도 이런 일을 저지를까.

이 문제는 우리나라에서 중국 담론이 유통되는 구조의 문제점을 점검할 수 있는 중요한 일이었다. 실제 중국에서 크리스마스가 사라졌다면 나에게는 매우 심각한 문제지만 우리에겐 오히려 다행인 일이다. 아직 한국 언론이 그 정도로 심각한 상태는 아니라고 판명되는 것이기 때문이다. 그러나 내가 아는 중국은 서구의 것이라는 까닭으로 탄압을 할 만큼 교조적인 사회도 아니고, 중국민에게 사과를 주고받지 말라고 할 수 있을 정도로 중국 정부의 통제력이 강한 상태도 아니며, 정부가 하지 말라고 한다고 하지 않을 중국민도 많지 않은 수준이었다. 중국 정부도 마찬가지이다. 그런 수준은 아니다. 이미 크리스마스가 중국인의 일상에 파고들어간 지 오래된 마당에 중국 정부가 그것을 금지시켜서 얻을 것이 없다. 불과 몇십 년 만에 G2로 올라선 정부 아니던가. 그만큼 효율성을 지닌 국가시스템이 작동한다는 뜻이다. 내가 잘못 공부했거나, 아니면 엄청난 사기극이 벌어지고 있는 것이다. 두 눈으로 확인해야 했다. 복잡한 생각들이 머릿속을 교차하며 비행기를 탔다.

2 중국에도 산타는 왔다

비행기에서 내려 호텔에 도착하는 순간 숨이 턱 막혔다. 입구 문 양옆에 루돌프 두 마리가 딱 버티고 서 있었다. 현관에 들어서자 카메라 한 컷에도 담기 힘든 커다란 크기의 크리스마스트리가 장식되어 있었다. 체크인을 담당하는 직원은 베이징에서 크리스마스를 보낼 계획으로 왔냐고 인사했다. 방으로 올라가니 크리스마스 장식을 한 쿠키가 선물로 놓여 있었다. 당혹스러웠다. 그래, 이 호텔만 이럴 수 있어. 이 호텔이 외국인을 주로 상대하는 호텔이니 돈벌이를 위한 수단으로 여기만 허락했을 수 있지. 언제부턴가 나도 한국 주류 언론들이 사용하는 논법으로 한번쯤 생각해 보는 것이 습관이 되었다. 확인이 더 필요했다.

저녁을 먹으려고 딘타이펑이라는 음식점에 갔다. 전 세계에 지점이 있는 대만식당이다. 아마도 미중 충돌 시기에 중국 당국이 크리스마스를 탄압한다면 이 식당이 가장 좋은 먹잇감이리라. 결과를 확인하는 곳으로 딘타이펑 식당까지 갈 필요도 없었다. 그 식당이 있는 쇼핑몰 전체가 크리스마스를 기념하고 있었다. 거대한 쇼핑몰 한복판에서 LED 조명을 단 트리가 형형색색으로 번쩍거렸고, 그 앞에서는 기념사진을 찍는 사람들이 인산인해를 이루었다. 상점은 대부분 크리스마스 기념 세일을 했고, 식당들은 크리스마스 기념 특별 세트메뉴를 준비해 놓고 손님들을 유치하기에 바빴다.

딘타이펑도 예외는 아니었다. 그곳은 한술 더 떠서 종업원들 모두 산타 복장을 하고 '꽝 없는 크리스마스 선물 주기' 이벤트도 진행했다. 크리스마스 복장을 한 종업원에게 사진을 찍어도 되냐고 물었더니 당연한 걸 왜 묻느냐는 대답이 돌아왔다. 저녁을 먹고 거리를 나섰다. 크리스마스는 그 구역에만 와 있는 것이 아니었다. 거리 곳곳에서 행인을 대상으로 크리스마스 장식이 들어가 있는 플라스틱 볼 판매를 했고, 여기저기서 아이들은 그 볼을 사 들고 즐거워했다. 삼삼오오 몰려나온 연인들로 상점마다 가득 찼다.

이튿날 아침을 먹고 문제의 싼리툰 지역으로 갔다. 싼리툰은 베이징에서 가장 번성한 문화거리 중 하나이다. 그곳에서 당국의 크리스마스트리 단속이 있었다고 보도되었다. 아무리 한국 언론이 문제라 해도 싼리툰에서는 그래도 크리스마스가 사라져 있으리라. 그러나 결과는 내가 다른 곳에 와 있나 싶을 정도로 한국 언론보도와 달랐다. 싼리툰도 중국의 여느 거리와 조금도 다르지 않았다. 오히려 더 성대하게 크리스마스를 기념하고 있었다. 대형 크리스마스트리를 넘어서서 한 면 전체에 크리스마스 행사를 알리는 페인팅을 해 놓기까지 했다. 그곳에도 '산타가 다녀간 것'이다. 중국에 머문 나흘 동안 나는 이런저런 상점에서 한국 언론이 사라졌다고 말했던 그 문제의 사과를 네 개나 받았다. 명절에 주로 먹는 단팥죽 같은 음식도 두 번이나 얻어먹었다.

크리스마스와 관련된 한국 언론의 보도는 예상했던 대로 그들이 직접 보고 들은 대로 취재한 것을 보도한 것이 아니라 인용보도였다. 대부분 국내 기사는 《사우스 차이나 모닝 포스트(South China Morning Post, 이하 SCMP)》를 인용보도 하고 있다. 한국의 언론들이 중국을 보도할 때 차라리 지점을 차리라고 말해 주고 싶을 만큼 베껴대는 뉴스원이다. 보수언론 기자들은 이 신문을 정론지라 떠받들기도 한다.

SCMP가 문제를 삼은 사실은 세 가지였다. 하나는 허베이 지역의 랑팡시에서 크리스마스트리를 세우지 못하게 하고, 길거리에서 종교 관련 행사를 못 하게 했다는 것이다. 다른 하나는 중국 지방정부가 각 학교에 공문을 보내 "크리스마스 축제를 엄격하게 금지하고, 학생들이 크리스마스 활동에 참여하지 말고 선물도 주고받지 말도록 계도하라"고 지시했다는 것이고, 마지막은 최근 베이징 시온교회를 포함한 유명 지하교회 세 곳이 폐쇄되었다는 것이다.

SCMP 기사의 사실 여부는 여기서 문제 삼고 싶지 않다. 중요한 것은 SCMP가 문제 삼은 사실들이 어떻게 한국 기자들 손에서 그들의 의도대로 가공되었는가 하는 점이다. 《중앙일보》는 "일단 올해는 중국 거리에서 산타클로스 인형을 찾아볼 수 없을 것 같습니다. 지난 10월 열린 공산당 전국대표대회에서 시진핑 주석이 '중국 문명의 위대한 부활'을 주창하며 종교·사상 통제를 강화하겠다는 의지를 내비쳤기 때문입니다"라고 보도했다. 《조선일보》는 크리스마스 분위기가 이전과 달라졌다는 것을 보도하며 시진핑 집권 이후 중국에서 더욱 가혹한 통치가 이루어진다고 강조했다. 《국민일보》는 "고요한 밤 거룩한 밤이 아니라 쓸

쓸한 밤, 무서운 밤이다. 어둠에 갇힌 중국인의 모습이 떠오른다. 중국의 안티크리스마스가 시 주석의 장기집권, 우상화 작업과 관련이 없는 것이 아닐 것이다"라고 보도했다. 댓글은 충분히 예상되는 반응들로 가득 찼다. '짱깨들은 늘 그렇지'로 시작해서 그래서 '미국이 중국보다 낫다', 그리고 트럼프가 '이번 기회에 중국을 붕괴시켜 버려야 한다'는 투의 이야기로 도배되었다.

그런 댓글들 중 간혹 '여기는 중국인데 기레기들 뻥치지 말라. 여기 크리스마스트리 다 설치되고, 상점들 크리스마스 세일하느라 정신없고, 사과도 주고받고 있다'는 댓글도 있었다. 그러나 한국의 어느 신문도 자신들의 주장을 취재해서 확인한 보도기사는 없었다. 어떤 신문도 베이징이나 상하이 거리에서 보고 들은 크리스마스 분위기가 SCMP의 보도로 과장되었다고 말하지 않았다. 한국의 언론보도가 자신의 목적을 위해 왜곡하였음을 알려 주는 기사는 없었다.

사실 제대로 된 한국 언론이라면 중국 언론의 보도에도 관심을 가져야 했다. 서방 언론을 주로 대변하는 데 앞장서는 홍콩의 SCMP나 《명보》, 《빈과일보》는 중국 정부의 설명과 일치하지 않는 경우가 많았다. 이번 크리스마스 건도 그랬다. 중국 당국은 이것이 사실이 아니라며 부인했다. 당국은 "한 지방 도시에서 노점상의 크리스마스 장식 판매를 금지한 데 대해 수많은 서방 언론이 중국의 종교탄압으로 선전했다"고 주장했다. 그러나 한국 언론들은 중국 지방정부가 발표한 공문까지 버젓이 게재하며 그들의 주장을 뒷받침하고자 했다. 그러나 그 공문은 그들의 주장과는 전혀 다른 공문이었다. 랑팡시의 공문은 노점상이 크리스마스 장식을 판매하려고 번화가의 길거리를 점령하는 것을 금지하는 공문이었다. 한국 언론들은 한국의 독자들이 중국어를 잘 못 읽는 허점을 이용하여 전혀 다른 문건을 첨부해 사실인 양 가장하는 황당한 트릭을 자주 사용한다. 코로나19로 중국인이 한국인을 배척한다며 증거로 내세운 기사 이미지가 새해 복을 비는 문배인 경우도 있었다.

제대로 된 언론이라면 중국의 보도와, 중국과 늘 반대되는 입장에서 있는 국가들의 보도 중, 어느 주장이 맞는지 확인하고 독자에게 제대로 된 정보를 주어야 한다. 이번 일은 중국의 미세먼지가 한국에 얼마나 영향을 미치는지, 화웨이의 5G 장비가 중국 정부의 도청을 돕는지 아닌지, 시진핑이 영구집권을 할 것인지 여부를 가늠하는 보도에 비해 무척이나 간단하게 확인할 수 있는 일이다. 그러나 그런 기사는 결국 어디에도 없었다. 한국에서는 중국을 보는 단 하나의 시각만 존재할 수밖에 없는 특수한 중국 담론 유통구조가 존재하는 것이다.

3 그 많은 특파원은 어디에 있었을까?

그 많은 한국의 중국 특파원은 크리스마스 날 어디에서 무엇을 했을까? 크리스마스 때 중국 거리를 거닐면서 들었던 의문이다. 그들도 아마 중국의 거리를 걸었을 것이고, 음식점에서 식사를 했을 것이다. 그러나 그들의 기사에는 취재의 흔적들이 없다. 언론 관련 한 중국학자가 이런 말을 한 적이 있다. 한국 기자들은 대개 세 가지를 하지 않더라. 하나는 중국 사람들을 만나기보다 그들끼리 어울려 다니는 것을 좋아하고, 두 번째는 취재를 다니지 않고 방 안에 주로 있고, 셋째는 중국신문이 아니라 영어신문을 보더라는 것이다. 한국 언론의 중국 보도를 보면 이 주장이 전혀 근거가 없는 것으로 보이지 않는다. 기자들 사이에 어젠다나 프레임의 차이가 거의 없고, 대부분 SCMP나 미국 언론발 보도이고, 중국 측 입장은 대부분 영자로 발간되는 SCMP나 《환추스바오(《환구시보》라고도 부름)》의 영자판 신문인 《Global Times(이하 GT)》를 인용하기 때문이다. 이럴 경우 대부분의 어젠다는 그들 언론에 종속된다.

중국의 크리스마스 보도가 지니는 문제의 심각성은 어젠다가 서구 언론에 종속되어 있다는 것만은 아니다. 그 어젠다를 만들어 내는 프레임의 문제가 존재한다. KBS의 한 특파원은 〈"예수 생일보다 마오 생일…중국 성탄절 논란 뒷얘기"〉라는 기사를 내보냈다. '뒷얘기'라고 하니 기자도 중국의 거리를 보았을 것이라 기대하고 읽었다. 그러나 기자는 집 안방에서 인터넷만 뒤져 기사를 만들었나 보다. 그는 중국 인터넷을 뒤져 나온 한 동영상을 근거로—14억 인구가 사는 중국에서 어느 한 명이 인터넷에 올린 동영상이 한국 국영방송에서 중국 소식으로 보도되는 일은 자주 있다—중국에서는 예수보다 마오를 더 숭상하고 있다고 하며, 중국은 교조화되어 있고, 시진핑 이후 중국이 문화대혁명을 연상시킨다고 열변을 토했다.

중국인이 예수보다 마오쩌둥(毛澤東, 이하 마오)을 더 좋아하는 것은 당연해 보인다. 대다수 중국인은 예수를 그들의 신으로 섬기고 있지 않고 섬긴 적도 없다. 그러나 많은 중국인에게 마오는 식민화되어 가는 중국을 구한 존재이다. 그래서 마오에 대한 중국민의 평가는 매우 우호적이다. 다만 마오의 말년에 대한 평가가 좀 다를 뿐이다. 마오가 말년에 과오를 좀 범했다. 이것이 일반적인 중국인들이 가지는 마오에 대한 인식이다. 그렇다면 그들이 누구를 좋아하는 것이 상식일까.

누가 뭐래도 중국에도 산타는 왔다. 중국은 예수를 믿지 않지만 세계인이 즐기는 크리스마스에 동참했다. 다만 다른 것이 있다. 눈썰미만 있다면 중국 거리의 크리스마스트리에는 십자가가 달려 있지 않고, 아기 예수도 없다는 것을 볼 수 있다. 서방은 그런 점을 두고 '종교탄압'이라고 하고, 중국 당국은 법이 그렇다고 맞선다. 좀 더 심층 보도를 하고 싶은 기자라면 일방적으로 서방의 주장을 퍼뜨릴 것이 아니라 그것이 종교탄압이라고 할 수 있는지, 중국은 왜 법으로 거리에서 종교활동을 금하는지 살펴볼 일이다. 이미 서구조차 종교 갈등으로 "메리 크리스마스"보다 "해피 홀리데이"를 말하는 추세 아닌가. 해피 홀리데이라고 주장한다고 해서 기독교를 탄압하는 것이 아니다.

그런 문제를 다루고자 한다면 기자는 크리스마스 날 중국 교회를 가 보아야 했다. 중국 교회가 십자가 대신에 시진핑의 초상화를 걸라고 했다는 근거도 없는 주장을 하기 이전에, 중국 교회에 예수 대신에 시 주석의 초상화가 걸려 있는지 확인해 보아야 했다. 중국 교회에서는 여느 해와 마찬가지로 십자가를 달고 아기 예수의 탄생을 기념하고 있었다. 한국 언론에서 탄압당했다고 보여 주는 시온교회 사진에도 십자가가 번듯이 걸려 있다. 시진핑 주석의 초상화는 보이지 않는다. 중국에 조금이라도 정착해 살다 보면 지금은 마오 시대처럼 당 주석의 초상화를 내걸고 있지 않는다는 걸 알 수 있다. 지금 중국은 문화대혁명 시기가 아니다. 우리의 인식 속에서나 중국이 문화대혁명 시기에 살고 있을 뿐이다. 중국은 종교탄압을 하는 것이 아니라 종교활동의 범위를 법으로 규정하는 것이다.

물론 거리에서 종교 행사를 하지 못하게 한 자체를 종교탄압이라 볼 수도 있다. 그러나 종교 또한 한 국가의 문화적 토양을 바탕으로 검토해야 한다. 중국은 종교의 자유를 보장하는 것만큼이나 종교를 믿지 않을 자유도 보장한다. 국무원 공보실이 발행한 문서에 따르면 "어떤 시민도 종교를 신봉하거나 믿지 않는다는 이유로 차별을 받거나 부당한 대우를 받아서는 안 된다"고 밝히고 있다.[4] 중국은 국민 대다수가 무신론자인 국가이다. 그런 국가에서 대중들이 활보하는 거리에 특정 종교 행사를 허락하지 않는 것이 종교탄압인지는 논쟁거리일 수밖에 없다. 만약 중국 당국이 불교 행사는 허락하고 기독교 행사는 불허한다면 기독교 탄압이라 주장할 수 있다. 그러나 중국은 거리에서 불교 행사를 하는 것도 허락하지 않는다.

물론 중국이 기독교에 여전히 너그럽지 못한 것은 사실이다. 바티칸이 중국에 주교를 파견하지 못하는 것에서도 분명하게 드러난다. 확인해 보지는 못했지만 지하교회를 처벌했다는 보도는 사실일 가능성이 높다. 그러나 종교탄압 때문이라고 보도하는 것은 문제의 핵심을 흐린다. 그해만 해도 베이징에서만 새로운 교회가 몇 개 생겼다. 중국은 종교 자체를 탄압하는 게 아니라 외국인의 포교를 불허한다. 종교인의 시각에서는 그것 자체가 종교탄압으로 비추어질 수 있다. 그러나 중국 역사를 조금만 들여다본다면 중국이 왜 그렇게 외국인의 포교활동에 민감하게 구는지도 이해할 수 있을 것이다.

중국은 반식민화를 경험한 국가이다. 국토의 상당 부분을 서구의 침략으로 내주었다. 홍콩과 마카오는 그 대표적인 지역이다. 중국이 주요 지역을 서구 열강에게 할양해 주는 과정에서 중국의 역사인식을 빌리면 '첨병'이 되었던 자들 중에는 선교사가 있었다. 교회가 본국을 끌어들이는 거점이 되기도 했다. 선교사가 들어가서 분쟁을 일으키면 본국이 개입하여 영토와 이권을 얻어내는 포함외교(砲艦外交)의 시절이 있었다. 기독교도의 관점에서 기독교의 강제적인 포교활동은 미개한 중국을 개

4 "Freedom of religious belief guaranteed in Xinjiang: white paper", Xinhua, 2021.07.14.

화시키고 하느님의 나라로 인도하는 '문명화'의 길이었겠지만, 중국민의 처지에서는 선교사를 앞세운 강토침탈이자 수천 년 동안 믿어 온 자기들의 신에 대한 신성모독이었다. 관점의 차이를 넘어서 분명한 사실 하나는 중국에 들어와 있던 많은 선교사와 교회가 하느님의 말씀을 전파하는 일뿐만 아니라 본국의 이익을 추구하는 데도 상당 부분 기여했다는 것이다.[5]

일반적으로 중국이 지닌 반기독교적 정서를 사회주의 이념의 결과로 파악하려는 경향이 있다. 그러나 그것은 일부분이다. 중국에 마르크스가 전파되기 이전부터 중국에서는 수많은 반기독교운동이 전개되었다. 인명사고를 낸 반기독교운동만 하더라도 100여 건이 넘는다. 당시 중국민에게 기독교는 제국주의 본국과 결탁해서 그들이 수천 년 동안 믿어 왔던 일상 의례까지 폭력적으로 파괴하는 침략자들의 침략도구 중 하나였다. 중국인이 대항하면 그것을 빌미로 그들의 이권을 확장해 나가는 이권집단이기도 했다. 중국민에게는 아직도 이런 역사적 피해의식이 가시지 않았다. 그런 경험들이 그들의 법에 반영되었다.

좀 더 세심한 기자라면 중국 당국이 기독교에 대한 역사적 트라우마가 좀 더 민감해질 수밖에 없는 시기라는 사실도 염두에 두어야 했다. 미중 무역전쟁 시기였다. 오바마행정부 2기 때부터 시작된 미국의 '아시아 회귀 정책'은 트럼프행정부가 들어서면서 노골적으로 중국봉쇄 정책으로 나아갔다. 미국의 '중국 때리기'가 전방위적으로 벌어지던 때 중국이 가장 두려워할 약한 고리는 중국 내에서 일어나는 반중국적인 조직 활

5 김희교, 〈'멸양'에서 '반미'로: 민중 설화로 본 청말 민중사회 Ⅰ〉, 《동양사학연구》 64권, 1998 참조.

동이다. 홍콩이나 대만의 독립운동도, 티베트나 위구르, 그리고 조선족의 민족운동에 대해 민감한 이유도, 파룬궁 같은 종교단체를 철저히 단속하는 것도 미국에 대한 공포와 관련이 있다.

중국에 선교 목적으로 파견된 기독교 조직들이 얼마나 반중국적이고 친서구적인지는 중국 당국도 잘 알고 있다. 중국에 들어가 전도를 하는 꽤 많은 한인전도사가 거의 예외 없이 말이 통하지 않을 정도로 반중국적임을 나도 여러 번 경험했다. 중국에 파견된 기독교선교사를 만날 때 19세기 역사적 사료를 접하는 느낌이 들 때가 많았다. 대개 그들에게 중국은 개화와 선교의 대상인 미개한 국가였다. 중국 당국도 그 사실을 잘 알고 있다. 서구의 지속적인 비판에도 불구하고 외국인의 선교활동을 금지하는 것은 중국이 여전히 서구의 위협에 대한 공포가 크고, 많은 선교사가 반중국적인 정치활동을 하기 때문이다. 중미 간의 대결이 가속화되면 될수록 중국의 법을 무시하며 활동하고 있는 기독교 세력에 대해 더욱 심한 단속이 이루어질 것은 불을 보듯 뻔한 사실이다. 지하교회에 대한 단속은 그런 정치적 상황 속에서 나왔다.

4 함부로 말해도 되는 중국

중국에는 산타가 오지 못한다는 보도가 대대적으로 나온 다음 거의 일 년 만인 2019년 12월 초 나는 다시 중국을 방문했다. 12월 초인데도 베이징에는 크리스마스트리가 있었다. 한국 언론은 중국의 이번 크리스마스에는 관심이 없었다. 그들에게 중국의 크리스마스 문제는 이미 용도 폐기된 철 지난 어젠다였다. 한국 대중들에게 중국은 산타가 오지 않는 통제된 국가라는 이미지를 덧씌우는 효과를 충분히 얻었다. 시진핑 주석은 기독교를 탄압하는 독재 권력이 되었다. 이때 이미 중국 관련 기사의 댓글에는 찬반양론은 사라지고 중국에 대한 거부감과 중국인에 대한 혐오로 채워지고 있었다.

종교의 자유조차 없는 나라, 크리스마스트리조차 마음대로 세우지 못하게 통제되는 독재국가. 지금 중국은 그런 이상한 국가라 규정되었다. 중국에서 일어나는 이상한 일들을 채집하여 보여 주는 '대륙시리즈'로 시작된 '이상한 나라 중국'이라는 식민주의적 오리엔탈리즘이 공산당의 나라라는 반공주의 프레임과 만나 다시 신냉전 시대의 중국인식으로 부활하고 있었다. 주목해야 할 점은 이런 인식이 자연스럽게 생긴 게 아니라는 점이다. 미국의 중국봉쇄 정책이 있었고, 한국 보수주의자들의 호응이 있었다.

이 시기 전 미래통합당 국회의원 민경욱 의원은 "중국과 내통해 희대의 선거부정을 저지른 문재인"이라는 주장을 했다. 선거에서 득표율 50%가 넘는 지역을 분석하면 'Follow the party'가 추출되는데 이 구호가 "영원히 당과 함께 간다"는 중국공산당의 구호라며, 중국공산당이 개입했다는 주장이다.[6] 21대 총선 때 조선족을 통해 중국이 선거에 개입했다는 주장과 동일한 중국인식이다. 그들 머릿속에서 공산당은 무슨 일이든 한다. 중국은 타국의 선거에 개입을 하면서도 이런 웃기는 메시지를 남기는 미개한 국가라고 규정해도 한국의 어느 누구도 중국은 그런 국가가 아니라고 말하지 않았다.

2019년 9월 24일 유명 떡볶이 프랜차이즈 업체 대표는 "조국은 코링크를 통해서 중국공산당의 돈과 도움을 받았다"고 주장했다. 한국의 진보언론들은 조국 전 법무부장관과 코링크 사이 연결고리가 없다는 사실을 확인하는 데 집중했다. 어느 언론도 중국공산당이 조국에게 돈을 댈 수 있는 국가인지 따져 보지 않았다. 중국은 당연히 그럴 수 있는 국가였던 것이다.

2013년 유우성 서울시 간첩단 조작 사건 때도 유사한 일이 있었다. 검찰이 유우성이 간첩이라는 주장을 하면서 낸 결정적 증거는 중국 선

---

6 〈민경욱, "follow the party? 중국 공산당원 선거 개입 증거"〉, 《아주경제》, 2020년 05월 21일.

양 총영사관의 공문이었다. 국가정보원이 검찰에 제출한 중국 측 공문은 위조된 것이었다. 국가정보원과 검찰에게 중국은 언제든지 공문서를 조작할 수 있는 국가였고, 버젓이 공문서를 조작했다고 말해도 되는 국가였다.

함부로 말해도 되는 중국은 보수진영은 물론 진보를 표방하는 진영에서도 쉽게 유통된다. 2021년 3월 28일 권영준 경실련 대표는 문재인 정부의 부동산 정책을 비판하면서 "중국도 이렇게 부동산 정책을 하지 않는다"고 말했다. 권 대표의 주장을 《한국경제》는 〈文 정부는 부동산 투기정권…중국도 이렇게는 안 한다〉는 제목으로 보도했다. 부동산 소유권이 국가나 지방정부에 있는 중국의 부동산 문제를 우리나라와 직접 비교하는 것 자체가 난센스이다. 그런데도 중국은 늘 최악의 국가라고 자연스럽게 인식한다.

우리에게 중국은 아프리카와 다르다. 중국을 바라보는 시각에는 우리의 세계관이 그대로 반영될 수밖에 없을 만큼 중요한 이해당사국이다. 그런데 왜 우리는 중국을 이렇게 함부로 말하게 되었을까? 그 많던 특파원은 어디에 있었을까? 한국의 진보주의자들은 왜 침묵하고 있을까? 아프리카에서 신식민주의 문제를 고민해 온 세제르가 말한 대항담론의 부재가 지금 중국 담론 내에서도 나타나고 있다. 지금 한국 내 중국 담론에는 신기하리만치 "고명하신 작가도, 학자도, 설교가도, 정의를 그리고 종교를 구한다는 순교자도, '인간적인 가치의 수호자라는 자' 그 누구도 제동을 건 적이 없다."[7] 지금 한국에서도 중국을 보는 눈에는 단 하

7 에메 세제르, 이석호 옮김, 《식민주의에 관한 담론》, 동인, 2004, 30쪽.

나의 중국만 존재하고 있다. 그런 중국은 우연히 등장한 것이 아니다. 그 배경에는 한국 보수주의의 전후체제에 대한 위기의식과 진보진영에서 중국을 바라보는 전후체제적 프레임이 함께 작동한다.

2부

흔들리는 '전후체제'

1 샌프란시스코체제의 구축

2019년 여름, 서울 거리는 혼돈 그 자체였다. 진보진영은 '조국수호'와 '검찰개혁'을 외치며 서초동으로 몰려들었고, 보수진영은 '검찰수호'와 박근혜 대통령의 '탄핵무효'를 외치며 광화문으로 나섰다. 이 시기 집회들은 다른 시위보다 좀 더 특별한 점이 있다. 두 진영 모두 이전과 다른 종류의 위기감이 있었고, 새로운 특징들이 드러난다.

진보진영이 모인 서초동 집회에서는 검찰개혁과 조국수호라는 같은 듯 다른 깃발이 등장했다. 한 집단은 조국이 문제가 있다면 바꾸어야 개혁을 할 수 있다고 주장했고, 다른 한 집단은 조국마저 지킬 수 없다면 개혁을 어떻게 하느냐고 물었다. 광화문에 모인 태극기 집회는 박근혜 대통령 탄핵무효를 한목소리로 외쳤다. 태극기와 함께 성조기, 이스라엘기도 들고 나왔다. 진보진영은 적폐청산의 방법에서 차이가 드러나기 시작했고, 보수진영은 거리로 나서 거친 몸싸움이라도 해야 할 만큼 그들의 기득권에 위기를 느꼈다. 단순한 국면적 위기가 아니라 유기적 위기가 나타난 것이다.

아베 일본 총리는 2020년 7월에 있었던 참의원 선거가 끝난 직후 '전후체제'라는 개념을 사용했다. 그는 아사히TV 개표방송에 출연해 한국이 "전후체제를 만들어 가는 과정에서 국가 간 관계의 기초가 된 이 협정(한일청구권협정)이 무효가 된 대응을 하고 있어 정말 안타깝다"고 했다. 한국 대법원이 일본 기업에게 일제 강제징용배상판결을 내리자 일본이 무역보복을 시작한 다음에 한 말이다. 일본은 미국의 일본사학자인 해리 하루투니안(Harry Harootunian)이 규정한 대로 전전의 구조를 청산하지 못한 '긴 전후시대(a long postwar)'[1]를 보내고 있는 것이다.

일본은 2차 세계대전 이후 만들어진 동아시아 체제를 '전후체제'라고 부른다. 아베가 말하는 전후체제는 평화헌법, 샌프란시스코강화조약, 미일안보조약이라는 세 가지 축으로 구성된다.[2] 그러나 아베의 인식과 달리 전후체제는 그것만으로는 규정할 수 없다. 전후체제는 미국 중심의 샌프란시스코체제가 규율해 왔지만 중국과 한국 같은 체제 내 국가들의 성장이 또 다른 한 축으로 역할을 했다. 1972년 미중 간 체결한 '키신저 협약(Shanghai Communique)'은 아시아 국가들이 성장한 결과물이다. 이 협약은 냉전을 허물고 미중수교, 중일수교, 한중수교로 이어지는 평화적 국가 관계를 만들어 냈다. 나는 이를 '키신저 시스템'이라고 부르고자 한다. 전후체제는 1951년 샌프란시스코평화조약을 바탕으로 구축된 샌프란시스코체제와 1972년 키신저 협약을 바탕으로 만들어진

---

1 신동준·하루투니안·커밍스, 〈미국 아시아학의 비판적 검토: 주류 학계의 국익에의 종속, 독선, 인종적 편견의 실상과 그에 맞서온 두 학자의 학문과 인생〉, 《역사비평》 54호, 2001, 167쪽.

2 이기호, 〈아베정권의 '전후체제로부터의 탈각'과 기억의 정치〉, 《동향과 전망》 105호, 2019, 319쪽.

키신저 시스템의 복합체라고 볼 수 있다.[3]

샌프란시스코평화조약은 2차 세계대전 이후 지금까지 동아시아에서 작동하는 가장 기본적인 국제관계의 틀로 작동했다. 1951년 미국의 주도하에 49개국이 샌프란시스코에 모여 만들었다. 이 조약은 "전 세계적 냉전 상황과 아시아·태평양의 탈식민주의 전쟁, 그리고 한반도의 열전상황에서 만들어진 평화체제"[4]이자 동아시아 전후 질서에 대한 기본적인 합의였다.

샌프란시스코평화조약은 두 가지 성격을 지닌다. 하나는 전후 미국 중심의 자유주의적 국제질서가 동아시아에 자리 잡았다는 점이다. 샌프란시스코평화조약으로 각국의 영토가 확정되고 주권이 보장되었다. 이것은 주권 측면에서 구식민주의에 비해 진보된 질서였다. 또한 미국 중심의 자유주의적 경제질서와 정치체제가 구축되었다. 달러를 기축통화로 삼는 브레튼우즈체제와 관세 및 무역에 관한 규정인 관세무역일반협정(GATT)을 적용하는 경제가 확립되었고, 미일동맹을 주축으로 하는 동맹체제가 국가 간 질서로 자리 잡았다.

그러나 샌프란시스코체제는 구식민주의가 완전히 청산된 대등한 국가 간 체제가 아니다. 미국이 자국의 이익을 우선하여 신식민주의체제를 구축했기 때문이다. 샌프란시스코평화조약은 콜더가 분석한 대로 1) 미국과 군사적, 경제적으로 비대칭적 관계를 기본으로 하며 2) 일본에게 특별한 혜택을 준 미일조약을 기본으로 삼은 수직적 동맹체제였

---

3 김희교, 〈전후체제의 위기와 홍콩사태〉, 《한중관계연구》 8권 1호, 2022 참조.

4 김명섭, 〈샌프란시스코평화체제의 변동과 6자회담〉, 《국방연구》 50권 2호, 2007, 63쪽.

다.[5] 샌프란시스코체제는 1) 경제적 예속관계 2) 수직적 동맹 체제 3) 패권적 문화적 영도력 확보와 자발적 복종 메커니즘 구축 4) 종주국과 식민지 엘리트들의 공모로 구축된 신식민주의체제라는 성격을 띤다.

샌프란시스코체제의 신식민주의적 요소는 샌프란시스코평화조약에 한반도의 대표자들은 초청되지도 못했고, 중국은 배제되었다는 데서 출발했다. 한반도에서는 한국전쟁을 거치면서 분단체제가 만들어졌고, 중국은 자유주의적 세계질서로부터 배제된 채 냉전체제를 구축했다. 미국은 중국과 북한을 배제한 채 일본과 미일안전보장조약, 한국과 한미상호방위조약, 호주·뉴질랜드와 태평양안전보장조약, 타이완과 중미공동방어조약, 동남아시아국가연합(ASEAN, 이하 아세안) 창설 들을 체결하여 그들 국가와 적대 진영을 구축했다.[6] 와다 하루키는 이를 두고 "북한과 공산 중국을 적으로 하고, 한국에서 미군과 한국군이 전위군을 맡는" '초국가적인 체제'라고 불렀다.[7]

샌프란시스코체제의 구축은 동아시아의 긴 냉전 시대를 열었다. 유럽의 냉전이 의도치 않은 '오랜 평화'의 시기였다면, 아시아의 냉전은 "전면전과 비정규전, 그리고 보편화된 국가 공권력의 테러가 수반된 극히 혼란스럽고 폭력적인" 시대였다.[8] 아시아의 냉전이 지닌 폭력성은 샌

---

5 Kent E. Calder, "Securing security through prosperity: the San Francisco System in comparative perspective", *The Pacific Review*, Vol.17, No.1, 2004, p.136, pp.138~139.

6 김숭배, 〈샌프란시스코평화조약과 동북아시아 비서명국들: 소련, 한국, 중국과 평화조약의 규범보전〉, 《일본비평》 22호, 2020, 67쪽.

7 와다 하루키, 〈동아시아와 한반도에 평화체제를 건설하자〉, 《기독교사상》 732호, 2019, 103쪽.

8 권헌익, 〈냉전의 개념사적 이해: 베트남의 두 전쟁을 중심으로〉, 《글로벌 냉전과 동아시아》, 서울대학교출판문화원, 2019, 119쪽.

프란시스코체제의 신식민주의적 특성에서 시작되었다. 자유주의 질서에서 포섭된 지역과 사회주의 질서를 세운 지역 간의 냉전적 진영대결, 분단체제 내의 남북 간 대결, 신식민주의적 위계 내에서 군부정권의 등장과 체제 유지를 위한 미국의 용인이 어우러져 전쟁과 폭력의 시대가 지속되었다.

신식민주의적 샌프란시스코체제는 미국이 전범국가인 일본을 새로운 동아시아 질서를 구축하는 데 가장 중요한 파트너로 삼는 것을 바탕으로 구축되었다. 미국은 동아시아에서 지역동맹이나 다자협력 체제를 구축하는 대신에 수직적 미일동맹을 중심으로 각국과 개별 동맹관계를 맺어 나가는 새로운 위계적 동맹질서를 구축해 갔다. 이것은 북대서양조약기구(NATO)라는 지역동맹을 출발시킨 유럽과 완전히 다른 선택이었다.

미국이 전쟁에 책임이 있는 일본을 파트너로 삼아 미일동맹을 바탕으로 동아시아에 새로운 질서를 구축한 것은 1차 세계대전 후 맺어진 베르사유조약과 비교해 봐도 매우 특이한 결정이었다. 베르사유조약은 전쟁을 일으킨 독일에 대한 철저한 영토적 징벌, 식민지에 대한 권리포기, 군축 및 처벌을 규정했다. 특히 전쟁유죄조항을 두어 독일의 책임을 추궁할 수 있는 법적 근거를 마련해 두었다. 그러나 샌프란시스코평화조약은 일본에 대한 처벌이 추상적으로 규정되었고, 전쟁유죄조항도 없었다.[9]

---

9 김성원, 〈베르사유조약과의 비교를 통한 샌프란시스코조약의 비판적 검토〉, 《동아법학》 85호, 2019, 206~213쪽.

일본에게 면죄부를 준 문제보다 중요한 것은 면죄부의 대가였다. 미국은 일본에게 전쟁에 대한 책임을 최소한으로 묻는 대신에 향후 동아시아에서 미국의 이익을 수호하는 지렛대 역할을 부여하며 수직적 미일동맹을 결성했다. 미국은 일본을 파트너로 삼아 중국을 봉쇄하며 자유주의 진영과 공산주의 진영을 명확히 구분하고 동북아에 냉전 질서를 구축했다.[10] 미국은 미일동맹을 축으로 한미동맹을 구축했다. 북한과 적대적 대치에 놓인 한국은 미군의 주둔이 절실히 필요했고, 미국이 한국에 요구한 주권 활동의 제약을 수용했다. 한미동맹 또한 미일동맹과 마찬가지로 불평등한 수직적 국가 간 동맹이었다. 샌프란시스코체제는 동맹이라는 이름으로 민주주의가 간섭받는 자유주의 질서와 신식민주의 질서가 혼합된 불평등한 국가 간 체제로 탄생되었다.

10 김숭배, 앞의 글, 47쪽.

2 봉쇄된 중국, 배제된 한반도

본질적으로 샌프란시스코체제는 브루스 커밍스가 주장한 대로 미국의 국무부가 지휘하는 수직적 체계였으며, 그 체제 아래 국가들은 반(半)주권국가였다.[11] 김동춘 교수는 "한국, 북한, 일본은 모두 정상국가라 할 수 없는 결손 국가, 반(半)국가 형태"라고 부르고 있다.[12] 한국과 일본은 반(半)주권국가였고, 중국은 세계체제에 편입되는 것이 차단된 봉쇄된 국가였다. 미국은 중국봉쇄 정책을 통해 "그 자신의 비공식적 제국"의 경계를 암묵적으로 설정했다.[13] 그런 점에서 한국, 일본, 중국 3국에 샌프란시스코체제는 자유주의 질서임과 동시에 신식민주의체제였다.

반(半)식민 국가였던 중국에게 2차 세계대전의 종결은 영토의 회복

---

11 Bruce Cumings, "Japan and Northeast Asia into Twenty-first Century", *Network Power: Japan and Asia*, Cornell Univ. Press, p.155.

12 백원담 외, 〈전후체제를 극복하는 한반도 평화프로세스는 가능한가?〉, 《황해문화》 100호, 2018년 9월, 121쪽.

13 데이비드 하비, 최병두 옮김, 《신제국주의》, 한울, 2005, 53쪽.

과 주권의 완성을 확약받을 수 있는 기회일 뿐만 아니라 국제질서에 참여할 수 있는 호기였다. 포츠담선언은 일본을 무장해제하고, 일본이 강탈한 중국의 영토를 중국에게 돌려주고, 중국을 전승국으로 강대국으로 대접하는 것을 주요 골자로 삼고 있었다. 중국에게 포츠담선언은 근대를 향한 중국의 출발점이었을 뿐만 아니라 주변 국가로 전락한 지난 시대를 끝내는 새로운 이정표였다.

그러나 샌프란시스코평화조약은 포츠담선언과는 거리가 멀었다. 일본이 주역이 되고 중국은 철저하게 배제되었다. 리처드 맥그레거의 분석대로 중국에게 "샌프란시스코평화조약은 역내 질서를 새롭게 세운 것이 아니라 오히려 뒤집은 꼴"[14]이었다. 미국은 공산당 대신에 국민당을 중국 대표로 삼았다. 중국의 뜻과 상관없이 강행된 샌프란시스코평화조약은 포츠담선언에서 전승국 자격으로 얻었던 중국의 모든 것을 잃게 만들었다. 중국은 자유주의적 국가질서로부터 배제되었고, 국제질서에서 동등한 국가로 활약할 자격을 박탈당했다. 왕후이의 지적대로 "샌프란시스코체제는 사실상 중국을 배척하는 체제"[15]였다.

미국은 샌프란시스코평화조약을 기점으로 일본과 미일안전보장조약, 호주·뉴질랜드와 태평양안전보장조약, 한국과 한미상호방위조약, 타이완과 중미공동방어조약, 동남아시아조약 기구 설치 등을 통해 철저하게 중국을 봉쇄하며 샌프란시스코체제를 완성했다. 세계경제로부터

---

14 리처드 맥그레거, 송예슬 옮김, 《미국, 새로운 동아시아 질서를 꿈꾸는가》, 메디치미디어, 2019, 57쪽.

15 백원담 외, 〈전후체제를 극복하는 한반도 평화 프로세스는 가능한가?〉, 《황해문화》 100호, 2018, 124쪽.

고립된 중국은 자립경제를 구축하려고 노력했지만 역부족이었다. 결국 과도한 외압에 대한 공포와 급속한 자립의 의지가 문화대혁명 같은 거대한 시행착오를 만들어 냈다. 키신저 협약으로 자유주의적 세계경제체제에 편입될 때까지 중국은 한반도와 조금도 다름없는 전쟁과 폭력, 그리고 가난이 지속되는 20세기의 연속선상에서 완전히 빠져나오지 못하고 있었다.

남북한 또한 샌프란시스코체제의 최대 피해자였다. 샌프란시스코체제하에서 한반도는 한국전쟁을 거쳐 분단체제로 고착화되었다. 일본 리쓰메이칸대학 명예교수인 니시카와 나가오의 주장대로 분단체제는 "군사독재적인 괴뢰정부가 세워진 미국의 신식민주의체제"[16]의 산물이었다. 남한에게도 샌프란시스코체제는 해방을 준 자유주의 질서이자 주권의 미완성과 불평등한 국가 간 체제를 만든 신식민주의체제였다. 남한의 의지와 상관없이 적대 진영으로 대립하는 항시적 전시체제가 유지되었고, 국가 간 조약 체결조차 미국의 직간접적 승인을 얻어야 했으며, 미군이 주둔하여 핵무기뿐만 아니라 미사일 사거리조차 미국의 통제를 받아야 하는 군사 지휘하에 놓여 있으며, 미국의 승낙 없이는 전쟁조차 끝낼 수 없는 주권 간섭이 진행되었다. 신식민주의적 구조는 일상생활의 영역에도 작동했다. 상충하는 이데올로기를 가진 내부 세력 간의 충돌과 분열을 수시로 겪어야 했고, 전쟁의 공포가 일상화되었으며, 분단체제가 만들어 낸 군사주의를 등에 업고 등장한 군부독재의 폭력에 시달려야 했다.

---

16 니시카와 나가오, 박미정 옮김, 《新식민지주의론》, 일조각, 2009, 77~78쪽.

3 키신저 시스템의 등장

중국을 봉쇄한 샌프란시스코체제는 1960년대 말부터 삐걱거리기 시작했다. 국가 간 체제 문제는 늘 제국의 내부에서 발생하고, 제국의 문제는 제국을 만든 핵심인 경제 문제에서 시작된다. 샌프란시스코체제의 균열도 미국을 패권국으로 만든 자본 내부에서 일어났다.

1960년대 후반부터 세계의 자본은 미국으로 집중되었다. 미국 경제는 급속하게 금융팽창이 이루어졌다. 유동화폐가 증가하여 환율과 이자율의 변동 폭이 커졌고, 유가상승으로 자본의 이윤율은 추락했다. 독일과 일본의 경제적 추격으로 인한 미국 상품의 시장 점유율도 후퇴했다. 베트남전쟁으로 인한 재정적자로 달러의 발행을 늘리자 달러에 대한 신뢰성도 급락했다. 이에 1971년 닉슨행정부는 달러를 안정화시키려고 금-달러 태환제를 폐지하고 순수달러제로 전환했다. 미국이 만들었던 전후체제의 한 축이었던 브레튼우즈체제의 종결이었다.[17]

이듬해 미국 안보담당보좌관 키신저와 중국 국무원 총리 저우언라이가 만나 키신저 협약을 체결했다. 키신저 협약은 구소련을 견제하고자 하는 정치권 전략이기도 했지만 전 지구를 단일 시장으로 묶어 미국 금융자본의 이익률을 제고시키고자 하는 미국의 경제적 세계전략 중 하나였다. 중국은 국가 간 분업체계에 적합한 저임금 노동력과, 거대한 시장을 가지고 있어 미국 경제에 새로운 성장 동력을 제공해 줄 것으로 판단되었다. 닉슨은 "우리는 중국이 국제사회 밖에서 공상을 키우고, 미움을 품고, 이웃 국가들을 위협하도록 영원히 내버려 둘 수는 없다. 이 작은 지구 위에 10억 명이나 되는 잠재적 유용한 사람들이 분노의 고립상태 속에서 살아갈 공간은 없다"[18]고 외치며 중국을 그들의 체제 내로 끌어들였다.

키신저 협약에 가장 빨리 반응한 것은 누구보다도 중국시장이 필요했던 일본이었다. 1972년 일본은 중일수교를 체결했다. 미중수교보다 7년이나 빨랐다. 미중수교가 늦어진 이유는 닉슨이 워터게이트 사건에 휘말린 것이 직접적인 원인이었지만 냉전체제를 지켜 나가려는 미국 내 안보적 보수주의 진영의 반대도 한몫했다. 한중수교는 중일수교가 이루어진 지 약 20년이나 지나서 이루어졌다. 분단체제가 만든 반공주의가 키신저 시스템에 늦게 탑승하게 만든 주요 요인이었다. 동아시아에서 키신저 시스템이 가동되면서 샌프란시스코체제와 더불어 전후체제의 두 축이 완성되었다.

전후체제는 샌프란시스코체제와 키신저 시스템의 복합물이다. 샌

---

17 백승욱, 〈역사적 자본주의와 자본주의의 역사: 세계체계 분석을 중심으로〉, 백승욱 편저, 《'미국의 세기'는 끝났는가?》, 그린비, 2005, 43쪽.

18 Richard M. Nixon, "Asia after Viet Nam", *Foreign Affairs*, Vol.46, No1, Oct. 1967, p.121.

프란시스코체제 아래 남한은 분단체제를 유지한 채 중국과 수교를 진행했다. 북한은 키신저 시스템에 합류하지 못했다. 중국은 정치 군사적으로는 여전히 미국의 동맹체제에 봉쇄당한 채 경제적으로 자유주의 질서에 편입했다. 일본은 평화헌법을 유지한 채 경제적으로 단일체제를 지향하는 키신저 시스템에 편입하였다.

키신저 시스템은 미국에게는 경제 위기에 처한 샌프란시스코체제의 보완재였고, 중국에게는 문화대혁명 이후 난관에 봉착한 자립경제의 위기를 헤쳐 나갈 출구 중 하나였다. 일본과 한국에게는 거대한 중국시장과 저렴한 노동력을 얻을 수 있는 기회였지만, 북한에게는 한국, 일본과 상대적 격차가 더욱 벌어지는 위기의 시대가 되었다.

키신저 시스템의 등장으로 동아시아에서는 비로소 유럽처럼 '오랜 평화'의 시기가 왔다. 박정희정권은 북한과 대화를 시도했고, 북한은 미군 철수 가능성에 고무되어 7·4남북공동성명에 합의했다. 닉슨정부와 카터정부는 주한미군의 철수를 검토했고, 중국은 북한이 한반도에서 다시 전쟁이 일어날 때 지원해 줄 것을 요청하자 거부했다.[19] 미중수교로 만들어진 냉전의 이완으로 "어제의 적이 오늘의 동지가 되는 상황"이 전개되었고, 적대 진영은 자연스럽게 부식되었다. 폭력적 구조를 그대로 둔 채 상호의 이해관계에 따라 전쟁을 잠깐 멈춘, 전쟁도 평화도 아닌 오랜 휴전의 시기가 온 것이다.

전후체제의 최대 수혜국은 일본이었다. 샌프란시스코체제의 혜택으로 전범국가의 의무는 면제받았고, 키신저 시스템의 구축으로 경제

---

19 마상윤, 〈미중관계와 한반도: 1970년대 이후의 역사적 흐름〉, 《역사비평》 109호, 2014, 295~296쪽.

부흥은 가속되었다. 독일처럼 철저한 과거청산은 하지 않았지만 오히려 전후 처리를 제대로 하지 않아 일어난 한국전쟁으로 막대한 경제적 이익을 얻어 세계적인 경제 대국으로 도약했다. 샌프란시스코체제하에서 득세한 일본의 보수정권은 냉전체제를 활용하여 장기집권의 길을 열었다. 중국과 수교를 하여 키신저 시스템의 혜택도 얻어 G7에 오르기도 했다. 그런 점에서 아베가 전후체제의 수호자가 되려는 것은 당연한 논리적 귀결이었다. 한국도 전후체제하에서 피해만 본 것은 아니었다. 미국의 보호하에 자립경제를 달성하고, 키신저 시스템에 편승하여 세계경제에 편입해 고도성장을 이루었다.

그러나 전후체제는 지진지대의 단층처럼 언젠가 균열을 일으킬 수밖에 없는 모순적 관계의 두 축으로 구성된 이중체제였다. 신식민주의적인 샌프란시스코체제와 자유주의적인 키신저 시스템은 결국 상호충돌이 불가피한 모순적 성격을 지녔다. 샌프란시스코평화조약이 가지는 적대적 동맹체제와 키신저 시스템이 지향하는 단일 시장 지향 성향 때문에 아시아 국가들이 택한 '정치는 미국, 경제는 중국'이라는 정책은 언젠가 상호충돌이 불가피한 것이었다.

4 키신저 시스템의 위기

2020년 7월 21일 미국은 휴스턴에 있는 중국 총영사관을 폐쇄했다. 휴스턴의 중국 총영사관은 키신저 시스템의 상징 같은 곳이었다. 미중수교가 시작되면서 미국에서 가장 먼저 만들어진 양국 간 교류창구가 휴스턴 중국 총영사관이었다. 미국이 휴스턴 중국 총영사관을 폐쇄한 표면적인 까닭은 중국 영사관의 스파이 혐의였다. 그러나 미중수교 이후 한 번도 기업이나 개인의 스파이 혐의로 영사관을 폐쇄하는 일이 없었던 것을 생각하면 그것은 구실에 불과했다. 결국 미국이 스스로 구축한 키신저 시스템을 이제 스스로 파괴해야 할 정도로 미국에 위기가 닥쳤음을 의미한다.

미국이 휴스턴 중국 총영사관을 폐쇄한 다음 날 《뉴욕타임스》는 트럼프행정부가 벌인 반중국 정책의 핵심을 네 가지로 정리했다. 1) 반중국적 인종차별 2) 남중국해를 둘러싼 군사대립 3) 기술전쟁과 경제보복 4) 유학생 추방이었다. 트럼프정부의 반중국 정책을 한마디로 정리하면 키신저 시스템의 철회였다. 트럼프행정부가 지향한 대중국 정책은 약 50년 동안 진행해 온 키신저 시스템을 파기하고 다시 신냉전적 동맹체제를 결성하여 중국을 봉쇄하는 전략이었다.

2020년 7월 23일 닉슨 대통령 기념관에서 진행한 폼페이오 국무장관의 연설은 미국이 처한 위기에 대한 대처 방향을 명확하게 드러냈다. 이 연설에서 폼페이오 장관은, 약 50년 전 닉슨 대통령은 중국이 협력과 상호간의 예의를 지킬 것으로 확신하고 간여정책을 실시했으나 지금은 오히려 닉슨 대통령이 우려한 "프랑켄슈타인"만 목격하게 되었다고 주장했다. 그는 중국공산당에게 그 책임을 돌렸다. 중국공산당이 약속을 지키지 않았기 때문에 '그때는 옳았지만 지금은 틀린' 시대를 끝내고 불신과 검증으로 중국공산당을 대하겠다고 선언했다.[20] 키신저 시스템의 공식적인 파기를 선언한 것이다.

트럼프행정부가 중국을 봉쇄하려고 키신저 시스템을 파기하는 계획은 2021년 1월 기밀해제 된 미국 국가안전보장회의(NSC)의 '미국의 인도-태평양 전략 체계(U.S Strategic Framework for Indo-Pacific)'[21]라는 문서에 잘 드러나 있다. 2017 국가안보전략(NSS)을 구현하기 위한 트럼프행정부의 포괄적인 전략 지침인 이 문서는 트럼프행정부 시기 일어난 인도와 중국 간의 분쟁, 대만의 독립 추진, 중국기업에 대한 제재 들이 미국의 중국봉쇄 정책 아래서 진행되었다는 것을 알 수 있게 해 준다. 한

20 Michael R. Pompeo, "Comunist China and the Free World's Future", U.S. Department of State, Jul. 23, 2020, https://2017-2021.state.gov/communist-china-and-the-free-worlds-future-2/index.html.

21 https://trumpwhitehouse.archives.gov/wp-content/uploads/2021/01/IPS-Final-Declass.pdf, 검색일: 2021년 09월 27일.

국의 안보 보수주의자가 주장하듯이 '중국의 문제'가 미국의 제재를 가져 온 것이 아니라 미국의 중국봉쇄 전략이 미중 충돌을 가져왔다는 것을 명백하게 증명해 주는 문서이다. 미국의 계획은 대체로 그대로 시행되었다.

트럼프행정부의 중국봉쇄 정책은 키신저 시스템의 핵심 축인 '단 하나의 중국' 원칙을 흔드는 것부터 시작했다. 대만을 하나의 독립국으로 대하기 시작했고, 홍콩의 독립을 부추겼다. 키신저에 따르면 '하나의 중국' 정책은 중국이 미중수교를 체결하는 첫번째 요구였다.[22] '하나의 중국' 원칙을 깨는 것은 곧 키신저 시스템 이전으로 돌아가겠다는 가장 강력한 의지의 표현이었다. 미국은 하나의 중국 원칙을 깨는 것을 필두로 미중관세전쟁 개시, 반중국 경제 블록인 경제번영네트워크(EPN) 구축, 중국 기술기업 제재, 클린네트워크(Clean Network) 추진, 위챗 같은 중국의 주요 앱 규제, 중국 유학생 추방 들을 시행했다. 샌프란시스코체제를 강화하는 조치도 지속적으로 추진했다. 쿼드동맹 결성, 아시아태평양 동맹결성 추진, 일본 군대의 남중국해 파견 기도, G7의 중국봉쇄 기능강화, 미국 군함의 남중국해 진입, 홍콩자치법 통과, 홍콩특별지위권 박탈, 위구르인권법 가결 들을 추진했다.

트럼프행정부의 중국봉쇄 정책은 키신저체제를 버리고 샌프란시스코체제를 더욱 강화하는 신냉전 전략의 성격을 지니고 있었다. 신냉전 전략은 1) 다자주의에 입각한 협상이나 대화 대신 미국의 힘을 군사주

---

22 "US acknowledging Taiwan viewed as a part of China—a precondition of engagement 50 years ago—even more valid today: Kissinger", GT, 2021.07.09.

의 방식으로 사용하여 미국 위주의 일방주의를 강화하고 2) 중국의 목소리가 커진 자유무역 질서인 세계무역기구(WTO)체제 대신에 미국 자국 산업 보호를 우선하는 보호무역주의를 채택하고 3) 동맹국에게 주었던 수교를 포함한 국가 간 교류의 자율성을 거두어들이고 동맹국들에게 반중국동맹을 강제해 미국 중심의 새로운 적대 진영 구축을 근간으로 삼았다.

미국의 신냉전 전략은 트럼프행정부가 돌발적으로 내린 결정이 아니었다. 중국 경제가 부상하는 1990년대부터 미국의 조야는 '중국 위협론'을 내세웠다. 이 시기부터 미국은 중국의 성장을 상당한 위협으로 느꼈음을 간접적으로 보여 주는 현상이다. 학계와 정계에서 산발적으로 확산되던 '중국 위협론'은 1995년 리덩후이 대만 총통의 미국 방문을 계기로 폭발적으로 확산[23]되었고, 오바마행정부 2기부터 '아시아회귀 정책'으로 본격적으로 정책화하기 시작했다.

오바마정부의 아시아회귀 정책은 키신저 협약 당시에는 예상하지 못한 중국의 강력한 부상으로 등장했다. 중국은 키신저 시스템을 통해 세계경제로 편입하고, WTO 가입을 계기로 "'세계화'와 자유무역의 핵심적 승리자"[24]가 되었다. 한국과 일본도 키신저 시스템을 통해 미국으로부터 독자적인 힘을 키웠다. 미국이 구축한 키신저 시스템이 미국에게 트로이의 목마가 되고 만 것이다. 미국 무역대표부 로버트 라이트하이저(Robert Lighthizer)는 중국의 "국가 주도 중상주의 무역 체제"가 "시장

---

23 김희교, 〈위기의 한반도와 중국 위협론 너머의 중국보기〉, 《실천문학》 70호, 2003, 295쪽.

24 제임스 페트라스 외, 황성원 역 외, 《제국은 어떻게 움직이는가?》, 갈무리, 2010, 311쪽.

과 양립할 수 없다"며 미국이 "중국의 WTO 가입을 지지했던 건 오류였다"며 키신저 시스템이 그들이 원하는 결과를 낳지 못했음을 자인하고 있다.[25] 오바마행정부 관리였던 커트 캠벨(Kurt Campbell)과 엘리 래트너(Ely Ratner)도 "자유주의적 국제질서가 중국을 예상만큼 강력하게 유인하거나 구속하는 데 실패했다"고 고백하고 있다.[26] 그런 점에서 트럼프 대통령의 신냉전 전략은 오바마행정부가 시행한 아시아회귀 정책의 결정판이었다.

---

25 Yeling Tan, "How the WTO Changed China: The Mixed Legacy of Economic Engagement," *Foreign Affairs*, Mar./Apr. 2021.

26 Kurt M. Campbell and Ely Ratner, "The China Reckoning: How Beijing Defied American Expectations," *Foreign Affairs*, Dec. 2020.

3부

한국 보수주의의 위기의식과 중국

1 한국 보수주의의 위기

한국 보수주의는 세 가지 공통적인 이념의 축을 가지고 있다. 친미주의, 반공주의, 경제지상주의가 그것이다. 한국 보수주의의 핵심 이데올로기는 박정희 군사정권의 6대 혁명공약에서 분명히 드러난다. 6대 혁명공약의 첫 번째는 반공주의였다. 한국의 보수정권들은 반공주의를 내세우며 샌프란시스코체제의 선봉장 역할을 해 왔다. 혁명공약의 두 번째는 미국과 유대강화였다. 그 뒤 종미주의 성격의 친미주의로 자리 잡았다. 6대 혁명공약의 세 번째는 민생고 해결이었다. 박정희정부 시기 고도의 경제성장은 한국 보수주의자들의 경제지상주의를 만들어 냈다. 경제지상주의는 경제가 모든 것의 중심이라는 시장주의와 경제성장만이 살 길이라는 발전주의의 결합체이다. 다수의 경제지상주의자들은 군부통치조차 묵인하면서 한국 보수주의를 성장시키는 밑거름이 되었다.

샌프란시스코체제하의 한국 보수주의는 경제지상주의를 바탕으로 친미주의와 반공주의를 이용하여 군사주의 방식으로 국민을 동원하여 한국 사회의 주류가 되었다. 샌프란시스코체제는 그들이 성장할 수 있는 발판이었다. 미국은 뒷배가 되었고, 일본은 좋은 파트너였다. 그들에게 중국은 봉쇄의 대상이었고, 북한은 악의 축으로 억지의 대상이었다.

한국 보수주의에게 키신저 시스템의 등장은 양가적이었다. 한중수교로 경제지상주의는 득세했지만 친미주의와 반공주의는 희석되었다. 양국 간에 다변화된 관계는 반공주의를 약화시켰고, 중국과 경제적 관계의 고도화는 친미주의를 흔들었다.

한국 보수주의가 태극기와 성조기를 들고 거리로 나섰다는 것은 그들 사이에 체제에 대한 위기의식이 드러난 것을 뜻한다. 태극기와 성조기는 그들이 구축한 전후체제의 상징이었다. '촛불혁명'의 성공, 한일 간 정보교류 협정의 무력화, 사드 설치의 실패, 북·미 간 평화협상은 한국 보수주의의 세계관을 송두리째 흔들어 놓기에 충분한 사건들이었다. 중국의 부상은 그들의 체제를 가장 강력히 흔드는 진앙지였다.

박근혜정부 몰락 이후 전후체제의 유기적 위기를 실감한 한국의 보수주의는 대략 세 세력으로 나누어졌다. 하나는 안보적 보수주의 세력이다. 샌프란시스코체제하에서 가장 강력한 권력을 가진 언론, 검찰, 사법부, 거대교회, 재향군인회, 군사주의 세력 들이 카르텔을 형성하며 안보적 보수수의의 중심 세력을 이루었다. 그들은 친미주의와 반공주의를 바탕으로 국가안보를 최우선 과제로 내세웠다. 전후체제의 위기 시기 그들의 대응은 신냉전적 회귀였다. 그들은 트럼프행정부가 내세운 신냉전 전략의 가장 강력한 지지세력으로 역할을 했고, 일본과 연대하여 중국을 배척하는 한미일 삼각군사동맹 구축에 앞장섰다.

다른 하나는 경제적 보수주의이다. 자유로운 시장 질서를 옹호하고,

국가보다는 자본의 역할을 더 중시하며, 노동자보다는 자본가의 관점에서서 자본 중심의 세계를 구축하는 것을 목표로 삼는 세력이다. 안보적 보수주의와 같이 반공주의와 친미주의 성향이 있지만 샌프란시스코체제로의 회귀보다는 안미경중(安美經中)이라는 양가적 태도가 그대로 유지되기를 바라는 세력이다. 그러나 그들은 이해관계에 따라 안보적 보수주의의 우산 아래로 돌아갈 가능성도 있고, 친미주의와 반공주의와도 결별할 수 있는 가변적 집단이다. 그들이 가진 가변성 때문에 하나의 정치세력으로 등장하지는 않았지만 가장 강력한 결정력을 가진 자본의 이익을 대변한다는 점에서 보수주의 세력의 핵심이 될 가능성이 높은 세력이다.

마지막 세력은 극우집단이다. 체제 위기 국면을 틈 타 일부 재벌과 보수언론, 보수 기독교, 그리고 박정희 시대의 군사주의를 그리워하는 일부 군부세력, 무소불위의 권력을 휘두를 수 있었던 정치 검찰과 사법부의 수구세력 들이 뭉쳐 전 지구적인 우익의 특징을 드러내며 하나의 세력으로 전면에 등장했다. 조국 사태를 둘러싼 보수단체들의 광화문 집회를 기점으로 안보적 보수주의자들은 급속도로 극우집단화 됐다. 그들은 경제지상주의와 반공주의, 그리고 친미주의를 강화하는 동시에 유사인종주의까지 동원하여 군사주의적 방식으로 그들의 기득권을 지키고자 했다.

그들은 전 지구적 우익 세력들과 마찬가지로 인종주의와 군사주의 그리고 기독교 극단주의 성향을 드러냈다. 안보적 보수주의 집단의 극우화와 극우집단의 등장은 더 이상 한국의 보수주의가 기존에 사용해왔던 통치방식으로는 그들의 기득권을 지키는 것이 불가능하다는 것을 의미한다. 위기 상황의 기표였다. 광화문으로 뛰어나가 태극기라도 흔들어야 했고, 유사인종주의까지 동원했고, 적대 진영을 구축하는 낡은 전투 방식으로 싸워야 했으며, 거칠고 폭력적인 군사주의를 광장에서 스스럼없이 드러내야 할 만큼 다급한 상황에 몰리게 된 것이다.

2 안보는 미국, 경제는 중국의 충돌

미국의 사회학자 아리프 딜릭(Arif Dirlik)이 지적한 대로 이제 세계는 단일국가 단위로 작동하지 않는다. 어떤 국가이든 국내와 국제 문제가 명확하게 구분될 수 없는 하나의 시스템으로 작동하고 있다.[1] 그런 세계체제 시대에 한 개인의 세계관은 국가 간 체제에 영향을 받을 수밖에 없다. 전후체제 수립 이후 한국의 보수진영은 샌프란시스코체제 내에서 미국적 관점으로 세계를 바라보고 미국이 원하는 대로 새로운 세계를 구축하여 대응하고자 했다.

한중수교 이전까지 한국의 보수주의는 중국을 철저하게 '죽의 장막'에 가려진 '빨갱이' 국가로 취급했다. '빨갱이' 국가인 중국은 공산당이 인민을 철저하게 통제하고, 공산당이 노동자의 임금을 착취하며, 당이

---

1 아리프 딜릭, 〈베이징 컨센서스, 누구와 누구의 컨센서스이며, 목적은 무엇인가?〉, 황핑·조슈아 쿠퍼 라모 외, 김진공 외 옮김, 《베이징 컨센서스》, 소명출판, 2016, 234쪽.

통제하는 국가조직은 비효율적이고, 관료들은 부패해서 곧 붕괴될 나라로 규정했다. 중국이 '중공'으로 표상되는 시기였다.

한국의 보수주의에게도 한중수교는 변곡점이었다. 한국도 미국과 똑같이 샌프란시스코체제의 본질은 그대로 둔 채 키신저 시스템을 수용했다. 중국에 대한 적대적 신식민주의체제는 그대로 둔 채 중국시장에 대한 자본의 욕구에 편승하여 중국과 수교한 것이다. 그런 점에서 전후체제 내 한국인이 중국을 보는 관점은 분열적일 수밖에 없었다. 사회주의 중국은 붕괴할 수밖에 없다는 중국 붕괴론과, 중국이 부상하여 이웃 국가들에게 위협이 될 것이라는 중국 위협론은 서로 공존할 수 없는 논리인데도 별 충돌 없이 중국을 시장으로 활용하고자 하는 경제지상주의 아래에서 더불어 성장했다. 안보는 미국, 경제는 중국이라는 이중 행보는 그렇게 탄생했다.

한국 보수주의의 예상과 달리 키신저 시스템 아래 한중관계는 급속도로 발전했다. 중국은 미국을 넘어서서 최대 교역국이 되었고, 무역 흑자를 가장 많이 내는 국가가 되었다. 중국이 최대 교역국이 된 것은 한국의 보수주의에게도 새로운 기회였다. 그들의 핵심 이데올로기인 경제지상주의를 충족시켜 주었던 것이다. 이명박정권과 박근혜정권이 중국과 좋은 관계를 유지한 것은 이를 잘 보여 준다.

그러나 중국과 관계가 고도화되는 것은 한국 보수주의에게 기회이자 동시에 위기였다. 중국의 부상은 한국 보수주의의 세계관을 흔들었다. 사회주의 중국은 붕괴될 수밖에 없다는 논리가 무너졌고, 사회주의 중국이 서구화 할 수밖에 없다는 가정도 무너졌다. 적대 관계를 기반으로 하는 반공주의는 양국 사이 다면적 교류로 약화되었고, 지속적인 대중무역 흑자는 경제적으로 꼭 미국이 아니어도 되는 상황을 발생시켰다. 경제적 이해관계 때문에 정치적으로도 반드시 미국 편을 들 수 없는 일도 자주 발생했다.

중국의 부상이 가져온 한국 보수주의의 위기의식은 《조선일보》에서도 잘 드러난다. 2013년 《조선일보》 보도 내용을 분석한 한 연구에 따르면 박근혜정권 초기까지 중국을 바라보는 《조선일보》의 시각이 매우 분열적으로 상호충돌하고 있음을 알 수 있다. 이전까지 유지해 오던 낙후된 이미지를 버리고 거대한 잠재력을 지닌 광활한 시장으로 중국을 강조하여 보도하는가 하면, 미국·일본과 지속적인 충돌을 일으키는 국가로, 북한 편을 드는 공산당이 이끄는 국가로 보도하기도 했다.[2] 시장주의와 친미주의, 시장주의와 반공주의가 서로 충돌하는 상호 모순되는 상황이 연출되었던 것이다. 안미경중(安美經中)은 그런 모순을 대변하는 태도였다.

2 서옥란·오창학, 〈한국 언론에 그려진 중국 이미지 연구-『조선일보』 보도를 중심으로〉, 《한중인문학연구》 46호, 2015, 301쪽.

3 동북공정 사태, 다시 안보로

1992년 한중수교 이후 한중관계가 심각한 위기 국면을 맞이한 것은 두 차례이다. 동북공정 사태와 사드 배치가 그것이다. 주목할 점은, 두 차례 한중관계의 변곡점에 가장 적극적으로 개입한 세력이 한국의 보수 진영이라는 사실이다. 동북공정을 역사전쟁으로 비화시키는 데 결정적인 역할을 한 것이 보수언론이었고, 사드를 전격 단행한 중심 세력 또한 반공주의로 무장한 일부 군부출신 관료들과 보수언론이었다.

동북공정은 중국에서 시작한 고구려사를 둘러싼 역사 재해석 프로젝트였다. 그러나 《중앙일보》의 대대적인 보도를 시작으로 한국이 주도하여 일으킨 동북공정 사태는 한중 간 다면적 충돌을 일으킨 역사전쟁이었다. 동북공정은 중국의 팽창정책과는 거리가 먼 중국의 수세적인 북한 붕괴 대비책이었다.[3] 안보적 보수주의자들의 주장과 달리 중국은

3 김희교, 〈한국 언론의 동북공정 보도 비판〉, 《역사비평》 69호, 2004 참조.

동북공정이 끝나고도 북한을 중국 손아귀에 넣지도 않았고, 고구려사를 한국의 역사에 넣어서는 안 된다는 압력을 행사하지도 않았다.

동북공정은 한국의 보수주의자들로부터 반미주의자로 낙인찍혔던 노무현정부 시대에 벌어졌다. 동북공정 이전에 실시된 여론조사를 보면, 한국민의 중국에 대한 호감도가 미국을 앞서기 시작했다. 2003년 1월 《중앙일보》의 여론조사에 따르면, 미국 중심의 외교안보 정책을 전면 재검토해야 한다는 의견이 11.8%, 미국 중심의 정책을 탈피해 다변화하는 방향으로 전환해야 한다는 의견이 48%로 나왔다. 거의 60%에 달하는 응답자가 미국을 중심으로 하는 세계에서 탈피해야 한다고 판단했던 것이다. 2004년 5월 《동아일보》의 여론조사를 보면 경제적인 측면에서 중국을 가장 중시해야 한다는 응답이 61.6%가 나왔다. 미국이라고 답한 것은 26.2%에 불과했다. 특히 주목할 현상은 외교안보적 측면에서 중국을 중시해야 한다는 응답이 48.3%로 미국을 중시해야 한다는 의견(38.1%)보다 10.2%가 높았다는 점이다.[4] 한국의 보수주의 진영에게는 두고 볼 수 없는 일이 일어나고 있었던 것이다.

안보적 보수주의자들에게 중국의 동북공정은 반공주의와 친미주의의 위기를 단숨에 극복해 내고 한미동맹을 지킬 수 있는 호재였다. 한국의 안보적 보수주의자들은 동북공정을 역사전쟁으로 비화시켰고, 중국에 대한 전방위적인 공격을 퍼부었다. 결국 한국의 안보적 보수주의가 주도한 역사전쟁은 그들의 승리로 끝났다. 동북공정 사태 이후 중국은 미국보다도 더 위험한 '중화주의적 패권국가'로 낙인찍혔고, 추락하던

---

4 김희교, 앞의 글, 2004, 36쪽.

미국의 지위는 다시 중국의 위협으로부터 보호해 줄 수 있는 우리의 영원한 우방으로 자리 잡았다.

역사전쟁이 일단락된 뒤 《중앙일보》는 노무현정부를 향해 "반미 감정에 편승해 무조건 중국에 호감만 표시해 왔던 대통령을 포함한 현 집권세력들에게 역사왜곡문제는 중국의 또 다른 면을 인식할 수 있는 계기가 되어야 한다"고 승자의 어투로 충고했다. 이는 노무현정부 이전에 보수언론이 보여 주었던 중국에 대한 태도와 확연히 달라진 것이다. 동북공정은 한국의 보수진영이 경제보다 안보의 기치를 더 높게 들기 시작한 전략적 전환점이 되었다. 한국의 보수주의는 급격하게 경제에서 안보로 회귀했다.

17대 총선에서 당선된 여당 국회의원들도 보수언론의 기대에 부응했다. 동북공정이 시작된 2004년 8월 초, 열린우리당 소속 국회의원 당선자들 가운데 중국을 가장 중요한 국정 파트너로 꼽은 이들은 겨우 6% 정도에 불과했다. 국민의 정서도 반(反)중국으로 돌아섰다. 동북공정 사태는 중국에 대해 부정적인 이미지를 부여하는 데 큰 영향를 미쳤다. 이 시기 누구도 역사 문제로 전쟁을 할 필요가 있는지, 역사가 누구의 소유물일 수 있는지 묻지 않았다. 중국의 '중화패권주의'가 북한의 영토를 장악하고 한반도를 집어삼킬 것이라는 보수언론의 가차 저널리즘(Gatcha journalism)의 승리였다.

4 사드, 한국 보수주의의 신냉전적 기획

안보적 보수주의는 동북공정 사태를 통해 보수주의의 중심을 경제에서 안보로 전환시키고, 한국에서 중국의 위치를 끌어내리는 데 성공했다. 그러나 그 성공은 일시적이고 부분적인 것이었다. 역사는 늘 이데올로기보다 현실의 변화를 더 추종한다. 동북공정 사태가 끝나고 오히려 한·중 경제관계는 더욱 고도화되었다. 2014년 12월 《한겨레》의 조사에 따르면, 중국(58.5%)이 다시 미국(34.5%)보다 중요한 협력 대상자로 꼽혔다. 경제통상적으로 가장 비중을 두어야 할 나라는 중국(49.8%)으로 꼽혔으며, 미국(37.2%)을 여전히 앞서는 것으로 나타났다.

중국이 경제적으로 부상하는 시기에 등장한 박근혜정권의 대중 정책은 이중적이었다. 중국을 포함한 다자간 안보를 바탕으로 하는 동북아 평화구상을 내세우며 시진핑 주석과 함께 천안문 광장에서 중국군을 사열하고 양국의 우호를 과시했다. 동시에, 중국봉쇄 정책을 수행하던 오바마 대통령과의 정상회담에서 오바마 대통령의 아시아회귀 정책에 대해 '이해할 수 없을 정도'로 아무런 이의를 제기하지 않았다. 박근혜정부의 이중성에는 한국 보수주의의 딜레마가 숨어 있었다.

박근혜정부 시기 한국의 보수주의자들은 세 가지 선택의 기로에 서 있었다. 첫째는 동북공정 사태를 원만하게 마무리하고 다시 안미경중 정책을 이어가는 방법이었다. 두 번째는 미중의 협력하에 북한 정권을 교체하고 흡수하는 방법이었다. 이른바 흡수통일 정책이다. 세 번째는 미국의 아시아회귀 정책에 적극적으로 편승하여 한미일 삼각동맹을 바탕으로 중국과 적대 진영을 구축하여 신냉전체제로 나아가는 방법이었다.

박근혜정부 초기는 이명박정부의 연장선에서 안미경중 정책을 사용했다. 그러나 미국의 대중국 정책을 추종해 오던 한국의 보수정권에게 안미경중 정책은 시한부 정책일 수밖에 없었다. 오바마행정부 2기부터 시작된 미국의 아시아회귀 정책은 그 시한부 생명을 끝내는 데 결정적인 역할을 했다. 한국에 사드 설치는 한미일 삼각동맹을 군사적으로 다시 결속시켜 중국을 봉쇄하려는 정책의 주요한 출발점이었다.

미국의 아시아회귀 정책이 본격화되자 박근혜정부가 적극 검토한 정책은 흡수통일 정책이었다. 박근혜정부가 시도했던 '통일대박론'은 미국을 등에 업고 북한을 정밀하게 타격하고 붕괴시킨 뒤 흡수하는 흡수통일론이었다. 박근혜 대통령이 천안문 광장에 올랐을 때만 하더라도 박근혜정부는 중국이 북한을 버릴 수 있을 것이라고 믿었던 듯하다. 중미관계에 대한 근본적인 이해 없이 근거 없는 자신감을 바탕으로 패착을 두었다. 그런 점에서 2016년 1월 13일, 박근혜 대통령의 사드 배치 발표는 전격적이었지만 즉흥적인 것은 결코 아니었다. 결국 박근혜정부는 미국의 지휘하에 한미일 삼각동맹체제를 바탕으로 하는 신냉전으로의 귀환을 선택했다.

박근혜정부의 전격적인 사드 배치를 통해서 한국의 안보적 보수주의는 만족할 만한 성공을 거두었다. 2017년 3월 아산정책연구소의 조사에 따르면, 사드 배치 이후 국민 여론은 이전과 완전히 달라졌다. 사드 배치 이전에는 사드 배치 반대 여론(55%)이 우세했으나, 배치 이후에는 사드 설치 찬성 여론(60%)이 더 높아졌다. 중국을 바라보는 태도에서도 유의미한 변화가 발생했다. 사드 설치 이전 중국에 대한 호감도(2017년 1월 기준 4.31점)는 사드 배치 이후에는 급락해서(2017년 3월 기준 3.21점) 미국(5.71점)보다 낮아진 것은 물론, 심지어 일본(3.33점)보다도 낮아졌다. 중국의 이미지는 동북공정 때보다 더 추락했다.[5]

박근혜정부의 사드 배치 전개 과정을 살펴보면 안보적 보수주의는 극우적 군사주의 방식을 차용하기 시작했다. 사드는 군사주의라는 강력한 믿음체계 위에 존재한다. 미국 클라크대학의 신시아 인로(Cyntia Enloe)는 군사주의를 "세상을 위험한 곳으로 여기며, 군사적 가치들(예컨대 위계질서와 복종, 무력 사용에 대한 신념)을 중시하며, 군사적 해결 방법을 매우 효율적이라 생각하고, 군사적 태도로 접근하는 것을 최선으로 여기는 태도"라고 정의한다.[6] 북핵은 대화나 협상이 아니라 더욱 강력한 무기로만 막을 수 있고, 강력한 무기인 사드가 바로 그것이라는 믿음이 있었다. 사드를 반대하는 국가는 적이며, 그런 국가와는 모두가 합심하여 싸워야 한다는 일련의 믿음체계가 바로 군사주의이다. 그런 의미

---

5 김희교, 〈사드(THAAD)와 한국 보수주의의 중국인식〉, 《역사비평》 121호, 2017년 겨울호, 136쪽.

6 신시아 인로, 김엘리 외 옮김, 《군사주의는 어떻게 패션이 되었을까: 지구화, 군사주의, 젠더》, 바다출판사, 2015, 25쪽.

에서 사드 배치는 도입의 모든 과정이 군사주의의 집합체였다고 할 수 있다.

사드 배치 과정에서는 국제관계까지도 군사주의 방식으로 진행했다. 중국에게는 사드 배치에 대해 사전에 논의도, 통보도 하지 않았다. 심지어 황교안 총리는 배치 발표 열흘 전 중국을 방문해 시진핑 주석을 만나서 '사드에 대해서는 아무것도 결정한 바 없다'고까지 말했다. 인로는 "국가 사이에 존재하는 위험을 외교적 협상이나 법규, 또는 일상적인 법으로 해결하지 않고 도시를 무장하고 군사적으로 치안을 유지하며 군인을 배치해야 한다고 이야기한다면 국제관계 또한 군사화되어 있다"고 정의한다.

극우들이 군사주의 방식을 선호하는 까닭은 그것이 지니는 압도적 폭발력 때문이다. 한나 아렌트가 아이히만의 일상에서도 본 것처럼, 군사화된 체제의 대중들은 죄의식 없이 군사화된 일상에 충직하게 봉사한다. 사드 배치 이후 경북 성주 지역 중소기업과 농민의 삶은 여론의 관심 밖으로 사라졌고, 중국과 관련된 대기업의 이익조차 적대 진영으로 편제된 중국과 맞서기 위한 희생물로 요구되었다. 중국의 이미지는 다시 공산당이 다스리는 한미동맹의 적이 되었고, 북한과 함께 적대 진영으로 다시 묶이기 시작했다. 사드가 추가로 설치되는 것은 자연스러운 일로 받아들여졌고, 전략무기가 동원된 군사훈련은 당연한 일로 생각되었다. 북한에 대한 선제타격도 언젠가는 우리가 넘어야 할 산으로 규정되었다.

사드가 배치되는 순간 찬반양론으로 나뉘어 논란이 되던 모든 이슈는 적대적 진영논리로 바뀌었다. 2017년 9월 리얼미터의 조사에 따르면 사드 배치 찬성은 71%이며, 반대는 18.1%에 불과했다. 사드를 설치했을 때 벌어질 모든 가치의 문제가 중국 대 한국이라는 적대적 진영논리에 귀속되고 말았다. 중국과 관련된 대부분의 이슈들이 반중국 전선 속에 갇혔고, 댓글들은 주류 언론의 논조를 충실히 따라갔다. 롯데마트의 철수도 중국 책임이고, 현대자동차의 판매가 반 토막이 난 것도 중국 책임으로 돌려졌다. 안보적 보수주의가 기획했던 반중 전선이 확실하게 구축된 것이다.

사드 배치 과정에서 드러난 가장 위험한 징후는 중국인을 혐오하는 유사인종주의의 등장이었다. 보수언론은 중국에 분노하고 중국인을 혐오하는 기사들을 대대적으로 싣기 시작했다. 문재인정부가 사드 반입을 결정한 다음 날인 2017년 9월 8일, KBS는 파업 중에도 〈中 환추스바오의 도 넘은 막말… '6차 핵실험' 北엔 말 못하더니〉라는 특파원 보도를 내보냈다. 사드를 설치한 것은 한국의 주권문제인데 중국이 터무니없이 반발한다는 논리였다. 9일 《연합뉴스》는 같은 사실을 더욱 자극적인 단어로 보도했다. 〈오만한 中관영 환추스바오, 사드 비난 막말 사설 삭제했다가 재게재〉라는 뉴스를 내보냈다. 오만, 막말과 같은 혐오 표현을 국제관계에 여과 없이 사용하고 있다. 같은 날 《조선일보》도 〈中 환추스바오, '사드 배치 비난' 막말 사설 삭제했다가 제목만 바꿔 다시 올려〉라는 제목으로 거의 유사한 기사를 올렸다. 끊임없이 '중국이 문제'라는 적대적 진영논리를 확대 재생산했다.

이 시기 인터넷 댓글에서는 '짱깨척결'이라는 표현이 여기저기 등장하기 시작했다. "짱깨 없는 제주 하늘"이 나치의 '유태인 없는 독일'처럼 찬양되기 시작했다. 보수주의자들 대부분이 중국에 대한 혐오 표현을 서슴지 않고 사용하기 시작했다. 대중 심리에 부응하는 영화계도 앞다투어 유사인종주의 틀에 갇힌 영화들을 내놓았다. 조선족은 중국인을 혐오하는 가장 약한 고리로 활용되었다. 영화《황해》에서 시작된 조선족 비하와 혐오는《청년경찰》이나《범죄도시》에 이르면 장르처럼 자리잡았다. 극우적 문화코드가 일상을 지배하는 수준에 다다른 것이다.

중국이 또 하나의 '악의 축'으로 규정된다면 북한보다 더 강력한 중국을 막기 위한 한미동맹 강화는 당연한 귀결이었다. 사드 설치를 성공한다면 중국의 강력한 반발은 충분히 예상되었다. 중국의 반발은 적대적 진영논리를 더욱 강화할 수 있는 좋은 명분으로 작동했다. 한국의 안보 보수주의자들에게는 한미동맹을 넘어 한미일 삼각군사동맹까지 만들어야 할 정도로 위험한 적성국을 탄생시킬 수 있는 기회였다. 그런 점에서 하루아침에 결정된 사드 배치는 한국의 안보적 보수주의에게는 '신의 한 수'였다.

5 우한폐렴, 한국 보수주의의 유사인종주의적 기획

딘 애치슨 전 미 국무장관이 한국전쟁을 두고 "한국이 용케 찾아와서 우리를 구했다"라고 한 말을 아리기처럼 차용해서 말하면 "빈 라덴이 미국을 구했다."[7] 9·11 폭격을 가한 빈 라덴이 추락하던 미국으로 하여금 대중을 동원하여 미국의 부활 프로젝트에 동원할 수 있는 힘과 목표를 주었다는 것이다. 빈 라덴은 "딕 체니, 도널드 럼즈펠드, 폴 울포위츠가 거의 10년가량 주장했지만 성공하지 못한 이라크 침략에 대해 미국 의회가 만장일치에 가깝게 지지하게 만든 새로운 공포인자가 되었다."[8] 딕 체니, 도널드 럼즈펠드, 폴 울포위츠는 대표적인 미국의 안보 보수주의자다.

미국의 강경파와 한국의 안보 보수주의자에게 빈 라덴 만큼이나 그들의 세계를 재구축할 수 있었던 사드 설치라는 기회는, 그들의 의도와

---

7 조반니 아리기, 강진아 옮김, 《베이징의 애덤 스미스: 21세기의 계보》, 길, 2009년, 248쪽.

8 조반니 아리기, 위의 책, 248쪽.

달리 완전하게 성공하지 못했다. '촛불혁명'으로 등장한 문재인정권은 이른바 '3불정책'을 실시했다. 사드를 추가 배치하지 않고, 한미일 안보 협력을 삼각군사동맹으로 발전시키지 않으며, 미국의 미사일 방어체계에 참여하지 않겠다고 중국과 잠정합의한 것이었다. 안보 보수주의자들이 바라는 군사주의적 기도가 실패한 것이다. 안보 보수주의자에서 극우 보수주의자로 변신한 김문수 전 경기도지사가 3불정책이 "미국에 대한 '배은망덕'이며, '중국공산당'의 입맛에 맞춘 정책"이라고 분노를 표시하는 데서도 그들의 실패를 엿볼 수 있다.

사드라는 군사주의적 기획에 완전한 성공을 거두지 못한 한국 보수주의자에게 코로나19 사태는 새로운 기회였다. 그들은 국적이 없는 바이러스에 국적을 달았다. 당시 미래통합당과 한국의 보수언론들은 코로나19를 '우한폐렴'으로 불렀다. 만보산 학살의 기폭제 역할을 했던 《조선일보》는 코로나19를 가장 오랜 기간 우한폐렴이라고 부른 언론이다. 일제강점기 시기 200여 명이 넘는 중국인들을 학살한 만보산 사건은 《조선일보》의 오보로 시작되었다. 일제강점기 말 만보산 사건을 만들어 낸 식민주의적 인종주의를 다시 한국의 언론과 보수진영이 불러낸 것이다.

세계보건기구(WHO)는 병 이름에 국가나 지역 이름을 붙이는 것을 금한다. 두 가지 까닭이다. 하나는 합리적이지 못하기 때문이고, 다른 하나는 그것 자체가 인종주의적이기 때문이다. 바이러스는 국적이 없다. 톰 제퍼슨 영국 옥스퍼드대학 증거기반의학센터 선임연구원은 "많은 바이러스가 전 세계 곳곳에서 활동을 중단한 채로 있다가 여건이 유리해지면 창궐한다"며 바이러스에 국적이 없다는 것을 분명히 했다. 제퍼슨은 바이러스에 대한 가장 합당한 대응은 바이러스의 근원을 밝히는 것보다 "인구밀도나 환경상황 등 무엇이 불을 붙였는지 살펴보는 것이 중요하다"고 설명한다.[9] 미국 빌라노바대학교 사학과 교수인 앤드루 류는 코로나19를 우한 바이러스가 아니라 전 지구적 바이러스라고 부른다. 이 바이러스는 우한이나 중국의 문제로 발생한 것이 아니라 전 지구적인 시장 유통경로로 문제가 된 것이며, 아시아 외부의 사망자 수가 내부의 사망자 수보다 많은 상황에서 그 책임을 중국으로 돌리는 것도 설득력이 없다고 보기 때문이다.[10]

미국은 코로나19에 국적을 붙인 대표 국가였다. 미국의 대표적인 우익 중 한 명인 폼페이오 미국 국무장관은 코로나19를 끝까지 '우한 바이러스'라고 불렀다. 그에게는 미국의 코로나19 극복보다 코로나를 중국의 책임으로 돌리는 것이 더 중요해 보였다. 행정부만 가담한 것이 아니었다. 공화당 상원 전국위원회는 상원의원 선거에 나서는 공화당 후보들에게 코로나19를 중국 책임으로 몰아 공격하라는 지침을 내렸다.[11]

폼페이오와 마찬가지로 한국의 안보 보수주의자들은 '우한 바이러스'라고 부르는 데 적극 동참했다. 황교안 미래통합당 대표도 우한폐렴을 끝까지 고집했다. 2020년 1월 29일 국회에서 진행한 한 발언에서 그는 "청와대가 우한폐렴 차단보다 반중정서 차단에 급급한 것 아니냐"고 주장했다. 2020년 3월 8일 미래통합당 심재철 원내대표는 정부가 일본인 특별입국심사 제도를 도입한 것을 두고 "중국에는 한마디도 하

---

9 〈코로나19, 돼지독감에 페스트까지…중국발 전염병에 불안감〉, 《서울신문》, 2020년 07월 06일.
10 앤드루 류, 〈'중국 바이러스', 그리고 세계시장〉, 백영서 엮음, 이종임 외 옮김, 《팬데믹 이후 중국의 길을 묻다: 대안적 문명과 거버넌스》, 책과함께, 2021, 125쪽.
11 〈우리가 아는 원톱 미국은 없다〉, 《시사저널》, 2020년 06월 09일.

지 않았지만 일본에 대해서는 강력하게 대응하고 있다"고 비난했다. 일본에 시행한 입국제한 제도는 이미 중국도 시행하던 시기였다.

'우한폐렴'은 중국에 대한 분노와 혐오를 불러일으키려는 안보 보수주의자의 유사인종주의적 기획이었다. 천정환 교수의 지적대로 "전염병은 그야말로 누구나 걸릴 수 있고, 전 세계로 퍼져나가는 현상인데 특정 지역이나 성별, 인종과 같은 정체성을 지표로 두고 부정적인 표현을 붙이는 것은 혐오와 차별의 기초"이다.[12] 미래통합당은 '우한폐렴'이라고 부르는 것과 동시에 우리나라에 확진자가 4명 발생했던 시점부터 중국인 전면출입금지를 요구하고 나섰다.

혐오와 분노 전략은 냉전 전략의 핵심이다. 모든 갈등을 과장하고 그것과 싸우는 것이 더 큰 투쟁의 일부라고 생각하게 만든다. 이 시기 보수언론들은 앞다투어 혐오와 분노 그리고 과도한 공포를 일으키는 기사를 냈다. 2020년 4월 20일 하루 동안 다음 포털 사이트 1면에는 《머니투데이》의 〈독일 빌트지 "시진핑 코로나로 멸망할 것" 맹비난〉, 《조선일보》의 〈독일일간지 "중 히트상품은 코로나, 시진핑 코로나로 멸망할 것"〉[13], 《중앙일보》의 〈독신문 "중 최대 히트상품 코로나…전염병 숨긴 시진핑 망해야"〉, 《뉴스1》의 〈코로나 팬데믹으로 미·유럽서 반중 바이러스 창궐〉이라는 기사가 올라왔다. 같은 날 SBS는 〈"왜 나만 격리" 中서 인종차별…아프리카 반중정서↑〉라고 보도했다.

혐오와 분노를 불러일으키기 위해서라면 가짜뉴스도 기꺼이 생

---

12 〈중국 검색하면 감염·공포…'짱깨' 혐오표현 사흘 만에 31배〉, 《한겨레》, 2020년 03월 10일.
13 2020년 04월 19일.

산했다. 2021년 9월 3일 《연합뉴스》는 〈중국인 98% "코로나19 세계적 확산은 미국의 책임"〉이라고 보도했다. 이 기사는 중국인 "응답자의 98.3%는 코로나19가 세계적으로 확산한 것은 미국의 책임이라고 답변했다"고 쓰고 있다. 중국이 적반하장이라는 식으로 조롱하기 위한 기사이다. 이 기사는 《중국칭니엔바오(中國青年報)》발이다. 그러나 정작 《중국칭니엔바오》의 해당 설문은 "당신은 코로나19에 대한 미국의 각종 대응을 어떻게 생각하십니까?(你怎么看美国在新冠肺炎疫情中的种种做法?)"였다.[14] 《중국칭니엔바오》가 이 설문을 진행한 까닭도 중국이 코로나19에 대한 자신의 책임을 다른 국가에 떠넘기기 위한 것이 아니라, WHO의 공식 발표에도 불구하고 미국이 코로나19의 중국연구소 기원설을 계속 확산시켜 중국민을 결속하기 위한 목적이었다.

코로나19를 계기로 창궐한 안보적 보수주의의 유사인종주의적 기획은 대단한 성공을 거두었다. 오클라호마대학 국승민 교수의 분석에 따르면 트럼프가 중국과 코로나19를 연계해 트위터에 올릴 때마다 4시간 내에 미국 전역에 인종차별적 트윗이 20% 이상 증가하고, 같은 날 아시아인을 대상으로 하는 혐오범죄는 8%가 증가했다.[15] 미국의 갤럽 조사에 따르면 미국 국민의 중국에 대한 부정적 인식은 트럼프 집권 이후 1년 만에 두 배 이상 증가했다. 한국에서도 같은 현상이 벌어진 것이다. 2021년 6월 25일 《국민일보》가 지령 1만호를 기념하여 진행한 여론조사에서 중국은 가장 싫어하는 국가로 선정되었다. 전체 국민의 51.7%가

---

14 〈98.6% 受访者对美国在新冠问题上甩锅中国忍无可忍〉, 中国青年网, 2021년 09월 01일.

15 국승민, 〈미국 내 아시안 혐오, 한국 내 중국인 혐오〉, 《시사인》. 2021년 04월 10일.

중국을 꼽았고, 18세부터 24세까지 연령층에서는 60.3%가 중국이라고 답했다. 압도적인 비율이었다. 한반도를 식민지배했고, 위안부배상문제로 국가 간 충돌을 빚었던 일본(전체: 31.2%/18~24세: 22.8%)보다 월등히 높았다.[16] 특히 포털 사이트에 무한대로 노출되어 있는 젊은 층의 중국혐오는 다른 연령층에 비해 폭발적으로 증가했다. 《시사인》은 그것을 '적개심'이라 부르며 공포보다는 "경멸"에 가까운 것이라고 분석했다.[17]

한국에서 중국에 대한 유사인종주의적 기획은 경제적 보수주의뿐만 아니라 진보진영까지 장악했다. 《시사인》의 보도에 따르면, 진보 정치인조차 "'친중 정치인' 낙인 찍힐라 쉬쉬" 하고 있었다.[18] 중국을 중시해야 한다는 응답이 48.3%로 미국을 중시해야 한다는 의견(38.1%)보다 10.2%가 높았던 노무현정부 시절과 완전히 다른 현상이 벌어졌다. 이것은 미국과는 대조적이었다. 미국에서는 '우한 바이러스'라고 부르며 노골적인 인종주의를 부추긴 트럼프 대통령의 기획에 대항하는 반대진영의 노력이 활발하게 전개되었다. 인권단체뿐만 아니라 홍보대행사, 정치인까지 나섰다. #IAmNotCovid19, #RacismIsAVirus, #HealthNotHate 및 #MakeNoiseToday와 같은 해시태그는 그들이 노력한 결과물이었다.[19]

한국에 등장한 유사인종주의는 미국의 반인종운동가 이브람 X. 켄디(Ibram X. Kendi)가 정의한 인종주의의 일종이다. 켄디는 인종이란 단

16 〈'가장 싫은 나라 중국, 북한은 남'…MZ세대 모든 것〉, 《국민일보》, 2021년 06월 25일.
17 〈20대는 왜 이렇게 중국을 싫어할까?〉, 《시사인》, 2021년 07월 14일.
18 〈중국의 모든 것을 싫어하는 핵심집단, 누굴까?〉, 《시사인》, 2021년 06월 17일.
19 Tiffany Hsu, "Anti-Asian Harassment Is Surging. Can Ads and Hashtags Help?", NYT, 2021.02.26.

순한 피부색깔로 구분되는 것이 아니라 "사회적으로 존재하는 차이가 수집되고 병합되어 만들어진 권력구성체"라고 정의한다.[20] 인종주의는 유럽이 근대성을 구성하는 한 축이었던 식민주의의 한 구성요소였다. 식민주의보다 더 오래 안정적으로 지속되며, 세계적인 헤게모니 권력을 구성하는 식민성의 한 요소이다.[21]

한국의 안보적 보수주의 진영은 코로나19 사태를 계기로 잠자고 있던 식민주의적 인종주의를 불러내 중국과 중국인에게 유사인종주의를 가동시켜 신식민주의체제 내에 있는 한국민의 식민성 강화를 시도했다. 그것은 미국인이 코로나 바이러스를 우한 바이러스라 부르며 중국의 문제라고 치부하고 "그것은 가난한 비백인 국가에서 일어나는 것이지, 분명히 이쪽에서 일어나는 일이 절대 아니다"[22]라며 마스크 쓰기를 거부하고 인종주의를 강화하는 보수 백인의 이데올로기와 동일한 논리구조이다. 중국과 중국인에 대한 유사인종주의의 확산은 그들의 신식민주의체제를 공고히 하는 데 강력한 우군이었다.

---

20 Ibram X. Kendi, *How to Be An Antiracist*, New York: one world, 2019, p.35.

21 안태환, 〈사회적 소수자를 바라보는 두 개의 시각-포스트식민주의와 탈식민성 담론〉, 《코기토》 75호, 2014, 44쪽.

22 앤드루 류, 앞의 책, 124쪽.

4부

짱깨주의의 탄생

1 짱깨의 부활

홍콩 사태가 한창이던 때 경희대학교 학생들의 자유발언 사이트인 대나무 숲에서 중국국적 학생이 글을 올렸다. 학생은 주변에서 중국인을 자꾸 짱깨라고 하는 것을 듣고 "경희대학교 학생들은 모두 지성인이라 믿습니다. 다시는 이런 일이 없도록 노력해 주시면 감사하겠습니다. 저의 하소연을 읽어 주셔서 감사합니다"는 글을 올렸다.[1] 그 글 밑에 한국인으로 추정되는 학생의 글이 올라왔다. "안녕하세요. 저는 홍콩에서 태어나 홍콩국적을 가진 경희대학교 학생입니다. 중국 사람들은 짱개가 아닙니다. 걍 개 그 자체입니다. 남의 나라에 와서 돈 많다는 이유로 지들 하고 싶은 거 마음대로 하고 준법정신 하나도 없이 지들 하고 싶은 대로 다 하는 게 개지 사람입니까?"라는 글을 올렸다.

스위스 저널리스트 기 메탕이 쓴 《루소포비아: 러시아 혐오의 국제

---

1 경희숲 38007.

정치와 서구의 위선》[2]이라는 책 제1장에 "모든 잘못을 러시아에게 뒤집어 씌울 수 있는데 무엇 때문에 소소한 일로 다른 누군가를 힐난하는가"라는 한 러시아인의 자조 섞인 말이 인용되어 있다. 지금 한국에 그런 일이 일어나고 있다. 모든 잘못은 중국에게 있고, 그런 중국인들은 짱깨일 뿐이며, 짱깨를 혐오하고 차별하는 것은 자유이자 권리라는 논리가 팽배하다.

포털이 클린 봇으로 강제적으로 짱깨라는 단어를 걸러 내기 전까지 인터넷에 들어가면 중국 관련 글에 달린 댓글에는 짱깨라는 단어가 빠짐없이 등장했다. 내용과 상관없이 거의 모든 중국 관련 기사에는 '짱깨는 이상하다', '짱깨가 다 그렇지', '짱깨는 믿을 수 없다', '짱깨는 도둑질해 간다', '짱깨는 물러가라'는 식의 댓글이 붙었다. 다음소프트가 운영하는 빅데이터 분석 누리집 '소셜메트릭스 트렌드(지금은 썸트렌드)'의 조사에 따르면 2019년 12월 다섯째 주에 짱깨라는 단어가 쓰인 횟수는 710회였다. 코로나19가 확산되기 시작하고 약 한 달 뒤인 2020년 1월 마지막 주에는 1만 1,029회로, 약 15.5배로 급증했다. 《한겨레》의 조사에 따르면 트위터에 등장하는 짱깨라는 혐오 표현이 1월 23일 32회였다가 청와대 국민청원에 '중국인 입국금지 요청'이 올라온 뒤에는 하루 1,000회를 넘어섰다. 아마도 짱개, 짱게, 짱꼴라, 중공놈, 중국놈과 같은 유사한 혐오 표현을 포함시키면 최소한 몇 배는 더 올라갈 것이다.

짱깨가 혐오 표현이라는 사실은 이제 누구든 안다. 인권센터에서도

---

2 기 메탕, 김창진 외 옮김, 《루소포비아: 러시아 혐오의 국제정치와 서구의 위선》, 가을의아침, 2022, 35쪽

짱깨를 혐오 용어라고 정의하고 사용하지 말아야 한다고 권고하고 있다. 네이버의 클린 봇도 최근부터 '짱깨나', '짱깨가'를 거르기 시작했다. 그러나 짱깨라는 단어를 거른다고 해서 짱깨라는 단어가 가지는 중국인과 중국에 대한 인식체계가 사라질 것으로 보이지 않는다. 혐오의 인식이 살아 있는 한 혐오의 표현 또한 진화하기 때문이다. '짱X'로 표현 방식이 진화하거나 심지어 '중국'이라고 표현하더라도 이미 그 안에 짱깨의 의미가 내포되어 있는 상황이다. 일부 청소년들은 이미 '착짱죽짱'이라는 신조어까지 만들어 쓰고 있다.[3] '착한 중국인은 죽은 중국인'이라는 뜻이다. 중국인은 죽기 이전에는 착할 리가 없다는 것이다. '짱꼴라'가 '짱깨'로 바뀌어 왔듯이 지금도 '짱깨'가 '짱개'로 바뀌었고, 짱깨는 다시 '중공'으로 바뀌고 있다. 중국에 대한 혐오가 일상적으로 자리 잡으면 '짱깨'나 '중공'이 아니라 중국이라는 용어 자체만으로도 혐오는 통용될 수 있다. 지금은 그런 단계까지 왔다.

짱깨라는 개념은 서구의 인종주의가 지니는 혐오를 그대로 품고 있다. 《혐오사회》에서 카롤린 엠케가 말했듯 혐오사회에서 미움받는 존재는 언제나 모호하다. 짱깨가 중국을 말하는지, 중국인을 말하는지 알 수 없다. 중국인은 다 나쁘다는 것인지, 나쁜 사람은 중국인이라는 것인지도 알 수 없다. 중국기업에 다니는 한국인은 짱깨인지 아닌지도 모르겠다. 볼보자동차는 짱깨인지 아닌지 누가 구분할 수 있을까. 그러나 분명한 것이 하나 있다. 누군가 만든 모호한 집합체인 짱깨라는 단어가 증오의 수신자가 되고 있는 것은 틀림없다.

---

3 〈엘사·착짱죽짱…아이들 입에서 이런 거친 말이〉, 《매일경제》, 2020년 10월 25일.

자의적인 비난과 분노를 표출하는 사람들은 대부분 절대적인 확신이 있다. 엠케의 지적대로 증오에는 확신이 절대적으로 필요하다. 증오하는 자에게는 자기 확신이 있어야 한다. "의심하는 자는 증오할 수 없다. 회의한다면 그렇게 이성을 잃을 리가 없다." 중국인은 더럽고 시끄럽고 무질서해야 한다. 동북공정은 중국이 북한을 노린 패권전략의 하나여야 하고, 사드에 대한 중국의 대응은 보복이어야 하며, 모든 미세먼지는 중국발이어야 한다. 모든 '어쩌면'은 그들의 혐오에 방해만 되고, 모든 '혹시나'는 혐오의 힘을 약화시킬 뿐이다. 증오는 "위 또한 아래로, 어쨌든 수직의 시선 축을 따라서 움직이며 '높은 자리에 있는 자들'이나 '저 아래 것들'을 향한다." 짱깨는 저 아래 것들에 속한다. 중국이 경제적으로 성장했거나 G2로 분류될 만큼 힘이 생긴 것과는 상관없다. 짱깨라는 개념 속에서 그들은 이미 열등한 존재로 분류되어 있기 때문이다.

중국인 일부가 '빵즈'라는 단어를 사용해 우리를 혐오한다고 해서 우리의 인식과 태도가 면죄부를 받을 수 있는 것은 아니다. '짱깨'는 '빵즈'에 저항하는 개념으로 만들어진 것이 아니라 우리가 청산하지 못한 식민주의의 유산이기 때문이다. 또한 짱깨라는 개념의 부활은 혐오와 차별을 정치화하는 우익 집단[4]의 기획도 숨어 있다. 아울러 혐오와 분노를 판매하는 전후체제 위기 시대의 언론 환경과도 관련 있다. 짱깨라는 용어는 이런 구조의 표상이다.[5]

특정한 국가나 민족을 혐오하는 데는 혐오할 이유가 있어서 그런 것

---

4 카스 무데, 권은하 옮김, 《혐오와 차별은 어떻게 정치가 되는가》, 위즈덤하우스, 2021 참조.
5 맷 타이비, 서민아 옮김, 《헤이트: 우리는 증오를 팝니다》, 필로소픽, 2021 참조.

이 아니다. 혐오해야 할 국가나 인종은 없다. 어떤 국가나 민족도 잘하는 일이 있고 못하는 일이 있다. 모든 혐오는 혐오를 조장하는 집단의 특정한 목적이 숨어 있고 그런 단어가 사용되어 온 역사가 있다. 그런 집단은 특정한 국가나 인종의 일상을 자기들의 기준대로 채집하여 분류하고 전시하며 혐오를 유발한다. 짱깨라는 개념이 짱깨주의로 구조화되는 데는 그런 집단의 특정한 목적이 숨어 있다.

2 짱깨와 짱깨주의

짱깨라는 개념은 역사성을 가진다. 짱깨라는 개념은 세 단계로 시기를 구분하여 살펴볼 수 있다. 1단계는 식민지 조선 시기이다. 조선 말 조선 지식인들의 중국관은 종족적으로 한족과 이민족을 구별하는 '화이사상'과 지리적으로 중국을 중심으로 생각하고 주변 지역을 미개하다고 생각하는 '중화주의', 그리고 종족이나 지리와 상관없이 문화적 우위에 따라 '화(华)'와 '이(夷)'를 나누는 '문화적 계서의식'이 섞여 있었다. 실학자 박지원은 전근대적 사대주의와 새롭게 탄생한 탈중화주의적 인식을 함께 지닌 대표 인물이다. 그는 《열하일기》에서 만주족 중 하층민은 '되놈'이라고 부르고, 관료들은 '청인(清人)'이라고 부르며 한족은 '한족(漢族)' 혹은 '중국인'이라고 불렀다. 여전히 '청인'을 오랑캐로 부르며 '중국인'과 구분한다는 점에서 사대주의 인식이 남아 있으나, 하층 만주족을 '되놈'이라고 부르며 '청인'과 구분한다는 점에서 문화 수준으로 '화'와 '이'를 나누는 새로운 중화주의 인식을 엿볼 수 있다.[6] 만약 일본에게

식민화되지 않았다면 조선 말 사대부들의 세계인식은 평등한 세계인식으로 나아갔을 것으로 추정할 수 있는 자료이다. 짱깨라는 용어는 식민지 조선에서 탄생했다. 짱깨라는 용어는 사대의 대상이었던 청 제국이 제국주의 열강에 의해 몰락하고, 일본이 조선을 지배하는 식민지 시대에 조선에서 생활하던 중국인을 대상으로 등장했다. 이 시기 조선 지식인들의 복잡한 중국인식은 의병장 유인석의 '이이제이론'에서 잘 드러난다. 유인석은 "금수의 위협으로부터 중화를 지키기 위해서라면 이적의 힘을 빌리지 못할 이유가 없다"[7]며 일본의 침략에 대응하여 중국과 협력하자는 주장을 펼친다. 그도 여전히 문화를 차등하여 인식하는 전근대적 세계관을 가지고 있었지만 중국을 '화'의 대상이 아니라 필요에 따라 협력할 수 있는 동등한 국가로 인식한다는 점에서 전통적 사대주의와 완전히 다른 인식을 보여 주고 있다.

한국에 중국인이 이주한 것은 1880년대부터였다. 1930년대에 화교 중국집은 약 1,500개에 달했고, 조선에서 사는 화교는 1940년대에 이르면 약 8만 명이 넘었다.[8] 1894년 청일전쟁 이전까지 한국에 들어온 중국인은 주로 화교 상인이었다. 그들은 조선에 와서 주로 중국음식점을 차렸다. 이 시기 중국인에 대해 특별히 차별하는 인식은 없었던 것으로 판단된다. 당시 대중들에게 청요리는 새로운 근대문화의 혜택으로 받아들여졌고, 청요리집 주인은 부러우면서도 속물스러운 대상으로 비추어졌다.

---

6 박지원, 이가원 옮김, 《열하일기》1, 올재, 2016, 40, 59, 64, 65, 66, 68, 74, 91, 103, 109쪽.

7 유인석, 《의암집》 권24, 1897년; 배우성, 《조선과 중화》, 돌베개, 2014, 516쪽 재인용

8 이정희, 《한반도 화교사》, 동아시아, 2018, 30쪽, 311쪽.

그러나 1894년 청일전쟁으로 중국이 패배하고 일본이 본격으로 조선을 장악하기 시작하자 조선에서 중국인에 대한 인식은 빠르게 변했다. 중국인에 대한 인식 변화를 주동한 세력은 일본과 손을 잡았던 개화파였다. 중국을 극복대상으로 삼았던 개화파들이 발행한 《독립신문》에는 이미 1890년대부터 '청인놈', '청국놈' 같은 표현이 등장한다. '거머리'와 같은 혐오 표현도 여과 없이 사용하였다.[9] 그들의 중국인 인식은 동시대의 일본인과 궤가 같았다. 일종의 식민주의적 인종주의 인식이었다. 중국을 식민화시키고자 한 일본은 중국인을 열등하고 미개한 국민이라고 인식했다.[10] 식민주의적 근대화론이 등장한 것이다.

청일전쟁 이후 대중들도 식민 담론에 포섭되었다. 이 시기에 이르면 대중들도 돈을 넣는 통을 장악하고 있는 사람이라는 문자적 의미를 가진 '장궤'라는 용어와 오랑캐를 뜻하는 말인 '되놈'이라는 용어를 사용하기 시작했다. 되(胡)라는 말은 오랑캐라는 뜻이다. "호탕하고, 선의가 있으며, 부유한 사람"으로 인식되던 중국인이 "더럽고, 시끄럽고, 악착같은 사람"으로 바뀐 것이다.[11]

1930년대에 이르면 개화파를 중심으로 한 미개한 중국이라는 인종주의적 인식은 조선총독부의 지휘하에 친일파를 중심으로 적대적 진영 논리로 발전한다. 몰락한 청국에 대한 비하, 부상하는 일본이라는 '문명국'에 대한 선망, 조선으로 넘어온 중국인 노동자로 인한 일자리 상실에 대한 공포감, 한국에서 자리 잡은 중국 상인에 대한 경계심이 적대적 식

9 《독립신문》, 1896년 05월 21일.

10 전희진, 〈상상된 중국인 그리고 식민지 조선 지식인의 딜레마〉, 《사회와역사》 97호, 2013, 163쪽.

11 전우용, 〈한국인의 화교관-자가당착적인 민족서열의식〉, 《실천문학》 63호, 2001, 87쪽.

민주의로 체계를 잡았다. 결국 몰락한 중국인을 야만인으로 규정하고 일본을 문명국으로 표상하며 문명국인 일본 편에 서서 중국을 몰아내자는 적대 의식은 1931년 중국인 집단학살로 번지고 말았다.

만보산 사건은 조선화교의 약 57%를 차지한[12] 중국인 노동자 유입에 따른 일자리 경쟁과 범죄문제, 중국 정부의 만주지역 내 조선인 처우, 식민화한 한국을 적대 진영으로 삼아야 했던 중국 정부의 전략 들이 겹쳐 복합적으로 작동했다. 그러나 만보산 사건이 일본과 조선의 식민주의적 인종주의의 결과물이라는 사실은 분명하다. 이 시기 조선총독부는 일본 상인과 경쟁하는 화교 상인을 견제하려고 중국인 노동자와 조선인 노동자 사이 갈등을 부추기는 정책을 사용했고[13], 전우용 교수가 "얼빠진 식민지 지식인"이라고 부르는 친일 지식인은 일본이 중국을 적대시하는 정책에 부응하여 대거 중국인과 화교에 대한 인식을 악화시켜 나갔다.[14] 《조선일보》와 《동아일보》는 그런 인식을 부추기는 주요 매체였다. 200여 명에 이르는 학살을 만들어 낸 만보산 사건은 일부 조선인에게 내재한 식민주의적 인종주의를 《조선일보》가 활용하여 만들어 낸 전형적이고 비극적인 인종주의적 학살이었다.

그러나 조선인의 중국인식이 식민주의 형태로만 존재한 것은 아니었다. 식민지 조선에는 '얼빠진 식민지 지식인'만 있었던 것도 아니고 《조선일보》와 《동아일보》에 식민 연대를 모색하는 기자가 없었던 것도

---

12 김태웅, 〈1920·30년대 한국인 대중의 화교 인식과 국내 민족주의 계열 지식인의 내면세계〉, 《역사교육》 112호, 2009, 102쪽.

13 김태웅, 위의 글, 105~106쪽.

14 전우용, 앞의 글, 88쪽.

아니었다. 일부 지식인은 '지나인', '중국인'과 같은 탈식민주의 용어를 적극 사용했다.[15] 그러나 안타까운 일은 그들이 조선 지식인의 주류도 아니었고, 신문의 주류도 아니었다. 그들이 사용하던 탈식민주의 용어는 1920년대 이후 주변으로 밀려나고 말았다.

1920년대 이후 각종 신문의 중국인 관련 보도는 강도, 인신매매, 간음, 밀수, 사기, 도박, 살인, 아편, 유괴와 같은 보도가 주류였다. 이런 보도는 "흉악한 중국인, 가증스러운 중국인, 음흉한 중국인"과 같은 식민주의 인식이 깔려 있었다.[16] 조선총독부 기관지였던 《매일신보》뿐만 아니라 《조선일보》나 《동아일보》 같은 조선인 신문도 끊임없이 중국에 대한 식민주의를 확대 재생산했다. 결국 1937년 중일전쟁이 발발한 이후부터 조선에 사는 중국인들은 적성국 국민으로 간주되며 만보산 사건 때 가해졌던 테러보다도 더한 억압이 일상적으로 가해졌다.[17]

일본으로부터 해방이 인종학살을 낳은 중국인에 대한 식민주의적 인종주의를 끝낸 것은 아니었다. 타율적 해방 공간에서 친미반공주의자들은 중국에 대한 식민주의를 여과없이 수용하여 중국과 중국인 대신 '중공'이나 '짱깨'를 사용했다. 친미반공주의자들이 한국 사회의 주류가 되면서 결국 "화교와 조선인은 갈등 관계를 이룬다기보다는 호혜와 협력을 통해서 피지배자의 연대를 구성할 수 있는 관계"[18]를 꿈꾸던 다중들의 탈식민주의 의식은 다시 수면 아래로 사라졌다. 김성보 교수의 지

---

15 《매일신보》, 1915년 04월 20일; 《개벽》, 1922년 11월; 전희진, 앞의 글, 154~155쪽 재인용.

16 손승회, 〈1931년 식민지조선의 배화폭동과 화교〉, 《중국근현대사연구》 41집, 2009, 150~151쪽.

17 전우용, 앞의 글, 91쪽.

18 전희진, 앞의 글, 143쪽.

적대로 한국전쟁 발발과 중국 참전은 중국을 '오랑캐'로 부르는 식민주의적 인종주의를 강화시키는 역할을 수행했다. 보수언론들은 중화민국 공화국과 중화제국의 연속성을 강조하며 중국의 침략사를 적극적으로 부각시켰다.[19]

1992년 한중수교는 양국 간의 샌프란시스코체제적 대립을 누그러뜨렸을 뿐만 아니라 중국에 대한 식민주의적 인종주의를 누그러뜨리는 계기가 되었다. 짱깨라는 단어의 사용은 대폭 줄어들었고, 중국, 중국인이라는 용어를 주로 사용했다. 물론 이때도 짱깨라는 개념은 사용되었다. 그러나 식민주의 성격을 가진 '찬코르'보다 '청요릿집'을 바라보는 시선에 가까운 '장궤'의 의미가 더 강했다. 지금 일부 청소년이 주로 사용하는 '흑형'과 유사한 형태로 주로 사용되었다. 차별의 의미는 분명히 있지만 혐오의 의미는 그다지 크지 않았다. "오늘은 짱깨 먹으러 가자"는 "저 흑형 엣지 있다"는 식의 친숙함의 표식이기도 했다.

노무현정부의 탈식민주의적 균형외교 노선은 한국의 보수주의자에게는 체제적 도전이었다. 동북공정 사태는 무너져 내리는 그들의 세계를 탈환할 수 있는 결정적 기회였다. 동북공정 사태를 계기로 짱깨라는 개념은 중국인을 혐오하는 유사인종주의의 하나로 바뀌기 시작했으며, 신식민주의체제를 유지하기 위해 중국을 배척하는 적대 개념으로 활용되기 시작했다. 잠재되어 있던 식민주의적 인종주의를 유사인종주의 형태로 부활시켜 신냉전체제를 구축하고 신식민주의체제를 옹호하고자

---

19 김성보, 〈동아시아 분단·전쟁의 연쇄와 한국·중국의 민족주의 역사의식〉 전인갑·왕위안저우 편, 《한중 역사인식의 공유》, 동북아역사재단, 2020, 150~161쪽.

하는 짱깨주의가 탄생했다. 에르네스토 라클라우(Ernesto Laclau)가 말하는 반동주의자들이 위계질서를 재구축하려는 시도인 '새로운 적대'[20]의 한 형태였다.

이 시기가 되면서 한국의 짱깨주의는 대중들의 중국관을 압도적으로 장악한다. 2021년 6월 《시사인》은 〈지금 중국에는 딱히 '반한정서'라고 할 만한 것이 존재하지 않는다〉는 기사를 실었다.[21] 중국에 거주하는 한 한국인 문화교류 활동가가 현지 생활에서 경험을 바탕으로 지금 중국에는 고구려를 자기 땅이라고 생각하는 사람이 많지도 않고, 고구려를 중국 땅이라고 주장하는 것이 불합리하다는 중국학자들의 연구도 꾸준히 발표되고 있으며, 한복을 중국복장이라고 생각하는 사람은 소수이며, 한국에 적대 감정을 가지는 중국인 또한 많지 않다는 기사였다. 그러나 포털 사이트의 댓글은 그를 향한 "친중 매국노", "친중 매국노 포털", "전체주의 옹호자", "간첩", "공산당 끄나풀" 등 극단적인 혐오와 "중공인 국내로 들어오지 못하게 하라"는 유사인종주의적 분노로 도배가 되었다.

엠케가 예리하게 통찰한 것처럼 혐오는 혐오를 하는 사람들을 비난하는 것으로 해결되지 않는다. 혐오를 부추기는 세력과 사회구조가 있기 때문이다. 이 시기 안보적 보수주의자들은 짱깨주의를 동원하여 중국과 적대 전선을 구축하려고 노력했다. 국민의힘은 당의 색깔을 정하면서 노란색을 뺐다. "노란색이 중국공산당을 연상시키고, 박근혜 전 대

20 에르네스토 라클라우·샹탈 무페, 이승원 옮김, 《헤게모니와 사회주의 전략: 급진 민주주의 정치를 향하여》, 후마니타스, 2012, 275쪽.

21 https://www.sisain.co.kr/news/articleView.html?idxno=44778, 2021년 06월 15일.

통령이 탄핵되는 데 결정적인 사건이 된 '세월호 침몰 사건'을 떠올리게 한다"[22]는 게 이유였다.

안보 보수주의자와 극우는 중국을 바라보는 시각에 별다른 차이가 없다. 짱깨를 추적해 보면 수많은 극우 사이트들이 연결되어 있다. 그들은 조선족과 중국의 문제를 부각시키고 짱깨로 통칭한 뒤 박멸이나 추방을 외친다. 한 극우성향의 연구소는 "조선족은 중국동포가 아닙니다. 짱깨들이죠"라고 주장한 뒤 "문재인정부 때문에 한국에 조선족이 대거 들어왔고, 이제는 화장실에 광고 글도 버젓이 올립니다. 장기 필요하신 분, 돈 급하신 분 등등", "조선족과 짱깨는 상상을 초월하는 존재들입니다"라고 주장하며 '짱깨박멸'을 외친다. 한 극우 사이트는 박원순 시장이나 문재인 대통령의 일부 중국 정책, 그리고 시민들의 일본상품 불매운동을 묶어 '짱깨빨갱이'라 표현한 다음 "자유시장과 자유정신을 악용하는 짱깨들과 반일 조센징, 두 종족은 지구상 반드시 없애 버려야 할 쓰레기들"이라고 주장한다. 유럽의 인종주의가 그랬듯 "'적대 인종'이 위험한 존재임을 증명하고 이 '적대 인종'에 대한 위기감과 적개심을 정당화시키며, 이 위험한 '타자'로부터 '우리'를 보호하는 모든 행위는 올바른 것이라는 신념을 확산"[23]시키고 있다.

2021년 초반부터 각종 포털 사이트에서 짱깨라는 단어는 클린 봇으로 걸러 내 거의 사라진다. 그러나 짱깨라는 단어를 인터넷에서 클린 봇이 걸러 낸다고 해서 짱깨주의가 사라진 것은 아니다. 짱깨주의는 하

---

22 〈"노랑 빼, 중국공산당이냐" 국민의힘 '빨강·파랑·하양' 3색으로〉, 《서울신문》, 2020년 09년 23일.
23 나인호, 《증오하는 인간의 탄생》, 역사비평사, 2019, 229~230쪽.

나의 인식체계이기 때문이다. 《조선일보》는 사용이 불가능해진 '짱깨' 라는 용어 대신에 '중공'이라는 개념을 사용한다. 〈미 상장 디디추싱, 주가 20% 폭락…'중공 리스크' 현실화〉라는 기사[24]가 그 대표적인 예이다. 《조선일보》는 일반적으로 사용하는 '중국 리스크'를 '중공 리스크'로 바꾸어 사용했다. 《매경이코노미》는 이를 '중 공산당 리스크'로 바꾸어 불렀다.[25] 중국공산당을 바라보는 신식민주의 세계관과 '나쁜' 중국공산당을 중국으로 치환하는 유사인종주의가 결합된 중공이라는 새로운 개념을 사용한 것이다. 이 개념은 식민지 시기 '되놈'으로 시작해 냉전시기 '오랑캐'를 거쳐 전후체제 위기 시기에 '짱깨'라는 개념으로 부활한 식민주의적 인종주의 개념의 변형이다.

2021년 5월 중순 《시사인》의 설문조사를 보면 한국에서 중국 담론은 짱깨주의가 완전히 장악하고 있음을 분명하게 보여 준다. 중국에 대한 비호감도는 74.6%였다. 미국(42.7%)뿐만 아니라 일본(71.2%)보다 높았다. 중국을 적이라고 인식한 20대는 무려 62.8%에 달했다. '중국은 한국의 국익을 위협하는 대상이다'라고 응답한 사람은 74.4%였다. 이것은 유사인종주의가 극한으로 치닫던 트럼프정부 시절 미국의 중국인식과 비교해도 놀라운 수치이다. 미국의 갤럽조사에 따르면 2021년 미국민의 중국에 대한 비호감도는 45%였다. 미국인 중 중국이 미국 경제에 위협이 될 것이라고 생각하는 사람은 63%였다. 경제적 위협이 된다고 생각하는 사람과 비호감도의 차이가 18%나 난다. 한국과 매우 다른 결과

---

24 《조선일보》, 2021년 07월 07일.

25 〈미 증시에 불어 닥친 中 공산당 리스크〉, 《매경이코노미》, 2021년 07월 09일.

이다. 한국인은 74.4%가 중국이 한국의 국익에 위협적이라고 평가했다. 중국은 미국의 최대 무역 적자국이고 한국의 최대 무역 흑자국인 걸 감안하면, 한국 내 강력한 유사인종주의 말고는 이런 현상이 나타나는 까닭을 달리 설명할 방법이 없다.

한국인이 중국을 바라볼 때 유사인종주의 경향만 드러난 것이 아니었다. 신식민주의체제에 대한 무감각이나 옹호도 여실히 드러났다. 미국이 옳고, 미국이 이기니 미국 편에 서야 한다는 경향이 압도적으로 나타났다. 중국은 미국을 따라잡을 수가 없고(62%) 미국이 이기니(81.6%) 중국과는 협력조차 필요 없다(51.3%)고 판단한다. 트럼프행정부의 우익적 행태가 끝난 지 불과 몇 달도 지나지 않았지만 미국(57.3%)과 미국인(54.6%)에 대한 호감도는 중국보다 두 배 이상 높았고 일본이나 북한보다도 월등히 앞섰다. 심지어 미국과 중국 간의 경쟁에 대한 예상도 미국인보다 더 미국을 높게 평가했다.

특정한 국가를 혐오의 대상으로 삼는 것은 늘 특정한 정치적 목적이 도사리고 있다. 일반적으로 서구의 반중정서와 혐중 이데올로기를 차이나포비아(Chinaphobia)라고 부른다. 러시아에 대한 혐오 이데올로기를 루소포비아(Russophobia)라고 부르는 것과 동일한 맥락의 개념이다. 그러나 차이나포비아는 국가별로 그 국가의 역사성을 반영하며 각기 다른 차이를 보인다. 미국의 차이나포비아와 독일의 그것이 다르다. 그런 점에서 '짱깨'는 미국인들이 사용한 '칭크(Chink)'라는 개념과 유사하다. 1882년 미국은 중국인 배제법(Chinese Exclusion Act)을 만들었다. 중국인을 동원하여 대륙횡단 철도를 건설한 다음 쓸모가 사라진 중국인을 쫓아내기 위한 법이었다. 중국인들을 저임금 노동자로 동원하고 쓸모를 다하자 등장한 것이 중국인 혐오였다. 칭크는 그렇게 탄생했다. 짱깨주의를 영어로 번역한다면 '칭키즘(Chinkism)'에 가깝다. 자본의 문제를 중국의 문제로 돌리고, 인종주의를 사용하기 때문이다. 그러나 짱깨주의와 칭키즘은 차이가 있다. 짱깨주의는 '칭키즘'에는 없는 신식민주의적 식민성이 들어 있다. 짱깨주의에는 민족이나 국가의 이익과 상관없는 종주국에 대한 맹목적인 믿음과 복종의식이 존재하기 때문이다.

한국의 짱깨주의를 '반중감정'이나 '혐중정서'라고 표현하는 것은 문제의 본질을 흐릴 뿐만 아니라 대항담론조차 형성하지 못하게 만드는 식민의 언어 사용이다. 반중감정은 새롭게 부상하는 국가에 대한 일반적인 배타적 민족주의 성향으로 여느 국가에서 볼 수 있다. 막연한 경계심은 미래에 대한 두려움이 섞인 막연한 심리상태를 뜻한다. 혐중정서는 극대화된 반중감정의 일종으로 사용된다. 그러나 짱깨주의는 배타적 민족주의 정서뿐만 아니라 신식민주의적 유사인종주의가 들어 있는 일종의 이데올로기이다.

2022년 한국의 20대 대통령을 뽑는 선거 과정에서는 짱깨주의가 대선의 결정적 변수로 등장할 만큼 강력해진 것을 확인할 수 있었다. 보수언론과 보수정당은 이미 대중들에게 자리 잡은 짱깨주의를 정치화하기 위해 끊임없이 중국에 대한 혐오와 분노를 자극했다. 《서울신문》의 한 기자는 동계올림픽 쇼트트랙 오심문제를 두고 "그냥 중국이 메달 다 가져가게 하자"는 구절로만 도배된 기사까지 내보냈다. 그 시기 국민의힘 윤석열 후보는 《포린어페어》에 글을 실었다. 그 글은 한국의 보수주의가 어떤 방식으로 중국과 적대 관계를 맺고, 미국이 원하는 신냉전 전략에 편승할 것인가를 잘 보여 주는 한 편의 청사진이었다. 결국 베이징 동계올림픽의 쇼트트랙 오심논쟁을 계기로 그동안 짱깨주의에 대한 경계심을 유지해 오던 민주당까지도 혐중정치에 투항하고 말았다. 혐중정치에 경계심을 가지던 그동안의 태도를 포기하고 '문화공정'에 반대한다며 반중정서에 편승했다.[26] 20대의 표심이 대선의 향방을 좌우할 수 있었고, 20대는 혐중정서에 사로잡혀 있었으며, 민주당은 친중정권이라는 프레임에 갇혀 있었기 때문에 20대의 표를 얻으려면 포퓰리즘을 가동할 수밖에 없었다. 짱깨주의의 승리였다.

---

26 〈미국과 중국 사이, 후보들은 어디에 서 있나〉, 《시사인》, 2022.02.12.

3 짱깨주의의 역사성 : 타율적 근대, 미완의 중국관

한국에서 짱깨주의가 일상화한 것은 안보적 보수주의의 신식민주의적 기획과 극우진영의 유사인종주의적 기획만으로 가능해진 것이 아니다. 우리 힘으로 완성하지 못한 근대의 문제가 자리잡고 있다. 보수언론의 문화공정 프레임은 베이징 동계올림픽 개막식에서 조선족이 한복을 입고 등장하면서 폭발했다. 중국이 한국문화를 빼앗아간다는 공포를 자극했고, 쇼트트랙 오심문제까지 엮어 문화공정 프레임을 강화했다. 결국 중국에 대한 문화공정 프레임은 대선의 주요 이슈로 부상하여 결과에 영향을 미쳤다. 안보적 보수주의의 주요 기획들이 쉽게 확산될 수 있는 까닭은 여전히 식민주의로부터 자유롭지 못한 미완의 근대가 자리 잡고 있다. 한국은 구식민주의로부터 해방을 신식민주의를 동원하여 이루어냈다. 신식민주의체제 아래서 우리는 우리식으로 중국과 근대적 관계를 형성하지 못했다. 오히려 미국적 샌프란시스코체제를 옹호하는 안보적 보수주의가 주동한 신식민주의적 중국인식 체제가 중국을 인식하는 주류로 자리 잡았다.

안보적 보수주의자들의 짱깨주의 기획이 급속하게 일상화된 배경에는 네 차례 왜곡된 한중 간의 미완의 근대가 작동한다. 한중관계의 첫 번째 질곡은 조선의 식민화로 발생했다. 청과 조공책봉체제에 놓여 있던 조선은 스스로 조공책봉 시대를 끝내지 못했다. 서구에 의해 중화제국은 붕괴되었고, 일본에 의해 조선은 식민화되었다. 식민지 조선의 지식인은 대략 세 가지 중국관을 가지고 있었다. 첫 번째는 '중국배척론'이다. 일본을 중심으로 재편되는 새로운 동아시아 질서에 적극적으로 편입하기를 바랐던 개화파 중심의 세계관이다. 그들에게 중국인은 "인민이 약하며 천하며 어리석으며 더러우며, 나라를 위하는 마음이 없으며 남에게 천대를 받아도 천대인 줄 모르고 업신여김을 받아도 분한 줄을 모르는" 사람들이었다. 개화파 중심의 중국관은 전형적인 인종주의를 기반으로 삼는 유럽 식민주의의 복사판이었다. 두 번째는 '동병상련론'이다. 식민화되는 두 국가의 처지에 공감하고 중국의 탈식민화 노력에 관심을 보이는 지식인이 등장했다. 그들에게 중국의 개혁파와 혁명파는 주된 관심의 대상이었다. 그들은 중국도 혁명을 통해 일등문명국이 되기를 바랐다. 세 번째는 '동양평화론'이다. 한중일 삼국이 운명공동체라는 인식을 가지고 "각국의 자주권을 바탕으로 백색인종인 서구열강에 대항하자는 황색인종의 공영론"을 주장했다.[27] 일종의 탈식민주의적 연대론이다. 그러나 1894년 청일전쟁과 1904년 러일전쟁을 거치면서 개화파들의 '중국배척론'을 이어받은 친일파들이 주류가 되면서 '동병상련론'과 '동양평화론'

---

27 백영서, 〈대한제국기 한국언론의 중국인식〉, 《역사학보》 153권, 1997, 112~134쪽.

은 설 자리를 잃었다.

한편 조선 시대 농민들의 중국관은 식민지 조선의 지식인과 달랐다. 동학농민운동에 나타나는 조선 농민들의 세계관은 청 말 중국민의 세계관[28]과 유사하게 탈식민주의적 연대론에 가깝다. 그들은 국경을 초월하여 자신들의 삶을 식민화시키고자 하는 모든 세력—제국주의 열강, 봉건지주, 전제군주체제 세력 들—과 싸움을 벌였다. 아마도 그들이 근대를 만든 주력 세력이 되었다면 한중관계는 지금보다 훨씬 더 공동체적이고 근대적인 형태로 변했을 것으로 추정한다. 그러나 동학농민운동은 실패했고, 지식인들의 중국배척론이 식민지 조선의 주된 중국관으로 자리 잡았다.

한중관계의 두 번째 질곡은 타율적 해방으로부터 왔다. 식민주의를 온전히 청산하지 않은 샌프란시스코체제가 구축되면서 식민지 조선의 중국배척론은 별다른 여과 없이 남한에 유산되었다. 분단체제 속에서 이식된 미국의 근대화론은 식민지 조선의 중국배척론을 고스란히 해방공간에 물려주는 기제로 작동했다. 미국의 근대화론은 중국을 5천 년간 아무런 발전이 없는 정체된 국가였고, 서구의 충격만이 중국을 근대로 구해 올 수 있었으며, 서구가 간 길이 표준이기에 중국은 서구의 길을 가야 성공할 수 있는 국가로 규정했다. 미국의 학적 체계하에 있는 한국의 지적체계는 미국의 근대화론뿐만 아니라 중국 붕괴론과 중국 위협론 같은 미국의 주류 중국관을 무비판적으로 수용하는 기제로 작동했다.

세 번째 질곡은 냉전 편입으로 발생했다. 미국 중심의 샌프란시스코

---

28 김희교, 〈'멸양'에서 '반미'로: 민중 설화로 본 청말 민중사회 I〉, 《동양사학연구》 64권, 1998 참조.

코체제에 편입된 한국은 냉전의 한복판에서 한국전쟁을 겪었고, 중국과 적대 진영을 구축했다. 중국은 공산당이 지배하고, 중국공산당은 중국을 전체주의적으로 지배하며, 중국공산당은 중국민을 통제하고 수탈하며, 전체주의 국가인 중국은 결국 세계를 위협하게 만들 것이라는 짱깨주의의 기본 틀은 이 시기에 완성되었다. 트럼프행정부가 중국을 중국공산당으로 바꾸어 부르자 한국의 보수언론들과 많은 학자들이 곧바로 수용한 사실은 한국 사회의 주류는 여전히 냉전 시기의 중국관을 전혀 청산하지 않은 채 지금까지 왔음을 잘 보여 준다.

네 번째 질곡은 시장주의적 한중수교에서 발생했다. 냉전을 스스로 극복하지 못한 한국은 미국이 주도한 키신저 시스템을 수용하면서 미국의 승인하에 중국과 수교했다. 키신저 시스템은 샌프란시스코평화조약이 지닌 체제적이고 적대적인 대립을 누그러뜨리고, 친미주의와 반공주의를 희석시키는 효과를 가져왔지만, 경제지상주의로 중국을 바라보기 시작했다는 점에서 또 하나의 질곡이다. 중국과 좋은 이웃 국가로 더불어 살기 위해 수교를 한 것이 아니라 중국이라는 시장이 필요해 수교를 했기 때문에 중국과 좋은 이웃이 되고자 하는 공동체주의는 설 곳이 없었다. 급속한 중국의 경제성장으로 중국상품들이 한국상품과 경쟁관계에 놓이자 경제지상주의자들의 혐중정서는 급속히 증가했다. 이웃이라는 공동체 의식이 없는 상태에서 만들어진 한중관계는 이웃이 되어야만 해결할 수 있는 문제들—역사문제, 공해와 영해문제, 미세먼지문제, 문화주권문제, 평화체제문제들을 놓고 자연스럽게 충돌할 수밖에 없었다. 짱깨주의는 그런 역사적 질곡 위에서 매우 손쉽게 대중이 인식하는 중국으로 자리 잡았다.

안보적 보수주의의 짱깨주의는 식민주의적 근대화론의 결정판이다. 친일적 개화파의 식민주의적 중국인식과 친일파의 적대적 중국인식이 친미반공주의자들로 이어져 신식민주의체제의 주된 중국 인식체계로 자리 잡았고, 전후체제의 위기 속에서 짱깨주의로 부활했다. 개화파와 친일파에게는 중국과 "호혜와 협력을 통해서 피지배자의 연대를 구성할 수 있는 관계"[29]라는 탈식민주의 의식이 부족했고, 반공주의자들과 친미반중주의자들에게는 완전한 주권을 확보하고 더 평등한 국가 간 체제 속에서 살겠다는 근대적 주권의식이 없었다. 그런 점에서 짱깨주의는 영토와 주권이 완전히 갖추어진 근대적 한반도가 제대로 완성되지 못한 것을 보여 주는 표상이다.

---

29 전희진, 앞의 글, 2013, 143쪽.

5부

짱깨주의의 프레임I
:유사인종주의

중국과 중국인에 대한 하나의 인식체계인 짱깨주의는 다양한 방식으로 유통된다. 언론의 기사, 연구자들의 논문, 전문가들의 인터뷰나 여러 기관들의 보고서, 포털 사이트, 영화와 드라마, 유튜브, 인터넷 댓글, 배타적 민족주의 성향 단체들의 활동, 정당의 각종 성명서 등에서 일상화되고 있다. 일상화된 짱깨주의의 가장 대표적인 특색은 유사인종주의적 성격이다. 유사인종주의는 오리엔탈리즘적 학적 체계에서 학습된 인종주의와, 샌프란시스코체제를 강화해 전후체제의 위기를 극복하려는 안보적 보수주의의 기획이 어우러져 생겨났다. 이는 급속도로 한국의 주류 중국관으로 자리 잡았다. 이 장에서는 여러 방식으로 유통되는 유사인종주의를 주요 어젠다와 프레임 중심으로 살펴보고 그 특질을 드러내 보고자 한다.

1 미개한 중국

오늘도 계속되는 대륙시리즈

코로나19가 확산되던 2020년 1월 말경 《조선일보》는 〈'중국발 전염병' 왜 많은가〉라는 칼럼을 게재했다. 신문사 논설위원의 글이었다. 이 글은 "깔끔하게 포장된 육류·생선을 파는 서구식 대형마트가 중국에선 이상하리만치 인기가 없다"는 문구로 시작한다. 한국에서 중국의 식습관을 이야기할 때 빠지지 않는 "책상 빼고 다리 네 개짜리, 비행기 빼고 다리 두 개짜리는 다 먹는다"는 이야기도 인용했다. 그리고 "1968년 세계적으로 75만 명이 사망한 홍콩독감, 2003년 774명이 희생된 사스, 2010년 조류인플루엔자가 광둥에서 발생한 것은 우연이 아니다"는 주장을 한다. 이 기사의 주장을 한마디로 정리하면 중국인이 미개해서 전염병이 많다는 결론이다. 이 기사는 한국 언론들이 대부분 공유하고 있는 미개한 중국 프레임의 전형적인 기사이다. 켄디의 분류대로 따르면 전형적인 "생물학적 인종주의(Biological Racism)" 중 하나이다.

이 기사의 첫 번째 문제는 역사학자 페르낭 브로델이 지적한 '수의 세계를 임의대로 분할하고 조직하여 특정한 비중을 부여'하는 숫자의 마술을 사용한다는 데 있다. 서구는 늘 인구가 많다는 까닭만으로 중국을 "질병들의 거대한 저장소"인 '병리학적인 운명'을 지니고 있다고 간주해 왔다.[1] 중국은 거대한 인구와 넓은 땅을 가진 그것 자체만으로도 언제든지 다른 곳에서 벌어지지 않는 특이한 일들이 빈번하게 일어난다. 한국 언론은 그런 일들을 채집하여 날마다 대륙시리즈를 만들어 내고, 숫자의 마술을 통해 그런 대륙시리즈가 전 중국의 일인 양 조작하는 '미개한 중국' 프레임을 만들어 왔다. 중국의 기괴한 장면을 포착하여 전시하며 이것이 중국이라고 우기는 '대륙시리즈'는 코로나19 시기 더욱 기승을 부렸다. 이 기사도 '미개한 중국'이 코로나19의 근원이라고 주장한다.

코로나19 사태 초기 한국 언론들은 일제히 코로나 바이러스가 박쥐를 먹는 중국의 식습관에서 시작되었다고 보도했다. 이 칼럼도 똑같은 주장을 한다. 첫 발병지 근처에 시장이 있고, 그 시장에서는 야생동물을 팔았으며, 박쥐가 바이러스 주요 숙주라는 게 근거였다. 코로나 바이러스의 중간숙주가 천산갑일 수 있다는 보도가 나오자 《뉴스1》은 〈1700명 죽어도 여전…"금지령 해제되면 야생동물 먹겠다"〉[2]는 기사를 내보내며 중국인의 식습관이 미개하고 천박하다고 공격했다.

'미개한 중국'이라는 한국의 유사인종주의는 유럽화된 일본을 통해 유입된 오리엔탈리즘의 일종이다. 페스트는 중국이나 인도에서, 콜레라

1 페르낭 브로델, 주경철 옮김, 《물질문명과 자본주의 I-1: 일상생활의 구조 上》, 까치, 1995, 104쪽.
2 2020년 02월 17일.

는 인도나 남아메리카에서, AIDS는 아프리카에서 들어왔다는 식의 주장들은 페르낭 브로델이 '어느 것도 증명되지 않았다'고 주장할 만큼 여전히 증명될 수 없는 미지의 생활세계이다.[3] 증명될 수 없는 것들에게 국가나 인종의 꼬리표를 달아서 문제의 책임을 외부화시키려는 시도는 오래된 식민주의적 습관이다.

식습관을 두고 미개와 문명을 구별하는 것 자체가 인종주의이다. 식습관은 어떤 국가나 민족의 고유성이 아닌 자연 환경과 산업화와 관련된 문제이기 때문이다. 한국에는 천산갑이 존재하지 않는다. 그러니 천산갑을 먹는 습관이 있었을 리 없다. 그러나 한국인은 중국인이 별로 선호하지 않는 웅담을 지금도 먹는 사람이 있다. 제주 요리 중에는 새끼 돼지를 보에 싸서 회 쳐 먹는 요리도 있다. 이 요리는 제주 사람들이 모두 먹는 것도 아니고, 한국인의 고유 음식도 아니다.

한국도 식생활이 변화하고 동물권이 중요해지면서 개고기를 먹는 일은 금기시 되고, 웅담을 먹는 일은 처벌받는다. 모피를 위해 야생동물을 잡을 수도 없다. 중국 정부도 마찬가지이다. 시대가 바뀌면서 식생활도 자연과의 관계도 달라진다. 중국 정부는 지금 천산갑을 잡거나 수입하는 자들을 엄벌에 처한다. 중국 당국은 2020년 2월 2주 동안 야생동물을 판매하거나 먹은 사람 700여 명을 체포했다.[4] 2020년 9월 말을 기점으로 야생동물 사육까지 전면 금지했다.[5] 중국인의 식습관도 달라질 것이다. 중국인이 가장 좋아한 식재료인 상어지느러미는 아직 한국에서는

---

3 페르낭 브로델, 앞의 책, 104쪽.

4 《뉴스1》, 2020년 02월 17일.

5 "China to complete wild animal consumption by end of September", GT, 2020.08.26.

먹을 수 있지만 중국에서는 이제 먹을 수 없다.

미개의 기준이 서구와 서구화라는 것 자체가 인종주의적 요소를 지닌다. 전통적인 식생활이 미개한 것인지 서구화된 산업사회가 문제인 것인지는 이제 따져봐야 하는 문제가 되었다. 《조선일보》의 주장과 달리 중국에서 바이러스 문제가 자주 벌어지는 까닭은 전통적인 식생활 때문이 아니라, 오히려 이런 급격한 도시화와 인구이동 때문이다. 산업화로 인한 생태계의 파괴는 동물의 개체수를 줄어들게 만든다. 오랫동안 다양한 동물을 숙주로 삼아 온 바이러스들이 결국 남아 있는 소, 돼지, 닭 들로 전이하는 것이다. 사스, 신종플루, 메르스 들은 이런 전이의 결과물이다.

'미개한 중국' 프레임에 갇히면 중국에 들이대는 잣대는 상대적인 것이 아니라 절대적인 것으로 바뀐다. 그래야 항상 혐오할 수 있기 때문이다. 어느 국가보다도 빨리 중국의 코로나 확진자가 빠른 속도로 안정적인 관리 추세에 들어가던 2020년 6월 24일 《연합뉴스》는 〈끝이 안 보이는 베이징 집단감염…누적 확진 260명 육박〉이라는 기사를 내보냈다. MBN도 〈베이징 집단감염 2주째 계속…누적 270명 육박〉이라는 제목으로 유사한 기사를 내보냈다. 2주 정도에 260명이면 하루 20명이 채 안 되는 숫자이다. 전날 신규 확진자는 7명이었다. 미국에서 신규 확진자가 날마다 3~5만이 나오던 시점이었다. 가장 성공적인 대응사례로 꼽히는 한국에서도 확진자가 날마다 30~50명 나오던 시점이었다.

어느 지역의 문화를 타자의 시선으로 야만과 비야만으로 나눌 때 권력이 개입한다. 바이러스 문제에 유독 중국에게만 국적을 붙인다. 급속한 산업화나 글로벌화한 세계체제에서 늘어날 수밖에 없는 이동문제가 중국의 문제로 전환되었다. 미국 질병통제예방센터의 발표에 따르면 미국은 해마다 3만 명 이상이 독감으로 사망한다. 2017년의 경우 4,500만 명이 걸렸고, 그중 6만 명 이상이 사망했다. 아마도 미국의 독감은 전 지구로 확산되었을 것이다. 그러나 미국인이 미개하거나 미국이 후진적이어서 그렇다고 주장하는 언론은 없다. '미국독감'이라고 말하지도 않는다. 영국에서 코로나 바이러스의 변이가 생겨 코로나19의 2차 대유행을 만들었다. 그러나 어떤 한국 언론도 영국인의 식생활을 언급하거나 2차 대유행이 영국 책임이라고 말하지 않는다. 미국발이나 영국발을 밝히기보다 예방과 대책에 방점이 찍힌다.

중국이 미개한 국가라고 규정 지으면 미개한 국가인 중국은 무슨 일이든지 벌일 수 있는 국가로 규정할 수 있다. 한국 언론은 미국 공화당 톰 코튼 상원의원이 제기한 "우한에는 세계에서 가장 치명적인 병균을 연구하는 중국의 유일한 '생물안전 4급 슈퍼 실험실'이 있다"는 폭로를 바탕으로 중국 당국의 고의적 유포설을 끊임없이 확대 재생산했다. 해당 연구소 연구원은 자신이 그런 언급을 한 적이 없다고 거듭 주장했지만 한국 언론은 그 연구원의 말을 신뢰하지도, 제대로 보도하지도 않았다. 이미 중국은 그런 일을 할 수 있는 나라였던 것이다.

'미개한 중국'이라는 프레임에는 거대한 중국의 등장에 따른 공포와 불안이 숨어 있다. 브로델과 고진도 주장했듯 '미개하다'는 정의가 사용되는 역사적 특징은 자기 힘으로 통제할 수 없거나 통제될 수 없는 국가나 민족이 등장했을 때 사용되었다. 통제할 수 없는 것에 대한 막연한 공포와 상상된 중국의 힘에 대한 불안이 내재된 것이다. 한국 언론의 '미개한 중국' 프레임도 동일한 관성으로 움직인다. 한국 언론에게 중국은 하나의 주권국가가 아니라 거대하게 팽창한 제국으로 인식된다. 그들은 "거대한 세계 제국에는 손을 댈 수 없기 때문에 그 제국들의 통치 행위를 야만이라 비난하며 그것이 마치 제국에 종속되어 있는 민족을 해방시키고 주권을 부여하는 것처럼 행동"[6]한다.

'미개한 중국인, 후진적인 중국'이라는 프레임에 갇히면 두셀이 제안한 다른 문화들을 수평적으로 수용하는 상호문화성(inter-culturality)은 설 자리가 없어진다. 중국은 다른 세계들(other worlds) 중에 하나가 아니라 위계질서의 하위층위에 속하는 저급국가로 존재한다. 그런 저급국가는 늘 교화와 훈육의 대상이 된다. 푸코는 훈육은 상상된 것과 정신적인 것을 통해 이루어진다고 보고 있다. '상상된' 중국이 미개한 이상 그들이 중국을 가르치고, 통합하고, 조종하고, 지배하는 의지와 목적의식을 가지는 것은 자연스러운 일이다.

라틴아메리카의 식민주의를 연구한 월터 D. 미뇰로(Walter D. Mignolo)의 지적대로 복수의 문화들을 문명과 문화로 등급을 나누고, 그들의 세계는 문명이며 다른 세계는 미개나 야만으로 규정하는 것은 명백한 식민주의 프레임이다.[7] 유사인종주의가 탄생되면 복수의 문화들은 서열화되고 그들과 공존은 불가능하게 되며 그들과 대립하고 그들을 정복하는 것은 정당화된다. 한국의 보수단체, 보수정당, 보수언론, 유튜브는 이미 그런 일들을 스스럼없이 단행하고 있다. 아무 날 아무 때라도 포털에 들어가면 중국이 얼마나 미개한지 열거하는 '대륙시리즈' 전시회

---

6 가라타니 고진, 조영일 옮김, 《제국의 구조: 중심·주변·아주변》, 도서출판b, 2016, 232쪽.

7 월터 D. 미뇰로, 김영주 외 옮김, 《서구 근대성의 어두운 이면: 전 지구적 미래들과 탈식민적 선택들》, 현암사, 2018, 30~31쪽.

가 열리고 있다.

축구의 중국화

김민재라는 축구선수가 있다. 한국 국가대표로 알 만한 사람은 다 안다. 체격이 좋고 빠르다. 수비수한테 필요한 가장 중요한 요건을 갖추었다. 축구팬들은 오랜만에 대형 수비수가 나왔다고 좋아했다. 2019년 1월 김민재가 중국 베이징에 있는 궈안 팀으로 이적을 발표했다. 그러자 네티즌들은 감당하기 어려운 수준의 비난을 퍼부었다. 돈만 밝힌다는 비난부터 아무리 돈이 좋아도 다시는 한국 국가대표 팀에 돌아오지 말라는 말로 담기 힘든 원색적인 비난을 쏟아 냈다. 그들의 비난 속에는 중국에 대한 유사인종주의 프레임이 숨어 있다.

김민재에게 사용된 논리 '축구의 중국화'는 '미개한 중국' 프레임의 일종이다. 축구의 중국화란 잘하던 축구선수가 중국만 가면 실력이 퇴보한다는 주장이다. '축구의 중국화'라는 말을 공식적인 자리에서 쓴 사람은 국가대표로 활약한 축구선수 출신 해설위원이었다. 그가 한 방송사에서 축구해설을 하면서 "좋은 선수들도 중국에서 2~3년 뛰면 중국화 된다"고 말했다. 아마도 축구계에서 통용되는 개념을 공식 석상에서 사용한 듯하다. 국가 간 경쟁을 피할 수 없고, 승패를 가려야 하는 스포츠 경기는 민족주의의 전쟁터와 같다. 축구해설가 서형욱이 지적한대로 "짱깨 극혐"이라는 "우리 안의 훌리거니즘"[8]의 하나일 수도 있다. 그러나

---

8 서형욱, 〈'짱깨 극혐' 우리 안의 밀월, 우리 안의 훌리거니즘〉, 2017년 03월 16일, https://post.naver.com/viewer/postView.nhn?volumeNo=6825452&memberNo=1744834, 검색일자: 2021년 09월 02일.

'축구의 중국화'라는 프레임은 훌리거니즘과 좀 다른 차별과 혐오의 인식 틀이 있다.

축구의 중국화라는 개념은 '미개한 중국'이라는 프레임 속에서 작동한다. 김민재뿐만 아니라 유럽의 빅리그에서 뛰던 선수들이 중국리그로 많이 진출한다. 그러나 그들이 중국리그에 가서 실력이 떨어진다는 주장은 사실로 보기 힘들다. 중국에 가서 뛰는 빅리거들은 대부분 빅리그에서 퇴출될 위기에 있거나 은퇴하기 직전에 간다. 대개 그런 선수들이 중국리그를 가기에 2~3년 반짝하다가 시드는 것이 자연스럽다. 빅리그에서 전성기를 누리는 손흥민이 중국리그를 가지는 않는다. 아마 중국리그에서 오퍼도 하지 않았을 것이다. 기성용은 오퍼를 해도 거절했다. 김민재도 빅리그로 갈 수만 있다면 틀림없이 빅리그를 선택했을 것이다. 중국리그에는 중국리그 수준에 맞는 선수들이 모인다.

김민재가 중국리그를 선택한 것이 한국 축구를 망치는 배신도 아니다. 오히려 그 반대이다. 김민재 선수가 중국리그로 가면서 받은 이적료는 67억이다. 작은 구단 소속 선수들의 한 해 연봉 총액과 맞먹는 금액이다. 김민재 한 명을 이적시키면 한 구단은 한 해 동안 선수 전체를 먹여 살릴 수 있다는 이야기이다. 중국리그는 미래의 직업이 고민인 수많은 축구선수들에게 숨구멍으로 기능한다. 김민재 선수가 받는 34억이라는 연봉은 한국리그에서 뛰는 선수에게는 꿈도 꿀 수 없는 금액이다. 2018년만 하더라도 최강희 감독이 중국 감독으로 갈 때 한국에서보다 더 높은 연봉을 받고 갔다. 최용수 감독도 그렇게 옮겨 갔다. 그러나 그때마다 그들에게는 돈 보고 중국으로 갔다는 비난이 쏟아졌다. 그렇게 비난하다가 유럽리그로 눈을 돌리면 '프로는 돈으로 말한다'고 주장한다.

유사인종주의 프레임을 사용하는 집단은 그들에게 향하는 불만, 두려움, 불안, 공격을 외부로 돌리는 데 능숙하다. 세계적인 선수가 되기를 바랐지만 빅리그로 가지 못했다는 실망감은 있을 수 있다. 그러나 김민재라는 선수 수준의 문제를 중국화로 대체하면 한국 축구의 수준을 높일 수 있는 방안에 대한 관심은 사라진다. 체계적으로 양성되지 못한 중앙수비수 포지션을 장현수 선수가 도맡는다. 컨디션에 상관없이 계속 맡다가 거듭된 실수를 중국화되어서 그렇다고 표현하면, 중국화되지 않은 선수는 지금 시스템으로도 나올 수 있을 것이라 판단하게 만든다.

축구의 중국화라는 프레임에는 "의식주와 양식들, 수공업이나 예술, 발명품, 그리고 풍습과 종교, 정치체제의 차이가 그저 '다름'에 그치지 않고 '우열'에 있다"[9]는 오랜 서구 인종주의의 인식이 차용되어 있다. 스포츠가 자주 인종주의의 온상이 되는 까닭은 계서제가 늘 존재하고 그것이 정당화되기 때문이다. 올림픽을 포함하여 모든 운동경기에서 가장 경계해야 하는 일은 유사인종주의를 동원하여 스포츠를 정치화하는 일이다. '침대축구'가 중동인의 특성이 아니고, 쇼트트랙 오심이 중국인의 특성이 아니다. 특정한 국가가 올림픽이나 월드컵을 조작할 수 있는 수준은 이미 지났다. 국가를 대변하는 조직위들이 겹겹이 구성되어 있고, 감시기술이 발달되어 있다. '14억이나 되는 인구를 가지고도 축구를 저것밖에 못해? 우리는 중국처럼 되면 안 돼.' 그런 네티즌들이 수없이 등장한다. 그러나 김민재의 축구 실력은 '중국화'되지 않았다. 중국리그에서 터키리그로 옮긴 뒤부터 유럽리그에서 관심받는 선수로 떠올랐다.

---

9 박진빈, 〈인종주의의 역사와 오늘의 한국〉, 《역사비평》 129호, 2019년 겨울호, 304쪽.

2 나쁜 중국

스파이 기업 화웨이

화웨이. 중국의 통신장비업체이다. 핸드폰도 만든다. 중국의 기업 중 한국에 가장 많이 알려졌다. 그럴 수밖에 없다. 미중 무역전쟁에서 태풍의 눈이었기 때문이다. 미중 충돌 시기 한국 언론은 날마다 화웨이 관련 기사로 도배를 했다. 결론은 간단하다. 화웨이를 쓰면 안 된다는 것이다. 트럼프행정부의 주장을 그대로 복사한 주장이기도 했다. 트럼프 행정부는 화웨이는 중국공산당이 통제하고 중국공산당은 독재이기 때문에 화웨이가 독재를 돕거나 독재국가들이 악용할 무기가 될 것이라고 주장했다.[10] 일종의 민족인종주의(Ethnic Racism)이다. 어떤 민족이나 국가는 무엇을 해도 나쁘다라는 인식체계이다. 중국은 중국공산당이 집권

10 Rumana Ahmed and Moira Whelan, "China Knows the Power of 5G. Why Doesn't the U.S.? New infrastructure technology will tip the scales in favor of authoritarianism or democracy worldwide", *FP*, 2021.07.17.

하는 한 뭘 해도 나쁜 국가일 수밖에 없다.

한국의 언론들이 중국공산당과 화웨이를 연결시키기 위해 사용한 첫 번째 주장이 화웨이의 정보유출문제였다. 이 시기 대부분의 기사는 화웨이는 틀림없이 통신망에 백도어를 설치해서 정보를 빼 내갈 것이라는 가정 위에 보도되었다. 2011년과 2012년 영국과 이탈리아의 네트워크에서 정보유출을 할 수 있는 백도어가 발견되었다고 보도되기도 했고, 2016년 미국으로 수출한 핸드폰에서 비슷한 것이 존재했다는 보도도 있었다. 그러나 지금까지 단 한 차례도 화웨이가 의도적으로 백도어를 깔았다는 것은 증명되지 않았다.

정말 백도어가 문제라면 중국에 정보를 유출하면 안 되는 정부기관 같은 중요한 기구에서는 화웨이를 사용하지 말자는 주장을 하는 것이 상식적이다. 아니면 정부기관이 화웨이를 사용하는 한국기업을 사용하지 않아야 한다고 주장하면 된다. 청와대나 국정원, 그리고 주요한 군기밀 부대의 보안은 늘 전시를 염두에 두고 구축된다. 그런 시설들은 외부로부터 접근 자체가 불가능한 폐쇄 통신망을 사용한다. 그런 곳의 정보에 접근하려는 세력들이 중국 말고도 늘 있기 때문이다. 화웨이를 사용하는 LG유플러스는 코어망은 화웨이를 사용하지 않는다. 가입자나 이용자의 개인정보는 코어망에서 처리한다.

화웨이의 백도어가 다른 통신장비회사보다 문제가 더 큰지 판단할 수 있는 방법은 간단하다. 객관적인 검증을 맡기면 된다. 화웨이는 세계이동통신사업자협회(GSMA)와 이동통신표준화기술협력기구(3GPP)가 공동 제정한 네트워크 장비 보안보증체계인 'NESAS'를 통과했다. 5G 기지국 장비로 취득할 수 있는 최고 등급인 국제 보안 인증 CC EAL4+

도 획득했다. 화웨이 장비를 쓰는 LG유플러스도 국제표준정보보호 관리체계인 ISO271001 인증을 획득했다.

백도어는 화웨이가 아니라도 수시로 발생한다. 2018년 기획재정부에서도 백도어로 자료가 유출되어 야당 국회의원의 손에 넘어간 적이 있다. 기획재정부는 화웨이 통신장비를 사용하지 않았다. 2019년 서울지방경찰청 보안수사대는 하나은행을 해킹한 해커를 구속했다. 그 해커가 가지고 있던 1.5TB 분량의 외장하드에는 약 412억 건이나 되는 전 국민의 금융정보가 들어 있었다. 그는 중국이나 화웨이와 어떤 관련도 없는 인물이었다. 미국의 주요 기업들도 정보유출 문제로부터 완전히 자유롭지 못하다. 구글이 어떻게 개인정보를 활용하는지 이미 잘 알려져 있다. 중국은 미국이 화웨이를 제재하는 데 대한 대응으로 정부기관이 테슬라를 구입하지 못하게 했다. 테슬라도 구동과정에서 수많은 정보를 수집한다.

백도어로 화웨이를 공격하는 것이 별 효과가 없자 트럼프행정부가 들고나온 것이 개인정보문제였다. 개인정보 유출 가능성을 제기하며 틱톡이나 위챗을 사용하지 말라고 명령했다. 한국의 보수 유튜브들은 기다렸다는 듯 중국의 주요 앱을 사용하면 개인정보가 중국으로 다 넘어간다고 했다. 마치 조선족이 피싱하듯 개인정보를 중국이 활용할 것이라고 공포를 조장했다. 극우 유튜브들은 'QR 코드가 다 중국으로 넘어간다'며 중국 앱 삭제운동을 벌였다. 그러나 그런 음모론은 이제 쉽게 통하지 않는다. 위챗은 이미 8억 명 이상이 사용하고 틱톡은 미국에서만 1억 명 이상이 사용하는 글로벌 앱이다. 글로벌 앱은 이미 이중 삼중의 개인정보 보호 장치가 있다. 금융정보는 특히 그렇다. 중국인들은 화폐

만큼이나 위챗페이를 사용하고 있다. 그런 문제가 발생하면 해당 은행이나 위챗에서 책임을 진다.

정작 화웨이의 개인정보 침해나 지적재산권 침해가 문제라면 미국은 피터슨 국제경영연구소의 채드 P. 본(Chad P. Bown)과 다트머스대학(Dartmouth College)의 더글라스 A. 어윈(Douglas A. Irwin)이 주장하는 대로 몇 가지 법률을 바꾸고 중국이 국제 규범을 지키도록 하면 된다.[11] 에릭슨이나 삼성의 통신장비도 그런 문제는 늘 있다. 글로벌 무역 시스템을 공격할 이유도 중국과 디커플링을 개시하며 키신저 시스템을 파괴할 필요도 없었다.

화웨이를 스파이 기업으로 몰아가기 위해서 트럼프행정부는 뭔가 더 필요했다. 화웨이와 중국공산당을 연결시키는 것이다. 미국은 화웨이의 창업자 런청페이가 군인 출신이라고 화웨이를 '중국군 소유 기업'으로 지정했다. 그가 군인 출신이어서 중국 정부의 첩보활동에 이용될 수밖에 없다고 한다면 국민개병제인 한국 기업은 스파이 기업의 혐의에서 자유로울 수가 없다. 화웨이가 중국군과 거래를 해서 중국군 소유 기업이라면, 미국의 보잉도 미군 소유 기업이다. 화웨이에 대한 중국 정부의 영향력이 커서 위험하다면 화웨이뿐만 아니라 중국의 어떤 기업도 위험하다.

미국이 중국기업에 대한 트집을 잡을 때 중국공산당과 연결시키는 일은 미국이 그들의 이익을 관철시킬 때 늘 쓰던 방식 중 하나이다. 클린

---

11 Chad P. Bown and Douglas A. Irwin, "Trump's Assault on the Global Trading System: Why Decoupling From China Will Change Everything", *Foreign Affairs*, Jan./Feb. 2020.

턴정부 시절 중국해양석유총공사(CNOOC)가 미국의 석유회사 유노컬(Unocal)을 인수하려고 할 때도 화웨이 사태와 비슷한 일이 벌어졌다. 당시 미 하원은 국가안보에 해를 입힌다는 까닭으로 398대 15라는 압도적 차이로 인수를 반대했다. 미국 중앙정보국(CIA)의 한 국장은 CNOOC를 '공산당 독재의 수단인 회사'라고 칭했다. 트럼프행정부는 화웨이뿐만 아니라 그들에게 위협적인 중국의 주요 기업들에게 '스파이 기업'이라는 프레임을 적용시켜 제재를 가했다. 심지어 중국의 주요 국영통신사들 모두에게 '스파이 기업' 혐의를 씌웠다. 차이나모바일, 차이나텔레콤, 차이나유니콤도 스파이 기업이 되었다. 그런 기업들이 '스파이 기업'이라면 사실상 중국의 모든 기업은 스파이 기업이 될 수 있다.

레이건정부 시절 한 국방부 고위관리는 중국의 레노컬 인수를 두고 "중국이 미국을 대신하여 세계적 경제 강국이 되고, 필요시 미국을 군사적으로 제압하려는 자원을 공급하려는 정책의 일환"이라고 주장했다.[12] 화웨이 사태에 이용된 미국 정부의 레토릭과 놀랄 만큼 유사하다. 미국은 부상하는 중국을 견제하기 위해 화웨이 제재를 사용했던 것이다. 바이든정부는 트럼프정부보다 한걸음 더 나아갔다. 스파이 혐의뿐만 아니라 인권문제와 자국기술보호라는 명목까지 동원하여 중국기업에 제재를 가했다. 2021년 7월 미국상무부는 "신장 자치구에서 인권 침해에 가담했거나 미국 기술을 중국현대화에 사용한 기업"이라는 명목으로 19개 중국기업에 제재를 가했다.

'스파이 기업 화웨이'라는 프레임은 지극히 미국적 프레임이다. 우

12 조반니 아리기, 앞의 책, 2009, 384~385쪽.

리로서는 기술이 뛰어난데 값도 싸면 굳이 화웨이를 쓰지 않아야 할 까닭이 없다. 2020년 1월 16일 시장조사업체 스트래티지 애널리틱스는 전 세계 기업을 대상으로 5G 기여도를 조사했다. 화웨이는 10점 만점에 9.6점을 받았다. 에릭슨이 8.2점, 노키아가 6.8점, 삼성이 3.5점, LG가 2.2점이었다. 이미 전 세계적으로 화웨이 통신장비는 가성비가 최고인 매력적인 장비였다. 옥스퍼드 이코노믹스의 연구보고서는 화웨이를 배제할 경우 프랑스, 독일, 영국 같은 유럽 국가들의 투자비 증가율은 29%까지 상승할 것으로 전망했다.

기술민주주의의 관점에서 보더라도 우리는 미국의 중국 빅테크 규제에 굳이 동참해야 할 필요가 없다. 제이크 워너(Jake Werner)는 《포린어페어》에 글을 기고해 바이든행정부가 중국의 빅테크를 규제하기 위해 국가의 힘을 사용하는 것을 반대했다. 미국의 제재가 기술민주주의를 해친다고 보기 때문이다. 14억 인구를 가진 중국의 기술 발달은 전 지구적 기술민주주의의 확산에 기여한다. 그는 중국인이 어느 국가보다도 빨리 백신접종에 성공한 까닭은 "부유한 국가를 모방하는 능력에 기반을 두고 있다"고 말했다.[13] 중국의 코로나19 확산 방지에는 중국의 빅테크가 큰 역할을 했다.

중국 빅테크의 성장을 바라보는 우리의 눈에도 이런 시각이 필요하다. 그곳에는 행복할 권리를 가진 14억 명의 이웃들이 산다. 화웨이는 신장이나 티베트에 사는 한 촌부도 싼값에 다양한 전 지구적 정보를 접하

---

13 Jake Werner, "Does America Really Support Democracy – or Just Other Rich Democracies?: Washington's Fight Against Autocracy Will Fail If It Leaves Out the Poor", *Foreign Affairs*, Jul. 2021.

고, 시골에서도 편리하게 물건을 사고 팔며, 대도시로 나가지 않아도 문화를 즐길 수 있게 만들어 준다. 우리가 민주주의를 표방한다면 미국식으로 독재와 민주주의를 나누고 독재자와 기술의 결합을 막는다는 명목으로 화웨이를 제재할 일이 아니라 리눅스의 '아무나 가져다 써라' 정신으로 기술민주주의를 실현할 필요가 있다. 런던경제대학의 브랑코 밀라노비치(Branko Milanovic) 교수가 지적한 대로 미국의 중국 빅테크 견제는 '미래기술의 확산을 막고 전 지구적인 생활수준의 향상을 제어할 것이며, 성장둔화를 만들어 내어 전 지구적 빈곤 근절을 더 어렵게 만들어 현재 수준의 글로벌 불평등을 유지하게 할 가능성'이 높다. 넷플릭스 드라마 《오징어 게임》이 전 지구적 문화상품으로 등극하는 데는 새롭게 등장한 빅테크가 바탕이 되었다. 빅테크는 새로운 통제사회를 만들어 낼 가능성도 있지만 새로운 민주주의의 토대가 될 수도 있다. 중국의 빅테크를 일방적으로 규제하자는 발상은 "점점 더 평등해져가는 세계"에 역행하는 일이 될 수도 있다.[14]

모든 중국기업에게 스파이 기업 혐의를 씌우고 중국의 AI 시대를 늦추는 전쟁을 벌이는 것은 언젠가는 실패할 수밖에 없는 반시대적 행위이기도 하다. 트럼프의 전방위적 중국기업 공격이 일단락된 2017년 8월 《헤럴드경제》가 보도한 〈꼭 삭제하라는 경고에도…한국인의 지독한 중국 앱 사랑〉이라는 기사는 이 시대 정보의 소유권이 누구에게 있는지 분명히 보여 주는 기사이다. 한국 보수언론의 '스파이 기업' 프레임에도 불구하고

---

14 Branko Milanovic, "The World Is Becoming More Equal: Even as Globalization Hurts Middle-Class Westerners", *Foreign Affairs*, Best of 2020.

한국의 소비자들 가운데 알리익스프레스 사용자는 40%나 급증했다.

글로벌 경제 시대 어느 앱을 사용할지 결정하는 것은 국가나 기업이 아니라 소비자여야 한다. 잇교대학교 경영대학원 교수인 다나카 미치아키는 앞으로 다가올 AI 시대에 '데이터는 누구의 것인가'라는 질문을 던졌다. 그는 데이터의 소유권은 국가나 기업의 문제이면서 동시에 소비자가 선택할 문제라고 주장하고 있다.[15] 화웨이는 한국기업이 선택하면 되고, 개인소비자는 그 기업의 앱을 사용할지 말지 결정하면 된다. 이미 소비자들은 안보 보수주의자가 그리는 시대에 살지 않는다.

수출 중심국인 한국이 '스파이 기업' 프레임을 쓰는 것이 장기적으로 유리할지도 따져보아야 한다. 개발도상국이나 소국은 늘 선진국의 기술이나 문화를 모방할 수밖에 없다. 미국의 산업화는 영국의 고급 생산기술을 모방하고 유출해 온 결과였고, 한국의 반도체 기술은 일본의 반도체 기술을 모방했다. 이를 두고 제이크 워너는 "지금 선진국의 부는 '지적재산권의 절도'에 많은 빚을 지고 있다"고 표현한다. 늘 서구만 기술의 우위에 있는 것이 아니다. 중국은 이미 안면 및 음성 인식, 5G 기술, 디지털 결제, 양자 통신, 상업용 드론 시장 같은 영역에서 미국을 추월했다. 지금의 추세로 보면 언젠가 서구가 중국 기술의 '스파이'가 되어야 할 가능성은 더욱 높아질 것으로 보인다.

'기술 유출', '스파이 혐의', '불법 개인정보 확보' 들은 미국도 늘 해오던 일이다. 미국의 CIA마저도 그런 일에 가담했다. 미국 언론이 문제

---

15 다나카 미치아키, 정승욱 옮김, 《미중 플랫폼 전쟁 GAFA vs BATH: AI시대 메가테크 기업, 최후 승자는?》, 세종서적, 2019, 294쪽.

삼은 것만 해도 1994년 CIA가 대형 국제 계약을 따내기 위해 미국기업에 유리한 정보를 제공해 왔다는 제임스 울시 CIA 국장의 증언, CIA가 IBM, 뱅크오브아메리카 등 12개 기업 요원으로 위장한 NOC 요원 110명을 세계 각지에 파견한 일 등이 있다.[16]

세제르의 말을 차용해 보자. 중국인은 흑인이 그런 것처럼 다른 인종에 비해 더 나쁘지도 더 좋지도 않다. 중국기업이 '스파이' 행위를 했다면 국제법에 따라 처벌하면 된다. 세계의 모든 기업들이 직간접적으로 해 왔던 모방과 기술 유출을 두고 한국의 보수언론이 '스파이 기업'으로 몰아가는 것은 그들만의 목적이 있다. 화웨이가 '스파이 기업'이 되면 화웨이에 가하는 어떤 압력이나 행위도 정당하고 정의로운 것이 된다. '나쁜' 중국공산당과 화웨이를 연결시키는 데 성공한다면 화웨이는 '스파이 기업'이 될 수 있다. 그렇게 되기만 하면 민주의 이름으로 만들어진 국제법도, 자유민주주의 국제체제를 떠받쳐 온 WTO 규범도 소용없다. '화웨이를 몰아내자.' 그것이 가능해진다. 오늘도 자유민주주의의 이름으로 미국과 한국의 안보적 보수주의는 그런 일을 하고 있다.

중국의 보복

한국 언론은 습관처럼 중국의 정치 외교적 행위를 감정적이고 부정적인 언어로 규정하곤 한다. 사드 사태 때 등장한 '중국의 보복'이라는 프레임이 그 대표적인 사례이다. 한국 언론은 사드 사태로 대응에 나선 중국의 행위를 '보복'이라고 불렀다. 한국 언론이 '보복'이라고 이름 붙이

16 문정인 편저, 《국가정보론》, 박영사, 2010, 231쪽.

는 것은 중국의 대응이 부적절하고 감정적이거나 과잉 대응이라고 판단하고 있다. '중국의 보복'이라고 부른 근거는 대략 세 가지 정도다. 1) 한국의 사드 설치는 한국의 주권행사 문제여서 중국이 간섭할 일이 아니다. 2) 중국도 미사일 방어망이 있으면서 우리를 탓하는 것은 공평하지 못하다 3) 사드는 중국이 '보복'을 할 만큼 중국에게 큰 영향을 미치지 못한다는 것이다.

그러나 중국의 사드 대응은 중국의 입장에서 보면 감정적이지도, 과잉 대응도 아니었다. 중국의 대응에는 중국의 이유가 있었다. 사드 배치가 중국에게 주로 문제가 되는 것은 두 가지이다. '사드의 눈'이라 불리는 AN/TPY-2 레이더(X-밴드레이더)와 정보공유체계인 C2BMC 기능이다. 두 가지 모두 미국의 중국봉쇄 정책의 핵심기제로 기능할 수 있다. 사드가 배치되면 AN/TPY-2 레이더로 수집된 모든 정보는 C2BMC 기능으로 하와이에 있는 미국의 미사일 통합정보센터에 모여 필요한 기지에 보내진다. 한일 간 군사정보공유에 따라 수집된 정보도 마찬가지다. 한국에 설치되는 사드의 X-밴드레이더는 일본이 보유한 X-밴드레이더, 미국의 이지스함에 실려 있는 AN/SPY-1 레이더로 수집된 정보와 결합된다. 이곳에서 수합된 정보는 한미합동사령부, 미국 해군의 한미합동작전부서, 미 육군의 광역감시센터(IBCS), 그리고 육해군이 모두 사용하는 미국의 IFC에 전달된다. 미국은 이 정보를 바탕으로 모든 작전을 총괄할 수 있게 된다. 중국 입장에서는 한미일 삼국을 통해 교차 수집된 중국에 관한 여러 정보가 미국에서 종합되고, 한미일이 공동으로 대책을 마련하는 상황을 맞이하는 셈이다.[17]

또한 사드는 중미 간의 억지력의 균형에도 문제를 일으킨다. 특히 상시적인 감시가 가능한 한국의 사드 기능이라면 중국이 미사일을 발사할 때 골든타임 내에 이를 감지할 수 있다. 이것은 지금의 군사적 균형을 무너뜨리는 새로운 대응을 모색해야 하는 사안이었다. 때문에 중국이 일본의 X-밴드레이더보다 한국의 X-밴드레이더에 더 민감하게 반응하는 이유였다.

'사드의 눈'이라는 기술적 문제보다 중국에게 더 중요했던 문제는 사드가 중국을 봉쇄하는 핵심인 한미일 삼각군사동맹의 출발점이 될 수 있기 때문이다. 사드 배치 이전에 한일 간 체결한 군사정보공유 협정(지소미아)도 중국이 이런 판단을 하게 만든 또 다른 주요 요인이었다. 이 점은 시진핑정부가 사드 보복조치를 철회하는 조건으로 한국에게 미사일 방어(MD)체계에 편입하지 않으며 한미일 삼각군사동맹을 추진하지 않겠다는 약속을 요구했다는 점에서도 분명히 알 수 있다.

한국의 주권문제이니 간섭하지 말라는 태도는 일부 논자들의 감상적인 주장이다. 사드 설치는 이미 주권문제를 넘어서는 국가 간의 외교문제였다. 중국봉쇄 정책에 사용될 미국의 무기를 한국에 배치하고 미군의 지휘체계하에 사용하면서 한국의 주권 행위라고 설명하는 것 자체가 어불성설이다. 중국도 미사일 방어체계를 가지고 있는데 왜 우리에게 문제 삼느냐는 논리도 논리적으로는 말이 되지만 국가 간에는 통하지 않는 수사에 불과하다. 미국은 핵탄두가 5,800개나 되면서도 북한의 핵보유를 막는다. 외교는 힘과 힘이 부딪치는 전장이다. 그런 주장이 주권문제라면 중국의 대응도 주권문제이다. 그런 점에서 윤석열 전 검찰

---

17 김희교, 〈사드(THAAD)와 한국 보수주의의 중국인식〉, 《역사비평》 121호, 2017년 겨울호, 143쪽.

총장이 대선에 나서면서 '사드는 우리 주권문제이니 중국은 간섭하지 말라'고 한 주장은 여론정치에 편승한 진영논리일 뿐이지 국제관계에 대한 대안은 아니었다. 그런 주장은 중국의 대응을 극복해 내고 국익을 지킬 방안이 마련될 때나 할 이야기이다.

일부 전문가들은 왜 정치적 문제를 가지고 경제적 대응을 하느냐고 따졌다. 그러나 사드 설치는 단순한 정치적 문제가 아니라 군사적 문제이다. 군사적 문제에 대한 대응으로 가장 낮은 수준의 대응이 경제적 대응이다. 중국과 인도가 국경분쟁이 야기되었을 때 인도가 가장 먼저 사용한 전략도 경제적 대응이었다. 정치 외교적 문제를 경제적으로 대응하는 것은 중국만 사용하는 방법이 아니다. 미국도 중국을 길들이려고 관세폭탄을 터뜨리며 경제를 외교에 활용한다.

중국의 보복이라는 프레임에는 중국은 그럴 수 없을 것이라는 근거 없는 자신감도 있다. 사드를 설치할 때 우리에게 '보복'하면 중국도 잃을 것이 많기 때문에 보복에 나서지 못할 것이라고 주장했다. 우익들이 다른 국가에 공세를 취할 때 자주 사용하는 수사이다. 트럼프 대통령의 무역 고문이었던 대중국 강경론자인 피터 나바로(Peter Navarro)는 2018년 폭스뉴스와 인터뷰에서 "우리가 세계에서 가장 크고 가장 수익성이 좋은 시장이라는 간단한 이유 때문에 우리를 보복할 나라는 세계에 없다고 생각한다"고 말했다. 이런 나바로의 주장을 두고 채드 P. 본과 더글라스 A. 어윈은 "다른 나라에도 무역 매파가 있다"며 나바로의 주장을 일축했다.[18] 중국은 트럼프행정부가 미국 철강 노동자를 돕기 위해 부과한

18 Chad P. Bown and Douglas A. Irwin, ibid.

관세에 대응하여 320만 미국 농부들이 피해를 입었다.

중국의 보복이라는 프레임이 가지는 가장 큰 문제는 힘과 힘이 부딪치는 외교적 전장에서 실질적 대응에 힘쓰기보다 감정적이고 정서적인 분노와 혐오로 대응하게 만드는 데 있다. 중국의 대응이 보복일 때 우리가 할 수 있는 일은 간단하다. 어떤 어려움이 닥치더라도 비이성적인 적과 싸워야 하고, 어떤 손해도 감내해야 한다. 실질적 이익을 희생해서 이데올로기의 승리를 얻어야 한다. 나쁜 중국과는 싸워야 하기 때문이다. 손해에 따른 고통은 분노와 혐오로 때우면 된다.

그러나 분노와 혐오 마케팅은 늘 누군가의 손해를 가져온다. 사드를 설치할 때 한국의 경제적 손실은 충분히 예상되는 결과였다. 그러나 한국 언론은 보복이라는 관점에서 중국의 대응을 바라보았고 중국의 대응을 비난하고 중국인을 혐오하는 데 열중했다. 그런 비난이 실질적 피해를 막아 낼 리는 없었다. 롯데는 중국에서 상당 부분 철수해야 했고, 한류는 더 이상 중국에서 성장할 수가 없었다.

그런데도 사드 설치로 웃는 집단들이 있었다. 기업의 손해와 상관없이 안보적 보수주의의 '나쁜 중국' 프레임은 득세했기 때문이다. 한국의 대중에게 중국은 한국기업에 보복하고 한류를 막은 나쁜 국가로 낙인찍혔다. 그런 점에서 중국의 보복이라는 프레임은 일종의 행위인종주의(Behavioral Racism)이다. 중국의 모든 행동이 대개 나쁘다고 인식하고 대응하는 태도를 의미한다. 행위인종주의의 하나인 '중국의 보복' 프레임은 중국은 힘이 있어도 아무것도 하지 말라는 추상적 요구를 만들어 내고 행동할 수 없는 지침들을 허공에 흩뿌린다. 구현될 수 없는 보편성을 주장하는 보편주의가 난무할 때 할 수 있는 일이란 분노와 혐오뿐이다.

3 중국이 문제다

전랑외교

2020년 8월 8일 《중앙일보》는 〈"됐어, 빌린 돈 안 갚아" 중국은 왜 세계 각국에 이런 취급을 받을까〉라는 기사를 내보냈다. 《중앙일보》의 논지는 '세계 각국'이 지금 중국 돈을 안 갚겠다고 나서는데 그럴 만한 타당한 까닭이 있다는 것이다. 탄자니아처럼 빌린 돈조차 안 갚겠다고 하는 것이나, 영국이 화웨이를 설치하지 않겠다고 나선 것이 다 중국의 거친 외교적 언사와 행동 때문이라는 것이다. '문제는 중국'이기 때문에 상대방의 행위는 무엇을 해도 정당하다는 프레임이다.

《중앙일보》는 세계 각국이 중국에게 빌린 돈을 갚지 않아도 되는 까닭으로 세 가지를 들었다. 하나는 7월 30일 류사오밍 주영 중국대사가 "중국을 파트너나 친구가 아닌 적으로 다루면 영국은 대가를 치르게 될 것"이라고 한 발언이었고, 두 번째는 친동독파를 양성하는 데 성공한 구동독과 달리 친중파를 양성하지 못했기 때문에 당할 수밖에 없다는 것이며, 세 번째는 중국이 전랑외교만 하기 때문이라는 것이다. 해리 해리스 주한 미국대사의 거친 발언을 놓고 어떤 언론도 미국에게 '빌린 돈 안 갚아도 돼'라고 한 적 없고, 친중파와 부채상환이 도대체 무슨 상관인지 이해조차 되지 않는 기사지만, 이 기사를 주목하는 것은 중국의 외교를 '전랑외교'라고 부르고 그것이 문제라고 주장하고 있기 때문이다. 이 시기 한국 언론들은 마치 약속이나 한 듯이 중국의 외교를 '전랑외교'라고 일제히 부르기 시작했다.

전랑외교라는 용어는 미국이 중심이 되어 신냉전 정책을 수행하면서 일부 서구 언론들이 적극 활용한 신조어이다. 2015년 중국에서 히트한 《전랑》이라는 영화에서 차용한 개념이다. 중국의 외교가 《전랑》에 나오는 전사들처럼 툭하면 싸우는 외교를 한다는 것이다. 중국의 외교가 비이성적이라는 판단이 숨어 있다. 전랑외교에 담긴 '중국이 문제다'라는 프레임은 진보언론도 거리낌 없이 사용했다. 《한겨레》는 《전랑》이라는 영화를 비평하며 "세계는 중국이 구한다?"고 빈정거렸다. 《한겨레》는 《특수부대 전랑2》를 중국판 《람보》라고 규정했다.

《특수부대 전랑2》는 영웅주의식 서사구조에 군사주의적 방식의 해결을 내세운다는 점에서 《람보》와 비슷하다. 그러나 《전랑》은 《람보》와 몇 가지 차이가 있다. 인종주의적 요소가 적다. 중국인이 중심에 있지만 미국인과 아프리카인 모두 주인공과 한 팀이다. 중국인은 선하고 다른 국가나 인종은 악하다는 이분법적 구도도 없다. 악당들도 서양인과 아프리카인, 그리고 중국인이 함께 구성되었다. 영화에 등장하는 중국인 중에서도 중국인과 서양인을 나누는 사람이 있고, 무력으로 문제해결을 바라는 사람도 등장한다. 주인공이 아닌 배경인물들에게도 인격을 부여한다는 점에서 《람보》와 다르다. 그들도 아파하고, 배고파하며, 선과 악에 대한 판단이 서는 사람들로 등장한다.

《특수부대 전랑2》에는 케리 브라운이 말한 중국의 '망설임'도 분명하게 들어 있다. 그가 말한 '망설임'이란 중국이 가진 힘에 비해 대외적인 확장은 꺼린다는 것이다. 영화에서도 중국의 해군은 아프리카 내전에 개입하지 않는 원칙을 천명하고 있으며, 끝까지 원칙을 지키며 국제연합(UN)의 승인하에 평화군의 역할만 수행한다. 《람보》는 아시아인을 죽이지만 《특수부대 전랑2》는 아프리카인을 구한다. 악당인 서양인을 죽인다는 점에서 중국이 그들에게 씌워진 오리엔탈리즘을 다시 서양인에게 씌우는 리오리엔탈리즘으로 볼 수 있을지 모르지만, 그 서양인은 선한 역할도 맡는다. 그런 점에서 리오리엔탈리즘과도 거리가 있다. 선과 악을 구분 짓는 할리우드의 문법을 따르지만 미국의 모든 것을 정당화하는 《람보》와 같이 중국의 모든 것이 정당하다고 우기는 중국중심주의는 보이지 않는다. 《람보》가 미국만이 세계를 구할 수 있다고 주장한다면 《특수부대 전랑2》는 중국은 세계인과 함께 세계를 구하겠다고 말한다.

《중앙일보》가 전랑외교라고 비난하는 프레임의 함의는 중국의 힘은 늘 갑 속의 칼로 남아야 한다는 이상주의적 국가관을 담고 있다. 미국이 중국과 무역전쟁을 벌여도, 미국이 '하나의 중국' 원칙을 스스로 깨고 홍콩과 대만의 분리를 부추겨도, 남중국해에서 미국의 군함이 활개를 쳐도 중국은 그들의 힘을 사용하지 말라는 소리이다. 비현실적인 과도한 잣대일 뿐만 아니라 이중 잣대이기도 하다. 한국 언론들은 중국에 대한 미국의 전방위적 공격을 '늑대식 외교' 같은 프레임으로 보지 않는다. 약육강식의 민족국가 시대에 강대국의 자연스러운 힘의 행사로 간주한다. 중국이 지금의 미국 외교를 두고 '승냥이 외교'라고 외쳐도 어떤 언론도 받아쓰지 않는다. 그러나 중국의 힘이 사용되는 것은 심지어 영화 한 편까지도 빈정거림과 견제의 대상이 된다.

한국 언론은 아덴만으로 가장 많은 물동량을 운송하는 국가가 중국인데도 중국이 지부티에 군사기지를 두는 것은 안 된다고 주장한다. 미국이 화웨이를 무너뜨리고자 전방위적 공격을 해도, 틱톡의 안보를 문제 삼은 뒤 미국회사에 넘기라고 협박을 해도, 미국의 비행기가 중국의 방공식별구역을 넘어가도, 미국이 중국의 영토인 홍콩을 분리시키고자 시도해도, 대만이 중국의 영토라고 인정해 놓고 30년 뒤 하루아침에 대만이 독립국임을 일방적으로 부추겨도, 중국은 아무것도 하지 말라고 요구하고 있다.

중국의 대응이 보복이라고 불릴 만큼 과잉 대응일 때 중국의 외교를 '전랑외교'라 부를 수 있다. 그러나 지금 중국의 대응은 한국의 한 기자가 "미 총공세에도 중 말 폭탄만…반격 안 하나 못 하나"[19]라고 빈정거릴 만큼 수세적이다. 중국민이 중국 정부에 더 강경하게 맞대응하라고 요구하지만 중국 정부는 '말 폭탄'이나 최소한의 맞대응 수준에 머무르고 있다. 《환추스바오》가 중국의 네티즌 약 5만 명을 대상으로 진행한 설문조사에 따르면 미국에 강경하게 대응해야 한다가 66.6%였고, 동등한 강도의 보복을 가해야 한다가 30.8%였다. 그런데도 미중 충돌 시기 중국 정부의 대응은 매우 수세적이었다.

---

19 〈미 총공세에도 중 말 폭탄만…반격 안 하나 못 하나〉, 《뉴스1》, 2020년 08월 09일.

중국의 '전랑외교'는 공세적 외교가 아니라 수세적 외교이다. 늑대식 외교라는 개념은 중국이 스스로 먼저 사용했다. 그러나 그들이 말한 늑대식 외교는 서구에서 사용한 것과 의미가 다르다. 중국에서 늑대란 우리와 달리 먼저 공격하는 동물이 아니다. 그들에게 늑대는 적을 먼저 공격하지는 않으나 적이 공격할 때 당하고 있지 않고 끝까지 쫓아가 보복하는 동물이다. 다른 사람들이 나를 건드리면 아무리 힘들어도 반드시 되갚아 준다(人不犯我, 我不犯人. 人若犯我, 雖遠必誅)는 논리이다. 바이든행정부가 NATO와 정상회담을 하면서 중국에 대해 공동 제제를 모색하자, 브뤼셀에 있는 유럽연합(EU) 주재 중국대표부는 성명을 통해 "중국은 누구에게도 '체제적 도전'을 하지 않을 것"이라며 "그러나 누군가가 우리에게 '체제적 도전'을 한다면, 우리는 무관심하지 않을 것"이라고 표명했다.[20] 중국이 말하는 전형적인 '전랑외교' 수사이다.

중국은 화웨이 제재에 맞대응하여 애플을 몰아내지도 않았고, 반도체 수입 차단에도 의약품 재료와 같은 미국에게 치명적일 수 있는 수단은 사용하지 않았다. 미국은 마스크의 1%, 인공호흡기의 10% 정도만 국내에서 생산했다. 나머지는 중국에서 생산되었다. 미국에서 사용하는 항생제의 95%가 중국산이다. 항생제 성분의 대부분은 미국에서 조달이 불가능한 것들이다.[21] 중국은 그런 무기들을 사용하지 않았다. 인도와 국경분쟁을 할 때도 마찬가지이다. 시종일관 강경대응으로 치달리는 인도와 달리 중국의 대응은 다시 충돌 없이 안정적으로 관리하는 상태로

---

20 "China, Its Military Might Expanding, Accuses NATO of Hypocrisy", NYT, 2021.06.15.

21 Kurt M. Campbell and Rush Doshi, "The Coronavirus Could Reshape Global Order", *Foreign Affairs*, Dec. 2020.

돌아가는 것을 목표로 움직였다. 중국의 외교에는 중국적 룰이 있다. 아무나 함부로 물어뜯지 않는다.

허 자오톈이 지적한 것처럼 중국은 상대방의 대응방식에 따라 대응을 달리 해 왔다. 중국은 그들의 사고와 세계가 충돌할 때 1) 그들의 선의를 적극적으로 설명하고 선전하거나 2) 더욱 강해져서 압도적인 성과와 위상을 드높여 중국에 대한 편견을 바꾸거나 3) 경제력이나 군사력으로 굴복시키는 방법을 두고 고민해 왔다.[22] 만약 서구가 중국을 적대 진영으로 몰아넣고 다시 싸우자고 한다면 중국은 '전랑외교'와 같은 수세적 외교 전략을 버리고 그들이 가진 힘을 더 적극적으로 사용할 것이다. 적대는 적대를 낳는다. 반대로 우호적일 때는 우호로 되갚는다. 중국인들은 늑대가 보은을 하는 동물로 생각한다는 점이 우리와 다르다. 중국이 전랑을 캐릭터로 사용한 것은 싸우는 존재라는 이미지뿐만 아니라 반드시 은혜를 갚는 동물이기 때문이다.

물론 이 늑대식 외교가 중국의 '평화 굴기'나 '지역 패권'에 도움이 될지는 전혀 다른 문제이다. 미국이 패권을 유지하려고 동맹국들에게 '선물'을 주었듯 중국도 새로운 국제관계를 주도해 나가려면 그런 '선물'이 있어야 한다. 그러나 늑대식 외교는 중국이 중심국이라는 대외 이미지를 만드는 데 썩 좋은 전략이 아니다. 조지워싱턴대학의 국제정치학자 데이비드 샴보(David Shambaugh)는 이런 식의 외교가 "중국의 국제적 위상을 심하게 손상시키며 매우 부정적인 이미지를 투영"시킨다고 보고 있다.

---

22 허 자오톈, 임우경 옮김, 《현대 중국의 사상적 곤경》, 창비, 2018, 270~272쪽.

그러나 중국이 후진타오식의 팬더외교에서 시진핑식의 전랑외교로 바꾼 가장 중요한 요인은 미국의 중국봉쇄 정책 때문이었다. 난징대학교 주펑(Zhu Feng) 교수는 중국에 대한 미국의 공세가 "중국이 총력을 다해 반격을 하도록 만들고 있다"고 밝혔다.[23] 구소련의 붕괴가 미국의 공격 때문이라고 보는 중국은 미국의 전면적인 공세 앞에서 지금 자신들의 대외 이미지까지 고려할 여유가 없다. 그런 점에서 전랑외교는 미국으로부터 자신들을 지키기 위한 수세적 외교의 방법이라고 보는 것이 타당하다. 중국은 지금 미래의 패권을 위해 이웃 국가들에게 이미지를 고려할 만큼 한가하지 않다. 미국의 총공세로부터 살아남는 것이 최우선인 시기이다.

한국 언론은 중국이 만든 수많은 영화 중에 자기들의 구미에 맞는 영화 하나를 선택해 자기들이 원하는 이미지를 만들어 그것을 중국 외교의 특징이라고 규정한다. 전형적인 오리엔탈리즘이다. 더 나쁜 것은 중국 외교가 나쁘기 때문에 다른 국가들의 그 어떤 대응도 정당하다는 전랑외교 프레임이다. 전형적인 유사인종주의라 볼 수 있다. 일종의 본성적 인종주의(Bodily Racism)이다. 중국은 다른 국가보다 동물처럼 본능적이고 폭력적이라는 인식체계이다.[24] 중국이 행하는 수많은 외교 행위 중에 늑대의 이미지에 맞는 외교 행위를 고른 다음, 늑대가 문제이기 때문에 어떤 대응도 정당하다고 주장한다. 이렇게 전랑외교라는 개념이 사용하는 논리는 인종주의가 가지는 전형적인 수법이다.

---

23 "Wolf vs panda: is China at a crossroads over how to spread its global message?", SCMP, 2021.08.08.

24 Ibram X. Kendi, ibid., p.69.

중국이 전랑에 사용하는 중국적 의미를 우리식으로 편집하여 차용한 채 그것을 중국 외교의 전체로 확대하여 전랑외교라고 이름 붙이는 데 성공한다면, 늑대를 없애기 위해 공격하는 미국의 공격도 정당하고, 늑대에게 빌린 돈을 갚지 않아도 되고, 중국기업과 계약도 얼마든지 파기할 수 있게 된다. 중국이 문제이기 때문이다. 지금 한국에서 전랑외교라는 개념은 그런 논리체계 위에서 사용된다.

싼샤댐 붕괴

2020년 여름은 기후변화의 가속도를 체험할 수 있는 시간이었다. 역사상 최고로 많은 비가 쏟아졌고, 가장 긴 장마가 지속되었다. 중국도 예외일 수는 없었다. 기록적인 폭우가 쏟아졌고, 수많은 홍수 피해가 났다. 흥미롭게도 이 시기 한국 언론의 주된 관심 중 하나는 싼샤댐 붕괴였다. 싼샤댐은 2009년에 양쯔강 상류에 건설된 세계 최대의 댐이다. 한국의 홍수 피해 보도보다 싼샤댐 기사가 포털 사이트에 더 많이 걸린 날도 많았다. 어떤 언론사 기자는 싼샤댐 붕괴 담당 기자라고 봐도 무방할 만큼 날마다 싼샤댐 보도를 쏟아 내기도 했다. 날마다 유입되는 수량과 수위를 실시간으로 보도하며 인터넷에 떠돌아다니는 소문들을 근거로 온갖 추측들을 쏟아냈다.

일부 전문가들이 만수위에 도달하려면 아직 한참 멀었고, 만수위에 도달하더라도 수문을 열면 붕괴 위험은 없으며, 유입되는 전체 홍수량도 댐이 감당할 수 있는 최대치의 59%밖에 도달하지 않는다고 주장[25]

25 우효섭, 〈세계 최대 싼샤댐 붕괴 위기설은 과장됐다〉, 《조선일보》, 2020년 08년 03일.

했지만 언론의 보도량은 줄어들지 않았다. 지진과 산사태를 예언하기도 했고, 방사능이 유출된다고도 했다. 일어나지 않은 가정을 바탕으로 "이재민이 4억 명에 이르고 중국 국내총생산의 40%가 감소"[26]한다는 상상된 공포를 조성하기도 했다.

한국의 국익과 직접적인 연관성이 없는 싼샤댐 붕괴에 이토록 많은 기사가 쏟아져 나온 이유가 무엇일까? '싼샤댐 붕괴' 보도는 '물백신' 논란과 유사한 한국 언론의 중국 혐오 어젠다였다. 보편인권관에 따라 싼샤댐의 붕괴나 중국 백신을 맞는 사람들에 대한 걱정이라면 문제 삼을 것이 없다. 우리의 인권 감수성이 전 지구적이기에 자랑스러워할 일이다. 그러나 정작 싼샤댐 붕괴가 가져올 중국인의 삶이나 중국 백신을 맞는 가난한 나라의 국민을 걱정하는 언론은 찾아보기 어려웠다.

한국 보수언론의 싼샤댐 보도는 '중국이 문제다'라는 프레임 위에서 보도됐다. 싼샤댐의 붕괴설은 우선 중국 기술에 대한 불신이 바탕이 되었다. 《머니투데이》는 중국의 싼샤댐 붕괴설에 중국민은 동요가 없는데 "우리만 떨고 있"는 까닭을 부실시공의 가능성 때문이라고 했다.[27] 《머니투데이》는 중국 국민은 중국의 기술을 믿는데 우리가 믿지 못하는 까닭은 설명하지 않았다. 중국인은 대체로 싼샤댐 기술을 믿는다. 중국의 토목공사 수준이 세계적이기도 하고, 기술이 부족하다면 얼마든지 해외 기술을 수입해서 쓰던 시기에 건립되기도 했으며, 모니터링을 할 수 있는 인공지능 기술도 이미 세계 최고 수준이다. 그런 국가가 국가의 명운

---

26 〈싼샤댐 공포〉, 《경향신문》, 2020년 07월 22일.
27 〈'中싼샤댐 붕괴설' 왜 우리만 떨고 있나, 한 가지 의심 때문〉, 《머니투데이》, 2020년 08월 01일.

이 걸린 중요한 프로젝트에 부실시공을 했으리라는 가정 자체가 중국은 합리적인 사고를 할 수 없고, 부패하며, 문제투성이여서 그런 일도 언제든지 일어날 것이라는 생각이 깔려 있다.

정작 더 큰 문제는 중국 정부와 중국 국민에 대한 유사인종주의 프레임이 가동된다는 점이다. 중국 정부는 문제의 출발점이 되었던 싼샤댐 일부가 변형된 인터넷 사진은 합성이라 밝혔다. 그 글을 올린 것으로 추정된 황샤오쿤 중국 건축과학원 교수도 자기는 그런 글을 쓴 적이 없다고 부인했다. 댐은 잘 점검하고 있으며, 향후 500년은 끄떡없이 사용할 만큼 부실공사도 없다고 발표했다. 그런데도 한국 언론은 홍수가 다 끝날 때까지 붕괴설을 이어갔다.

싼샤댐이 문제가 있었다면 중국 정부도 중국 국민을 위한 조치를 했을 것이다. 강풍이 강하면 문단속을 시키고, 강이 넘치면 피난을 시키는 것은 어느 정부도 다하는 일이다. 중국 정부도 그렇다. 싼샤댐에는 1만 2,000개에 달하는 모니터링 장비가 설치되어 있다. 만약 무너질 가능성이 있다면 중국 정부도 틀림없이 하부 지역의 주민들을 대피시켰을 것이다. 그러나 한국 언론은 소문과 담수 수위, 그리고 물의 유입량의 증가라는 수치를 바탕으로 싼샤댐 붕괴 가능성을 지속 보도했다. 중국 정부는 수많은 국민의 생명을 담보하는 일도 얼마든지 거짓을 말할 수 있는 국가라는 유사인종주의가 바탕이 된 것이다.

정부는 그럴 수 있다고 가정해 보자. 중국인에게도 그들의 정부가 자기 목숨을 가지고 장난을 치는지 아닌지 정도는 판단할 능력이 있다. 그런 일상의 민주주의를 구현해 내는 제도도 있다. 싼샤댐이 위험에 처했다면 중국인도 미리 알아내고 자기의 살길을 모색할 수준은 된다. 싼샤댐 붕괴설은 중국 정부에 대한 불신뿐만 아니라 중국인에 대한 모독도 함께 숨어 있는 유사인종주의 프레임이다.

싼샤댐 붕괴 예측이 잘못된 것으로 드러나는 시점에 한국 언론은 자신들이 잘못 예측한 것에 대해 반성하거나 점검은커녕 전혀 다른 방향으로 한국민에게 심어 놓은 싼샤댐 붕괴에 대한 불신을 활용했다. 싼샤댐 붕괴설이 위력을 상실해 갈 때쯤인 2020년 8월 9일 《신동아》는 〈싼샤댐이 붕괴하면 중국공산당 영도력 붕괴〉라는 기사를 내보냈다. 이 기사는 다시 한 번 싼샤댐 붕괴설의 근거들을 언급하며 이상한 결론에 도달한다. "싼샤댐 붕괴하면 중국공산당 영도력이 붕괴한다." 한국의 싼샤댐 붕괴 보도가 일종의 기원이었음을 적나라하게 드러내는 상징적 보도이다.

총 담수량이 대한민국 전체 담수량보다 많은 싼샤댐이 붕괴한다면 중국공산당의 영도력에 치명적일 것은 누구나 알 수 있는 상식이다. 그런 상식적인 이야기를 가정법을 동원하여 강조했다. 가정법을 쓸 수 없다는 기사 작성의 기본 원칙조차 지키지 않고 기사를 쓰는 까닭은 간단하다. 그들은 오늘도 중국이 없는 세상을 위해 싸우고 있다. 그들의 주술이 무서운 것은 14억 중국인의 삶은 아랑곳하지 않는다는 점이다. 싼샤댐이 무너지면 중국공산당의 영도력만 무너지는 것이 아니다. 수많은 우리 이웃의 삶이 송두리째 무너지는 일이다. 그들에게는 중국이 문제이기만 하면 된다. 그래서 오늘도 그들은 '문제는 중국이다'라는 주술이 담긴 기사를 쓴다.

4 단 하나의 중국

시진핑의 중국

한국 언론은 시진핑을 독재자로 간주한다. 대놓고 시진핑 독재라고 부른다. 심지어 한국 언론은 시진핑이 황제가 되었다고도 한다. '시진핑의 중국'이라는 표현을 수시로 사용한다. 중국은 시진핑 마음대로 할 수 있다는 뜻이다. 중국민의 뜻과 상관없이 시진핑 마음대로 할 수 있다는 의미이기도 하다. 일종의 컬러리즘(Colorism)이다. 한 사람의 피부 색깔로 그 사람의 행위 전체를 규정짓고 판단하며 차별하는 인식체계를 의미한다. '시진핑의 중국'이라는 프레임에는 다면적이고 다층적인 중국을 하나의 색깔로 표상해 차별하는 유사인종주의가 숨어 있다.

시진핑이 황제가 되었다는 주장의 주요한 근거는 2016년 18기 6중전회에서 시진핑 주석이 '핵심'의 지위를 부여받았고, 2018년 제13차 전국인민대표대회에서 헌법을 수정한 것이다. 그동안 관습적으로 적용해오던 70세 이상은 고위직을 하지 못한다는 규정을 없앴고, 시진핑 사상을 당헌에 명기했다. 한국 언론들은 이를 두고 중국이 마치 전근대로 되돌아간 것처럼 보도했다. KBS는 시진핑 황제 만들기가 마무리되었다고 보도했고, 《한국일보》는 '황제대관식'이라고 불렀다. 《뉴스1》은 〈기립박수 받는 '시진핑 황제'〉라는 제목의 사진을 보도했다. 《연합뉴스》는 2020년 새해 첫날 〈시진핑 집무실에 걸린 사진 보니 '절대 권력 의지'〉라는 제목의 기사를 내보냈다. 《중앙일보》 중국 특파원을 지낸 유상철 중국연구소 소장의 책 《2035 황제의 길: 21세기 황제, 시진핑의 강국 로드맵》은 한국 보수언론이 시진핑을 보는 눈을 체계화했다고 볼 수 있다.

돌아보면 한국 언론이 중국을 독재국가가 아니라고 규정한 시기가 거의 없다. 중국은 독재국가라는 프레임은 서구적 민주주의를 표준화한 결과물이다. 오도넬의 민주주의 이행론에 따르면, 오도넬은 독재의 특징을 세세하게 규정하고 이러한 특징이 소멸되는 시점을 민주주의 이행기로 본다. 한국 주류 언론의 체제 인식은 대개 오도넬이 말한 민주주의 이행론의 틀 안에 머무른다. 오도넬의 민주주의 이행론을 받아들인다면 라틴아메리카나 중국과 같은 전혀 다른 역사적 경험을 가진 국가들도 자연스럽게 미개한 독재국가로 전락하고 만다.[28] 서구의 대의제를 표준으로 정하고 그것을 민주라고 정의하면 중국은 서구화되지 않는 이상 비민주적 국가일 수밖에 없다.

시진핑을 황제라고 주장하는 것은 저잣거리에서나 통할 수 있는 몰역사적 규정이다. 황제란 전제군주제라는 역사적 체제 위의 최고 통치

---

28 김은중, 〈권력의 식민성과 탈식민성: 유럽중심주의와 제3세계주의를 넘어서〉, 《이베로아메리카》 22권 2호, 2011, 9쪽.

자이다. 전제군주제의 핵심은 황위세습이다. 중국공산당 지도자 누구도 권력을 세습하지 않았다. 시진핑의 아버지가 중국의 고위관료였다는 것은 다른 문제이다. 세습과 문화자본의 힘은 전혀 다른 권력이다. 조지 부시의 아들도 대통령이 되었고, 박정희의 딸도 대통령이 되었다. 그러나 아무도 그들을 황제라고 부르지 않는다.

시진핑을 독재라고 부르는 것 또한 문제가 많다. 70세 이상이 당에서 직책을 맡지 않는다는 규정을 없애 시진핑에게 재집권할 가능성을 준 것은 맞다. 그러나 시진핑이 그 규정으로 다시 집권한 것도 아니고, 집권하기로 약속한 것도 아니다. 그저 제도가 만들어진 것뿐이다. 집권을 한 번 더 할 수도 있고, 더 하지 않을 수도 있다. 더욱 중요한 것은 설령 재집권을 한다고 하더라도 그것이 곧 시진핑 독재로 이어지는 것이 아니다. 시진핑정부가 3차 역사적 결의를 한 뒤 안치영 교수는 중국공산당의 권력집중은 "단순히 시진핑 개인 권력 강화가 아니라 개혁개방 성공의 역설로 출현한 새로운 위기에 대한 대응이자 개혁 시기 형성된 권력구조·승계의 한계와 관련된 것"이라고 보고 있다.[29] 왕이 중국 외교부 부장은 2013년 외교부 부장이 되어 지금까지 외교부 부장이다. 그러나 중국 외교를 왕이 부장이 독점한다고는 아무도 생각하지 않는다. 누가 하느냐가 아니라 어떤 권력이냐가 문제이다.

지금까지 시진핑 권력이 중국공산당이 나아가고자 하는 방향과 다르게 시진핑의 사익이나 시진핑의 독자 노선으로 사용되었다는 근거는 별로 없다. 그런 점에서 시진핑 사상은 중국공산당이 나아갈 방향을 정

29 안치영, 〈중국공산당은 왜 권력을 다시 집중하는 것일까〉, 《관행중국》 137호, 2022년 2월호.

리해서 시진핑 이름을 붙여 고유명사화한 것이다. 시진핑 사상 교육은 시진핑에 대한 충성을 강요하는 것이 아니라 중국공산당이 나아갈 길을 교육하는 것이라고 보아야 타당하다. 시진핑을 집단체제하에 핵심이라 규정했다고 해서 그가 덩샤오핑이나 마오 시대의 권력을 가졌다고 보지 않는다. 그 시대로 되돌아가기에 중국은 이미 권력관계가 너무 복잡해졌다. 사상은 다변화되었고, 자본 권력은 커졌으며, 외부 시선을 무시할 수도 없는 글로벌한 국가가 되었다. 조영남 서울대 교수는 시진핑이 여러 조직의 수장으로 이름을 올리고, 시진핑 사상을 강화하는 것과 같은 권력 강화가 있었지만 그것은 법치와 법제화되는 과정에서 벌어지는 일로 마오 시절에 나타났던 권력의 사유화와는 거리가 멀다고 보고 있다.[30]

물론 시진핑의 권력은 후진타오에 비해 강해졌다. 최필수 교수는 이를 '관리 독재'라고 이름 붙인다.[31] 그가 말하는 '관리 독재'는 강력한 리더십으로 안정적으로 사회관리를 한다는 뜻이다. 그는 '관리 독재'가 시행된 까닭으로 1) 방만한 재정문제를 일으키는 지방정부를 개혁하고 2) 공산당 내부에서 벌어지는 부패에 대한 강력한 감찰이 필요하고 3) 금융을 정비하고 민생을 개선하며 그리고 환경보호를 추진하기 위해서 이루어졌다고 보고 있다. 설득력 있는 주장이다. 그러나 그런 목적으로 사용되는 권력 강화를 몇 가지 위험 요소 때문에 굳이 독재라는 개념을 붙여야 할지는 논쟁적인 문제이다.

---

30 조영남, 〈중국공산당 100년과 시진핑 시대의 중국 평가〉, 현대중국학회 중국공산당 100주년 기념 특별 춘계학술대회 발표문, 2021, 5~7쪽.

31 최필수, 〈시진핑의 권력분석-개발독재와 관리독재〉, 《한국유라시아학회》 9권 1호, 2018, 5~6쪽.

한국 사회에서 중국에 대한 독재라는 용어는 신중하게 사용되어야 한다. 서구의 대의제를 중심으로 만들어진 개념이기도 하고, 서구가 정치적으로 다양하게 악용하는 개념이기도 하다. 바이든 대통령은 2021년에 열린 G7 정상회의에서 트럼프행정부의 중국봉쇄 정책을 노골적으로 계승하는 것이 불가능하게 되자 "중국 자체가 아니라 전 세계의 독재자, 독재정부와 경쟁하고 있다"며 '가치동맹(alliance of democracies)'을 요구했다. 중국봉쇄 정책을 강화하는 목적으로 '민주주의 대 독재'라는 프레임을 가동한다. 지금 미국의 학자들조차 중국의 정치제도를 독재(Autocracy)라 부르기보다는 권위주의(authoritarian)라고 부르고 있다.

제이크 워너의 주장대로 미국이 사용하는 독재 프레임은 오히려 실질적인 전 지구적 민주주의를 망치고 경제적 불평등을 심화시키는 결과를 초래하는 데 기여할 수 있다. 독재라는 규정을 미국이 하기 때문이다. 가치동맹의 핵심 세력으로 간주되는 인도의 나렌드라 모디행정부는 "선출된 독재정부"[32]로 불려질 만큼 비민주적 행위를 일삼는 행정부이다. 바이든행정부가 사용하는 독재 개념은 가치동맹이라는 개념의 모호성만큼이나 모호한 개념이다. 워너는 이 주장을 결국 "미국 투자자들에게 도움이 될 수 있지만 모든 민주주의 국가가 국민을 위해 제공할 수 있는 글로벌 경제의 비전은 아니다"라고 보고 있다. '민주주의 대 독재'의 프레임은 결국 미국의 지속적인 패권 유지를 위한 수사라는 것이다. 따라서 그는 자유민주주의 대 독재와 같은 분류는 오늘날의 문제를 제대로 볼 수 없는 "근시안적인 이분법"[33]이라고 보고 있다.

32 Ivan Krastev, "Biden Can't Decide What Counts as a 'Democracy'", NYT, 2021.05.12.

중국모델론의 주요 논객인 다니엘 벨(Daniel Bell)은 중국의 정치 제도를 서구의 대의민주주의와 비교하여 정치적 능력주의(political meritocracy)라고 표현한다. 하위 직급을 제외하고는 선거를 허락하지 않지만 과거의 과거제처럼 능력에 따라 고위직으로 승진하는 합리적 제도이며 서구와 다른 체제라는 것이다.[34]

최필수 교수도 동의하고 있듯 시진핑의 독재는 우리가 사용하는 개발독재의 개념과 다르다. 오히려 사회주의 국가에서 사용해 왔던 프롤레타리아 독재와 유사하다. 권력의 사용 방식이나 제도를 중심으로 보는 방식이 아니라 권력의 최종 사용 목적지를 중심으로 보는 방식이다. 현재까지 시진핑의 강화된 권력은 금융의 투명성 확보, 공산당의 부패 방지, 지방권력의 방만한 운영, 그리고 민생과 환경문제 개선에 주로 쓰이고 있다면 우리식 의미의 독재라고 부르기에는 무리가 따른다. 권력이 너무 공적으로 사용되기 때문이다.

그런 점에서 시진핑 독재설보다 조영남 교수가 주장하는 '시진핑 CEO설'이나 영국의 중국전문가 케리 브라운의 '시진핑 교황설'이 훨씬 더 설득력이 있다. 그들은 기본적으로 중국은 1인 지배체제가 아니라 집단지도체제라고 본다.[35] 케리 브라운은 중국에서 "영원불멸의 권력을 추구하는 황제는 중국공산당"이라고 보았다. 덩샤오핑부터 시진핑까지 중국의 지도자들은 잠시 동안 권좌에 머무르는 것뿐이라고 주장한다. 집단지도체제인 중국에서 교황 선출과 같은 과정을 거쳐 시진핑을 뽑았

33 Jake Werner, ibid.

34 Daniel Bell, "China's political meritocracy versus Western democracy", The Economist, 2018.06.12.

35 조영남 편, 성균중국연구소 엮음, 《시진핑 사상과 중국의 미래》, 지식공작소, 2018, 88쪽.

고, 시진핑은 임기 동안 교황과 같은 권력을 누린다는 것이다. 조영남 교수는 비슷한 까닭으로 임기 동안 최고의 권력을 행사하는 기업의 CEO와 유사하다고 주장하고 있다. 최필수 교수가 절차적 민주주의 관점에서 시진핑 권력을 바라보았다면 조영남 교수와 케리 브라운은 결과적 민주주의 관점에서 시진핑 권력을 바라본다.

시진핑의 재집권 여부는 아직 미정이다. 70세 이상은 고위직에 오를 수 없다는 관례는 덩샤오핑이 독점 권력의 피해를 막으려고 만들어 놓은 자구책이었다. 마오의 실정으로 문화대혁명을 겪었고 그런 역사적 경험이 만든 중국의 관습법이었다. 한국의 대통령제가 단임제인 까닭과 비슷하다. 민주화 과정에서 대통령의 권한을 제한하는 것이 가장 시급한 과제 중 하나였다. 그러나 민주화가 안정화되는 지금 한국에서 대통령의 중임제를 검토하자는 논의가 있다. 중국도 마찬가지이다. 권력이 안정화된 지금 시진핑은 이제 더 안 된다고 법으로 굳이 정할 까닭은 없다.

시진핑은 총서기가 되기 이전 지방을 순환근무하며 총서기가 될 능력이 있는지 검증받았던 것처럼, 미중 간 충돌과 코로나19 시기 그가 어떻게 대처하고 어떤 능력을 보여 주는지 검증받는다고 볼 수 있다. 대처를 잘해 나간다면 다시 한 번 더 집권을 할 수도 있을 것이다. 역설적으로 바이든행정부 또한 미중 충돌을 지속하고, 한국을 포함한 서방의 중국봉쇄 전략이 강화되는 현상이 심해지면 심해질수록 시진핑의 재집권 가능성은 높아질 것이다. 그런 시기에는 집단지도체제보다 1인 권력체제가 더 효율적이고, 강력한 지도자의 등장이 필요하기 때문이다. 그러나 그가 한 번 더 집권을 한다고 해서 1인 독재체제로 나아간다고 판단할 수는 없다. 가장 중요한 것은 시진핑이 아니라 권력체계의 성격이다.

중국공산당의 집단지도체제가 무너졌는지에 달려 있다. 조영남 교수는 "시진핑의 개인권력 강화가 마오 시대 등장했던 1인 지배체제로 퇴화할 가능성은 크지 않다"고 본다. 시진핑 주석이 연임하더라도 "중국 엘리트 정치체제가 집단지도체제에서 시진핑 1인지배로 바로 바뀌는 것이 아니"기 때문이다.[36]

2021년 중국공산당 6중전회에서 3차 역사적 결의가 통과되자 한국 언론은 '시진핑의 영구집권'이라는 프레임의 기사들만 쏟아 냈다. 그러나 역사적 결의에 대한 이런 해석은 마틴 자크가 지적한 대로 "역사적 결의의 역사성을 무시"한 전형적인 시진핑의 중국 프레임이다. 이 역사적 결의는 중국의 향후 발전 방향을 '공동부유', '지속가능한 개발', '평화적 발전' 들로 결정한 결의였다. 시진핑은 그런 역사적 방향을 이끄는 적임자인 것이다. 중국 정치에서 중요한 것은 개인이나 파벌이 아니라 노선이다. 시진핑의 권력을 평가할 때 놓치지 말아야 할 가장 중요한 지점은 중국민이 그 권력을 어떻게 평가하느냐이다. 시진핑은 지금 중국민에게 마오와 덩샤오핑에 버금가는 인기를 누리고 있다. 국가감찰위원회를 두고 지속적인 칼날 사정을 진행하고 있는 점, 2018년부터 실업률 집계에 빠져 있던 농민공을 포함시키고 실업률 관리에 구체적 목표치를 두기 시작했다는 점, 환경개선을 위해 전력투구하는 점, 빅테크 자본을 적극적으로 규제하는 점, 미국의 신냉전적 공세에도 버텨 내고 있는 점 등이 결과적 민주주의를 만들었다고 보기 때문이다.

부실한 근거로 만들어진 한국 언론의 시진핑 황제설이 오래 갈 리

---

36 조영남, 앞의 글, 2021, 14쪽.

가 없다. 시진핑 황제설은 1년도 버티지 못한 채 사라졌다. 중미 간 무역 전쟁이 벌어지자 곧바로 한국 언론에는 '시진핑 실각설'이 등장한다. 그것도 근거가 별것 없다. 시진핑 '책사'라 불리는 왕후닝이 얼마 동안 공식석상에 등장하지 않았다는 게 주요 근거이다. 늘 그렇듯 확인할 수 없는 소문도 근거로 사용했다. 2020년 8월 21일 《주간조선》은 〈베이다허 굴뚝에 '후춘화 연기'가 피어 오르다〉라는 기사를 내보냈다. 이 기사는 일본 《닛케이》 신문 인용보도로 8월 중국 수뇌부의 모임인 베이다허 회의에서 중국 정치원로들이 시진핑에 등을 돌리고 퇴진까지 요구했다는 내용이다. 시진핑이 어느 날은 독재자였다가 어느 날은 권력이 기반부터 흔들리는 허수아비가 되는 일은 한국 언론에서 흔하게 발생한다.

시진핑 황제설은 시진핑의 황제 여부와 상관없이 '시진핑의 중국'이라는 프레임을 바탕으로 한다. 시진핑이 중국의 모든 것을 자기 마음대로 움직인다는 사고 틀이다. 시진핑 황제설은 정보만 제대로 전달한다면 쉽게 고쳐질 정치 공세이지만 '시진핑의 중국'이라는 프레임은 그리 간단한 문제가 아니다. 그 속에는 중국민에 대한 유사인종주의가 있기 때문이다. '시진핑의 중국'이라는 표현의 이면에는 중국민은 시키면 시킨 대로 하고, 결코 스스로를 대변할 수 없는 비주체적이고 전근대적인 신민이라는 인식이 있다. 서구 오리엔탈리즘이 가지는 전형적인 인식 틀이자 인종주의가 지니는 타국민에 대한 차별적 시선의 전형적인 형태이다.

그러나 중국민은 스스로 혁명을 성공한 근대 시민들이다. 봉건지주를 몰아내 경자유전을 실현했고, 일본과 유럽제국주의로부터 빼앗긴 식민지를 탈환한 주역들이다. 중국의 혁명은 마오의 혁명이 아니다. 마오사상의 핵심은 각성되어 있는 중국민을 마오가 발견했다는 것이다. 정치적으로 벼랑 끝에 몰린 마오의 사회주의 혁명을 성공시킨 주역은 홍군에 참여한 수많은 이름 없는 병사들과, 근거지를 일군 일반 중국민이다. 그들이 없었다면 군사적으로 열세였던 마오가 그렇게 짧은 시기에 전 중국을 장악할 수가 없다. 수많은 중국민은 장제스의 국민당보다 마오의 공산당을 택했다. 그것이 중국 혁명의 가장 큰 동력이었다. 그런 근대 시민들이 어느 날 갑자기 전근대적 신민들로 퇴화했다는 가정은 서구인의 머릿속에서나 존재한다.

중국은 공산당 일당독재이지만 일당에 헤게모니를 부여하는 시민들에게도 그럴 만한 까닭이 있다. 상하이 푸단대학교 중국연구소 소장인 장웨이웨이는 중국공산당 창당 100주년을 기념하는 글에서 중국민들이 왜 중국공산당을 선택했는지 설명한다. 그는 공산당 일당독재가 중국민이 찾아낸 최적의 제도라고 주장한다.[37] "입헌군주제에서 다당제, 의원내각제에서 대통령제로, 그들은 모든 것을 시도했지만 불행히도 이들 중 어느 것도 중국이 스스로를 보호하고 혼란을 끝내는 데 효과적으로 도움이 되지 못했다." 중국민은 중국공산당도 그들을 보호하지 못하거나 혼란을 만들어 낸다면 언제든지 버릴 힘과 근대적 인식이 있다. 그것이 근대 시민의 특성이다. 중국민은 이 지구 어느 시민보다 자발적으로 근대성을 확보한 시민들이다.

동아시아민주연구계획의 조사에 따르면 자국이 민주적이라고 판단하는 중국민은 무려 88.1%에 달한다. 이는 다른 어떤 아시아 국가들보다 월등이 높은 수치이다. 이런 수치들은 결코 전체주의 국가에 길들여

---

37 "Why is CPC China's destined choice?", GT, 2021.06.30.

진 신민의 특성으로 해석될 수 없다. 중국의 내부자 시각으로 바라보아야 한다. 홍콩중문대학의 왕샤오광은 중국민의 중국 정부에 대한 신뢰는 중국민의 요구에 중국 정부가 잘 반응하기 때문이라고 본다.[38] 그는 중국의 정치제도를 '대표형 민주'라고 정의한다. 대표들을 중심으로 대의제와 다름없이 민주를 추구하는 제도라는 것이다. '대표형 민주'의 핵심 장치는 중국민이 당의 의사결정과정에 직접 참여하는 구조에 있다. 왕샤오광은 이를 '군중노선'이라고 정의한다. 그는 군중노선은 서방의 참여민주주의와 비슷하지만 참여민주주의가 강력한 이익단체의 입장을 수렴하여 정책결정자가 최종결정권한을 가지는 것에 비해, 정책결정자가 이익단체뿐만 아니라 힘없는 일반대중의 목소리까지 수렴하는 특징이 있다고 주장한다.[39]

왕샤오광의 주장에 동의하는 것과 상관없이 중국공산당이 가진 분명한 성격 중에 하나는 당 조직이 지니는 상호성이다. 지금 중국의 단체 중 약 70%가 당위원회를 가지고 있다. 규모가 큰 단체들은 거의 모두 당위원회가 있다고 볼 수 있다. 단체마다 존재하는 당 조직은 단순히 중앙정부의 결정을 홍보하고 하달하는 기구만이 아니다. 하부조직의 의견을 결집하여 상부로 올리는 역할을 한다. 당내에서 이루어지는 활발한 공적토론이 서구 같은 언론의 역할을 수행한다. 우리 눈에 중국의 공적토론 과정이 잘 보이지 않는 까닭은 그것이 대의제나 독자적인 언론에 의해 제기되는 것이 아니라 당 체제 내에서 이루어지기 때문이다.

---

38 왕샤오광, 〈시진핑 시기 중국의 민주주의〉, 《성균차이나브리프》 3권 3호, 2015, 39쪽.
39 왕샤오광, 앞의 글, 29쪽.

중국의 정책결정에서 또 하나 주목할 점은 엘리트들의 정치참여이다. 중국에는 폴리페스라는 말이 없다. 학계와 정치가 분리되어 있는 우리와 달리 중국에는 구분이 불분명한 집체주의가 여전히 존재한다. 우리가 이해하기 가장 힘든 부분이기도 하다. 《한겨레》는 베이징 동계올림픽 개막식을 총지휘한 장이머우를 두고 감독에서 '선동가'로 변절했다고 비난했다. 예술가에서 국가주의자로 변했다는 것이다. 정부에 협조한다고 국가주의자인 것은 아니다. 중국은 특히 그렇다. 중요한 것은 지금 중국의 엘리트들이 시진핑의 거수기가 아니라는 점이다. 왕후이는 서구 언론이 제기하는 공산당 독재설을 반박하며 "중국 사회에는 끊임없이 제기되는 여러 가지 첨예한 사회적 정치적 의제들에 대한 공적인 토론이 늘 있어 왔다"고 주장한다.[40] 문화대혁명 이후에는 "중국 사회의 성격, 상품, 노동, 생산력, 가치법칙, 노동에 따른 분배, 부르주아적 권리 등의 문제를 놓고 벌인 격렬한 이론 논쟁과 정치 투쟁"[41]이 있었다. 1990년대 말 이후만 보더라도 "삼농문제에 대한 논의, 의료개혁 문제, 국유기업 개혁과 노동권 문제, 생태환경보호 문제 같은 주요 논쟁들이 존재했다.

우리는 외부에서 활발하게 논쟁하고 그것을 통해 권력에 간접적 힘을 행사하는 시스템이지만, 중국은 많은 엘리트들이 직접 당내 노선 논쟁에 개입하고 있다.[42] 우리가 언론과 의회를 통해 민의를 반영해 낸다면 중국은 당내 투쟁으로 민의를 반영한다. 왕후이는 만약 당내 이런 이

---

40 왕후이, 성근제 외 옮김, 《탈정치 시대의 정치》, 돌베개, 2014, 176쪽.

41 왕후이, 위의 책, 95쪽.

42 왕후이, 위의 책, 23쪽.

론 논쟁이 없고, 또 정치적 형세가 바뀐 뒤 이런 논쟁에 대한 사상적 결산과 정치적 청산이 없었다면, 중국이 오늘날처럼 발전하지 못했을 것이라고 주장한다. 중국의 발전은 하루아침에 이루어진 것이 아니라 끊임없는 당내 이론 투쟁의 결과로 "생산력 해방→상품경제 발전→시장경제→재산권 개혁" 과정을 거쳐 왔다는 것이다.[43]

'시진핑의 중국'이라는 인식은 시진핑이 중국의 모든 것을 마음대로 통제할 수 있다고 판단하는 것이다. 이것 또한 문제이다. 쉬즈위안이라는 중국학자가 있다. 그의 책이 우리나라에 여러 권 번역되었다. 《미성숙한 국가》, 《나는 내 나라가 낯설다》, 《독재의 유혹》, 《저항자》 들이 있다. 제목만 봐도 그는 중국 정부에 날 선 비판자임을 알 수 있다. 중국을 미성숙한 국가이자 독재국가라고 비판한다. 비판의 관점은 자유주의적이다. 서구의 민주주의와 대의제 관점에서 중국을 비판한다. 그런 그도 '시진핑의 중국'에서 잘 살고 있다. 여전히 활발하게 저술 활동을 하고, 책방 사업도 잘 돌아가고 있다. 이희옥 교수와 장윤미 교수가 펴낸 《중국의 민주주의는 어떻게 가능한가》를 보면 민주주의의 구현 방식을 놓고 얼마만큼 다양한 논의가 이루어지는지 알 수 있다.

'시진핑의 중국'이 당의 명령에 충실한 사람만 남겨 둘 것이라는 것도 착각이다. 중국공산당도 건전한 비판이 당을 살리고 중국을 위하는 길이라고 판단할 수 있는 유연성이 있다. 한국 언론에도 그런 것들이 드러난다. 미중 무역분쟁이 일어나던 초기에 《뉴스1》이 보도한 〈미중 무역전쟁 해결책 두고 중국 지도부 분열〉이라는 기사도 그중 하나이다. 기

43 왕후이, 앞의 책, 2014, 95쪽.

사의 의도는 중국 지도부의 분열을 강조하는 것이지만 '시진핑 황제' 시절마저 중국공산당 내에서는 격렬한 논쟁들이 오간다는 것을 보여 주는 기사이기도 하다.

《서울경제》가 2020년 9월 18일에 내보낸 〈시진핑, 中 '코로나 종식' 선언하더니…브루셀라병은 외면하나〉라는 보도는 '시진핑의 중국' 이라는 프레임이 한국에서 어떻게 작동하는지 잘 보여 주는 예이다. 중국 서북부 간쑤 지방에 백신 공장의 부주의로 약 3,200명 정도가 브루셀라 항체 반응에 양성이 나온 것을 두고 나온 보도이다. 이 기사는 14억 명의 리더가 사망자 한 명 나오지 않은 사건까지 개입하라고 요구한다. 이 기사는 중국의 모든 문제에 시진핑이 관여해야 하고, 시진핑이 중국의 모든 것을 장악한 국가라는 인식을 바탕으로 한다.

중국 지방정부의 권력은 기자가 생각하는 것보다 훨씬 크다. 그 정도 일까지 중앙정부가 개입하지 않는다. 애덤 투즈의 분석에 따르면 정부 지출의 약 80%가 지방정부에서 이루어지고 있다.[44] 지금 중국에는 지방정부 지휘 아래 '충칭(重慶)모델', '산둥(山東)모델', '원저우(溫州)모델' 처럼 서로 다른 다양한 실험이 어우러지고 있다. 중국 농촌문제를 전문으로 연구하는 허쉐펑의 책을 보면 중국의 농촌사회가 어떻게 중앙정부와 관계없이 돌아가고 있고, 지방정부조차 손쓸 수 없는 다양한 메커니즘 아래 움직이는지 잘 알 수 있다. 이런 일까지 시진핑 주석과 중앙정부가 개입할 수 없다. 모든 것을 떠나 이런 일은 황제도 할 수 없는 일이다.

'시진핑의 중국'이 아니라 중국의 시진핑이다. 중국민은 시진핑에

44 애덤 투즈, 우진하 옮김, 《붕괴》, 아카넷, 2019, 358쪽.

게 그들의 권력을 위임하고 있다. 그럼에도 불구하고 '시진핑의 중국'이라고 주장하는 것은 '중국은 미개하다'는 유사인종주의와 중국에 대한 적대적 혐오를 부추기는 신식민주의적 기획이 숨어 있다고 볼 수 있다. 라틴아메리카의 근대성을 연구하는 김은중 교수는 "식민성을 비판한다는 것은 유럽중심주의적 근대성이 내세우는 전체주의적 총체성으로부터 벗어나 '역사적-구조적 이질성을 복원하는 것을 의미한다"[45]고 말한다. 라틴아메리카와 마찬가지로 전혀 다른 역사적 길을 걸어온 중국을 우리가 가진 식민성에서 빠져나와 제대로 보려면 중국의 역사적 이질성을 있는 그대로 바라보는 것이 필요하다. 중국의 권력체계를 제대로 이해하는 것이 그 핵심이다. 지금 중국은 '시진핑의 중국'이 아니다. 다양한 중국민의 중국이다.

국뽕 영화

한국 언론은 중국민의 자발성을 무시한다. 중국민은 당이 시키면 하고 안 시키면 안 한다고 생각한다. 중국공산당이 중국민의 삶을 전부 지배할 수 있다고도 판단한다. 중국시장에서 삼성 핸드폰 점유율이 1% 이하로 떨어진 것은 정부의 지시에 따라 일사분란하게 움직인 '사드 보복' 때문이라고 주장하고, 화웨이 핸드폰 판매가 1위로 올라간 것은 맹목적 애국주의 때문이라고 몰아간다. 중국민이 많이 본 영화는 대부분 국뽕 영화라고 빈정거리는 것도 그중 하나이다. 국가를 찬양하기만 하면 중

45 김은중, 앞의 글, 2011, 23쪽.

국인은 뻥을 맞은 듯 그 영화를 본다는 뜻이다. 중국민을 늘 누군가에 의해 동원되고 조정되는 존재로 보는 것은 전형적인 유사인종주의 중 하나이다.

한국 언론은 중국에서 흥행에 성공한 거의 모든 영화에 대해 국뽕이라는 프레임을 기계적으로 대입한다. 코로나19 시기 개봉된 영화 《800》이 전 세계 개봉작 가운데 흥행 1위를 차지하자 '코로나 시국엔 국뽕 한 사발'이라고 비아냥댔다.[46] 근거는 두 가지였다. 1937년 항일전쟁에서 중국군의 승리를 다룬 영화라는 것, 다른 하나는 영화사가 홍보를 하면서 자기들의 성과를 나열하고 '중국 영화 파이팅'이라는 문구를 내걸었다는 것이다. 식민지 시기 일본에 빼앗긴 조국을 찾기 위해 싸워 승리한 내용의 영화에 국뽕이라는 프레임을 가져다 붙이고, '중국 영화 파이팅'이라는 홍보 문구만으로 "일종의 쇄국정서를 건드리는 '국뽕'영화"라고 빈정거렸다.

2019년 중국의 축제 기간에 개봉한 《류랑디추(流浪地球)》라는 영화도 국뽕이라는 빈정거림을 들은 대표적인 영화이다. 중국에서 15일 만에 6,000만 명이 관람했다. 동시간대 기준으로 중국 영화 사상 가장 많은 관람객 동원 기록을 세웠다. 《류랑디추》에 대해 《조선일보》는 〈중국이 지구의 구세주?…'애국 시네마'에 꽂힌 대륙〉이라는 제목으로 "시진핑 중국 국가주석의 '인류운명공동체' 외교사상을 뚜렷하게 드러낸 영화"라고 보도했다. 《동아일보》는 〈중, 첫 SF영화 인기 끌자 "시진핑 사상 구현" 칭송〉이라는 제목을 달았다. '영화 한 편에까지 독재자의 사상이

---

46 〈중국 1위가 세계 1위가 되어버린 현재 상황〉, 1boon.daum.net, 2020년 09월 21일.

반영되는 통제되는 국가'라고 주장했다. 영화 속 지구의 구세주는 늘 미국이어야 하는데 중국인 게 웃긴다는 빈정거림도 있다.

재미있는 것은 이 주장대로라면 시진핑은 그의 외교사상이 '뚜렷하게 담긴', '완성도가 떨어진' 영화를 15일 만에 6,000만 명이나 되는 사람들이 자기 돈을 내고 극장에 가서 보게 만드는 능력이 있다. 지금 이 지구상에 이런 능력을 가진 지도자는 없다. 트럼프도, 푸틴도 할 수 없는 일이다. 그들이 상정하고 있는 시진핑이라는 독재자는 '인류 운명공동체'라는 외교사상을 가지고 있다. 《류랑디추》에 시진핑정부의 '인류 운명공동체 사상'이라는 이념이 구현되었다[47]고 본다면, 그리고 시진핑은 인류가 하나의 운명공동체라는 외교사상을 영화에까지 반영시키려고 노력하는 사람이라면, 독재자라 부를 수 없다. 만약 그런 사상을 애국주의라고 부른다면 그런 애국주의는 내셔널리즘을 넘어선 코즈모폴리터니즘(cosmopolitanism)에 가깝다. 중국민이 많이 본 것을 비판할 일이 아니라 한 명이라도 더 보게 박수 쳐 줘야 할 일이다.

한국에서 중국 영화가 상영될 때마다 비슷한 공격이 이어졌다. 《특수부대 전랑2》는 중국이 지구를 구한다는 게 말이 되느냐 같은 빈정거림이 주를 이루었고, 《에베레스트》는 중국인의 우월성을 부추긴다고 비판했다. 심지어 디즈니가 만든 《뮬란》마저도 왜 홍콩 경찰을 지지한 유역비를 주인공으로 쓰고, 왜 자막에서 공산당에게 감사를 표했느냐고 물고 늘어졌다. 영화 그 자체는 없고, 정치적 콘텍스트만 남았다.

---

47 김진공, 〈누가 유랑하는 지구를 구할 것인가?-영화 《유랑지구》와 중국의 '인류운명공동체' 이념〉, 《중국어문학지》 68권, 2019, 125쪽.

중국민도 우리와 다르지 않게 다양한 정체성을 가진 국민이다. 중국의 국민이기도 하고, 시장경제의 소비자이기도 하며, 새로운 글로벌 문화산업의 팬덤이기도 하다. 그들도 애국심과 소비자로서의 욕망 사이에 갈등하기도 하고, 중국적인 것과 세계적인 것 사이에서 무엇을 택할지 고민하는 존재들이기도 하다. 미중 무역전쟁 중에도 애플 제품이 날개 돋치 듯 팔리기도 하고, 로맨스물이자 범죄물인 《소년시절의 너》 같은 영화가 흥행하기도 한다. 중국인을 겨냥해 만든 디즈니의 《뮬란》은 정작 중국인은 별로 찬사를 보내지 않았다.

중국인이 민족주의적 영화에만 심취하는 것도 아니다. 봉준호 감독의 《기생충》은 중국에서 가장 유명한 영화평가 사이트인 더우반(douban.com)에서 8.9점이라는 높은 평점을 받았다. 중국인의 '국뽕'을 기대하고 제작한 《뮬란》은 5점대의 평가를 받았다. 한국에서 이야기되는 중국의 '국뽕' 영화들 또한 독자적인 세계관을 가진 중국인이 한 명 한 명 선택한 문화현상이다. 저마다 다양한 이유로 그 영화를 본다. 영화를 보는 문화현상을 두고 '국뽕에 취했다'는 식의 평가 자체가 이미 단순한 외부자의 시선을 드러내며 차등적 세계관을 가진 유사인종주의를 보여 준다. 할리우드에서 어떤 영화가 흥행을 거둘 때 이런 평가를 결코 하지 않는다.

중국인이 《에베레스트》에 열광한 것은 다른 무엇보다도 영화적 요인이 컸던 것으로 판단된다. 우선 영화의 기술 발전이 영향을 미쳤다. 《에베레스트》는 중국의 영화 촬영 기술이 할리우드 수준에 다다르고 있음을 잘 보여 준다. 지금 중국인은 중국 문화산업이 성장하는 모습에 스스로 감격하고 자랑스러워하고 있다. 심형래의 《용가리》를 볼 때 우리도 그랬다.

두 번째는 어려운 시절에 대한 향수 때문이다. 우리나라 사람들이 우리 영화 《국제시장》에 보여 주었던 향수와 비슷한 것이다. 생존 자체가 힘들었던 1970년대를 견뎌 낸 중국인들의 감성을 자극했다. 장이머우의 영화 《인생》처럼 지나친 이데올로기 사회의 아픔을 다루어 감성을 자극할 수도 있지만 그 시절 중국의 작은 승리를 회상하면서 뿌듯해할 수도 있다. 가난과 전쟁 속에서 살아남아야 한다는 몸부림으로 자국기 아래 뭉쳤던 시기를 중국도 마찬가지로 지나왔다. 지금 와서 돌아보면 자기들의 그 몸부림이 대견스러운 것이다. 그들은 지금 그 시절을 추억하고 스스로를 다독거리며 그런 영화들을 보는 것이다. 중국인의 애국주의와 우리의 민족주의가 별로 다르지 않다. 그런 향수와 자기 나라에 대한 애정이 때로는 우월주의로 발전하기도 하고 팽창주의로 전화하기도 한다. 그러나 그런 일이 늘 일어나는 것은 아니다.

중국 정부는 여전히 영화를 어느 국가보다 강하게 통제한다. 그러나 그들에게도 방식이 있다. 아무거나 아무렇게나 통제하지 않는다. 시진핑의 외교사상을 영화에 넣으라고 통제하지 않는다. 불가능한 일이기도 하다. 시진핑 외교사상에 반대되는 것이 들어갈 경우 삭제를 요구하기는 할 것이다. 중국은 여전히 집체주의 성격을 지닌 국가이다. 영화라고 해서 국가가 결정해 놓은 방향을 거스를 수는 없다. 중국은 그런 류의 통제는 여전히 어느 국가보다 강하다.

영화 《에베레스트》를 애국주의라는 특별한 이름을 붙여 마녀사냥해야 할 까닭을 그 어떤 한국 언론의 영화비평에서도 찾아내지 못했다. 할리우드 영화는 놔두더라도 한국에서 만드는 영화 중에 미국이나 중국인이 주인공이 되어 그들의 승리로 끝나는 영화가 있는가. 자국민 한 명을 영웅으로 만들어 끝내 승리하는 공식은 할리우드 영화의 대표적인 스토리텔링 방식이다. 최근 넷플릭스에서 호평을 받은 한국 영화 《승리호》는 한국민이 주인공이고 그들이 세계를 구했다. 영화 속 중국인 주인공이 지구를 구한다고 해서 '시진핑의 중국'이라는 프레임을 가져다 대고, 영화가 흥행했다고 해서 애국주의가 동원된 '국뽕 영화'라는 프레임을 사용한다면, 흥행한 중국 영화는 모두 문제가 된다.

중국의 '애국주의'가 우리보다 훨씬 더 강력한 행동지향성을 지닌 것은 사실이다. 특히 반식민지 경험의 상처를 건드리거나 중국이 다른 국가보다 앞선다는 자긍심을 보여 주는 요소들에서 폭발적으로 반응하는 경향이 있다. 그러나 중국인에게도 그럴 만한 역사적 까닭이 있다. 중국은 반식민지의 벼랑에서 겨우 빠져나와 이제 이전의 영토를 되찾는 근대의 꿈을 이루는 중이며, 서구의 근대로부터 멀어지면서 가난하고 누추했던 시절에서 막 벗어나 우리도 서구만큼 할 수 있다는 자신감과 자부심을 가지기 시작하는 시기이다. 100년 만에 되찾아 온 홍콩 땅을 다시 독립시키려고 부추긴다면 누군들 가만히 당하고 있을 것인가?

한국 언론들이 중국민의 애국주의를 아주 특수한 별종의 민족주의로 다룰 때 자주 이용되는 것이 중국인의 상품 불매운동이다. 그러나 예나 지금이나 상품 불매운동은 시민들의 저항 도구이다. 우리가 과거 식민지 경험과 연관된 문제에 불같이 들고 일어나 일본상품 불매운동을 전개했듯 중국인도 중국의 역사를 다시 과거로 되돌리고자 하는 외부의 기도에 대해 강력하게 폭발적인 힘을 보여 주는 것이다.

우리와 다른 점이 있다면 중국의 상품 불매운동은 자기들의 정부조차 자기들을 버리고 열강들과 타협하면서 국가보다 지배층의 이익을 우선시할 때 중국인이 할 수 있는 유일한 외교적 대항수단으로 등장했다는 점이다. 중국민은 19세기 말부터 중국민의 집체적 저항방식으로 상품불매운동을 사용해 왔다. 중국민의 불매운동이 본격화된 것은 1905년에 일어났던 반미상품 불매운동에서부터이다. 20세기 초 미국이 중국인 배척운동을 벌이자 본국에 있던 중국인은 미국상품을 사지 않는 것으로 미국의 외교정책에 대응해 왔다. 힘이 없는 국가의 시민들이 힘 있는 국가와 싸울 수 있는 유일한 방법이자 일부 엘리트 외교가들이 독점하는 전통적 외교방식을 시민들이 직접 참여하는 외교로 바꾸는 획기적인 사건이었다.[48] 지금도 중국인은 불매운동을 대표적인 저항운동의 한 형태로 사용하고 있다.

마크 셀던은 중국 사회주의의 특성을 "양방향의 사회주의"로 규정했다.[49] 중국공산당이 농촌에서 농민을 동원하여 혁명을 성공시킨 것일 뿐만 아니라 중국 농민들의 가치와 열망이 중국공산당에 투영되었다고 본다. 서구가 주도하는 새로운 자본주의적 근대를 맞은 중국민은 그들 방식으로 대항해 왔다. 청정부가 그들의 이익보다 제국주의 열강의 이익을 대변할 때는 농기구를 들고 직접 서구 열강과 맞서 싸웠고, 미국인이 그들 민족을 업신여길 때는 미국상품 불매운동으로 맞섰으며, 국민당이 그들의 삶에 관심이 없을 때는 공산당에 권력을 위임하면서 근대적 주체로 나섰다.

---

48 김희교, 〈미국상품불매운동(The Anti-American Boycott of 1905)과 미국의 對中國政策〉, 《동양사학연구》 57권, 1997 참조.

49 Mark Selden, "Yan'an Communism Reconsidered", *Modern China* 2-1, 1995, pp.37~38.

'시진핑의 중국'이 아니라 '중국민의 시진핑'이라는 관점에서 보면 시진핑의 외교사상이라는 것은 결국 현재 중국민이 바라는 외교일 가능성이 높다. 그런 점에서 《류랑디추》는 시진핑의 외교사상을 반영한 것이 아니라 지금 중국민이 희망하는 세계를 이 영화가 잘 반영해서 호응을 얻었다고 보는 것이 타당하다. 2020년 7월 하버드대학 캐네디스쿨 애쉬센터(Ash Center for Democratic Governance and Innovation)에서 발표한 〈중국 장기 조사 발표〉에 따르면 2003년부터 2016년까지 중국민의 각급 정부에 대한 만족도가 93.1%에 달했다. 미국의 PR 컨설팅 기관인 에델만 월드와이드가 발표한 〈2020년 신뢰도 조사 보고〉에 따르면 중국인의 자국정치에 대한 신뢰도는 95%로 조사대상국 중 1위를 차지했다. 우리나라에서 역대 가장 지지도가 높다는 문재인 대통령의 최고 지지도가 80%대였던 것을 고려하면 중국민의 중국 정부에 대한 신뢰도가 어느 정도인지 가늠할 수 있다.

중국민의 중국 정부에 대한 신뢰는 시진핑정부에 국한된 것이 아니다. 중국 혁명 이후 흔들림 없이 이어져 오고 있다. 그런 점에서 중국민의 '국뽕'은 동원된 애국주의가 아니라 자발적 참여로 보는 것이 타당하다. 중국 영화가 국뽕이라면 우리가 해야 할 일은 빈정거리는 일이 아니라 그런 영화에 왜 중국민이 열광하는지를 알아야 한다. 그것이 국익에도 이롭고 이웃으로서도 올바른 태도이다. 중국도 이미 중국민의 중국이다.

6부

짱깨주의의 프레임II
:신식민주의체제 옹호

1 중국이 성공할 리 없다

판다는 날 수가 없다

미중 무역전쟁의 마무리가 한창 진행 중인 2019년 2월 말 영국의 《이코노미스트》에 〈판다는 날 수 있을까: 중국 경제 개혁의 갈등〉이라는 제목의 기사가 실렸다. 부제는 "시진핑은 무역전쟁을 극복하고 중국을 더 부유하게 만들 수 있을까"였다.[1] 이 기사의 결론은 그럴 가능성이 없다는 것이다. 중화인민공화국 수립 이후 서방 세계에서 끊임없이 얘기해 온 '사회주의 중국이 성공할 리 없다'는 중국 붕괴론의 새로운 버전이다. 마오시대부터 시작하여 지도자가 바뀌거나 천안문 사태와 같은 대형 사건이 일어날 때마다 등장하는 서구의 시나리오가 중국이 G2로 성장한 지금에도 새로운 버전으로 등장하고 있다. 이 기사는 많은 한국 언론에서 대부분 그대로 보도되었다.

---

1 "Pandas can fly: The struggle to reform China's economy", The Economist, 2019.02.21.

한국 언론의 중국의 미래에 대한 보도도 대개 '판다는 날 수 있을까?'라는 프레임 위에 서 있다. 이 프레임으로 접근하면 결론은 정해져 있다. 판다는 날 수 없다. 김성해 교수는 코로나19 시기 한국의 언론보도를 분석하며 "중국은 패권국이 될 자격이 없으며, 오히려 국제사회의 문제아다"라는 관점이 한국 언론의 중심 프레임이었다고 밝혔다.[2] 중국은 '패권국이 될 자격이 있는가?'라는 질문은 '판다가 날 수 있을까?'라는 질문과 동일한 프레임 위에 있다. 패권국이란 기본적으로 불평등한 국가 간 체제를 상정하고 있다. 그런 점에서 어느 국가도 패권국이 될 자격은 없다. 판다가 날개가 없는 것과 마찬가지이다. 이런 관점으로 보면 결론은 뻔하다. 중국이 아무리 잘해도 중국이 성공할 리가 없다는 프레임에 갇힌다. 이 프레임에 갇히면 '중국의 문제'를 나열하는 것은 자연스러운 현상이다.

《이코노미스트》 논지의 핵심은 시진핑이 중국 경제를 망쳐 놓았다는 것이다. 근거는 대략 세 가지이다. 첫째는 국유기업이 여전히 막강한 권력을 장악한다는 점이다. 이 때문에 민간기업의 활력이 무력화되었다는 것이다. 두 번째로는 기업 내 공산당 조직이 있어 중요한 결정 때마다 입김을 넣어 민간기업의 자율성이 훼손되어 중국 경제가 활력을 잃었다는 것이다. 공산당이 시장경제를 망친다는 이야기이다. 세 번째는 당국의 증시 개입, 환율시장 개입, 자본유출을 통제했고 이것은 잘못된 조치라는 것이다. 즉 공산당의 개입이 잦다는 뜻이다.

---

2 김성해, 〈미국패권의 조력자 혹은 다자주의 촉진자?: '코로나19'를 둘러싼 국제사회의 패권경쟁과 국내 언론의 담론정치〉, 《한국언론정보학보》 103호, 2020, 22쪽.

황핑의 표현을 빌리면 《이코노미스트》가 나열하는 중국의 문제들은 언제나 서구가 중국을 말할 때 사용하는 "택시 기사들이나 아이스크림을 파는 할머니도 다 아는 '상식' 수준"[3]이다. 여기서 '상식'이란 서구의 이론으로 중국을 재단하는 이론가들이나 기자들이 중국을 공격할 때 쓰던 상투적인 이야기를 뜻한다. 위 기사는 전형적인 신자유주의 관점에서 틀에 박힌 잣대를 가지고 중국 경제를 비판한다.

이 기사는 판다가 날기 위해서는 자본에 대한 국가의 간섭을 줄이고, 은행과 금융에 자율권을 부과하고, 부실한 국영기업은 파산시켜야 하며, 국영기업의 수도 줄여야 하며, 중국에 투자한 외국기업의 권리 보호를 확대해야 하며, 국내 자본의 해외 투자를 장려해야 한다고 주장한다. 그리고 덧붙인다. 기업과 고위관료들은 "미국이 시진핑에게 압력을 넣어 주기를 바라고 있다." 미국의 압력에 시진핑이 진로를 바꿀 때 "자유로운 중국은 결국 더 부유해지고 적을 적게 만들 것"이다. 중국에 신자유주의적 경제의 지속적인 추진을 주장한다. 하지만 이런 주장을 펼치는 《이코노미스트》의 모국인 영국은 브렉시트를 선언하고 일국 경제로 귀환했다. 신자유주의의 진원지인 미국은 일방주의와 보호무역으로 되돌아갔다. 《이코노미스트》가 영국과 미국에게는 무슨 이야기를 할지 궁금하지만 그것은 그들끼리 해결할 테니 넘어가자.

정작 문제는 한국 언론이다. 《연합뉴스》는 이 기사를 〈무역전쟁 패배가 중국에 황금기회〉라는 제목으로 인용보도 했다. 중국이 미중 무역전쟁에서 져야 중국이 살 수 있다고 주장한다. 중국인은 스스로 대변할

3 황핑, 〈'베이징 컨센서스'인가, '중국의 경험'인가?〉, 앞의 책, 41쪽.

수 없고, 중국의 진보는 서구만이 가져다줄 수 있다는 전형적인 유사인종주의적 근대화론이다. 미국이 하는 모든 것은 정당하고 성공할 것이라는 암시가 들어 있는 신식민주의 세계관이기도 하다. 트럼프 대통령이 "우리가 허락해서 한국이 존재한다"고 말한 신식민주의 세계관의 한국판이다. 국가의 간섭을 최소한으로 줄이고 경제 개방을 더 많이 하면 더 많은 부를 가져다줄 것이라는 신자유주의 경제논리와, 서구가 중국을 구원할 유일한 힘이라는 근대화론 논리가 합쳐져 2020년판 한국 언론의 신식민주의 세계관이 등장했다.

언론뿐만 아니라 한국 주류 경제학자들이 중국 경제를 보는 시각도 이와 유사하다. 서울대 경제학부 김병연 교수는 중국이 지금과 같은 경제성장을 멈출 것이고 결국 미국을 이기지 못할 것이라고 확신한다. 그 핵심 근거는 "경쟁력을 갖추어야 하는 국유기업이 공산당 권력과 유착되어 있어 개혁·혁신이 어려운 구조"라는 주장이다.[4] 중화인민공화국이 수립되고 난 이후 서구에서 줄기차게 주장해 온 틀에 박힌 주장이 한국 학계에서도 끊임없이 되풀이되고 있다. 중국은 성공할 수 없다. 중국을 구원할 수 있는 것은 서구이다. 중국이 성공하려면 서구의 길을 가야 한다. 서구의 길을 거부하고 서구의 길을 가지 않는 중국이 성공할 리가 없다. 공산당이 집권한 중국은 반드시 망할 것이다. 그런 주장이다. 마오 시대는 중국 경제가 폐쇄적이어서 망한다고 했고, 덩샤오핑 시대에 개혁은 결코 성공할 수 없을 것이라 전망했던 유럽중심주의적 근대론이다. 그러나 지난 40년 동안 지켜본 결과 망한 것은 중국의 길이 아니라

---

4 〈중의 미 추월은 일시적 현상…성장성은 한계에 부딪혔다〉, 《중앙일보》, 2020년 09월 04일.

그들의 이론이다.

《이코노미스트》 기사가 시진핑의 경제가 실패할 것이라고 내세운 주요 근거는 중국공산당이 중국 경제에 개입한다는 것이다. 중국공산당을 끌어들여 중국의 실패를 이야기하는 것은 중국을 바라보는 근본주의 시각이다. 중국공산당이 사라지지 않는 이상 중국은 성공할 리가 없다는 시각이다. 중국을 판다에 비유하고 날 수 있느냐를 묻는 순간 이미 중국은 나는 것이 불가능한 존재와 마찬가지 논리이다. 이런 근본주의자들은 현실을 바라보지 않는다. 그들은 중국이 이제 G2로 부상했다는 사실에는 눈감는다. 이런 식의 비판이라면 중국은 앞으로도 실패할 수밖에 없다. 중국기업에 중국공산당 조직이 들어가 있는 것은 시진핑 시대에 시작한 일이 아니다. 아무리 양보해도 개혁개방 초기 때부터 그랬다. 앞으로도 상당 기간은 그럴 것이다.

《연합뉴스》와 《이코노미스트》의 주장과 달리 중국 경제는 실제적으로 일국중심의 폐쇄경제로 나아간 것이 아니라 글로벌화하며 세계경제로 나아갔다. 국유기업 상호 간의 경쟁, 외국기업과의 경쟁, 새로 만들어진 사영기업, 반관반민기업, 집체소유기업 들 사이 경쟁을 만들어 생산성을 높이는 것을 목표로 움직여 왔다. 조반니 아리기는 중국 정부는 "엄청난 규모의 자금을 신공업의 발전, 새로운 수출가공지역의 설립, 고등교육의 확대와 근대화, 대규모 인프라 구축 프로젝트에 퍼부었다. 그 수준은 1인당 국민소득이 중국과 비슷한 국가에서는 전례가 없는 것"[5] 이라 평가했다. 아리기는 오히려 부족한 개방이 문제가 아니라 과도한

5 조반니 아리기, 앞의 책, 2009, 490쪽.

개방이 문제였다는 입장이다.

시진핑정부 정책의 핵심은 과도한 개방의 후유증을 완화시키는 데 있다. 한국의 안보 보수주의자가 비판하듯이 균형적이고 지속가능한 개발을 추진하는 시진핑정부의 정책이 반시장주의적이고 탈신자유주의적인 성격이 있는 것은 분명하다. 경제성장률을 낮추고, 사영기업의 고삐를 낚아채고, 국영기업의 민영화를 늦추고 있다. 사영기업의 독점에 따른 빈부격차의 해소, 고도성장 시기에 등한시해 왔던 저소득 계층에 대한 사회안전망 구축, 성장속도를 늦추고 환경보전을 고려한 정책이 필요했다. 더 많은 개방보다는 균형이, 성장보다는 지속가능 여부가 더 중요한 시기라고 판단한 것이다.

시진핑의 경제정책이 더 많은 개방으로 나아가야 한다는 주장은 어디서 많이 들어 본 소리이다. 외환위기 때 국제통화기금(IMF)이 우리에게 요구했던 주장과 한 치도 다르지 않다. 외환위기 때 미국 자본이 우리의 외환을 고갈시키는 전략을 사용했다면, 미중 무역전쟁 시기 미국 정부는 중국에게 관세 폭탄을 터트렸다. 문제를 만든 방법은 달랐지만 그들이 내놓은 요구는 똑같다. 미국 자본이 중국에서 활동하기 쉽게 만들어 달라는 것이다. 국유기업을 민영화하고, 당국의 증시나 환율시장 개입을 최소화하고, 자본의 유동성을 최대화해서 미국 자본이 중국의 기간산업까지 장악할 수 있게 해 주고, 위안화가 달러의 수족이 되게 만들고, 헤지펀드가 중국기업을 마음대로 유린할 수 있게 해 달라는 것이다.

2020년 8월 15일 《이코노미스트》는 약 6개월 동안 자기들이 예측한 기사와 완전히 다른 결론의 기사를 내보냈다. 이 기사는 중국 경제의 특성을 '시진핑노믹스'라는 신조어로 설명했다. 독재, 기술, 역동성이 합쳐진 개념이다. 이 세 가지 특징을 가진 '시진핑노믹스'는 그동안 서구 언론이 중국 경제의 특징이라고 말해 왔던 기술 베끼기, 부동산 거품, 부실한 은행관리, 불투명한 통계 수치에 대한 우려를 깨고 중국 경제에 긍정적인 효과를 드러냈다고 보도하고 있다. 그 핵심은 '시진핑노믹스'가 가진 1) 엄격한 부채관리 2) 행정효율화 3) 국유기업의 체질개선과 민간기업의 효율적 통제였다는 것이다. 그리고 《이코노미스트》는 결론짓는다. "전 세계 국민총생산(GDP)의 16%를 차지하는 중국 경제를 무릎 꿇리려는 미국의 봉쇄 정책은 실패할 것"이다. 아울러 미국의 동맹국들에게 "그럴 수 있을 것이라는 환상에서 깨어나라"고 촉구한다.

중국의 경제체제가 망한다는 전망이나 이론을 가만히 살펴보면 대부분 꼬리표가 붙는다. 중국은 이렇게 해야 망하지 않는다는 꼬리표이다. 《이코노미스트》는 중국이 망하지 않기 위해서 해야 할 두 가지 요구를 덧붙이고 있다. 하나는 '프로젝트 2025(中國製造 2025)' 같은 정책은 포기하고 두 번째는 미국의 권유를 받아들여야 한다는 것이다. 트럼프는 이런 언론의 논리를 현실화했다. 중국의 '프로젝트 2025'의 핵심 사업을 공격했고, 미국의 권유를 무조건 받아들이라고 강권했다. 아리기는 1990년대 영국의 《이코노미스트》가 선호하는 처방에 따른 국가들은 모두 "재난의 시대"를 맞았다고 주장했다. 그들은 전망이 아니라 기원을 일삼기 때문이다.

'중국은 망한다'라는 전망은 대부분 예측이 아니라 일종의 기원이었고, 그런 기원들은 지금까지 실패했다. 한국의 안보 보수주의자들이 말하는 중국이 망한다는 논리는 중국이 망할 것이라는 현실적 진단이 아니라 중국은 망해야 한다는 이데올로기로 접근한 경우가 대부분이다.

그런데도 중국에서는 판다가 나는 기적이 일어났다. 2020년 중국 GDP는 세계경제의 19%까지 치솟았다. 2021년 중국 정부가 보고한 중국 경제성장률 예상치는 6%대였다. IMF는 8%대 성장을 예상했다. 그러나 2021년 전반기 실제 중국의 경제성장률은 예상치보다 훨씬 높은 12.7%였다.[6] 판다는 올해도 계속해서 날고 있다.

대륙의 실수

포털 사이트에서 짱깨라는 댓글이 가장 많이 붙는 것 중 하나가 이른바 대륙시리즈이다. 중국에서 일어나는 진기하고 엽기적인 일들을 채집하여 보여 주며 상대방을 조롱하고 스스로 우월감을 느끼는 전형적인 오리엔탈리즘적 유사인종주의의 한 형태이다. 지금도 끊임없이 때로는 유머거리로, 때로는 그것이 마치 중국의 실체라는 듯 진지하게 인터넷에서 전시된다. 그런 대륙시리즈 중 한 장르가 '짝퉁의 나라 중국' 시리즈이다. 베이컨의 4대 우상이 가장 활개를 치는 영역이 한국의 중국 관련 뉴스이다.

2020년 9월 10일 《연합뉴스》는 〈'중화민족' 상징 만리장성 마저… 중국서 복제품 등장〉이라는 기사를 내보냈다. 장시성 난창시에서 환경 공사 조경을 하면서 약 5km에 해당하는 구간을 만리장성과 비슷하게 꾸민 것을 두고 중국의 일부 네티즌들이 '짝퉁 만리장성'이라고 한 것을 기사화했다. 다음 포털은 이 기사를 메인화면에 걸었다.

숲과 숲을 나누는 방화벽을 세우면서 만리장성을 본떠 만든 것을 두

---

6 "China eyes solid economic growth", China Daily, 2021.07.16.

고 기자는 “중국이 위조 제품을 뜻하는 짝퉁의 천국으로 알려질 만큼 명품 복제로 유명하지만 중국의 상징적인 건축물을 베끼는 경우는 드물기 때문이다”라고 썼다. 중국은 여전히 이상한 것까지 베끼는 ‘짝퉁의 나라’라는 뜻이다.

‘짝퉁의 나라’라는 개념은 중국민이나 중국이 지닌 다양한 특성 중 ‘짝퉁’을 많이 만든다는 특징을 차용하여 중국과 중국민 전체를 표상해 버리는 유사인종주의의 일종이다. 유사인종주의자들 사이에서도 중국은 이미 ‘짝퉁의 나라’라는 시대에서 ‘대륙의 실수’의 시대로 진화했다. ‘짝퉁의 나라’라는 프레임으로 이 기사를 쓴 까닭은 분명해 보인다. 중국은 여전히 미개한 수준이고, 중국은 결코 성공할 리가 없다는 것을 강조하려는 의도가 깔려 있다.

2020년 6월 12일 《한국경제TV》는 〈카메라는 진짜 ‘대륙의 실수’… 샤오미 홍미노트 9S 사용기〉라는 기사를 실었다. ‘대륙의 실수’는 대개 중국 제품 중 가성비가 뛰어나거나 품질이 우수한 제품을 말하는 한국 신조어이다. ‘짝퉁의 나라’ 중국에서 끊임없이 우수한 상품들이 나오자 어쩔 수 없이 발명된 신조어이다. ‘짝퉁의 나라’가 가지는 유사인종주의 프레임은 계속 유지한다.

예나 지금이나 중국은 짝퉁만 만드는 나라가 아니었다. 우리가 중국과 수교하던 시점에 중국은 이미 인공위성을 띄웠고, 핵무기를 가졌다. 중국이 달려갔던 영역과 우리가 집중했던 영역이 달랐을 뿐이다. 우리가 신용카드 시대를 누리고 있을 때 중국은 핀테크 시대를 준비했다. 이 기사가 나오고 있는 지금 우리에게 탁월한 반도체가 있다면 중국은 5G 기술이 있고, 베이더우(北斗)라는 GPS 인공위성이 있다.

상대적 우위를 바탕으로 민족과 인종에서 우월감을 가지는 유사 인종주의는 일단 한번 확립되고 나면 사실과 상관없이 확대 재생산된다. 2020년 8월 《연합뉴스》의 〈중국 CATL 배터리 단 전기차 잇따라 화재…중국 배터리는 아직?〉이라는 기사는 이를 잘 보여 준다. 중국에서 배터리 기술로 1위 업체인 CATL의 배터리를 사용한 전기차가 2번의 화재사고가 난 것을 두고 낸 기사이다. 한 번은 배터리 문제인지 밝혀지지 않았고, 다른 한 번은 배터리 문제일 가능성이 있었다. 실험적인 전기차 회사인 테슬라는 혁신적인 만큼 사건 사고가 많이 발생한다. 그러나 어느 한국 신문도 '미국 전기자동차는 아직?'이라는 기사를 내지는 않는다.

2020년 전반기 세계 배터리 시장에서 CATL의 점유율이 LG화학의 점유율 24.6%에 근접한 23.6%를 차지하여 세계 2위에 올랐다. CATL이라는 또 하나의 '실수'가 나타난 것이 아니다. 배터리의 미래인 전기차 산업으로 시야를 확장해 보면 중국의 전기차 기술 수준은 이미 우리가 빈정거릴 수 있는 수준을 넘어선 지 오래되었다. 2019년 기준으로 세계 30대 전기차 제조업체 중 한국기업은 단 1개였지만 중국기업은 18개이다. 미국과 독일 기업이 3개이고 일본기업이 2개인 것을 감안하면 이미 이 분야에서 중국은 대륙의 실수가 아니라 글로벌 표준이 되고 있다. 2019년 전기차 판매 순위를 보더라도 마찬가지이다. 중국은 52.9%로 세계 1위이고, 한국은 1.6%이다. 앞으로 발전 가능성을 엿볼 수 있는 인프라 부분에서도 확연한 차이가 난다. 우리나라의 충전기 수는 중국의 0.8% 수준에 머물고 있다. 인구와 국토면적을 고려하여 대비해도 이미 한참 뒤떨어진다.[7]

대륙의 실수라는 유사인종주의 개념은 혐오를 유발한다는 점으로도 문제이지만, 또 다른 중요한 문제는 글로벌 경제체제에서 중국이 부상하는 의미를 제대로 파악하지 못하게 만든다는 점이다. 한국에서 중국의 부상은 느닷없이 왔다. 혁신이 과했던 샤오미는 곧 망할 회사였고, 국뽕의 성원으로 발전한 회사인 화웨이는 거품이 곧 꺼질 회사이며, 바이두는 만리방화벽을 쌓고 구글을 차단해서 만들어진 나쁜 기업이어서 구글에 곧 점령당할 기업이었다. 알리바바는 마윈이 공산당원이어서 혜택받은 기업일 뿐이었다.

한국 언론에서 '대륙의 실수'라는 프레임이 가장 많이 적용되는 대표적인 기업이 샤오미이다. 한국 언론은 샤오미의 성공요인을 '가성비'라고 기계적으로 분석한다. 그러나 그 가성비가 어디서 오는지 차분히 분석하고 그것을 넘어설 방법을 실질적으로 제시하는 기사는 거의 없다. 가성비라는 샤오미의 비밀을 풀어야 기업은 경쟁할 수 있고, 소비자는 합리적 소비를 할 수 있으며, 정부는 미래 계획을 세울 수 있다. 그러나 실수가 거듭되어 이제 실력이 입증되고 있는데도 '대륙의 실수'를 만들어 낸 실력에 대해서는 무관심하거나 침묵한다.

한국 언론들이 가장 쉬쉬하는 샤오미의 비밀이 있다. 바로 샤오미의 영업이익이다. 샤오미는 창업 이후 지금까지 영업이익률을 5% 이하로 제한하고 있다. 대개 1% 정도로 유지할 때가 많다. 삼성은 20%대 초반을 유지하고, 애플은 20%대 후반을 유지하는 것으로 알려져 있다. 샤오미의 영업이익률은 샤오미가 가지는 가격 경쟁력의 핵심이다. 자본권력

---

7 〈"글로벌 전기차 제조업체 중 한국은 단 1개…충전인프라 확충부터"〉, 《뉴시스》, 2020년 09월 17일.

앞에 유달리 순종적인 한국 언론들은 이렇게 중요한 샤오미의 영업 전략을 애써 주목하지 않는다. 아마도 삼성이 1%대의 영업이익 전략을 고수한다면 삼성은 한국민의 BTS가 될 수 있을 것이다. 진정한 국민기업이 될 수도 있다. 삼성이 1%대의 영업이익 전략을 가진다면 샤오미와 같은 팬덤을 가질 수도 있다. 영업이익 1%가 의미하는 것은 곧 기업의 경영 목표가 이익이 아니라 국민을 향할 가능성이 크기 때문이다. 샤오미는 수많은 샤오미 팬이 있다. 그 까닭은 간단하다. 샤오미가 그들을 위해 일한다는 믿음을 주었기 때문이다.

샤오미 매장에 가면 무척 신기한 물건들을 볼 수 있다. 글로벌 기업이라는 이미지와 전혀 어울리지 않는 물건들을 판다. 이쑤시개를 팔기도 한다. 샤오미는 그들의 기업가치나 지향성과 맞다고 판단하면 투자하고 판매한다. 샤오미에서 파는 이쑤시개는 잘 끊기지 않는 치실로 혁신이었다. 이쑤시개조차 기존 상품보다 더 나은 혁신이 가능하다면 샤오미는 판다. 더 많은 영업이익만이 목표가 아니기 때문이다.

기업이 소유주나 기업의 영업이익만 확보하는 것을 주된 목표로 삼는 게 아니라면 기업이익이 투자될 곳은 뻔하다. 좋은 상품을 만들기 위해 연구개발에 더 투자할 수 있다. 샤오미는 연구개발 인력이 48.6%를 차지한다. 영업이익을 개인이 독차지하지 않는 협동조합처럼 운영하는 화웨이의 연구개발 인력도 그 정도 수준이다. 영업이익을 1%대로 줄이면 연구개발에 그만큼 더 투자할 여력이 충분하다. 샤오미와 화웨이가 단시간에 글로벌 기업으로 성장하는 까닭이 있는 셈이다. 2021년에도 샤오미는 전년 대비 30~40% 이상 신기술 개발 및 인재선발에 역량을 투입하겠다고 밝히고 있다.[8]

가성비란 가격 경쟁력에서만 오는 것이 아니다. 품질 경쟁력도 있어야 한다. 샤오미의 품질 경쟁력은 독특한 샤오미식 생태계에서 온다. 샤오미는 자기들이 직접 제조하는 제품은 거의 없다. 자체 공장을 가지지도 않는다. 거의 모든 제품을 하청업체로부터 조달한다. 그러나 한국 대기업의 하청방식과 완전히 다른 구조이다. 하청기업에게 납품을 받는 것이 아니라 하청기업에 투자를 한다. 자기들이 필요한 회사에 자본을 투자하고 디자인과 기술을 제공하여 상품을 만든다. 그 상품을 샤오미의 유통경로를 통해 판매하여 수익을 올리고 그 수익을 하청기업과 투자 비율대로 나눈다. 샤오미의 가치가 오르면 하청기업도 동시에 이익을 보는 구조이다. 특히 중요한 것은 샤오미는 하청기업에 투자는 하지만 경영에는 관여하지 않는다는 점이다.

하청기업과 공생하는 구조나 종업원과 같이 수익을 나누는 구조를 본 적이 별로 없는 한국 언론들이 이처럼 전혀 다른 방식으로 기업운영을 하는 중국회사를 볼 때 자주 자기 식대로 해석하여 기사를 낸다. 《한국경제》가 2020년 9월에 실은 〈미·중 '기술냉전' 격화…대만 반도체 수출 늘고 화웨이는 자금난〉이라는 기사도 그중 하나이다. 화웨이가 자사 직원들에게 주식을 사라고 한 사실을 두고 자금난 때문이라고 주장했다. 미국의 제재로 화웨이가 난관에 부딪친 것은 사실이지만 화웨이가 자금난에 부딪쳤다는 것은 근거가 없는 억측이다. 화웨이는 지난 수년 동안 중국에서 가장 많은 영업이익을 낸 회사 중 하나이며, 미국의 제재 이후에도 전년 대비 실적이 조금도 줄지 않았기 때문이다. 특히 주요

---

8 〈'대륙의 실수' 중국 샤오미, 직원 1인당 7000만 원 주식 지급〉, 《서울신문》, 2021년 07월 03일.

제재 대상이었던 5G 통신장비 점유율은 오히려 전년 대비 3%가 늘어서 총 31%로 세계 1위를 계속 유지했다.

화웨이가 직원들에게 주식매입 비중을 높여 준 것은 위기의 시기를 직원들과 같이 넘어서려는 의지와 화웨이를 지키기 위해 싸우는 직원들에 대한 감사의 표현이었을 가능성이 높다. 중국에서는 이런 일이 자주 있다. 코로나19 사태가 진정되어 가던 2021년 7월 초 샤오미는 직원 약 3,900명에게 약 7,000만 주를 배당했다. 2021년 12월 텐센트는 실적 감소에도 직원 2만 5,700명에게 주식 약 440만 주를 지급했다. 전체 직원의 25% 정도가 수혜를 받았다. 상여금을 받는 것과 주식을 배당받는 것은 전혀 다른 일이다. 주식을 배당받는 것은 그 회사의 주인이 된다는 뜻이다. 화웨이는 우리식의 종업원 지주제가 있는 비상장회사이다. 주식의 98% 이상을 '화웨이홀딩스주식회사조합'이 가지고 있다. 화웨이홀딩스는 사원들이 소유한 회사이다. 우리식의 협동조합 형식이다. 직원 중 8만 명이 이미 주식을 가지고 있다. 이번에 직원들에게 개인 소유분 비중을 더 높여 준 것이다. 시장가격보다 낮은 가격으로 살 수 있기 때문에 주식을 사면 대개 이익이 남는다. 창업주인 런청페이는 주식을 1.4%밖에 소유하지 않았다. 런청페이는 경영에 관여하지 않는 것으로 유명하다. 부회장이 돌아가며 순번제로 CEO를 맡는다.[9] 화웨이 직원들이 열심히 일하기로 유명한데, 다 그럴 만한 까닭이 있는 것이다.

중국은 성공할 수 없다는 프레임을 사용하다가 중국이 성공한 사례가 등장하면 대륙의 실수라는 프레임을 가져와 결코 중국은 성공할 수

---

9 다나카 미치아키, 앞의 책, 138~139쪽.

없다는 프레임을 유지하는 까닭은 무엇일까? 중국은 미개해야 하고, 중국은 성공할 수 없어야 하기 때문이다. 성공할 수 없는 중국은 그들이 만들어 가는 신냉전체제 구축에 반드시 필요하다. 중국이 앞으로도 계속 부상한다면 중국 대안론이나 다자주의, 탈냉전체제의 움직임이 일어날 것은 뻔한 일이다. 그 모든 것을 단숨에 잠재울 수 있는 것은 중국이 성공하지 못하는 것이다. 트럼프행정부는 중국을 성공 이전으로 되돌리고자 했고, 한국의 안보 보수주의자들은 중국은 결코 성공할 수 없다는 인식체계를 구축하고 중국과 싸우자고 주장한다. 설령 망하지 않더라도 망할 것이라는 인식체계만 구축한다면 그들이 가고자 하는 신냉전체제는 좀 더 가까이 다가올 수 있기 때문이다.

2 중국은 패권을 추구한다

투키디데스 함정론: 사라진 다자주의

미중 충돌이 가속화되면서 한국 언론에 가장 많이 등장하는 개념 중 하나가 '투키디데스 함정'이다. 그럴 만하다. 《파이낸셜타임즈》는 이것을 2018년 올해의 단어로 선정했다. 투키디데스 함정은 신흥강대국이 부상하면 기존의 강대국이 견제를 하는 과정에서 전쟁이 발생한다는 이론이다. 투키디데스가 《펠로폰네소스 전쟁사》에서 사용한 개념이다. 그레이엄 앨리슨 하버드대학 교수가 《예정된 전쟁》이라는 책에서 미중 간의 충돌을 두고 쓰면서 올해의 단어가 될 만큼 주목을 받았다. 한국 언론들은 투키디데스 함정론을 적극 활용하여 1) 중국의 부상은 기존의 질서에 대한 위협이며 2) 미중 간의 충돌은 불가피하고 3) 미국이 중국을 이기니 미국 편에 서야 한다는 논지를 확산시켰다.

이 책의 번역 제목부터 한국적 프레임이 물씬 풍긴다. 원제목은 《예정된 전쟁: 미국과 중국은 투키디데스 함정을 피할 수 있을 것인가?(*Destined for War: Can America and China Escape Thucydides's Trap?*)》였다. 그레이엄 앨리슨의 결론은 미중 간의 충돌은 피할 수 있고, 피해야 한다는 것이었다. 그러나 실제 번역된 제목은《예정된 전쟁: 미국과 중국의 패권경쟁, 그리고 한반도의 운명》이다. 중국의 부상은 패권을 쟁취하기 위한 것이고, 미중 간의 충돌은 불가피한 것이며, 미중 충돌의 결과가 한반도 운명을 좌우할 것이라는 숙명론이 담긴 제목이다.

그레이엄 앨리슨이 말하는 투키디데스 함정론은 패권국과 패권국을 위협하는 국가 사이에는 무력 충돌이 발생하는 경향이 높다는 한 가지 주장만 있는 것이 아니다. 중요한 주장이 두 가지 더 있다. 하나는 투키디데스 함정은 필연이 아니라 가능성이라는 점이다. 그는 패권국과 도전국 간의 역사적 경쟁 사례는 16번 있었고 그중 12번만 전쟁이 발생했으나 최근으로 올수록 패권전쟁의 가능성이 줄어들고 있다고 주장한다. 미중 충돌은 필연이 아니라 가능성이다. 지금 가능성이 높아지고 있으나 관련국의 노력에 따라 충분히 제어 가능한 상태라고 판단한다.

더 주목해야 할 것은 두 번째 주장이다. 그는 미국이 중국을 봉쇄하기에는 이미 늦었다고 주장한다. 중국의 경제규모가 이미 구소련과 달리 미국이 통제할 수 없는 수준이고, 중국 경제는 전 지구적 네트워크와 연결되어 있으며, 중국은 패권을 장악할 의도가 없기 때문이라는 것이다. 그는 구소련은 "전 세계의 공산주의 혁명을 추구했지만 중국은 그냥 중국만 지배"[10]하기 때문에 얼마든지 충돌을 피할 수 있다는 주장이다.

---

10 그레이엄 앨리슨, 〈"미-중 군사적 충돌 위험한 상황…대만-한반도서 시작될 수도"〉, 《동아일보》, 2020년 08월 18일.

나아가 그는 미국과 중국은 충돌을 피하고 '협력적 경쟁'을 하라고 주장한다. 그의 전망도 한국의 언론과 학자와 전혀 다르다. 미국과 중국의 충돌은 서로가 공멸한다는 것을 양국이 모두 알고 있기 때문에 그들이 직접 군사 충돌을 시작할 가능성은 별로 없다고 본다. 오히려 미국과 중국이 아닌 주변국의 충돌에서 시작할 가능성이 높다는 것이다. 대만, 남중국해 그리고 한반도가 주요한 발화점이 될 가능성이 높은 지역으로 보고 있다. 앨리슨은 한국에게 충돌보다는 미중 간의 중재자 역할을 수행할 것을 당부한다.

한국의 안보 보수주의자들은 투키디데스 함정론으로 말하고 있는 세 가지 기본 틀 중 첫 번째 가설에만 집착하며 충돌의 불가피성을 강조한다. 미국의 중국 공세가 최고조를 향하던 2020년 8월 초 천영우 전 외교안보수석이 《조선일보》에 쓴 칼럼 〈을사늑약보다 더한 치욕 당할 수 있다〉는 한국에서 투키디데스 함정론이 어떻게 활용되는지 보여 주는 대표적인 예이다. 천영우는 안보와 경제적 이익 사이에 고민을 '정신분열적 증상'이라고 표현하며 눈앞에 사소한 이익보다 추상적이지만 미래의 더 큰 이익인 안보를 위해 한미동맹을 굳건히 해야 한다고 주장한다. 협박도 덧붙인다. "'중국의 겁박'에 저항 한번 못하고 무너진다면 을사늑약이나 '3불합의'보다 더한 치욕을 당하지 않는다는 보장이 없다"고 으름장을 놓았다.

한국의 안보 보수주의자가 내세우는 투키디데스 함정론은 전쟁과 폭력의 20세기를 다시 부활시키려는 신식민주의적 담론이다. 미국과 중국의 충돌이 전쟁으로 치달을 것이고, 미국이 이길 것이며, 한국은 그들의 선택에 운명이 좌우될 것이라는 식민주의적 신념체계이다. 조반니 아리기는 미국의 분석가들이 기존의 강대국과 신흥 강대국 사이 충돌만 이야기한다고 비판한다. 그런 이론을 내세울 것이라면 "아예 이론이 없는 것보다 더 나쁠 것"이라고 지적한다.[11] 그는 미국이 영국의 헤게모니에 도전할 때 오히려 "심한 상호적대에서 긴밀한 협조로 전환"[12]되었다고 보았다. 체제의 위기가 충돌로만 끝나는 것이 아니라 협력으로 새로운 질서로 전환되기도 한다는 것이다. 그는 패권 없는 미국과 군사적 팽창 없는 중국, 그리고 아시아 국가들의 성장이 새로운 세계질서를 만들 수 있는 가능성이 충분히 있다고 보고 있다.[13]

미국이냐 중국이냐를 선택하라고 강요하는 한국식 투키디데스 함정론의 밑바닥에는 신식민주의적 식민성이 깔려 있다. 우리가 한쪽 편을 들지 않고 생존이 불가능하다면 한쪽을 선택하는 것도 방법이다. 그러나 지금 우리의 힘은 미국이 샌프란시스코체제를 구축할 때와 다르다. GDP는 세계 10위 안에 든다. 군사력은 세계 7위이다. 영국, 독일, 이탈리아를 앞선다. UN은 한국을 선진국으로 분류하기 시작했다. 개발도상국이었다가 선진국으로 편입한 최초의 나라이다. 미국이나 중국이 함부로 할 수 없는 힘을 가졌다. 미국으로부터 미사일 자주권을 얻어 냈고, 중국으로부터 '사드 보복'을 철회하도록 만들고 있다.

미국이나 중국에게 우리의 목소리를 낼 수 있는 지정학적으로 유리한 위치이기도 하다. 중미 경쟁으로 만들어진 아시아의 전략적 지형은 필리핀 대통령인 두테르테의 거친 중립외교 노선도 통하는 시대가 되었

11 조반니 아리기, 앞의 책, 2009, 432쪽.

12 조반니 아리기, 앞의 책, 2009, 432쪽.

13 조반니 아리기, 앞의 책, 2009, 431~435쪽.

다. 두테르테는 미국에게는 미군의 철수를 요구하고 중국에게는 남중국해의 영유권을 주장하며 UN에 제소까지 했다. 그러나 누구도 필리핀을 함부로 하지 못했다. 미국은 미군의 주둔을 허락해 달라고 매달렸고, 중국은 돈 보따리를 풀었다. 두테르테는 미국으로부터 더 많은 군사적 지원을 얻어 냈고, 중국으로부터는 안정적으로 백신을 공급받았다.[14] 필리핀의 지정학적 위치가 중국의 부상으로 만들어진 다자주의 틀 안에서 더욱 힘을 발휘하게 된 것이다.

다자주의 시대가 왔다. 중국의 부상으로 인한 미중 간의 균형, 아세안의 성장, EU의 다자주의적 노선의 견지 들을 고려하면 이미 우리는 미국이냐 중국이냐를 선택하는 것이 필연이나 운명이 아니다. 우리도 "노"라고 말할 힘이 있고, 전쟁이 아닌 평화를 선택할 방법이 있고, 평화체제를 구축할 기회가 왔다. 한국식 투키디데스 함정론에 휘둘려 중국이냐 미국이냐를 물을 것이 아니라 우리의 미래에 누가 더 유리한가를 물어야 할 때이다. 그런데도 투키디데스 함정론을 강조하는 세력들의 목적은 분명하다. 중국은 이기지도 못할 패권을 추구하는 위험한 국가이니 미국 편에 서라. 미국이 이긴다. 그런 주장을 하며 자기들의 세계를 지키려는 것이다.

주인님 지키기: 누가 세계를 지배할 것인가

다자주의 세계에 대한 가능성을 원천 봉쇄하는 투키디데스 함정론

14 "How Philippine leader's U-turn over US forces helps keep up the pressure on China"; "US aims to shore up Philippine ties as doubts linger over troop pact future", SCMP, 2021.07.30.

세계관은 언론뿐만 아니라 출판계에서도 넘쳐 난다. 한 출판사는 아예 대놓고 《미중전쟁의 승자, 누가 세계를 지배할 것인가?》라는 제목으로 '미국편', '중국편'으로 시리즈를 내놓고 있다. 한국의 안보적 보수주의 언론들이 거의 날마다 중국과 미국 중 누가 이길지를 중계방송하는 태도와 별반 다를 것이 없다. 그들의 세계에는 꼭 누군가가 지배해야 하는 모양이다.

한국의 안보 보수주의자들은 미국과 중국은 극단적인 충돌로 갈 것이며, 미국은 중국을 이길 것이며 중국을 봉쇄하는 신냉전 전략만이 한국이 살길이라고 주장한다. 한국의 안보 보수주의자가 자기들의 이론의 근거로 삼는 사람들은 주로 미국의 현실주의 정치이론가들이다. 미국의 국제정치이론은 대략 현실주의, 그리고 이를 수정한 신현실주의, 그리고 자유주의와 구성주의로 나눈다. 현실주의는 국제관계를 국가를 중심으로 인식하고 국제관계는 무정부 상태라고 전제한다. 따라서 적자생존 법칙을 강조하며 동맹, 군사력 들을 중시한다.[15] 현실주의 이론은 대체로 미중 간의 충돌은 필연적이고 두 나라는 세계 패권을 두고 제로섬게임을 할 것이라 주장한다. 현실주의 관점으로 보면 아시아에서 미국의 개입은 정당하다. 미국의 개입이 아시아의 혼란을 막아 주기 때문이다.

한국 출판계에는 미국의 현실주의와 신현실주의자들 책으로 넘쳐 난다. 미국에서 출판된 책이라도 현실주의자든 신현실주의자든 이론적인 완성도가 뛰어난 책이라면 참고할 만한 값어치가 있다. 어차피 국제관계란 도덕이 지배하는 영역이 아니라 현실적 힘이 지배하는 세계이

15 문정인, 《문정인의 미래 시나리오: 코로나19, 미·중 신냉전, 한국의 선택》, 청림출판, 2021, 87쪽.

다. 정작 문제는 이론이라기보다 이데올로기적 주장이 대부분인 책이 한국 안보 보수주의자들의 논리에 바탕이 된다는 점이다. 이론의 핵심은 간단하다. 미중은 극단적 충돌을 할 수 밖에 없다. 미국이 이긴다. 미국 편에 서야 한다. 중국을 봉쇄하라는 축으로 구성되어 있다.

피터 나바로가 공동 집필한 책《중국이 세상을 지배하는 그날》은 이런 주장을 대표한다. 나바로는 미국 중심의 인종주의적 세계관을 가진 대표적인 우익 인물이다. 군사주의적이고 적대적인 문제해결 방법을 선호한다. 나바로는 중국을 "세계의 기생충"이라고 말한 인물이다. 그는 트럼프행정부에서 백악관 무역제조업 정책국장을 지내며 미중 무역전쟁을 진두지휘했다. 북미자유무역협정(NAFTA) 탈퇴, 환태평양경제동반자협정(TPP) 탈퇴를 주도한 인물이기도 하다. 주목할 것은 이 책의 부제이다. "탐욕에 눈먼 거대한 용이 세상을 지배하는 그날, 지구의 종말이 시작된다"가 부제이다. 이 책의 원 제목은 《*Death by China: Confronting the Dragon-A Global Call to Action*》이다. '탐욕에 눈먼'과 같은 혐오 용어는 나바로조차 사용하지 않았다. 한국 독자들에게 중국에 대한 올바른 판단을 안내하고자 번역된 책이 아니라 중국에 대한 혐오와 중국을 배제하는 전선에 참가를 요구하는 격문으로 번역했다는 의도가 분명히 드러나는 책이다.

나바로의 또 다른 책 《웅크린 호랑이: 중국은 어떻게 세계를 지배하려 하는가》에는 원서에는 없는 "최고의 중국 전문가가 말하는 중국의 민낯: 국경분쟁, 남중국해, 동중국해, 사드, 논란의 중심에 선 중국을 파헤치다"는 문구가 표지를 장식하고 있다. 이 책에 추천글을 쓴 사람은 존 J. 미어샤이머(John J. Mearshemer)이다. 미국 육사를 졸업하고 시카고대학에서 교수를 지내는 대표적인 현실주의자 중 한 명이다. 그의 책도 번역되었다. 《강대국 국제정치의 비극》이라는 제목이다. 미어샤이머는 중국 봉쇄를 주장해 온 대표 인물이다. 국방부가 주최하는 2020년 서울 안보대화 화상세미나에서 한국에게 이제 미중 간에서 한쪽 편을 들어야 한다고 힘주어 강조했다. 그 한쪽은 당연히 미국이다. 이 책 표지에도 "미중 패권경쟁의 시대"라는 부제가 있다. 이 또한 원제에는 없는 부제이다.

안보적 보수주의 진영의 신냉전 전략은 이미 국경을 초월했다. 한국과 미국은 안보적 보수주의 사이에 단단한 진영을 이루고 있다. 미어샤이머의 책은 세종연구소 외교안보연구실장을 지낸 이춘근 교수가 번역했다. 이춘근 교수는 《미중 패권경쟁과 한국의 전략》이라는 책을 펴냈다. 그의 책도 안보적 보수주의 진영의 신냉전 전략과 궤를 같이한다. 미중 간에 중립을 취하는 것은 불가능하며, 중국이 미국의 패권을 대체할 나라가 되기 어렵고, 미국의 패권이 오래 지속될 것이기 때문에 미국 편에 확실하게 서야 한다고 주장한다. 이춘근 교수와 같이 세종연구소 실장을 지낸 김기수의 책 《중국 도대체 왜 이러나》도 이춘근과 거의 비슷한 논리구조로 유사인종주의와 신식민주의를 바탕으로 '중국이 문제다'라는 주장을 한다.

싱가포르 북미회담을 방해한 미국의 극우 전쟁론자인 존 R. 볼턴이 추천글을 쓴 《중국 패권의 위협: 베이징에 고개 숙인 오바마》는 재미있게도 책을 펴낸 출판사 대표가 서문을 썼다. 대표가 서문을 쓰는 일은 출판계에서 그리 흔한 일이 아니다. 대표는 서문에서 이 책을 "간단히 말해 중국의 패권은 주요 국가들의 안녕에 악영향을 미칠 것을 전망하고 있다. 중국 패권의 영향이 직접적으로 미치는 국가로 이 책에서는 대만, 일본, 미국, 싱가포르 등과 함께 한국을 꼽고 있다"고 소개한다.

번역서는 출판사가 책의 의도를 제목에 분명하게 드러내는 경우가 허다하다. 애런 프리드버그(Aaron L. Friedberg)는 미국의 대표적인 현실주의 학자로 꼽히는 인물이다. 그의 책 《*A Contest for Supremacy: China, America, and the Struggle for Mastery in Asia*》는 《패권경쟁: 중국과 미국, 누가 아시아를 지배할까》로 번역되었다. 내용을 고려하면 'Mastery'는 '우월함'으로 번역하는 게 맞는데 '지배'로 번역했다. 패권경쟁은 피할 수 없는 숙명이며, 패권은 오직 단 하나의 승자만 존재할 수밖에 없다는 느낌으로 번역되었다. 리처드 맥그레거(Richard McGregor)의 책 《*Asia's Reckoning: China, Japan, and the Fate of U. S. Power in the Pacific Century*》는 《미국, 새로운 동아시아 질서를 꿈꾸는가》로 번역되었다. 제목 자체는 의역이지만 별 문제가 없어 보인다. 그러나 문제는 부제이다. "미중일 3국의 패권전쟁 70년"이라고 붙였다. 이 부제는 전후 일본이 아시아에서 패권을 장악하기 위한 외교정책을 펴 왔다는 뜻을 포함해 문제지만, 중국이 패권을 장악하기 위해 그들과 같은 역사를 걸어오고 있다는 전제도 명확한 근거가 없는 이데올로기적 주장이다.

그러나 미국 내에는 한국의 안보 보수주의자가 경전처럼 떠받드는 현실주의 국제정치 이론가들 말고도 다양한 이론가가 존재한다. 특히 그들이 중국을 바라보는 관점은 현실주의자들과 달리 중국을 적대적으로 봉쇄하는 신냉전 전략을 옹호하지 않는다. 우선 자유주의 이론가들은 중국이 가져오는 위협의 크기에 대한 인식이 다르다. 자유주의는 국제관계의 주체를 국가뿐만 아니라 개인, 단체, 국제기구, 기업 같은 다양한 행위자들이 만들어 나간다고 판단하는 이론이다. 이들은 행위자들의

이익, 규범, 가치에 주목한다.[16]

그들은 중국의 부상이 미국의 패권에 크게 위협이 되지 않을 것이라고 판단한다. 따라서 그들은 중국을 적대적으로 대할 것이 아니라 포용해야 한다고 주장한다. 조지프 S. 나이(Joseph S. Nye) 같은 경우가 대표적이다. 그는 대표적인 자유주의 국제정치 이론가이다. 그는 미국의 세기는 쉽게 끝나지 않을 것이며 중국은 결코 미국을 따라잡을 수 없을 것이라고 주장한다. 현실주의자들과 비슷한 인식이다. 그러나 나이는 미국의 현실주의자들과 달리 국방력이나 안보적 측면만을 중시하지 않는다. 중국의 힘이 미국에게 크게 위협이 되지 않을 것이기 때문에 중국을 봉쇄하는 것보다는 협력하며 간여하는 것이 더 필요하다고 보고 있다. 그는 실제적으로 클린턴정부 시절 국방부에서 일하면서 중국봉쇄 정책을 반대하고 중국을 동반자로 보고 대비하는 전략을 제공했다. 이른바 중국포용 정책을 추진한 것이다.

미국이 자유주의 국가이고, 자유주의가 시대정신이라면 미국은 결코 자유주의적이지 못한 중국에 뒤처질 일이 있을 수 없다. 이같은 자유주의적 확신은 오히려 중국에 대한 포용을 가능하게 만든다. 대표적인 자유주의 국제정치 이론가 중 한 명인 G. 존 아이켄베리(G. John Ikenberry) 교수는 미국의 자유주의 체제에 우월감을 가진 대표 학자이다. 그는 미국이 안보를 보장하고 글로벌 서비스를 제공하면 다른 나라들이 미국의 우월한 지위에 공개적으로 맞서는 대신 자발적으로 협력할 것이라고 본다.[17] 그의 대표작 《승리 이후: 제도와 전략적 억제 그리고

16 문정인, 앞의 책, 88쪽, 90쪽.

전후 질서 구축》에서는 중국에 대해서도 예외 없이 이 이론을 적용했다. 중국도 그럴 것이라는 판단이다.

구성주의 국제정치 이론가들 또한 패권전쟁이 일어나지도 않을 것이며, 패권정치를 벌일 필요도 없다고 주장한다. 구성주의 이론가들은 국제관계 행위자들의 자기 인식, 타자에 대한 인식, 자신에 대한 타자의 인식처럼 행위자들의 정체성을 중시한다.[18] 구성주의 이론가들은 미국의 행위뿐만 아니라 중국의 대응 또한 주목한다. 한국에 번역된 책 중에는 에드워드 S. 스타인펠드의 《왜 중국은 서구를 위협할 수 없나》가 구성주의 주장에 가장 가깝다. 중국의 성장은 미국의 규범 안에서 이루어져 왔고, 미국의 규범 속으로 들어오지 않는 한 중국의 성장은 불가능하며, 규범에 들어온다고 해도 미국을 넘어설 수 없다는 주장이다. 자유주의자들과 비슷한 주장이지만 자유주의자들과 달리 자유주의적 패권을 유지하기 위해 직접 개입하기보다 다른 국가에게 표준을 제시하고 그들이 따라오게 하는 유도정책을 선호한다. 데이비드 샴보는 자유주의자들이 중국을 억제하려고 하는 것과 달리 구성주의자들은 중국을 길들이려 한다고 표현했다.[19]

그러나 한국에는 자유주의 이론이나 구성주의 이론이 잘 소개되지 않았다. 소개된다 하더라도 그들이 필요한 부분만 강조해 왜곡시킨다. 《조선일보》 기자가 쓴 《왜 중국은 서구를 위협할 수 없나》라는 책의 서

---

17 조지프 S. 나이, 이기동 옮김, 《미국의 세기는 끝났는가》, 프리뷰, 2015, 19쪽.

18 문정인, 앞의 책, 90쪽.

19 데이비드 샴보, 홍승현 외 옮김, 《중국, 세계로 가다: 불완전한 강대국》, 아산정책연구원, 2014, 470쪽.

평을 보면 한국의 보수진영이 미국의 다양한 논의를 어떤 방식으로 자기들의 입맛에 맞게 가공했는지 알 수 있다. 스타인펠드의 중국에 대한 주장은 자유주의 시각에 가깝다. 《조선일보》는 스타인펠드의 중국인식에 동의한다. 중국이 미국의 손안에서 놀고 있다는 주장이 그들의 입맛에 맞은 것이다. 중국식 독재국가가 무너지고 있다는 판단에도 적극 동의한다. 그러나 스타인펠드의 "중국이 서구와 정신적 파트너가 될 수 있다"는 주장에 대해서는 지나치게 낙관적이라며 단호히 선을 긋는다. 《조선일보》는 중국이 미국의 손안에 있다는 판단이나 중국 붕괴론에는 동의하지만 중국과 더불어 살아야 한다는 주장에는 동의하지 않는다. 그러면서 추천한 책이 필립 판의 《마오의 제국》이다. 이 책은 '나쁜 중국' 찾기 전시관 같은 책이다.

자유주의 이론가인 조지프 S. 나이의 주요 주장은 1) 중국은 미국을 대체하여 글로벌 패권을 장악할 만큼 성장할 수도 없고 2) 중국은 패권을 차지하기 위한 의도도 없기에 3) 미국은 과도한 공포를 조장하여 군사적 충돌로 나아갈 것이 아니라 상호협력의 방안을 모색해야 한다는 것으로 요약할 수 있다. 그러나 나이가 쓴 책 《미국의 세기는 끝났는가》의 표지에는 "중국은 미국을 따라잡을 수 없다! 미국 사망론을 향해 던지는 석학의 강력한 반박문"이라는 홍보 문구가 써 있다. 한국에서 누가 '미국 사망론'을 주장하는지는 알 수 없지만, 조지프 S. 나이의 주장은 미국이 약해지지 않는다는 것이 아니라 "미국의 세기가 아직 끝나지 않았다"는 것이다.[20] 미국이 약해지고 있고 중국이 부상하지만 당분간은 중국이 미

20 조지프 S. 나이, 앞의 책, 2015, 26쪽.

국을 추월할 수 없다는 것이다. 이런 제목을 붙이는 사람들에게는 미국도 중국도 이기지 못하는 다자주의 세계는 존재하지 않는 모양이다. 나이의 핵심 주장은 미국 주도의 다자주의 세계를 열자는 것이다.

지금 한국의 안보 보수주의자들은 미국의 우익 보수주의자들의 현실주의 세계관을 바탕으로 미국의 자유주의적이거나 구성주의적인 중국관을 취사선택하여 한국적 중국관을 창조해 내고 있다. 중국의 위협을 강조하고 중국에 대한 개입을 정당화한다. 그러나 미국의 현실주의 이론가들과 달리 중국의 힘을 인정하지 않는다. 미국의 자유주의자들은 미국적 체제와 민주의 방식이 중국보다 우월하다고 믿는다. 하지만 중국도 민주화될 수 있다고 가정하며 중국을 글로벌 스탠더드를 향한 동반자라 생각하고 우호적 동맹을 제시한다. 그러나 한국의 안보 보수주의자들은 중국은 더불어 살 수 없는 영원한 공산당 국가라고 판단하고 있다. 미국의 구성주의자들은 미국적 규범, 제도 들이 중국에 비해 우월하다고 판단하여 중국도 그런 제도와 규범에 편입하려고 노력한다고 본다. 이렇게 미국이 열린 자세로 노력해 간다면 중국의 규범이나 제도가 미국의 것으로 수렴할 것이라 믿는다. 그러나 한국의 안보 보수주의자는 중국은 미국의 규범과 제도에 편입하려고 노력하지도 않을 뿐만 아니라 그럴 가능성도 없다고 본다.

중국을 봉쇄하자는 한국의 안보 보수주의자들이 가진 신냉전적 중국관은 중국은 결국 무너질 것이라는 '중국 붕괴론'과, 중국은 세계를 위협할 정도로 부상할 것이라는 '중국 위협론'이 공존하는 어설픈 논리 구조를 지니고 있다. 중국 붕괴론과 중국 위협론이 공존할 수 있는 유일한 공간은 우익적 유사인종주의나 적대적 군사주의가 만든 '상상된 중국'

내부일 수밖에 없다. '상상된 중국' 안에서는 가장 나쁜 것들로 조합하는 것이 가능해진다. 한국판 투키디데스 함정론은 대중이 '상상하는 중국' 속으로 몰고 가기에 딱 좋은 공포탄이다.

이데올로기가 아니라 실제 권력 지형을 놓고 보면 안보적 보수주의의 중국봉쇄론은 별로 설득력이 없다. 바이든행정부가 트럼프행정부를 이어서 가치동맹의 기치를 내걸며 중국봉쇄 정책을 계속하고자 할 때 케이토연구소의 엠마 애쉬포드 선임연구원은 1) 가치동맹이나 반중국동맹을 결성하는 자체가 어렵고 2) 가치동맹으로부터 배제되는 국가들의 반발이 더욱 거세질 것이며 3) 그럴 경우 중국이 더 이데올로기적이고도 위험한 국가로 변할 가능성이 높다고 주장하며 중국봉쇄를 강력하게 반대했다. 그는 여전히 중국의 경제는 자본주의적이며, 전 세계와 통합되어 있고, 중국은 전 세계와 협력적이며, 전 지구적 과제에 적극적이라는 점을 들어 중국과 협력적인 관계를 유지해야 한다고 주장한다.[21]

레이건 대통령 특별보좌관을 지냈던 더그 반도우(Doug Bandow)도 비슷한 주장을 하고 있다. 중국의 성장은 결코 미국을 앞서갈 수 없을 것이고, 미국에게 다양한 이유로 실존적 위협이 되지 않을 것이라고 보며 트럼프식의 중국봉쇄 정책을 풀고 중국에 대한 과도한 위협을 자제해야 한다고 주장한다. 그는 오히려 중국에 대한 과잉반응이 중국보다 더 위험할 수 있다고 본다.[22]

---

21 Emma Ashford, "What's the Point of the G-7?", *FP*, 2021.06.11.

22 Doug Bandow, "The U.S. Shouldn't Be Afraid of China: Overreaction may be more dangerous than Beijing itself", *FP*, 2021.03.08.

부채의 덫

국가와 국가 사이 돈을 빌리는 것을 '차관'이라고 부른다. 그런데 한국 언론은 언제부턴가 중국이 다른 국가에 돈을 빌려주면 '차관'이라는 용어 대신에 '부채의 덫'이라고 부른다. 보수언론과 진보언론 가릴 것 없이 사용하고 있다. 한국 언론들은 IMF 때 '차관'을 한국의 목숨 줄을 건져 줄 구원자로 취급했다. 그런데 똑같은 차관을 두고 왜 중국 자본에는 '부채의 덫'이라는 프레임을 씌울까? 중국 돈은 부채의 덫이라고 불러야 할 만큼 특별하게 더 나쁜 조건을 걸고 있을까? 자본에 국적을 붙이는 것도 중국에만 해당된다. 먹튀 논쟁으로 유명한 론스타는 국적이 어딘지 중요하지 않은데 중국 자본에는 아무리 작은 자본에도 중국 자본이라는 이름을 붙인다.

미중 간 충돌이 한창이던 2020년 9월 보도한 《한겨레》의 〈'일대일로' 뛰어든 라오스도 '중국 부채의 덫' 빠졌나〉[23]라는 기사는 한국 언론이 어떤 식으로 '부채의 덫'이라는 프레임을 사용하는지 잘 보여 준다. 라오스가 디폴트의 위기에 빠져 최대 채권국인 중국에 채무조정 상담을 했다는 사실을 바탕으로 작성한 기사이다. 이런 제목을 단 근거는 단 하나이다. 라오스가 중국 쿤밍에서 싱가포르까지 건설하는 고속철도사업에 뛰어들었는데 그 사업이 중국의 일대일로 사업이라는 것이다. 《한겨레》가 보수언론과 마찬가지로 부채의 덫이라는 프레임을 사용한 것은 이미 오래된 일이다. 2019년에는 〈중국, '차관 무기'로 남태평양 진출…'부채의 덫' 우려〉라는 기사를 내보냈다.

---

23 2020년 09월 03일.

2018년 10월 펜스 미 부통령이 허드슨연구소에서 연설을 하며 처음 사용한 '부채의 덫'이라는 프레임은 중국 자본과 경쟁 관계에 있는 미국과 영국을 중심으로 한 금융자본 국가들의 대표 프레임이다. 2019년 2월 폼페이오 미 국무장관은 헝가리에 가서 "중국이 악수하자고 내미는 손에는 언제나 조건이 달려 있으며, 이 조건 때문에 헝가리가 정치경제적으로 중국에 빚을 질 것"이라고 주장했다. 헝가리는 통신장비의 70%를 화웨이 제품으로 쓰는 나라이다. 전형적인 '부채의 덫' 프레임이다. 《한겨레》 기사를 아무리 살펴보아도 라오스의 디폴트가 왜 중국의 '부채의 덫' 탓인지 그 근거가 없다. 심지어 중국으로부터 빌린 부채가 얼마인지도 없다. 라오스의 부채가 중국의 일대일로 사업 참가 때문이라고 주장하려면 적어도 그 부채의 규모라도 밝혀야 했다. 제시된 통계라고는 라오스 부채 총액이 GDP의 65%에 달한다는 통계가 전부이다. 독자들은 자연스럽게 그것이 중국 때문이라고 받아들인다. 스리랑카 국가교육위원회 사미타 헤티지(Samitha Hettige)에 따르면 스리랑카의 차관 중 중국 자본이 차지하는 비율은 10% 약간 넘는 정도이며 일본보다 낮은 수준이다.[24] 그런데도 언론은 부채의 덫이라는 프레임을 사용한다.

왜 '덫'이라고 주장하는지 알 수 없다. '부채의 덫'이라는 표현은 '부채 폭탄'이라는 표현에서 진화했다. 영어의 'Debt trap'인데 《한겨레》가 이전에 한국 언론들이 써 왔던 '부채 폭탄'이라는 표현 대신 왜 '부채의 덫'이라 표현하는지 알 수 없다. 《한겨레》가 트럼프의 정책을 맹목적이거나 무작정 따라한 것이 아니라면 '덫'이라는 표현을 사용한 근거가 있

24 GT, 2022.01.27.

어야 한다. 중국 자본이 더 약탈적 성격을 보인 새로운 근거도 없는데, 더 모질게 표현하는 것은 정당해 보이지 않는다.

국경을 초월한 신자유주의적 자본의 문제를 강조하려고 '덫'이라고 표현했다고 볼 수 있다. 그러나 이상한 것은 전 지구적으로 활동하는 미국 자본에 대해서는 대개 '외채'라고 표현한다. 물론 IMF 때처럼 자본의 횡포가 나타날 때는 '약탈'과 같은 표현을 썼다. 그러나 그것도 일부 진보 지식인의 글에서나 국한되어 사용했다. 외환위기 때 외환은행을 약탈한 론스타 사건이 한 예이다. 론스타 사건은 거대 자본의 전형적인 약탈 사건이다. 그러나 한국 언론들은 그것을 "외환은행 헐값 매각 사건"이라 부른다.

자본 앞에 국가 이름을 붙이는 경우는 극히 드물다. '미국의 론스타'라고 부르지 않았다. 론스타가 미국회사라는 것을 알려면 인터넷에서도 검색을 몇 번 거쳐야 한다. 자본은 국적이 없는데 중국 자본에는 꼭 국가 이름을 붙인다. 그러려면 중국 정부는 중국의 자본을 완벽하게 통제한다는 가설이 성립되어야 한다. 그런 점에서 피케티는 반성해야 한다. 그는 중국의 사적 자본이 70%에 달하고 그들은 이미 중국 정부의 통제선을 넘고 있으며, 앞으로 통제될 가능성이 그리 높지 않다고 본다.[25] 《한겨레》도 유달리 중국 자본에만 국적을 붙인다. 부채의 덫이라는 프레임을 사용할 때 《한겨레》는 중국이 사적 자본을 완전하게 통제하는 국가라는 가정을 동원했다. 그러나 《한겨레》는 평소에 중국이 신자유주의적 자본에 완전히 장악당한 국가처럼 보도한다.

---

25 토마 피케티, 안준범 옮김, 《자본과 이데올로기》, 문학동네, 2020, 668쪽.

중국 자본이 미국 자본보다 횡포가 심하다면 미국 자본에 붙이는 '차관'이라는 이름 대신 '덫'이라고 이름 붙일 수도 있다. 《한겨레》는 부채의 덫을 쓸 수 있는 근거로 스리랑카가 "거액의 부채를 갚지 못해 함반토타 항구 운영권을 99년 동안 중국에게 넘겨주었다"는 이유를 들었다. 부채를 갚지 못해 99년 운영권을 넘겨주었다는 사실에 부채의 덫이라는 프레임을 들이대는 것이 참 생경한 논리이다. 한국 자본이 중국에 투자할 때 가장 큰 불만이 중국이 토지의 영원한 소유권을 주지 않고 99년 동안 점유권만 주는 문제였다. 우리 사회는 A씨가 B씨에게 빚을 갚지 못하면 점유권이 아니라 소유권을 넘기는 것이 상식이다. 이런 사회에 사는 기자들이 빚 대신에 99년 운영권만 넘긴 것을 두고 이런 프레임을 가동하는 까닭은 무엇일까?

스리랑카가 함반토타 항구 개발을 추진한 것은 중국이 일대일로를 시작하기 6년 전인 2007년부터였다. 개발도상국인 스리랑카는 함반토타 항구의 개발이 필요했다. 서방의 국제개발은행들은 자금을 융통해 달라는 스리랑카 정부의 제안을 거절했다. 결국 중국에 요청했고, 중국이 자본을 제공했다. 루마니아 아시아-태평양연구소(Romanian Institute for the Study of the Asia-Pacific)의 안드레아 브린자(Andreea Brinza)는 저소득 국가들이 중국 자본을 요청하는 까닭은 이들 국가에는 서구 투자자들이 원하는 수익을 창출할 수 없기 때문이라고 분석했다. 이들 국가에 필요한 것은 "6차선 고속도로가 아니라 포장된 도로, 흐르는 물, 기능을 발휘할 수 있는 하수 시스템"이기 때문이다.[26] 수익이 나지 않는 함반

26 Andreea Brinza, "Biden's "Build Back Better World" Is an Empty Competitor to China", *FP*, 2021.06.29.

토타 항구도 서구 자본에게는 전혀 관심이 가지 않는 투자처였다. 중국은 그런 국가에 자본을 대 주었다.

함반토타 항구는 스리랑카 정부의 예상보다 물동량이 너무 적어 적자가 누적되었다. 설상가상으로 다른 부채까지 늘어나 스리랑카는 IMF 구제금융 신청이 필요했다. 우리가 잘 아는 대로 IMF는 조건이 까다롭다. 스리랑카는 IMF 구제금융의 조건을 맞추기 위해 함반토타 항구의 운영권을 초상국항만지주회사에 넘겼다. 이 회사의 지분에 중국 자본 지분이 과반을 넘어 운영권이 중국 자본으로 넘어오게 된 것이다.

중국이 군사 목적으로 사용할 것이었다면 덫이라는 표현을 쓸 수도 있다. 그러나 양국 간 계약에는 중국이 군사 목적으로 이용할 수 없고, 99년이 지나면 1주당 1달러로 스리랑카에 반환한다는 조건을 달았다. 최필수 교수의 주장대로 "항구 건설을 추진한 것도 스리랑카였고, 항구의 운영권을 넘긴 것도 스리랑카였다." 불평등한 국가 간 체제하에서 이루어진 강요나 강제도 아니었다. 그런 점을 두고 최필수 교수는 "중국이 소유권을 탐내고 돈으로 유혹한다는 식의 스토리는 악의적으로 편집된 후일담에 가깝다"고 보았다.[27] 존스홉킨스대학의 데보라 브라우티감(Deborah Brautigam)은 부채의 덫이라는 프레임은 중국과 개발도상국을 아주 나쁘게 묘사하는 각본이라고 표현한다.[28]

중국이 이 지역에 차관을 주는 가장 큰 목적은 미국의 봉쇄로부터 자유로운 해상교통로를 확보하는 것이다. 중국은 미국의 봉쇄 정책으로

---

27 최필수, 〈일대일로의 부채 문제에 대한 고찰〉, 《성균차이나브리프》 7권 1호, 2019, 53~54쪽; 〈일대일로는 부채의 덫인가〉 InChinaBrief, 368호, 2019.

28 The Atlantic, "The Chinese 'Debt Trap' Is a Myth.", 2021.02.06.

부터 자유로운 항구가 필요했다. "남중국해에서 자신의 위치에 제약을 느낀" 중국은 "파키스탄 항구에 투자하고 신장과 인도양을 연결하는 카라코람 고속도로의 유지 관리에 투자"해 왔다.[29] 중국은 차관을 통해 항구를 개발해 주고 운영권을 받는 방식으로 교통로를 확보했다. 2012년에 스리랑카 함반토타항, 2013년 파키스탄 과다르항, 방글라데시 치타공항, 미얀마 시트웨항의 운영권을 확보했다. 중국에서는 해당 국가의 주권을 건드리지 않고 중국 위협론을 최소화할 수 있는 방식의 개발 방법이었다.[30]

중국 자본은 세계의 제2금융권에 해당하지만 제2금융권과 달리 약탈적 성격은 약하다. IMF는 민영화, 정리해고, 사회복지 축소, 노동의 유연성 확보 들을 요구한다. 주권의 침해라고 볼 수 있을 만큼 국가정책의 핵심 사안들이다. 핵심 사안에 내정간섭을 허락해야 자금을 지원해 준다. 그러나 중국 자본은 대개 세 가지 정도의 담보를 받는다. 하나는 자본을 집행할 때 중국기업을 사용하는 조건을 단다. 두 번째는 자본 제공의 대가를 자원으로 받는 방식을 사용한다. 콩고와 앙골라 같은 아프리카 국가들이 대개 이 방법을 쓴다. 마지막으로는 스리랑카나 지부티처럼 구축한 인프라의 운영권을 넘기는 방식이다.

중국은 부채를 상환할 때 특정 방식을 강요하지 않는다. 인도네시아는 자카르타-반둥 고속도로를 중국에게 발주하고 대가를 돈으로 지불했다. 중국 자본은 서구 자본에 비해 이미 국제적으로도 너그러운 자

---

29 Sam Dunning, "China Is Protecting Its Thin Corridor to the Afghan Heartland", *FP*, 2021.08.14.

30 이동률, 〈시진핑정부 '해양강국' 구상의 지경제학적 접근과 지정학적 딜레마〉, 《국제정치논총》 57권 2호, 2017, 381쪽.

본이자 낮은 수익 기준으로 유명하다.[31] 중국 자본의 이런 성격 때문에 2017년 기준으로 일대일로 프로젝트에 참가한 국가는 107개국에 달한다.[32] 리셴룽(Lee Hsien Loong) 싱가포르 총리는 일대일로 사업이 "다른 국가에게 회복 불가능한 재정 부담을 강요하거나 다른 국가들의 경제 기간산업의 성장을 저해한다고 믿을 이유가 없다"고 말했다.[33]

'부채의 덫'이라는 프레임이 가지는 가장 심각한 문제는 디폴트의 책임을 따지는 방식이다. 한국 언론은 대부분 외채를 끌어들여 문제가 생길 때 그 책임을 끌어들인 정부나 기업에게 묻는다. 론스타가 IMF와 미국 정부와 결탁한 약탈적 성격을 분명하게 가지고 벌어진 사건에서도 한국 언론들은 "론스타 헐값 매각 사건"이라 불렀다. 책임의 주체가 매각자인 것을 분명히 했다. 그러나 한국 언론은 중국 자본과 관련된 국가의 디폴트는 모두 중국의 책임으로 돌린다. 스리랑카뿐만 아니다. 라오스와 같은 동남아 국가, 솔로몬 제도를 포함한 남태평양 6개국, 잠비아 같은 아프리카 국가들, 베네수엘라와 같은 중남미 국가들의 재정 위기가 문제될 때마다 중국의 차관을 문제 삼았고 '중국이 문제다'라고 주장했다.

중국은 미국과 달리 그 어느 지역과도 국가 간 불평등체제를 구축하지 않았다. 세계 자본시장에서도 중국 자본은 여전히 제2금융권 정도에 해당한다. 부채의 위험이 높은 국가들이 빌린다. 아프리카, 몽고, 스리

---

31 최필수, 〈야말 LNG 프로젝트가 '일대일로' 접근법에 주는 함의〉, 《성균차이나브리프》 6권 3호, 2018, 63쪽.

32 최필수, 〈一帶一路 프로젝트의 개념적 이해-상업성과 전략성〉, 《韓中社會科學研究》 15권 3호, 2017, 81쪽.

33 Lee Hsien Loong, "The Endangered Asian Century: America, China, and the Perils of Confrontation", *Foreign Affairs*, Dec. 2020.

랑카처럼 정부 재정이 열악하여 부채를 갚을 가능성이 별로 없거나, 차관을 하기는 국가신용등급이 너무 낮은 가난한 국가들이다. 아프리카나 중남미, 그리고 동남아의 국가들이 사회기반산업을 구축하거나 재정 위기를 타개하기 위해 손을 내밀 수 있는 국가는 중국이 유일하다. 그런 국가들이 디폴트 위험에 처할 확률이 높은 것은 당연한 결과이다.

중국 돈이라도 조건이 좋으면 빌리면 된다. 어느 정부도 그 '조건'을 따질 능력은 있다. '부채의 덫'이라는 프레임은 중국 자본이라면 조건에 상관없이 무조건 문제라는 유사인종주의의 일종이다. 돈을 빌리는 국가의 관점에서 보면 중국 자본은 대안 중 하나이다. 한국도 마찬가지이다. 한국의 관점으로 보면 중국 자본은 우리가 고를 수 있는 또 하나의 선택지인 셈이다. 혹시 외환위기와 같은 또 다른 위기가 올 때 중국 자본은 대안 중 하나이다. 아마도 그런 대안이 존재할 때 외환위기 같은 사태는 원천적으로 생기지 않을 수도 있다.

자본뿐만 아니다. 중국으로 인해 만들어진 새로운 비즈니스도 마찬가지이다. 중국의 일대일로에 편입되는 것이 아니라 우리가 중국의 일대일로를 이용하면 된다. 일대일로는 네트워크와 인프라 구축에 집중된 사업이다. 철로, 에너지 수송관, 물류허브 들이 핵심이다. 서울과 평양 사이에 철로를 놓을 비용만 분담하면 우리는 아시아 대륙 전체를 이용할 수 있는 길이 열린다. 중국은 14개국과 국경을 맞대고 있다. 중국은 지금 그 길에 고속철을 깔고 대규모 교역이 가능한 인프라를 구축해 나간다. 수출로 먹고사는 우리가 왜 그런 인프라를 싼값에 활용할 생각을 하지 못하는가? 선택권은 중국에 있는 것이 아니라 우리에게 있다. 필요하면 이용하면 된다. '부채의 덫'일지 아닐지는 한국적 관점에서 물어야 한다.

3 중국은 다시 한반도를 지배할 것이다

중국의 북한 병합

한국의 안보적 보수주의가 전면으로 나타나 극성을 부리던 2019년 12월 JTBC의 《차이나는 클라스》에서 의미 있는 강의가 진행되었다. 잘 알려진 진보 학자인 중앙대 김누리 교수가 나와서 분단체제를 어떻게 극복할 것인가라는 문제를 이야기했다. 이름난 진보 학자가 대중강연에 나와서 현재 한국민들이 분단문제를 어떻게 바라보아야 할 것인가를 알기 쉽게 설명해 준 것만으로도 충분히 의미 있는 일이다. 강의는 이름에 걸맞게 유익하고 재미있었다. 아마도 많은 시민들 한 사람 한 사람이 분단체제를 해소하는 주체가 될 수 있다고 깨닫는 계기가 되었을 것이다. 독일의 역사는 여전히 우리에게 좋은 참고서이다.

내가 주목한 점은 김누리 교수의 중국인식이었다. 한국을 대표하는 진보 학자이지만 중국연구에 대해서는 비전공자인 그의 주장은 한국의 진보진영에서 중국인식이 어떤 형태로 유통되는지 엿볼 수 있는 주요한 단서였다. 우선 그는 강의의 첫머리에서 “과거는 일본이 문제이고, 현재는 한국이 문제이며, 미래는 중국이 문제”라며 시작한다. 과거는 일본의 침략이 문제였고, 지금은 한국의 분단이 문제라는 것은 충분히 수긍할 수 있는 이야기였다. 그러나 미래의 중국이 문제라고 규정한 것이 다소 의아했다. 유달리 중국을 미래의 문제라고 한 까닭이 무엇일까? 그것은 김누리 교수가 강의 마지막쯤에 이야기한 중국에 관한 언급에서 찾아볼 수 있다. 그는 “북한이 중국의 한 성으로 들어갈 가능성이 있다”는 유럽인의 전망을 자기 견해처럼 전한다. 부상하는 중국이 미래의 문제이고, 유럽은 중국이 북한을 병합할 것이라고 예상해 우려한다는 말을 전할 수 있다. 그러나 쌍따옴표를 친다고 해서 자기 생각이 아닌 것은 아니다. 중국이 힘만 있다면 한반도를 장악하거나, 병합할 것이라는 논리는 신기하리만큼 진보 지식인 사이에서도 거리낌 없이 공유된다. 동북공정 때 꽤 많은 진보 지식인들이 역사전쟁에 가담한 것도 중국이 한반도를 병합할 가능성이 있다는 판단이 밑바탕에 깔려 있었다.

김누리 교수가 인용한 유럽의 주장은 동북공정 시기에 등장했던 한국 보수주의의 북한병합설과 매우 닮았다. 한국의 보수진영은 동북공정을 두고 북한을 실질적으로 지배하려는 전제 작업이라고 대대적으로 보도했다. 《조선일보》는 “유사시 북한에 대한 군사·정치적 개입권은 말할 것도 없고 북한 지역에 대한 역사적 연고권까지 노리는 중장기 포석”[34] 이라고 주장했다. 심지어 한 서울대 학생이 베이징대 교수한테 들었다는 이야기를 바탕으로 동북공정이 “북한 땅을 장악하기 위한 예비 작

34 윤평중, 〈한·중 역사전쟁〉, 《조선일보》, 2003년 12월 22일.

업"[35]이라고도 주장했다. 급기야 KBS는 스페셜 방송까지 편성하며 북한 붕괴 시 중국이 영토적 연고권을 주장할 것이라고 내보냈다.[36]

'북한이 중국으로 편입될 가능성이 있다'는 주장은 대략 세 가지 가설의 합체품이다. 1) 북한은 무너질 가능성이 높다 2) 중국은 북한을 자기 영토에 편입할 필요성이 있다 3) 중국은 북한을 편입하고 유지할 힘이 있다고 판단한다. 중국과 관련된 문제만 검토해 보자. 먼저 중국이 북한을 자기 영토에 편입할 의도가 있는가? 우선 중국을 고대에서부터 이어 온 동일한 국가라고 보더라도 지금 중국의 강역에 북한이 편입된 적은 고대 이후 없었던 일이다. 중국의 북한병합설은 천년 이상의 역사에서 없었던 일을 중국이 바로 지금 하고자 한다는 것이다. 설령 타국에 대한 팽창의지를 '강대국이 가지는 격세 유전적 맹목적 성향'으로 보는 조지프 슘페터(Joseph A. Schumpeter)의 이론을 받아들인다고 하더라도, 중국이 강대국이 아니었던 적은 아무리 길게 잡아도 청 말부터 중화인민공화국 초기까지 약 1세기밖에 없었다. 그렇다면 중국이 왜 지금 북한의 영토를 노리는지 그 까닭이 설명되어야 한다. 세계 제국으로 군림했던 명·청 시기에 하지 않았던 일을 자기보다 더 큰 미국이라는 패권국이 존재하는 지금 하려는 까닭이 무엇일까?

전 지구적으로 영토라는 개념이 생긴 근대국민국가 이후로 한정해 보더라도 마찬가지이다. 한국전쟁 이후 미국은 남한에 남았지만 중국은 한반도에서 완전히 철수했다. 만약 중국이 북한 영토에 욕심이 있었

35 권대열, 〈중국의 북한병합설〉, 《조선일보》, 2004년 08월 24일.
36 KBS스페셜, 2004년 11월 07일.

다면 미국과 형평성을 주장하며 북한에 군대를 남기거나 북한을 그들의 하위체제에 편입시킬 수 있는 장치들을 만들었을 것이다. 그러나 중국은 자기들은 영원히 패권을 추구하지 않을 것이라고 선언하고 철수했다. 그런 태도를 바꾸고 이제 와서 북한의 영토를 병합해야 할 까닭은 무엇인가?

설령 중국이 북한을 병합하겠다고 하더라도 북한을 병합시켜 유지할 힘이 있는가? 식민지를 유지하는 것은 두 나라 사이 단순한 힘의 우위 비교만으로는 불가능하다. 이미 한반도에는 식민주의에 대한 저항 세력이 성장해 충분히 대항체제가 마련되어 있다. 설령 북한이 자발적으로 중국의 성 하나로 편입되려고 해도 한국의 저항 세력이 그냥 보고만 있지 않을 것이다. 북한도 마찬가지이다. 강력한 민족주의 국가이다. 이미 핵무기 체계도 갖추었다. 한반도는 지난 5천 년 동안 중국으로부터 독립을 유지해 왔다. 그렇다면 독립을 유지할 까닭과 힘이 있다는 이야기이다. 중국도 잘 알고 있다. 중국 영토였던 홍콩이라는 조그마한 땅조차 되찾으려 할 때 전 국력을 쏟아야 했다. 그만큼 복잡한 이해관계가 얽힌 글로벌 시대이다. 이때 5천 년 동안 독립을 유지해 온 국가를 병합하는 일을 시도할 만큼 중국이 비합리적인 국가는 아니다.

오히려 중국에게는 병합을 하려는 의지보다 통일이 되어 강해지고 중국에 적대적일 수 있는 'Korea'에 대한 두려움이 더 크게 존재한다. 중국에게 북한은 독립된 국가이자 동시에 언젠가 한국과 어떤 형태로든 한 국가가 될 미래의 'Korea'이다. 중국에게 미래의 'Korea'는 두려운 상대이다. 《뉴욕타임스》는 중국에게 동북공정은 북한을 병합하려는 사전 정지 작업이 아니라 "중국이 어느 날 북중국의 200만 조선족이 대한민국을 지지하며 현재의 국경선을 무너뜨릴 것을 두려워하여 실시한 방어적인 프로젝트였다"고 보았다. 특히 미국의 동맹국인 한국이 점령한 북한은 충분히 중국에게 공포의 대상일 수밖에 없다. 중국은 동북공정이 끝나고도 한국 보수진영의 주장과 달리 북한을 병합할 어떤 작업도 하지 않았다. 결국 중국이 북한을 노리고 동북공정을 진행했다는 주장이 잘못된 가설이라는 사실만 증명되었다.

중국이 북한을 병합할 것이라는 가정이 지닌 또 하나의 문제는 동아시아에서 미국의 패권을 고려하지 않은 상상된 가설이라는 점이다. 동아시아는 여전히 미국의 패권이 작동하는 지역이다. 중국이 부상한다고 미국이 동아시아를 한순간에 떠나는 것이 아니다. 미국은 여전히 동아시아에서 패권을 장악하고 있고, 한반도는 미국의 신식민주의 지배질서에 편제되어 있다. 북한이 연착륙하는 것조차 미국의 승인이 절대적으로 필요하다. 한국이 북한에 코로나19 구호품을 보내는 것조차 승인받아야 하는 지경이다. 이런 상황에서 중국이 미국과 전면전을 각오하고 북한 병합을 추구할 것이라는 추정은 중국이라는 국가를 물불 가리지 않는 전쟁광 국가라고 가정하지 않고는 불가능한 추론이다.

설령 짧은 기간 북한을 병합한다 하더라도 남한의 거센 반발, 미국의 끊임없는 방해, 전 세계적인 반중국 세력의 저항, 끊임없이 야기될 북한유민 문제 들이 일어날 것은 분명한 사실이다. 중국이 그것까지 감내하고 북한 병합을 진행해서 얻을 실익이 별로 없다. 러시아처럼 동해에 부동항이 필요한 것도 아니며, 북한에 중국이 가지지 못한 거대한 자연광물이 있는 것도 아니다. 남중국해처럼 반드시 확보해야 할 전략적 요충지도 아니다. 오히려 그동안 미국과 정면충돌할 때 완충지대 역할을 하던 북한이 사라지면 미국의 세력 범위와 직접 국경을 맞대야 한다. 결국 북한에 대한 중국의 억압이 단순히 북한과 중국 두 나라 사이 문제로 국한되는 것은 실험실에서나 가능한 이야기이다.

가장 중요한 것은 지금 중국의 상황이다. 거의 40여 년 동안 키신저 시스템에서 고도로 성장하여 G2가 된 중국은 '지금 이대로'가 최고의 시나리오이다. 미국이 퍼붓는 거칠고 다양한 공세에도 대응을 최소로 하는 까닭이 바로 그 때문이다. 지금 이대로가 좋은 국가가 전쟁을 각오하며 다른 나라 북한을 점령할 것이라는 가설은 안보 보수주의자들의 '상상된 중국'에서나 가능한 이야기이다.

중국이 북한을 점령할 가능성이 없다는 뜻을 간접증명한 것이 미국이 떠난 아프가니스탄에 대한 중국의 태도이다. 중국이 보는 아프가니스탄은 국경을 맞대고 있고, 끊임없는 분쟁 지역이며, 국경 사이로 동일한 민족이 양 지역에 거주한다. 그런 점에서 북한과 거의 비슷한 전략적 위치에 놓여 있다. 범이슬람주의자들이 분리 독립을 시도하고, 테러가 끊임없이 벌어진다는 점에서 중국의 개입이나 점령이 북한보다 더 필요한 지역이라고 볼 수 있다. 심지어 일대일로의 가장 중요한 통로이기도 하다. 그러나 중국은 "아프가니스탄의 정치나 거버넌스에 관심이 없었으며, 미국과 NATO 파트너들이 장려하려고 시도한 인권이나 국가 건설 노력에도 관심이 없었다."[37] 중국은 미국이 떠난 자리를 장악하려고 군대를 파견하지 않았다.

조금만 생각해 보면 별로 가능성이 없는 가설들의 연속인 이야기들

---

37 Azeem Ibrahim, "China Won't Repeat America's Mistakes in Afghanistan", *FP*, 2021.08.17.

을 김누리 교수는 왜 별다른 여과 없이 이야기했을까? 두 가지 정도를 생각해 볼 수 있다. 하나는 유럽이 그렇게 말했으니까 나도 모르게 그들의 인식을 받아들였을 가능성이다. 그러나 유럽은 중국을 잘 모르기도 한다. 중국을 연구하는 인적 자원도 매우 적다. 그들이 자랑하는 진보언론인 BBC나 《가디언》 같은 언론도 많은 경우 유럽중심주의 가치관에 서서 그들이 알고 있는 상식에 기대 중국을 이야기하는 경우가 허다하다.

두 번째는 유럽을 연구하는 연구자들이 주로 유럽 중심의 자유주의와 유럽식 보편인권 관점으로 중국을 바라보았을 가능성이다. 김누리 교수가 한국의 86세대를 유럽의 68세대와 비교하는 것을 보면 이 점이 더욱 두드러지게 드러난다. 유럽사회를 연구하는 연구자들이 가지는 일반적인 경향 중 하나가 유럽의 역사를 표준화하고 그것을 기준으로 다른 사회를 바라보는 유럽중심주의 경향을 드러낸다는 점이다. 주권과 국가 간 체제 문제가 해결된 근대 이후 유럽의 고민은 노동과 인권 같은 보편인권 문제 완성과 환경, 여성, 소수자와 같은 포스트식민주의 문제들이다. 한국과 같이 근대적 주권을 완성하지 못하고, 불평등한 국가 간 체제에 놓여 있는 국가들에게 유럽중심주의 가치 체계가 정답일 리 없다. 이미 한국 내 유럽연구자들 사이에서도 유럽중심주의에 대한 반성이 상당히 진행[38]되어 왔지만 중국을 바라볼 때는 유달리 그런 경계심은 사라지고 유럽중심주의는 강고하게 작동한다. 안타깝게도 김누리 교수의 발언에서 그런 경향이 발견된다.

---

38 강정인 편, 《탈서구중심주의는 가능한가: 서구중심주의에 대한 우리 학문의 이론적 대응》, 아카넷, 2016 참조.

신식민주의 권력이 여전히 강고하게 작동하는 한반도에서 과도한 유럽식 보편인권을 적용하여 중국을 바라보는 것은 진보적 결과를 이끌어 낼 가능성이 결코 높지 않다. 김누리 교수가 중국의 북한병합설에 동조하는 한 그가 한국의 중국 담론에서 할 수 있는 진보적 역할은 거의 없다. 한반도를 병합할 가능성이 있는 국가와 할 수 있는 일은 싸우는 것이 전부이다. 신식민주의체제를 넘어서는 평화체제를 논할 수도 없다. 영토와 주권까지 병합하려는 중국보다 신식민주의를 운영하는 미국이 더 나은 국가가 되기 때문이다. 지금 동아시아는 중국의 조공책봉체제가 작동하는 시대가 아니라 미국의 신식민주의체제가 작동하는 시대이다. 우리는 지금 너도 나도 죽은 제갈공명과 싸우는 데 진심이다. 중국의 북한병합설도 그런 역할을 충실히 수행한다. '상상된 중국'과 싸우느라 신식민주의체제에 무관심하거나 방관하는 일이 벌어지고 있다.

연예계의 내정간섭

한국 언론은 연예계에서 벌어지는 작은 해프닝조차 자기들의 이데올로기 전쟁에 활용하여 전방위적으로 반중국 전선을 확대한다. 2020년 9월 1일 《스포츠조선》에 실린 〈韓연예가에 점점 파고드는 中國…비난에 처벌까지, 연예계 내정간섭〉이라는 기사는 보수언론이 자기들이 벌이는 전쟁에 연예인까지 이용해 어떤 일을 벌이는지 알 수 있다. 이 기사는 MBC 예능프로그램인 《놀면 뭐하니?》에서 이효리가 "아시아를 겨냥해 중국 이름을 짓고 싶다. '마오'는 어떤가?"라고 한 말이 발단이 되어 벌어진 일을 '연예계의 내정간섭'이라는 새로운 개념을 사용하여 중국을 적대시하는 기사이다. 일부 중국 네티즌들이 이효리가 마오쩌둥의 이름을 가볍게 대하는 것에 대해 해당 방송국과 이효리의 SNS에 항의를 했고, 제작진은 사과문을 냈다.

이효리가 한 말에 들고 일어난 일부 중국 네티즌의 항의는 충분히 '도를 넘어선 것'이라고 볼 수 있다. '식민지' 운운한 네티즌이나 '중국에 못 올 것'이라며 막무가내로 악플을 단 태도는 문제가 있다. 또 이효리가 마오를 비하하려고 말을 꺼낸 게 아닌 것도 맞다. 그러나 이 문제를 한국 언론이 대대적으로 문제 삼을 만큼 보도할 값어치가 있는 것인가 하는 문제는 전혀 다른 문제이다.

전 지구에 널린 악플러들이 일으킨 이 간단한 해프닝을 한국 언론은 적극 활용해 나갔다. 《서울신문》은 〈이효리 "마오" 한마디에, 난리 난 중국 네티즌〉이라고 일부 중국 네티즌의 행태를 문제 삼기 시작했다. 《국민일보》는 〈"한국은 식민지" 中악플테러에…제작진 '이효리 마오 논란' 사과〉라며, 일부 몰지각한 중국 네티즌의 반응을 중국인의 반응으로 변질시켰다. 《중앙일보》 또한 〈이효리 '마오' 곤혹…중 네티즌 "중국 못 올 것" 제작진 "오해"〉라는 기사로 적대 진영 구축에 나섰다. 이 시기 한국 언론은 중국의 한 언론에서 보도한 김치의 국적 문제, 한 게임회사에서 주장한 한복의 기원 문제까지, 한국인의 민족 감정을 자극할 수 있는 소재라면 무엇이든 찾아내 전 중국의 문제로 치환하여 자기의 이데올로기 전쟁을 계획대로 이어 나갔다.

한국 언론의 주장 가운데 가장 놀라운 것은 '연예계의 내정간섭'이라는 신조어이다. 동북공정 때 등장한 '중화패권'이라는 용어만큼이나 한국의 안보 보수주의자가 창조해 낼 수 있는 참신한 용어이다. 《스포츠조선》은 "이효리는 '마오'라는 이름을 비하하는 의미로 사용한 것이 아니다. 마오라는 이름은 중국에서 다른 한자로도 여러 이름으로 사용된다"고 주장하며 중국의 '연예계 내정간섭'이라고 주장했다. 《스포츠조선》은 이데올로기 전쟁을 위해 글로벌 네트워크 시대 문화산업에 국경을 세우려고 하고 있다. 트럼프행정부의 멕시코 장벽 설치를 뺨치는 시대착오적인 아이디어이다.

한국 문화산업은 어느 국가보다 적극적으로 문화산업의 국경을 허물어 왔다. 기획사 그리고 방송사를 포함한 문화산업 생산자들도 이익을 위해 기꺼이 국경을 허물었고 그럴 의지를 가지고 있다. 아시아 시장을 겨냥해 중국 이름을 짓고 싶다는 이효리의 말에서도 알 수 있다. 국경을 초월한 문화산업 시대의 산물이 바로 케이팝이다. 이효리뿐만 아니라 기획사와 방송사도 선택은 두 가지였다. 사과를 하거나, 민감한 중국 소비자들의 반응을 악플로 치부하고 당당하게 대응하거나. 그들은 사과를 선택했다. 중국 소비자들을 잃고 싶지 않았기 때문이다. 기획사와 방송사들이 중국인에 대한 한국 문화산업의 파급력을 계속 유지해 나가려면 중국인의 문화적 감수성에 대한 이해도를 더욱 높여야 할 것이다. 그래야 이른바 글로벌 문화산업 기업으로 성장할 수 있을 것이다.

JYP도 그런 선택을 해 왔다. 쯔위 사태 때 JYP는 중국에 사과했다. 쯔위 사태를 추적해 보면 JYP도 해당 방송사도 대만국기를 흔드는 일이 중국민의 감성을 어떻게 자극할 수 있는지 전혀 알지 못했다. 물론 JYP도 일부 과격한 중국 네티즌들의 공격에 수긍하지 않았을 것이다. 그러나 JYP는 한국 언론이 주장한 '16세의 어린 소녀가 조국의 태극기를 흔든 것이 무슨 죄가 되느냐'는 보편적 인권주의를 택하기보다 문화산업의 논리를 쫓았다. 사과를 했을 뿐만 아니라 중국사업도 철저하게 현지화시켰다. 텐센트와 손잡고 만든 JYP의 '보이스토리'라는 그룹은 그렇게 탄생한 중국인 아이돌 그룹이다. 일본상품 불매운동이 한창이던 시기에 일본인 아이돌 그룹 '니쥬'도 결성했다. 그러나 한국의 언론 대부분은 쯔위 사태나 이효리 사태 때와 달리 JYP를 공격하거나 아이돌 그룹 '니쥬'를 공격하지 않았다. 그들은 국적이 없는 자본의 논리에 충실했다.

한국 보수언론이 중국인 문화산업 소비자를 대하는 태도는 매우 이중적이다. 그들은 한국 문화산업이 중국으로 진출하기를 원하고 끊임없이 지원한다. 그러나 한국 문화산업을 소비하는 중국 소비자들에게는 국적을 붙이고 유사인종주의를 작동시킨다. '연예계의 내정간섭'이라는 개념은 그런 이중적 태도에서 나온 개념이다. 한국 연예계는 이미 국경을 넘어 활동한다. 그러나 문화 소비자들의 활동에는 국적을 붙인다. 특히 중국 소비자들에게는 엄격하고 신랄하다.

'연예계의 내정간섭'이라는 개념은 자본의 문제를 중국의 문제로 치환하는 대표 프레임이다. 이미 문화자본은 거대한 전 지구적 네트워크를 형성했다. 그 속에는 내정도 없고, 외정도 없다. 《오징어 게임》은 넷플릭스라는 미국의 플랫폼을 타고 전 세계로 송출되었다. 문화산업은 이전처럼 한 국가에서 소비되고 히트를 친 다음 편집과 번역을 통해 타국으로 수출하는 형태가 아니다. 기획 단계부터 글로벌 시장을 겨냥하고, 1차 제작 단계부터 다양한 형태로 세계 각국에 동시에 내보낸다. 쯔위 사태 때도 인터넷 방송으로 영상을 내보냈다. 따라서 이미 문화산업에서 국경은 무의미하다. 연예인 한 명 한 명이 전 지구적 시각을 가진 지역민이 되지 않으면 언제든지 이런 문제는 되풀이될 수 있다.

'연예계의 내정간섭'이라는 프레임은 BTS가 미국의 코리아소사이

어티가 준 밴플리트상을 수상했을 때도 작동했다. BTS의 수상소감을 일부 중국 네티즌들이 반발한 사건이다. 《조선일보》는 이 사건을 〈쯔위·이효리 이어 BTS…중국, 외교 아닌 문화까지 태클〉이라며 연예계의 내정간섭 프레임으로 이 사건에 접근했다. 이 사건도 보수언론이 늘 하던 대로 일부 중국 네티즌들의 반응을 전 중국의 문제로 끌고 갔다. 언론이 마음만 먹으면 언제든지 이런 전쟁을 일으키는 것이 가능하다. 인터넷에 들어가면 한국 언론이 필요한 중국인은 늘 있기 마련이다. 정작 중국 외교부와 주류 언론은 중국 네티즌의 반발을 누그러뜨리려고 노력했다. 중국 외교부는 이 문제로 서로 싸울 일이 아니라 "미래를 향해 우호를 촉진"하자고 했고, 중국 언론들은 보도를 자제하거나 일부 중국 네티즌들이 왜 반발하는지 설명하는 데 집중했다.

중국 외교부와 중국 언론도 아무 때나 과도하게 드러내는 민족주의를 방치하고 폭력적인 네티즌을 두둔하지 않는다. 이번 사건과 사드 설치 문제는 다르다. 만약 BTS가 대만의 독립을 옹호했다면 당연히 중국 정부가 개입하고 중국의 문제로 비화되었을 것이다. 한미동맹관계 아래 한국의 한 아이돌 그룹이 한미동맹관계를 넘어서는 미래지향적 발언을 하지 않았다고 해서 중국 정부가 나서서 문제 삼을 가능성은 별로 없다. 결국 이 사건은 BTS가 한미동맹관계를 뛰어넘고 국경과 인종을 넘어선 반전의식을 가지기를 기대한 중국인 아미(ARMY)들의 서운함이 드러난 사건이다.

한국 언론은 네티즌의 수많은 반응 가운데 분노와 혐오를 일으키기 좋은 반응들만 채집했다. 《조선일보》는 "케이팝을 좋아하는 애들은 모두 매국노다" 또는 "미국의 눈치를 보는 한국은 주권의식도 없나"와 같은 반응들만 보도했다.[39] 인터넷을 뒤져 가장 저급한 중국인의 반응을 채집한 뒤 그것이 중국이라고 주장한다. 그러나 BTS에 대한 중국인의 태도는 위와 반대인 경우가 훨씬 많다. 밴플리트상 논쟁과 무관하게 수많은 중국 팬들은 그 시기에도 BTS에 열광하고 환호했다.

한국 언론이 BTS를 위하거나 한국 문화산업을 고려했다면 연예계의 주권을 운운할 일이 아니라 일부 중국 네티즌들의 거친 목소리 이면을 살피고 그들이 왜 그런 반응을 보이는지를 분석해야 했다. 그런 글로벌한 언론의 태도가 BTS에게 글로벌한 문화적 감수성을 줄 것이다. 문화주권론을 내세우며 한국의 BTS에게 간섭하지 말라고 주장하고, 중국인의 주장이 '중국의 민족주의적 감정' 때문이라는 틀에 박힌 해석에 머무른다면 결국 BTS는 한국의 방탄소년단으로 머물고 말 것이다.

문화자본이 구축한 글로벌 네트워크는 자본의 욕망을 충족하기 위한 도구이기도 하지만 하위주체들이 국경을 넘어 자본의 욕망에 저항할 수 있는 새로운 도구이기도 하다. BTS가 한국의 방탄소년단이 아니라 전 세계의 BTS가 된 까닭은 그런 하위주체들의 목소리를 대변했기 때문이다. 만약 아미 사이의 국적을 가르고, 인종 간의 차별성을 드러내며, 민족성이나 인종편견을 강요했다면 오늘의 BTS는 있을 수 없었다. 문화산업은 미래로 나아가 있는데 한국 보수언론은 다시 국경을 가르고, 적을 만들어 내고, 그들을 공격해 자기들의 이익을 지켜내는 세계를 유지하려고 노력한다. 정작 BTS 팬클럽 아미는 그런 방식으로 국경을 나누고, 적을 만들고, 그들의 이익을 지키기 위해 BTS를 이용하는 행위들을

39 〈쯔위·이효리 이어 BTS…중국, 외교 아닌 문화까지 태클〉, 《조선일보》, 2020년 10월 12일.

거부하고 저항한다. 예를 들면 소속사 빅히트가 BTS 상품을 파는 위버스샵에 홍콩 시위대의 슬로건을 모방한 물건을 판매하자, 아미는 빅히트가 보인 역사적 문화적 인식의 한계를 지적했다.[40] 국경을 나누고 한쪽 편에 서서 다른 한쪽을 공격하는 일은 BTS가 할 일이 아니라고 판단한 것이다.

중국 네티즌이 반발한 것은 민족주의적 감정 때문이 아니다. 그랬다면 처음부터 중국인 아미는 존재하지도 않았을 것이다. 그들의 반발은 BTS에 대한 실망을 표현한 것이다. 중국의 아미들이 BTS에 환호했던 것은 BTS가 보여 주는 국적과 인종을 초월하는 하위주체적 연대의식과 글로벌한 문화적 감수성 때문이었다. 그러나 그런 BTS가 받은 상이 국가 간 폭력인 전쟁에 참전한 사령관 이름을 붙인 상이다. 그 상을 받고 한국과 동맹관계에 있는 미국인의 죽음에만 애도해 실망한 것이다. GT에 실린 한 네티즌의 반응은 그를 잘 대변해 준다. 그는 "수많은 중국 병사들이 그 전쟁에서 그들의 삶을 바쳤다. 당신들은 한국인이니까 그렇게 말할 수 있다. 그러나 나는 중국인이고 나는 화를 내야 한다. 나는 나의 의사를 강하게 표현하기 위해 BTS 팬클럽에서 탈퇴한다"[41]고 했다. 분명한 사실은 수많은 중국인 병사들도 양 진영 간 전쟁에서 무모하게 희생되었다는 점이다. 중국인 아미들은 적어도 BTS는 적대 진영을 초월한 보편가치를 추구하는 행동과 미래를 향한 메시지를 보낼 것이라 믿었던 것이다. 그래서 만약 BTS가 한국인으로 남겠다면 그들도

40 〈방탄소년단 이미지 망치는 건 빅히트? 아미가 뿔난 이유〉, 《스타뉴스》, 2020년 10월 24일.

41 "Samsung removes BTS-related products from China's e-commerce stores after the band angered netizens", GT, 2020.10.12.

다시 중국인으로 돌아가겠다고 선언한 것이다.

제임스 밴플리트는 한국전쟁에 참전한 미8군 사령관이다. 《뉴욕타임스》가 보도한 대로 '그것이 BTS의 악의가 아니었다'는 생각에는 중국 네티즌들도 동의한다. BTS가 전쟁의 한 당사국인 한국 국민이기 때문에 BTS가 그렇게 말할 수도 있다는 것까지 인정한다. 다만 BTS이기에 전쟁의 한 당사국 편을 들지 않을 것이라는 기대를 가졌다. 인종과 국경의 초월을 노래하는 BTS이기 때문이다. 중국에도 그 전쟁으로 희생된 수많은 이름 없는 병사들이 있었다. 누가 일으킨 전쟁이든 상관없이 중국인은 전쟁으로 희생된 죽음을 애도하고 있다. 그들이 믿어 온 BTS가 한국인과 미국인의 죽음만 애도한 것은 매우 큰 상처가 될 수밖에 없었다.

언제 어디서든지 일어날 수 있는 네티즌들의 행동을 두고 심각한 문제로 만든 것은 영업이익의 손실이 두려운 기업과 다른 목적을 가진 언론이었다. 진정한 의미의 내정간섭은 기업과 언론이 했다. 삼성전자는 BTS 한정판 스마트폰의 중국 판매를 중단했고, 현대차는 BTS가 출연한 중국 광고를 삭제했다. 《뉴욕타임스》는 평소에 보이던 반전 가치에 대한 칭송은 버리고 미국 관점에서 중국 네티즌을 비난하며 일부 네티즌의 문제를 국가 간의 전쟁으로 비화시켰다. 《파이낸셜타임즈》는 이런 반응을 '민족주의적 감정'이라고 이름 붙이며 전 중국의 문제로 치환시켰다. 《조선일보》는 한국기업의 태도를 '곤혹스러운 한국기업'이라며 이 사태의 책임을 중국네티즌에게 돌렸다.

BTS를 더 이상 좋아하지 않겠다는 일부 네티즌의 반응을 두고 중국의 문제로 치환하는 것은 중국민은 그런 반응조차 할 수 없는 국민으로 보는 태도이다. 여기에는 중국민을 2등 국민으로 보는 유사인종주의가 내재되어 있다. 한국인 모씨가 BTS의 어떤 발언 때문에 상처받아 BTS를 떠나겠다고 할 때 그것을 두고 한국의 문제라고 말하지 않는다. 중국 네티즌들이 BTS에 테러를 가한 것도 아니고 불법을 저지른 것도 아니다. 불법 요소가 있다면 그것은 그 사람을 처벌하면 된다. 중국민은 누구라도 이런저런 까닭으로 BTS를 좋아할 수 있고, 이런저런 까닭으로 싫어할 수 있다. 한국의 민간단체 반크가 조직적으로 이효리를 옹호하는 반중국운동을 벌이는 것은 결사의 자유로 받아들이면서 BTS에 실망한 중국 네티즌의 항의는 잘못된 민족주의라고 주장하는 것이야말로 잘못된 민족주의일 뿐이다.

글로벌 세계경제체제 아래 자본이 국경을 초월하여 권력을 행사하고, 소비자나 노동자에게 국적을 붙여 권리를 제약할 때 동원하는 수단이 인종주의이다. 미국의 저임금 노동시장은 대부분 멕시코인을 중심으로 한 히스패닉 노동자들이 채운다. 미국 당국은 불법 통로를 묵시적으로 열어 놓고 저임금으로 노동자들을 고용해 미국상품의 단가를 유지한다. 그러나 선거나 노동여건 악화처럼 내부의 문제를 외부로 돌릴 필요가 있을 때 인종주의를 동원하여 히스패닉 노동자들을 몰아낸다. 트럼프가 세운 멕시코 장벽이 한 예이다.

유럽도 마찬가지이다. 유럽 내 노동환경 악화의 책임을 이주노동자에게 돌리고 그들을 몰아내면 유럽의 문제가 해결될 듯이 몰아간다. 자본과 노동은 국경을 철폐하고, 노동자와 소비자에게는 국적을 붙이는 이율배반적 행위를 인종주의를 동원하여 정당화한다. 유럽의 우익이 그렇게 굴러간다. 한국 언론이 내세운 '연예계의 내정간섭'이라는 프레임은 자본의 문제를 소비자의 문제로 치환하는 우익화의 한 예이다. 중국 네티즌의 반응을 두고 '연예계의 내정간섭'이라고 몰아가는 것은 글로벌 문화산업 시대의 문제를 중국의 문제로 몰아가는 전형적인 안보 보수주의자들의 이데올로기 공격이다. 연예인과 기획사, 그리고 방송사와 언론이 글로벌 문화산업 시대의 혜택은 누리고 싶으면서 글로벌 시대에 대한 대비에서 문제가 발생할 때 문제를 외부화한다. 한국에서 중국은 예전의 북한만큼이나 문제를 외부화하기에 좋은 목표물이 되었다.

중국몽

한국 언론이 그들의 전략에 중국을 활용하기 위해 사용하는 방식 중 하나가 중국과 관련한 개념을 임의대로 정리하는 것이다. 애국주의, 공안, 공정, 소조 들을 들 수 있다. 민족주의, 경찰, 프로젝트, 모임으로 번역해도 되지만 중국어를 그대로 사용하여 짱깨주의적 함의를 부여한다. 파오차이도 한국의 김치가 중국으로 처음 들어갈 때 그렇게 불렸다는 것을 이해하면 '김치공정'이라는 신조어도 없었을 것이다. 중국에는 김치를 뜻하는 파오차이가 있고, 중국 고유의 절임음식인 파오차이가 있다. '중국몽'도 한국 언론이 함부로 정의해서 쓰는 대표적인 개념 중 하나이다.

미중 충돌이 극도로 치닫던 시기 중국 외교를 전랑외교라고 특집을 다루어 비판하고 《머니투데이》는 〈"시진핑의 중국몽은 일장춘몽" 韓, 이래도 따를 것인가〉라는 서평 기사를 내보냈다. 이 기사는 현직 《연합뉴스》 문화부 차장인 이승우 기자가 쓴 《중국몽의 추락》이라는 책의 서평이다. 이 책의 저자는 현직 기자이면서도 《TV조선》조차 '너무 나가는 것 아닌가 하는 의구심이 들기도 한다'고 할 만큼 가설과 가정을 나열하며

"중국은 글로벌 네트워크에서 사라진다"는 과감한 주장한다.

이 책은 중국이 글로벌 네트워크에서 사라질 수밖에 없는 까닭을 분석한 책이 아니라, 중국을 글로벌 네트워크에서 사라지게 하자는 주장을 담은 책이다. 목표는 분명했다. 중국을 버리고 미국 편에 서라는 것이다. 저자는 "한반도는 현재 총성 없는 전쟁 중이다. 이 모든 배후에 한미동맹 해체를 획책하는 중국의 팽창주의가 도사리고 있다"고, "냉혹한 국제정치 게임에서 중간자는 존재하지 않는다"며 한국은 한시라도 빨리 중국을 버리고 미국 편에 서라고 주장한다. 이명박정권 시절 청와대 비서관을 지낸 박형준 부산시장은 이 책이 "한반도 운명 좌우할 전략 수립의 나침판"이라고 화답했다. 같은 시기 청와대 비서관을 지낸 김상협은 "안보는 미국, 경제는 중국 이제는 옛말"이라며 '그들의 전투'에 좌표를 찍었다.

이 책이 가지는 핵심 문제는 '중국몽'을 해석하는 데서부터 출발한다. 청와대 안보수석을 지낸 천영우는 이 책이 "'보고 싶은' 중국이 아니라 '있는 그대로'의 중국"을 담은 균형 잡힌 책이라고 평가한다. 시진핑이 추구하는 '중국몽'의 실체와 함의를 제대로 파헤쳤다는 것이다. 저자는 '세계를 지배하겠다는 꿈'이 중국몽이라고 규정한다. 그는 "'신냉전'은 중국몽이 불러온 당연한 사태이자 결과물"이라고 본다. 중국이 세계를 지배하겠다며 내민 '제국주의 발톱'이 신냉전을 가져왔다는 것이다. 이것은 《조선일보》의 인식과 그대로 일치한다. 《조선일보》는 전 세계 무기의 50% 이상을 가진 미국이 함정을 300척에서 500척으로 늘이겠다고 검토한 것을 두고 "중국 때문에 냉전 스케일"로 군비확장을 할 수밖에 없다고 주장한다.[42] 중국몽의 핵심인 '제국주의의 발톱'이 미국의 군비팽창을 불러온다는 것이다.

중국몽의 핵심인 '제국주의 발톱'은 과연 무엇일까? 이 책은 명확한 정의 없이 중국의 모든 문제를 수집하여 나열하고 중국을 나쁜 국가로 규정한 다음, 성장한 중국이 벌이는 모든 행위를 팽창이라고 말한다. '제국주의 발톱'은 때로는 타국의 영토와 주권을 노리는 구제국주의이기도 하고, 또 때로는 미국이 장악중인 패권을 노리는 신제국주의이기도 하다. 시진핑의 장기집권이라는 권력욕이기도 하고, 신제국주의와 구제국주의를 넘어서는 상상된 '중화패권주의'이기도 하다. 저자는 개념마다 담긴 차이를 분석하는 것에는 별로 관심이 없다. 그저 중국은 나쁜 것을 모두 집합시켜 놓은 초현실적 악의 축이기만 하면 된다.

이 주장대로 중국몽이 시진핑 개인의 권력욕이라면 시진핑의 권력이 흔들리면 끝나는 일이다. 우리가 시진핑 시대에 대응만 잘하면 되는 일이다. 키신저 시스템을 파괴하며 40년 동안 유지해 온 우리의 외교노선을 바꿀 필요는 없는 일이다. 설령 시진핑이 장기집권한다고 해도 전혀 문제될 것이 없다. 시진핑 외교가 우리에게 요구하는 것은 안미경중을 바꾸지 말아 달라는 것이다. 지금처럼 한미동맹을 유지하고 키신저 시스템을 운용하면 된다.

중국의 '제국주의 발톱'이 구제국주의적인 영토와 주권의 팽창을 꿈꾸는 것을 뜻한다면 중국이 그렇게 할 까닭과 그럴 만한 힘이 있다는 근거를 대야 한다. 앞에서 다룬 중국의 '북한병합설'에서 살펴보았듯 세계는 중국이 구제국주의로 나아가기에는 이미 너무 멀리 와 있다. 중국이

---

42 〈중국 때문에 냉전 시대 스케일로…"미해군 함정 300척→500척 검토"〉, 《조선일보》, 2020년 09월 28일.

미국을 대체하는 패권을 장악하는 것이 '제국주의 발톱'이라면 중국이 미국을 대체할 만한 힘이 있는지 따져 보아야 한다. 이 책은 처음부터 끝까지 중국에 그럴 만한 힘은 없다고 주장한다. 그렇다면 우리는 중국의 '제국주의 발톱'을 걱정할 까닭이 없다. 반면에 중국이 패권을 장악할 의도를 '제국주의 발톱'이라고 본다면 이미 패권을 쥔 미국은 발톱이 아니라 '제국주의 몸통'이다. 살아 있는 '제국주의 몸통'에는 찬사를 보내고 아직 패권을 장악하지 못한, 장악할 힘도 없는 '제국주의 발톱'에는 날을 세우고 있다.

그런 점에서 중국몽은 '제국주의 발톱'이 아니라 그들이 만든 신조어인 상상된 '중화패권주의'를 꿈꾸는 것이라고 주장하는 것이 논리적이다. 이 책은 '중화'를 "이민족을 오랑캐로 규정해 억압하고 조공을 받는 자기중심적이고 후진적인 개념이면서 전형적인 제국주의"[43]라고 정의한다. 중화패권주의는 '중화주의'와 '패권주의'가 합쳐진 개념이다. 동북공정 때 제법 많은 진보 학자들조차 '중화패권주의'라는 개념을 사용하며 이 개념이 탄생하는 데 일조했다. 중화주의는 조공책봉체제를 바탕으로 한 중국 중심의 세계관이다. 중화주의는 화이사상과 조공책봉체제가 필요하다. 중화책봉체제는 이미 무너진 지 오래이다. 중화사상은 중국민의 생각만으로 구성되지 않는다. 중국만 중화사상을 가진다고 중화사상이 다시 구현될 수 있는 것이 아니다.[44] 중국에 대한 주변부의 사대사상이 필요하다. 동아시아 어떤 주변국도 화이사상이 없다. 한국에

---

43 이승우, 《중국몽의 추락》, 기파랑, 2020, 107쪽.

44 김희교, 〈중국 애국주의의 실체: 신중화주의, 중화패권주의, 민족주의〉, 《역사비평》 75호, 2006년 여름호 참조.

서 어느 누가 스스로를 오랑캐라고 생각하고 중국을 섬겨야 한다고 주장하는가?

동아시아는 이미 중국 중심이 아니라 미국 중심으로 돌아가는 샌프란시스코체제하에 있다. 패권이란 '하나의 강대국이 그 체제 내의 국가들을 통제하거나 지배하는 상황'을 말하고, 패권국은 '일정 기간 동안 국제관계를 관리할 규칙과 제도를 형성·지배하는 국가'를 말한다. 지금 동아시아에서 패권국은 미국이다. 미국은 샌프란시스코체제를 구축하며 동아시아에 신식민주의체제를 구축했다. 중국은 그런 체제를 압도하기는커녕 체제의 억압을 뚫고 나오기에도 벅찬 지경이다.

중국이 다시 신중화체제를 구축하려고 한다면 미국의 샌프란시스코체제를 무너뜨리고, 한국과 상하관계를 구축하며, 한국은 위계질서가 있는 체제를 추종하는 신중화주의자들이 주류를 이루어야 한다. 그런 점에서 중국의 패권 장악이란 언제일지 모르는 미래의 일이거나 실현 불가능한 시나리오이다. 결국 저자가 말하는 중화라는 개념은, 권력체계를 의식의 존재에서만 찾는다는 점에서 관념적이며, 평등한 국가체제를 지향해 온 근대 중국의 역사를 완전히 빼 버리고 전근대와 성장 이후의 중국을 연결한다는 점에서 몰역사적이고, 미국이라는 실제 패권국가를 제외하고 중국이 패권이라 몰아간다는 점에서 이데올기적이다.

지금 중국인이 화이사상을 가졌다고 판단하는 것 또한 초시대적 주장이다. 중국은 지금 국민국가체제이다. 국민국가체제 내에서 중국인이 가지는 애국주의는 한국민이 가지는 내셔널리즘의 한 유형으로 보는 것이 타당하다. 지금 중국의 민족주의는 자국민에 대한 자부심과 우월성을 강조하지만 이분법적 계서의식이 드러나지 않고, 타국민이나 타문화를 열등한 것으로 구획 짓지 않는다. 심지어 일부 국가들에서 나타나는 민족주의의 우익화조차 아직 중국에서는 발현되었다는 증거가 없다. 인종이 다르다는 까닭만으로 길을 걷다가 돌을 맞거나 지하철에서 폭행을 당한 사례는 없다.

중국몽은 2013년 제12차 전국인민대표대회 폐막 연설에서 시진핑이 개념화했다. "중국의 꿈은 반드시 중국의 길을 걸어야 하고, 중국의 정신을 선양해야 하고, 중국의 힘을 결집하여 실현해야 한다"는 것이 그것이다. 이 연설이 서방 세계에 충격을 주었던 것은 중국의 힘을 결집하여 실현해야 한다는 마지막 주장 때문이었다. 그동안 도광양회(韜光養晦)를 주장하며 대외적으로 힘을 과시하는 것을 꺼려 왔던 중국이 대외적으로 자신의 길을 가겠다고 공개적으로 밝혔기 때문이다. 미국과 한국의 안보 보수주의자들은 그것이 곧 팽창하는 길이라고 단정 지었다.

그러나 시진핑이 말한 중국몽은 한국 언론이 주목하지 않은 두 가지 전제가 붙어 있다. 첫째는 중국의 길이고, 두 번째는 중국의 정신이다. 팽창주의를 표명했다고 해석하는 마지막 문장 '중국의 힘을 결집하여 실현한다'는 첫 번째와 두 번째의 방법론이라고 볼 수 있다. 중국의 길이란 중국의 정신을 녹여 놓은 제도를 말한다. 대내적으로는 중국식 사회주의 제도를 말하고, 대외적으로는 '화평굴기'라는 패권 없는 강대국을 말한다. 중국식 사회주의 제도란 정치·사회 영역에서 공산당이 중심이 되는 당-국가체제와, 시장주의체제를 운영하되 국가의 적극 개입으로 자본의 독주를 막는 형태인 사회주의 시장경제제도를 말한다.

결국 시진핑이 말한 중국몽의 핵심은 중국의 정신이다. 한국의 안보 보수주주의자들은 팽창주의라고 본다. 그러나 중국의 주류 학자들은 시진핑이 말하는 중국몽이란 대내적으로는 민생을 돌보는 것이고 대외적으로는 화평굴기하는 것이라고 본다. 이것을 칭화대 교수 리시광은 "다 같이 부유해지는 것" 즉 공동부유라고 표현했다. 리시광은 중국몽이 성공할지 못할지는 중국공산당이 중국인민에게 혜택을 줄 수 있는지 여부, 그리고 중국의 발전 방향이 지속가능한지 여부에 달려 있다고 말한다.[45] 시진핑의 중국몽은 대외용이 아니라 대내용이었다.

시진핑의 중국몽이 대내용이라는 것은 제12차 전국인민대표대회 1차 회의 내용을 꼼꼼히 살펴보면 잘 알 수 있다. 이 회의에서 시진핑은 개혁개방 이후 부각된 양극화, 도농 간의 격차, 연안과 내륙 간의 격차처럼 이 과정에서 배제된 중국민을 중심에 내세우는 새로운 대중노선을 걷겠다고 거듭 밝혔다. 성장 중심에서 분배 중심으로 전화한 것이다. 이후 시진핑의 주요 정책에서 구체화되었다. 당내 민주주의제도를 보안하고, 사회보장제도를 강화했으며, 임대주택 건설을 포함한 다양한 민생경제정책을 시행했다. 성장을 중심에 둔 발전주의도 완화시켰다. 성장의 핵심 사공이었던 관료들의 부패를 강력하게 단속하고, 지속가능한 발전을 위해 환경법을 제정해 강력하게 시행하고, 공공영역이 축소되는 사영기업들 관리에 나섰다. 알리바바를 포함한 빅테크에 대한 강력한 규제도 그런 정책 중 하나로 진행되었다.

시진핑의 중국몽에 대한 한국의 안보 보수주의자들과 중국의 주류 지식인 사이 결정적 차이는 '화평굴기'의 해석에서 나타난다. 시진핑이

---

45 리시광, 〈"중국몽"에 대한 이해〉, 리시광 주편, 《중국몽과 소프트차이나: 시진핑, 중국의 부활을 꿈꾸다》, 차이나하우스, 2013, 21~26쪽.

선언한 중국몽이 대내용이기는 하지만 대외적으로 화평굴기를 분명하게 밝힌 것은 사실이기 때문이다. 한국의 안보 보수주의자들은 그것을 팽창주의의 하나라고 보는 반면 중국의 주류 지식인들은 다른 국가들과 '공동부유'하는 전략으로 본다. 전인갑 교수의 주장을 빌리면 세계체제는 문화적 보편성을 추구하는 '문명의 질서'와 군사력과 경제력을 바탕으로 한 '권력의 질서'로 구성된다. 중국 중심의 천하질서는 "보편가치를 공유하는 문명의 질서"였다.[46] 지금의 화평굴기도 '권력의 질서'보다 '문명의 질서'를 구현하려는 의지로 보는 것이 더 타당하다. 시진핑이 내세우는 중국몽의 핵심은 중국의 국익을 대중들과 나누겠다는 것이고, 중국의 이익을 위해 중국의 힘을 폭력적으로 사용하지 않겠다는 것이다.

중국의 성장이 다른 국가들의 이익과 윈윈할 수 있을 것이라고 예측하는 서구 학자들도 많이 있다. 마틴 자크는 중국이 서구와는 다른 또 하나의 모델이 될 수 있다고 보았고,[47] 제프리 워서스트롬은 중국이 추구하는 모델이 조지 오웰식의 강권에 의한 통제가 아니라 올더스 헉슬리식의 새로운 수요를 창출하여 대중의 욕망을 만족시키는 방식이 될 것이라 보았다.[48] 중국모델론을 주창한 라모(Joshua Cooper Ramo, 레이모라고 번역하기도 한다)는 중국이 새로운 발전적 대안 모델이 될 수 있다는 전망을 하며 워싱턴 컨센서스에 대비하여 '베이징 컨센서스'라는 개념으로 정리했다. 그는 워싱턴 컨센서스가 미국의 강권을 바탕으로 한 것이라

46 전인갑, 《현대중국의 제국몽: 중화의 재보편화 100년의 실험》, 학고방, 2016, 10~11쪽.

47 마틴 자크, 안세민 옮김, 《중국이 세계를 지배하면: 패권국가 중국은 천하를 어떻게 바꿀 것인가?》, 부키, 2010, 492~493쪽.

48 Jeffrey Wassertrom, Orwell and Huxley at the Shanghai World's Fair, 2011.06.13., https://blog.oup.com/2011/06/orwell-huxley/, 검색일: 2021년 10월 31일.

면 베이징 컨센서스는 중국의 공통 시장 제공 및 개발 이익 공유를 바탕으로 하고 있다고 주장한다.

이런 논자들의 주장은 한 가지 예측일 뿐이고 중국이 세계의 모델이 될 것이라는 주장도 한 가지 가설에 불과하다. 그러나 분명한 사실 하나는 중국이 세계를 지배하는 것은 상상 속에서나 가능한 불분명한 미래의 일이라는 점이다. 설령 중국몽이 팽창주의 성격을 지닌 개념이라고 하더라도 그것이 구현되는 것은 전혀 다른 문제이다. 데이비드 샴보는 "중국은 결코 세계를 지배하지 못할 것"이라고 단언한다. 지금 중국의 외교적 지향을 평가하려면 중화도 아니고 패권도 아닌 전혀 다른 구조적이고 역사적인 개념으로 설명해야 한다. 그런데도 한국 언론이 중화패권이라는 조악한 개념을 사용하여 중국의 행보를 설명하려는 의도는 분명하다. 중국을 북한을 대체하는 또 하나의 악의 축으로 등장시켜 그들의 전쟁에 동원하려는 공포 마케팅이다. 중국몽은 그런 공포를 자극하는 좋은 소재이다.

4 미국 편에 서야 한다 : 사라진 탈식민주의의 꿈

미국이 옳다

한국의 보수언론은 미중 무역전쟁 초기부터 줄곧 미국 편에 서야 한다고 강하게 주장했다. 오바마정부 2기 때까지만 하더라도 '안보는 미국, 경제는 중국'이라는 이중 행보를 용인하던 한국의 보수언론은 트럼프행정부가 키신저 시스템을 붕괴시키는 정책을 진행하면서 신냉전체제로 귀환을 서두르자, 경제를 희생해서라도 미국 편에 서야 한다는 논리를 본격 강화시켰다. 2020년 9월 26일 《조선일보》의 한 선임기자가 쓴 〈전 세계 휩쓰는 40년만의 '반중물결'…文 정부만 역주행한다〉라는 기사는 그런 기조를 잘 볼 수 있다. 이 기사는 1) 미중 충돌에서 전 세계가 이미 중국에게 등을 돌렸기 때문에 미국이 이길 것이고, 2) 미국은 옳고 중국은 나쁘기 때문에 미국 편에 서는 것이 당연하며 3) 문재인정부는 빨리 중국과 등을 지고 미국 편에 서야 한다고 주장한다. 2020년 6월 19일 《동아일보》에 실린 〈"누구 편이냐" 선택 압박하는 미중 기로에 선

'전략적 모호성'〉이라는 기사도 비슷한 주장을 한다. 이 기사도 미국의 요구에 따라 일본, 인도와 협력하여 중국을 봉쇄해야 한다고 주장한다.

어느 언론이든 미국 편에 서야 한다는 주장은 당연히 할 수 있다. 그러나 주장이 논리가 아니라 신앙적 믿음을 바탕으로 이루어질 때 그것은 과학이 아니라 종교이다. 한국의 안보 보수주의자들이 미국 편에 서야 한다는 주장 속에는 미국이 옳다는 맹목적인 신념이 자리 잡고 있다. 신앙 형태의 하나이다. 이 기사는 '반중정서'라는 정확하게 측량할 수 없는 개념을 임의대로 가공한 다음 그것을 근거로 미국이 이긴다고 분석한 뒤 미국 편에 서야 한다고 주장한다.

'반중정서'는 비과학적 개념이다. 정확하게 개량할 방법도 없고, 측정의 기준도 없다. 사용자의 편의에 따라 얼마든지 오용할 수 있다. 그들은 40년 만에 '반중물결'이 최고라고 주장한다. 아마도 사실일 가능성이 높다. 미국이 전방위적으로 '중국이 문제다'라는 전선을 구축하는 시기에 미국의 우방국에서 반중정서가 높아지는 것은 당연한 결과이다. 그러나 '반중정서'가 곧 미국의 승리로 이어진다는 주장은 논리적 비약이다. 반중감정이 최고조이기 때문에 미국이 이긴다면 반대의 논리도 얼마든지 가능하다. 중국에서도 반미감정이 최고조였기 때문이다.

미국이 네덜란드 반도체 장비업체 ASML에게 반도체 장비를 수출하지 못하도록 네덜란드 정부에 압력을 넣은 일에 대해 한국의 보수언론들은 지극히 '미국이 옳다'는 태도로 일관했다. 《조선비즈》는 〈네덜란드 압박한 바이든, "중에 첨단 EUV 장비 팔지 마라"〉는 기사에서 "조 바이든 대통령이 중국의 반도체 굴기에 제동을 걸었다"고 보도했다.[49] 중국의 반도체 자립 노력을 '반도체 굴기'라고 부르며 음모론을 덧씌우고,

그런 음모를 저지하는 바이든의 행동은 정의라는 식이다. 바이든행정부의 조치는 국제법으로도 WTO 규칙에도 어긋나는 강대국이 노골적으로 행사하는 힘일 뿐이다. ASML의 사장인 마틴 반 덴 브링크(Martin van den Brink)는 미국의 행위가 비상식적이라며 자기들은 중국에 제품을 계속 공급하겠다고 밝혔다.[50] 미국이 옳지 않다는 것이다.

그러나 미국의 반도체 압박은 결코 중국에 국한될 성질이 아니었다. 미국은 대만의 TSMC와 한국의 삼성에게 고객기밀 정보를 넘길 것을 요구했다. 고객기밀은 '반도체 기업의 생명'이라 부를 만큼 반도체 판매를 좌우하는 핵심 정보이다.

'미국이 옳다'는 한국 언론의 주장이 맹목적인 신앙에 가깝다는 것을 드러내는 가장 대표적인 어젠다는 미국의 군사비 증강이다. 한국의 보수언론은 미국의 군사비 지출까지도 미국이 옳다는 프레임 속에서 보도한다. 《중앙일보》의 〈군사비 23조 쏟는 호주…그 뒤엔 中 정보·암살 공작 있었다〉는 논설은 미국과 미국의 동맹국이 하는 일은 무조건 옳다는 맹목적 주장을 여실히 드러내는 대표적인 글이다. 호주가 중국의 공작 때문에 군사비를 증강한다는 논리이다. 호주의 군비확장은 막연한 '반중정서'나 '상상된 중국'의 공포가 먼저가 아니라 그런 것들이 필요한 호주 우파들의 전략이 먼저였다. 정상적인 정권이라면 "코알라와 캥거루가 뛰어놀고, 아름다운 오페라하우스를 가진 나라"가 군비확장에 혈안이 될 리 없다. 맬컴 턴불 전 호주 총리나 스콧 모리슨 현 호주 총리

---

49 2021년 08월 03일.

50 "The Tech Cold War's 'Most Complicated Machine' That's Out of China's Reach", NYT, 2021.07.04.

는 모두 강력한 보수 우파들이다. 그들은 호주가 중국과 경제관계가 심화되는 것에 위기의식을 느끼고 '순수한 호주'를 표방하며 미국과 동맹을 강화하고, 군사비를 증가시키며, 중국을 배척하는 신냉전 동맹에 가담했다. 스콧 모리슨 총리가 막연한 '반중정서'나, 여느 자본주의 국가의 기업과 정부관료 사이에서 일어나는 뇌물사건 때문에 230조원이나 퍼부을 만큼 바보는 아니다.

중국 때문에 미국이 군비를 증강한다는 기사는 끊임없이 나왔다. 《뉴스1》은 〈미 민주, 중국 견제 위해 외교 예산 20% 증액 방안 모색〉이라는 기사를 냈다. 《연합뉴스》는 〈주변국 불안 키우는 중국 군사비 증액…강군몽 행보 가속화〉[51]라는 기사를 냈고, 《경향신문》은 〈남중국해 등 군사적 긴장 속 중국 국방 예산 증가 속도 높이나〉[52]라는 기사를 내보냈다. 《*Inside Money: Brown Brothers Harriman and the American Way of Power*(저자 주: 인사이드 머니)》의 저자 재커리 카라벨(Zachary Karabell)은 중국의 부상이 "규칙에 기반한 세계질서를 위협하는 것인지, 아니면 단순히 세계질서의 패권자인 미국의 위치를 위협하는지 여부도 불분명하다"고 말한다.[53] 그러나 한국 언론의 생각은 달랐다.

2021년 5월 바이든행정부는 군사비로 2021년 예산보다 1.7% 증가한 7,530억 달러를 의회에 승인 요청했다. 이 금액은 세계 2위부터 13위 국가들의 국방비를 합한 것보다 많다. 바이든행정부는 이 국방비를 "중

---

51 2018.03.05.

52 2021.02.28.

53 Zachary Karabell, "Trump Got China All Wrong. Now Biden Is Too: Confrontation may be popular at home, but it won't make the United States more prosperous or secure", *FP*, 2021.03.21.

국을 억제하기 위해 핵무기를 현대화하는 데 사용하겠다"고 말했다. 미국은 적이 존재하여 군사비를 증강해 온 것이 아니다. 2차 세계대전 이후로 미국이 대외적으로 군사개입을 한 사례 가운데 약 80%가 1991년 이후에 이루어졌다.[54] 냉전으로 적이 사라진 이후에 오히려 군사개입이 더 늘어난 것은 무엇을 뜻하는가? 미국은 미국적 이익을 위해 군사를 파견하고 군대를 주둔시킨다. 미국은 1947년에서 1989년 사이 UN 승인 없이 모두 72번이나 해외에 군대를 파견했다.[55] 지금도 해외에서 운영하는 군사기지가 800여 개 이상이다. 탈군사주의적 세계를 만들고자 노력해 온 미국 컬럼비아대학의 스테판 베르트하임(Stephen Wertheim)은 어떤 목적을 둘러대더라도 군비증강은 그 자체가 나쁘다고 말한다. 그는 "미국이 아니라도 자유를 지킬 사람은 많다"며 오히려 "미국의 군사주의가 덜한 세계가 일반적으로 군사주의가 덜하다"고 주장한다. 그런데도 한국의 언론은 미국의 군사비 증강을 미국이 옳다는 프레임으로 접근했다.

뉴욕시립대학의 피터 베이나트(Peter Beinart)는 바이든 대통령이 '우리가 다시 세계를 이끌어야 한다'고 주장하자 단호히 '그러지 말라'고 충고한다. 그 까닭은 미국은 옳지 않았기 때문이라고 말한다. 미국은 1945년에서 1989년 사이에 63번이나 외국 선거에 간섭했다. 트럼프행정부는 지뢰, 집속탄, 핵실험을 금지하고 전 세계 무기 판매를 규제하는 국제 조약의 비준을 거부했다. 파리기후협약 탈퇴, 이란핵협상 무효화, 세계보

---

54 Stephen Wertheim, "The Only Way to End 'Endless War': First, America has to give up its pursuit of global dominance", NYT, 2019.09.14.

55 Fareed Zakaria, "The New China Scare: Why America Shouldn't Panic About Its Latest Challenger", *Foreign Affairs*, Dec. 2020.

건기구(WHO)에 대한 거부, 중거리 핵전력 조약 거부 들은 미국이 다시 패권을 쥐지 말아야 할 충분한 근거가 된다고 주장한다.[56]

미국 아시아소사이어티(Asia Society Policy Institute)의 중국 고문인 네이선 레빈(Nathan Levine)은 미국인이 앞으로 나아가기 위해서는 인권과 민주적 규범을 강조하는 자유주의가 하나의 이데올로기라는 사실을 알아야 한다고 강조한다. 프랜시스 후쿠야마(Francis Fukuyama)가 보편화된 서구 자유민주주의를 "인류의 이데올로기적 진화의 종점이자… 인간 정부의 최종 형태"로 주장한 것을 미국인은 습관적으로 믿는 것이다.[57] 하버드대학 알라스테어 이안 존스턴(Alastair Iain Johnston)도 유사한 주장을 하고 있다. 지금 체제에는 분석가들이 주장하는 것만큼 자유주의적 국제질서가 존재하지 않을 뿐만 아니라 중국이 그 자유주의적 국제질서에 생각만큼 도전적이지도 않다는 연구결과를 내놓았다.[58]

이제 한국의 안보 보수주의자가 알아야 할 것은 미국이 옳다고 주장하려면 미국이 한국의 민주주의에 무엇을 주는지를 증명해야 하는 시기가 왔다는 점이다. 종전선언조차 망설이는 미국을 두고 미국이 늘 옳다고 주장하는 이데올로기가 먹히는 시기는 이미 지났다. 미국이 한국에서 중국을 몰아내고 싶다면 중국과 실질적 민주 경쟁에서 이겨야 한다. 철지난 반공주의의 부활로 이길 수 있는 시기가 아니다. 미국은 늘 옳지 않다. 옳을 때도 있고, 틀릴 때도 있다. 중국과 마찬가지이다.

---

56 Peter Beinart, "Biden Wants America to Lead the World. It Shouldn't". NYT, 2020.12.02.

57 Nathan Levine, "Ideological Competition With China Is Inevitable—Like It or Not", *FP*, 2021.08.06.

58 Alastair Iain Johnston, "China in a World of Orders: Rethinking Compliance and Challenge in Beijing's International Relations", *International Security*, Vol.44, No.12, Aug. 2019, p.10, p.14.

미국이 이긴다

앞에서 문재인정부가 전 세계의 반중물결의 흐름에 역행한다고 주장한《조선일보》기사를 살펴보면 이 기사가 동원한 한국의 정보원은 두 명이었다. 자기는 영원한 해병이라고 말하는 안세영 전 서강대 교수와 윤덕민 한국외대 석좌교수이다. 두 명은 모두 미국과 중국의 충돌을 패권전쟁이라고 규정하고, 미국이 반드시 이기며, 미국 편에 서야 한다고 주장하는 대표적인 인물이다. 안 교수는 "우리가 반중전선에 동참하면 기업들에 더 많은 기회와 이득이 생길 것"이라고 주장한다. 윤덕민 교수는 "한국보다 훨씬 강대국인 일본과 인도조차 국가이익을 위해 미국 편에 서서 밀착하고 있다"며 "미국과 동맹관계인 한국이 미중 사이에서 균형외교를 하겠다는 발상은 자기모순일 뿐더러 현실적으로도 불가능하다"며 미국이 이기니 미국 편에 서서 신냉전체제를 구축하는 데 앞장서라고 촉구한다.

이들 외에도 그렇지 않다고 주장하는 사람을 찾는 것이 더 쉬울 만큼 트럼프행정부의 중국봉쇄 정책이 성공한다고 장담한 사람들은 많았다. 김성한 고려대 국제대학원장도《중앙일보》와 한 인터뷰에서 미국이 우세하고, 미국은 한국을 배제할 것이며, 미국을 선택해야 한다는 주장을 했다.[59] 세종연구소 중국연구센터장 이성현은 JTBC의《차이나는 클라스》에 나와서 이미 신냉전 시대는 시작되었다고 주장하며 미국 편에 서야 한다고 강연했다. 일찍부터 '미국 편에 서야 한다'고 주장해 온《중국 도대체 왜 이러나》의 저자 세종연구소 김기수 수석연구원은 호주가

---

59 〈미·중 사이 줄타기는 가능한가〉,《중앙일보》, 2020년 10월 07일.

미국 편에 서서 중국과 싸우고 있듯이 한국도 그 길을 가야 한다며, 경제보다 가치를 중시하는 가치승리를 해야 한다고 주창했다.

한국의 안보 보수주의자가 미국이 이긴다는 판단에는 논리적 분석보다는 맹목적인 신념이 앞서는 경우가 더 많다. 김기수 연구원이 주장하는 '가치승리'라는 것은 따지고 보면 "호주 사람들이 중국인이 주인인 집에 살아야 할 웃지 못할 상황"이라거나, "중국의 특징인 사회적 부패 또한 호주에 수입됐다" 같은 유사인종주의 시각을 바탕으로 하거나, "미국이 적극적으로 추진하고 있는 중국과의 탈동조화정책"[60]에 가담하라는 미국 중심의 신식민주의체제를 찬양하는 이데올로기 주장만 너무 많이 나열되어 있다. 이런 주장과 미국이 이기는 것은 별개의 문제이다.

이들에게 미국이 이긴다는 논리는 미국이 이겨야 한다는 이데올로기이다. 그들의 목표는 미국을 중심으로 한 신냉전체제 구축이었다. 미국 대선 직전 나온 《중앙일보》의 기사 〈"중국만 좋은 일"인데…트럼프, 재집권 시 주한미군 빼갈까〉[61]에서 '나쁜 중국'에게 좋은 일이니 주한미군을 철수하면 안 된다는 논리를 펼친다. 같은 날 《서울신문》이 내보낸 〈"트럼프 재선 되야" 홍콩·대만·베트남·일본인 "중국 싫어"〉[62]라는 기사도 마찬가지이다. '세계가 싫어하는 중국'을 물리치려면 트럼프가 원하는 신냉전체제가 구축되어야 한다는 것이다.

바이든행정부 시기에도 한국 언론은 '미국이 이긴다'는 프레임을 끊임없이 가동시켰다. 2021년 3월 30일 《조선비즈》는 〈중, 호주에 1년간

---

60 〈한국처럼 안미경중하던 호주, 가치왜곡에 中에 등 돌려〉, 《뉴시스》, 2020년 12년 15일.
61 《중앙일보》, 2020년 11월 01일.
62 《서울신문》, 2020년 11월 01일.

무역제재 가했지만 타격 미미 "철광석 수출 호황"〉이라는 기사를 실었다. 중국이 중국봉쇄에 가담한 호주에 무역제재를 가했지만 전혀 효과가 없다는 기사이다. 중국이 호주에 제재를 가한 것은 철광석이 아니라 석탄과 와인 들이었다. 철광석은 무역제재 품목이 아니었다. 중국은 미국에게도 그랬지만 호주에 전면적인 무역제재를 한 적이 없다. 중국은 호주로부터 철광석을 계속 수입했다. 2020년 중국의 무역성장이 전년에 비해 월등했으니 철강석 수입이 증가하는 것은 자연스러운 일이었다.

한국의 안보 보수주의자들과 달리 미국 내에는 미국의 단일패권은 저물고 있다고 판단하는 논자가 많다. 《*Exit from Hegemony: The Unraveling of the American Global Order*(저자 주: 헤게모니로부터 탈출)》 저자인 알렉산더 쿨리(Alexander Cooley)와 다니엘 H. 넥슨(Daniel H. Nexon)도 그들 중 하나이다. 그들은 미국의 글로벌 리더십이 "단순히 후퇴(retreat)하는 것이 아니라 해체(unraveling)되는 것이고, 일시적인 것이 아니라 영구적인 것"이라고 본다.[63] 중국과 러시아가 다시 부상해 대항체제가 되고 있고, 개발도상국과 심지어 여러 선진국조차 서구가 아니더라도 대체 후원자를 찾을 수 있으며, 다양한 초국가적 네트워크는 한때 그토록 무자비해 보였던 자유주의적 국제질서의 규범과 신조를 압박하기 때문이라고 보고 있다. 자유주의의 승리를 외쳤던 프랜시스 후쿠야마조차 2021년 11월 《이코노미스트》에 미국의 헤게모니는 저물었고, 이전 시대의 패권을 다시 장악할 수도 없고 해서도 안 된다고 말했다.

---

63 Alexander Cooley and Daniel H. Nexon, "How Hegemony Ends: The Unraveling of American Power", *Foreign Affairs*, Jun. 2020.

미국의 헤게모니가 해체되고 있음을 보여 주는 가장 대표적인 사건은 트럼프행정부가 중국봉쇄 정책을 실패한 것이다. 트럼프행정부는 한국의 안보 보수주의자들의 예상과 달리 중국을 이기지 못했다. 트럼프행정부의 중국봉쇄 정책은 바이든행정부의 '규범 있는 질서' 정책으로 후퇴했다. 키신저 시스템은 해체되지 못했고, 기술전쟁으로 축소되었다. 바이든이 트럼프행정부의 중국 정책을 이어받자 미국의 칼럼리스트 재커리 카라벨은 중국과 대결은 성공적이지도 못했으며, 앞으로도 성공하지 못할 가능성이 높다고 주장했다. 그 까닭은 그것이 미국의 국익에 실질적인 도움이 되지 않기 때문이라는 것이다.

미국이 중국의 기술 기업들을 제재하는 것도 실패하고 있고 실패할 가능성이 높다. 미국이 총력전을 편 화웨이 제재는 3개국의 동의를 얻는 데 그쳤다. 화웨이의 핸드폰 사업에는 손실을 입혔지만 정작 5G 사업에는 영향을 주지 못했고, 화웨이를 주저앉히지도 못했다. 화웨이는 오히려 성장했다. 화웨이의 핸드폰 사업은 중국의 다른 기업들이 완벽하게 대체했다. 샤오미는 화웨이 핸드폰 사업을 대체하는 수준을 넘어서서 세계 1위로 올라섰다. 틱톡이나 텐센트를 제재하는 것도 실패했다. 틱톡은 트럼프의 제재에도 불구하고 세계에서 가장 다운로드 횟수가 많은 앱이 되었다. 미국 터프츠대학의 경제사학자인 크리스 밀러(Chris Miller)는 미국이 기술 우위 없이 화웨이 제재처럼 기술 기업의 목을 과도하게 조를 때 그것은 미국의 힘을 더욱 쇠퇴시키는 기능을 할 것이라고 전망한다.[64]

---

64 "America Is Going to Decapitate Huawei: The United States' technological dominance gives it an immense power. But how long will that last?", NYT, 2020.09.15.

한국의 안보 보수주의자들이 믿는 '미국이 이긴다'는 프레임을 가장 극적으로 배신한 것은 코로나19에 대한 중국의 대응이다. 코로나 대응은 '팬데믹 이전'과 '팬데믹 이후'의 세계로 나눌 만큼 총체적 국가역량이 드러나는 국가안보 어젠다였다. 2021년 5월 중순까지 미국의 코로나19 사망자 수는 거의 60만 명에 육박했다. 그러나 미국보다 4배 이상 인구가 많은 중국은 5,000명 미만이다. '물백신'이라며 조롱받던 중국이 코로나19에 더 잘 대응했을 뿐만 아니라 코로나 이후 경제회복도 훨씬 빨랐다. 중국뿐만 아니라 한국을 포함한 아시아 국가들의 대응이 미국보다 앞섰다. 아무리 양보해도 늘 미국이 이긴다는 신념을 가질 수 있는 세계는 이제 아니다. 철 지난 이데올로기일 뿐만 아니라 실패할 가능성이 높은 진부한 전략이다. 미국은 늘 이기지 않는다. 미국은 이길 때도 있고, 질 때도 있다.

미국 편에 서라

안보적 보수주의 진영은 노골적으로 미국이냐 중국이냐라는 두 개의 선택지만 던져 놓고 그중 하나를 선택하라고 요구해 왔다. 2020년 5월 20일 《조선일보》는 "미국 주도로 중국이 고립되기 시작하면 중국은 백기를 들 수밖에 없다. 아니면 경제 파탄으로 시진핑 독재가 무너질 것이다. 미국인가 중국인가? 한국에게도 선택의 시간이 다가왔다"고 주장하며 "경제적 피해가 있더라도, 한국은 이제 확실하게 미국의 편임을 보여 주지 않을 수 없다"고 말한다. 미국이 옳고, 미국이 이길 것이니, 경제적 피해를 감수하더라도 미국 편에 서야 한다는 것을 노골적으로 주장한다. 2021년 1월 11일 《연합뉴스》의 〈"미국이야 우리야"…중국 택일 요구에 난처해진 세계 기업들〉이라는 기사도 비슷한 주장을 한다. 미국이 가치동맹을 만들어 미국이 이길 텐데도 세계의 많은 기업들이 망설이는 것을 이해할 수 없다는 태도로 보도한다. 미국의 중국봉쇄 정책이 만들어 낸 디커플링의 책임이 중국에 있다고 주장하며 미국의 편에 서라고 요구한다.

바이든행정부가 들어서고 나서도 한국의 안보적 보수주의 진영은 미국이 옳고, 미국이 이기니 중국을 버리고 미국 편에 서라는 강요를 끊임없이 했다. 2021년 3월 6일자 《조선일보》의 〈대중 군사 압박 나선 미…중국에 3불 약속한 한국, 부메랑 맞나〉라는 기사가 대표적이다. 이 기사는 일본이 미국의 요구에 따라 대중 미사일 방어에 참여할 가능성이 높으며, 한국은 문재인정부의 3불정책 때문에 참여가 힘들어 부메랑을 맞을 것이라고 예측한다.

바이든행정부가 들어선 뒤 알래스카에서 열린 첫 번째 미중 회담이 파열로 마무리되었지만 대다수 한국 언론은 노골적으로 미국 편에 설 것을 요구했다. 2021년 3월 21일 《서울경제》는 〈G2 무역·기술 넘어 지역패권 충돌…“韓 줄타기하다 양쪽에 보복”〉이라는 기사를 통해 미국 편에 서서 당장 포괄적·점진적 환태평양경제동반자협정(CPTPP)부터 가입하라고 나섰다.[65] 같은 날 《파이낸셜뉴스》는 쿼드에 가입해야 한다고 압박[66]했고, 《서울경제》는 〈미, 중국 견제 총력전…文, G7서 ‘민주동맹’ 분명히 해야〉라는 기사에서 “미중 사이에 줄타기 외교를 끝내고 민주주

65 《서울경제》, 2021년 03월 21일.

66 〈첫 만남부터 치고받기만 한 美中…외교 부담만 커진 한국〉, 《파이낸셜뉴스》, 2021년 03월 21일.

의와 자유 시장경제의 가치를 공유하는 동맹 편에 확실히 서야 한다"고 주장한다.

보수언론뿐만 아니다. 학계도 틈만 있으면 나선다. 박원곤 이화여대 북한학과 교수는 탈레반이 아프가니스탄을 다시 점령하자 "한국, 미중 사이 줄타기를 끝내라"고 주장한다.[67] 정치권의 안보 보수주의자들도 다르지 않았다. 윤석열 전 검찰총장은 대선에 나서며 문재인정부의 중국에 대한 '전략적 모호성'을 공격하며 미국의 가치가 옳고 첨단기술과 미국의 일국주의가 이기니 미국 편에 서야 한다고 주장했다.[68]

안보 보수주의자들이 하는 미국이 옳고 미국이 이기니 미국 편에 서라는 주장의 가장 큰 문제는 미국 편에 섰을 때 발생할 핵심 이해관계의 상충이다. 윤석열 전 검찰총장의 주장이 나가자마자 싱하이밍 주한 중국대사는 "중한 무역액은 이미 한미, 한일 및 한-EU간 무역액을 모두 합한 수준"이라고 강조했다. 한국의 안보적 보수주의가 다시 사드를 강행하거나 반중국동맹에 가담하면 중국의 경제적 대응은 분명히 실행될 것을 시사하는 발언이다. 백영서 교수가 정의한 대로 국익은 국민 전체를 위한 이익 여부를 따지는 전체성, 국제사회의 이익과 양립성, 일시적이 아닌 지속가능성, 직접적 영향 여부를 따지는 직접성을 검토해야 한다.[69] 윤석열의 발언은 그중 어느 것도 고려하지 않았다.

ASML의 CEO 피터 웨닝크(Peter Wennink)는 중국에 장비를 팔지 말라는 미국의 요구를 거부했다. 다시 냉전으로 돌아가는 것이 중국의 손

---

67 〈한국, 美-中 사이 줄타기 끝내라…아프간 발 뺀 바이든의 메시지〉, 《동아일보》, 2021년 08월 24일.
68 〈윤석열, 중 향해 "사드 문제 삼으려면 레이더 철수 먼저"〉, 《중앙일보》, 2021년 07월 14일.
69 백영서, 《핵심현장에서 동아시아를 다시 묻다》, 창비, 2013, 163쪽.

해로만 끝나지 않는다고 보았기 때문이다.[70] 네덜란드 정부의 압력으로 ASML의 저항은 지연되었지만 이미 세계는 무조건 미국 편에 서야 하는 시기가 아니다.

실익보다 더욱 중요한 것은, 신냉전체제로의 회귀가 국익이라는 경제적 이해관계로 따질 수 없는 한반도에 사는 사람들의 주권과 생존권, 그리고 삶의 질에 관한 문제라는 점이다. 탈레반이 아프가니스탄을 점령해 한국의 보수언론이 미국 편에 서라고 주창한 시기에 SCMP는 "한국에서 미국과의 안보 관계를 재평가하고 한국이 군대에 대한 작전 통제권을 회복해야 한다는 요구가 촉발"되고 있다는 기사를 내보냈다.[71] 미국의 관점이 아니라 한국의 관점에 서서 아프가니스탄 문제를 바라보면 '미국 편에 서라'고 요구할 것이 아니라 미국이 언제든지 돌아설 때 우리는 어떻게 할 것인가를 대비해야 한다. 우리의 생존권보다 중요한 것은 없고 우리의 생존권을 지키는 것은 미국이 아니라 우리의 주권이다.

문정인 세종연구소 이사장은 "미국도 중국도, 그 어느 쪽도 당장은 우리 입장을 보면서 선택을 강요하지 않는데, 한국 보수언론들이 미국 편을 들라고 강요"하고 있다고 말한다.[72] 대통령 특사를 지낸 경험을 바탕으로 한 발언이다. 지금은 미국도, 중국도 우리에게 그들의 편에 서라고 강요할 수 없는 시대이다. 우리의 힘은 커졌고, 세계는 둥글기 때문이다. 미국 편에 서라는 요구는 그런 세계를 다시 되돌리자는 이야기이다.

---

70 "US-China tech war: ASML CEO says controlling chip sales to China won't work", SCMP, 2021.04.15.

71 "South Korea wary of US plan to use military bases to process Afghan evacuees as withdrawal ignites debate", SCMP, 2021.08.23.

72 〈미국도 중국도 강요 않는데, 언론이 미국 편을 강요〉, 《오마이뉴스》, 2021년 04월 12일.

이미 다가온 다자주의 세계에서 동아시아를 키신저 시스템 구축 이전으로 되돌리고, 샌프란시스코체제 전선의 한복판으로 몰아넣는 미국의 대중 미사일을 한국에 설치하자고 주장하는 일은 식민성이다. 국가 사이 체제에 대한 판단이 과학적이지 못하고 종교적 경향을 띠며 불평등한 기존 체제를 옹호할 때 그것을 식민성이라 부를 수 있다. 광화문 집회에 등장하는 성조기는 신식민성의 전형적인 표상이다. 이미 그런 신식민주의 시대는 갔다. 늘 미국 편에 설 필요가 없다. 미국 편에 설 때도 있고, 서지 않을 때도 있어야 한다. 우리에게는 그럴 수 있는 힘이 있고, 그럴 수 있는 시대가 왔다.

그들의 반쪽짜리 '세계'

중국공산당 창당 100주년 기념일인 2021년 7월 1일 《뉴스1》은 〈세계에서 중국 가장 싫어하는 나라는 일본…한국은?〉이라는 기사를 내보냈다. 미국의 퓨리서치센터의 여론조사를 인용보도 한 기사이다. MBN은 〈세계에서 중국을 가장 싫어하는 나라는 '일본'…한국은 몇 번째?〉라는 제목으로 내보냈다. 《중앙일보》는 동일한 조사를 바탕으로 〈중국이 국제질서 수호자 되겠다는데〉라는 기사를 내보냈다. 결론은 불가능하다는 것이다. "14억 인구의 대국 중국이 세계에서 갈수록 더 고립"되기 때문이라는 것이다.

보수언론이 대대적으로 보도한 "세계에서 중국 가장 싫어하는 나라"라는 기사가 말하는 '세계'는 17개국이었다. 미국과 미국의 안보동맹 관계에 있는 국가가 대부분이었다. 대만까지 국가로 분류하여 포함했다. 여론조사 업체인 미국의 퓨리서치센터의 조사 의도가 분명히 드러나는 통계이다. 미중 무역전쟁이 한창일 때 미국 편에 가담한 국가들의 중국 선호도를 조사하는 것은 뻔한 결과가 예상되는 여론조사였다. 이 조사에 따르면 미국인이 가지는 중국인에 대한 부정적 인식은 76%였다. 그러나 불과 석 달 전인 2021년 3월 16일 갤럽조사 발표에 따르면 미국인 중 45%만 중국을 가장 큰 적으로 인식했다.[73] 한 나라 국민의 세계 인식이 불과 석 달 만에 이렇게 바뀔 리는 없다.

중국이 그 사이 그만큼 나쁜 국가가 된 것일까? 미중 충돌 시기 '선출된 독재정부'라 불리는 인도 모디정부에 대한 미국인의 인식은 오히려 좋아졌다. 2019년 시카고 시의회의 설문조사에 따르면 미국인은 공화당(62%), 민주당(66%), 무소속(61%) 모두가 인도와 외교적 결속이 미국의 국가안보를 강화하는 데 더 도움이 된다고 말했다.[74] 이는 미국 국민은 민주주의와 상관없이 미국과 상대국이 전략적 동반자 관계에 있으면 우호적이고 그 반대이면 비우호적임을 잘 드러내는 조사결과이다. 미중 충돌 시기 미국과 그의 동맹국들을 중심으로 중국에 대한 호감도를 조사하면 결론은 뻔하다. 일본이 선호도 1위를 차지한 까닭도 마찬가지이다. 일본은 중국을 봉쇄하는 인도-태평양 전략의 실질적인 주창국이다. 4자 안보 회담 쿼드도 아베 총리의 아이디어에서 나왔다.[75]

여기서 문제 삼고자 하는 것은 이런 일부 국가를 '세계'라고 부르는 한국의 언론 인식이다. 이 인식에는 그들의 세계관이 그대로 드러난다.

---

73 "New High in Perceptions of China as U.S.'s Greatest Enemy", Gallup, 2021.03.16.

74 The Chicago Council on Global Affairs, 2020.02.25.

75 Kevin Rudd, "Why the Quad Alarms China: Its Success Poses a Major Threat to Beijing's Ambitions", *Foreign Affairs*, Aug. 2021.

미국 언론의 대부분은 "미국과 부유한 민주주의 국가들(the United States and other wealthy democracies)"[76]이라고 표현했다. 퓨리서치센터조차 '선진국(advanced economies)'이라고 표현했다. 미국조차 스스로를 세계라고 칭하지 않는데도 한국 언론들은 스스럼없이 그 일부 국가가 세계라고 통칭한다.

《가디언》의 보도에 따르면 비슷한 시기인 2021년 5월 민주주의 동맹재단(Alliance of Democracies Foundation)이 세계 53개국에서 여론조사를 실시했다. 민주주의 동맹재단은 2017년에 만들어진 비영리단체로 자유민주주의 시장 질서를 옹호한다. 이 여론조사는 자국의 민주주의에 어느 국가가 가장 위협이 되는지를 물었다. 그 결과 미국(44%)이 중국(38%)과 러시아(28%)보다 높았다.[77] 이 조사에서 안보 보수주의자가 사용하는 혐오 표현을 빌리면 "세계가 가장 싫어하는 국가"는 중국이 아니라 미국이었다. 17개국보다 53개국이 표본으로써 더 신뢰성이 있다.

미국과 미국의 동맹국이 세계를 대변하기 때문에 어쩔 수 없는 표현이라고 주장할 수 있다. 그러나 이것 또한 지난 이야기이다. 1995년에 미국과 주요 동맹국은 구매력 기준으로 세계 생산량의 약 60%를 생산했지만 지금은 40%이다. 과반이 안 된다.[78] 전 세계 방위비 지출도 80%에서 52%로 떨어졌다. 2020년 10월 6일 크리스토프 호이스겐 UN 주재 독

76 Chris Buckley, "In City Where China Welcomed the World, Xi Prepares for a Colder One", NYT, 2020.10.14.

77 "US seen as bigger threat to democracy than Russia or China, global poll finds", The Guardian, 2021.05.05.

78 Jennifer Lind and William C. Wohlforth, "The Future of the Liberal Order Is Conservative: A Strategy to Save the System", *Foreign Affairs*, Jan./Feb. 2020.

일대사가 중국의 아킬레스건인 신장 문제와 홍콩 문제를 공격할 때 미국에 동의한 국가는 39개국이었다. 그러나 신장 문제에서 중국을 옹호한 국가는 45개국이었고, 홍콩 문제에 대해 중국을 옹호한 국가는 55개국이었다.[79] 미국이 앞장선 베이징 올림픽 거부에 전적으로 참가한 국가는 겨우 4개국이었다.

사실을 있는 그대로 받아들일 수 없을 때 등장하는 우익 수법이 유사인종주의이다. '어느 나라가 가장 싫은가'라는 표현 자체가 바로 유사인종주의이다. 퓨리서치센터의 질문은 인종주의를 노골적으로 드러내지는 않았다. "어느 국가를 가장 불신(Distrust of China)하느냐"였다. 불신과 싫은 것은 다르다. 불신은 개별적인 사안들의 총합이 만들어 내는 결과에 따라 나타나는 판단으로 수많은 중국인식 중 하나이다. 싫은 것은 존재론적 구분법이 적용된 혐오 표현이다.

이 기사는 동일한 조사를 이야기한 《뉴욕타임스》의 보도와 매우 다르다. 《뉴욕타임스》는 "민주주의 국가에서 중국에 대한 불신이 최고점으로 치닫다"라는 제목을 달았다.[80] '미워하는(Hate)'이라는 단어는 어디에도 없다. 세계 대신에 민주주의 국가라고 표현했다. 《뉴욕타임스》를 인종주의로부터 구해 낸 것은 언론이 지켜야 할 3차 층위의 객관주의였다. 《뉴욕타임스》는 왜 조사대상에서 중국에 우호적인 아시아, 라틴아메리카 그리고 아프리카 같은 국가들이 빠졌는지 퓨리서치센터에 따져 물었다. 한국 언론이라면 《뉴욕타임스》에게 따져 물어야 했다. 왜 미국

79 GT, 2020.10.08.

80 "Distrust of China Jumps to New Highs in Democratic Nations", NYT, 2020.10.06.

과 그 동맹국만이 '민주주의 국가'인가? 미국 보스턴대학 국제개발정책센터(Global Development policy)의 제이크 워너는 《뉴욕타임스》가 쓴 '민주주의 국가'라는 표현에 대해 "브라질, 인도, 인도네시아, 멕시코, 남아프리카처럼 세계에서 가장 큰 자유민주주의 국가도 포함되지 않았으며 보츠와나, 파푸아뉴기니, 스리랑카 같은 소규모 자유민주주의 국가도 포함되지 않았다"고 지적한다.[81]

세계는 이미 미국이 모든 것을 장악하는 시대도 아니고, 미국이 세계인 시대도 아니다. 한국의 보수언론이 말하는 전 세계라는 개념은 여전히 유럽중심주의가 자리 잡고 있고, 유럽의 근대를 자기들의 좌표로 삼고 있다는 사실을 여실히 드러낸다. 트럼프가 우익적이자 자국 중심 정치로 전 세계를 괴롭혔고 임기가 끝난 지 몇 달도 안 된 시기에 이런 통계를 버젓이 보도했다. 미국의 동맹들만이 곧 세계라 칭하는 그들의 세계관은 이미 시대착오이고 신식민주의적이다.

81 Jake Werner, ibid.

7부

짱깨주의의 프레임III

:자본의 문제를 중국의 문제로

1 중국발 미세먼지

안보 보수주의자가 중국을 적대시하는 까닭은 다양하다. 그중 하나는 내부의 문제를 외부화하려고 중국을 동원한다. 그들의 이익을 숨기거나 높이는 데 중국을 적극 활용한다는 것이다. 이것은 일반 대중의 욕구와 맞아떨어지는 경우가 많다. 짱깨주의의 일상화에는 전 지구적 자본주의의 일상화와 그 속에 편재된 시민의 경제 욕망이 개입한다.

스테파니 루스와 에드나 보나시치는 미국의 노동운동가들이 말하는 '중국이 일자리를 빼앗고 있다'는 주장을 분석하면서, 그것은 전 지구적 자본주의의 문제를 지나치게 중국 책임으로 돌리는 일이라고 비판한다. 미국의 노동운동가들은 그런 주장들이 실제와 거리가 먼 주장이지만 정치적으로는 유용하기 때문에 미국의 여러 노동자 단체들에서 적극 활용해 온 전략이라고 밝혔다.[1] 한국에서도 전 지구적 자본의 문제를 중국의 문제로 돌리는 짱깨주의가 등장했다. 여기에는 기존의 진보와 보수의 개념으로는 나눌 수 없는 언론, 노조, 시민단체, 부동산업자, 대기업, 자영업자, 납품업체 들의 이해관계가 얽혀 있다. 전후체제가 위기일 때 나타날 수 있는 특징이다.

경제지상주의가 핵심 이데올로기로 작동하는 한국 사회에서 자본의 문제를 중국의 문제로 돌리는 데 가장 많이 동원되는 어젠다가 '중국발 미세먼지'이다. 미세먼지가 많은 날에는 어김없이 한국 언론들은 '중국발 미세먼지' 때문이라는 기사를 쏟아 낸다. 말이야 맞는 말이다. 바람이 늘 중국에서 한국으로 부는데 미세먼지가 많은 날에는 중국의 미세먼지가 한반도에 틀림없이 영향을 미쳤을 것이다. 그런데 이상한 일이 있다. 왜 한국 언론들은 따뜻한 춘풍이 불어올 때나 시원한 가을바람이 불어올 때는 중국발이라는 수사를 붙이지 않을까? 바람은 늘 중국 쪽에서 불어오는데 왜 꼭 미세먼지가 오는 날만 중국발이라고 할까?

미세먼지 앞에 중국발이라고 붙이는 까닭은 대략 네 가지 정도로 둘 수 있다. 하나는 사실을 사실대로 말한다는 원칙론이다. 미세먼지가 중국에서 불어오니까 그렇다고 말한다는 것이다. 두 번째는 전략적 판단이다. 미세먼지 문제가 꼭 해결해야 하는 사안이라면 언젠가 중국과 협상해야 한다. 그렇다면 협상에 유리한 고지를 차지하기 위한 전략으로 미세먼지는 중국에서 불어온다고 강조할 필요가 있다는 것이다. 세 번째는 내부의 문제를 외부로 돌리기 위해서이다. 한국도 기후악당이라고 불릴 만큼 미세먼지를 많이 일으키는 주요 당사국이다. 자기들의 문제를 고칠 생각이 없을 때 가장 좋은 방법은 문제를 외부로 돌리는 것이다.

---

1 스테파니 루스·에드나 보나시치, 〈중국과 미국의 노동 운동〉, 훙호펑 외, 하남석 외 옮김, 《중국, 자본주의를 바꾸다》, 미지북스, 2012, 225~228쪽.

마지막으로는 정치적 목적이다. 한국의 안보 보수주의자들이 볼 때 '중국발' 미세먼지만큼 중국인을 혐오하고 중국을 적대 진영으로 끌어들이기에 좋은 것이 없다. 지금 한국 언론들은 주로 세 번째와 네 번째 까닭에서 '중국발'이라는 이름표를 붙인다.

중국이 미세먼지를 많이 발생하는 것은 명확한 사실이다. 그러나 그것이 '미개한 중국'이거나 '나쁜 중국'이기 때문은 아니다. 가장 큰 까닭은 국제 분업체제 때문이다. 2018년 중국이 폐플라스틱 수입을 금지했을 때 일어난 서울 강남구의 쓰레기 대란은 국제 분업체제를 잘 보여 주는 상징적 사건이었다. 키신저 시스템으로 국제 분업체제 속에 편입한 중국은 세계의 공장으로 불리며 제조업의 핵심기지 역할을 수행해 왔다. 미국과 유럽은 제조업 대부분을 중국으로 옮겼다. 세계의 각종 쓰레기까지도 중국으로 수출해 태웠다. 서울의 난지도 같은 역할을 수행한 것이다. 금융업이나 서비스업을 차지한 미국이나 유럽은 서울의 강남 같은 곳으로 자리 잡았다.

중국이 일본과 영토분쟁 중에 희토류를 협상 무기로 사용하자 세계는 중국을 비난했다. 중국이 독점하는 자원을 무기화해서 비겁하다는 식이다. 그러나 희토류는 중국에만 있는 자원이 아니다. 세계 곳곳에 있다. 미국에도 중국에 버금갈 만큼 엄청나게 매장되어 있다. 그러나 미국은 생산하지 않는다. 중국이 전 세계 희토류의 70% 이상을 생산한다. 미국은 중국으로부터 수입한다. 희토류는 엄청난 오염물질을 배출하는 환경오염 산업 제품이기 때문이다. 미국은 환경오염 산업을 대부분 다른 나라에 두고 그 상품을 수입한다. 그 덕택에 미국은 자동차를 1인당 평균 2대 이상 보유하고 1인당 세계 최대의 오염물질을 배출하면서도 가장 미세먼지가 없는 국가에 속한다.

중국이 친환경 정책을 사용하면 우리는 그에 따른 경제적 대가를 치를 준비를 해야 한다. 2021년 한국에서 요소수 사태가 발생한 까닭은 미국이 시작한 글로벌 경제에 대한 공격과 중국의 석탄 산업 축소와 맞물려 있다. 한국이 중국을 비난하려면 생산 단가가 높더라도 요소수를 국내에서 생산해야 하고, 생산에 따른 환경오염도 감내해야 한다. 이 시기 중국과 달리 호주는 화석 연료를 단계적으로 없애는 협정을 거부하고 앞으로도 계속 석탄을 판매할 것이라고 밝혔다.

그런데도 중국이 미세먼지를 많이 배출하는 것은 사실이니까 책임을 물어야 한다고 주장할 수 있다. 그러나 중국이 미세먼지를 많이 배출하는 것과 중국의 책임을 묻는 것은 전혀 다르다. 우선 환경문제를 국가별 발생 총량으로 구분하는 것은 서구 중심의 프레임이다. 미국은 늘 국가별 전체 온실가스 배출량으로 중국의 온실가스 배출량을 문제 삼는다. 현재 중국은 세계 이산화탄소 배출량의 약 28%를 차지한다. 2위인 미국은 약 14%를 배출한다. 그러나 미국이 지금까지 배출한 총량은 다른 국가들이 따라갈 수 없는 수준이다. 선진국들은 1751년 이후 나온 온실 가스 전체 배출량의 약 절반을 만들어 냈다.

서구는 현재 시점을 기준으로 온실가스 배출량을 문제 삼는다. 굴뚝 산업을 더 이상 하지 않아도 되는 서구의 입장에서는 매우 유리한 구분법이다. 그러나 개발도상국의 처지에서 보면 수용할 수 없는 기준이다. 바이든 대통령이 부통령 시절에 2010년 말까지 미국의 배출량을 2005년 수준보다 50~52% 줄이겠다고 약속한 적이 있다. 이에 대해 모잠비크의 전 교육문화부장관인 그라사 마셸(Graça Machel)이 "그들의 접근 방식은 옳지만 그들이 할 수 있는 수준은 아니다"[2]고 말한 것은 서구 중심의 프레임에 대한 반발이다. 바이든 부통령의 말은 실현되지 않았다. 바이든은 다시 대통령이 되자마자 미국이 2030년까지 온실가스 배출량을 2005년 수준보다 50~52% 줄이는 것을 목표로 한다고 발표했다. 20년이 늦추어진 것이다.

국가별 총량을 따지는 것도 문제이다. 넓은 땅에서 적은 인구가 사는 국가가 유리한 프레임이다. 국가별로는 중국이 최대 온실가스 배출국이나, 1인당 온실가스 배출량은 미국이 월등하게 세계 최고이다. 한국도 1인당 배출량이 중국보다 높다.

미세먼지 문제를 따질 때 개발도상국의 관점에서 보면 '개발권'이 중요하다. 아무리 '우주선 지구호'라고 할지라도 못사는 나라들도 자동차를 탈 권리가 있고, 소고기를 먹을 권리가 있다. '중국인이 소고기를 먹기 시작해서', '중국인이 자동차를 타기 시작해서', '중국인이 아보카도 맛을 알기 시작해서' 같은 표현과 인식은 차별적 사고이다. 우리는 먹으면서 그들이 먹는 것을 막을 권리는 없다.

이미 개발을 끝낸 부유한 국가가 개발도상국에게 '너희들은 하지마' 하고 꾸짖는다고 지구를 지킬 수 있는 것이 아니다. 미국과 영국에서 생산하는 전기의 약 60%가 화석 연료로 생산되며 그중 3분의 1이 석탄이다. 서구 소비자들은 에어컨을 켜고 밤새 조명을 밝히면서, 서구의 금융자본은 석탄에 대한 투자를 지속하면서, 저소득 국가에게는 탄소발자국을 조심하라고 강요하는 것은 '상상된 적과 경쟁하려는 서구의 공허한

---

2 "Biden Aims to Bolster U.S. Alliances in Europe, but Challenges Loom", NYT, 2021.06.09.

슬로건'[3]일 수 있다. 글로벌 경제체제에서 돈이 될 수 있다면 가난한 브라질 농민들은 아마존을 불태우더라도 아보카도를 생산해 생존하려 할 것이다. 그들에게 아마존은 지구의 허파가 아니라 삶의 터전이다. 가난한 중국인 6억 명이 가장 값싼 연료인 석탄에 의지할 수밖에 없는 것과 마찬가지이다.

미세먼지의 책임을 중국에게 물으려면 정확한 근거가 있어야 한다. 미세먼지가 많은 날 언론들은 거의 예외 없이 중국발 미세먼지가 70% 이상이었다고 매우 크게 보도하곤 했다.[4] 그러나 한중일 삼국이 공동으로 연구한 결과로는 국내 초미세먼지의 32%가 중국발이었다. 70%에 이르는 경우가 어쩌다 있었을 뿐이다. 반기문 국가기후환경회의 위원장은 "우리나라의 미세먼지에서 중국의 영향은 30% 정도이며", "몽골, 북한들에서도 미세먼지가 날아오지만, 우리 책임이 더 크다"고 발표했다.[5]

자료가 잘 축적되어 중국발 미세먼지가 월등히 많다고 규명되었다고 하더라도 중국 책임을 물을 수 있느냐는 또 다른 문제이다. 환경문제는 국제법이 없다. 트럼프행정부가 기후협약을 박차고 나가도 아무도 제재할 방법이 없다. 국가 간 분쟁도 마찬가지이다. 당사자들이 해결해야 한다. 1979년 유럽은 '장거리 이동 대기오염물질에 관한 협약(CLRTAP)'을 맺었다. 분쟁이 아니라 협약을 맺은 것이다. 환경문제는 일방적으로 누구의 책임을 묻기에는 아주 많은 변수가 있기 때문에 협약 이상의 방법이 없다.

---

3 Andreea Brinza, ibid, 2021.06.29.

4 〈"서해 고농도 미세먼지 70%가 중국발"〉, KBS, 2018년 11월 20일.

5 〈반기문 "한국이 '기후악당' 소리 듣는다"〉, 《아시아경제》, 2020년 06월 29일.

그런 점에서 우리가 미세먼지 문제를 중국과 공동으로 해결하기 바란다면 중국과 미세먼지를 줄일 환경협약을 체결하는 것이 더 현명한 방법일 수 있다. 실제 중국과 환경협상을 진행하는 문재인정부의 조명래 환경부장관도 비슷한 의견이다. 그는 중국과 환경협상은 “외교적 대립보다는 설득과 협력이 실질적인 효과를 낼 수 있다”고 본다. “중국 당국과 만나 보면 의외로 공감대가 넓다”고 밝혔다. 실제로도 한중 환경정상회담에서는 여러 합의들이 도출되었다. 국립환경원이 공동보고서를 발표한 것도 그중 하나이다.

그렇다면 정작 중국과 우리가 환경협약에 들어갔을 때 우리가 중국에 협상의 우위를 점할 수 있을까. WHO는 미세먼지를 줄이는 네 가지 방법을 제시한다. 1) 에너지 사용을 줄일 것 2) 쓰레기를 줄일 것 3) 청정에너지를 사용할 것 4) 청정기술을 사용할 것이 그것이다. 이 기준에 따르면 우리가 유리할 것이 거의 없다. 국가별 기준으로 보더라도 중국은 이미 우리보다 훨씬 높은 수준으로 미세먼지 감소를 위해 노력하고 있다. 중국 정부는 가장 많이 미세먼지를 배출하던 시기에 비해 30~40% 감축했다고 자신 있게 발표했다. 중국은 2020년까지 석탄 소비량을 이전에 비해 56.8% 줄였다.[6]

베이징과 서울을 비교해 보면 환경정책은 이미 베이징이 서울을 훨씬 앞서고 있다. 서울은 2019년에 들어서야 미세먼지 저감 대책을 발표했다. 그러나 베이징은 저감 대책 수립단계를 넘어서 실행단계에 들어섰다. 경유자동차는 베이징에서 퇴출되었다. 차량 총량도 제한한다. 베

---

6 GT, 2021.11.15.

이징 번호를 단 차량의 총량을 제한해 놓고 한 대가 폐차되어야 새로운 차를 승인해 준다. 대략 한 해에 10만 대 정도가 폐차되고 그 정도가 새로 번호판을 단다. 그중 6만 대는 친환경차여야 하고 4만 대는 내연기관차다. 다른 지역 번호판을 단 차는 업무시간에 시내로 들어갈 수 없다. 시내를 다니는 모든 오토바이는 전기 오토바이로 교체했다.

시진핑정부는 지속가능한 개발이라는 캐치프레이즈를 실현하려고 GDP 성장률을 약 2% 낮게 책정하고 환경산업발전과 환경개선에 여력을 투여한다. 2014년 '에너지발전전략'이라는 환경법을 제정했다. 중국의 공기질은 상당히 개선되었다. 전국 현급 이상 도시에서 공기질이 좋은 날의 비율은 2020년 87%로 2015년 대비 5.8% 증가했다. 2020년 도시의 초미세먼지 평균 농도는 37μg/m^3로 2015년 대비 28.8% 감소했다. 2020년 GDP 단위당 이산화탄소 배출량은 2015년 대비 18.8% 감소했다.[7] 전기자동차나 풍력발전, 태양광은 세계 최고 수준에 도달했다. 2017년 전 세계 태양광발전 설비의 54%, 풍력발전 설비의 38%가 중국에 설치되었다. 속도도 혁명적이다. 2019년에 중국 모든 학교의 난방을 석탄 대신 가스로 사용하게 했다. 준비 부족으로 외국 언론들이 빈정거리기도 했고, 국민에게 불편을 주어 정부가 욕을 먹기도 했다.

2020년 들어서자마자 생태환경부는 대대적인 환경정책을 추가로 발표했다. 플라스틱 공화국이라는 오명을 벗어나려는 조치들이다. 일회용, 분해가 안 되는 플라스틱을 퇴출시키는 정책들이다. 연말까지 플라스틱 식기와 면봉 생산을 금지했으며, 미세플라스틱을 포함한 화학제

---

7 "'Beijing blue' becomes new normal for Chinese capital", GT, 2021.08.18.

품도 생산을 중단했다. 2025년까지 전체 플라스틱 사용량을 30% 줄인다. 2025년부터 온실가스 배출의 주범인 석탄 사용 규제에 본격으로 들어간다. 녹지와 공원, 산림을 늘이는 것에도 적극적이다. 중국 주택도시농촌개발부의 데이터에 따르면 2001년 이후 중국은 도시의 공공녹지 면적을 약 5배 늘였다. 2020년 상하이는 공원 55개를 추가하여 시내에 406개의 공원이 있다. 2025년까지 공원을 약 600개로 추가 건설할 계획을 발표했다.[8]

집단지도체제에 있는 중국의 환경정책은 서구에 비해 실현가능성이 높다. 트럼프정부는 기후협약에 탈퇴했다. 바이든행정부는 탄소배출 축소를 핵심 정책으로 삼았지만 바이든의 임기는 고작 4년이다. 독일 국제안보문제연구소(German Institute for International and Security Affairs)의 선임연구원인 올리버 게덴(Oliver Geden)은 "정부의 변화가 모든 것을 탈선시킬 수 있는 국가에서는 이러한 목표가 지속되는 것이 훨씬 더 어렵다"고 말했다. 많은 공화당원들은 바이든행정부가 기후변화에 너무 공격적으로 대처하려고 한다고 주장한다.[9]

가장 놀라운 것은 2021년 7월 중국이 국가탄소시장을 개설했다는 사실이다. 중국 정부는 그동안 7개 시범지역에서 운영하던 탄소배출권 거래소를 상하이환경에너지거래소(SEEE)로 통합하고 공식적으로 국가탄소시장을 출범했다. 2030년이 탄소배출의 최고 해가 되는 것을 목표로 약 2,200개 기업이 포함되었다. 이 기업들이 배출하는 탄소가 약 40

8 "China's Concrete Jungles Make Room for Green Space", NYT, 2021.06.01.

9 "The U.S. Has a New Climate Goal. How Does It Stack Up Globally?", NYT, 2021.04.22.

억 톤에 달한다.[10] 세계 최대 규모의 탄소시장이다. 앞으로 중국 탄소배출량의 약 70~80%가 거래될 예정이다.

미세먼지를 중국발이라고 이름 붙이는 일은 중국을 악마화하는 데 매우 효과적일지 모르지만 미세먼지 문제를 해결하는 데는 최악의 방법이다. 아마존이 불타기 시작하자 핀란드 국제문제연구소(Finnish Institute of International Affairs)의 라우리 타티넨(Lauri Tahtinen) 연구원은 《포린폴리시》에 기고한 글에서 "단지 중국만이 브라질의 기후 위기를 끝낼 수 있다"고 주장[11]했다. 2020년 브라질 남부 아마존의 삼림 벌채와 화재가 작년보다 60% 증가한 것은 중국의 책임이고 중국만이 끝낼 수 있다는 것이다. 전형적인 서구 중심의 주장이다. 이런 주장은 중국을 악마화하는 데는 유용하지만 아마존이 불타는 것을 막는 데는 별로 쓸모가 없다. 아마존을 불태우는 권력은 전적으로 브라질 정부에 달려 있다. 중국이 관여할 여지가 없다. 이런 주장은 아마존 개발권을 가진 보우소나루행정부의 성장중심 정책에 면죄부를 주는 것이다.

환경문제를 고민해 온 단체들의 해결책은 전혀 다르다. 트럼프행정부가 반중정책을 노골화하는 시점인 2017년 7월, 미국의 환경운동단체인 '198가지 방법(198methods)'을 포함한 약 50개에 달하는 진보 단체가 트럼프행정부에 낸 건의문의 핵심은 중국을 악마화하지 말라는 것이었다. 중국을 악마화하는 것은 옳지도 않고, 효과적이지도 않다고 말한다. 중국이 지구온난화의 주범도 아니고, 기후협력에서 가장 중요한 국가

10 "China's national carbon market to start trading in July with 2,200 companies involved, official says", GT, 2021.07.14.

11 Lauri Tahtinen, "Only China Can End Brazil's Climate Crisis", *FP*, 2021.07.01.

의 협력을 방해할 뿐만 아니라 실질적 행동을 막는 방패막 역할을 하기 때문이라는 것이다. 그들은 "중국의 역사적 배출량은 미국의 절반이고, 중국의 1인당 배출량은 미국의 절반에도 못 미치는"데도 "미국 정치인은 오랫동안 글로벌 기후공약을 회피하려고 중국을 희생양으로 삼아 왔다"며 이런 행동은 실질적인 기후 해결에 아무런 도움이 안 된다고 주장한다.[12]

박근혜정부가 미세먼지 대책을 발표하면서 고등어가 미세먼지의 주범이라고 했던 적이 있다. 미세먼지의 원인을 고등어로 돌린 까닭은 간단하다. 경제지상주의를 추구해 오던 한국의 보수주의와 미세먼지 대책은 서로 상존하기 어려운 충돌이 발생하기 때문이다. 환경운동연합 대표 장재연 교수는 '중국발 미세먼지' 보도가 우리나라 미세먼지 문제를 근본적으로 해결하는 데 가장 도움이 안 되는 말이라고 주장한다. 그는 우리가 중국발 미세먼지 탓을 하며 마스크와 공기청정기에만 매달리며 실질적으로 개선할 노력을 하지 않는다고 본다.[13] 2020년 국내 5대 자동차 회사의 판매 실적을 살펴보면 중형차 이하는 9.1% 감소한 반면 중대형 차는 32.7%가 늘었다.[14] SUV 모델은 15.3% 늘었다. 국제에너지기구는 2019년 전기차 생산으로 줄어든 온실가스 효과를 SUV 소비 증가로 "석유소비 감소량을 완전히 상쇄해 버렸다"고 밝혔다.[15]

---

12 http://foe.org/wp-content/uploads/2021/07/Cooperation-Not-Cold-War-To-Confront-the-Climate-Crisis-129.pdf.

13 〈장재연 교수 "미세먼지, 마스크로 대응하라?…프레임 자체를 엎어야"〉, 《경향신문》, 2019년 01월 27일; 〈"미세먼지 주범 중국타령만…국내 오염물질 줄일 생각 안 해"〉, 《국민일보》, 2020년 11월 26일.

14 〈"이왕이면 더 크고 비싼 차"…지난해 고급차 선호도↑〉, 《디지털타임스》, 2021년 02월 14일.

반기문 국가기후환경회의 위원장은 2020년 국회에서 열린 간담회에서 한국이 '기후악당'임을 인정했다. 그는 미세먼지와 대기질 면에서 경제협력개발기구(OECD) 국가 중 꼴찌라고 발표했다. 2016년 '4대 기후악당 국가'에 뽑힌 사실을 정부 당국자가 사실상 인정한 것이다. 1인당 온실가스 배출량은 세계 2위이다. 더 큰 문제는 2017년 기준으로 2010년에 비해 24.6%가 늘었다. OECD 평균이 -8.7%로 줄어들던 시점이다. 2021년 기준 한국의 경유차 비율은 26%에 달한다. 중국은 5% 이하이다.

그런 점에서 '중국발 미세먼지'는 산업사회를 지탱해 오던 경제 보수주의자들의 획기적인 발명품이다. 앞으로도 영원히 미세먼지가 많은 날이면 시민들의 불만을 중국에 대한 분노와 혐오로 대체할 수 있기 때문이다. 미세먼지의 70% 이상이 중국에서 온다고 주장하면 결론은 참 쉽다. 우리는 아무것도 안 해도 된다. SUV 자동차를 사는 문화가 광풍이 불어도 괜찮다. 차 크기를 품위와 연관시키는 문화가 수그러들지 않아도 된다. 경유차를 줄이지 않아도 되고, 경차를 선호하지 않아도 된다. 큰 아파트가 좋은 아파트라는 세계관을 바꿀 필요도 없다. 노후 경유차 폐지안이 나오면 생계를 탓하며 서울시 정책을 비난하면 된다. 화력발전소를 줄이려고 하면 에너지 수급대책을 강조하면 되고, 태양광 발전시설을 늘이면 미관에 나쁘고 홍수에 취약하다고 비판할 수 있다. 2021년 8월 정부가 탄소중립안을 내놓자 《조선비즈》는 〈정부 탄소중립안 하려면 약 1800조원 필요…전기 요금 수 배 오를 듯〉[16]이라는 기사를 내보냈다.

---

15 〈SUV가 전기차의 온실가스 저감 효과를 모두 날려버렸다〉, 《한겨레》, 2021년 01월 25일.

보수주의자의 입장에서 '중국발 미세먼지'는 양손에 든 떡 같은 발명품이다. 자본의 문제를 중국으로 치환하는 데 유용한 도구일 뿐만 아니라 중국과 적대 진영을 구축하는 데도 매우 유용하다. 미세먼지가 역사상 최악으로 기록된 날 2019년 3월 7일 자유한국당은 대대적으로 중국 책임론을 펼쳤다. 당시 황교안 대표는 미세먼지가 정권의 외교역량이 형편없어서 일어난 일이라 규정하고 미세먼지의 책임을 중국에게 강력하게 물을 것을 요구했다. 조경태 최고위원은 주한 중국대사관에 미세먼지 위성사진을 보내면서 "중국발 미세먼지가 대한민국을 뒤덮고 있는 사실을 인정하라"고 요구했다. 다음 날 《한국일보》는 〈미세먼지 중국 책임 '과학적 물증' 못 내놓는 우리 정부〉라는 기사를 내보냈다.

미국 환경단체 '198가지 방법'이 지적한 대로 전 지구의 환경문제에 중국을 악마화시켜 대처하는 일은 실질적인 해결책을 만드는 데는 아무 도움이 되지 않는다. '중국발 미세먼지'는 중국을 악마로 만들어 놓고 실질적인 해결책을 무산시키고 문제를 혐오로 대체하여 문제를 덮는다. 자본의 문제를 외부화하는 최상의 프레임이다. 온라인 커뮤니티 '여성시대'에 올라온 글은 '중국발 미세먼지'가 대중에게 어떻게 작동하는지 잘 보여 준다. 〈짱깨란 말을 쓰지 말아야 하는 이유〉라는 글이다. 짱깨라는 말을 쓰지 말아야 할 "이유가 있었는데, 미세먼지 때문에 안 보임. 그냥 쓰자." 짱깨라는 말만 쓰고 있는 것이 아니다. 많은 사람이 "중국에게는 한 마디도 못하는 것들이! 그런다고 미세먼지가 없어지나?"라는 식의 알레르기 반응을 보이며 오늘도 탄소발자국을 남기며 살아간다.

---

16 2021월 08월 07일.

2 중국이 제주를 집어삼킨다

제주는 욕망과 평화의 전장 같은 섬이다. 4·3사건 때 그랬고, 강정마을에 해군기지를 설치할 때도 그랬다. 두 싸움 다 욕망의 승리로 끝났다. 4·3사건 때는 권력의 욕망이 제주민의 삶을 내동댕이쳤고, 강정마을 해군기지 때는 아름다운 제주 앞바다를 미래의 전쟁터로 내주었다. 최근에 제주에서는 욕망과 평화의 갈림길에 놓인 두 개의 큰 전쟁이 벌어졌다. 제2공항건설과 영리병원 허가가 그것이다. 이번에는 평화와 자본의 욕망 간의 전쟁이다.

2018년 12월 초 당시 원희룡 제주지사는 제주에 영리병원을 허가했다. 원 지사는 제주 공론조사위원회의 불허 결정도 무시하고 강행했다. 한국 최초의 영리병원 허가가 가져올 파장쯤은 아랑곳하지 않았다. 영리한 사람이니 영리병원 뒤에는 거대한 의료자본의 욕망이 도사리고 있고, 그것은 한국의 의료체계를 붕괴시킬 수 있는 핵폭탄임을 충분히 알았을 것이다. 그러나 그는 자본의 편에 섰다. 영리병원 승인 때만 자본의 편을 든 것이 아니다. 중국의 녹지그룹에게 대대적인 제주 투자를 허락해 준 것 자체가 자본의 편을 든 것이다.

영리병원을 허락하려고 원희룡 지사는 기발한 트릭을 썼다. 중국의 핑계를 댄 것이다. 영리병원을 허락하지 않으면 한중 외교문제로 비화할 수 있어 그런 결정을 했다고 주장했다. 자본의 문제를 중국의 문제로 전환시키는 전략이다. 일주일쯤 뒤 제주 상공회의소와 제주 경영자총협회도 비슷하게 말했다. "만약 개원을 불허했다면 거액의 손해배상과 한중 외교문제 들이 발생해 고스란히 제주도민들의 부담이 될 것"이라고 말이다. 자본이 자기 문제를 외부로 돌릴 때 자주 사용하는 익숙한 방법이다.

원희룡 지사의 발언은 결국 영리병원 허가를 내주려고 한 거짓말이었다는 것이 밝혀졌다. 녹지병원은 외국인만 진료하게 한다면 영리병원을 운영하지 않겠다고 버티다가 국내 법원에 소송을 제기했다. 외교 분쟁이 아니라 소송을 택한 것이다. 녹지그룹은 겨우 병상 47개를 가진 외국인 전용 병원을 운영하고자 헬스케어타운에 거대한 자본을 투자했을 리가 없다. 녹지그룹의 목표는 영리병원을 허락받는 것이 아니라 자본의 이익이 목적이었다.

원희룡 지사는 영리병원을 위해 한중 외교문제까지 끌어들이는 기술을 사용했다. 한 중국기업에게 47개 병상을 허가하지 않았다고 중국 정부가 외교문제로 삼을 만큼 한가하지도 않다. 외교문제가 된다고 하더라도 한국 정부가 그런 것까지 중국 말을 들어야 할 만큼 허약하지도 않다. 설령 그렇게 된다 하더라도 이런 문제를 해결하라고 지사를 뽑은 것이고 외교부를 만들어 놓은 것이다.

이번 사안은 제주와 중국 사이 싸움이 아니라 제주의 평화와 자본

간의 싸움이다. 제주를 개발해서 개발 이익을 보고자 하는 제주도민의 자본주의 욕망이 중국 자본을 끌어들였다. 중국을 끌어들여 영리병원을 들여오고 새로운 부를 창출해 자기들의 욕망을 채우려는 의료자본의 기획이 숨어 있었다. 중국은 자기들의 욕망을 감추는 데 아주 좋은 가림막이다. 제주에서는 자본의 문제를 중국을 앞세워 감추고 결국 제주의 자연을 훼손하는 일을 자주 했다.

제주도가 중국 땅이 된다는 주장이 대표적이다. 중국인이 제주도 부동산을 소유하는 비중이 0.1% 정도 되었을 때쯤 시작되었다. 이때 외부 자본이 제주에 적극 투자하기 시작했다. 난개발이 시작되었고, 마을은 관광지로 개발되기 시작했으며, 육지로부터 이주민들이 몰려오기 시작했다. 자본이 충분히 몰려오자 '제주가 중국의 땅이 되어 간다'며 중국을 비난하기 시작했다. 사드 사태를 기점으로, 중국인의 제주 부동산 보유율이 1%를 넘지 않는 시점에 중국인은 제주도를 떠났다. 중국이 제주도 땅에 팽창 야욕을 가졌다면 그들이 그렇게 떠날 리가 없다. 2021년 현재 외국인의 제주도 토지 보유율은 약 1.21%이다.

중국인이 제주로 들어온 것은 한국 언론들의 주장처럼 제주를 '집어삼키기 위해서'가 아니다. 제주도가 중국인에게 영주권을 주기 때문이었고, 제주가 아름다운 평화의 섬이기 때문이며, 제주에 오면 질 좋은 한국제품을 살 수 있기 때문이다. 중국인의 입장에서는 영주권을 주지 않거나 중국인 혐오가 넘치면 제주에 올 까닭이 없다. 전 세계에 중국인의 투자를 바라는 나라는 많다. 제주가 교통체증에 시달리고 숲이 사라지고 난개발로 자연이 훼손된다면 아름답지 않은 제주에 중국인이 굳이 올 까닭이 없다. 중국제품들로 한국제품을 어느 정도 대체하고 있어 굳

한국에 올 까닭이 줄어들었다. 짝퉁이 난무하던 상품 유통경로도 좋
려 굳이 한국에 오지 않아도 한국제품을 살 수 있다.

중국인이 제주도에 땅을 사서 생기는 문제는 따져 보면 중국이 문제
던 것이 아니다. 온갖 언론들이 앞장서서 제주가 중국의 식민지가 되
것처럼 호들갑을 떨었지만 제주도는 온전히 우리의 주권이 행사되는
이다. 제주도가 이 문제를 멈출 수 있는 방법은 간단했다. 제주도 조례
나만 바꾸면 되는 일이었다. 영주권을 주지 않거나 무비자 체류를 금
하면 될 일이다. 우리는 그런 간단한 방법을 두고 중국을 비난하고 중
인을 혐오하는 데 집중했다. 왜 그랬을까. 중국인은 싫지만 중국 자본
좋았던 것이다. 지금 제주의 문제는 중국인이 많아서가 아니라 자본
욕망을 통제하지 못해서 벌어지는 일이 대부분이다. 그러나 언론은
망을 통제할 방안을 제시하기보다는 제주민의 분노와 혐오로 욕망을
국해서 문제의 본질을 흐리고 감정을 해소할 곳을 찾아 헤매게 만들
다. 모든 분노와 혐오는 본질을 숨기는 데 유용하다.

자본은 늘 문제의 본질을 숨기려고 불만을 외부로 돌리는 방식을 사
한다. 인종주의나 이민자 배척, 외국인 관광객 혐오는 문제를 외부화하
대표적인 방식이다. 미국 자본은 멕시코인은 싫지만 저임금 멕시코 노
자들의 노동력은 필요할 때 인종주의를 사용한다. 유럽인은 3D 산업
하고 싶지만 이민자들과 섞여 살기는 싫어한다. 이들은 이민자 혐오를
긴다. 미국도 마찬가지다. 인종주의를 바탕으로 한 미국의 노예제 또한
종을 자본의 이익과 산업 및 경제 발전의 도구로 삼았던 것"[17]이다. 지

박진빈, 앞의 글, 302쪽.

금 제주에서도 그런 일들이 벌어지고 있다.

중국인이 마구잡이로 들어와 제주의 자연을 훼손하고, 난개발을 하고, 범죄 없는 마을을 관광지로 바꾼다는 생각이 이미 표준화되었다. 제주도 한 편의점에서 "중국인 출입금지"라는 문구까지 등장했다. 과연 중국인이 문제일까? 2017년 제주의 범죄 발생률은 전국에서 가장 높았다. 제주도에서 외국인 범죄 중 중국인 범죄 건수가 가장 많았던 것도 사실이다. 그러나 특별히 중국인이 문제라는 것을 드러내는 통계는 없다. 범죄 발생률이 높았던 것은 관광객이 늘어나면 자연스럽게 발생하는 현상이다. 2017년 범죄 발생률은 이전보다 줄었다. 전체 관광객 수가 줄어들었기 때문이다. 중국인 범죄가 높았던 것은 중국인 관광객이 압도적으로 많았기 때문이다. 2017년 중국인 범죄율은 내국인 범죄율보다 낮다. 다른 나라 외국인 범죄율과 비교해도 별로 차이가 없다.

제주도에 중국인의 비자면제 입국이 폐지된 지 일 년째 되는 2021년 2월 4일 《서울신문》은 〈그 많던 중 관광객이 사라졌다…제주쇼핑거리·면세점 죽을 맛〉이라는 기사를 내보냈다. 제주도에 입국하는 중국인 수는 2016년 300만 명에서 2020년 10만여 명으로 줄었다. 코로나19도 영향을 미쳤지만 영주권을 부여하는 조건을 강화한 것과 중국인 여행객에 대한 혐오가 높아진 것이 영향을 미쳤다. 둘 다 우리가 한 일들이다. 우리는 중국의 조공국이 아니기에 마음만 먹으면 언제든지 제주도를 중국으로부터 지킬 수 있다. 같은 날 《조선비즈》는 〈규제 풀자 세계 1위된 중국 면세점…한국 면세점 다이궁 뺏길라〉라는 기사를 내보냈다. 한국 보수주의자들의 고민이 여실히 드러나는 기사이다. 중국은 몰아내고 싶으면서, 중국의 경제적 이득은 얻고 싶은 서로 상반되는 이데올로기를 가고 있다. 제주도에서 중국인을 몰아내고 싶다면 제주도에서 자본의 익을 포기해야 하는 시대가 왔다. 보수주의자들에게 위기의 시대가 것이다.

3 중국인 집주인

중국인이 한국 땅을 다 사들일 것이라며 공포를 조장하는 일은 제주도에서만 일어나지 않았다. 한국 언론은 국내에서 벌어지는 부동산 상승 요인을 중국인 때문이라고 보도하거나 한국의 주요산업들이 중국에 넘어간다는 것을 끊임없이 강조했다. 2020년 10월 《연합뉴스》는 〈중국인 집주인에 월세 내고 사는 세상 오나〉[18]라는 기사를 내보냈다. 중국인의 부동산 소유가 늘고 있어 '중국인 집주인'을 모셔야 한다는 기사이다. 이런 기사들은 "중국인 한국 땅 점령한다"며 중국인이 한국 아파트를 못 사게 만들어야 한다는 주장[19]으로 이어져 왔다. 2021년 8월 《중앙일보》는 〈"중국인 신흥종교집단이 땅 쓸어간다"…보은에 무슨 일이〉라는 기사까지 내보냈다.[20] 이브람 X. 켄디는 이런 유사인종주의를 두고 '공간

18 2020년 10월 28일.

19 〈중국인이 한국 땅 점령한다…靑 청원에 등장한 外人규제〉, 《서울경제》, 2021년 07월 24일.

20 2021년 08월 17일.

종주의(Space Racism)'라고 부른다.[21] 특정한 공간에 특정한 인종은 들 아서는 안 된다는 인식체계를 말한다.

중국인의 부동산 소유에 대한 공격은 부동산 문제가 최고조에 달하 2020년 8월에 정점을 이루었다. 2020년 8월 3일 《뉴시스》의 〈'외국 투기판' 된 한 부동산 시장…3년간 아파트 2.3만채 샀다〉는 기사, 8월 《조선일보》의 〈부동산 투자 옥죌 때…중국인은 아파트 3兆 쇼핑〉이 는 기사, 8월 8일 YTN의 〈중국인 3조 쓸어 담는데…부동산 규제 내국 역차별 논란〉이라는 기사로 연일 쏟아부었다. 《조선일보》는 국세청 발표한 자료를 바탕으로 2017년 이후 2020년 5월까지 중국인이 아 트 1만 3,573채를 사들여 국내 아파트 취득 건수의 58.6%를 차지한다 강조하며 '3조 쇼핑'이라는 식의 기사를 내보냈다.

《조선일보》가 인용한 국세청 발표 자료를 보면 2017년부터 2020년 5 까지 중국인이 1만 3,573채를 산 것은 맞다. 외국인이 한국의 아파 트 매입한 것은 총 2만 3,167채로 중국인의 구입 비율이 58.6%인 것 맞다. 그러나 중국인만 '3조를 쓸어 담은' 것이 아니다. 미국인도 2조 6억어치나 구매했다. 특별히 중국인만 공격해야 할 만큼 큰 차이가 않는다.

더 중요한 문제는 한국에 체류하는 외국인 숫자이다. 2018년 기준 인 체류 숫자를 보면 총 178만 7,733명이 체류하며 중국인은 107만 명으로 가장 많다. 그 뒤로 미국인이 13만 8,660명이고, 베트남인이 1 6,758명이고, 태국인이 9만 3,348명 순이다. 중국인의 체류 숫자가

---

2 Ibram X. Kendi, ibid., p.166.

미국인보다 약 7.7배 더 많다. 인구수만 보면 중국인의 아파트 구매 금액이 미국인보다 더 많아야 한다. 그러나 구매 금액 총액에서 별로 차이가 없다. 중국인이 실거주가 많다는 것을 뜻한다. 한국에 거주하는 중국인은 조선족이 약 70%를 차지한다.

결국 중국인 집주인이 문제가 아니라 외국인 집주인이 문제이다. 더 정확히 말하면 미국인 집주인의 문제가 가장 크다. 거래액과 체류인 수를 비교해 보면 미국인 집주인은 실거주자가 아닐 가능성이 훨씬 더 높다. 토지 소유를 분석해 보면, 2019년 기준으로 한국의 외국인 토지 소유자 중 52.2%가 미국인이다. 전년 대비 3.4% 증가했다. 중국인의 토지 소유 비율은 7.8%이다. 일본(7.8%), 유럽(7.2%)과 비슷한 수준이다.

한국의 부동산 문제를 외국인의 부동산 매입 문제로 돌리는 것 또한 자본의 문제를 국적의 문제로 돌리는 전형적인 수법이다. 2019년 기준으로 외국인의 토지 소유는 전체 국토면적의 0.2% 수준이다. 부동산 문제의 주범을 외국인으로 몰아가기에는 매우 낮은 수치이다. 국세청은 외국인과 내국인 사이 납세에 관한 차별은 존재하지 않는다고 발표했다. 취득세와 등록세, 임대소득세, 소득세 들을 똑같이 징수하고, 1가구 1주택 비과세나 장기보유 특별공제 같은 혜택은 제공하지 않는다.

다만 외국인이 주택 담보대출을 받을 때 제약이 적다는 이점은 있다. 그러나 이것도 입법만으로 차단할 수 있다. 한국 보수주의자들의 딜레마는 여기에 있다. 이런 종류의 입법은 외국인이 한국에 투자하는 것 자체를 문제 삼는 것이 될 수 있어 외국 자본시장에 의지하는 한국이 쉽게 입법을 결정할 수 없다. 결국 "곧 중국 땅 될 판인데 왜 규제 안 하나…국민들, 단단히 뿔났다"며 중국인이 한국 아파트를 못 사게 만들어

한다는 식의 주장들[22]은 아파트 한 채와 비교할 수 없는 수준의 자본 모바일로 왔다 갔다 하는 글로벌 경제체제에 어울리지 않는 유사인 주의의 일종이다.

이런 주장들은 1870년 서부활극시대에 만들어진 미국의 '1870귀화 (Naturalization Act of 1870)'을 떠올리게 한다. '1870귀화법'은 아프리카 미국인에게는 시민권을 확대했지만 중국인과 다른 아시아계 사람들 미국 사회에 동화될 수 없다는 까닭으로 귀화를 금지한 법이다. 이 법 는 중국인 이민자들은 부동산을 구입할 수 없게 하는 법도 포함되 . 당시 대법원 판사 존 마셜 할란(John Marshall Harlan)은 중국인은 리 종족과 너무 다른 인종이어서 그 종족에 속한 사람들이 미국 시민 되는 것을 허용하지 않는다. 소수의 예외를 제외하고는 이 종족에 속 사람들은 우리 나라에서 반드시 배제되어야 한다"고 주장했다.[23]

기자가 사실보다 메시지를 내보내고 싶을 때 자주 사용하는 테크닉 우익적 인종주의 방식을 동원하는 일이다. 이 기사들은 '중국인 집주 이 주는 유사인종주의 공포를 활용한다. '중국인 집주인'이라는 프레 한국인이 민감해하는 부동산 문제에 유사인종주의를 동원하여 자 문제를 중국의 문제로 치환하고자 하는 전형적인 한국 우익 세력 의 기술이다.

〈"곧 중국땅 될 판인데 왜 규제 안 하나"…국민들, 단단히 뿔났다〉, 《디지털타임스》, 2021년 07월 24일; 〈중국인이 한국 땅 점령한다…靑 청원에 등장한 外人규제〉, 《서울경제》, 2021년 07월 23일.

https://en.m.wikipedia.org/wiki/Anti-Chinese_sentiment_in_the_United_States, 검색일: 2021년 10월 31일.

4 쌍용차의 기술 유출

쌍용차 매각문제를 거론할 때마다 등장하는 것이 중국이다. 2020년 6월 20일 《서울신문》은 〈쌍용차 또 중국차에 넘어가나…지리차, 한국 車 시장 눈독〉이라는 기사를 내보냈다. "쌍용자동차 대주주 인도 마힌드라앤마힌드라가 중국의 지리차에게 지분매각을 검토하고 있다"는 업계 관계자발 기사이다. 《매일경제》도 〈중 지리차, 쌍용차 인수 실사 나선다〉라고 기사를 내보냈다. 한국 언론은 상하이자동차가 쌍용차 인수를 시도하다가 포기한 사례를 두고 중국기업들은 쌍용차의 기술만 빼먹고 도주한다는 프레임으로 대대적인 보도를 했다. 이 기사도 그런 프레임의 연장선에서 보도된 기사이다. 그러나 가짜뉴스였다. 얼마 지나지 않아 지리자동차에서는 "전혀 그런 계획이 없다"고 발표했다.

이 기사는 상하이자동차가 '먹튀'를 했다고 판단하고, 모든 중국기업들이 상하이자동차처럼 할 것이기 때문에 지리차에게 넘겨서는 안 된다는 주장을 한다. 먹튀하는 중국기업 프레임이다. 상하이자동차가 먹투[illegible] 했다고 가정하더라도 상하이자동차와 지리자동차는 다르다. 우선 자[illegible]차의 위상이 다르다. 지리차는 볼보를 인수한 회사이다. 기자도 아는[illegible]대로 지리차는 상하이자동차와 달리 "볼보를 인수한 이후 경영에 전[illegible] 간섭하지 않았고, 볼보도 지리차의 자금력을 바탕으로 놀라운 성장[illegible] 이끌어 낸 기업이다. 쌍용차 논란이 있었던 직후 지리차는 구글과 합[illegible]하여 전기차를 생산하기로 합의했다.

[illegible]중국의 자동차 산업 수준도 2004년 상하이자동차가 쌍용차를 인수할[illegible]와 매우 다르다. 그때는 자동차 산업이 성장하는 단계였다면 지금은[illegible]숙기에 접어들었다. 우리의 기술 수준과 큰 차이가 없다. 자동차 시장[illegible]커졌다. 세계 유수 기업들은 중국시장에서 사활을 건다. 쌍용차 아니[illegible]도 인수 합병을 할 기업들은 많다. 그런데도 기자는 두 기업이 중국기[illegible]이라는 까닭만으로 중국기업은 안 된다는 결론을 냈다.

[illegible]021년 1월 31일 《연합뉴스》는 〈HAAH 오토 쌍용차 인수 제안은 '산[illegible]거액지원 조건부'〉라는 기사를 내보냈다. HAAH 오토모티브홀딩스[illegible]는 미국의 자동차 유통회사가 쌍용자동차 인수를 본격화하는 시점에[illegible]온 기사이다. 주목할 점은 이 시기에 나온 어떤 기사도 HAAH 오토[illegible]티브홀딩스가 미국 회사인 점을 강조하지 않는다는 점이다. 제목에[illegible]국의 HAAH'라고 밝힌 기사는 하나도 없었을 뿐만 아니라 내용에서[illegible] 회사가 미국 회사라고 밝히는 기사가 거의 없었다. 더욱 심각한 것[illegible]지리차 인수설에 들이댔던 노동의 관점조차 사라졌다는 점이다. HA[illegible] 오토모티브홀딩스가 내세운 '노동의 유연성 확보'와 '대규모 공적[illegible] 투입'에 대해 비판하는 기사는 거의 없었다. 심지어 HAAH는 쌍용[illegible]인수 협상 중인 2021년 7월 파산선고를 한 부실기업이었는데도 별

다른 비판 없이 인수만 해 달라는 식의 긍정적 태도로 일관했다.

자본의 문제를 중국의 문제로 돌릴 때 동원되는 것은 스테파니 루스와 에드나 보나시치가 정의한 '식민화되거나 인종화된 노동자'[24]들이다. '식민화되거나 인종화된 노동자'들은 내부의 문제를 외부화하는 전략에 쉽게 동원된다. 식민화되거나 인종화된 대중들은 쉽게 '기술 유출'이나 '일자리를 빼앗는다'는 자본의 프레임에 넘어간다. 대중들은 중국이 자기들의 일자리도 빼앗아 간다고 믿는다. 중국이 우리의 일자리를 빼앗아 간다는 믿음의 근거는 1) 조선족 노동자들의 대거 유입 2) 중국 제조업의 가성비로 한국 제조업의 경쟁력 상실 3) 국내 기업들의 중국 이전 4) 중국기업의 부상으로 인한 한국제품의 경쟁력 저하 같은 것들이다. 조선족을 과도하게 혐오하거나 중국에 반감을 가지는 것도 일자리 문제와 연결되어 있다. 1930년대 만보산 사건 때와 비슷한 일들이 벌어지고 있다.

그러나 이런 논리는 '분할된 노동자 계급'의 약해진 힘을 외부로 돌리는 신자유주의 자본의 전략이라는 것도 알아야 한다. 일자리를 잃는 것은 조선족 때문도 아니고, 중국 때문도 아니다. 탈국경화된 자본의 손쉬운 이동으로 발생하는 노동의 위기는 "중국이 세계경제에 진입하기 훨씬 이전부터" 발생해 왔다. "지난 30년 혹은 그 이상의 기간 동안 자본에 비해 상대적으로 힘을 잃어 온" 노동의 힘이 문제이다.

노동의 힘이 약해진 문제는 중국을 제어한다고 해결할 수 있는 문제가 아니다. 자본은 저임금 노동을 위해 조선족이 아니라면 다른 국적의 사람들로 노동시장을 채울 것이다. 지리자동차가 들어오지 않는다고 해

---

24 스테파니 루스·에드나 보나시치, 앞의 책, 241쪽.

[illegible]른 자본이 안 들어오는 것도 아니다. 다른 국적의 자본이 들어온다고 [illegible]서 구조조정을 하지 않는 것도 아니고, 쌍용차의 기술 유출을 시도하[illegible] 않는 것도 아니다. 지금 벌어지고 있는 쌍용차 문제는 중국기업의 문[illegible]가 아니라 전 지구적 자본과 노동 사이 관계의 문제이다.

[illegible]자본의 문제를 중국의 문제로 치환하는 것은 샌프란시스코체제를 [illegible]키려는 미국에서도 일어나는 현상이다. 샌프란시스코주립대학교 [illegible]수인 러셀 정과 미국의 퀸시연구소(Quincy Institute for Responsible St[illegible]craft) 제시카 J. 리(Jessica J. Lee)는 이런 현상을 두고 "중국을 미국의 모[illegible] 불행에 대한 샌드백으로 사용하는 것"이라고 표현한다. 부상하는 중[illegible]은 기존의 체제에서 기득권을 누리던 집단의 이익에 균열을 일으키고 [illegible]득권 집단들은 그런 중국을 견제하려고 모든 수단을 동원한다. 그러[illegible] 중요한 것은 그런 시도들이 국익을 증대시키지는 않는다는 사실이다 [illegible]히려 "중국의 행동에 대한 균형 잡힌 평가에 기초한 중국 정책이 미[illegible]을 지배하려는 중국의 욕망에 대한 음모론보다 훨씬 더 효과적으로 미[illegible]의 이익을 증진시킬 것"이다.[25] 한국의 경제 보수주의자가 특히 유념[illegible]야 할 대목이다. 자본의 문제를 중국의 문제로 치환하는 것이 임기응[illegible]은 될 수 있을지 모르지만 글로벌 경제체제에는 늘 부메랑이 돼서 돌[illegible]온다. 짱깨주의를 조장하지 않고도 중국을 지정학적 경쟁자로 다루는 [illegible]은 가능할 뿐만 아니라 그들의 이익에도 가장 효과적인 대응이 될 수 [illegible]다.

---

25 [illegible]ssell Jeung and Jessica J. Lee, "Rivalry Without Racism: Can America Compete With China and [illegible]oid Fueling Anti-Asian Hate?," *Foreign Affairs*, Jul. 2021.

8부

짱깨주의의 프레임IV
:신냉전체제 구축

1 군사굴기

[illegible]5년 11월 중국이 지부티에 군사기지를 둔 것은, 중국의 팽창주의를 [illegible]조하는 논자들의 논리에 가장 좋은 먹잇감이었다. 중화인민공화국 성[illegible] 이후 처음으로 해외에 만들어진 지부티 군사기지는 중국의 '군사[illegible]'를 증명하는 하나의 표지가 되었다. 영국 신문 《데일리 텔레그래[illegible]는 "중국 정부가 지부티에 해군기지 건설을 발표한 것은 중국이 사상 최초로 자국의 국경 밖에서 영구적인 군사적 존재감을 드러내기로 했다는 뜻"이라고 보도했다. 대부분의 서구 언론은 새로운 초강대국이 되고자 하는 중국이 아시아를 넘어서 세계 제국으로 나아가고 싶은 야망을 드러냈다고 보도했다. 약 2년 뒤 지부티 항 건설이 완공되고 난 후 중국 해군이 정박할 때도 비슷한 보도들이 쏟아졌다.

한국의 언론도 마찬가지였다. 《연합뉴스》는 〈중국 해군 굴기 본격화, 지부티에 해외 첫 기지 구축〉[1]이라고 보도했고, 《조선일보》는 〈중, 아프리카서 군항 첫 확보…. 거침없는 '진주목걸이 전략'〉이라는 제목으로 "지부티 기지 구축에 따라 중국이 남중국해~인도양~아프리카의 바닷길을 연결해 제해를 장악하는 이른바 '진주목걸이 전략'도 탄력을 받게 되었다"고 보도했다.[2] SBS는 파키스탄의 과다르 항 개발과 연결하여 〈군살 빼고 공격형으로…중 군사굴기 본격화〉되었다고 강조하고 있다.[3] 2015년 11월 〈아프리카까지…중국, 거침없는 '군사굴기'〉[4]라고 보도했던 채널A는 2017년 7월 〈中, 첫 해외 해군기지 '군사굴기' 구축〉이라고 중국의 지부티 기지가 가지는 팽창성을 강조하는 보도를 했다.

한국 언론은 중국의 군사적 성장을 두고 일반적으로 사용하는 '군사비 증가'나 '군비확장' 같은 개념이 아니라 '군사굴기'라는 표현을 쓴다. '중국이 문제다'라는 것을 강조하는 테크닉 중 하나이다. 한국 언론은 이런 테크닉을 많이 사용하다. '김치공정', '한복공정'과 같은 것이 대표적인 예이다. 심지어 《중앙일보》는 중국 충칭에서 커피 산업이 발달하자 '커피굴기'라는 표현까지 사용했다.[5] 우뚝 선다는 자립의 의미보다 정상적인 것으로부터 비정상적인 방법으로 떨어져 나와 다른 것을 경쟁하고 지배할 것이라는 뜻으로 굴기라는 표현을 쓰는 것이다.

지부티에 중국이 해군기지를 건설한 것은 맞다. 그러나 그것이 '아프리카를 지배하기 위한 패권의 신호탄'이라 해석하는 것은 무리가 따른다. 식민지를 건설한 것이 아니다. 10년을 임대했고 10년 더 연장 가능한 형식이다. 지부티에 중국만 그런 식의 군사기지를 둔 것은 아니다.

---

1 2017년 08월 01일.
2 2015년 11월 27일.
3 2015년 11월 27일.
4 2015년 11월 27일.
5 〈중국, 서부 내륙 충칭에 커피 거래소가 활황인 이유는〉, 《중앙일보》, 2017년 12월 03일.

미국과 프랑스, 이탈리아도 군사기지를 두고 있다. 군대를 가지는 것이 금지된 일본조차 지부티에 군사기지를 두고 있다. 2009년 아덴만에 해상자위대를 파견한 것을 계기로 2011년 정식으로 군사기지를 만들고 눌러앉았다. 한국군사문제연구원의 분석에 따르면 그중 미국의 군사기지가 가장 크고 중국의 기지가 가장 작다.[6]

서구 열강들이 지부티에 군사기지를 두는 까닭은 아프리카를 지배하기 위해서가 아니다. 지부티의 위치가 지니는 무역경로 상의 중요성 때문이다. 수에즈 운하를 통해 유럽과 아시아를 오가는 상선들은 반드시 지부티를 지나가야 한다. 지부티 맞은편에 있는 국가인 소말리아는 무정부 상태이다. 소말리아 해적들이 창궐하여 이 지역을 다니는 상선들에게 막대한 피해를 입힌다. 한국도 여러 번 피해를 입었다. 중국의 상선도 마찬가지로 피해를 입었다. 미국이나 프랑스의 도움을 받기 어려운 중국으로서는 독자적인 방어체계를 갖추는 것이 시급했다. 지부티 군사기지는 그런 까닭으로 만들어졌다.

한국 언론은 일본의 지부티 군사기지는 군사기지라고 보도하지 않고 '거점'이라 보도했다. 심지어 일부 한국 언론은 중국의 군사기지를 견제하려고 군대를 둔다는 일본의 변명까지 여과 없이 그대로 보도했다.[7] 한 걸음 더 나아가 일본이 중국의 식민지화되어 가는 약소국 지부티를 돕기 위해 자위대를 파견했다고 보도했다.[8] 자위대 부활을 꿈꾸는 일본 우익 논리의 복사판이다. 반면 중국의 지부티 군사기지 건설에 대해서

---

6 KIMA 뉴스레터, 759호.

7 〈日, 지부티 자위대 거점 계속 유지방침〉, YTN, 2018년 10월 15일; 〈일본, 지부티 자위대 기지 확장…"중국군 대형 기지에 대응"〉, 《뉴시스》, 2017년 11월 19일.

는 '군사굴기'라고 중국의 팽창성을 강조하며 대서특필했다.

중국 지식인들은 지부티 군사기지를 군사굴기라며 중국 위협론을 부추기는 서방의 공격에 대해 "쓴 웃음을 짓게 만든다"며 반박했다. 중국의 지부티 군사기지 면적은 40ha(0.4 제곱킬로미터)로 최소 시설과 최소 인원이 주둔하기도 모자라는 반면 중국기지에서 불과 10km 떨어진 미군기지에는 주둔군만 4,000명이 아니냐고 되물었다.[9] 서구의 공격과 달리 2017년 이후 지금까지 중국의 해외 군사기지 건설은 별다른 변동 사항 없이 현상유지하고 있다. 한국 언론은 중국이 해외 군사기지를 본격적으로 가지는 대열에 합류하는 신호탄이 될 것[10]이라고 예상했지만 예상은 빗나갔다.

영국 킹스대학의 케리 브라운 교수는 중국이 지부티에 해군기지를 건설한 것을 놓고 서구와 완전히 다른 해석을 내놓는다. 그는 지부티의 군사기지 건설이 오히려 "중국의 머뭇거림이나 나약함"의 표시라고 주장한다. 그는 "세계 2위의 경제 대국인 중국이 지금까지 해외에 군사시설이 전혀 없는 것이 오히려 이례적이다. 미군은 세계 곳곳에 파견되어 있으며, 120개 이상의 국가에 640개 이상의 군사기지가 있다"며 서구의 중국 위협론이 가진 이중 잣대를 비판한다.[11]

중국의 군사굴기라는 프레임이 성공하려면 세 가지 요소가 증명되어야 한다. 의도가 있어야 하고, 이익이 있어야 하며, 능력이 있어야 한

---

8 〈"중국 진출 막아라"…일본, 스리랑카·지부티 해상경비강화 지원〉, KBS, 2018년 01월 21일.

9 https://news.ifeng.com/a/20170713/51421374_0.shtml?_zbs_baidu_news, 검색일자: 2021년 12월 3일.

10 〈중국 첫 해외기지 지부티 본궤도 올라〉, 《한겨레》, 2016년 08월 21일.

11 케리 브라운, 도지영 옮김, 《중국 외교 읽기》, 시그마북스, 2018, 9쪽.

다. 현재 중국의 군사비 증가가 샌프란시스코체제 내에서 중국이 지금까지 사용해 온 수세적인 반접근·거부 전략(A2AD)을 공세적으로 변화해 사용했다는 증거는 부족하다. 중국의 군사비 증가를 중국의 팽창 의도와 연결하려면 다른 국가에 비해 과도한 군사비 지출을 하고 있거나 미국의 군사력을 뛰어넘기 위한 특별한 시도가 증명되어야 한다.

일부 논자들은 칭화대학교의 옌쉐퉁 교수와 같은 강경론자들의 대국굴기론을 군사적 굴기로 해석하고 그런 논지가 중국의 주류라고 판단한다. 그러나 전혀 반대의 주장을 하는 논자들도 얼마든지 있다. 지금 중국의 지적 스펙트럼은 그리 단순하지 않다. 객관적 지표로 보면 중국은 여전히 미국 국방성이 규정한 반접근·거부 전략을 넘어서지 않고 있다. 스톡홀름 국제평화연구소의 발표에 따르면 2019년 미국은 GDP 대비 4.9%의 군사비를 증가했고 중국은 1.9% 증가했다. 미국을 넘어서기는 커녕 한국의 군사비 2.5%에도 미치지 못했다. 미국은 한미동맹을 포함하여 52개국과 동맹을 맺고 있고, 100개가 넘는 국가에 군대를 파견한다. 그러나 중국은 어느 국가와도 동맹을 맺지 않으며, 지부티를 빼고는 어디에도 군대를 파견하지 않았다. 북한과도 우호친선 조약을 체결했으며 무기 공여와 같은 실질적인 군사협력은 없다.[12]

의도만 없는 것이 아니라 능력도 한참 모자란다. 중국은 여전히 중국을 봉쇄하는 전략을 구사하며 전쟁에 준하는 압박을 가하는 미국에 비해 현격히 열등한 군사력을 가지고 있다. 영국 국제전략문제연구소(IISS)의 세계 군사력 비교 2020에 따르면 미국의 인구는 대략 3억

---

12 문정인, 앞의 책, 2021, 112쪽.

3,000만 명이고, 중국은 14억 명이다. 미국의 GDP는 21조 달러이고, 중국은 14조 달러이다. 미국의 국방비는 6,846억 달러이고, 중국은 1,811억 달러이다. 미국은 GDP 대비 약 3.2%의 국방비를 지출하고 있고, 전 세계 국방비의 43%에 해당된다. 중국은 1.2%를 지출한다. 미국의 핵탄두는 5,800개이고, 중국은 320개로 추정된다. 미국의 항공모함은 11기이고, 중국은 2기이다. 미국의 원자력 핵잠수함은 53기이고, 중국은 6기이다. 중국이 미국의 국방력을 넘어서는 것은 이번 세기에는 불가능해 보인다.

객관적 지표가 군사굴기식의 팽창과 거리가 있는 중국의 군비 증가를 두고 한국의 안보 보수주의자가 중국의 군사굴기를 강조하려고 사용하는 방식은 대략 세 가지이다. 하나는 끊임없이 중국의 신무기를 나열하는 방식이다. 중국의 항공모함 구축 근황을 지속 보도하는 것이 그 한 예이다. 두 번째는 중국의 절대적 군사비 증가를 강조하는 방식이다. 중국의 GDP 성장이 가파르기 때문에 절대적 군사비는 계속 증가했다. 세 번째는 중국은 처음부터 팽창하는 국가라는 주장이다. 중국의 군사굴기는 '맹목적인 지향'이거나 '역사적 유전'이라는 것이다.

압도적으로 높은 군사력을 가진 미국이 존재하는 아시아 지역에서 절대적 군사비는 그다지 의미가 없다. 절대적 군사비가 높아지고, 군대가 현대화해도 상대국의 전력에 비해 뒤떨어진다면 '군사굴기'라는 개념은 무의미하다. 컬럼비아대학 전쟁과평화연구소의 연구원인 스테판 베르트하임은 중국의 군사력은 주변 지역으로 팽창이 목표가 아니라 "지금까지 해안과 본토에 대한 접근을 거부하는 데 군사력을 집중해 왔다"고 본다. 중국의 팽창 의도는 "세계는 고사하고 동아시아에서 패권을

노리는 것도 갈 길이 멀고, (시도한다고 하더라도) 값비싼 대가를 치를 수 밖에 없다"고 본다.[13]

중국에서 GDP의 증가에 따라 군사비 총액이 늘어나는 것은 맞다. 그러나 "중국군의 장비와 설비는 서방 국가들 수준에 크게 미치지 못할 뿐만 아니라 중국 민간부문의 수준과도 동떨어져 있다."[14] 중국의 군사비는 지금의 군비를 현대화하는 데 쓰이기에도 충분하지 않다. 결국 중국의 군사비는 선택과 집중을 할 수 밖에 없는 구조이다. 미국의 중국봉쇄 전략과 중국붕괴 전략이 지속되는 한 중국은 미국의 군사굴기에 최소한의 억지력을 갖추기 위해서 국방비 지출을 늘려야 하는 구조이다.

결국 객관적인 지표가 뒷받침되지 않을 때 우익들이 사용하는 방법이 이데올로기 공격이다. 한국의 안보 보수주의자가 주로 택한 방식은 역사를 재해석하는 방식이다. 중국의 팽창은 '역사적 유전'이라 팽창할 수밖에 없다는 것이다. 안세영 전 서강대 교수는 《위대한 중국은 없다: 시진핑이 모르는 진짜 중국》이라는 책에서 중국은 맹목적인 팽창을 지향하는 역사적 유전인자를 가지고 있다고 주장한다. 안 교수는 중국의 팽창지향성을 강조한 나머지 명나라의 정화가 남해원정을 통해 "아라비아 반도와 동아프리카까지 조공무역체제를 구축했다"는 주장까지 한다. 정화의 남해원정에 대한 기념비적인 연구 《1421 중국, 세계를 발견하다》를 쓴 개빈 멘지스조차 발견하지 못한 혁신적인 주장이다. 개빈 멘지스의 주장은 전혀 반대이다.

---

13 Stephen Wertheim, ibid.

14 애덤 투즈, 앞의 책, 366쪽.

안세영도 주장하듯 명대 이후 중국은 청 말까지 해금정책을 실시해 왔다. 해금정책은 팽창정책이 아니라 수성정책이다. 역사학자들이 정화의 남해원정을 주목하는 까닭은 콜럼버스보다 71년이나 먼저 아메리카에 도달했고, 마젤란보다 100년 먼저 지구를 한 바퀴 돌았을 만큼 선진적인 과학기술과 힘을 가지고 있으면서도 왜 식민지를 구축하지 않았느냐는 점이다. 식민지를 건설하기는커녕 남해원정을 끝내자마자 오히려 바닷길을 봉쇄하고 해금정책을 실시했다. 정화의 남해원정이야말로 중국에게는 팽창을 지향하는 맹목적인 지향이나 역사적 유전 같은 것이 없다는 증거이다.

서구의 이론에 영향을 받아 근대화론을 숭배하는 학자들은 서구가 지나온 팽창의 역사를 표준으로 보고, 그런 길을 가지 않은 국가의 역사를 잘못된 역사라고 규정한다. 《세계화의 단서들》을 쓴 경제학자 송병건도 그중 한 명이다. 송병건은 정화가 "대항해시대를 선도할 기회를 중국이 놓치"게 만들었다고 주장한다. "중국의 관점에서 볼 때 대양 항해의 중단은 전 지구적 헤게모니를 유럽에 넘겨주게 되는 참으로 아쉬운 순간이었다"고 했다.[15] 서구의 역사를 표준으로 놓고 중국이 팽창의 길을 가지 않은 것을 아쉬워하는 잘못을 하고 있다.

미중 충돌이 가속화되는 시점에 이르면 한국의 안보적 보수주의 진영에서는 중국의 군사굴기 프레임을 더욱 확대 재생산했다. 2020년 5월 한국 군사문제연구원은 군사전문가들의 말을 인용하여 중국의 지부티 해군기지가 중국의 인도양 진출을 위한 전초기지로 활용될 것이며 이를

15 송병건, 《세계화의 단서들》, 아트북스, 2019, 94쪽.

기반으로 아프리카, 대서양, 중동 그리고 유럽으로 영향력을 확장할 것이라고 주장했다.[16] 중국의 군사력이 태평양을 넘어 인도양을 점령하는 날이 올까? 많은 안보 보수주의자들도 중국이 태평양에서 미국의 군사력을 압도하는 일은 이번 세기 내에는 불가능한 일이라고 전망한다.

중국의 '군사굴기' 위협을 부풀리기 위해 한국 언론은 '상상된 중국'을 동원하는 것도 마다하지 않는다. 2020년 7월 2일 《중앙일보》는 〈육군이 본 한반도의 최대 위협 "북한군이 아닌 中북부전구"〉라는 기사를 내보냈다. 육군교육사령부가 '중국 지상군의 작전 수행 양상 및 북부전구 작전 수행 역량'이라는 보고서를 만든 것을 바탕으로 이런 제목으로 기사를 냈다. 중 북부전구가 한반도에 가장 큰 위협이 되는 일은 남북통일 이후에나 가능한 일이다. '상상된 중국'에 대한 공포를 동원해 신식민주의를 옹호하고 있다.

'상상된 중국'을 동원하여 중국의 위협을 부풀린 뒤 보수언론이 내미는 카드는 뻔하다. 미국 편에 서라는 것이다. 중국의 군사굴기에 대한 공포만큼 한국을 미국의 군사적 전초기지로 삼는 것을 정당화하는 것은 당연한 논리적 귀결이다. 2020년 8월 13일 《조선일보》는 〈베이징 때릴 수 있는 미 초장거리 포 한국 배치될까〉라는 기사를 내보냈다. 《조선일보》는 랜드연구소 보고서의 분석을 바탕으로 "결국 한국이 중국 핵심부를 타격하기 가장 좋은 위치"라고 주장한다. 2020년 이 보고서는 남북이 충돌하면 모두 망한다는 게 결론이었는데 《조선일보》는 완전히 다른 결론을 유도한다. 한국이 초토화되더라도 중국을 적대국으로 만들자. 그

---

16 〈중국의 지부티 해군기지 확장과 함의〉, 《국방일보》, 2020년 05월 27일.

것이 《조선일보》의 결론이다. 사드 설치 때 《조선일보》가 보여 준 태도와 한 치도 달라진 게 없다. 신냉전으로 중국과 적대 진영을 구축하자. 그런 주장을 담은 것이다.

적대적 사고는 적대적 사고를 불러일으킨다. 한국의 안보 보수주의자들이 내세우는 '군사굴기' 프레임은 중국을 적대 전선으로 몰아가 중국의 강경론자들을 자극할 것이다. 한국에 대한 경각심을 불러일으켜 중국의 '군사굴기'를 부추길 게 분명하다. 《조선일보》의 주장대로 미국의 초장거리 포가 한국에 배치되면 중국도 안보 보수주의자가 전면으로 나설 것이 불을 보듯 뻔하다. 결국 한국의 안보 보수주의자가 주장하는 중국의 '군사굴기'는 실질적으로 중국의 '군사굴기'를 만들어내는 데 기여할 수 있다. 그런 점에서 '군사굴기'는 신냉전적 세계를 구축하려는 안보 보수주의자들의 군사주의적 기획이다.

2 항행의 자유

미국이 남중국해에서 원하는 것은 이른바 '항행의 자유'이다. 항행의 자유는 두 가지 뜻이 담겨 있다. 하나는 일반적이고 국제적으로 통용되는 항행의 자유이다. 국제법을 지키는 모든 선박과 비행기는 해당 영역을 자유롭게 이용할 수 있는 권리를 말한다. 그러나 미국이 요구하는 또 다른 항행의 자유는 전혀 다른 의미이다. 한마디로 말하면 미국 군함의 자유로운 통행을 뜻한다.

일본이 중국을 배제하려고 구상한 '자유롭고 열린 인도태평양 구상(FOIP)'을 보면 미국이 말하는 항행의 자유가 무엇인지 더 분명하게 드러난다. FOIP가 내세우는 것이 "자유롭고 열린 인도태평양 실현"이다. 그들이 말하는 자유는 군함까지 포함하는 항행의 자유이다. 그들이 말하는 '열린'의 대상은 중국을 배제하기 위한 국가들이다. 중국으로서는 도저히 수용할 수 없는 시도인 셈이다.

남중국해는 미국과 한국의 안보 보수주의자가 중국이 팽창적이라고 주장할 수 있는 가장 핵심적인 아킬레스건이다. 근거가 없는 것은 아니다. 중국은 아세안 국가들과 분쟁 중인 남중국해에서 다른 지역에서와 달리 매우 공격적인 행보를 보이기 때문이다. 특히 중국의 인공섬 건설은 논란의 한복판에 있다. 2013년 필리핀은 중국을 UN해양법협약에 따라 설치되는 중재재판소에 제소했고, 중국은 재판을 거부했다. 2016년 7월 중국은 재판에 참석하지 않았고 필리핀은 승소했다. 중국은 당사국에게 주어지는 재판관 추천권까지 사용하지 않으며 남중국해가 분쟁지역이 되는 것을 거부했다. 재판에 승소한 필리핀은 실효가 별로 없는 중국의 인공섬 건설 거부 전략보다 남중국해의 자원공유 및 공동개발처럼 경제협력을 통해 실리를 확보하는 전략으로 나아갔다.

중국이 남중국해를 자기 영토라고 주장하는 근거는 크게 세 가지이다. 하나는 국제법상 자국의 영토임을 판단하는 주요 근거인 '선점원칙'이다. 중국은 서한 시기 이후 '남해'의 주권을 확보했고, 난사군도를 자기 영토로 편입하고 관리했다고 주장한다. 삼국 시기 책에 그 당시 정부가 관리해 온 기록이 남아 있고, 명나라 정화의 남해원정 시기에는 더욱 공고히 자기 영토로 확정했다는 것이다. 두 번째는 근대 이후 실질적 주권을 확보했다. 2차 세계대전 시기 일본이 이 지역을 통치하고 있을 때 베트남은 남해가 중국의 영토임을 승인했고, 말레이시아를 포함한 다른 국가들은 이 지역에 어떠한 주권도 행사하지 않았다는 것이다. 이들 국가들이 이 지역의 주권을 주장하기 시작한 것은 1980년대 UN해양법이 발표되고 난 이후이다. 세 번째로 국가주권과 국제법상 200해리 경제수역권리가 충돌할 때는 국가주권이 우선한다고 보기 때문이다.[16]

이 문제에서 가장 논쟁이 되는 것은 미국의 남중국해 개입 시기이다. 중국의 인공섬 건설을 기점으로 미국이 개입했다면 중국의 공격적 행동이 이 지역의 평화와 안정을 해쳐 미국의 민주적인 개입이 이루어졌다고 볼 수도 있기 때문이다. 한국의 거의 모든 연구자들은 미국의 개입이 2013년 중국의 인공섬 건설을 기점으로 이루어졌다고 본다.[18] 이런 주장들은 미국과 동맹관계에 있는 국가들의 주장이다. 그러나 중국은 미국의 강력한 회귀 정책이 남중국해에서 중국이 적극 활동하게 했다고 주장한다.[19]

한국 연구자들이 남중국해를 바라보는 관점에는 두 가지 질문이 생략되었다. 왜 중국은 2013년에 인공섬을 건설하기 시작했을까. 적어도 2010년까지 중국은 당사국들과 협의하에 평화와 안정을 바탕으로 하는 '항행의 자유'를 지켜 왔다.[20] 그런 중국이 왜 갑자기 인공섬을 건설하기 시작했을까? 다음 질문도 해야 한다. 중국이 실질적으로 지배하던 지역에 인공섬을 건설한다고 해서 미국이 군사력을 앞세워 대대적으로 대응하는 것이 이 지역의 평화와 안정에 바람직한가?

중국이 남중국해에서 강경하게 나서기 시작한 것은 미국 오바마행정부가 2011년부터 시작한 아시아회귀 정책과 밀접하게 연결되어 있다. 2011년 오바마 대통령은 호주 의회에서 "아시아태평양 지역의 광대

---

17 宋振华, 〈南海问题的由来、实质及应对之策〉, 《新西部》, 2017, Vol.33, p.64; 卢晓莉, 〈浅析南海问题的历史、现状及中国的立场〉, 《南昌教育学院学报》, 27-1, 2012, p.192.

18 박용현, 〈남중국해 분쟁의 평화적 해결방안 모색〉, 《베트남연구》 17권 1호, 2019, 129쪽.

19 姚洋, 〈美"重返亚洲"政策让中国不安〉, https://www.aisixiang.com/data/61364.html, 2013.02.18. 검색일: 2021년 10월 31일.

20 친티엔·차창훈, 〈중국 대외정책의 현상 변경 서막?: 2010년 이후 중국의 남중국해 정책 변화와 그 요인을 중심으로〉, 《21세기정치학회보》 27권 3호, 2017, 150쪽.

한 잠재력에 우리가 관심을 가지고 있다"고 선언하면서 이른바 '아시아 회귀 정책'을 개시했다.[21] 오바마행정부는 그때부터 적극적으로 중국이 남중국해의 지하자원을 독점하고 전 지구적인 패권국이 되기 위해 남중국해를 장악하고 있고, 이런 중국의 야욕을 저지하기 위해 미국이 행동한다고 표명하기 시작했다. 캐나다 아시아태평양 재단의 반 잭슨(Van Jackson)은 이를 한마디로 "미국이 아시아를 화약통(Powder Keg)으로 만들고 있다"고 주장했다.[22]

2011년 10월 11일 미 국무장관 힐러리 클린턴이 《포린폴리시》에 발표한 그 유명한 "미국의 태평양 시대"라는 기고문에는 미국의 아시아 회귀 정책의 핵심이 그대로 들어 있다. 힐러리는 "해외에서의 사업은 국내의 번영과 안보의 열쇠"라고 주장하며 "정치의 미래는 아프가니스탄이나 이라크가 아닌 아시아에서 결정"된다고 보고, "모든 외교 자산을 아시아태평양 지역의 모든 국가와 구석에 계속 파견"하는 "전향 배치"를 실시할 것이라고 선언했다. 힐러리 국무장관이 발표한 아시아회귀 정책의 핵심에는 "중국해에서 항행의 자유를 수호하거나, 북한의 핵확산 노력에 대응"하는 것이 포함되었다.[23] 중국봉쇄의 신호탄이었다.

힐러리 국무장관은 미국 국무장관으로서는 처음으로 아시아 순방에 나섰다. 2010년 7월 아세안지역안보포럼(ARF)에서 남중국해가 미국

---

21 Zack Cooper and Adam P. Liff, "America Still Needs to Rebalance to Asia: After Ten Years of Talk, Washington Must Act", *Foreign Affairs*, Aug. 2021.

22 Van Jackson, "America Is Turning Asia Into a Powder Keg: The Perils of a Military-First Approach", *Foreign Affairs*, 2021.10.22.

23 Hillary Clinton, "America's Pacific Century: The future of politics will be decided in Asia, not Afghanistan or Iraq, and the United States will be right at the center of the action", *FP*, 2011.10.11.

의 국익에 직결되는 사안이라고 강조한 연장선이라 볼 수 있는 공격적 외교 행보였다. 미국은 2014년 필리핀과 방위협력확대협정을 체결하여 미군이 필리핀에 상시로 주둔할 것과 연합훈련을 할 수 있게 만들었다. 2015년 10월에는 중국이 건설한 두 개의 인공섬 근처에서 미 구축함으로 '항행의 자유' 작전을 실시했다. 2015년 4월 오바마 대통령은 중국이 주변국을 종속시키려 한다고 비난했고, 5월 미 해군은 해상초계기를 남중국해에 띄웠으며, 10월에는 구축함 라센호(USS Lassen)를 그 지역에 통과시켰다.[24]

중국이 남중국해 인공섬 매립을 시작한 것은 2013년 말이다. 2011년 오바마 대통령이 아시아회귀 정책으로 남중국해에 개입한다고 선언한 지 2년이 지난 뒤였다. 2013년 6월 시진핑 주석은 재선에 성공한 오바마 대통령을 만나 중국의 부상을 인정하고 새로운 평화 질서를 구축하자는 '신형대국관계'를 요청했지만 오바마 대통령이 거절한 바로 다음이었다. 미국은 중국의 부상을 인정하고 샌프란시스코체제를 수정하기보다는 중국의 부상을 만들어 낸 키신저 시스템을 붕괴시키는 중국봉쇄 정책을 시행하겠다고 시진핑 주석에게 통보한 것이었다. 2013년 9월 중국은 일대일로 구상을 발표했고, 11월에는 동중국해 방공식별구역을 선포했다.

오바마행정부는 이전과 달리 중국 관련 지역에서 영토분쟁을 일으키도록 방조했다. 2012년 일본은 댜오위다오·센카쿠 섬 국유화를 선언했다. 미국이 아시아회귀 정책을 사용하기 이전에는 시도조차 불가능했던 일이다. 2013년 필리핀은 남중국해를 분쟁 지역으로 만들며 UN 중

24 이동률, 앞의 글, 2017, 390쪽.

재재판소로 이 문제를 끌고 갔다. 2020년에는 쿼드에 가입한 인도가 영토분쟁에 가담했다.

중국에게 UN의 결정을 따르라고 요구하는 미국은 정작 UN해양법협약을 따르지 않았다. 2021년 7월 말 미국은 영국, 일본, 호주와 함께 이 지역에서 대대적인 합동군사훈련을 실시했다. 그중 어느 국가도 이 지역의 당사국이 아니었다. 한국 언론 대부분은 이 사태를 '미국이 옳다'는 프레임으로 접근했다. '미개한 중국' 프레임과 '중국은 성공할 수 없다'는 프레임도 작동했다. 《중앙일보》의 〈中 핵 잠수함, 英 항공모함 퀸엘리자베스 미행하다가 덜미〉[25] 같은 기사는 이런 프레임이 집합되어 있다.

중국에게 인공섬은 중국 팽창의 전초기지가 아니라 미국의 군사적 '항행의 자유'를 막기 위한 보루였다. 남중국해는 일대일로의 일로에 해당하는 바닷길의 핵심이다. 유럽이나 중동, 아프리카에서는 대부분의 화물들이 말라카해협을 지나지 않으면 중국에 들어올 수가 없다. 말라카해협을 지나는 선박의 60%가 중국 선박이며, 중국이 수입하는 석유의 80%가 이 해협을 통과한다.[26] 이 지역은 해마다 3조 4,000억 달러 이상의 물자들이 오고 간다. 이 지역은 중국의 아킬레스건이다. 이 지역을 봉쇄하면 지금까지 일구어 온 중국의 성장이 하루아침에 물거품이 될 수도 있다. 중국이 지부티에 해군기지를 건설하고, 말레이반도에 조차지를 만들고, 스리랑카에 항구를 장기 임대하는 것은 모두 교통로 확보와 관련이

---

25 2021년 08월 09일.
26 이동률, 앞의 글, 2017, 379쪽.

있다. 그 길들은 모두 중국의 선박들이 오고 가는 교통로이다.

이 시기 시작된 중국의 일대일로는 개발주의의 확장이거나 제국몽을 실현하기 위한 발판이라기보다는 중국의 지속적인 경제성장 기반 마련과 함께 미국의 봉쇄 정책에 대항하는 성격이 더 강하다. 일대일로는 중국의 교통로 건설사업의 일환이다. 교통로의 관점에서 보면 남중국해는 매우 위험부담이 큰 교통로이다. 미국을 포함한 특정한 국가 때문에 언제든지 차단될 수 있을 정도로 말 그대로 '좁은 한 길'이다. 중국은 "미국의 견제를 우회하면서 해양진출을 확대"[27]하는 길을 지켜야 했다. 일로가 미국에게 봉쇄당했을 때 사용할 또 하나의 큰 길이 필요했다. 미국의 힘으로부터 비교적 자유롭고, 누구 혼자의 힘으로 차단되지 않는 길. 그것이 일대이다. 중국은 그런 길이 필요했다. 중국이 중몽러 경제회랑 건설에 박차를 가하는 것도, 충칭에서 미얀마 사이에 2,000km에 달하는 석유관을 건설하고자 한 것도 일대 사업의 하나이다. 이 송유관이 통하면 중동과 아프리카에서 수송해 온 원유를 말라카해협과 남중국해를 거치지 않아도 된다.

한국의 안보 보수주의자가 말하는 항행의 자유는, 미국이 말하는 미국 군함이 자유롭게 항행하는 것을 뜻한다. 그러나 남중국해의 당사자인 동남아시아 국가들 대부분은 충돌을 일으키는 미국식 군사주의적 항행의 자유를 원하지 않는다. 2020년 9월 아세안지역안보포럼(ARF)에서 아세안 의장국인 베트남의 팜 빈 민 부총리는 "남중국해의 평화와 안정"을 역설하며 "아세안 회원국들은 국가 간의 경쟁 사이에 끼어드는 것을

27 이동률, 〈남중국해 판결 이후 중국의 행보〉, 《EAI논평》, 2016, 3쪽.

원하지 않는다"고 밝혔다. 남중국해에서 미중 충돌이 야기될 때 아세안은 가장 직접적인 피해자가 된다. 미국의 화웨이 배제 요청에 아세안이 소극적으로 대응하거나 쿼드 플러스(Quad plus) 요청을 묵살하는 것은, 그들은 무역선이 자유롭게 항행하기를 바라지 군함이 다니는 것을 원하지 않기 때문이다.

아세안은 미국이 필요한 안보에 관심이 있는 것이 아니라 그들이 필요한 경제에 관심이 있다.[28] 트럼프의 중국봉쇄 정책에도 2021년 상반기 중국과 아세안 사이 교역액은 전년도 같은 시기 대비 38.2% 증가했다. 아세안 사무총장 림 족 호이(Lim Jock Hoi)는 아세안과 중국의 전략적 동반자 관계가 이 지역에서 가장 실질적이고 역동적인 동반자 관계가 되었다고 표명했다.[29]

남중국해에서 미국 군함이 항행할 자유는 한국의 국익에 이익이 되기보다는 손해가 될 가능성이 높다. 이미 한국은 전 세계 물동량의 30%가 오고 가는 남중국해에서 무역선이 항행할 자유를 충분히 누리고 있다. 한국이 다시 신냉전체제하에서 완전히 미국 편에 서지 않는 한 남중국해에서 중국이 한국의 무역선이 항행할 자유를 막을 까닭이 별로 없다. 글로벌 경제체제의 혜택을 가장 많이 누리고 있는 국가가 중국이고, 자유무역과 다자주의는 글로벌 경제체제를 받쳐 주는 양 기둥이기 때문이다.

그러나 미국 군함의 항행의 자유를 외치며 남중국해에서 미국이 군

---

28 Jack Detsch, "Biden Looks to Contain China—but Where's the Asian NATO?", *FP*, 2021.03.26.

29 "US no longer in the position of strength for its arrogance and impertinence", People's Daily, 2021.08.10.

사 개입을 계속할 때 한국의 국익은 위험에 빠질 공산이 크다. 중국은 그 어떤 충돌을 감당하고서라도 남중국해에 미국 군함이 들어오는 것을 막을 것이다. 남중국해와 대만, 그리고 홍콩이 미중 간의 군사 충돌이 야기될 핵심지역 중 하나인 까닭은 중국이 결코 미국의 공격에 양보할 가능성이 없기 때문이다. 남중국해에서 군사 충돌이 일어난다면 미국은 당연히 베트남전에서 그랬던 것처럼 일본과 한국을 끌어들이려고 할 것이다. 진보정권이었던 노무현정부조차 이라크전쟁에 끌려들어 갔다. 남중국해에서 무력분쟁이 발생하면 한국은 끌려갈 가능성이 높다. 호주의 전직 총리 두 명이 미국의 군사주의 대응에 강하게 반대하는 것도 그것이 호주의 국익에 절대 해로운 일이라고 판단하기 때문이다.[30]

중국은 끊임없이 평화로운 바다에서 항행의 자유를 말하고 있다.[31] 남중국해에서 필리핀을 위해 중국의 개입을 저지해 주겠다고 말하는 폼페이오의 발언에 대해 루캉 중국 외교부 대변인은 "미국을 비롯한 남중국해 밖의 국가들이 중국의 평화와 안녕을 염두에 두고 있다면 이 지역에서 문제를 일으키지 말아야 한다"고 말했다. 루캉이 말하는 중국의 평화란 곧 남중국해에서 중국이 아세안과 평화를 유지할 자신이 있다는 것을 뜻한다. 중국 정치인의 공언과 상관없이 중국은 이 지역의 안전이 어느 국가보다도 절실하다. 중국의 핵심이익은 이 지역의 자원이 아니라 안정적인 교통로 확보이기 때문이다.

---

30 "Xi Jinping's foreign policy behind worsening China–Australia ties, say former PMs Malcolm Turnbull and Kevin Rudd", SCMP, 2021.08.10.

31 "The South China Sea should not become a 'hunting ground' for US geopolitical interests", GT, 2021.07.12.

역사적으로 중국은 아세안과 충돌을 가급적 피해 왔다. 지역 간 협력관계가 진전했고 아세안의 힘도 성장해 중국이 아세안을 압도적으로 제압할 가능성도 희박해졌다. 결국 중국이 의미하는 '항행의 자유'도 우리나라와 아세안이 말하는 '항행의 자유'에 훨씬 가깝다고 볼 수 있다. 한국의 평화 세력이 옹호해야 할 항행의 자유는 미국이나 중국의 군함이 항행할 자유가 아니라 무역선이 항행할 자유여야 한다. 중국은 여전히 무역선이 항행할 자유 편에 서 있다. 없다면 우리 힘으로 그것을 만들어야 한다. 중국을 평화의 바다로 끌어내는 힘은 미국의 군사주의적 중국봉쇄 전략이 아니라 다자주의적 협상과 협력이다.

3 첩보기관 공자학당

중국이 군사굴기를 하고 있고, 이를 통해 한반도를 집어삼킨다는 가설이 성립되면 그다음은 매카시즘적 공격이 가능하다. 트럼프정부 이전에 한국에서 한 번도 문제된 적 없는 공자학당이 갑자기 첩보기관으로 둔갑된 것도 한 예이다. 2020년 7월 9일 네이버와 《중앙일보》가 연합하여 운영하는 차이나랩에는 〈'첩보기관' 낙인찍힌 공자학원, 결국 이름 바꾸기로〉라는 기사가 올라왔다. 공자학당은 프랑스의 알리앙스 프랑세즈나 독일의 괴테 인스티튜트처럼 자기 나라 문화를 홍보하기 위해 중국이 다른 나라에 설립한 문화기관이다. 트럼프행정부의 전방위적 공격 대상에는 공자학당도 들어 있었다. 차이나랩은 "사상과 표현의 자유가 절대적으로 보장되어야 하는 교육기관에서 중국 정부의 입김이 강하게 작용"한다고 비판했다. 시진핑정부 이후 "중국공산당 체제에 대한 선전은 더욱 노골화되었"고 "공자학원에서 공자는 안 가르치고 마오쩌둥만 가르친다"고 지적한다. "공자학원 교재를 보면 오히려 공자를 비판하는 내용이 수두룩하다"며 "이런 편향적 교육 내용에 더해 공자학원이 일종의 스파이 기관 역할을 하고 있다"는 주장도 제기했다.

이 기사는 우선 기본 팩트조차 제대로 점검하지 않았다. 이 기사의 주장과 달리, 공자학당이 중국어교류협력센터로 변경된 것이 아니라 담당기관이 '중국국제중문교육기금회'로 바뀐 것이었다. 공자학당은 소속만 바뀌고 이름은 그대로 유지되었다.[32] 기본 사실조차 확인하지 않은 채 중국에 관한 많은 기사를 유통한다는 또 하나의 예이다.

이 기사는 중국이라는 국가를 이해하려는 태도 자체가 아예 없는 냉전적 접근법을 사용한다. 중국인에게 중국공산당은 오늘날 그들을 만들어 준 가장 중요한 역사적 실체이고, 마오는 그런 역사를 만들어 낸 핵심 인물이다. 미국 문화를 알려면 링컨을 알아야 한다. '국민의 국민에 의한 국민을 위한'이라는 연설은 미국을 공부한 사람이라면 누구든 배웠다. 설령 공자학당에서 마오를 가르쳤다고 하더라도 그곳에서 마오를 가르치는 것은 자연스러운 일이다.

'공자학원에서 공자를 안 가르친다'는 비판은 황당하기까지 하다. 괴테 인스티튜트에서는 괴테만 가르치는가? 서울대학에서 서울을 가르치라고 요구하는 것과 다를 바 없는, 표상과 실제 간의 차이조차 구별하지 못하는 주장이다. 괴테문화원에서 독일을 비판하지 않을 것이고, 미국문화원에서 미국의 문제점을 가르치지는 않을 것이다. 공자학당에서 중국을 비판하라는 것 자체가 난센스이다. 사상과 표현의 자유가 보장되어야 한다면서 공자학당에서 공자를 비판했다고 비판하는 것은 앞뒤

32 〈孔子學院未更名改由基金會運行符合國際慣例〉, 《中國新聞網》, 2020년 07월 06일.

가 맞지 않는 주장이다.

공자학당에서 중국공산당과 마오를 가르치는 방식이 서구의 거부감을 일으킬 만큼 여전히 고리타분한 것은 일부 사실이다. 중국공산당을 "민주주의를 숭상하고 민주주의를 위해 분투하는 정당"이라거나 "엄청난 재난을 겪고 있는 중국인에게 광명과 희망을 가져왔다"는 식의 내용은 외국인에게는 거부감을 줄 수 있는 세련되지 못한 문화교육 방식이다. 그러나 그것은 딱 그 수준의 비판이면 충분하다. 우리 교과서에도 그런 정도의 표현은 수없이 많이 등장한다. 아직 세련되지 못한 사회주의 방식의 표현들을 근거로 '체제선전을 노골화'한다는 공격은 과하다. 그런 공격 또한 중국문화원의 교육방식보다 조금도 나은 것이 없는 1970년 반공주의 냄새가 물씬 풍기는 낡은 방식의 비판이기도 하다.

설령 공자학당에서 그렇게 가르친다고 해서 여기에 세뇌당할 대한민국 국민은 없다. 대선 후보의 자세 하나에도 민감한 문화적 감수성을 가진 시대이다. 공자학당의 수강생들도 다 자기만의 생각이 있다. 그들은 이러한 방식의 '공산주의 선전'에 호락호락 넘어가지 않을 만큼 충분히 성숙되어 있다. 공자학당의 교재가 문제가 있거나 과도하게 중국적인 것들을 세뇌시킨다면 수강생들도 판단할 것이다. 그런 공자학당에 다닐 한국 사람이 몇이나 될까? 수강생이 없으면 공자학당은 운영할 수 없다. 더욱 중요한 것은 공자학당은 중국이 일방적으로 운영하는 커리큘럼이 아니다. 공자학당을 설립하는 대학과 합작해서 운영한다. 해당 대학이 원하지 않는다면 얼마든지 커리큘럼을 바꿀 방법이 있다.

이 기사는 아무런 근거도 없이 공자학당에 스파이 혐의를 덧씌운다. 미국이 휴스턴에 있는 중국 총영사관을 폐쇄하며 내세운 논리와 방식을 아무런 여과 없이 차용하여 공자학당을 공격한다. 일부 보수매체와 연관된 블로거들도 이런 주장을 퍼 나르고 있다.[33] 확인되지 않은 사실 중 일부를 채집하여 스파이 혐의를 씌우고 자기들이 원하는 방식으로 결론 내리고 중국을 몰아내자고 주장하는 것은 매카시즘이다. 하나의 잘못을 놓고 모든 것에 대한 책임을 묻고, 한 명의 행위를 모두의 행위로 몰아가는 것이 매카시즘의 특징이다. 바이든정부가 들어서면서 중국과 관련되어 스파이 혐의로 기소되었던 대부분의 사건들이 미국 법원에 의해 무죄로 판명되고 있다. 매카시즘이 통하는 시대는 이미 지났다.

공자학당은 세계 160여개 국가에 설치되어 있다. 여기서 배웠거나 이곳을 운영해 본 사람들이라면 스파이 행위를 할 만한 곳이 아니라는 것쯤은 쉽게 알 수 있다. 대개 대학의 부설기관으로 설치된다. 공자학당에 파견되는 일부 교수나 교사가 할 수 있는 스파이 활동이라는 것이 대체 무엇일까 같은 합리적 의심은 생략된 채 한국에는 공자학당이 23개가 있고, 이는 아시아에서 가장 많은 숫자라고 공격한다. 그 까닭은 분명해 보인다. 중국을 몰아내자. 보수주의자들은 지금 그런 싸움을 하고 있다. 중국을 몰아내자. 중국 없이도 세상은 잘 돌아간다. 그런 메시지를 보내는 유령이 떠돌고 있다.

---

33 https://blog.naver.com/china_lab/222025937782. 검색일: 2021년 10월 31일.

4 친중정권

문재인정부가 제시한 사드 3불정책은 안보 보수주의자들의 신냉전 기획에 심각한 타격이 되었다. 사드 설치를 원활하게 하지 못하면서 신냉전체제로 갈 기회를 상실했고, 일본과 삼각군사동맹체제를 구축할 수 있는 호기도 놓쳤다. 문재인정부의 중국 정책은 이른바 '균형외교'의 틀 안에서 움직인다. 홍콩 사태 때에도 '균형외교'의 틀 안에서 움직였고, 미중 충돌 시기에도 '균형외교'의 틀 안에서 대처했다. 반중주의적인 쿼드에 가입하지 않은 것이 그 대표적 예이다.

문재인정부의 '균형외교'는 노무현정부의 '동북아균형자론'의 연장선에 있다. 두 정책의 가장 중요한 목표는 샌프란시스코체제가 지닌 신식민주의 폐해를 최소화한다는 데 있다. 키신저 시스템하에서 성장한 한국의 국력을 바탕으로 분단체제의 폐해를 줄이고, 다자주의를 바탕으로 식민주의 폐해를 줄이기 위한 제도를 구축해 나가겠다는 것이다. 문재인정부의 '균형외교'는 한미동맹을 지지하고, 미국이 만든 샌프란시스코체제를 완전히 부정하지는 않는 점에서 여전히 전후체제적이다. 그러나 미국이 팽개친 키신저 시스템을 옹호하고 있고, 중국봉쇄 정책을 지원하지 않는다는 점에서 탈전후체제적이기도 하다. 즉 전후체제 성격과 탈전후체제 성격을 동시에 가진 과도기적 외교정책이라 볼 수 있다.

문재인정부의 균형외교는 탈전후체제적으로 한국의 안보 보수주의자들과 동행할 수 없는 정책이었다. 균형외교는 안보 보수주의자들의 친미주의와 신냉전 전략과 정면으로 부딪칠 수밖에 없다. 전후체제와 탈전후체제가 지향하는 분기선에는 중국을 대하는 태도가 가로놓여 있다. 안보적 보수주의는 중국봉쇄 정책을 통해 전후체제를 안정화시키려고 하고, 문재인정부는 키신저 시스템이 만들어 놓은 다자주의 틀 안에서 중국을 주요 당사국으로 대하면서 전후체제의 위기를 극복하려고 했다.

안보 보수주의자들이 문재인정부의 균형외교에 맞대응하여 들고나온 것이 '친중정권' 프레임이었다. 코로나19는 문재인정부를 친중정권으로 몰아가기 좋은 기회였다. 코로나19의 확산이 친중 정책의 결과라는 논리를 담은 기사가 2020년 2월 1일부터 3월 19일까지 약 50일 동안 조중동 신문에서만 30건이 쏟아졌다.[34] 《중앙일보》는 사설에서 "코로나 최고 숙주는 문재인정부의 중국 눈치 보기이다"[35]라는 막말까지 서슴지 않았다.

보수언론의 친중정권 프레임은 이데올로기 전쟁으로 부를 수 있을 만큼 전투적으로 전개되었다. 《중앙일보》 이하경 주필이 쓴 〈문재인 대

34 〈'운명공동체' 발언은 어쩌다 '친중 증거'가 되었을까〉, 《오마이뉴스》, 2020년 03월 26일.
35 《중앙일보》, 2020년 02월 24일.

통령은 시황제의 노예가 돼도 좋은가〉[36]라는 사설이 단적인 증거이다. 이 사설은 고대와 중세를 넘나들며 입맛에 맞는 사건이나 사실들을 채집하여 시진핑을 시황제라고 이름 붙이고 중국을 혐오의 대상으로 전락시킨 뒤, 문재인 대통령의 운명공동체 발언과 중국을 연결시켜 문재인정부가 중국의 노예가 되려고 한다고 강변했다. 황제, 노예와 같은 역사적 개념을 끌고 들어와 현실 정치를 비평하는 초역사적 사고는 정책에 대한 비판이 아니라 이데올로기 공격에서나 쓸 수 있는 방법론이다. 역사에서는 다른 나라를 방문하여 운명공동체라고 한 번 발언했다고 그 국가의 노예가 되는 일은 발생하지 않는다. 보수주의자들의 전투가 얼마만큼 거칠게 진행되는지 엿볼 수 있는 기사이다.

문재인정부의 대중 정책을 두고 벌인 이데올로기 전투는 《조선일보》도 전개했다. 마치 약속이라도 한 듯 《중앙일보》 주필의 논설이 게재된 것과 비슷한 시기인 2월 20일 《조선일보》 주필도 〈소름 끼치는 문 '한중운명공동체'론〉이라는 칼럼을 통해 문재인정부의 대중 정책을 신랄하게 비판했다.[37] 그는 중국의 문제를 채집하여 열거한 다음 "민주와 법치, 인권이 없는 세계 초강대국"이라고 정의하고 "중국공산당이 아시아 전체에 대한 패권을 추구"한다고 주장했다. 중국이 아시아패권을 추구하는 것을 보여 주는 한 예로 이상우 전 한림대 총장이 주장한 중국의 북한병합설을 인용했다. 이 칼럼은 "국민은 그럴 생각이 없으니, 대통령과 민주당은 중국공산당과 운명공동체가 돼라"고 끝을 맺는다. 2020년 2월

36 《중앙일보》, 2020년 02월 10일.
37 《조선일보》, 2020년 02월 20일.

27일 《조선일보》는 〈"중국이 그리 좋으면 나라를 통째 바치시든지"〉라는 기사를 실었고, 2020년 3월 4일 《문화일보》는 〈한국의 중국화가 문 정부의 꿈인가〉라는 기사도 내보냈다.

문재인 대통령이 말한 '한중운명공동체론'은 공동의 이해를 넓히자는 다자주의적 접근으로 정상들이 자주 사용하는 정치적 수사이다. 양국 정상들이 만나면 늘 차이보다 공통된 것들을 강조한다. 박근혜 대통령은 그런 뜻에서 중국 전승절에 천안문 망루에 올랐다. 문재인 대통령이 말한 한중공동체는 이웃과 평화롭게 살고 싶다는 덕담이다. 실제로 한국과 중국은 공동의 이해관계가 걸린 문제가 많다. 미세먼지, 황해오염, 원자력발전소, 핵무기 문제 들은 국경을 넘어서 공동의 운명의식을 가지고 해결해야 하는 일들이다. 그런 점에서 이웃 국가인 중국은 누가 뭐래도 운명공동체이다.

문재인정부를 친중정권으로 몰아가는 보수주의자들의 기획에 보수 유튜버를 포함한 언론과 정치권만 가담하고 있는 것이 아니다. 학계와 보수 시민단체들도 적극 가담했다. 윤덕민 교수는 문재인정부의 균형외교에 대해 "미국과 동맹관계인 한국이 미중 사이에서 균형외교를 하겠다는 발상은 자기모순적일 뿐더러 현실적으로 불가능한 오판"[38]이라고 주장했다. 윤덕민 교수에게 "21세기는 여전히 미국의 것"[39]이다. 윤 교수는 "대륙의 힘을 빌려 자신의 세력을 강화하고자 했던 구한 말 지배층의 구태가 어떻게 귀결되었는지 잊어서는 안 된다"는 경고를 날리며 "한미

38 〈전 세계 휩쓰는 40년 만의 '반중물결'…文 정부만 역주행한다〉, 《조선일보》, 2020년 09월 26일.
39 〈'투키디데스 함정'을 비켜가는 미국〉, 《조선일보》, 2020년 02월 18일.

동맹을 굳건히 해야 중국도 우리를 무시하지 못한다"고 했다. 또 "미국과 중국 사이에서 널뛰기하는 나라는 어느 한쪽으로부터도 신뢰를 얻을 수 없다"며 문재인정부에게 신식민주의체제에 대한 종속을 강조했다.

경직된 냉전 시대 사고는 초시대적 역사관을 바탕에 두기 마련이다. 윤덕민 교수는 시진핑 주석의 방한을 끌어내려는 외교부의 노력을 두고 "시진핑 주석의 방한 여부에 정치권은 울고 웃고 한다. 청일전쟁 이래 130년 가까운 외도를 끝내고 다시 '중화조공질서'로 복귀하는 것이 우리의 순리인가?"라고 묻는다. 참 황당한 역사관이다. 시진핑 주석이 한 번 방한한다고 '중화조공질서'가 부활하지 않는다. 박근혜 대통령이 중국을 방문했어도 그런 일은 생기지 않았다. 역사가 그리 쉽게 과거로 되돌아가는 것도 아니고 체제가 하루아침에 만들어지는 것도 아니다.

조국 전 법무부장관의 사퇴를 촉구하려고 전현직 보수가 결집한 보수우파 시민단체인 '사회정의를 바라는 전국교수모임'도 문재인정부를 친중정권이라고 규정하고 규탄하는 일을 벌였다. 2020년 5월 21일 〈대한민국 종중(從中)의 늪에 빠지다〉라는 심포지엄을 열어 문재인정부를 친중 사대주의 정권으로 규정하고 한국을 '중국노예의 길'로 접어들게 한다고 주장했다. 조공책봉시대에 사용되던 사대주의라는 용어를 끌어와 신식민주의를 옹호하는 전술이다. 죽은 공명을 불러와 산 중달을 이기고자 하는 격이다.

조국 사태 때 '조국탄핵'을 외치며 결성된 '신(新)전대협'이라는 보수 학생단체도 죽은 사대주의를 불러와 문재인정부를 공격하는 데 앞장섰다. 그들은 "중국공산당은 남조선의 수많은 친중파를 육성, 지원하며 한국을 공산전체주의 진영으로 편입시키고자 한다"고 주장하고, 중국이

"반미, 반일 감정을 자극하여 동맹관계를 이간질했고, 2017년, 마침내 친중정권까지 수립하는 데 성공했다"고 평가했다. 친중정권은 "중국에서 미세먼지를 날려도 자국민 탓이라며 트럭운전사 생계를 박살" 내고, "한국 대학생이 홍콩대 지지 대자보를 걸었다고 중국인에게 신상이 털리고 '화냥X' 소리를 들어도 중국이 무서워 찍소리 못하고 쉬쉬하는 나라"라며 한국은 중국의 식민지라고 주장했다.[40]

미래전략연구원도 그런 활동을 하는 싱크탱크 중 하나라고 볼 수 있다. 구해우 원장이 쓴 책 《미중 패권전쟁과 문재인의 운명》은 안보적 보수주의 진영 싱크탱크들이 하는 생각의 속살을 들여다볼 수 있다. 이 책은 구 원장이 그동안 여러 언론에 쓴 칼럼을 모아 놓은 책이다. 그런데 왜 하필 '문재인의 운명'이라는 제목을 내걸었을까 생각해 보면 미중 패권전쟁에서 '미국이 패할 가능성은 제로'이기 때문에 '얼치기 친북·친중 좌파운동권 파벌연대'인 문재인정권은 운명을 달리할 수밖에 없다는 주장을 담은 것으로 추정된다.

구 원장은 중국을 '중화민족패권주의'라고 규정한다.[41] 중화민족패권주의가 무슨 뜻인지 찾아보기 힘들지만 안보 보수주의자들이 공유하는 '중화패권주의'의 일종이라 생각된다. 구식민주의인 일본보다도 나쁘고, 신식민주의인 미국보다 더 악독한 권력이라는 뜻이다. 그는 그런 중국이 만든 신냉전 시대에 맞는 새로운 신국가 전략을 세워야 한다고

---

40 〈전대협 "미세먼지·홍콩 시위 말 못하는 한은 中 식민지"…전국 430개 대학에 정부 비판 대자보〉, 《조선일보》, 2019년 11월 25일.

41 구해우, 《미중 패권전쟁과 문재인의 운명: 미중 신냉전 시대와 한반도 자유통일 국가전략》, 글마당, 2019, 13쪽.

주장한다.[42] 신국가 전략의 핵심은 미국과 한편이 되어서 미국의 중거리 미사일을 한반도에 배치하고 미국의 핵을 공유하는 것으로 보인다.

안보적 보수주의의 '친중정권' 프레임은 집요하게 작동했다. 미국과 일본의 국방장관이 모여 '중 중거리 미사일 시험 반대' 성명을 내는 자리에 한국이 참여하지 않았다고 "중국 눈치 보는 정권"[43]이라고 비판하고, 홍콩 사태를 두고 정부가 '홍콩의 고도의 자치가 중요'하다는 외교적 수사를 사용했다고 비민주적 정권으로 몰아갔다.[44] 폼페이오 미 국무장관이 시진핑 주석을 향해 "파탄 난 전체주의 이념의 신봉자"라는 폭언을 퍼붓던 시기였다. 사회적 의미가 있는 모든 행동을 미국의 정책과 다르다는 이유만으로 반미라고 규정하고, 그것을 적국과 동맹하는 것이라 비난하는 것이 곧 신냉전 프레임이다.[45]

안보 보수주의자들이 친중정권 프레임을 만드는 데 유사인종주의를 동원하는 것은 자연스러운 일이다. 오세훈 국회의원 후보는 2020년 4·15 총선에 나서면서 "조선족 90% 이상이 친민주당 성향"이라고 주장했다. 조선족에 대한 유사인종주의 반감을 활용해 '친중정권'을 무너뜨리고자 하는 의도가 명확하게 드러나는 기획이었다. 이런 기획은 2021년 서울시장 보궐선거에서도 계속 이루어졌다. 3월 31일 《중앙일보》는 〈中동포는 민주당 찍는다?…오세훈 발언에 거세진 투표권 논란〉이라는 기사를 실었다. 이 기사는 재한중국동포의 투표권 박탈까지 고

42 〈"전대협 의장 수령론이 민주당의 정치문화가 됐다"〉, 《월간조선》, 2020년 10월호.

43 〈한 빠진 미일 국방장관 회담 "중 중거리 미사일 시험 반대"〉, 《중앙일보》, 2020년 08월 30일.

44 〈홍콩 사태에 침묵하는 민주화 선배 한국〉, 《조선일보》, 2020년 08월 03일.

45 안토니오 네그리, 정남영 외 옮김, 《다중과 제국》, 갈무리, 2011, 84쪽.

려해야 한다는 뉘앙스를 담았다.

친중정권 프레임은 수시로 활용되었다. 2021년 4·7 재보궐선거를 앞둔 시점인 3월 30일 국민의힘 배준영 대변인은 느닷없이 "문재인 대통령이 취임식에서 기회는 평등하고, 과정은 공정하며, 결과는 정의로울 것이라고 말했는데 이것은 2015년 중국공산당 기관지《인민일보》의 표현과 같다"고 주장했다. 2021년 7월 12일 이준석 국민의힘 당 대표는 《블룸버그》 통신과 인터뷰를 하며 문재인정부가 중국에 경도되었다고 비판했다.[46] 2019년 8월 홍콩 시위에 참가하고 난 뒤 "더불어민주당은 항상 말에 붙어 있는 파리처럼 중국에 찰싹 붙어 가야 된다"고 한 주장의 연장선에 있다. 안보 보수주의자들은 이미 그들이 만들어 놓은 짱깨주의의 힘을 잘 알고 있다.

《시사인》의 집중 분석[47]에서도 드러나듯 중국에 대한 혐오는 이미 진보와 보수, 세대를 넘어 명확하게 자리 잡았기에 '나쁜 중국'과 집권당을 연결시키기만 한다면 보수주의자들이 바라는 결과대로 될 가능성이 높은 시대가 되었다. 그들에게 '친중정권' 프레임은 '친중정권'과 중국을 몰아내는 데에 효과적인 일거양득의 기획이었다.

---

46 "South Korea's Harvard-Taught Political Boss Rips China 'Cruelty'", Bloomberg, 2021.07.12.

47 〈중국의 모든 것을 싫어하는 핵심 집단, 누굴까?〉, 《시사인》, 2021년 06월 17일.

9부
중국 담론의 유통경로

1 중국 보도의 교과서 : 사우스 차이나 모닝 포스트

South China Morning Post

한국이 보도하는 중국 기사를 보면 놀라운 사실 하나를 발견할 수 있다. 거의 모든 기사들이 홍콩의 사우스 차이나 모닝 포스트(SCMP)를 인용한다는 사실이다. 인용보도 수준이 아니라 그냥 베껴서 뿌리는 보도가 많다. 어떻게 이럴 수가 있을까 싶을 정도이다. 지금까지 한국 언론이 주로 의지해 오던 서구 통신사를 의지하는 비율보다 훨씬 높다. 심지어 중국 특파원들도 날마다 이 신문을 베껴서 내보내는 경우가 허다하다. 거의 중국 보도의 성경 수준이다.

그렇게 하는 까닭을 짐작할 수 있다. SCMP는 중국 보도에 관한 한 한국 특파원들이 취재하지 못하는 수준의 정보와 정보량이 있다. 중국은 정부 조직의 특성상 외국기자 한두 명이 주요 정보를 알아내는 것은 결코 쉬운 일이 아니다. 우리 언론보다 더 많은 정보와 다양한 관계를 가진 미국 학자 데이비드 하비조차도 "중국의 정치는 권력을 유일하고 독특하게 장악하고 있는 공산당 내 권력투쟁이 신비에 가려져 있기 때문에 이를 탐색하기 어렵다"[1]고 말한다.

한국 특파원들 가운데 중국에 대한 전문 지식을 훈련받은 이들은 드물다. 관련 학과를 졸업한 기자들도 있지만 대부분 중국어를 할 수 있는 수준에서 중국에 파견된다. 중국 상황을 좀 알 만하거나 정보원을 확보할 때쯤이면 한국으로 돌아온다. 대개 4년 정도 체류하는 경우가 보통이다. 한국 언론이 포털 중심으로 재편되면서, 노출 빈도를 높이기 위해 예전보다 훨씬 많은 기사를 쏟아 내야 하는 것도 복사하여 붙여 쓴 기사를 양산할 수밖에 없는 구조가 되었다.

정보원을 확보하지 못하면 결국 현지 언론에 기댈 수밖에 없다. 대개 다른 국가로 파견된 특파원들은 그 지역 유력 언론에 기댄다. 그런 점에서 미국 특파원들은 중국 특파원에 비해 상대적으로 기사 작성이 쉬울 것이다. 미국과 우리는 시스템이 비슷해서 적응이 어렵지 않다. 참고할 언론도 다양하다. 논점이 다른 언론들이 공존해 비교하면 자기의 논점을 만들 수도 있다. 미국 언론의 논법에도 익숙하다. 보도가 나오면 어떤 의미인지 쉽게 파악할 수 있다.

그러나 중국 언론은 그렇지 않다. 기사들이 대개 무미건조해서 쓸 만한 기사거리를 찾기가 쉽지 않다. 이 신문이나 저 신문이나 논점에 차이가 없다. 논점의 행간을 읽는 데는 꽤 많은 시간이 걸린다. 기사의 성격도 우리의 관보 같다. 무미건조한 사실들을 나열하거나 정부의 입장을 홍보하는 기사들로 채워져 있다. 글쓰기 방식도 매우 다르다. 주장이 근거보다 많은 경우가 대부분이다. 그러다 보면 자연스럽게 쉽고 편한

1 데이비드 하비, 최병두 옮김, 《신자유주의》, 한울, 2007, 153쪽.

방법을 찾아내기 마련이다. 한 중국 교수가 나에게 한 말이 인상적이었다. 한국에서 온 특파원은 세 가지 특징이 있다곤 했다. 1) 중국 사람을 만나지 않는다 2) 자기들끼리 모여서 논다 3) 서방의 언론보도를 그대로 내보낸다. 과장된 표현이겠지만 중국 특파원들이 쓴 기사를 보고 있으면 그럴 수 있을 것이라는 합리적 의심이 든다. SCMP에 과도하게 의존하는 것은 그런 비판의 충분한 근거가 될 수 있다.

SCMP는 한국 기자들에게 확실히 매력적이다. 천편일률적인 중국 신문들과 다르다. 서구의 입맛에 맞는 어젠다를 주로 잡고, 프레임도 한국 보수언론과 비슷하다. 무엇보다도 중국 관련 보도 기사가 많다. 중국과 관련한 특정 사안에 대한 자료가 필요하면 SCMP에서 쉽게 구할 수 있다. 안방에서도 중국 기사를 작성할 수 있게 만들어 준다. 그중에서도 한국 언론이 SCMP에 기대는 가장 큰 까닭은 그들의 프레임에 알맞은 기사들이 많이 실리기 때문이다. SCMP에는 반중국, 친서방적인 기사가 넘쳐 난다. 한국의 보수언론들에게는 매력적일 수밖에 없다.

한국 언론이 홍콩의 언론사 중 하나에만 기사를 의존한다는 것은 많은 문제를 일으킬 수밖에 없다. 가장 중요한 것은 어젠다의 종속이다. 2020년 2월 6일 SCMP에는 〈중국 학자들, 코로나 바이러스 컨트롤 실패한 시진핑의 중국공산당을 비판〉이라는 기사가 실렸다. 쉬장룬(許章潤) 칭화대학의 교수와 해외 망명학자인 쉬즈융(許志永)이 코로나19 사태에 대한 책임을 중국 정부에게 물었다는 내용이다. 두 교수 모두 이른바 반체제인사로 분류된 인물로 이들을 활용한 SCMP의 의도가 엿보이는 기사이다. 예상했던 대로 다음 날 한국의 모든 언론이 이 기사를 그대로 보도했다. 한국의 국익이라는 관점으로 보면 이 어젠다는 지속 보도를 해야 할 만큼 특별한 가치가 있는 것이 아니었다. 시진핑을 비판하는 학자 한두 명이 있다고 해서 중국에 큰일이 일어나는 것도 아니고, 코로나19 사태의 흐름에 큰 변수가 생기는 것도 아니다.

물론 SCMP의 기사를 그대로 내보내지는 않는다. 한국 언론은 SCMP가 던져 준 어젠다를 자기들의 프레임에 맞추어 교묘하게 가공한다. 《뉴시스》는 위 기사를 〈중, 시진핑 책임론 제기…"분노하는 국민들, 더 이상 안 참아"〉로 제목을 바꾸어 보도했다. 중국 학자 두 명의 기고문을 가지고 쓴 SCMP의 기사를 '중국'으로 바꾸었다. 학자 두 명의 비판이 국민의 의견이 되고, 시진핑의 책임론으로 둔갑시키는 것이다. 한국 언론이 중국를 보도할 때 하루가 멀다 하고 벌어지는 대표적인 수법이다. SCMP의 어젠다를 차용하여 그들의 프레임을 강화시킨다.

같은 날 《연합뉴스》는 〈신종코로나 급속 확산에 "시진핑 물러나라" 비판 잇달아〉라는 기사를 올렸다. '잇달아'의 근거는 여전히 그 두 명의 학자에 불과하다. 《한겨레》도 그날 〈'시진핑 책임론'으로 번지는 코로나 사태〉라는 기사를 올렸다. 그래도 《한겨레》는 《뉴욕타임스》에서 인터뷰한 작가 쉬카이전의 중국 정부 비판도 곁들여 체면치레는 했다. 그래도 결론은 꼭 같다. 중국이 불안하다. 중국이 문제다. 그런 주장을 하는 것이다.

한국 언론에게 중국은 반체제 인사 두세 명의 비판으로 흔들리는 국가이다. 한국 언론은 중국 보도를 할 때 이런 짓을 참 많이 한다. 〈대학도 '화웨이 왕따 시키기' 동참…"장학금 안 받는다"〉라는 2월 9일자 《중앙일보》 보도도 그중 하나이다. SCMP발 보도이다. "미국의 UC 버클리대를 비롯해 영국의 옥스퍼드대학까지" 화웨이 왕따 시키기에 참여했다는 보도이다. 수많은 대학이 참가한 듯 포장했다. 그러나 그냥 그 두 개 대학만 참가했다. 지금까지도 두 개 대학이 전부이다.

SCMP는 설립한 지 백 년이 넘은 홍콩의 영자신문이다. 영국이 홍콩을 통치할 때 만들어져 영국의 이익을 충실히 대변해 왔다. 영국이 홍콩에서 철수하면서 말레이시아 자본가에게 넘어갔다가 2016년 알리바바의 마윈이 인수했다. 당시 《뉴욕타임스》나 《워싱턴포스트》는 SCMP가 친중 어용 매체로 전락할 것이라고 비판했다. 한국 언론도 유사한 비판을 했다. 그런 시각은 지금도 존재한다. 2020년 미 대선 직전 《연합뉴스》는 중국이 바이든 후보를 지지한다고 주장했다. 근거가 재미있다. 1) SCMP가 바이든의 승리를 예측하고 있고 2) 마윈이 SCMP의 사주이고 3) 마윈이 "중국 권력층과 밀접한" 관계이기 때문이라는 것이다. 기사 제목은 "결국 승자는 왕서방"[2]이라는 혐오 표현을 거리낌 없이 사용하는 《연합뉴스》식 황당한 삼단논법이다.

SCMP는 사주가 마윈으로 바뀌었다고 해서 별로 달라지지 않았다. 정치 개입을 즐기지 않는 마윈의 성향이기도 하고, 홍콩 언론의 힘이기도 하다. 홍콩은 중국으로부터 자립할 요소가 강하다. 홍콩 사태가 하루아침에 일어난 것이 아니다. SCMP의 프레임과 어젠다는 여전히 홍콩적이다. SCMP는 지금도 서방으로부터 정론지라는 평가를 받을 만큼 서방의 입장이 충분히 반영되는 친서방 언론이다. SCMP와 중국의 언론을 놓고 상호 비교해 보면 그들 사이가 얼마나 멀리 있는지 금방 알 수 있다.

---

2 〈중국, 누가 되길 바랄까?…"결국 승자는 왕서방"〉, 《연합뉴스》, 2020년 10월 31일.

한국 언론이 중국을 보도할 때 그 역할을 제대로 하려면 베끼기 전에 그들이 베끼는 정보의 콘텍스트를 이해해야 한다. 홍콩은 중국과 첨예하게 대립하고 있었다. SCMP는 반체제 인사 두 명의 인터뷰를 통해 중국 정부를 비판했다. 자기들의 전쟁을 하는 중이다. 올바른 한국 언론이라면 받아쓰더라도 그 기사가 가진 콘텍스트를 염두에 두고 우리의 관점에서 기사를 작성해야 했다.

한국 언론이 SCMP를 인용할 때 프레임 만큼이나 문제가 되는 것은 기사 작성의 객관주의이다. 한국 언론이 중국 관련 기사를 작성할 때 객관주의가 지켜지지 않는 경우가 너무 많다. 2월 9일 《연합뉴스》는 〈리원량 추모 글 지워진다…비난 거세지자 중국 당국, 검열 강화〉라는 기사를 냈다. SCMP와 《명보》를 인용한 기사이다. SCMP는 웨이보나 위챗을 바탕으로 기사를 만들었다. 한국 언론사들이 자기 입맛에 맞는 기사를 쉽게 작성하고자 할 때 인터넷을 이용한다. 몇몇 네티즌의 발언을 전체 중국의 문제로 확대하거나 근거 없는 소문을 그대로 인용보도해 사실과 같은 효과를 얻는다. SCMP도 그런 방법을 많이 쓴다. 사실 보도가 목적이 아니라 이데올로기 전쟁이 목적일 때 이런 방법이 자주 동원된다. SCMP가 성경이 될 수 없는 까닭이기도 하다.

중국 정부가 리원량 관련 기사를 통제하려고 했는지 아닌지는 차치하고서라도 중국 정부는 한국 언론이 생각하는 것처럼 SNS를 완벽하게 통제하지 못한다. 중국 정부가 완벽하게 바이러스를 통제할 수 없는 것처럼 다변화된 중국 언론을 완전히 통제하는 것은 불가능하다. 네티즌들은 수시로 온라인에서 "정부의 검열망을 우회하거나 무력화시키면서 자신들의 틈새를 만들어 나간다."[3] 웨이보 같은 곳에서 몇 시간만 검색해 보아도 이것은 쉽게 알 수 있다. 2월 9일 《연합뉴스》가 중국에서 SNS 통제가 강화되었다고 하는 날, 같은 시각 중국의 SNS에는 리원량 소식들로 도배되고 있었다.

겉만 보면 한국 언론이 SCMP를 활용해 중국 기사를 쓰는 것은 정보원이 다양화되었다고 볼 수 있다. 그동안 한국의 외신은 서방 언론에만 의존해 왔기 때문이다. 그러나 프레임 변화가 없는 어젠다의 다양화는 오히려 프레임의 강화를 가져온다. 한국 언론은 SCMP의 다양한 어젠다를 자기들의 프레임을 확대 재생산하는 데 적극 활용한다. 별다른 노력 없이도 중국에 관한 수많은 기사를 쓸 수 있게 만들었다. 2020년 2월 4일 《연합뉴스》의 〈"중국 관광객 그만와라"… 홍콩서 반대시위〉라는 기사는 한국 언론이 어떻게 SCMP의 어젠다를 자기들의 프레임에 맞게 활용하는지 잘 보여 주는 대표적인 기사이다. 이 기사는 홍콩에 중국인 관광객이 크게 늘면서 중국인 관광객 반대 시위가 벌어졌다는 SCMP발 기사이다. SCMP는 홍콩에서 임대료가 상승한 까닭을 중국 관광객이 많이 몰리는 데서 찾았다. "중국인 관광객이 늘어나서 건물임대료가 올라 영세 상인이 감당하기 힘들다." 어디서 많이 듣던 소리이다. 한국에서 벌어지는 젠트리피케이션이 유사 업종의 점포를 개장하는 상인들 때문이라고 몰아가는 것과 비슷한 논리구조이다.

이 기사를 몇몇 한국 언론에서 그대로 인용보도 했다. 이 기사는 한국 독자의 관점에서 보면 제한된 지면을 할애해야 할 만한 가치가 없는

---

3 초보군·양은경, 〈중국 신세대들의 저항적 온라인 참여 연구〉, 《사이버커뮤니케이션학보》 33권 2호, 2016, 241쪽.

기사이다. 보도가 목적이 아니라 이데올로기 전쟁이 목적이 되면 서술의 객관주의는 아무렇지도 않게 무너진다. 반대 시위대의 규모는 십여 명이었다. 시민단체라고 포장했지만 뒤문 지역 상공인 모임 정도로 보이는 단체이다. 이 기사는 홍콩 자본의 문제를 중국 관광객의 문제로 치환하기 위한 SCMP의 의도가 들어 있다. SCMP는 자주 이런 식의 무리한 보도를 한다. 이런 기사는 베끼기 창피한 수준이다.

SCMP가 만들어 낸 이 어젠다는 한국 보수언론에게는 매우 매력적인 어젠다이다. '중국이 문제다'라는 프레임과 '미개한 중국' 프레임에 아주 잘 들어맞기 때문이다. 중국 관광객들은 지구 어디에서든 문제야. 그런 이야기를 하고 싶은 것이다. 이런 종류의 기사는 한국 언론에서 흘러넘친다. 미중 무역전쟁이 시작되면서 더욱 심해졌다. 《뉴스1》은 〈중국 두리안 싹쓸이, 말레이 호랑이 멸종위기 왜?〉라는 기사를 SCMP발로 내보냈다.[4] 그들에게 중국인은 두리안을 먹으면 안 되는 국민이다. 2019년 2월 11일 《연합뉴스》는 〈필리핀 중국 여대생 무례에 발칵 뒤집혀〉라는 기사를 내보냈다. 여대생 한 명이 푸딩을 던져서 필리핀을 발칵 뒤집어 놓았다는 기사이다. 비슷한 시기에 KBS는 〈대단한 중국인들…방콕호텔 투숙하며 '원정 구걸'〉이라는 보도를 내보냈다. 방콕에서 중국인 여섯 명이 구걸을 하다 태국 경찰에게 잡혔다는 뉴스이다. 이 모든 기사는 북미회담과 미중 무역전쟁이라는 중대한 역사적 국면이 벌어지고 있는 시기에 보도되었다.

---

4 2019년 10월 15일.

2 프레임의 근거지: 서방의 언론들

SCMP가 중국 보도에서 성경처럼 가장 많이 인용보도되는 매체이지만 한국 언론의 중국 기사는 여전히 서방 언론에 더 많이 의존한다. AP, AFP, 《블룸버그》 통신은 물론이고, 《월스트리트저널》, 《이코노미스트》, 《파이낸셜타임즈》 들이 가장 자주 인용되는 서방 언론들이다. 진보언론으로 꼽히는 《뉴욕타임스》나 《워싱턴포스트》도 많이 인용된다. SCMP가 한국 언론의 교과서 같은 존재라면 미국 언론은 교사들에게 주어지는 지침서 같은 존재이다. 한국 언론은 중국 보도 프레임은 미국 언론에서, 어젠다는 SCMP에서 주로 얻는다.

미국 언론은 진보와 보수를 가릴 것이 없이 중국에 대해 비판적이다. 시카고대학 교수였던 브루스 커밍스(Bruce Cumings)는 《뉴욕타임스》와 같은 진보언론조차 아시아 보도에 대해서는 틀에 박힌 미국 중심의 보도로 이루어져 있고, 미국의 아시아연구자들은 "자문화 중심주의를 바탕으로 편협하고 색안경 낀" 연구자들로 변신하고 있다고 지적한 바 있다.[5] BCAS(Bulletin of Concerned Asian Scholars)는 1970년대부터 탈서구적인 관점의 아시아 연구를 내세우며 창간해 탈근대화론적 아시아 연구의 새로운 지평을 연 학술지이다. 핵심 멤버였던 마크 셀던도 브루스 커밍스와 비슷한 주장을 한다. 진보매체와 보수매체를 가릴 것이 없이 기존의 서구 언론이 자본의 하수인으로 전락하여 서구의 이익을 대변하는 창구 역할을 수행한다고 강하게 비판했다. 미국 언론이 미국 정부와 자본의 편에 서서 중국에 대해 비판적으로 접근하는 경향은 본질적으로 전혀 변함없이 지금까지 이어지고 있다.

한국 언론이 SCMP에서 어젠다와 팩트를 구한다면 미국 언론에서 프레임을 가져오거나 공조한다. 2020년 2월 14일 《연합뉴스》의 〈미전문가들, "중 침공 막기 위해 대만 군사력 강화해야"〉라는 기사가 한 예이다. 대만의 군사력을 강화하는 것으로 중국 침략을 막을 수 있다는 발상 자체가 미국적 프레임이다. 7월 5일 《연합뉴스》의 〈서태평양에 모인 미 항모·전략 폭격기…중국·북한 동시 압박하나〉도 비슷한 기사이다. 대만이 남중국해로 바뀌었을 뿐이다. 중국은 언제든지 대만을 침공할 국가이고, 침공에 대응하기 위해 대만이 무기를 구매하는 것은 정당하며, 대만을 도와주는 미국은 옳다는 논리이다.

한국에서 한국인의 생존권을 조금이라도 걱정하는 기자라면 대만과 중국의 전쟁이 강 건너 불구경이 아니라는 것쯤은 쉽게 알 수 있다. 대만해협에서 전쟁이 벌어지면 미국으로부터 노무현정부 때 이라크 파병 수준을 넘어서는 요구를 받을 가능성이 높다. 이미 미국은 2020년 10

---

5 신동준·하루투니안·커밍스, 앞의 글, 170쪽.

월에 열린 제52차 한미 안보협의회에서 '2016 위기관리 합의각서'의 변경을 요구했다. 위기관리 범위를 기존의 '한반도 유사시'에서 '미국의 유사시'로 확대할 것을 요구했다. 미국은 대만과 중국 사이 전쟁에 한국의 참여를 반드시 관철시킬 것이다. 최저임금 몇 천원 인상했다고 세상이 뒤집어진 듯 난리를 치는 나라에서 전쟁과 폭력을 부추기는 프레임의 기사들은 아무 일도 없다는 듯이 통용되고 있다.

2021년 8월 6일 하루만 해도 다음 포털 사이트에는 위와 같은 프레임으로 작성된 중국 뉴스가 많이 올라왔다. 《조선일보》는 〈중국, 히말라야 국경서도 남중국해처럼 '야금야금 먹다가 꿀꺽' 전략〉이라는 기사를 내보냈다. '팽창하는 중국' 프레임이다. 미국의 《포린폴리시》발 기사이다. 5월 기사를 8월에 느닷없이 인용보도 했다. 《중앙일보》는 〈미 정보당국, 중 우한연구소 바이러스 극비데이터 입수했다〉는 뉴스를 내보냈다. CNN발이다. '나쁜 중국' 프레임의 기사이다. 한국 언론은 미중 충돌 중일 때 미국 정보당국의 주장을 그대로 내보내는 경우가 허다하다. 대개 균형 잡힌 언론이라면 정보당국의 주장을 그대로 기사로 내보내는 경우는 거의 없다.

한국 언론은 진보언론과 보수언론을 가릴 것이 없이 유럽중심주의를 벗어난 관점으로 보도하는 데에는 별로 관심이 없다. 마크 셀던이 "새로운 지역적, 지구적 관점과 아래로부터의 관점을 바탕으로 현대의 갈등을 역사적으로 고찰"하겠다며 만든 《아시아-태평양 저널: 재팬 포커스(The Asia-Pacific Journal: Japan Focus)》나 그가 추천하는 《아시아타임즈》, 《글로벌포스트》뿐만 아니라 지넷(Z-net), 트루스아웃(Truthout), 커먼드림스(Common Dreams), 카운터펀치(Counterpunch), 트루스딕(Truth dig), 워인콘텍스트(War in Context), 위키리크스(Wikileaks), 허핑턴포스트(The Huffington Post)와 같은 대안언론을 인용하는 경우는 찾아보기 힘들다.[6]

대안언론뿐만 아니라 다른 지역의 입장과 관점에서 보도하는 언론에 대해서도 별로 관심이 없다. 24시간 영어로 방송하는 CCTV뿐만 아니라 CGTN, 알자지라, 러시아투데이, 텔레수르 들은 거의 참고하지 않는다. 반면 미국의 CIA와 연관 있는 것으로 알려진 미국의소리(VOA, Voice of America), 자유라디오아시아(RFA, Radio Free Asia) 같은 매체를 무비판적으로 인용하는 것은 많다. 휴먼라이츠워치(Human Rights Watch)나 프리덤하우스(Freedom House)처럼 서구적 프레임에 선 단체의 입장도 여과 없이 보도한다. 한국 언론보도는 김성해 교수가 주장하듯 '정보주권'이 존재하지 않는다. 미국행정부, 군부, 싱크탱크, 학자들은 아무런 제약 없이 한국의 공론에 참여하고, 그들의 권위는 한국 언론이 높여 준다. 중국만 한정해서 살펴보더라도 한국의 언론은 미국의 '중국 때리기'에 자발적으로 참여한다.[7]

미국 정치권의 중국관은 진보와 보수 사이에 차이가 없다. 민주당과 공화당 사이 차이도 별로 없고, 민주당 내 계파 사이에도 별 차이가 없다. 2020년 대통령 선거에 나온 유력 대선주자들의 중국 정책을 살펴보아도 잘 알 수 있다. 민주당 주자들과 트럼프 사이 차이가 거의 없다. 사회주의자로 불리는 민주당의 샌더스 상원의원조차도 트럼프의 인종주

---

6 마크 셀던, 〈포스트-인쇄 시대에서의 전자 출판과 비판적 지성-아시아-태평양의 관점에서〉, 《동방학지》 152집, 2010, 31쪽, 33쪽.

7 김성해, 앞의 글, 39쪽.

의 주장을 배제하기는 했지만 중국 정책에 관한 한 별로 차이가 없다. 노동조합도 중국에 대해 비판적이다. 미국을 대표하는 노동조합인 미국노동총연맹산업별조합회의(AFL)는 AFL-CIA라고 불릴 만큼 미국 중심의 노동인식을 가지고 있다.[8] 스스로 노동자의 대변자라고 부르는 진보언론도 그런 경향에서 크게 벗어나지 못했다.

미국 언론이 반중국적 보도를 하는 데는 인식의 문제, 학적 체계의 문제, 실익의 문제가 개입되어 있다. 트럼프행정부가 문제 삼은 신장 지역의 인권문제는 미국의 근대화론적 중국인식이 미국의 실익과 어떻게 맞물려 '중국이 문제다'라는 프레임으로 발동되는지를 보여 주는 좋은 예이다. 키신저 시스템을 가동한 후 미국이 문제 삼는 중국 어젠다 중 가장 많은 것이 인권문제였다. 홍콩, 대만, 티베트와 신장 위구르 지역, 농민공, 중국의 지역 간 소득 차이, 언론의 자유, 삼권분립 같은 인권문제는 대개 어느 날 갑자기 부상했다가 어느 날 슬그머니 사라지는 양태를 보여 왔다. 어느 시기에는 티베트의 인권문제가 떠올랐다가 지금은 신장의 인권문제가 이야기되고 있다. 한때는 중국의 농민공문제가 떠올랐다가 지금은 수면 아래로 가라앉았다. 뜨거웠던 홍콩 문제도 지금은 미국의 관심에서 사라지고 있다. 미국의 정치권과 언론은 필요에 따라 중국의 문제를 특정하여 활용해 온 것이다.

외부자의 시선이 서구 중심의 근대화론과 결합할 때 외부자의 폭력적인 개입은 정당화된다. 중국이 문제이고, 미국이 가는 길이 정당하다고 판단하면 물리적으로 개입을 해서라도 중국을 미국이 원하는 방

8 스테파니 루스·에드나 보나시치, 앞의 책, 236쪽.

식으로 끌고 가는 것이 정당화된다. 19세기에 신식민주의체제를 구축할 때 등장한 '명백한 운명론'이 작동하는 것이다. 명백한 운명(manifest destiny)이란 19세기 중반 저널리스트 존 오설리번(John O'Sullivan)이 미국 인디언의 학살을 정당화하면서 만들었다. 19세기 중반부터 미국 외교의 주요한 이론으로 사용했는데 미국이 "전 인류에게 신의 원칙들을 명백히 실현할 운명"을 부여받았고, 그들은 신으로부터 "남의 땅을 빼앗을 권리"까지 받았다는 인식이다.

문제는, 외부의 개입이 보편가치라는 의도만큼 좋은 결과를 내는 경우는 거의 없다는 점이다. 부시 대통령이 시작한 테러와의 전쟁은 바이든행정부가 아프가니스탄에서 철수하면서 일단락되었다. 그러나 결과는 보편인권 신장과는 거리가 멀었다. 2011년 오바마행정부가 이라크에서 철수하고 불과 얼마 지나지 않아 극단주의 세력이 이라크를 장악했다. 바이든행정부가 퇴각한 아프가니스탄에서는 탈레반이 곧바로 그 자리를 메꾸었다. 바이든 대통령은 아프가니스탄에서 철수하며 "우리는 국가 건설을 위해 아프가니스탄에 간 것이 아니다"라며 "자신의 미래와 국가 운영 방식을 결정하는 것은 아프간 사람들의 권리이자 책임"이라고 강조했다.[9] 남중국해에서 아세안을 지킨다는 명분으로 대규모 군사작전을 개시하던 때 있었던 일이다.

미뇰로가 예리하게 지적한 대로 서구 이외의 지역에서 벌어지는 "탈서구화 기획에는 인권옹호를 빙자한 미국과 유럽연합 국가들의 이

9 Ben Hubbard, "As U.S. Leaves Afghanistan, History Suggests It May Struggle to Stay Out", NYT, 2021.08.10.

중플레이"가 늘 있었다.[10] NSC에 일했던 프란세스 브라운(Frances Z. Brown)과 카네기 국제평화재단(Carnegie Endowment for International Peace)의 토마스 캐러더스(Thomas Carothers) 회장은 이러한 미국의 이중플레이에 주목하고 있는 사람들이다. 지난 십 년 동안 방글라데시, 브라질, 이집트, 에티오피아, 인도, 인도네시아, 멕시코, 나이지리아, 필리핀, 터키를 포함하여 세계에서 가장 인구가 많은 국가에서 민주주의 규범이 침식되는 결과가 나왔는데, 이런 국가들이 미국에 대해서는 우호적인 반면에 민주주의 침식에 거의 영향을 미치지 않은 중국에 대해서는 매우 공세적인 태도를 보인다고 비판하고 있다.[11] 탈식민주의를 달성하지 못한 한국 언론이 미국의 프레임으로부터 독립하여 중국을 바라보아야 하는 주요한 근거이다. 미국 언론의 프레임은 미국을 위해 작동한다.

10 월터 D. 미뇰로, 앞의 책, 2018, 10쪽.

11 Frances Z. Brown and Thomas Carothers, "Washington's Democracy Dilemma: Crafting a Democracy Strategy in an Age of Great-Power Politics", *Foreign Affairs*, Jul. 2021.

3 짱깨주의의 표본실:《환추스바오》

한국 언론이 가장 자주 인용하는 중국 언론은《환추스바오》이다. 정확하게 말하면《환추스바오》의 영문판 Global Times(이하 GT)를 가장 자주 인용한다. 한국 언론에서《환추스바오》가 자주 오르내리는 것은 영문판이 존재하기 때문이다. 중국과 관계가 고도화되면서 중국어를 사용할 수 없는 부처의 직원이나 기자까지 GT는 쉽게 인용할 수 있다. 그러나 조금만 살펴보면《인민일보》에도 영문판이 나오지만 한국 언론은 거의 인용하지 않는다는 것을 알 수 있다. 이는《환추스바오》가 자주 인용되는 다른 까닭이 있다는 것을 뜻한다.

중국을 대표하는 신문은 분명히《인민일보》이다. 중국 정부의 공식 입장을 가장 잘 대변한다. 그런 점에서 한국 언론이 중국의 공식적인 입장을 말하려면《인민일보》를 인용하는 것이 옳다. 물론 중국 사회가 복잡다단해지고 의사결정구조가 다변화되면서《인민일보》조차 "그 안에 있는 모든 정보를 공식 입장으로 받아들이는 것은 현명하지 못하다."[12] 그렇다 하더라도 중국의 수많은 언론 중 《인민일보》는 중국의 공식 입장에 가장 가까이 가 있다. 그러나 반중주의 프레임에 길들여져 있는 한국 언론이 보기에 《인민일보》는 썩 내키지 않는 신문이다. 어젠다도 중국적이고 프레임도 중국적이다. 글쓰기 방식과 스타일도 매우 낯설다.

한국 언론이 《환추스바오》를 주로 인용하는 까닭은 대략 세 가지 정도이다. 하나는 《환추스바오》가 《인민일보》의 계열사 신문이라는 점이다. 실제로도 《환추스바오》의 프레임은 《인민일보》와 거의 차이가 없다. 《환추스바오》를 읽어도 중국의 입장을 알기에 무리가 없다. 두 번째는 어젠다의 차이이다. 《환추스바오》는 《인민일보》에 비해 서구가 문제를 삼거나 관심을 가지는 어젠다를 많이 다룬다. 대개 서방의 주요 언론이나 SCMP가 다루는 어젠다를 《환추스바오》도 다룬다. 어떤 경우는 서구가 문제를 삼는 어젠다에 적극 대응하는 기사를 내보내기도 한다. 세 번째는 스타일의 차이이다. 《환추스바오》는 《인민일보》에 비해 훨씬 서구화된 글쓰기 방식과 편집 스타일, 그리고 분명한 논조를 가졌다. 특히 편집장인 후시진이 주요 사안에 대해 직접 언급하는 동영상을 내보낼 만큼 직선적인 논조와 대중의 주목을 끌고자 하는 선정적인 편집 방식을 가졌다.

한국 언론이 《환추스바오》를 활용할 때 발생하는 가장 큰 문제는 《환추스바오》의 어젠다와 주장이 늘 중국 정부의 공식 입장이거나 중

---

12 "Investing in Chinese tech stocks based on state media reports can be like reading tea leaves, and just as risky", SCMP, 2021.08.16.

국민을 대변하는 것으로 생각한다는 점이다. 그러나 《환추스바오》는 늘 중국 정부의 입장을 대변하지도 않고 중국민의 입장을 대변하는 것도 아니다. 오히려 중국 언론 중에서 가장 선정적이고, 서구와 대결하는 목소리를 내는 배타적 민족주의 성격의 신문이다. 《환추스바오》가 선정적인 성격을 지니는 핵심은 《인민일보》 계열의 신문이지만 독립채산제를 사용하는 점에 있다. 《인민일보》와 차별성이 있어야 생존이 가능한 경제적 구조를 가졌다.

중국인의 선호도도 분명하다. 중국 정부의 강경한 대응과 강력한 민족주의 색채를 바라는 사람들은 《환추스바오》를 선호한다. 주장이 선명하고 논조가 강력하기 때문이다. 그러나 내용에 깊이가 없으며, 문투나 어젠다가 선정적이고, 논조가 정부와 당에 건설적이지 않고 아첨한다고 싫어하는 사람들도 많다. 일부 중국인은 《환추스바오》는 중국 정부의 척후병 역할을 담당한다고 보기도 한다. 《환추스바오》를 통해 서구의 어젠다에 강하게 대응한 뒤 실질적인 중국 대응책을 마련한다는 것이다. 2021년 7월 18일 GT가 보도한 〈50만 중국 네티즌, WTO에 미국포트데트릭연구소(Fort Detrick lab) 조사 공동 서한 촉구 서명〉 같은 기사[13]가 그 대표적인 예이다. 미국이 중국 우한연구소의 생물 실험을 공격하자 네티즌의 행동을 빌어서 미 육군감염병연구소(USAMRIID)가 우한연구소보다 훨씬 더 위험하다고 공격하는 것이다. 이런 기사는 중국 네티즌에게 의도적으로 좌표를 설정해 주는 정치 행위이다. 《환추스

---

13 "Half a million Chinese netizens sign joint letter to the WHO demanding a probe into the US' Fort Detrick lab", GT, 2021.07.18.

바오》는 이런 일을 자주 벌인다. 캐나다에서 붙잡힌 화웨이 부회장 멍완저우 재판을 앞두고 천만 서명운동을 벌이는 일[14]도 한 예이다. 이처럼 《인민일보》와 《환추스바오》는 분명히 다른 신문이다.

한국 언론은 중국 언론이 모두 다 똑같고 모든 언론이 중국 입장을 대변한다고 보는 경향이 있다. 중국 언론은 관변 언론이다. 중국 정부의 입장에서 크게 어긋난 보도를 할 가능성은 높지 않다. 그런 점에서 언론들 사이 프레임 차이는 거의 없다. 그러나 '단 하나의 중국'이라는 프레임은 중국 언론에서는 적용하기 어렵다. 어젠다 설정과 주장의 강도에서 상당한 차이가 나타난다. 중앙정부가 제시하는 큰 방향은 같지만 그길로 가는 방법과 목소리의 크기는 언론사마다 다를 수 있다. 2012년 발생했던 《난팡저우모》 사건은 중국 언론이 얼마나 다변화하는지 알 수 있는 상징적인 사건이었다. 《난팡저우모》는 120만 부 가까이 팔리는 광둥성 지역 주간지이다. 1990년대 이후 중앙정부와 다른 목소리를 많이 내 왔고 충돌도 잦았다. 2002년 《뉴욕타임스》는 중국에서 가장 영향력 있는 진보 신문으로 《난팡저우모》를 꼽았고, 2009년 중국을 방문한 오바마 대통령은 《신화통신》이나 《인민일보》를 제쳐 두고 《난팡저우모》와 단독 인터뷰를 했다.[15] 《난팡저우모》 사건은 입헌정치 실현, 권력분산, 언론자유 들을 주장하는 사설을 신문에 실으려고 하자 중국공산당 광둥성 선전부가 개입한 사건이다.

《환추스바오》와 《인민일보》 사이 차이는 《난팡저우모》와 《인민일보》 사이 차이만큼은 아니지만 차이가 난다. 《환추스바오》는 《난팡저우

---

14 "Over 10 million people call for release of Meng Wanzhou", GT, 2021.08.19.

15 김희교, 〈민주주의와 중국의 언론〉, 《안녕? 중국!》, 보리, 2014, 304쪽.

모》만큼 대중적이고 직선적이지만 논조에서는 《인민일보》에 훨씬 가깝다. 그러나 《인민일보》와 달리 중국 정부의 공식 입장을 보도하지 않고, 중국민의 보편 정서와 가깝지도 않다.

언론 논조가 다변화하는 것은 지식인의 사고가 다변화하는 것과 궤를 같이한다. 중국 내에는 하나로 통합해서 말하기 힘든 다양한 목소리가 존재하고 표현된다. 한국 연구자들에게 가장 많이 알려진 중국학자로 쉬즈위안과 왕후이를 들 수 있다. 쉬즈위안은 서구적 자유주의자에 가깝다. 한국에 번역된 책 제목만 보더라도 어떻게 '시진핑의 중국'에서 살아남았는지 의심스러울 만큼 중국의 공식 입장과 거리가 멀다. 왕후이는 신좌파라 불린다. 왕후이는 쉬즈위안과 달리 서구 대의제에 환상이 있지는 않지만, 현재의 중국이 신자유주의적 자본주의로 나간다고 보고 강력한 사회안전망 구축을 요구하는 인물이다. 왕후이도 중국 정부를 비판하는 역할을 수행하고 있다. 이처럼 중국에서도 자유주의자와 신좌파가 공존한다. 심지어 시진핑에 의해 숙청되었다고 알려진 보시라이와 함께 극좌적인 실험이라 불리는 충칭모델을 지휘한 학자인 추이즈위안 같은 인물도 멀쩡하게 학술활동을 한다. 그들 다 중국에서 별일 없이 잘 산다.

중국 당국 내에도 강경파와 온건파, 강경한 민족주의자와 평화적 지역주의자들이 공존한다. 2020년 미국 대선을 놓고도 중국 당국 내에서 지지자가 달랐다. 미국의 정치 컨설팅업체 유라시아그룹의 이안 브레멘 회장이 《블룸버그》 통신과 한 인터뷰에 따르면 시진핑 주석의 경제참모들은 바이든 후보를 선호하고, 국가안보기관 종사자들은 트럼프 대통령의 당선을 바란다고 밝혔다.[16] 《환추스바오》는 중국 언론 중 하나일 뿐이다.

《환추스바오》의 가장 큰 특징은 두 가지이다. 하나는 선정성이고 다른 하나는 극단적인 민족주의 성향을 가진다는 점이다. BTS 사태를 보도하는 기사가 이 점을 잘 보여 준다. 《환추스바오》는 BTS 사태가 가지는 선정성을 활용하여 중국 내 극단적 민족주의자들에게 어필했다. 어느 사회든 국경을 나누고 인종을 구별하고 편을 가르면 진영으로 나뉜 대중들이 몰려든다. 중국에서 《환추스바오》는 그런 일을 자주 벌인다. 《환추스바오》는 BTS 사태를 가지고 한국을 미국 편에 몰아넣고 미국과 적대 진영 구축에 나섰지만 그것이 중국 정부의 입장은 아니었다. 중국 외교부는 문제가 확산되는 것을 단호하게 차단했다.

한국 언론들은 《환추스바오》의 선정성을 적극 활용한다. 《환추스바오》가 보이는 호전적인 태도와 반중국적 어젠다에 곧바로 분노하는 태도는 짱깨주의를 강화하는 표본실이 된다. 코로나19 보도 때에도 이런 일은 끊임없이 이루어졌다. "한에 훈수 두는 中", "중국인 입국금지 안 된다더니…후시진 한국인 격리 주장", "중국이 기고만장하며 훈수를 두는 이유" 식으로 《환추스바오》를 활용하여 중국을 적대 진영으로 몰아가려는 보도를 지속했다. 실제 내용과 거리가 멀게 의도적으로 오독한 기사들이다.

이와 같은 악의적 오독은 왜 일어날까. 우선 1차적인 책임은 《환추스바오》 자체에 있다. 그들의 논조는 직선적이고 때로는 공격적이다. 대구에서 코로나가 확산되는 문제를 두고 《환추스바오》는 "한국 정부는

---

16 〈중국, 누가 되길 바랄까?…"결국 승자는 왕서방"〉, 《연합뉴스》, 2020년 10월 31일.

종교단체의 부적절한 행위에도 관여하지 않고 손을 놓고 있다"고 비판했다. 그 기사를 쓴 다음 날은 '아직도 대구를 봉쇄하지 않은 것을 이해할 수 없다'는 식의 사설을 썼다. '외부로부터 중국으로 재유입에 강력하게 대처해야 한다'고 훈수를 두기도 했다. 한국과 중국의 체제와 언론의 메커니즘 차이를 고려하지 않은 거칠고 일방적인 주장이었다.

그러나 《환추스바오》의 이런 성향을 고려하더라도 한국 언론은 《환추스바오》의 목소리를 편집해서 활용한다는 점을 부인할 수 없다. 한국 언론에 인용되는 《환추스바오》의 목소리는 지나칠 만큼 늘 분노해 있고, 누군가를 공격하며, 거칠게 말하며, 틀에 박힌 언어들을 사용한다. 그러나 날마다 《환추스바오》를 구독해 보면 《환추스바오》는 우리가 가진 이미지와 다른 보도들이 많이 있고, 늘 공격적인 것도 아니라는 사실을 잘 알 수 있다. 코로나19 때도 한국 언론이 《환추스바오》에 비난을 퍼부었지만, 며칠 지나지 않아 《환추스바오》는 "한국 힘 내"라는 응원 메시지를 신문에 실었다.

BTS 사태를 한중 사이 국가 문제로 비화하는 불을 지핀 것은 《환추스바오》이다. 그러나 《환추스바오》의 기본 논지는 '섭섭함'이었다. 《환추스바오》를 직접 읽어 보면 BTS에 대한 분노가 아니라 중국민에 대한 배려가 빠진 데 대한 섭섭함 수준인 것을 알 수 있다. '우리 중국인이 한국의 BTS를 그렇게 좋아했는데 전쟁 당사자 중 한쪽에게만 관심을 표시하고 중국 국민의 죽음에는 관심도 없느냐'였다. 그냥 그렇게 넘어가면 되는 일이었다.

그러나 정작 사건을 키운 것은 한국 언론과 보수 야당이었다. 보수와 진보를 가릴 것 없이 모든 언론이 달려들어 BTS 문제를 중국의 문제로 확산시켰다. 한국을 대표하는 언론들이 중국의 저급한 네티즌 수준과 비슷한 공격을 시도하며 그들과 교전을 벌였다. 보수 야당도 참전했다. 그런 기회를 놓칠 리가 없었다. 결국 중국 외교부가 나서서 진화했다. 한국 정부 당국자들도 중국의 자정능력에 맡기자고 했다. 그러나 《환추스바오》는 중국 정부의 방침에도 한국의 언론 공격에 그냥 참지 않았다. 조중동의 보도 행태를 보도하면서 조중동과 마찬가지로 중국인이 단 가장 저급한 댓글을 인용하며 한국 언론에 앙갚음을 했다. 그러자 기다렸다는 듯 안보적 보수주의 진영에서 확전을 시도했다. 조슈아 웡을 불러냈고, 미 국무부 부대변인과 주한 미국대사까지 끌어들여 진영을 구축하고 전투를 벌였다. 결국 중국의 강성 민족주의자들이 BTS 상품을 배송하지 않겠다는 일까지 벌어졌고, 한국의 극우 매체들은 중국의 배송 거부를 쟁점으로 삼아 중국과 적대 진영 구축에 나섰다.

결국 이 전투의 최종 승자는 한국의 안보 보수주의자였다. 그들은 중국의 젊은이들을 '만리방화벽'에 갇힌 '샤오펀홍'이라는 극단적인 민족주의자들로 몰아가는 데 성공했다. 홍콩의 분리주의자들과 공조를 확인했고, 미국 주요 당국자들의 지지도 끌어냈다. 《환추스바오》는 절반의 성공만 거두었다. 한국에서 《환추스바오》는 《인민일보》를 넘어서는 존재감을 확인받았고, 중국의 강성 민족주의자들의 대변인 역할을 충실히 했다. 그러나 평범한 중국민과 중국 당국을 대변하지 않는다는 사실은 또다시 확인시켜 주었다. 평범한 중국인은 그런 일로 한국과 다투는 것을 좋아하지 않는다. 대부분 관심조차 없었다.

4 사라진 진보적 중국 프레임

BTS와 비틀즈

신식민주의 시기 '새로운 적대들'의 하나로 탄생한 짱깨주의를 넘어서는 일은 전후체제 시기의 싸움 방식으로 불가능하다. 라클라우가 지적한 대로 그런 저항들이 "다의적이고 반민주적인 담론과 완벽하게 접합"할 수 있기 때문이다.[17] 자유민주주의 수호자들이 시도하는 중국의 보편적 민주주의에 대한 공격은 전후체제를 수호하려는 안보적 보수주의 기획과 접합된다. 그들 사이의 적대적 경계선은 중국이라는 기호 아래서는 흐려진다.

일부 중국 네티즌들이 BTS를 비난한 사건을 다루는 《한겨레》의 기사는 두 개였다. 하나는 베이징 특파원이 쓴 〈BTS가 소환했다…'만리방화벽'에 갇힌 중국 누리꾼 애국주의〉라는 기사이고, 다른 하나는 〈BTS

17 에르네스토 라클라우·샹탈 무페, 앞의 책, 291쪽.

발언 트집 잡은 중국 누리꾼의 도 넘은 공격〉이다. 두 기사 모두 한국 보수언론의 보도와 별다른 차이가 없는 짱깨주의 프레임에 갇힌 기사였다. 중국 특파원이 쓴 기사는 어젠다, 프레임, 서술의 객관주의가 모두 보수주의의 짱깨주의에 종속된 기사이다. 어젠다는 미국으로부터 왔다. 이 기사는 《뉴욕타임스》의 인용문으로 시작한다. 중국 특파원인데도 중국인의 생각에는 관심조차 없다. 중국 취재는 아예 없다. 프레임 또한 미국 우파의 프레임이다. 미국의 휴먼라이츠워치라는 자유주의 인권단체에서 일하는 중국 담당 연구원의 말로 끝맺었다. 결론은 한국의 안보적 보수주의와 한 치도 다르지 않다. 중국의 상품 불매운동을 애국주의라고 이름 붙이고 애국주의를 '만리방화벽'이라는 인터넷 검열에 갇힌 중국 젊은이들의 특성이라고 규정한 다음 BTS 사태가 그들의 소행이라고 결론 내렸다. 두 번째 기사 또한 첫 번째와 조금도 다르지 않다.

한국의 진보언론이라면 민족주의 관점에 서서 맹목적으로 BTS를 두둔할 것이 아니라 BTS가 '밴플리트상'을 수상하는 것이 합당한지 물어야 했다. 전쟁의 한 당사자인 미8군 사령관이 주는 상을 BTS가 받는 것이 과연 합당한 상일까? 수상자 명단에는 부시 전 대통령, 이건희 삼성회장, 조양호 한진그룹회장처럼 BTS의 이미지와 어울리지 않는 정재계 인물들이 포함되어 있다. 상이라고 주면 다 받는 것이 아니다. 장 폴 사르트르는 노벨상조차 수상을 거부했다.

한국의 진보언론이 BTS의 수상 행위가 아무 잘못이 없다고 판단한다면 중국 누리꾼들의 행동을 비판할 자격이 없다. 중국 누리꾼들의 관점도 지극히 민족주의적이기 때문이다. 밴플리트상이 정치적이라는 것은 미국 정치권의 반응을 살펴보아도 금방 알 수 있다. 미 국무부가 나서서 BTS를 감쌌다. 신냉전 사고로 친일 행보를 보인 미 해군제독 출신 해리스 주한 미국대사도 BTS 편을 들었다. 언어와 행동의 의미는 텍스트가 아니라 콘텍스트가 중요하다. 이데올로기적으로 해석될 수 있는 상이었고, 그럴 가능성이 높은 시기였다.

중국인이 한국의 BTS를 좋아하는 까닭은 BTS가 국경과 인종을 초월한 보편 정서와 가치를 노래했기 때문이다. 중국에는 BTS의 한마디에 격려받고 위로받으며 팬데믹의 우울함을 극복해 나가는 팬들이 있다. 아시아 밴드가 글로벌 문화에 새로운 충격을 준다고 예찬하는 평론가도 있다. 중국에서 번지는 BTS 열풍을 좋은 시선으로 보도하는 언론도 있다.[18] 중국 팬들은 BTS의 밴플리트상 수상 논란에도 BTS의 8주년을 기념하는 옥외광고까지 한국의 번화가에 설치했다.[19] 이런 일들은 정치와 경제가 할 수 없는 문화의 영역이자 음악의 영역이다.

영국의 비틀즈가 세계의 비틀즈로 자리매김한 까닭은 국경과 인종을 가르고, 옳고 그름을 싸움으로 가리고자 하는 정치 논리를 음악의 논리로 넘어섰기 때문이다. 전쟁이 벌어졌을 때 비틀즈는 자기들의 모국에 손을 들어주지 않았다. 오히려 인류가 나아가야 할 평화를 노래했다. 존 레논은 'Give Peace a Chance'를 발표한 다음 조국인 영국으로부터 감시를 당했고, 레코드를 팔아야 할 미국으로부터 배척받았다. 적어도 《한겨레》라면 제2의 비틀즈를 꿈꾸는 BTS의 사려 깊지 못한 행동을 꾸짖거나 더 나은 예술인으로 나아가지 못한 것을 아쉬워해야 했다.

---

18 "BTS' speech during YouTube's 'Dear Class of 2020' commencement event inspires Chinese fans ahead of band's 7th anniversary", GT, 2020.06.09.

19 〈BTS 중국 뷔 팬덤 불법 옥외광고…용산구청, 행정처분 예고〉, 《스포츠경향》, 2021년 06월 01일.

미국과 베트남이 전쟁 중일 때 미국 대학생들이 비틀즈의 노래를 불렀다. 그 노래에는 국경을 초월하고 전쟁을 반대하는 반전 메시지가 있기 때문이다. 《한겨레》라면 이 기회를 빌어서 BTS에게 전쟁의 위기에 있는 중국민에게도 전쟁보다 평화가 더 나은 선택이라는 메시지를 줄 수 있는 방법을 찾으라고 충고해야 했다. 《한겨레》라면 문화자본의 시대에 문화주권을 들이밀며 문화의 소유권을 옹호할 것이 아니라 문화자본이 만들어 놓은 탈영역인 새로운 거대 시장에서 국경을 초월하는 '공통적인 것'을 만드는 기회로 활용해야 했다. 마이클 하트가 주목한 대로 이 시대의 음악 산업은 '소유'와 '공통적인 것'이 가장 첨예하게 대립하는 전장이다.[20] BTS는 '소유'와 '공통적인 것'이 다투는 새로운 전장의 지도자인 셈이다.

평화체제를 지향하는 프레임으로 보면 일부 중국 네티즌들이 보인 반응은 오히려 희망적이다. 전쟁으로 숨진 수많은 중국 병사들의 관점에서 세상을 바라보려는 네티즌들이 중국에도 있다는 증명이기 때문이다. 진보언론이라면 BTS가 UN에서 "여러분이 누구이든, 어느 나라 출신이든, 피부색이 어떻든, 성정체성이 어떻든… 여러분 자신의 이름과 목소리를 찾으세요"라고 말한 대로 중국인에게도 자신의 이름과 목소리가 있다고 BTS에게 말할 수 있어야 했다.

그런 점에서 BTS의 침묵은 당혹스럽다. 이런저런 까닭으로 상을 받을 수밖에 없었고, 중국 네티즌들의 민감한 문화 감수성을 이해하지 못

---

20 마이클 하트, 〈공통적인 것과 코뮤니즘〉, 마이클 하트 외, 연구공간 L 엮음, 《자본의 코뮤니즘, 우리의 코뮤니즘》, 난장, 2012, 35쪽.

했다고 하더라도 중국 네티즌들에게 진영을 초월한 메시지는 보내야 했다. 수많은 중국 병사들의 죽음도 한국과 미국 병사들의 죽음만큼이나 안타깝다고 말하고 다 함께 전쟁 없는 평화 세계로 나아가자는 메시지를 보냈다면 더욱 많은 중국인이 BTS의 아미가 될 수 있었을 것이다. 중국에서 한 명이라도 더 평화를 사랑하는 시민이 등장할 수 있었을 것이다. 어떤 중국인 한 명도 그 자체로 빛나는 하나의 '소우주'이다.

BTS는 많은 것을 잃었다. 빅히트의 주가가 떨어졌다. 일부 중국 팬을 잃었다. 그러나 그런 것들은 시간이 해결해 줄 것이다. 중요한 것은 BTS가 하위주체를 향해 던진 메시지가 중국에서는 설 자리가 좁아질 가능성이 높아졌다는 것이다. 중국은 문화주권론에 바탕을 둔 BTS의 정치적 선택에 정치적으로 대응했다. 중국 방송은 미국의 시트콤 드라마 《프렌즈》에 BTS가 특별출연한 부분을 편집하여 내보냈다. 문화주권론이라는 창은 문화주권론이라는 방패로 대응하게 마련이다. BTS는 그들 스스로 '문화주권' 프레임에 갇혔다. BTS가 미국적 세계에 자기들을 가두지 않는다면 미국 바깥에 있는 세계도 같이 바라보며 전 지구적 시각을 가진 제2의 비틀즈가 될 수 있다고 생각하면 좋겠다.

김치공정

동북공정은 중국에서 만든 개념이라면 '김치공정'은 한국 언론이 만든 신조어이다. '김치공정'은 동북공정 사태로 상당한 성과를 얻은 안보 보수주의자가 제2의 동북공정 사태를 노린 정치적 기획으로 볼 수 있다. 한국이 만든 '김치공정'에는 14억 명이 사는 중국에서 어떤 유튜브, 어떤 기업, 어떤 관료가 한 연관성 없는 행동들을 '중국은 나쁘다'는 유사인종주의 프레임에 놓고, 중국과 적대 관계를 구축하고자 한 전형적인 짱깨주의 프레임이 담겨 있다. 허은아 국민의힘 국회의원은 국회에 한복을 입고 나타나 김치공정과 한복공정이 제2의 동북공정이라며 "중국몽에 기댄 현 정권 인사들이 국민의 자존심을 짓밟고 있다"고 주장했다.[21]

'김치공정'을 동북공정과 비교하려면 몇몇 유튜브나 SNS를 엮어 중국이 '김치공정'을 한다고 주장할 것이 아니라, 중국 정부의 개입을 밝히는 것이 중요하다. 그러나 정부의 개입은커녕 김치공정을 한다고 든 사례조차 손으로 꼽을 정도였다. 온라인에서 일어난 일들을 엮어서 하나의 프레임 위에 배열하고 이것이 중국의 문화 침탈이라고 이름 붙이는 것이다. 일부 언론이 유튜브나 SNS를 뒤져서 프레임을 만들고 여러 언론이 거듭 확대 재생산하면 그것이 사실로 유통된다.

김치공정이라고 주장한 핵심 근거는 두 가지였다. 리즈치라는 파워 유튜버가 김치를 담그는 동영상을 올린 것과 UN 중국대사가 김치 담그는 사진을 SNS에 올린 것이다. 리즈치의 영상은 2017년 영상이고, UN 중국대사의 사진은 2021년이다. 이런 식으로 추진되는 공정은 없다. 2017년 영상을 왜 하필 2021년에 문제 삼는지도 알 수가 없다. 김치를 담근다는 동일한 행동이 우연히 일치한 것을 바탕으로 보수주의자들이 원하는 방식으로 나열한 다음 공정이라고 이름 붙인 것이다. 2021년에 2017년에 올라온 유튜브 동영상 하나를 끌어와 김치공정을 주장하는 것은 중국의 김치공정이 아니다. 한국의 안보적 보수주의 언론이 제2

---

21 《아시아경제》, 2021년 02월 26일.

의 동북공정 사태를 노리며 한 정치적 기획이다.

김치공정을 주장하는 언론의 대부분은 리즈치의 동영상을 실제로 보지도 않고 기사를 작성했을 가능성이 매우 높다. 리즈치가 김치를 담그며 '김치가 중국 것'이라고 주장했다는 것은 거의 날조에 가깝다. 한국의 언론 보도와 달리 리즈치는 "김치는 연변 지역 조선족들의 전통 식품"이라고 명확하게 밝혔다. 그러나 한국 언론은 리즈치가 '중국음식'이라는 키워드를 사용했다는 것을 근거로 김치를 중국 것이라고 주장했다며 대대적인 공세를 펼쳤다.

중국은 다민족국가이다. 리즈치가 연변 조선족의 전통 음식을 중국 음식으로 분류한 것도 중국의 관점에서 보면 자연스러운 일이다. 조선족을 자국 민족으로 간주하기 때문에 일어난 일로 볼 수 있다. 다민족국가인 중국이 한족의 문화만 중국문화라고 주장하는 것이 '한족중심주의'이다. 조선족의 관점에서도 자기들의 문화가 중국문화 중 하나로 인정받는 것이 배척받는 것보다 더 나은 일이다.

한국 언론의 자의성은 중국 내 소수민족의 문화를 바라보는 시각에만 있는 것이 아니다. 조선족을 바라보는 시각에서도 이중성은 드러난다. 이 논쟁에서 한국 언론은 '조선족은 한국인'이라는 가정을 사용했다. 한국 언론은 한국의 아파트나 토지 구입, 일자리 문제를 이야기할 때는 조선족을 중국인으로 대한다. 베이징 동계올림픽에서 조선족이 한복을 입고 등장했을 때도 조선족은 그저 한복을 입을 자격조차 없는 중국인으로 간주되었다. 그러나 문화를 이야기할 때는 조선족의 문화가 우리 것이라고 주장한다. 조선족이 먹는 김치나 한복도 우리 것이라고 말한다. 중국은 조선족을 자국 민족으로 규정한다. 한국이 그렇게 좋으면 한국으로 돌아가라고 주장하지 않는다. 조선족은 중국인이니 한국의 김치 같은 것은 먹지 말라는 '김치공정'은 벌이지 않는다.

중국 입장에서 중국민이 먹는 김치를 조선족이 먹는 전통 음식이라고 밝히고, 중국음식으로 다루는 게 정략적 의도가 있는 일이 아니다. 중국 정부가 '김치공정'과 '한복공정' 같은 군사주의적 기도를 할 까닭이 없다. 동북공정은 북한의 붕괴에 대비한 동북지방의 안정화라는 분명한 목적이 있었다. 그러나 김치를 중국 것으로 만들어 중국이 취할 수 있는 이득은 거의 없다. 김치를 한국에 수출하는 상황에서 그런 일이 김치 수출에 도움을 주는 것도 아니고, 이미 중국민조차 한국 김치의 고유성을 인정하는 상황에서 한두 명을 동원해 김치는 중국 것이라 주장한다고 그런 인식을 바꿀 수 있는 것도 아니다. 문화대국이라고 내세우는 데는 김치가 아니어도 자랑할 거리는 널려 있다. 무엇보다도 굳이 한국과 문화전쟁을 벌일 것으로 뻔해 보이는 일을 해야 할 까닭이 없다. 그런 점에서 중국의 '김치공정'은 한국의 안보 보수주의자들이 하는 '상상된 중국'에서나 가능한 일이다.

김치공정이 안보 보수주의자들의 기획이라는 점이 분명한 까닭은 이런 기획으로 생기는 실익이 거의 없다는 점이다. 김치가 자랑스러운 우리 음식이라면 우리가 앞장서서 세계인에게 더 널리 알리고 세계의 음식으로 자리 잡을 수 있도록 도와주는 것이 실익에 더 유리하다. 그런 점에서 김치의 국적을 따지지 말고 공동으로 쓰면서 국익에 활용하자고 주장하는 이하연 대한민국김치협회장의 말이 훨씬 더 설득력 있다. 이 회장은 리즈치를 비난하지 않고 오히려 한국에 초빙하여 한국 김치의 세계화에 활용하자고 주장한다.[22] 실질적인 문제해결의 관점에서 보면 분노와 혐오를 조장하지 않고도 얼마든지 해결할 방법이 있다.

우연히 일치하는 것의 차이를 지워버리거나 반대로 우연히 다른 것을 나열하여 차이를 만들어 내는 노력은 '기본적인 질서와 그 질서에 대한 집착' 때문이다.[23] 김치공정 논란은 중국이 우리를 집어삼킬 것이라는 상상된 공포에 대한 집착이다. '김치공정'이라는 프레임은 단독으로 기획되지 않았다. '한복공정'이 이어졌다. 한복공정에서 나아가 중국적인 모든 것을 가려내어 몰아내자는 분위기가 조성되었다. 한국 드라마 《조선구마사》에서 중국음식과 중국식 실내장식품을 사용한다고 해서 '문화동북공정'[24]이라는 괴상한 신조어를 만들어 내며 공격하는 바람에 드라마가 2회 만에 중단되었다. 언론은 그런 드라마를 쓰는 작가는 틀림없이 조선족일 것이라는 네티즌들의 광기를 다양한 방식으로 동원했다. 《조선구마사》를 쓴 작가가 쓴 또 다른 드라마인 《철인왕후》도 문제가 되었다. 중국 웹소설을 배경으로 활용했다는 까닭으로 그 드라마의 주연을 맡았던 배우가 출연한 광고가 중단된 것이다. 일본의 역사교과서에 독도가 자기 땅이라고 발표된 날, 바이두 백과사전에 삼계탕의 유래가 중국으로 되었다는 것[25]을 문제 삼으며 일본 역사교과서 문제보다 훨씬 큰 관심을 할애하며 비판했다.[26] 강원도에 1조 원을 들여 만들고 있는

---

22 〈"中 유튜버 리즈치에 맞서 BTS 김치 먹방 만들자" 김치지킴이 긴급제안〉, 《매일경제》, 2021년 03월 12일.

23 V. Y. 무딤브, 이석호 옮김, 《조작된 아프리카》, 아프리카, 2021, 29쪽.

24 〈"여기가 중국인 줄"…'조선구마사' 논란 일파만파!〉, 《헤럴드경제》, 2021년 03월 24일.

25 바이두는 위키피디아처럼 네티즌들이 만드는 백과사전이다. 바이두에 김치가 중국 것이라고 나온다고 항의하자 바이두는 곧바로 수정했다.

26 JTBC 뉴스룸, 2021년 03월 30일.

차이나타운을 몰아내자는 운동도 벌어졌다.[27] 잡코리아가 홍콩계 사모펀드에 매각되자 "개인정보가 유출된다"며 불매운동을 벌이자고 선동하기도 했다. 김치공정에서 시작해서 한복공정으로 발전한 논리는 문화공정이라는 개념으로 정착했다. 일부는 문화제국주의라고도 불렀다.

한국 언론은 '김치공정'과 같은 프레임을 세우고 거기에 맞는 몇 개의 사례를 나열한 뒤 자기들의 주장을 펼친다. 이는 스피박이 주장하는 '인식론적 폭력'의 일종인 유사인종주의이다. 중국은 김치공정도 한복공정도 한 적이 없다. 한국 언론의 프레임이다. 중국은 그렇게 해도 된다는 폭력이 숨어 있다. 중국을 향한 '인식론적 폭력'은 내부와 외부의 균열을 동시에 노린 것이다. 내부적으로는 별 문제없이 넘길 수 있는 일상의 일들을 정치화하고, 구획이 불가능한 문화를 구획지어 문화의 사용자 사이 분열을 만들어 자기 진영으로 유인하는 것이다.

여기서 중요한 것은 문화를 두고 매카시즘 열풍이 부는 데도 침묵하는 진보적 중국 담론이다. 문화란 BTS의 노래이든, 김치이든 서로 공유하는 것을 본질로 한다. 공유는 네 것과 내 것을 따지지 않고, 누가 처음인지 기원을 캐묻지 않는다. 푸코는 《지식의 고고학》을 통해, 어떤 사물의 기원을 따지고 그것을 절대 척도로 삼는 역사적 방법에 두 가지 문제를 언급했다. 하나는 유사성의 문제이고, 다른 하나는 시원(始原)을 따지는 일이 갖는 권력적 속성이다. 유사성의 문제란 어떤 사물도 그다음 어떤 것과 완전히 똑같을 수 없기에 시원을 주장하며 사물을 연대기로 나

---

27 〈"왜 작은 중국 만드냐" 강원도 차이나타운 반대 청원 10만 돌파〉, 《파이낸셜뉴스》, 2021년 03월 30일.

열하고 위계질서를 부여하는 것은 불합리한 일이라는 것이다. 따라서 푸코는 창조적인 것이라고 이름 붙인 것과 모방이라고 불리는 것 사이에 차이를 인정할 수 없다고 본다.[28] 그래서 결국 시원을 따지는 일은 이 위계로 지표화를 만들고자 하는 사람들이 권력을 개입하는 일이다.

김치의 시원을 주장하는 것은 중국인이든 한국인이든 소유를 주장하기 위한 권력 행위이다. 김치도 시원을 따질 수 없는 사물이다. 김치와 비슷한 절임 채소는 중국뿐만 아니라 지구 어느 곳에서나 '유사한 것'이 있을 수밖에 없는 음식이다. 전 세계의 문화를 상품화하는 유네스코나 ISO에서 어떤 것을 고유의 것이라고 인정하고 어떤 권력을 부여해 주느냐와 상관없이, 김치의 시원은 단 하나의 위계질서로 줄 세울 수 없는 유사성이 존재한다.

중국의 파오차이와 한국 김치의 차이를 정확하게 설명하는 일은 불가능한 일일 뿐만 아니라 무의미한 일이다. 이런 시도를 하는 유일한 의미는 시원을 장악하여 권력을 행사하겠다는 소유의 논리밖에 존재하지 않는다. 그러나 김치와 한복, 심지어 양복이라 불리는 그 어떤 사물도 차이를 상품화할 수 있지만 그 사물에 배타적 권리를 주장할 근거는 없으며 성공할 가능성도 없다. 한국의 김치와 중국 윈난지역의 전통음식인 라옌차이(腊腌菜) 사이에 공통점은 차이점보다 훨씬 많다.

설령 한국의 문화자본 입장에서 김치의 시원을 따지는 것이 국익이라고 판단하더라도 문화의 시원을 놓고 중국과 국익을 따지는 것은 별로 득이 될 것이 없는 근시안적 접근법이다. 이런 주장을 하는 사람들은

---

28 미셸 푸코, 이정우 옮김, 《지식의 고고학》, 민음사, 1992, 198~208쪽.

영국의 역사학자 조지프 니덤이 쓴 《중국의 과학과 문명》이라는 책의 목차라도 읽어 보기를 권한다. 국익의 관점에서도 중국과 문화소유권을 주장하는 것이 얼마나 한 치 앞을 내다보지 못하는 일인지 알 것이다. 앵거스 매디슨의 분석에 따르면 1820년 중국은 세계 GDP의 32.9%에 해당하는 수준이었고[29] 우리는 그런 중국으로부터 조공책봉체제하에서 문화를 받아들였다. K-문화의 글로벌화로 가장 많이 팔리는 상품이 만두이다. 만약 중국이 만두는 중국 것이므로 한국은 만두공정을 하지 말라고 요구하면 어떻게 대응할 것인가?

기원을 장악하는 것이 문화상품의 가치를 증가한다고 판단하면 1970년대식 짝퉁 단속을 벌일 일이 아니라 '다이슨 전략'을 사용하는 것이 시대감각에 맞다. 다이슨은 중국의 모조품인 '차이슨'과 짝퉁 시비를 벌이지 않는다. 오히려 '차이슨'이 만들어 주는 유명세를 활용한다. 다이슨은 여전히 중국시장에서 활개를 친다. 중국인 몇몇의 행동을 '김치공정'이라 몰아가는 일은, 김치는 한국의 고유 음식이며 최고라고 믿는 대다수 중국인들을 김치로부터 등 돌리게 만드는 국익에 반대되는 행위이다. 지금 안보적 보수주의는 국익 따위는 상관없이 자기들의 세계를 구축하는 데 혈안이 되었다.

사유의 질서를 수립하려는 쪽과 공통의 것을 만드려는 쪽의 싸움이 신자유주의 문화자본이 만들어 놓은 시장 질서 내에서 진행되고 있다. 사유의 질서를 수립하려는 쪽은 스튜어트 홀이 지적하는 인종주의적 "전

---

29 후안강, 이은주 옮김, 《2020년 중국》, 21세기북스, 2011, 76쪽 재인용.

형적인 이분법 체계"[30]를 문화에 적용하고자 노력한다. 진보가 소유의 시대가 아니라 공통의 것을 늘여 나가는 과정이라면 김치에 국적을 붙이는 일에 저항해야 한다. 역사나 문화의 본질은 사유화가 아니라 공통의 것으로 나누어 쓰는 것이다. 해리스 대사가 김장을 담근 영상을 보고 한국 언론은 우리 문화를 공유해 주어서 고맙다고 했다. 문화에서는 그런 태도면 된다. '공통의 것'들을 만들어 가면 된다. UN 중국대사가 김장을 할 때도 그렇게 말하면 충분하다. 우리 김치를 사랑해 주어서 고맙다. 해리스 대사가 김장을 담근다고 김치가 미국의 것이 될 수 없듯 UN 중국대사가 김치는 자기 것이라고 주장한다고 해도 중국음식이 될 리가 없다.

동북공정에서 시작하여 한복공정, 김치공정, 이효리 사태, BTS 사태로 이어지는 안보적 보수주의의 매카시즘 기획은 성행한다. 베이징 동계올림픽 시기에 《한겨레》 신문사조차 이런 식의 보도는 지속되었다. 그 시기 개봉한 영화 한두 편과 쇼트트랙 '오심', 그리고 폐쇄루프 운영을 채집하여 전시한 뒤 〈'중국천하' 깃발만 펄럭인다〉[31]는 식으로 이미지화하거나 개막식을 중화의 위대함을 선전하려는 시진핑의 의도가 숨어 있는 극장정치[32]라는 음모론까지 내세웠다. 심지어 미국인 아버지와 중국인 어머니 사이에 태어난 에일린 구가 가상사설망을 이용해 인스타그램을 한 사실과 중국의 '만리방화벽' 정책, '장쑤성의 쇠사슬에 묶인 가난한 여성', 한 독일 선수가 '중국에 개최권을 준 것이 잘못이다'라고 한 발

30 스튜어트 홀, 임영호 옮김, 《문화, 이데올로기, 정체성》, 컬처룩, 2015, 538쪽.
31 《한겨레21》, 2022.12.13.
32 〈장이머우와 천카이거의 '극장 정치'〉, 2022.02.13; 〈올림픽 편파 판정·한복 논란, 시진핑의 '숨은 의도'〉, 2022.02.12.

언을 엮어 "폐쇄루프"의 국가라고 이미지화한 뒤 "작은 불씨가 온 들판을 태울 것"이라며 중국의 붕괴를 예언하는 기사까지 실었다.[33] 이 기자는 폐막식을 보도하면서 중국 관중이 기자에게 준 중국 국기를 오성홍기라고 애써 내세우며 '빨갱이 중국'이라는 이미지까지 차용하여 중국의 정체성을 비난하는 기사를 내보냈다.

중국이 문제다'라는 프레임과 '시진핑의 중국'이라는 프레임, 그리고 '나쁜 중국'이라는 프레임 위에 쓰여진 기사인데, 이는 한국의 보수주의 프레임과 한 치도 다르지 않은 기사들이었다. 그런 기사들에는 예외 없이 짱깨주의적 댓글이 난무했다. 물론 《한겨레》에서도 '혐오를 이용한 반중정치를 그만두라'[34]는 기사가 실리기는 했고, 《시사인》에서는 〈'반중'으로 이득 보는 정치인과 상업언론사〉[35], 《경향신문》에도 〈반중을 넘어 소통으로 마주한다면〉[36]이라는 혐중의 원인을 꼼꼼히 따져 묻는 기사들이 실렸다. 그러나 이런 기사들은 주류의 매카시즘에 압도당한 채 소수의 보도에 그치고 말았다. 《시사인》의 이오성 기자가 지적한 대로 이 시기 "학계와 지식인 사회는 거꾸로 입을 닫는 분위기"였다.

중국의 문제를 현미경으로 들여다봐야 한다고 인정하더라도 정작 문제는 이 시기 《한겨레》에는 평화체제적 시각이 존재하지 않았다는 사실이다. 베이징 동계올림픽은 급속도로 진행되던 신냉전 기류 속에서 미국의 방해에도 불구하고 개최된 것 자체만으로도 신냉전으로 가속화되

---

33 〈베이징 속 고립도시 '폐쇄루프'…2주 만에 자유가 간절해졌다〉, 2022.02.12; 〈'논란의 별' 에일린 구, 그리고 폐쇄루프에 갇힌 중국〉, 2022.02.21.

34 〈반중정치〉, 2022.02.09.

35 《시사인》, 2022.02.12.

36 《경향신문》, 2022.02.19.

는 것을 막은 평화 올림픽의 역할을 수행했다. 그러나 평화의 의미를 드러내는 보도는 거의 없었다. 오히려 에일린 구가 가상사설망을 이용한 것이나, 폐쇄루프의 불편함을 비판하는 것이나, 올림픽 시설 안의 밥이 맛없고 값이 비싸다고 조롱하는 것을 주로 다루었다. 폐쇄루프에서《한겨레》 기자들이 겪었던 불편함보다 훨씬 소중한 것은 코로나19 확산 없이 안전하게 올림픽을 치르는 것이었다. 결과적으로 폐쇄루프는 오미크론의 창궐에도 불구하고 성공적인 방역 올림픽을 만들었다. 지속가능한 발전이라는 목표 아래 녹색 올림픽의 면모를 보여 주기 위해 성화대까지 만들지 않은 중국의 노력은 앞으로도 계속 칭찬해 주어야 할 중국의 발전 방향이었다. 그러나《한겨레》의 베이징 동계올림픽 보도는 과도한 자유주의 보편가치가 모든 가치를 압도해 버리는 전유현상을 보여 주었다.

베이징 동계올림픽 기간 동안《한겨레》는 그동안 진보매체의 강점이었던 기사 서술의 객관주의조차도 지키지 않았다. 조선족이 한복을 입고 등장한 것을 문제 삼을 것이라면 2008년 베이징 하계올림픽에서 조선족이 한복을 입고 등장했다는 사실에도 주목해야 했다. 그때는 문제 삼지 않았지만 왜 지금은 문제인지를 따져 보아야 했다. 베이징 동계올림픽을 비판한 독일선수를 소환할 것이라면 미국의 스키선수 아론 블렁크(Aaron Blunck)의 기자회견도 소환해야 했다. 그는 끊임없이 베이징 동계올림픽을 정치화하는 미국 언론에 대해 '나쁜 언론'이라고 말하고 베이징 동계올림픽이 만족스러운 올림픽이라며 찬사를 보냈다. 쇼트트랙 심판장인 피터 워스의 오심이 '나쁜 중국' 때문이라고 비판하려면 그가 평창 동계올림픽 때도 심판장을 맡았으며, 한국 선수단이 그의 공정성을 높이 평가한다는 내용도 알려야 했다. 쇼트트랙은 어떤 종목보다도 오심 논쟁이 빈번하게 일어난다. 그런 종목에서 피터 워스가 중국과 결탁하여 벌인 일이라고 주장하려면 증거를 내야 했다. 피터 워스는 다양한 국적을 가진 여러 쇼트트랙 심판들의 의견을 들어야 한다. 그도 국제빙상연맹의 감독을 받고, 국제빙상연맹은 국제올림픽위원회의 감독을 받는다. 그날 오심이 중국 때문이라는 근거는 한국 언론 어디에도 찾아볼 수 없었다. 결국 대한체육회는 스포츠중재재판소에 오심을 제소하는 것을 철회했다. 스튜어트 홀은 '인식론적 폭력'은 폐쇄적이고 배타적이며 퇴행적인 '종족성'이라는 개념을 바탕으로 만들어졌고, 투쟁하는 기점은 오히려 내부여야 한다고 지적했다.[37]

물백신

한국 진보언론에서 중국을 보도할 때 진보 프레임이 사라졌다는 것을 보여 주는 또 다른 예가 '물백신' 논란이다. 거의 모든 언론이 중국 백신은 '물백신'[38]이며 그 효능이 서구 백신에 비해 얼마나 뒤떨어지는지를 공격하는 기사가 하루가 멀다 하고 쏟아졌다. 그러나 이 프레임에 대항하는 기사는 거의 없었다. 《오마이뉴스》조차 "시노백에 대해 '물백신' 이라는 비아냥이 나오는 상황에서 미국은 백신 국제프로그램 코백스(COVAX)를 통해 최근 인도네시아에 400만 회분 모더나를 공급했다"는 식으로 보도했다.[39] 《한겨레》는 '물백신'이라는 혐오 용어 대신에 '백신

37 스튜어트 홀, 앞의 책, 542쪽.
38 〈중국산 코로나 백신이 '물백신'으로 불리는 까닭〉, 《서울신문》, 2021년 07월 03일; 〈中 백신 진짜 '물'이었나…태국서 수백 명 감염에 사망사고도〉, 《중앙일보》, 2021년 07월 12일; 〈태국서 中 시노백 접종 간호사 숨져…의료진도 수백 명 감염〉, 《연합뉴스》, 2021년 07월 12일
39 〈미국과 중국이 유독 이 나라들에 백신을 퍼주는 이유〉, 《오마이뉴스》, 2021년 07월 19일.

외교'라는 용어를 썼다.[40] 그러나 중국 백신을 보도하는 프레임에서는 보수언론과 별로 다르지 않다.

《한겨레》가 '물백신'이라고 대놓고 빈정거리지는 않았지만 〈국외접종 격리면제자 10명 입국 뒤 확진…5명 시노팜 접종자〉[41], 〈'격리 면제' 입국자 중 2명 추가 확진…12명 중 7명이 시노팜 맞아〉[42]라는 식의 보도를 계속했다. 10명 중 5명이 시노팜 백신 접종자였고, 3명이 화이자 백신을 맞았다. 통계를 낼 때 화이자 백신은 괜찮고, 시노팜 백신은 위험하다고 말할 의미 있는 수치가 아니었다. 시노팜 백신을 맞은 입국자가 얼마이고 화이자 백신를 맞은 입국자가 얼마인지도 안 밝힌 통계이기도 하다. 훨씬 더 많은 정보와 데이터를 가지고 있는 WHO의 판단에 맡기는 것이 현명한 선택이었다. 〈상하이서 중국 백신 '시노팜' 맞은 40대 한국교민 숨져〉[43]라는 기사는 더욱 선정적이다. 기자도 "사망과 백신 접종과 직접 관련된 것인지는 아직 규명되지 않았다"는 것을 알고 있다. 함부로 말해도 되는 중국이 진보진영에서도 쉽게 통용된다.

《한겨레》가 쓰는 '백신외교'라는 용어 자체가 매우 서구 중심적인 용어이다. 《연합뉴스》의 〈중국, 백신외교로 우크라이나에 반중성명 철회 압력 가한 듯〉과 같은 기사가 전형적인 '백신외교' 프레임이다.[44] 한국 언론은 미국이 다른 국가에 백신을 제공할 때는 이런 표현을 사용하지 않았다. 《한겨레》는 〈미국, 4일부터 코로나 백신 세계와 나눈다〉라거

---

40 2021년 01월 17일.
41 2021년 07월 15일.
42 2021년 07월 18일.
43 2021년 04월 23일.
44 2021년 07월 11일.

나 〈미, 화이자 백신 5억 회분 저소득 국가 지원〉, 〈G7, 2023년까지 백신 10억 회분 기부한다〉 같은 식으로 보도했다. 세 기사 모두 《로이터》 통신발이다. 미국이 백신을 지원할 첫 번째 국가로 인도를 택했다. 전형적인 '백신외교'이다. 인도는 미국이 펼치는 인도-태평양 전략의 성패를 가르는 핵심국가이기 때문이다.

2021년 2월 26일 약 400여 개에 이르는 진보 단체가 바이든 대통령에게 트럼프행정부가 실행했던 자국 중심의 백신외교를 버리고 '백신평등'에 기여해 줄 것을 요청하는 서한을 보냈다. 이 단체는 가난한 국가들은 2024년까지 백신에 접근하지 못할 것이라고 전망하며 미국의 결단을 촉구했다. BMJ의 보도에 따르면 2021년 6월 기준으로 캐나다인은 1인당 10.45회 분량을 확보한 반면 인도는 0.83회에 불과했다. 2021년 7월 기준으로 아프리카는 인구의 1%도 백신 접종을 하지 못했다.[45] 남미 인구는 전 세계 인구의 5%에 불과하지만 코로나19 감염으로 사망한 인구는 전 세계 사망자 수의 약 25%에 달한다.[46]

미국의 통신과 언론에 기대어 보편가치를 주장하는 것은 선택적 보편가치일 가능성이 높다. 미국 언론 대부분은 가난한 나라에 백신을 지원하는 중국 백신의 성능을 문제 삼는다. 백신외교 프레임으로 중국의 백신 제공이 바이러스의 초기 발병을 은폐하고 전염병에 대한 책임을 회피하려는 술책이라고 비난한다.[47] 서구 중심의 시각으로 보면 가난한

---

45 "Africa's Covid Crisis Deepens, but Vaccines Are Still Far Off", NYT, 2021.07.16.

46 Robbie Gramer, "U.S. Blunts China's Vaccine Diplomacy in Latin America: The Biden administration ships millions of vaccines to the region as its public health crisis worsens", *FP*. 2021.07.09.

47 Robbie Gramer and Zamone Perez, "Biden to Ship Millions of Vaccines to Africa: The United States will donate 25 million doses as African countries reel from a third wave of COVID-19", *FP*, 2021.07.16.

국가들이 왜 중국 백신을 선택했는지 관심을 가질 리가 없다. 가난한 국가들은 부유한 국가의 백신을 구할 수 없어 중국 백신을 선택했다. 중국은 초기부터 자국 백신을 그 국가들에 공급했다. 반면 미국은 폐기 처분될 백신이 나올 때까지 가난한 국가들에 백신을 지원하지 않았다. 2020년 5월 중순까지 중국은 전체 생산량의 42%인 2억 5,000만 회분 이상을 수출한 반면, 미국은 생산량의 약 1%인 300만 회분만 수출했다.

심지어 '우한 바이러스'라며 중국을 공격했던 브라질 정부조차 중국 백신을 수입했다. 미국과 유럽의 백신들은 효과가 높다지만 구할 수가 없고, 너무 비싸다. 중국 백신은 구하기도 쉽고 훨씬 싸다. 유통은 더욱 문제다. 화이자 백신이 효과가 좋다고 하지만 영하 70도를 유지해야 한다. 가난한 국가들은 그런 백신을 유통할 능력도 기술도 없다. 이럴 때 중국은 백신의 지식재산권을 포기하겠다고 선언했다. 서구는 누구도 그때까지 백신의 특허를 포기하겠다고 말하지 않았다. 이것이 100개국이 넘는 국가가 중국 백신을 승인한 까닭이다.[48]

진보언론의 '백신외교' 프레임은 중국의 백신을 받아 쓰는 가난한 국가들의 국민에게 실질적 도움이 되지 않을 뿐더러 그런 '백신외교'조차도 차일피일하는 백신 강국 미국에게 면죄부를 주는 기능까지 한다. 중국의 백신 제공은 그저 그들의 정치적 목적을 위한 이기적인 행위일 뿐이니까 미국은 하지 않아도 된다. 그러나 하지 않아도 되는 미국이 나서면 보편적 민주주의의 실행으로 찬양받는다. 상파울루에 있는 제툴리우바르가스(Getulio Vargas) 재단의 올리버 스텐켈(Oliver Stuenkel) 교수

---

48 "China to become biggest global provider of COVID-19 vaccines", GT, 2021.08.13.

는 미국에서 중국의 '백신외교'를 비판하는 것을 두고 "중국과 싸우거나 백신을 헐뜯는 것이 아니라 미국과 라틴아메리카의 관계를 강화"하는 방향으로 나아가야 한다고 말한다. 가난한 국가를 위해 빨리 백신외교에 나서야 한다고 주장했다.[49]

가난한 국가의 관점에서 백신을 바라본다면 '물백신'이라고 빈정거리거나 '백신외교'라며 비판하는 일은 할 수 없다. 중국은 적어도 백신에 관한 한 '제국의 차이'를 보여 주었다. 대응의 차이를 두고 커트 캠벨과 러시 도시(Rush Doshi)는 "코로나 바이러스가 글로벌 질서를 재편할 수 있다"[50]고 전망했다. '물백신' 논란을 방치하거나 '백신외교'라는 서구 프레임에 기대어 중국 백신을 다루는 것은 '제국 간 차이'를 무시하는 프레임이며, 보편주의를 가장한 백신 민족주의 프레임이다. 한국 진보언론에게 진보적 중국 프레임이 필요한 시점이다.

49 Oliver Stuenkel, "Vaccine Diplomacy Boosts China's Standing in Latin America: Beijing has increased its leverage in the region—but Washington can still stage a comeback", *FP*, 2021.06.11.

50 Kurt M. Campbell and Rush Doshi, ibid.

5 진보적 담론 유통경로의 부재

전후체제의 위기 시기에 한국의 진보언론은 중국을 어떻게 말하고 중국 담론 유통경로를 어떻게 구축해 나갈지 고민이 턱없이 부족하다. 2020년 8월 말 중국의 왕이 외교부장은 일대일로 참가를 공식 선언한 이탈리아를 시작으로 유럽의 주요 5개국을 순방했다. 이때 한국 진보언론이 보도하는 양태를 보아도 이는 잘 드러난다.

이 시기 중국과 유럽의 관계 설정은 한국이 앞으로 가질 행보에도 매우 중요한 사안이었다. 화웨이 퇴출에 영국은 동참하고, 독일은 불참할 때 프랑스의 선택은 화웨이 퇴출 문제에만 국한되는 것이 아니라 트럼프 대통령이 시행할 중국봉쇄 정책의 성공 여부가 걸린 중대한 사안이었다. EU가 미국의 압력에 굴복하여 키신저 시스템을 파기하고 중국을 봉쇄하는 진영에 동참할 것인가를 가늠할 수 있는 시기이기도 했다. 나아가 WTO로 상징되는 전후 자유무역질서의 진로를 엿볼 수 있는 사안이기도 했다.

왕이 중국 외교부장과 에마뉘엘 마크롱 프랑스 대통령이 만난 자리에서는 많은 문제들을 논의했다. 기후변화, 핵, 코로나19, 화웨이, 다자주의, 인권 문제 들이었다. 주목할 점은 SCMP와 GT, 그리고 한국 언론의 보도 차이이다. 세 지역의 언론은 화웨이 문제를 두고 선명하게 갈렸다. SCMP는 프랑스가 노키아와 에릭슨을 주로 쓸 것이라고 한 점을 강조했다. 중국 언론들은 프랑스가 화웨이 장비를 완전히 배제하지 않기로 한 것을 중점 보도했다. 그러나 한국 언론은 왕이 중 외교부장의 유럽 방문에 별로 관심이 없었다. 폼페이오 미 국무장관이 유럽 순방에서 화웨이 문제를 언급할 때마다 우리나라 대통령 보도보다 더 자세히 보도하는 것과 판이하게 달랐다.

한국 언론은 마크롱 대통령과 회담을 겨우 언론사 2곳만 보도했다. 보도량보다 더 문제는 보도 어젠다이다. YTN은 〈마크롱, 중국 외교부장에게 홍콩·위구르 문제 제기〉라는 기사를 내보냈다. 《블룸버그》, 《로이터》 통신발이었다. 제목은 《로이터》 통신의 제목을 그대로 가져와 사용했다.[51] 서구가 관심 있는 중국의 인권문제를 중심으로 보도한 것이다. 화웨이 문제나 다자주의 합의는 보도조차 하지 않았다. 심지어 YTN은 《블룸버그》 통신이 언급한 화웨이 문제에 관한 중요한 언급조차 보도에서 뺐다. 《블룸버그》 통신은 마크롱 대통령이 "어떤 기업도 국적 때문에…배제된 적이 없다"고 말했다고 보도했다. 《뉴시스》는 〈마크롱, 中왕이 만나 홍콩·인권 관련해 우려 표명〉이라는 제목으로 보도했다. 《로이

51 《로이터》 통신의 제목은 "France's Macron expressed concerns about human rights to China's Wang yi"였다.

터》 통신발이었다.

문제는 진보언론이다. 보수언론이 자기들의 전쟁을 충실히 수행하고 있었던 것과 달리 한국의 진보언론은 진보적 프레임조차 설정하지 못했다. 《경향신문》은 〈우군 얻으러 유럽 간 왕이, 핀잔만 들었다〉[52]라는 기사를 내보냈다. 베이징 특파원이 쓴 기사다. 《경향신문》의 기사는 SCMP에 실린 기사와 제목부터 거의 비슷하다. SCMP 기사 제목은 〈중국 외교부장 유럽 순방으로부터 매우 제한적인 외교 수확만 얻은 듯(Chinese foreign minister sees only limited diplomatic gains from European trip)〉이다.[53] 반중주의자 중 한 명인 EU 외교안보정책 대표 조셉 보렐(Josep Borrell)이 '새로운 제국이 되어 가고 있다'고 비판한 것을 그대로 인용했다. 그러나 노아 바킨(Noah Barkin)이 말한 '신냉전을 반대하고 다자주의를 구축하자'는 내용은 뺐다.

《한겨레》는 왕이 국무장관의 유럽 순방에 대해 아예 기사를 내보내지 않았다. 《한겨레》가 왜 침묵하고 있는지를 가늠할 수 있게 해 주는 것이 이 시기 신문 지면에 실린 여유경 경희대 국제대학 교수가 쓴 칼럼이다. 이 칼럼은 중국 정부를 다시 중국공산당이라 부르기 시작한 트럼프 행정부의 반공주의적 중국인식을 그대로 공유한다. 여유경 교수는 중국이 공산당 치하에 있고, 화웨이는 중국기업이어서 지금은 보안 문제가 없더라도 언제든지 중국공산당이 원하면 보안 문제가 발생할 수 있다는 삼단논법을 사용한다. 1970년대 한국의 교과서를 보는 기분이다. 한국

52 2020년 09월 02일.
53 2020년 09월 03일.

의 진보언론조차 트럼프행정부의 한 마디면 어느 날 아침에 중국이 중국공산당으로 바뀐다. 여전히 신식민주의체제에 살고 있다는 사실이 실감나는 칼럼이다.

이 칼럼의 결론은 신냉전체제로 귀환이다. 여 교수는 화웨이를 배제하고, 신냉전체제에 적극 동참하자고 주장한다. 그는 "새로운 신냉전 시대에 안보-무역 딜레마는 심화될 것"이라며 "단기적 사업 손실은 불가피하겠지만 중장기적으로 화웨이가 배제된 북미유럽 시장이 한국기업에 돌파구가 될 수 있다"고 단언한 뒤, "미국이 중국에 대한 정책과 인식이 근본적으로 변하고 있다는 점에서, 북한 특수성으로 인한 한국의 '전략적 모호성' 추구는 더 이상 유효하지 않을 수 있다"고 결론 내린다. 신식민주의체제를 공고히 하여 중국을 배제하고 미국과 손잡고 잘살자는 그런 주장이다.

《한겨레》가 다시 신냉전 시대로 돌아가자는 주장을 하는 것이라고 믿고 싶지 않다. 외부 필진이어서 그럴 수 있다고 변명할지 모르겠다. 그러나 이 시기에 《한겨레》가 설정한 중국 어젠다를 살펴보면 그런 설명은 변명에 가까워 보인다. 왕이가 유럽을 순방하고 돌아온 시점인 2020년 9월 3일부터 중국이라는 키워드로 《한겨레》 기사를 검색하여 우선순위대로 살펴보면 〈한국의 화웨이 딜레마〉, 〈미 국방부 "중국 해군 규모, 세계 최대〉, 〈미 "중 핵탄두 200기 초반…10년 내 두 배 늘릴 것〉, 〈첫 공개, 사라진 위구르인…중국판 테러와의 전쟁〉, 〈중국 보란듯 미 "인도-태평양 나토 동맹 추진"〉, 〈중국 불평등 파헤친 피케티 신작 검열로 중국서 막혀〉, 〈중국 '틱톡' 인수하려면 정부 승인 받아라〉, 〈중 서해 보하이만 일대서 신규 군사훈련〉, 〈미국이 남중국해에 정찰기 띄우자 중국 탄도미사일로 맞대응〉 같은 기사가 검색된다. 대부분 안보 보수주의자들의 중국 프레임에서 한 치도 자유롭지 못한 기사들이다.

이런 현상은 바이든행정부가 들어서고 난 뒤에도 별로 변하지 않았다. 유럽의회가 중국과 유럽 사이 투자협정을 유보한 조치에 대해서 보수언론은 대대적인 보도를 했다. 그러나 2021년 7월 초 화상으로 열린 중국-독일-프랑스 3자 정상회담에는 관심이 없었다. 이 회의에서 3국은 바이든정부의 중국봉쇄 정책 요구를 외면하고 투자협정을 지속할 것을 표명했다.[54] 2021년 7월 중순 바이든 대통령과 메르켈 총리가 가진 백악관 회담도 거의 보도하지 않았다. 유럽을 '경제적 적'으로 대하던 트럼프 대통령과 달리 유럽과 '경제적 친구'가 되겠다고 선언한 바이든 대통령의 정책이 성공했는지 가늠할 수 있는 회의였다. 바이든 대통령은 양국 사이 핵심 어젠다인 독일과 러시아 간 천연가스 파이프(Nord Stream-2) 문제도, 중국에 대한 봉쇄 참여 문제도 미국이 원하는 대로 얻어 내지 못했다.[55] 트럼프행정부 시절 화웨이 장비를 신규로 사용하지 않겠다고 밝힌 프랑스의 주요 통신사업자 오렌지(Orange)가 아프리카에서 5G 사업을 할 때 화웨이를 사용하겠다고 밝힌 사실[56]도 국내에 거의 보도되지 않았다. 이런 사실들은 미국의 중국봉쇄 정책이 유럽에서 온전히 먹혀 들어가는 것이 불가능하다는 사실을 잘 보여 준다.

기사는 사실을 보도하는 일이다. 사실은 세 가지 층위로 구성된

---

54 "China and EU are now in preparations for CAI: MOFCOM indicates progress the first time since frozen in May", GT, 2021.07.08.

55 "Acknowledging disagreements, Biden and Merkel signal warmer U.S.-German ties", NYT, 2021.07.15.

56 "French Orange to roll out Huawei 5G gear in Africa", GT, 2021.06.30.

다. 제1층위는 프레임의 층위이다. 무엇을 위해 이야기 하느냐의 문제이다. 보수언론은 보수적 가치를 위한 프레임을 짜고, 진보언론은 진보적 가치를 위해 프레임을 짠다. 프레임의 층위에서 객관이란 존재하지 않는다. 단지 누구를 위한 보도인가만 존재한다. 역사학자 헤이든 화이트(Hayden White)가 "역사서술은 비유의 수사학, 구성적 상상력, 플롯을 동원한 이야기로서 '순수 역사(history proper)'가 아니라 메타역사(Metahistory)를 기술하는 것이고, 그 점에서 역사서술과 창작, 사실과 허구 사이에 본질적인 차이가 없다"고 주장한다. 메타역사 안에서는 객관이란 존재하지 않는다는 주장이다. 화이트가 말하는 메타역사란 역사를 기술하는 목적을 뜻한다. 메타역사의 층위에서는 역사적 사실을 재구성하는 것이나 언론보도, 소설을 쓰는 것 사이에 차이가 발생하지 않는다.

사실상 모든 기사는 특정한 목적으로 기술되고 있지만 중립적이고 객관적인 것처럼 포장할 때 현실은 더욱 왜곡될 가능성이 높다. 냉전 시기 한국의 중국학계가 표방해 왔던 '객관주의 신화'도 무엇을 위해 중국을 말하려고 하는지를 드러내지 않고 서술의 객관성만 강조하다 보니 결국 냉전의 방관자가 되는 우를 범했다.[57] 미국 대선에서 《뉴욕타임스》가 바이든을 지지한다고 공개적으로 밝히는 것은 사실을 구성하는 제1차 층위의 투명성을 드러내는 것이다.

사실을 구성하는 제2차 층위는 어젠다의 층위이다. 이 어젠다의 층위에서도 객관은 존재하지 않는다. 모든 어젠다는 프레임 위에 놓여 있기 때문이다. 역사가든 기자이든, 소설가든 마찬가지이다. 지금 여기서

---

57 김희교, 〈동양사 연구자들의 '객관주의' 신화 비판〉, 《역사비평》 51호, 2000년 여름호 참조.

남중국해를 다루려는 의도는 있을 수밖에 없고, 그 의도 속에는 이데올로기가 있을 수밖에 없기 때문이다. 중국을 공격하고 싶은 프레임을 가진 언론은 중국의 약점을 주요한 어젠다로 다룬다. 남중국해나 홍콩 문제, 인권과 노동 문제는 단골 메뉴이다.

사실을 구성하는 제3차 층위는 서술의 객관주의 층위이다. 소설가는 서술을 할 때 상상이나 추정, 믿음, 가정과 같은 주관적인 요소들을 사용할 수 있지만 역사학자나 기자는 주관적인 요소는 배제하거나 제한해서 사용해야 한다. 어젠다를 다룰 때 유리한 사실만 취사선택해도 안되며, 주장은 충분히 객관적이라고 판단될 만한 증거나 자료로 입증해야 한다.

한국 진보언론의 중국 보도가 보수언론에 비해 나은 점은 분명하게 존재한다. 제3차 층위인 '서술의 객관성 유지'라는 측면에서는 보수언론에 비해 확실하게 구분된다. 신식민주의 프레임이나 인종주의 프레임에 갇히지 않은 기사들도 수시로 보인다. 《한겨레》 정의길 기자가 쓴 〈트럼프 '우한연구소 기원설'에, 파이브아이스 "근거없다" 반박〉이라는 기사[58]나 박영률 기자가 쓴 〈'박혔던 돌'이냐 '굴러온 돌'이냐…영·중, 아프리카 주도권 경쟁〉이라는 기사가 대표적이다. 정의길 기자가 쓴 기사는 서구 매체뿐만 아니라 중국 매체, 그리고 국제기구의 입장까지 다양한 정보원을 체계적으로 분석한 뒤 우한연구소 기원설이 사실이 아닐 가능성을 검토한다. 박영률 기자는 아프리카 여러 국가의 자본경쟁을 보도하며 서구가 중국에 대해 '부채의 덫'이라는 프레임을 사용한다고 균형 있

58 2020년 05월 05일.

게 정리한 뒤 서구와 중국 자본의 성격을 양측 입장에서 객관적으로 정리했다. 그러나 안타깝게 이런 균형 잡힌 기사들은 중국 보도에 관한 한 《한겨레》의 소수 입장에 그친다.

결국 어젠다와 프레임의 종속은 진보적 중국 담론이 유통할 경로를 막는다. 한국에서는 짱깨주의와 다른 말을 하거나 짱깨주의에 대응하는 글을 발표할 공간이 거의 없다. 한번은 사드 문제로 주류와 다른 관점의 글을 써 진보를 표방하는 한 학회에서 발표한 적이 있다. 토론을 했고, 좋은 평가를 받으며 끝났다. 글을 정리하여 그 학회가 주관하는 잡지에 보냈는데 결과는 게재 불가였다. 학회가 초청해 토론을 하고, 토론의 결과도 좋았는데 해당 학회가 주관하는 잡지에 글을 게재할 수 없게 되는 것은 극히 드문 일이다. 형식적으로 돌아온 논문 심사평에서 내 글이 객관성이 떨어지고, 기존의 연구 성과를 반영하지 않았다고 했다. 기존의 연구와 다른 이야기를 주로 했으니 연구 성과가 있을 리가 없고, 그런 이야기가 자기들 기준에 맞을 리가 없다. 심사평이 고작 세 줄인 것도 있었다. 인상비평이었다는 뜻이다.[59]

지금 한국에서 이루어지는 학회는 실천적 중국 담론과 거리가 먼 형식의 글쓰기를 강요한다. 대개 이 동네에서 "사유를 잘 한다는 것은 분과 학문의 기준과 규칙에 따라 사유하는 것"을 뜻한다.[60] 서벌턴화된 지적 체계를 넘어서는 자기 주장이 있는 글은 대개 좋은 평가를 받지 못한다.

---

59 다행히 그 글은 다른 잡지에서 게재 심사를 통과해 실을 수 있었다. 물론 내 글이 수준 이하여서 게재 거부를 받을 수 있다. 그러나 《교수신문》에서 이 글을 주목할 만한 글로 선정한 것을 보면 잡지에 실리지 못할 수준은 아니었던 듯하다.

60 월터 D. 미뇰로, 앞의 책, 2013, 549쪽

실천을 지향하는 자기 주장이 있는 글은 더욱 그렇다. 반대로 그들이 원하는 '중립'을 표방하는 형식과 내용이어야 잘 실린다. 논문처럼 근엄한 글이 아니라도 마찬가지이다. 중국을 제대로 보자는 권유도, 중국의 다른 면을 봐 보자는 요청도, 왜 자꾸 중국과 싸우려고만 하느냐는 하소연도 이야기할 통로가 없다.

한번은 아는 사람의 부탁으로 한 구청에 가서 강연을 한 적이 있다. 중국을 있는 그대로 알아야 중국에 대응할 수 있다는 이야기를 했다. 강연이 끝나고 청중들의 적대적인 질문과 비난을 받아야 했다. 마치 매카시 청문회의 데이비스(John Paton Davies Jr.)가 된 기분이었다. 중국 전문가였던 데이비스는 중국 내전에서 공산당이 승리할 것이라고 예견했다가 보안 및 충성도 조사를 9번이나 받았다. 그날 강연에서 내가 예견했던 한중관계는 그 뒤 대부분 실제로 일어났다. 대단한 예견도 아니었다. 사드를 설치하면 중국이 보복한다 같은 것이었다. 중국을 조금만 공부하면 예측할 수 있는 일조차 수많은 중국 전문가들은 그럴 일이 없을 것이라고 주장했다. 대중들이야 말할 것도 없다. 듣고 싶은 이야기만 듣는 상황이다.

책을 내는 일도 마찬가지이다. 대중들이 듣고 싶지 않은 이야기를 하는 책은 설 자리가 없다. 행여 그런 이야기를 해 보겠다는 출판사를 만나더라도 대개는 영세하여 독자들의 입맛에 맞지 않을 책을 내 달라고 요청하기에도 민망한 형편이다. 사정이 좀 나은 출판사들은 편집 방향과 맞지 않거나 손해를 볼 만한 책에는 별로 관심이 없다. 짱깨주의적 책들이 무수히 쏟아져 나와도 그것과 다른 이야기를 하는 책은 거의 출판되지 않는다.

한국인으로 중국에서 학생들을 가르치고 있는 우수근 교수는 한국에게는 제대로 된 중국을, 중국에게는 제대로 된 한국을 알리려고 노력해 온 학자 중 한 명이다. 한국이 주장하는 김치공정은 오해와 일부 극단적인 네티즌들의 주장을 바탕으로 두 국가의 극단적인 언론들이 만들어 낸 의도된 충돌이라는 주장을 하면서 다음과 같은 고백을 한다.[61]

> 중국의 상황을 잘 알고 있는 필자는, 진작부터 <우수근의 한중일TV> 나 필자의 페이스북인 <한중일 윈윈클럽> 등을 통해 우리 사회에 알리며 "저급한 극소수들에게 말려들어가지 말자"고 호소해 왔다. 하지만 그 힘은 너무 미력하다. 또 필자처럼 중국의 상황을 있는 그대로 알리려는 사람들이나 언론매체 등도 찾아보기 쉽지 않다.

나 또한 지난 20년 동안 뼈저리게 경험한 일이다. 동북공정부터 사드 사태까지 한국의 언론과 학계와는 다른 중국 이야기를 하는 것은 지면을 얻는 것이 거의 불가능했다. 지면을 얻어 발표를 하더라도 다른 연구의 참고 문헌에조차 실리지 못하는 경우가 대부분이었다. 짱깨주의의 활개에 아무런 손을 쓸 수 없을 만큼 좁고 무기력한 유통경로만 존재한다.

61 〈'김치공정'? 저급한 中극소수 누리꾼들에 말리지 말아야 할 이유〉, 《프레시안》, 2021년 02월 20일.

10부

한국 언론의 짱깨주의적 보도 테크닉

:2020년 6월부터 8월까지 석 달 동안 한국 언론에 나타난 중국 보도 분석

이 장에서는 한국 언론이 중국 보도를 할 때 어떤 테크닉을 사용하여 짱깨주의를 확산시켜 나가는지를 좀 더 미시적으로 살펴볼 예정이다. 검토할 대상으로 다음 포털 사이트를 선택했다. 한국 언론의 뉴스는 포털 사이트를 통해 유통되는 비율이 매우 높다. '포털저널리즘'이라는 신조어가 만들어질 만큼 새로운 언론 유통 형태를 만들어 내고 있다.* 특히 중국 뉴스는 국내 뉴스에 비해 포털 사이트 의존도가 더욱 높을 수밖에 없다. 대중들은 중국 뉴스를 다른 곳에서 찾아보는 경우가 매우 드물다. 로라 루스 실버(Laura Ruth Silver)가 쓴 펜실베이니아대학 박사학위 논문(China in the Media: Effects on American Opinion)에 따르면 대중의 중국인식은 언론보도에 직접 영향을 받는다. 언론이 아닌 다른 곳에서 정보를 접할 방법이 거의 없기 때문이다.

검토 대상 기간은 미중 간 충돌이 격화되던 시점인 2020년 6월부터 8월까지로 한정했다. 3개월 동안 검토한 것만으로도 충분히 유의미한 한국 언론의 탈객관주의적 보도 테크닉을 검출할 수 있었다. 검토 대상은 뉴스 중 메인에 뜨는 기사를 대상으로 삼았다. 포털 사이트의 메인에 노출된다는 것은 대중들에게 상당한 영향력을 행사했음을 의미한다. 모든 언론사를 대상으로 삼았거나 검토 대상 기간을 늘였다면 더욱 다양한 탈객관주의적 보도 테크닉과 사례를 다룰 수 있었을 것이다.

* 안종묵, 〈포털저널리즘의 역할과 평가: 포털미디어에 대한 기존 연구 및 논의를 중심으로〉, 《한국사회과학연구》 32집 2호, 2010, 58쪽.

1 사실 보도보다 분노와 혐오를 조장

하나. 6월 24일 《뉴스1》은 〈"암 덩어리 중국인"…네덜란드서 10대 한인 소년 무차별 폭행당해〉라는 기사를 내보냈다. 네덜란드인 5명이 10대 한국인 소년을 "암 덩어리 중국인"라고 부르며 폭행한 사건이다. "암 덩어리 중국인"이라는 제목을 전면에 내세울 까닭이 전혀 없는 기사이다. 중의적 효과를 의도한 기사로 판단한다. 중국인이 한국인을 폭행했다고 보이기도 하고, 중국인을 암 덩어리라고 말하려고 한 것일 수도 있다. 기사의 목적은 달성했다. 댓글은 온통 유사인종주의가 넘쳐 나며 중국을 혐오하는 글투성이었다. 이날 《연합뉴스》는 같은 사건을 두고 〈코로나19 이후 계속되는 아시아인 혐오…한국인·한국계 피해도〉라는 제목으로 기사를 내보냈다. 사건의 본질에 부합하는 기사이다. 이 기사에는 가해자인 네덜란드인과 인종주의를 비판하는 댓글로 가득 찼다. 대중들은 대개 언론의 의도에 따라 움직인다.

둘. 6월 18일 《한국일보》는 〈"중국서 그새 베낀 SM 파도 전광판?"

알고 보니 "가짜 합성"〉이라는 기사를 실었다. 한 네티즌이 중국이 SM의 미디어아트 전광판을 베껴 사용한다고 주장했는데, 사실은 그 네티즌이 사진을 합성하여 만들었다는 내용이다. 이 기사는 피해자는 정작 중국인인데 욕마저 중국인이 먹도록 교묘하게 편집된 기사이다. 이 기사는 중국인이 억울한 누명을 썼다는 데 초점을 맞추지 않고 중국은 그런 오해를 받기에 충분한 국가라는 뉘앙스를 던진다. 댓글은 짱깨주의적 악플이 대부분이다. 합성을 중국이 한 것으로 착각하는 댓글도 많다.

셋. 8월 9일 《한국일보》는 〈"음란하면 위암 걸린다" 중국의 90만 원짜리 '여자 예절학교'〉라는 기사를 내보냈다. 대륙시리즈의 연장판이다. 14억 인구가 사는 중국에서 벌어지는 이상하고 괴이한 일들을 모아 편집하여 끊임없이 보여 주면서 '이것이 중국이다'라고 주장한다. 기자는 뉴스의 사실 여부를 확인조차 하지 않은 채 보도했다.

넷. 8월 9일 《한국경제》는 〈엑시노스 외면한 삼성, 중국 패널 택한 LG, 기업들 독해졌네〉라는 기사를 내보냈다. 삼성은 자사 제품인 엑시노스 대신에 미국 퀄컴의 제품을 사용했고, LG는 자사 제품뿐만 아니라 중국의 BOE 제품까지 사용하는 것으로 범위를 확대했다는 내용이다. 그러나 이 기사는 유독 LG에게만 BOE 대신에 "중국 패널 택한"이라는 식으로 국적을 밝혀 기사를 냈다. LG가 화웨이에 이어 패널도 중국 제품을 사용한다는 것을 의도적으로 강조하는 기사로 판단된다. 보수언론이 화웨이 제재에 가담하지 않았던 LG에게 쏟아부은 매국노 프레임을 다시 한번 사용하는 효과를 얻었다.

2 선입견이 담긴 감정적이고 부정적인 단어 사용

하나. 한국 언론이 중국에 대한 분노와 혐오를 조장하는 가장 대표적인 방법은 노골적으로 감정적이고 부정적인 단어를 사용하는 것이다. 6월 17일 《머니투데이》는 〈아니꼽고 치사해도 '큰 손'…세계가 중국을 못 끊는 이유〉라는 기사를 내보냈다. 트럼프행정부의 강력한 디커플링 정책에도 세계 여러 국가 기업들이 '미운 중국'과 관계를 끊고 싶지만 중국시장이 크기 때문에 '어쩔 수 없이' 중국을 선택해야 한다는 내용이다. 이 기사는 '아니꼽고 치사하다'는 뒷골목에서나 쓰는 단어를 버젓이 제목에 올리며 혐오를 조장하는 데 집중한다. 직접 이해관계가 걸린 미국의 방위비 5배 인상 요구에 대해서는 어떤 언론도 '아니꼽고 치사해도' 같은 감정적인 단어를 사용하지 않았다. 중국이기에 가능한 일이다.

둘. 7월 11일 《중앙일보》는 〈중국, 코로나 설레발이 발등 찍었다…금값 돼지의 눈물〉이라는 기사를 내보냈다. 중국이 코로나 바이러스 유입에 과잉 대응하여 서구 육류 수입에 제동을 걸면서 중국 내 돼지고기

값이 폭등했다는 보도이다. 한국 언론이라면 중국의 돼지고기 값이 오르는 것을 걱정하기보다는 중국이 코로나에 강력히 대응하는 것을 안도해야 한다. 그동안 《중앙일보》는 코로나에 대한 중국의 잘못된 대처를 비난하고 중국민의 입국까지 거부하자고 주장해 왔다. 평소 《중앙일보》의 태도와 사뭇 다른 논지의 기사이다. 이 기사의 목적은 분명해 보인다. 중국에 대한 혐오를 키우는 것이다. '설레발'이라는 비하 용어를 기사 제목에 써야 할 만큼 중국은 형편없는 국가이고, 돼지조차 눈물을 흘릴 만큼 비상식적인 조치를 취하는 국가인 것이다.

셋. 6월 20일 《뉴스1》은 〈중국, 미국과 갈등에 서부개척에 목숨 건다〉라는 기사를 내보냈다. SCMP발이다. SCMP도 '목숨 건다'는 표현을 사용하지 않았고, 정보원 누구도 저잣거리의 표현을 쓰지 않았다. 보수 언론에게 중국은 늘 전투적이고 대결적이며 극단적인 국가여야 한다.

넷. 6월 25일 《동아일보》는 〈마윈 중 최고부호 자리에서 밀려나… 새로운 황제는?〉이라는 기사를 내보냈다. 기사는 텐센트의 주식 시가총액이 400억 달러를 기록하여 알리바바의 마윈을 앞섰다는 사실을 보도하면서 '황제'라는 전근대 용어를 사용했다. 어느 신문도 이재용 삼성 부회장을 이재용 황제라고 부르지 않는다. 빌 게이츠에게도 마찬가지이다. 중국은 전근대 사회라는 뜻을 담고 있는 것이다. 그러나 마윈은 세계 어떤 기업의 회장과 비교해도 황제와 거리가 먼 인물이다. 55세에 전문 경영인에게 자기 자리를 넘기고 기업에서 완전히 손을 뗀 황제는 존재하지 않는다.

다섯. 7월 8일 《중앙일보》는 〈틱톡 "인도, 우릴 끊지 말아 달라" 미제재 끄떡 않던 中의 애원〉이라는 기사를 내보냈다. 틱톡의 전체 다운

로드 횟수 가운데 30.3%가 인도에서 이루어진다. 인도는 틱톡에게 가장 중요한 시장 중 하나이다. 인도가 틱톡을 제재하려고 할 때 틱톡의 CEO가 인도 정부에게 정중한 설명을 보내는 것은 세계 어느 기업이나 하는 상식적인 일이다. 쯔위 사태가 일어났을 때 JYP의 CEO 박진영이 중국 팬들에게 한 사과를 보면 틱톡의 CEO가 보낸 편지는 애원이라고 표현할 만큼 과한 것도 아니다. 그때 한국 언론은 박진영이 한 사과가 애원이라고 빈정거리는 것보다 중국의 대응을 더 비난했다.

여섯. 6월 15일 《연합뉴스》는 〈남중국해서 중 해안경비선이 베트남 어선 어획물 등 강탈〉이라는 기사를 내보냈다. 베트남 일간지 《뚜오이째》발이다. 베트남 어선과 중국 해안경비정이 충돌한 뒤 중국 해안경비정이 어획물과 어구를 가져갔다는 내용이다. 진상조사가 이루어지던 중이어서 아직 강탈이라고 표현할 수 없는 단계였다. 충돌 후 중국 해안경비정이 베트남 어민들을 모두 구조한 것을 보면 중국이 의도를 가지고 도발한 것이 아니라 접경 지역에서 늘 벌어지는 어민과 해안경비대 사이 일상적인 충돌로 보인다. 그런데 《연합뉴스》는 중국 측 입장이나 보도는 참조하지 않은 채 베트남 언론보도에 기대어 일방적으로 강탈이라는 단어를 스스럼없이 사용했다. '문제는 중국'이기 때문이다.

3 중국인 몇 명이 한 일도 중국 전체의 문제로 보도

하나. 6월 25일 《뉴스1》은 〈"조국이 우릴 외면"…中굴기 이끌 '샤오펀홍' 애국심에 균열〉이라는 기사를 내보냈다. SCMP발이다. 팬데믹 상황에서 귀국이 거절된 중국인 애국자들이 분열된다는 주장이다. 분열되고 있다는 근거는 미국 유학생 제임스 류와 데이지 랭 두 명뿐이다. 그 두 명이 코로나19 사태로 귀국이 여의치 않자 애국심을 버렸다는 것이다. 한두 명의 입장이나 태도를 근거로 전 중국이 그럴 것이라고 추정하고 자기들이 희망하는 내용으로 결론 내리는 한국 언론의 전형적인 보도 양태이다.

둘. 8월 20일 《머니투데이》는 〈"공공의 적 됐다" 시진핑 원망 커지는 중국〉이라는 기사를 보도했다. 《가디언》과 《뉴욕타임스》발이다. 정보원은 공산당에서 제명된 차이샤 전 중앙당교 교수 한 명과 중국 붕괴론을 제기할 때마다 언급되는 전 칭화대 교수 등 몇 명뿐이다. 한국 언론에 비치는 시진핑 주석의 권력은 버드나무잎처럼 수시로 흔들린다. 언제는 '황제'라며 '시진핑의 중국'이라는 프레임을 가동하고, 금방 한두 명이 비판하면 곧 무너질 허약한 권력으로 묘사한다. 한국 언론은 시진핑 권력이 어떤 권력인지 있는 그대로 보려고 노력하기보다 짱깨주의 프레임을 퍼트리는 것이 늘 우선이다.

셋. 8월 20일 《한국경제》는 〈"화웨이보다 삼성폰이 낫네"…중 누리꾼들 갤노트 20 카메라 '관심'〉이라는 기사를 올렸다. SNS에 올라온 리뷰 하나를 보고 쓴 기사이다. 기사를 빙자한 광고로 보인다. 그런데도 이 기사를 주목한 것은 대개 중국 관련 기사는 한 명이 SNS에 쓴 리뷰만 인용해도 별 탈 없이 거대 언론사들이 보도하고 대중에게 통용되기 때문이다.

넷. 8월 4일 《뉴스1》은 〈美 틱톡 '금지'에 표적된 애플…中서 애플 불매운동 확산〉이라는 기사를 내보냈다. 근거는 몇몇 네티즌이 쓴 글이다. 한국 언론은 주장하고 싶은 기사의 방향을 정해 놓고 몇몇 네티즌의 반응을 채집하여 기사를 만드는 일을 쉽게 한다. 이른바 가차 저널리즘이다. 이런 가차 저널리즘 기사는 그 뒤로도 끊임없이 등장한다. 12월 3일 《연합뉴스》가 내보낸 〈화웨이에 등 돌린 중국인들…퇴직자 억울한 옥살이 분개〉라는 기사의 근거도 중국 인터넷에서 등장한 댓글 몇 개이다. 그들은 인터넷 기사 몇 개를 바탕으로 아무렇지도 않게 중국을 이야기하고 비난한다. 몇몇 네티즌의 반응을 활용한 가차 저널리즘은 중국과 적대 전략을 구축하는 매우 손쉬운 전략이다. 일부 중국 네티즌의 문제를 전 중국의 문제로 만들어 보도하면 한두 중국 언론이 한국 언론의 행위에 대응하게 되고, 한두 중국 언론의 대응은 한국의 전체 언론들이 대응할 수 있는 근거가 된다. BTS 사태가 대표적인 예이다.

다섯. 8월 12일 《중앙일보》는 〈美 "나가라" 中 "오지 마"…오도 가도 못한 중 유학생, 총 들었다〉는 기사를 내보냈다. 총을 든 사람은 미국에서 활동 중인 중국계 작가 리우원 한 명이었다. 그는 "올해 미국에서 코로나 바이러스가 퍼진 이후 생명의 위협을 느껴 곧바로 총을 사 지니고 다닌다"고 말했다. 리우원이 총을 산 까닭은 미국에서 확산되는 중국인에 대한 인종주의에 위협을 느꼈기 때문이다. 그러나 이 기사는 리우원이 총을 든 까닭을 해외에서 배척당하는 자국민을 보호하지 않는 중국 때문이라고 주장한다. 중국 유학생들의 처지를 대변하는 척 하면서 중국 유학생들이 총까지 사게 만드는 인종주의에 대해서는 정작 눈감고 있다. '문제는 중국이다'는 프레임이다.

4 중국이 잘한 일도 나쁜 점을 보도

하나. 8월 14일 YTN은 〈시진핑 말 한마디에…中 느닷없이 '먹방' 규제〉라는 보도를 했다. 시진핑이 음식 낭비가 가슴 아프다는 말 한마디를 하자 중국이 느닷없이 먹방을 규제하고 온 국민이 하루아침에 과잉 충성한다는 보도이다. 시진핑이 음식 낭비를 지적한 것은 느닷없는 일이 아니었다. 당연히 해결해야 할 중국의 가장 큰 문제 중 하나였다. 《중국도시음식물낭비보고서》에 따르면 2015년 중국에서는 한 해 약 1,700~1,800만 톤의 음식물이 낭비되었다. 이는 우리나라 전 인구가 1년 동안 먹을 수 있을 정도의 양이다. 음식물 낭비를 막으려는 조치는 진작 했어야 할 일이다. 매우 중요한 시기에 나온 조치이기도 하다. 중국은 식량자급률이 80% 초반 수준이다. 해마다 20% 정도는 수입한다. 자체 식량총생산량은 6억 6천만 톤 가량이며 총 수입량은 1억 2천만 톤 정도이다. 미국이 벌이는 전방위적 중국봉쇄 정책이 식량 수입까지 미친다면 중국은 어떤 문제보다 심각한 문제에 부딪치게 된다. 그런 점에서 식량비축 상태부터 다양한 식량자급 방법을 모색하는 가운데 나온 규제이다.

먹방을 아예 못 하게 한 것은 아니다. 음식 낭비를 부추기거나 먹고 토하는 행위, 뒷광고 따위를 규제한 것이다. 그런데도 한국 언론은 YTN과 비슷한 논조로 '시진핑의 중국' 프레임을 강화시키는 방향으로 기사를 보도했다. 《한국경제》는 시진핑이 식생활을 통제하기 시작했다고 보도했고[1], 채널A는 시진핑 한마디에 중국이 잔반 줄이기를 시작했다고 보도했으며[2], 《조선일보》는 〈시진핑 보면 큰일 나, 빛의 속도로 삭제되는 중국 먹방〉[3]이라고 보도했다. '대륙시리즈'의 하나로 초점을 맞춘 언론도 있었다. 《중앙일보》는 〈시진핑 잔반 남기지 말라 한마디에…체중재는 식당도 등장〉, JTBC는 〈중국 '먹방' 규제했더니 '개 먹방'…동물학대 논란〉이라며 '미개한 중국' 프레임을 들이댔다. 미세먼지 때문에 수시로 고통받는 한국 기자가 이웃나라 중국이 음식물 낭비를 막는 정책을 실시하는 데 박수를 치는 대신 자기들의 전쟁을 충실히 수행하고 있다.

둘. 7월 3일 《머니투데이》는 〈중국이 '가짜 고기'를 먹기 시작했다〉는 기사를 내보냈다. 대체육이 중국시장에 정착하기 시작했다는 기사이다. 중국은 세계 최대의 육류 소비시장이다. 육류는 대표적인 환경파괴식품이다. 중국이 대체육을 먹기 시작한 것은 환경의 관점에서 볼 때 매우 긍정적인 현상이다. 그러나 이 기사는 대체육이라는 단어를 두고 가짜고기라는 부정적 단어를 사용하며 중국과 연결시킨다. '미개한 중국'

---

1 2020년 08월 15일.

2 2020년 08월 18일.

3 2020년 08월 13일.

프레임이다. 결과는 예상대로 중국 혐오주의가 극대화되었다. '좋아요'를 가장 많이 받은 댓글은 "뭐가 됐든, 뭘로 만들었든…짱깨들이 입맛 들였다면 걱정부터 앞선다"였다.

셋. 2020년 8월 5일 《조선일보》는 〈싹쓸이 비판에, 中 남미에서 오징어잡이 석 달 중단〉이라는 기사를 내보냈다. 에콰도르 정부가 중국어선이 자국 가까운 바다에서 조업을 하자 중국에 항의를 했고 중국은 그것을 받아들여 3개월 동안 조업을 중단하기로 결정한 사안을 보도한 기사이다. 중국 정부가 에콰도르 정부의 요청을 받아들인 올바른 결정에 대해 사실을 보도하면서도 "싹쓸이"라는 제목을 붙여 '미개한 중국'과 '중국이 문제다'라는 프레임을 가동했다.

넷. 이탈리아에서 코로나가 빠르게 번지던 시점인 2020월 3월 18일 중국은 이탈리아에 의료진 300명을 파견했다. 다음 날 《연합뉴스》는 〈중국 이미지 세탁…EU가 버린 이탈리아에 의료진 300명 파견〉이라는 뉴스를 내보냈다. 이탈리아에 의료진을 보낸 행위를 '이미지 세탁'과 일대일로를 위해 한 행위라고 보도했다. 중국은 의료진과 의료용품을 이탈리아에만 지원한 것이 아니었다. 한국에도 많은 의료용품을 지원했다. 한국에 의료용품을 지원했을 때 한국 언론들은 시진핑 방한을 위해 그런다고 보도했다. 한국 언론에게 중국은 뭘 해도 나쁜 국가이다. 코로나 위기에 직면했을 때 한국의 동맹국인 미국이 그 어떤 지원도 하지 않은 것과 중국의 의료지원 행위가 차별성을 가진다는 사실에는 관심이 없다. 중국이 하는 좋은 일은 대부분 '백신외교' 프레임으로 보도된다.

5 전 세계적 문제나 자연현상도 중국 탓

하나. 6월 13일 《연합뉴스》는 〈중 코로나 사태 계기 '감시형 도시' 모델 국제표준 추진〉이라는 기사를 내보냈다. 중국의 국가표준화관리위원회가 빅데이터 정보기술을 활용해 감염증에 대응하는 도시행정 체계를 제안한 것이 핵심 내용이다. 개인 행동을 사전에 파악할 수 있게 데이터를 구축해 놓고 코로나19 사태와 같은 긴급상황에 활용하고자 한 것이다. 빅데이터를 활용해 위기에 대응하는 도시 체제를 구축하려는 시도는 중국뿐만 아니라 전 세계의 모든 국가가 하고 있는 일이다. 한국 언론은 대개 이런 시도를 '스마트시티'라는 프레임으로 보도한다. 'AI·빅데이터 기반 도시예측 모델 개발', '5G·빅데이터·AI 더한 융합 혁신사업', '카카오 데이터센터가 대기업 투자, 지역 경제 살린다'처럼 긍정적으로 보도한다. 그러나 중국의 시도는 '감시형 도시' 구축이라는 '통제사회 중국' 프레임으로 보도한다.

둘. 6월 24일 《한겨레》는 〈'중국발' 괭생이모자반에 몸살 앓는 바다〉라는 기사를 내보냈다. 중국발에 따옴표를 붙인 것은 증명되지 않았다는 것을 뜻한다. 한국 언론이 무책임하게 자기 주장을 내세울 때 다른 사람의 주장을 인용하여 사실인 것처럼 내세우는 수법을 많이 사용한다. 이른바 '따옴표 저널리즘'이다. 《한겨레》는 국립수산과학원 관계자 말을 인용해 "중국 전체 연안에서 자생하는 괭생이모자반이 바람과 해류를 따라 우리나라에 유입되는 것으로 추정된다"며 "제주도나 서해안 가까이에 유입되는 양은 바람·해류 등 바다 환경에 따라 달라질 수 있다"고 한다. 관계자조차 추정된다고 말하고 있고, 자연현상에 따라 다양한 변수가 존재하는 일을 '중국발'이라고 강조한다. 중국도 어쩔 수 없는 문제를 '중국발'이라고 이름 붙여 문제를 외부화하면 어떤 일이 벌어질까? 실질적 대안을 마련하기보다 분노와 혐오로 현실을 소비하는 일만 조장하게 된다. 이 기사에 달린 댓글만 보아도 잘 알 수 있다.

셋. 7월 5일 SBS는 〈'도시 숲 파괴자' 하늘소, 중국에서 날아왔다〉라는 보도를 내보냈다. 수도권과 남부 지역에서 나무를 죽이는 하늘소를 조사해 보니 중국산이었다는 보도이다. 기사의 초점은 검역 시스템을 향해야 하는데 이 글은 중국을 향한다. 댓글의 대다수는 "중국은 민폐국가"라는 식이다. 이 기사는 2021년 한국의 장수말벌이 미국과 캐나다에 나타나 대대적인 소탕 작업을 벌인 기사를 보도할 때와 판이하게 다른 보도 양태를 지닌다.[4] 이때 한국 언론은 미국과 캐나다 당국의 확산방지 노력에 초점을 맞추어 보도했다. 기사 제목에 장수말벌의 국적을 내걸지도 않았다. 이 기사에는 댓글이 거의 없다.

---

4 〈태평양 건넌 장수말벌…미국·캐나다 등장 '비상'〉, YTN, 2021년 03월 22일.

6 미국의 행위는 국가전략의 문제, 중국의 행위는 도덕의 문제

하나. 8월 11일 《서울신문》은 〈열강들 영유권 분쟁 속 中도 '알박기'…북극해 지도 바뀌나〉라는 기사를 내보냈다. 인류의 공동자산이라고 불리는 북극해를 두고 미국, 캐나다, 덴마크, 러시아가 영유권 분쟁을 벌이는데 중국이 뛰어든 것을 기사화했다. 서구가 북극의 개발이나 영유권 분쟁에 뛰어든 것은 '분쟁'이나 '개발'이라는 중립 용어를 사용한 반면 북극에서 미개척지 개발에 중국이 뛰어든 것은 '알박기'라는 혐오 표현을 썼다.

둘. 6월 10일 《뉴스1》은 〈한국 때리듯 호주 패고 있는 중, 미와 뭐가 다른가〉라는 기사를 내보냈다. 중국이 호주산 상품에 높은 관세를 매기고, 여행금지, 유학제한 같은 조치를 내린 것을 두고 쓴 기사다. "중국의 호주 때리기가 점입가경이다"라고 시작한다. 미국의 중국봉쇄 정책에 호주는 어느 국가보다도 철저하게 미국 편에 섰다. 그런 호주에 대해 중국이 대응한 것을 두고 중국은 미국과 달라야 한다고 요구하는 것 자체가 불공평한 프레임이다. 정작 중국을 압박하는 미국의 중국 때리기에는 중국을 팬다는 식의 기사를 쓰지 않는다.

셋. 6월 12일 《조선일보》는 〈中 코로나 틈타 남중국해 나오자, 美 항모 2척 보냈다〉는 기사를 내보냈다. 미국이 항공모함 로널드 레이건호와 니미츠호를 태평양으로 출항시킨 것을 두고 "중국이 대만과 남중국해 인근에서 도발을 지속하자 추가 항공모함을 투입해 압박에 나선 것"이라는 보도이다. 남중국해에서 중국의 도발이 미국의 대응을 불러일으켰다는 것이다. 이런 보도는 중국의 주장과 거리가 멀다. 8월 9일 《중국신문망》은 "미국은 올해 상반기 남중국해에 군용기를 2천 회 넘게 보냈다. 항공모함이나 다른 군함은 말할 것도 없다"고 발표했다.

한국의 보수언론들은 거의 날마다 남중국해와 대만해역의 문제를 중국의 책임으로 돌리는 일을 반복했다. 6월 25일 《연합뉴스》는 〈중국 군용기, 공중 급유 중인 미군기에 근접 비행 도발〉이라는 보도를 냈다. 《빈과일보》발이었다. 이미 6월 19일에도 《연합뉴스》는 〈중국 전투기 연일 방공식별구역 진입…대만 긴급 대응〉이라는 기사를 내보냈다. 7월 20일에는 〈중국 폭격기, 대만 본섬 300km까지 접근, "위협 잦아져"〉라는 기사를 내보냈다. 역시 《빈과일보》발이다.

이와 같은 조치들을 두고 《주간동아》는 〈"중국 볼 테면 봐라" 대놓고 대만에 무기 팔며 中 팽창 막는 美〉라고 보도했다.[5] 중국이 발진한 공군기는 '폭격기'라 이름 붙이고, 대응하여 발진한 대만의 공군기는 'F16 전투기'라고 이름 붙였다. 미국의 행위는 전략의 문제로 중국의 행위는

---

5 《주간동아》, 2020년 07월 12일.

도덕의 문제로 접근하는 보도 테크닉이다. 한국의 보수언론은 미국이 남태평양, 대만, 인도에 하는 모든 행위에 대해 탈도덕적 행위 주체인 국민 국가가 국익을 위한 전략이라는 관점으로 접근한다. 그러나 남중국해, 대만해협, 인도에 대한 중국의 대응은 대부분 도덕의 문제로 접근한다. 도덕의 문제로 접근하면 군사적 충돌은 당연히 해서는 안 될 비도덕적 행위일 수밖에 없다.

넷. 이 시기 미국은 하루가 멀다 하고 중국기업 규제를 감행했다. 《머니S》는 8월 16일, 〈틱톡→텐센트→알리바바? 트럼프, 중 기업규제 거침없다〉라는 기사를 내보냈다. 한국 언론은 미국의 ZTE, 화웨이, 줌, 틱톡, 위챗에 대한 규제는 미국의 전략으로, 규제에 대응하는 중국의 조치는 도덕의 문제로 접근했다. 미국의 중국기업 제재는 미국의 패권 유지와 미국의 안보를 위해 근거가 타당한지 아닌지와 상관없이 그럴 수 있는 일이라 받아들였다. 그러나 중국기업의 행위에 대해서는 '기술 유출', '스파이 혐의', '불법 개인정보 확보' 같은 관점으로 접근했다.

7 미국이 그렇다면 그런 것

하나. 8월 12일 《머니투데이》는 〈"혹시 내 정보도 유출 될라"…틱톡발 중국 앱 경계령 전방위 확산〉이라는 기사를 내보냈다. 중국과 인도의 국경분쟁으로 인도가 중국산 앱 59개를 사용금지한 데 대해 틱톡의 CEO가 인도전자기술부에 보낸 편지를 두고 쓴 기사이다. 《월스트리트저널》발이다. 틱톡은 150여 개국 8억 명이 사용하고 미국에서만 8천만 명이 사용하는 중국기업 앱이다. 8월 2일 《연합뉴스》는 〈틱톡이 뭐기에…중 공산당 스파이 의심받는 '15초 동영상 앱'〉이라는 기사와 〈미, 이번엔 틱톡 '아동 사생활 보호 합의 위반' 혐의조사〉라는 기사를 내보냈다. 틱톡은 트럼프행정부가 보안 문제를 제기하기 전까지 한국에서 아무런 문제없이 잘 사용하고 있었다. 청년들에게 새로운 문화 유형으로 자리 잡기도 했다. 그런데 느닷없이 트럼프행정부가 틱톡의 보안 문제를 제기하고 나서니 언론들이 별다른 검증 없이 전방위적으로 이 문제를 제기했다. 《머니투데이》는 일부 보수 유튜버들이 추진하고 있는 중국 앱 제거 운동을 근거로 중국 앱 경계령이 전방위로 확산했다고 말한다. 그러나 한국에서는 틱톡 제거 운동이 전방위로 벌어진 일이 없다. 기사가 나온 시기 트럼프행정부가 공격했지만 틱톡은 미국에서도 한국에서도 오히려 사용자가 늘었다.

둘. 6월 14일 《뉴스1》은 〈"중 공산당, 베이징 코로나 재확산에 '전시태세' 돌입"〉이라는 기사를 내보냈다. 《워싱턴포스트》발 기사이다. 따옴표를 붙였지만 정작 《워싱턴포스트》 기사 제목에는 중국공산당이 없다. 《워싱턴포스트》 기사의 제목은 〈Beijing goes into 'wartime mode' as virus emerges at market〉이었다. 《뉴스1》이 'Beijing'을 '중국공산당'이라 바꾼 것이다. 트럼프행정부 당국자들이 일제히 중국 대신에 중국공산당이라고 부르던 시기인데도 《워싱턴포스트》는 반공주의적 적대용어를 사용하지 않았다. 《워싱턴포스트》가 말한 베이징은 베이징 지방정부를 말한 것이다. 중국공산당과 다른 조직이다. 미국행정부가 느닷없이 중국을 중국공산당으로 부르는 까닭이 있다. 트럼프행정부가 신냉전 전략을 구상하면서 미국 국민의 반중정서를 고양시키고자 중국공산당이라는 용어를 쓴 것이다. 한국 기자가 《워싱턴포스트》를 인용하면서도 미국행정부가 사용하는 용어로 바꾸었다. 이 시기 한국의 많은 언론은 느닷없이 중국을 중국공산당으로 쓰기 시작했다.

셋. 6월 17일 《연합뉴스》는 〈미국서 연구물 갖고 출국하려던 중국 장교 미 당국에 체포〉라는 기사를 SCMP발로 내보냈다. 이 보도는 다양한 테크닉을 구사했다. 이 중국인은 스파이 혐의로 체포되지 않았다. 중국장교라고 특정할 까닭도 없다. 연구물을 가지고 있었다는 것을 제목에 올리는 것은 저급하지만 고급 보도기술이다. 마치 대단한 기술 유출을 시도했다는 느낌이 든다. 그러나 연구자들이 귀국할 때 자기가 해 오던 연구물을 가지고 돌아가는 것은 상식이다. 중국의 군인 출신이 미국 대학에 짧은 기간 머물며 대학 연구실에서 할 수 있는 연구가 기밀일 가능성은 거의 없다. 그가 지녔다는 연구물이 기밀에 해당된다면 바보가 아니고서야 그것을 직접 가지고 들어갈 리 없다. 미국 당국은 그 연구물이 기밀에 속한다는 어떤 발표도 하지 않았다. 실제 미국 당국의 발표는 연구실 배치를 관찰하고 동료들과 공유했다는 것이 이 혐의의 전부이다. 트럼프행정부는 중국을 몰아내려는 전쟁을 벌이고 있다. 없는 죄도 만드는 시기이다. 그런 점에서 볼 때 최소한의 합리적 의심도 없는 이 기사는 '미국이 그렇다면 그런 것이다'라는 주장을 하고 있다.

다섯. 7월 12일 《국민일보》는 〈영국 호주 대만 '홍콩인 이주 환영'에…'홍콩 엑소더스' 본격화하나〉라는 기사를 내보냈다. 홍콩보안법 실시 이후 홍콩인이 홍콩을 떠나 영국을 중심으로 호주나 대만으로 대규모 이주를 시작할 것이라는 기사이다. 그러나 조금만 생각해 보면 홍콩인이 대규모로 영국, 호주, 대만에 이주할 가능성은 거의 없다. 대만은 전쟁의 위협이 항상 있는 지역이다. 대만인도 송환법 반대에는 동의하지만 대만 이주에 대해서는 반대하는 의견이 많다. 호주도 마찬가지이다. 호주는 중국과 무역전쟁에 직접 뛰어들었다. 중국인에 대한 호주의 인종주의는 중국과 충돌이 가속화되면 더 심해질 것이다. 호주의 인종주의자들 눈에는 홍콩인도 그저 중국인일 뿐이다.

영국도 대규모 이민을 수용할 수 있다고 말하지만 실제로 가능할지는 다른 문제이다. 영국은 브렉시트를 선언한 국가이다. 브렉시트의 핵심에는 이주민 문제가 도사리고 있다. 기존의 이주민이 사회문제로 부상하고 있는데 홍콩인의 대규모 이민을 받아들일 가능성은 별로 없다. 옥스퍼드대학 이민관측소 로브 맥닐은 수십만 명이 영국에 단기간에 도착했을 때 발생할 문제와 영국민의 부정적인 반응은 충분히 예상가능하다고 말한다. 실제 영국 내부에서 이 안을 발표하자마자 수많은 반대에 부딪쳤다. 영국 국립경제사회연구소의 앤드루 아이트컨은 EU 결성 후 이주해 온 대규모 이주민들 때문에 발생한 문제들을 지적하며, 홍콩인이 이주해 오면 런던 같은 대도시가 아니라 특정 지역에 한정해 수용하고 관리해야 한다는 주장을 펼쳤다.[6] 중국과 갈등이 고조된 2020년 영국에서 벌어진 아시아인 대상 증오 범죄는 2019년에 비해 폭발적으로 증가했다.[7] 인종주의자들 눈에는 홍콩인이든 중국인이든 똑같이 배척할 대상일 뿐이다. 2021년 8월 기준 홍콩 인구는 739만 명으로 1년 동안 1.2% 감소하는 데 그쳤다.[8] 서방이 말한다고 다 되는 시대는 이미 저물고 있는 것을 한국 언론만 모르는 듯하다.

---

6 〈"홍콩인 대거 이주시 영국사회 압박"…'보안법 대책' 주문〉, 《연합뉴스》, 2020년 07월 13일.

7 SCMP, 2021년 11월 30일.

8 "Hong Kong experiences 'alarming' population drop, but government says not all 90,000 leaving city because of national security law", SCMP, 2021.08.12.

8 중국의 입장은 없거나 구색용

하나. 7월 1일 《연합뉴스》는 〈"중국의 위구르 산아제한은 인종청소" 서방에서 규탄 속출〉이라는 기사를 내보냈다. 《AP》 통신발이다. 파이브 아이스(미국, 영국, 캐나다, 호주, 뉴질랜드)를 중심으로 결성한 '대중국 의회 연합체'가 "중국 정부가 우생학을 연상시킬 정도로 차별적인 출산정책으로 소수민족을 억압한다"는 《AP》 통신 보도를 바탕으로 UN에 조사를 촉구했다는 기사이다. 이 기사는 중국 위구르 문제를 인권 차원을 넘어서서 '인종청소'라는 가공할 만한 범죄행위로 규정한다. 나치의 유대인 학살이나 코소보 학살 때나 사용했던 용어이다.

'인종청소'라고 주장하는 주요 근거는 "중국 정부가 신장 여성 수십만 명에게 정기적으로 임신 여부를 검사받도록 하고 자궁 내 피임장치, 불임수술, 낙태까지 강제했다"는 것이다. 이 문제에 대해서는 주한 중국 대사관에서 서방 언론의 잘못된 주장을 조목조목 반박했다. 중국 정부도 신장 인권 백서를 펴내 적극 반박했다. 그런 사실이 없다고 주장했고,

가난이 심각한 문제가 되고 신장 지역의 특수성을 고려한 산아정책이었다고 설명했다. 실질적으로 위구르족 인구가 줄지 않았다고 주장했다. 그러나 한국 언론은 중국의 반박을 진지하게 경청하지도, 제대로 보도하지도 않았다.

둘. 7월 4일 《서울신문》은 〈인도의 '근육 자랑'에 '백기' 든 중국〉이라는 기사를 내보냈다. 중국이 백기를 들었다는 근거는 제시하지 않았다. 중국이 인도와 벌이는 국경분쟁을 두고 한국 언론들은 보도량, 정보원, 책임 문제, 예상 방향 들에서 철저하게 인도와 미국의 입장을 대변하는 기사를 내보냈다.

이 사건은 1962년 국경분쟁으로 전쟁을 치른 뒤 아직까지 이 지역의 국경을 확정하지 못한 점이 근본 원인이다. 서로가 주장하는 통제선이 달라 분쟁이 발생할 가능성이 매우 높은 지역이었다. 간접적으로는 인도의 모디 총리가 중국봉쇄를 감행하는 미국의 아시아태평양 전략에 적극 가담한 것과, 미국의 봉쇄 정책에 강경하게 맞대응하겠다는 시진핑의 대외정책이 요인이 되었다고 볼 수 있다. 양국 정부의 태도가 최전선에서 충돌을 불러일으키기 십상이다.

인도 정부는 국경에서 일어난 우발적 충돌을 중국 책임으로 몰고 적극 대응했다. 중국 상품에 불을 지르는 감정적 대응부터 불매운동, 상품 판매 규제, 군사비 확충까지 나아갔다. 한국 언론은 인도의 대변인 역할로 적극 나섰다. 7월 4일 《중앙일보》가 쓴 〈국경 난투극 현장 찾아 중국 때린 모디 "팽창시대 끝났다"〉라는 기사가 그 한 예이다. 팽창주의 시대가 끝났다고 주장하는 인도 정부의 모디 총리는 지금까지 유지해 오던 인도의 중립정책을 깨고 가장 적극적으로 미국의 팽창주의적 신냉전 전략의 한 축이 되는 중이다.

셋. 6월 22일《연합뉴스》는〈WSJ "인도, 중국과 국경분쟁에 미국과 군사협력 강화할 것"〉이라고 보도했다. 이 기사는《월스트리트저널》의 입을 빌어 '중국과 인도의 국경 충돌이 미국 편에 서는 인도에게 경고를 날리기 위한 중국의 의도적 도발'이었다고 주장한다. 그러나 9월 22일 중국 국방부 대변인은 양국 국경에 더 이상 군사적 긴장을 조성하지 않고 "현재의 분쟁을 평화롭게 해결"하기로 했다고 발표했다. 그러나 한국 언론은 중국의 입장에는 별 관심이 없었다.

9 일단 문제를 제기하고 결과에는 상관하지 않음

하나. 6월 23일 《한국경제》는 〈"빨리 달아나라" 전문가의 싼샤댐 재앙 예고에 발칵 뒤집힌 中〉이라는 기사를 내보냈다. 네티즌들이 낸 소문을 근거로 작성한 기사이다. 기사 내용과 제목이 완전히 다르다. 기자도 말이 안 되는 주장인 것을 아는 듯 근거 없다는 내용으로 기사를 채웠다. '제목 장사'를 하는 기사이다. 6월부터 8월까지 엄청나게 쏟아져 나온 수많은 싼샤댐 보도들이 거의 이런 수준의 기사들이었다. 싼샤댐은 2021년 여름에도 붕괴하지 않았다. 어떤 언론도 예상이 어긋난 것에 대한 해명은 없었다.

둘. 8월 3일 《조선비즈》는 〈TSMC, 미중 기술전쟁 발화점 될까…중국도 공장 건설 요청 가능성〉이라는 기사를 내보냈다. 세계 최대의 파운드리 회사 TSMC가 2020년 5월 미국 애리조나에 120억 달러를 투자하여 반도체 공장을 짓겠다고 한 발표를 근거로 중국도 동일한 수준의 공장 건설을 요구할 수 있다는 CNN발 기사이다. 문제는 "TSMC 중국 공장 국유화 우려 나와"라는 부제에 있다. 그 근거는 미국의 한 정치컨설팅 회사에서 일하는 직원이 한 말이다. 중국은 어느 기업이 미국에 투자했다고 해서 보복을 한 경우는 없다. 반도체 기술이 더 필요한 중국이 외국 투자자들의 재산을 국유화하는 무리수를 둘 가능성도 높지 않다. 또한 이미 중국에 수많은 투자가 들어온 상황에서 보복의 수단으로 국유화 같은 제재 방식을 택할 만큼 무모한 국가도 아니다. 예상했던 대로 중국은 국유화를 시도하지 않았다. 물론 《조선비즈》는 기사의 예측이 빗나간 데 대한 후속보도는 하지 않았다. 이 기사로 중국은 그럴 수 있는 국가라는 이미지를 만드는 데 성공했다.

셋. 5월 28일 《뉴스1》은 〈EU마저 중국에 등 돌려…홍콩보안법 '반대' 동참〉이라는 기사를 내보냈다. 의도적으로 낸 오보이다. 이 기사의 근거는 조셉 보렐 EU 외교안보정책 대표가 27개 회원국 외무장관에게 보낸 서한이다. 그 서한을 EU의 입장으로 둔갑시켰다. 보렐은 중국에 대해서 끊임없이 목소리를 내던 인물이다. 실제 보렐 대표가 한 주장은 EU가 미중의 결정에 맡기지 말고 독자적으로 하나의 목소리를 내자는 것이다. EU의 입장에서 볼 때 홍콩보안법은 못마땅한 결정이다. 홍콩에서 EU의 영향력이 줄어들 것이고, 홍콩 내 금융활동은 더욱 중국의 통제하에 놓일 것이다. 그러나 그렇다고 해서 EU가 홍콩보안법을 반대하고 나서는 일은 전혀 다른 문제이다. 홍콩보안법 반대는 중국과 전면 충돌을 각오해야 하는 사안이기 때문이다. 《가디언》은 한국의 언론보도와 달리 EU 사이에는 트럼프행정부의 지나친 반중노선에 대한 비판 시각이 존재한다는 것을 말한다. EU가 미국과 중국 중 어느 한쪽 편을 들지 않을 것도 충분히 예상되는 일이다. 독일 저널리스트 프랭스 시에렌의 지적대로 "EU는 미국에 따라 중국에 책임을 전가하려는 행동을 하지 않을 것"이라고 예측했다.

넷. 6월 11일 《연합뉴스》는 〈나토, 화웨이 견제에 지지…"중국굴기 영향 무시할 수 없다〉는 기사를 보도했다. 사실과 거짓을 섞어 자기들의 프레임을 강화하고 결과는 책임지지 않는 전형적인 기사 중 하나이다. 우선 NATO는 화웨이 견제에 지지를 보낸 적이 없다. 옌스 스톨텐베르그(Jens Stoltenberg) NATO 사무총장이 6월 10일 영국 방송 BBC에 나와 "중국굴기 때문에 치를 대가를 무시할 수 없다"고 말한 것이 근거의 전부이다. NATO 사무총장이 방송에 나와 한 이야기를 NATO의 공식 입장처럼 기사로 쓴 것이다. NATO 사무총장의 입장도 기자가 오독했다. 중국굴기 때문에 치를 대가를 무시할 수 없다는 발언은 맞다. 그러나 그것이 미국이 추진하는 화웨이 제제에 동참한다는 뜻은 아니었다. 그가 말하는 것은 제재가 아니라 균형이다. 전날 발표한 NATO 10개년 구상에서 드러난 것처럼 "중국을 적으로 삼지 않되 반드시 견제해야 한다"는 견해를 밝힌 것이다. 중국은 우리의 적이 아니다(China is not our adversary)라고 밝혔다.[9] 그는 중국을 유럽과 "가치를 공유하지 않는 권력"이라고 규정하지만 중국을 봉쇄하는 데 동의하지 않는다. EU가 중국을 대하는 전형적인 태도를 보여 주었다고 볼 수 있다. 인권과 민주에 대해서는 충돌하지만 경제 교류는 협력하겠다는 태도이다. 사실 전날 NATO가 발표한 10개년 구상에서 주목해야 할 부분은 중국을 견제하겠다는 것보다 중국을 적으로 삼지 않겠다는 발표가 더욱 중요했다.

---

9 "Shifting Focus, NATO Views China as a Global Security Challenge," NYT, 2021.07.14.

NATO가 미국이 중국을 적대시하는 데 동참하라고 한 요구에 공식적으로 거부한 것이기 때문이다. 결국 현재까지 EU는 화웨이 제재에 동참하지 않았다.

다섯. 7월 2일 《뉴스1》은 〈미국, 중국 美자본시장 참여 금지법안 마련중〉이라는 기사를 내보냈다. 대중 강경파인 마르코 루비오 상원의원이 중국기업 규제 법안을 마련한 것은 사실이다. 그러나 사실은 중국기업 전부에 해당하는 것이 아니라 "스파이나 인권침해, 중국군 지원에 관여하는 중국기업의 미국시장 진입을 막는 법안"이다. 제목처럼 미국이 중국의 미국시장 진출을 막는다면 그것은 완전히 신냉전체제로 되돌아간다는 것을 뜻한다. 트럼프행정부도 거기까지 가지 않았다. 바이든행정부가 그런 조치를 취할 가능성도 없다. 화웨이 제재와 비교도 할 수 없는 전면전이기 때문이다. 화웨이 제재조차 완전히 승리하지 못한 미국이 그런 무모한 선택을 할 리가 없다.

10 한 언론의 보도를 거의 모든 언론이 반복 재생

하나. 한국 언론은 중국을 공격할 때 마치 누군가가 좌표를 설정하고 움직인다는 의심이 들 만큼 집중 보도하며 짱깨주의 프레임을 확대 재생산한다. 이른바 중국의 '전랑외교' 보도도 그중 하나였다. 4월 28일 《연합뉴스TV》가 내보낸 〈"중, 늑대전사처럼 코로나 외교" 세계 각국서 역풍〉이라는 기사를 시작으로 5월 18일 《경향신문》의 〈중국 마스크 외교 효과는 글쎄…"생색내기에 늑대전사의 거친 말 탓"〉, 5월 20일 《중앙일보》의 〈'도광양회' 몸 낮추던 중국 외교, 왜 늑대처럼 사나워졌나〉, 5월 20일 《서울신문》의 〈코로나19에 '전랑(戰狼)외교'로 선회한 중국… "지도부 코너 몰려" 분석도〉, 5월 25일 《주간조선》의 〈중국의 늑대전사 외교, 국제적 고립을 초래하다〉, 5월 26일 《중앙일보》의 〈"도광양회" 외치던 중국의 돌변…영화 '전랑'처럼 거칠어졌다〉, 5월 27일 《국민일보》의 〈홍콩보안법과 중국의 전랑외교〉, 5월 27일 《한국경제》의 〈중국의 '늑대외교'가 심상치 않다〉, 6월 10일 《뉴스1》의 〈한국 때리듯 호주 패고 있는 중, 미와 뭐가 다른가〉, 6월 11일 《머니투데이》 〈늑대전사 뭐길래…中 "호주에 유학도 가지 마"》, 6월 14일 《파이낸셜뉴스》의 〈코로나 틈타 영토갈등 불 지핀 中…영유권 회복인가, 패권국 야욕인가〉, 6월 22일 《국민일보》의 〈중국발 위험에 관심 가져야〉, 7월 6일 《중앙일보》의 〈중국의 '늑대외교'…대륙의 민심 얻고 세계의 인심 잃다〉, 7월 18일 《동아일보》의 〈중 철의 여인 "욕먹는 문제" 해결 멀었다…중국 강경외교 예고〉, 8월 1일 《세계일보》의 〈"중국 싫다"…세계 각국서 반중(反中) 감정 최고조〉, 8월 27일 《중앙일보》의 〈라이스와 맞장 뜬 최고 싸움닭…'중국판 람보' 새 대변인 떴다〉 같은 기사가 보도되었다.

심지어 《머니투데이》는 8월에 전랑외교 특집을 내보냈다. 〈"내 거 건들지 마" 사방을 적으로 만드는 중국〉을 시작으로 〈"건드리면 물어뜯는다"…중국은 왜 늑대가 됐나〉, 〈홍콩 다음은 대만…잔뜩 벼르고 있는 중국〉, 〈도광양회 버리고 중국몽·대국굴기 택한 시진핑〉, 〈신장 위구르·티베트…中 영토 25%는 '어둠의 땅'〉, 〈홍콩 무릎 꿇린 中, '42년 만에 美와 밀착' 대만 노린다〉라는 기사를 짧은 기간에 집중해서 내보냈다.

한국의 관점에서는 별로 보도할 가치가 없는 일도 언론 스스로 문제를 만든 뒤 대대적으로 기사화하는 일이 매우 자주 일어난다. 이효리 문제, BTS 문제, 한복 문제, ISO 김치 인정 문제처럼 단순한 사건을 한 언론이 문제 삼고, 중국의 대응을 빌미 삼아 전 언론이 나선다. '한복공정'이나 '김치공정' 같은 음모론을 결합시켜 국가 간의 갈등으로 확대하는 일을 자주 벌인다.

둘. 6월부터 8월까지 중국 관련 기사 중 가장 많이 쏟아진 보도가 싼샤댐 보도이다. 거의 모든 언론이 집중 보도했다. 사실 싼샤댐 붕괴설은 조금만 살펴보면, 집중 보도할 필요가 없는 사실 구성 요소를 갖추지 못한 기삿거리였다. 중국 네티즌 사이에 그런 이야기가 있다는 정도로 보도하면 될 수준의 가십거리였다. 인터넷에 퍼진 붕괴설의 핵심 근거가 조작된 것이었고, 중국 당국이 여러 차례 부인했으며, 한국의 전문가도 가능성 없는 이야기라고 일축했다. 그러나 한국 언론은 석 달 동안 싼샤댐 붕괴설을 돌아가며 보도했다. 어떤 언론사가 사실 구성 요소를 갖추지 못한 기사를 보도하면 그다음 언론사는 그것들을 보완해서 기사를 냈다. 그러나 결국 홍수가 다 끝나고 싼샤댐이 전혀 문제가 없다고 확인될 때까지 한국 언론은 이런 기사들을 끊임없이 반복 재생했다.

셋. 마치 좌표를 찍은 것처럼 끊임없이 반복 재생되는 공격 기사와 달리, 중국에 유리한 내용은 한두 언론에서 단신 보도로 그치거나 아예 보도조차 되지 않았다. 석 달 동안 한정하고 보더라도 끊임없이 안보를 문제 삼았던 화웨이가 최고 수준의 안보 검증을 통과한 것, 미국의 압박에도 화웨이 제재에 참여한 국가는 소수에 그친 것, 트럼프행정부의 위챗 제재가 미국 법원에서 거부된 것, EU가 트럼프의 일방주의가 아니라 다자주의를 지지하는 것, 남중국해에서 아세안이 미국 편을 들지 않고 중립을 유지하는 것, 중국이 코로나19에도 경제성장을 했다는 보도 기사는 현저히 부족하다. 10월, 일본이 화웨이 제재에 참여하지 않겠다고 결정한 내용이나 중국이 반대하는 쿼드 동맹에 참여하지 않겠다는 의사도 거의 보도되지 않았다.

11부

진보진영에서도
짱깨주의는 유통된다

1 짱깨주의의 일상화

안보적 보수주의가 주도하는 짱깨주의가 이렇게 극성을 부리는데도 한국 사회에서 이에 대항하는 담론이 거의 없는 것은 진보진영의 위상을 고려할 때 매우 특이한 현상이다. 영화 《뮬란》을 두고 벌어진 한국 진보언론의 태도를 보면 짱깨주의가 단순히 안보적 보수주의의 진영논리를 넘어서서 일상화 수준에 이르고 있음을 알 수 있다. 《한겨레》는 〈인권유린 중국 공안에 '감사'라니…거세지는 디즈니 '뮬란' 보이콧〉[1]이라는 기사와 〈뮬란 보이콧과 중국 돈의 힘〉이라는 칼럼을 함께 내보냈다. 심지어 〈뮬란을 보이콧하라〉로 기사를 빙자한 행동강령까지 내보냈다.

《한겨레》의 《뮬란》 영화평은 한국의 진보언론이 중국과 중국인을 다룰 때 나타났던 중요한 문제점을 고스란히 담고 있다. 《한겨레》가 《뮬란》을 다루는 방식은 보수언론과 별반 다르지 않다. 미국 언론 《AP》 통

---

1 2020년 09월 10일.

신, 《뉴욕타임스》, 《워싱턴포스트》의 인용보도였다. 미국 언론이라고 해서 늘 문제가 있는 것은 아니다. 그러나 미국 언론을 인용할 때는 미국 언론이 말하는 어젠다가 가진 프레임을 살펴보아야 한다.

《한겨레》의 《뮬란》 영화평은 어젠다가 종속되었다. 인용한 미국 언론과 한 치도 다르지 않다. 어젠다의 종속은 대개 독자적인 취재가 없을 때 발생한다. 이 영화평은 영화가 온라인에서 개봉한 시점에 나왔다. 그러나 이 기사들은 직접 영화를 보거나, 디즈니를 취재하거나, 중국대사관의 입장을 물어보거나 취재를 했다는 증거는 거의 보이지 않는다. 이 영화는 신장 인권문제와 관련된 촬영장소뿐만 아니라 글로벌 문화자본과 본토주의, 여성성 같은 논쟁거리를 가지고 있는 영화였다.[2] 그러나 한국의 진보언론은 유독 엔딩 크레디트만 주목했다. 전형적인 어젠다의 종속이다.

아무런 취재 없이 미국 언론 인용보도로 기사를 낼 때 프레임이 종속되는 것은 불을 보듯 뻔하다. 영화의 엔딩 크레디트에 촬영에 협조해 준 중국 당국에 감사를 표시한 것이 《한겨레》까지 나서서 '인권 유린 중국 공안'이라고 성토하며 영화를 보이콧하라고 지령을 내릴 만큼 심각한 문제인가? 엔딩 크레디트에 촬영에 협조해 준 사람이나 장소에 감사를 표시하는 것은 영화계의 관례이다. 《뮬란》이 특별히 더 과하게 한 것도 아니다. 《뮬란》의 배경 공간은 전통적인 중국도 아니고 지금의 중국도 아니다. 디즈니가 상상한 공간이다. 과거의 중국을 미화한 것도 지금

---

2 白玫佳黛, 〈花木兰与 Fa Mulan—性别、国族与中国故事再阐释, 和启示?〉, 《广州大学学报》, 2020年 6期.

의 중국을 찬양한 것도 아니다. 디즈니가 상상한 공간의 일부가 신장 지역의 이미지와 맞아 그곳에서 촬영한 것뿐이다. 정작 중국에서는《뮬란》이 중국의 전통을 그대로 재현하지 못했고, 디즈니의 논리로 상상한 세계를 묘사했다고 비판한다.[3]

미국 정부가 지금《뮬란》을 문제 삼는 것은 논리적으로 이해할 수 있다. 전방위적으로 중국기업을 제재하는 상황인데도 디즈니는 기업 논리에 충실하며 중국시장을 겨냥한 영화를 제작했기 때문이다. 미국 언론이《뮬란》을 문제 삼는 것도 논리적으로는 이해할 수 있다. 미국 언론은 자국 정부의 정책과 대부분 괘를 같이한다. 디즈니의 선택도 논리적으로 이해가 간다. 글로벌 기업 디즈니는 미국의 여느 기업과 마찬가지로 트럼프행정부의 반중국 정책으로 이전에 없었던 선택을 강요당했다. 디즈니는 중국 소비자들을 포기하지 않는 쪽으로 방향을 잡았다. 홍콩 경찰을 응원한 유역비를 주인공으로 삼았고, 신장 지역을 촬영지에 포함했으며, 중국 공안에 감사 크레디트를 넣었다. 한국 보수언론들의 태도도 논리적으로는 이해할 수 있다.《뮬란》이라는 영화 한 편을 통해서 '중국이 문제'라는 프레임을 확산시키고, 중국과 싸우는 전사들을 양산해 내서 진영을 확대하고,《뮬란》불매운동을 벌여 중국과 적대 관계를 만들고 신냉전체제를 구축하려는 것이다.

그러나 한국의 진보언론이《뮬란》을 이런 방식으로 문제 삼는 것은 이해하기 힘들다. 신장 지역의 인권문제도 서구의 프레임을 지우고 보면 여전히 논쟁 중인 문제이다. 현재로서는 신장 지역에서 인권 탄압이

---

3 韩晓强,〈《花木兰》: 迪士尼公主与家国想象〉,《电影批评》395期, 2020年 6期.

이루어진다는 것은 서방의 일방적인 주장이다. 중국은 서구의 신장 인권문제 제기를 '세기의 거짓말'이라고 강하게 반발했다. 중국 외교부는 이것을 서구의 인권외교라고 주장하며 미국이 이라크를 침공해 전쟁을 일으키기 전에도 이런 수법을 사용했다고 주장했다.[4] 중국은 〈신장 인권백서〉까지 발표했다.

그러나 한국의 진보언론은 완벽하게 미국 편이다. 한국의 언론보도는 거의 예외 없이 서구의 프레임으로 신장 문제를 보도했고, 서구의 입장을 지지했다. 진보언론 중 어느 언론도 신장에 '인종학살'이라는 프레임을 적용하는 것이 과하다는 비판을 하지 않았다. 중국의 〈신장 인권백서〉에 관심이라도 보인 언론은 《경향신문》이 거의 유일하다.

중국은 일찍부터 불임, 산아제한, 범죄자로부터 아동격리 같은 정책을 국가적으로 시행해 오던 나라이다. 불임이나 산아제한은 중국의 인구가 세계 문제가 될 가능성이 있는 시기에 시행되었다가 지금은 사라지고 있다. 범죄자로부터 아동격리는 미국에서도 이루어지고 있다. 그런 사안들은 유럽 중심의 보편인권 가치로만 접근할 수 없는 일이다. UN 인권위원회에서 신장 문제를 놓고 다툴 때 62개국이 중국 편을 들고 나선 것은 미국의 인권외교에 대한 반발로 볼 수 있다. 그중 30여 개국이 이슬람 국가였다.

신장 지역은 인권문제만 있는 곳이 아니다. 아프가니스탄과 마찬가지로 내부적으로는 빈곤, 불평등, 도시화에 따르는 실업의 증가, 소비수준 향상에 따른 욕망의 상승과 늘어나는 범죄 등이 있고, 외부적으로는

---

4 "With own horrible human rights in focus, US repeats 'genocide' claim", GT, 2021.07.14.

영국이 보이는 구식민주의의 미련, 미국의 신식민주의적 분리독립 지원 문제, 이슬람 근본주의 세력의 테러, 러시아의 전략적 활용 문제들이 함께 공존하는 지역이다.

미국이 제기한 문제 중 인권 위반이라고 보이는 것은 강제구금과 강제노동 문제이다. 중국은 주권, 안전권, 발전권의 논리로 대응했다.[5] 그 지역에 대한 책임은 궁극적으로 외부 개입이 아니라 국가가 지는 것이며, 신장 지역은 테러, 극단주의, 분리주의가 성행하는 지역으로 주민들이 이동할 자유보다 지역의 안정을 지키는 것이 우선되어야 하며, 매우 가난한 지역이기에 생존권 확보가 낙태나 산아조절 같은 보편인권보다 우선한다는 입장이다. 〈신장 인권백서〉는 중국의 적극 대응으로 지난 4년 동안 테러가 한 건도 없었다고 주장한다.

문제의 핵심에는 신장 위구르 지역민을 대상으로 하는 직업교육훈련센터(職業技能教育培訓中心)를 어떻게 보느냐에 달려 있다. 서구 언론은 감옥이라고 주장하고, 중국 당국은 직업훈련소라고 주장한다. 이 지역을 직접 관찰하고 온 인천대 조형진 교수는 이 센터는 감옥과 거리가 멀고 서방의 직업훈련소와도 차이가 있다고 말한다. 센터 관계자에 따르면 이 센터는 "테러활동 참가자, 범죄자까지는 아니지만 문제를 일으켜 교육을 받는 자, 수감 이후에 극단적인 사상을 가지게 된 자"를 대상으로 사상 교육, 기능 교육, 언어 교육을 하는 곳이다. 사상, 법치, 중국어부터 춤, 악기, 미용, 네일아트까지 가르친다. 중국 당국은 이 센터가 "반테러

5 〈중국, 영에 '보복제재', "잘못된 길 계속가면 더 단호히 대응"〉, 《연합뉴스》, 2021년 03월 26일.

리즘과 탈급진화 작업"[6] 그리고 신장 지역의 빈곤 해소를 위한 직업교육의 일환으로 운영된다고 말한다.[7]

《한겨레》는 별다른 망설임 없이 이 센터를 감옥으로 간주한다. 박민희 논설위원이 쓴 글은 《한겨레》가 신장 지역을 바라보는 시각이 잘 드러난다.

> 수만 명의 공안 병력이 확충되고, 곳곳에 검문소가 들어섰으며, 안면인식, 휴대전화 이용 내역 감시, DNA, 지문, 홍체 수집 등 첨단기술을 이용한 감시체제가 도입되었다. 중국 지도자들은 종교 자체가 중화민족의 정체성과 모순된다면서, 종교극단주의를 뿌리 뽑아야 할 '악성종양'으로 여기기 시작했다. 주민들의 예배, 순례는 물론 이슬람 복장과 수염, 위구르어 교육, 아이에게 이슬람식 이름을 붙이는 것까지 금지하였다.[8]

박민희 위원이 주장하는 신장 지역 상황은 직접 취재한 결과가 아니었다. 미국의 온라인 매거진 《차이나파일(chinafile.com)》에 실린 제임스 A. 밀워드(James A. Milward)의 글을 인용했다. 《차이나파일》은 미국의 아시아소사이어티 미중 관계 센터에서 제공하는 온라인 매거진이다. 밀워드는 미국 조지타운대학 사회사학과 교수로 지역사의 관점에서

---

6 조형진, 〈신장위구르 자치구의 칫솔〉, 《관행중국》 2020년 12월호, 1~3쪽.

7 "Xinjiang won't give up anti-terrorism fight, protects foreign reporters' rights in accordance with law", GT, 2021.08.10.

8 박민희, 〈길을 잃은 시진핑 시대의 중국〉, 《황해문화》 111호, 2021년 여름호, 33쪽

중앙아시아를 연구하는 학자이다. 박민희 논설위원도 그렇듯 지역사의 관점에서 신장 지역을 바라보는 연구자들은 대개 분리주의자인 경향이 높다. 분리주의자들은 신장 지역의 독립이 가장 이상적이라고 판단하고 중국의 중앙집권책에 강한 반감을 가진다.

《한겨레》가 보인 신장 지역에 대한 이상주의적 인식이 갖는 첫 번째 문제는 신장 지역의 중층적 권력구조를 인권문제로만 보아, 민주 대 반민주로 단순화시킨다는 점이다. 신장 인권문제는 BBC와 몇몇 인권운동가들이 먼저 제기하였지만 전 지구적 관심사가 된 것은 트럼프행정부의 전략 때문이었다. 2021년 1월 19일 폼페이오 미 국무장관이 발표한 〈신장 지역의 잔학행위에 관한 국무부의 결정〉은 신장 지역을 어떻게 보고 중국을 어떻게 대해야 하는지를 보여 주는 명확한 지침서였다.[9] 이 지침서는 미국은 중국을 샌프란시스코체제 이전의 공산당 국가로 전환시키는 데 신장 지역을 어떻게 이용하고 있는지 잘 보여 주고 있다. 미 국무부는 신장 지역을 나치의 유대인 학살과 비교하며 집단학살로 몰고, 집단학살을 주동한 시진핑의 중국을 공산당 국가로 전환시켰다. 자유기고가 벤 노튼(Ben Norton)은 서방 언론의 대대적인 '대규모 강제수용소' 보도를 꼼꼼히 추적하여 이런 보도를 가장 처음 한 언론과 시민단체가 미국 정부와 밀접하게 결탁되어 있는 것을 밝혀냈다.[10] 《한겨레》는 미국의 세계 전략도 함께 고려하면서 신장 문제를 바라보는 인식이 부족하다.

---

9 Michael R. Pompeo, 'Determination of the Secretary of State on Atrocities in Xinjiang', www.state.gov.

10 Ben Norton, 〈不！聯合國並沒有指控中國設維吾爾族「大規模集中營」〉, 《公共論壇》, 2018.08.28, https://www.coolloud.org.tw/node/91390, 검색일: 2021.12.03.

이 점은 신장 지역의 테러 문제를 바라보는 시각에서 여실히 드러난다. 중국의 과도한 대응은 미국의 군사주의 접근과 연결되어 있는데도 중국의 과도한 대응만 문제 삼는다.

박민희 논설위원은 무장테러 단체인 동투르키스탄이슬람운동(East Turkestan Islamic Movement, ETIM)을 "영향력이 극히 적은 소규모 단체"라고 규정했다.[11] '소규모'라는 주장도 문제지만 '영향력이 적은 단체'라는 표현은 더욱 문제이다. 중국은 "ETIM이 UN 안보리에 등재된 국제테러 조직이며 중국의 국가안보와 영토 보전에 직접적인 위협이 된다"고 본다.[12] 중국에게 이 단체가 유달리 문제가 된 것은 아프가니스탄을 점령한 미국이 신장 지역을 분리하려는 공작 때문이었다. 중국은 미국이 중국의 부상을 견제하기 위해 테러 단체를 활용한다는 의심을 끊임없이 해 왔다.[13] 그런 의심을 가장 강력하게 뒷받침하는 미국의 정책이 ETIM을 테러 단체에서 해제한 일이다. 중국은 이 일을 중국의 와해를 바라는 미국의 기도라고 이해했다. 미국이 이 단체를 테러 단체에서 해제하자, 왕원빈 중국 외교부 대변인은 "테러리즘은 테러리즘이다. 미국은 자기의 실수를 즉시 시정하고 테러 조직을 미화하는 것을 삼가야 하며 국제 대테러 협력관계를 뒤집는 일을 중단해야 한다"고 말하며 민감하게 반응했다.[14]

트럼프행정부는 이 단체를 테러 단체에서 해제한 까닭을 "10년 넘

11 박민희, 앞의 글, 32쪽.
12 "China hopes Afghan Taliban breaks away from all terror groups", GT, 2021.07.28.
13 "Terrorists and their supporters are enemies of China", GT, 2021.08.21.
14 "US Drops ETIM From Terror List, Weakening China's Pretext For Xinjiang Crackdown", Radia Free Asia, 2020.11.05.

게 ETIM이 계속 존재한다는 신뢰할 만한 증거가 없기 때문"이라고 둘러댔다. 그러나 UN은 여전히 이 단체를 테러 단체로 규정한다. 지금도 ETIM은 망명 정부를 세우고 적극 활동하고 있다. 또 국제형사재판소(ICC)에 "중국 당국은 ICC 국가인 타지키스탄에서 체포, 강제실종, 납치, 추방 등 불법적인 행위를 저질렀다"[15]며 중국을 제소했다. ETIM이 '영향력이 극히 적은 소규모 단체'가 아닌 것은 미국도 인정한 바 있다. 미국은 중국봉쇄 정책을 실시하기 이전에는 ETIM을 테러 조직으로 지정했다.

중국이 이 지역에서 테러리즘과 극단주의에 대해 대대적인 대응을 시작한 것은 2009년 7월 5일, 우루무치에서 구타, 약탈, 방화와 같은 강력 범죄가 발생하여 197명이 사망하고 1,700명 이상이 부상[16]을 입은 사건이 계기가 되었다. 2001년 발생한 9·11 테러의 여진은 유럽뿐만 아니라 중국 위구르 지역에서도 지속되었다. 이슬람 분리주의자들은 미국의 무역센터나 독일의 프랑크푸르트 철도만 테러한 것이 아니었다. 중국 정부는 이 지역에서 2014년 이후 테러리스트 단체 총 1,588개가 적발되었고, 테러리스트 약 1만 3,000명이 체포되었으며, 폭발 장치 2,000여 개가 발견되었다고 주장한다.[17]

서구에서도 이슬람 테러에 대한 대응은 과도할 만큼 지나치게 진

---

15 "Tajikistan Accused Of Helping China In Campaign Against Uyghurs", RadiofreeEurope, 2021.06.15; https://east-turkistan.net/press-release-evidence-of-chinese-operatives-in-tajikistan-rounding-up-uyghurs-and-deporting-them-submitted-to-icc-prosecutors-to-establish-jurisdiction/, 검색일자: 2021.08.16.

16 "Xinjiang no longer mired in terrorism, extremism 12 years after July 5 Urumqi riots", GT, 2021.07.05.

17 中国外交部, ibid, p.8.

행되었다. 이 시기 미국은 대외적으로는 테러와의 전쟁을 벌여 이라크와 아프가니스탄을 침공했고, 대내적으로는 국토안전부를 만들어 이슬람 계통의 민족들에게 다양한 방식의 검열과 규제, 감시를 해 왔다. 미국 브라운대학의 왓슨국제공공문제연구소가 발행하는 〈전쟁 비용(Cost of War)〉이라는 자료에 따르면 9·11 테러 이후 미국이 크게 관여한 11번의 전쟁에서 8만 1,000명 이상이 사망했고, 3,700만 명 이상의 전쟁 난민과 이재민이 발생했으며, 33만 5,000명의 민간인이 사망했고, 약 6조 4,000억 달러의 손실을 보았다.[18] 영국은 테러 용의자를 갱생시키고 범죄를 저지하기 위해 DDP(Desistance and Disengagement Program)프로그램을 가동했다. 영국은 10명당 1대꼴로 감시 카메라가 설치되어 있는 세계 1위의 감시 국가이다.

특히 중국은 미국이 아시아회귀 정책을 내세운 뒤 이 지역에 대대적인 안정 조치가 필요하게 되었다. 미국은 아시아회귀 정책 이후 내외부적으로 중국을 또 다른 악의 축으로 간주하는 행동들을 계속 했다. 2021년 7월 미시시피 상원의원 로저 위커(Roger Wicker)는 미국 상무부 내에서 중국과 중동 혈통을 가진 상무부 직원들을 무단 감시하고 광범위한 조사를 했다는 보고서를 상원에 제출했다.[19] 이 감시는 미국이 항행의 자유를 주장하기 시작한 오바마행정부 때부터 진행했으며, 주로 아시아 계통의 직원들을 대상으로 이루어졌다. 모든 SNS가 감찰 대상이 되었고, 많은 직원이 조사를 받았다. 이런 사례는 10여 년 이상 수천 건이 발

---

18 https://watson.brown.edu/costsofwar/, 2021.07.26. 접속.

19 https://www.commerce.senate.gov/services/files/3893917C-A6CE-4D6C-AA9D-781401322BF3

생했고, 2,000여 건 이상이 해결되지 못한 채 방치되었다. 심지어 중국에서 태어났지만 미국으로 귀화한 기상청 직원 셰리 첸(Sherry Chen)은 허위자백을 강요받았고, 이 허위자백으로 징역 25년과 벌금 100만 달러를 선고받았다.[20]

미국이 아시아회귀 정책을 수단과 방법을 가리지 않고 강행할 때 중국이 대비해야 할 가장 첫 번째 지역이 신장이었다. 특히 미중 충돌 시기 미국의 신장 인권문제 개입은 미국이 구소련을 무너뜨릴 때, 중동의 석유사업을 장악하고자 할 때, 이슬람 세력을 어떻게 활용했는지 떠올리게 하는 문제였다. 중국은 2009년 신장에서 벌어진 혼란이 미국의 격려와 지원을 받은 위구르 활동가들의 '검은 손' 역할 때문이라고 판단했다.[21] 실제 미국은 아프가니스탄을 점령한 뒤에도 반군과 테러 집단을 통제하지 않았으며[22], 심지어 민병대를 육성하려는 노력을 기울여 왔다. 미국평화협회(United States Institute of Peace)는 2009년부터 이런 상황을 지적했다.[23]

미국이 신장 지역 인권에 관심을 보이는 배경에는 이슬람 세력을 활용해 중국을 흔들고자 하는 의도가 명백하게 깔려 있다. 미국의 인권외교에는 늘 이런 전략들이 숨어 있다. 미국의 이런 외교 행위를 두고 데이

---

20 "'Rogue' U.S. Agency Used Racial Profiling to Investigate Commerce Dept. Employees", NYT, 2021.07.16.

21 Wang Jisi, "The Plot Against China?: How Beijing Sees the New Washington Consensus", *Foreign Affairs*, Jun. 2021.

22 "Securing Afghanistan: Getting on Track", United States Institute of Peace, 2009.02.01. https://www.usip.org/publications/2009/02/securing-afghanistan-getting-track, 검색일자: 2021.08.19.

23 Seth G. Jones, Arturo Munoz, "Afghanistan's Local War: Building Local Defense Forces", Rand Corporation, 2010, rand.org.

비드 하비는 "미국은 추상적인 보편주의로 제국의 야망을 은폐하고자 했다"고 간결하게 정리한다.

신장 지역의 위구르족과 탈레반은 이슬람의 수니파에 속한다. 중국은 미국이 아프가니스탄을 정복하고 있기 때문에 미국의 묵인 아래 신장 지역을 제2의 아프가니스탄으로 만들 가능성에 대비해야 했고, 미국이 철수하고 난 뒤에는 탈레반의 범이슬람주의를 차단해야 했다. 특히 미국이 테러 단체를 인권외교에 활용한다고 의심하는 중국으로서는 신장 지역의 테러나 분리 독립에 대한 대비를 강도 높게 할 수밖에 없는 상황이었다. 중국의 대응 방향은 세 가지였다. 1) 중국 국내의 위구르족이 테러와 연관되지 않도록 단속하고 경제적 혜택을 주는 일 2) 우즈베키스탄, 파키스탄, 타지키스탄, 키르기스스탄 같은 인접국과 우호 관계를 맺는 일 3) 미국의 공세에 대비하여 와칸회랑(Wakhan Corridor)을 공고히 하는 일대일로를 개척하는 일이 필요했다. 직업훈련센터는 그런 대응책 중 하나였다.

탈레반이 아프가니스탄을 점령한 일은 중국이 신장 지역에 취한 조치들이 '소수민족 탄압'이나 '이슬람 탄압'이 아니라 실제 존재하는 테러와 이슬람 극단주의에 대한 중국의 대비였음을 증명해 주었다. 탈레반이 아프가니스탄을 점령한 뒤에도 중국의 관심은 아프가니스탄에서 중국의 패권을 확보하는 것이 아니었다. 중국과 탈레반이 ETIM에 맞서 싸우는 데 합의했느냐는 질문에 화춘잉(華春瑩) 중국 외교부 대변인은 탈레반의 지도자가 "모든 테러 단체에 대해 분명한 선을 그을 것을 희망한다"고 말했다.[24] 블링컨 미 국무장관이 왕이 중 외교부장에게 전화를 걸어 공동으로 탈레반정부에 대응하자고 제안하자 중국은 "ETIM을 테러 조직으로 인정하고, ETIM과의 연결을 끊는 것은 (양국 협력의) 긍정적인 신호가 될 것"이라고 말했다.[25]

신장 지역은 한국의 생태주의자들이나 인권주의자들이 그리는 '태고의 신비'가 살아 있는 상상 속의 공간이 아니다. 미국이 점령했던 아프가니스탄 영토는 타지키스탄과 파키스탄 영토를 가르며 게의 앞발처럼 튀어나와 중국의 신장 지역과 약 90km가량 국경을 맞대고 있다. 와칸회랑으로 불리는 이 지역은 19세기에는 러시아와 영국이 다투던 곳이고, 20세기에는 미국이 무력으로 점령했던 곳이다. 지금은 중국, 인도, 파키스탄 사이에 확정 짓지 못한 영토 때문에 분쟁이 끊임없이 야기되는 지역과 인접해 있다.[26] 키르기스스탄도 이 지역에서 유목생활을 하는 키르기스족을 근거로 이 지역의 영토 소유권을 주장하고 있다.[27]

이 지역의 거의 모든 국가들이 테러와 극단주의 위험에 노출되어 있다. 이웃한 파키스탄은 테러 단체의 양성소라 불린다. 탈레반정부도 그런 역할을 할 가능성이 있다. 그럴 경우 국경을 맞댄 중국뿐만 아니라 인도까지도 테러의 위험에 노출된다. "인도가 관리하는 카슈미르에 혼란을 가할 수 있는 반인도 테러 조직 및 기타 단체를 위한 안전한 피난처를 조성할 가능성"이 높기 때문이다.[28]

미국이 벌이는 분리주의 공작에 대해 중국이 느끼는 공포는 한국

---

24 "China hopes Taliban will draw clear line against terrorist groups", CGTN, 2021.08.17.

25 "China, US, Russia share consensus in Afghanistan, but Washington 'should correct its mistake to exchange cooperation'", GT, 2021.08.18.

26 Sam Dunning, "China Is Protecting Its Thin Corridor to the Afghan Heartland", *FP*, 2021.08.14.

27 Ron Synovitz, "Will Pamir Kyrgyz Leave The 'Roof Of The World'?", Gandhara, 2021.04.30.

28 Sumit Ganguly, "What the Taliban Takeover Means for India", *FP*, 2021.08.17.

이 상상하는 것 이상으로 크다. 중국은 신장 지역이 극단주의와 분리주의에 노출되는 것을 막으려고 개혁개방 정책을 시행하는 초기부터 다양한 노력을 기울여 왔다. 1994년 투르크메니스탄, 타지키스탄, 우즈베키스탄 같은 국가들과 상하이협력기구(SCO)를 구축한 것도 신장 지역을 안정 시키려는 조치 중 하나였다. 이 기구의 주요 이념은 '상호 독립과 주권 및 영토적 통합 존중', '회원국 사이 내정간섭 및 무력사용 배제'였다. 2016년 아프가니스탄, 파키스탄, 타지키스탄과 테러에 대응하기 위해 사변형 협력 및 조정 메커니즘(QCCM)을 만들었다.[29] 중국이 파키스탄에 많은 노력을 기울이는 까닭은 일대일로를 개척하는 것뿐만 아니라 이 지역의 안정을 꾀하기 위해서다. 미국이 아프가니스탄을 점령하던 "20년 동안 파키스탄은 인도와 아프가니스탄에서 활동하는 수많은 다른 이슬람 테러리스트 그룹을 계속 모집하고 훈련하고 임무를 수행"해 왔다.[30] 서구는 늘 '이중 표준'을 가지고 있다. 서구의 근대성을 보여주는 인권, 자유, 민주주의를 수사학적으로 옹호하며 자유주의 보편가치를 추구하지만 그런 수사를 주창하는 자들이 침해하는 인권, 자유, 민주주의 문제는 등한시한다. 중국은 자유주의 보편가치를 신장해야 하는 국가이기도 하지만 서구로부터 주권을 침해받을 때 방어해야 하는 국가이기도 하고 불평등한 국가체제가 중국봉쇄를 감행할 때 저항해야 하는 국가이기도 하다.

《한겨레》는 이 지역의 복합성을 고려하지 않은 채 보편인권의 관점

---

29 "Afghan, China, Pakistan, Tajikistan form QCCM to counter terrorism", Pakistan Today, 2016.07.03.
30 C. Christine Fair, "Pakistan and the United States Have Betrayed the Afghan People", *FP*, 2021.08.16.

에서 '문제는 중국이다'는 프레임으로 《뮬란》에 접근했다. 외부자의 시선은 대개 그 지역민들의 삶의 총체에 별로 관심이 없다. 외부자의 시선은 늘 그들이 원하는 수준까지만 개입한다. 민주를 표방한 미국의 개입 정책은 아프가니스탄 함락으로 진실을 드러냈다. "바이든의 민주주의 의제는 카불에서 추한 죽음"을 맞이한 것이다.[31]

민주주의 의제가 실질적 민주로 나타나기 위해서 우선 해야 할 일은 그 지역의 복합성을 잘 살피는 일이다. 중국은 현재 티베트나 신장 지역에서 가장 중요한 인권은 중앙정부로부터 독립이나 자치가 아니라 가난과 테러로부터 벗어나는 일이라고 주장한다. "먼저 들녘을 보수하고 그 다음 거처를 수리"해야 하는데 지금 이 지역은 들녘을 보수해야 하는 상황에 놓였다는 것이다.[32]

이 지역은 가난한 지역이고 앞으로도 가난에서 벗어나기 쉽지 않다. 이 지역을 한번 여행해 본 사람이라면 아프가니스탄만큼이나 경제적 자립이 어려운 지역임을 알 수 있다. 중국 정부는 테러와 극단주의에 대한 대비뿐만 아니라 이 지역의 '공동부유'를 위해 많은 노력을 해 왔다. 중화인민공화국 수립 이후 신장 지역의 GDP는 160배, 1인당 가처분 소득은 100배 이상 증가했다.[33] 2021년만 보더라도 라사와 린지를 연결하는 라린철로를 개통했다. 이는 티베트 전체 면적의 18.4%를 수용할 수 있고, 130만 명이 넘는 사람들이 이용 가능하다.[34] 생태주의 관점에서 보면 이

---

31 Elise Labott, "Biden's Democracy Agenda Just Died an Ugly Death in Kabul", *FP*, 2021.08.17.

32 허쉐펑, 김도경 옮김, 《탈향과 귀향 사이에서: 농민공 문제와 중국 사회》, 돌베개, 2017, 148~150쪽.

33 "Respecting and Protecting the Rights of All Ethnic Groups in Xinjiang", GT, 2021.07.24.

34 "Lhasa-Nyingchi railway records 106,000 visits in first-month operation", GT, 2021.07.26.

철도는 칭짱철도만큼이나 개발주의적 프로젝트이지만, 중국 정부로서는 이 지역의 가난을 해결하고 사람들의 높아진 욕구를 충족시켜야 하는 책임이 있다. 2021년 7월 UN 인권이사회는 "발전이 모든 인권을 향유하는 데 기여한다"는 결의안을 제출하고 통과시켰다. 베네수엘라, 쿠바, 파키스탄을 포함한 많은 국가가 중국이 제출한 이 안건을 지지했다.[35] 서구의 인권외교에 대한 중국의 응답이 UN의 지지를 받은 것이다.

또 하나, 이 지역 테러 단체들은 마약이 생존 자금의 원천이다. 가난한 농민들은 쉽게 마약의 유혹에 노출된다. 중국 당국으로서는 "마약 밀매에 연루된 세력이 극단주의 테러 세력과 결탁할 수 있다는 점"을 경계하지 않을 수 없다.[36] 신장 지역은 중국으로 들어오는 마약의 주요 유통 경로이다. 마약은 가난과 개발, 극단주의 사이에서 균형을 잡는 일이 결코 간단한 문제가 아니라는 것을 드러내는 상징적인 문제이다.

《한겨레》가 중국 신장 문제를 대하는 태도에는 신자유주의적 지구화가 만들어 낸 전 지구적 의식형태의 근본적인 지각변동에 대한 《한겨레》식의 대안이 없음을 드러낸다. 문제가 있으면 말하는 것이 곧 진보라는 착각은 서구 중심의 진보주의가 가지는 의식의 파편화(fragmentation)와 다르지 않다. 대개 파편화된 의식은 힘을 가진 담론에 종속된다. 자본 앞에 국적을 붙이며 '디즈니가 중국 자본에 중독됐다'는 《한겨레》의 주장에는 유사인종주의가 숨어 있고, 촬영을 도와준 당국에 감사를 표한 것을 두고 '뮬란을 보이콧하라'는 주장에는 신식민주의적 적대시가 숨

35 "UN human rights council passes China's resolution calling for people-centered development for human rights", GT, 2021.07.13.

36 "China, the Taliban and the threats from the illegal drug trade", SCMP, 2021.08.25.

어 있다. 설령 신장 지역에서 인권 탄압이 있었다고 하더라도 신장의 모든 것을 보이콧하라는 논리로 확대하는 것은 전형적인 군사주의이다. 잘못한 것 하나를 내세워 전 중국의 문제로 규정한 뒤 적대적 진영논리와 대결로 몰아가는 군사주의는 우익들의 전략이다. 한국 언론은 트럼프행정부가 고양시킨 인종주의로 미국에서 인종 범죄가 창궐해도, 한국 영화사가 미국에서 영화 촬영을 하고 해당 지역에 감사를 표한다고 해서 그 영화를 불매하자고 선동하지 않는다. 중국에게만 그런 인권의 잣대를 들이대며 싸우자고 외친다. '뮬란을 보이콧하라'는 주장은 디즈니의 자본을 겨냥한 것도 인종주의를 고양하는 트럼프행정부를 겨냥한 것도, 신장 지역의 인권을 옹호하는 것도 아니다. 그저 중국을 겨냥하고 있다.

2 진보주의자들도 함부로 말하는 중국

〈술탄 오브 더 티브이〉라는 《한겨레》 신문의 TV비평 칼럼이 있다. 시각이 참신했다. 기존 사고의 틀과 관념을 깨 주는 글이 많아 그런 듯하다. 나도 좋아했던 칼럼이다. 《한겨레》 내부에서도 긍정적인 평가를 내린 듯, 이 칼럼은 신문 전면에 실리곤 했다. 2019년 1월 중순쯤 이 칼럼은 도올 김용옥을 비평했다. "중국을 깊이 있게 공부한 적 없는 평범한 생활인"이라고 스스로를 밝힌 글쓴이는 도올이 언론에 나와서 한 이야기 중 두 가지를 비판했다. 하나는 "다당제보다 때로는 일당제가 민주적일 수도 있다"고 한 발언이고, 다른 하나는 '중국이 주석 임기를 개헌하지 않을 것'이라고 예측한 것이었다. 임기 개헌에 관한 도올의 예측은 결과적으로 틀렸다. 이 예측은 전문가의 영역을 벗어나는 발언이기도 했다. 도올은 전문 영역을 넘어 너무 많은 분야를 다룬다. 그러니 허점이 없을 리 없다.

이 칼럼에서 주목한 것은 '중국을 깊이 공부한 적 없는 생활인'이 상식에 기대 논평하기에 버거운 중국 문제에 관해 거침없는 주장을 한다는 점이다. 이 칼럼은 도올이 말한 "일당제가 다당제보다 나을 수 있다"는 발언을 독재체제 예찬으로 몰아갔다. 일당제가 곧 독재이고, 다당제가 일당제보다 우위라는 판단을 근거로 도올을 비판한다. 다당제하에서 독재를 경험한 적이 있는 한국인이 말하기는 너무 용감한 주장이다. 서구의 대의제만 민주주의일 수 있다는 믿음이 독단에 가깝게 숨어 있다. 전형적인 서구중심주의이다. 도올이 한 이야기는 독재 예찬이 아니라 "중국공산당의 역할을 중국적 틀 안에서 이해해야 한다"는 이야기였다. 나도 여기저기 강의를 다니면서 중국을 이야기할 때 늘 먼저 하는 이야기이다.

신기하리만치 한국 진보진영에서 중국공산당을 바라보는 눈은 냉전 시대에서 별로 벗어나지 못한 경우가 많다. 비판의 틀도 예나 지금이나 별로 달라진 것이 없다. 대의제가 곧 민주주의라는 형식적 민주주의 논리에 빠져 있다. 자본주의 국가에서 민주주의란 자본주의와 민주의 타협이다. 대의제가 민주주의를 표방한다고 해서 곧바로 민주주의가 실현되는 것은 아니다. 그 제도 속에는 늘 자본의 논리와 지배 엘리트들의 권력이 작동한다. 자본가나 지배 엘리트의 권력이 대의제를 장악할 때 민주주의는 파괴된다. 마이클 샌델이 쓴 책《공정하다는 착각: 능력주의는 모두에게 같은 기회를 제공하는가》는 엘리트와 엘리트주의가 장악한 대의제가 어떻게 비민주주의적으로 바뀌는가를 말하고 있다. 스티븐 레비츠키와 대니얼 지블랫이 쓴 책《어떻게 민주주의는 무너지는가》는 자본의 대변인이 어떻게 대의제 민주주의를 붕괴시켜 나가는지를 보여준다. 미국 대선에서 트럼프와 같은 극우 인물이 당선되는 것을 보면 대의제가 곧 민주주의라는 등식은 이미 설 자리가 없다고 말한다.

코로나19 이후 대의제 국가인 미국에서 하층 계층의 생존권은 하루아침에 바닥으로 떨어졌다. 미국 질병통제예방센터(CDC)에 따르면 아프리카계 미국인은 미국 인구의 13%를 차지하지만 코로나19 확진자 비율은 30%를 차지했다. 히스패닉과 라틴계는 인구의 18%를 차지하지만, 확진자 비율은 24%였다. 영국에서는 인구의 14%가 흑인, 아시아인 또는 소수 민족이지만, 이들이 코로나19에 확진된 비율은 전체 인구의 3분의 1 이상을 차지했다.[37] 흑인과 라틴계 사람들은 백인보다 코로나19로 사망할 확률이 거의 두 배나 높았다.[38] 서구의 대의제는 결코 완전한 결과적 민주주의를 만들어 내지 못했다. 권위주의 정부를 유지하는 싱가포르나 중국에 비해 훨씬 뒤떨어졌다.

중국의 일당제가 비민주주의라고 판단하는 것은 매우 유럽중심주의적 판단이다. 물론 일당제가 더 나은 민주주의라는 것은 아니다. 둘 다 결과적 민주주의라는 관점에서 보면 진보할 수도 퇴보할 수도 있다는 뜻이다. 중국은 지금 일당제 내에서도 더 나은 민주주의를 향한 실험을 계속하고 있다. 중국에서 벌어지는 민주주의 논의의 핵심은 결과적 민주주의에 있다. 결과적으로 더 나은 민주주의를 낳을 수 있다면 일당제든 다당제든 상관없다. 지식계 내부에서는 어떤 정당 형태가 중국의 민주주의를 구현하는 데 가장 유리할지 논쟁이 한창이다. 자유주의적 다당제 주장부터 공산당 중심의 다당제, 공산당 일당 내 실질 민주주의

---

37 Natalia Linos and Mary T. Bassett, "Public Health Calls for Solidarity, Not Warfare", *Foreign Affairs*, Dec. 2020.

38 "Where a Vast Global Vaccination Program Went Wrong", NYT. 2021.08.02.

를 주장하는 논자들까지 다양한 스펙트럼이 있다.

충칭모델을 지지했던 추이 즈위안은 일당이라고 하더라도 당내 민주주의만 확보된다면 충분히 전민 민주주의가 가능하다고 주장한다. 전민 민주주의는 결과적 민주주의의 한 형태이다. 더 많은 구성원에게 민주의 혜택이 돌아가게 만드는 민주주의를 뜻한다. 전민 민주주의를 위해서는 당의 개수가 중요한 것이 아니라 재산이 어느 정도 공유되는지가 핵심이다. 그는 강한 정부와 민주주의는 같이 갈 수 있다고 보고 있다.[39]

왕후이 또한 비슷한 주장을 한다. 그는 중국공산당이 집권기에 내세웠던 프롤레타리아 독재가 실제로 참여 민주주의의 한 형태라고 주장한다. 서구 민주주의가 대중의 정치적 무관심을 가져오고 있다면 중국의 당-국가체제는 정치 활동에 일상적인 참여가 이루어지고 있고, 당이 직접 생산관계까지 만드는 것으로 보고 있다.[40] 왕후이는 서구의 대의 민주주의가 1) 선거에 이기기 위해 정당의 가치를 애매하게 만들어서 실질적 민주를 진전시키지 못하고 있고 2) 세계화된 구조 속에서 적절한 정치 행위를 하지 못하게 만들며 3) 특정 세력의 기득권을 옹호하고 독점되어 기층사회와 분리되고 기층사회를 공동화시키는 경향을 나타내며 4) 선거가 금권정치에 휘둘리는 경향을 드러낸다고 비판하고 있다.

그렇다고 해서 왕후이가 중국의 당-국가체제가 실질적 민주를 늘 반영해 왔다는 교조적 주장을 하는 것은 아니다. 그는 혁명과정에서 당이 관료화되면서, 사회 자치와 참여 민주주의를 뜻했던 프롤레타리아

---

39 추이 즈위안, 장영석 옮김, 《중국은 어디로 가고 있는가》, 창비, 2003, 204쪽.

40 왕후이, 앞의 책, 2014, 80쪽.

독재가 합법적으로 폭력을 독점하게 되고, 권력을 한 곳으로 집중하는 국가 구조로 바뀌었다고 본다. 그는 19세기 민족국가 시스템 아래서는 서구 또한 권력의 관료화와 국가의 강화 과정을 피할 수 없었다고 보고 있기 때문이다.[41]

〈술탄 오브 더 티브이〉의 칼럼니스트는 중국이 독재라는 증거로 노벨상을 받은 류샤오보가 감금당한 것을 예로 들고 있다. 보편인권의 관점에서 보면 중국 체제를 비판하는 류샤오보의 감금은 틀림없이 인권 탄압이다. 그러나 중국의 다면적 민주라는 관점에서 이 문제를 살펴보면 다른 해석도 가능하다. 왕후이는 중국이 중국식 일당제를 가질 수밖에 없었던 가장 중요한 근거로 미국이 만든 중국의 위치 때문이라고 보고 있다.

류샤오보는 서구의 대의제가 가장 민주적인 제도라고 생각하는 자유주의자이다. 여기까지는 사상의 자유 문제이다. 사상의 자유는 중국도 이제 받아들일 수준이 되었다. 중국 당국이 류샤오보를 문제 삼은 것은 사상의 자유가 아니라 체제 안보의 문제이다. 중국이 문제 삼은 것은 미국과 류샤오보의 결탁이다. 중국 당국은 류샤오보가 미국과 결탁해서 중국적 체제를 무너뜨리고 그가 생각하는 민주주의를 구현하려 했다고 보았다.

달라이 라마도 마찬가지이다. 중국 입장에서 달라이 라마는 종교 지도자이기도 하지만 미국의 신식민주의적 지배를 옹호해 온 인물이기도 하다. 달라이 라마는 자기가 생각하는 보편인권을 중국에 이식시키려고

41 왕후이, 앞의 책, 2014, 82쪽.

미국과 결탁했다. 중국 입장에서는 종교와 사상의 자유 문제가 아니라 국가의 존립이 문제가 된다. 중국이 달라이 라마의 행보에 지나치게 예민하게 구는 까닭이다.[42]

〈술탄 오브 더 티브이〉 칼럼이 《한겨레》의 중국인식을 대표하지 않는다. 그러나 '중국을 깊이 공부한 적 없는 생활인'이 지닌 중국인식은 《한겨레》 전반에서 흘러나오고 있다. 중국 특파원을 지낸 기자도 이와 비슷한 중국인식을 과감하게 드러낸다. 중국 특파원을 지낸 《한겨레》의 한 기자는 필립 쇼트가 쓴 《마오쩌둥》이라는 책을 보고 서평을 썼는데, 마오가 "오늘날 시진핑이 이끄는 중국이라는 거대한 제국의 초대 황제"라며 지금 중국에서 "마오의 이미지를 조금이라도 손상하면 전체 체계가 무너질지도 모른다"는 주장을 한다.[43] 시진핑이 중국 황제이고, 지금 중국이 전제정치를 하고 있으며, 마오의 이미지 하나만 무너져도 무너질 수 있는 중국이라는 소리이다. 매우 다층적인 전제들이 증명되어야 가능한 주장을 거리낌 없이 내놓고 있다. 시진핑이 중국 황제라면 마오의 이미지가 손상되는 것 정도로 중국이 무너질 리 없다. 앞뒤가 맞지 않는 주장이다. 진부하기까지 하다. 그들에게는 마오의 이미지가 훼손만 되어도 무너질 수 있는 것이 중국이다. 철 지난 중국 붕괴론의 그림자가 어른거린다. 진보언론을 표방하는 신문 기자마저 중국을 참 함부로 말해도 되는 국가로 취급한다.

'중국을 깊이 공부한 적 없는 생활인'이 중국에 대해 수십 년 동안 고

42 김희교, 〈티베트와 한국의 다문화주의〉, 《역사와 문화》 7호, 2003 참조.
43 〈죽은 마오쩌둥이 중국을 지배한다〉, 《한겨레》, 2019년 01월 25일.

민해 온 도올에게 이렇게 용감하게 함부로 말할 수 있는 것도 한국의 중국 담론이 딱 하나만 존재하기 때문이다. 진보와 보수 사이에 차이가 없다. 도올은 한국에서 지배적인 중국 담론과 다른 이야기를 했다. 한국의 석학이라고 받들어지는 도올조차도 중국에 관해서 다른 말을 하면 거친 언어로 저항을 받는다. 그것도 진보언론을 통해 듣게 되는 것이 한국 내 중국 담론의 현실이다. 그렇게 중국은 '중국을 공부해 본 적 없는 생활인'조차 함부로 말해도 되는 중국이 되었다.

3 사라진 전선, 부재한 진영

《시사인》의 김동인 기자는 2019년 2월 초 〈대림동 고시원에서 보낸 '서른 번의 밤'〉이라는 르포 기사를 썼다. 학술적으로는 조선족 문제를 둘러싼 한국의 짱깨주의 문제를 지적해 온 논문이 몇 편 있지만 기자가 기사로 우리 안의 짱깨주의와 싸움을 벌인 것은 처음 보았다. 이 기사는 한국의 진보가 중국을 어떻게 다루어야 하는가를 보여 주는 하나의 전형이었다.

우선 이 기사는 어젠다가 종속적이지 않다. 미국이 관심 있는 일도 아니고, 한국 내 주류의 이익에 봉사하는 기사도 아니다. 독자들의 클릭 수를 목적으로 제목 장사를 하는 기사도 아니었다. 짱깨주의가 일상을 점령하고 있는 마당에 이런 기사가 장사가 될 리 없다. 누군가는 해야 하지만 아무도 하지 않는 우리 사회의 중요한 문제점을 다루었다는 점에서 진보적이다.

이 기사는 조선족 문제를 다루고 있다. 조선족을 다루는 기사들은 예전에도 있었다. 그러나 대부분의 기사는 어젠다가 같았다. 조선족이 얼마나 흉악한지, 조선족이 얼만큼 한국 사회를 점령해 들어와 한국 경제에 위협을 주는지, 조선족이 사는 동네가 한국 사람들이 얼마나 기피하는 곳인지를 밝히는 데 주력했다. 그러나 이 기사는 이런 어젠다를 다루고 있지만 거기서 그치지 않고 한 걸음 더 나아간다. 한국민이 조선족에게 가지고 있는 과도한 공포심이 사실을 기반으로 만들어진 것인지, 조선족을 유사인종주의로 대하는 것이 우리 삶에 도움이 되는지, 나아가 조선족의 관점에서 조선족들은 한국에서 살아가는 것을 어떻게 느끼는지, 조선족들은 한국인을 어떻게 보는지 심도 있게 다루었다.

프레임도 진보적이다. 이 기사는 주류의 편향된 프레임으로 조선족 어젠다에 접근하지 않았다. 조선족이 문제이고, 대림동이 흉악 범죄 지역이라고 하는데, 과연 그런지 한번 꼼꼼히 살펴보자. 조선족을 올바르게 인식하자는 프레임으로 조선족에 접근한다. 우리가 가진 조선족 인식이 제대로 된 것인지, 우리가 조선족을 혐오하는 것이 실체가 있는지, 혐오의 대상인 조선족들은 혐오하는 한국인을 어떻게 보고 있는지 다루었다. 아무도 하지 않았던 일이다.

한국에서 조선족은 놀이나 혐오의 대상으로 소비되고 있다. 조선족의 보이스피싱 말투를 흉내 내기도 하고, 영화에서는 조폭으로 등장시키고, 방송에서는 웃음거리로 활용한다. 조선족이 많이 사는 서울 대림동을 무대로 펼쳐지는 영화 《청년경찰》에는 이런 대사가 나온다. "여긴 조선족들만 사는데 여권 없는 중국인도 많아서 밤에 칼부림이 자주 나요. 경찰도 잘 안 들어와요. 웬만하면 밤에 다니지 마세요." 《청년경찰》의 감독은 영화 속 대사라고 치부했지만 이 영화가 한국의 짱깨주의를 상업적으로 활용한 유사인종주의적 영화라는 사실은 변함없다.

그동안 한국 영화는 시리즈처럼 조선족을 흉악 범죄자로 취급해 왔다. 거의 동시에 상영된 《범죄도시》에서도 마찬가지이다. 이 영화는 서울 금천구의 한 동네를 중심으로 벌어지는 조선족 사이 세력 다툼을 다루었다. 이 영화에 등장하는 배우 장첸은 끔찍한 살인을 아무렇지도 않게 저지르는 인물이다. 그가 조선족 말투로 한 섬뜩한 대사는 많은 사람들에게 각인되었다. "니 내가 누군지 아니?"는 텔레비전 예능 프로그램에서 패러디가 되어 퍼지기도 했다. 영화 《신세계》에서도 조선족은 아무렇게나 살인을 저지르는 흉악 범죄자로 등장한다. 그밖에도 여러 영화에서 조선족은 장기밀매, 마약상, 조직폭력배, 살인, 시체유기 같은 끔찍한 범죄를 저지르는 단골손님이었다.

조선족은 단 하나의 이미지로 표상된 유사인종주의의 피해자가 되었다. 2022년 베이징 동계올림픽 개막식에서 조선족이 한복을 입고 등장했을 때 어느 한국 언론에서도 조선족을 대변하지 않았다. 그들은 그저 우리가 규정하면 되는 물상화된 존재들이었다.

대림동에 사는 조선족들은 함께 공동대책위원회를 꾸려 《청년경찰》 제작사를 상대로 손해배상 청구 소송을 제기했다. 1심 재판부는 "개인이 아닌 전체를 혐오집단으로 묘사했다고 보기 어렵다"며 원고 패소 판결을 내렸다. 공동대책위원회가 소송을 제기한 것은 단순히 《청년경찰》이라는 한 영화가 대림동과 조선족을 비하했기 때문만은 아니다. 언제부터인가 한국 사회는 조선족을 혐오스러운 범죄자들로 묘사하고 조선족이 모여 사는 대림동은 범죄의 소굴처럼 인식한다. 조선족이면 누구나 심각하게 느끼는 혐오가 있다. 혐오의 피해자로서 내보인 절규였다. 한국 법원은 피해자들의 절규에 눈감았다.

어젠다와 프레임이 독립적인 기사나 논문이 간혹 있다.[44] 그러나 이 땅의 보수 프레임과 싸우는 기사는 별로 없다. 특히 중국과 관련된 어젠다는 더욱 그렇다. 이 기사는 한국 사회의 주류인 짱깨주의와 정면으로 대결한다. 기자는 우리가 앓고 있는 문제를 찾아내고, 주류와 다른 어젠다를 설정하고, 주류의 반인권적 담론과 싸움을 벌였다. 대림동 고시원을 빌려 한달살이를 했다. 수많은 인터뷰를 하고, 자료를 찾고, 영상자료까지 만들었다. 일상에서 조선족들이 어떻게 혐오 대상으로 전락하는지, 혐오의 대상인 조선족들이 어떤 피해를 입는지 꼼꼼히 살펴보았다. 한국의 진보언론이 중시하는 보편인권이 어떻게 실천될 수 있을지 잘 보여 주는 모범적인 중국 담론이다.

《지디넷코리아(ZDNet Korea)》는 미국의 IT 전문 인터넷 신문인 지디넷(ZDNet)의 한국지사이다. 이 매체는 다른 신문과 매우 다른 중국 보도 방식을 가졌다. 우선 《뉴욕타임스》나 SCMP식의 해설 기사가 거의 없다. 단순한 사실 보도를 중심으로 기사를 내보낸다. 해외 언론을 거의 베껴 보도하는 이른바 '복붙' 기사도 많지 않다. 스스로 어젠다를 찾고 취재하여 기사를 쓴다. 지금 한국의 언론 지형에서 볼 때 위와 같은 기사 작성의 기본 원칙만 지키더라도 상당히 좋은 기사가 나올 것이다.

2021년 2월 17일 〈중 드론 업체 이항, 주가 뻥튀기하려 문서 조작〉 기사가 그 예이다. 한국 언론의 대부분은 울프팩리서치가 중국의 드론

---

44 류찬열의 〈혐오와 공포의 재현을 넘어 공감과 연대의 재현으로: 영화 청년경찰과 범죄도시를 중심으로〉나, 한희정·신정아의 〈한국 영화의 조선족 재현과 혐오표현의 문제-〈청년경찰〉 손해배상 1심 판결을 중심으로〉 같은 글이 대표적이다.

업체 이항에 제기한 문제가 사실인 양 그대로 인용하여 아주 크게 보도했다. 《지디넷코리아》의 기사도 그런 수준이다. 주목할 것은 그다음이다. 다음 날 《지디넷코리아》는 〈중 이항 창업자 "울프팩 보고서, 우리 이해 못해 오류" 상세 반박〉이라는 기사를 실었다. 이 신문사의 유효정 중국 전문기자가 쓴 기사이다.

기사는 기존 한국 언론의 중국 보도와 다른 지점이 몇 가지 있다. 우선 울프팩리서치의 문제 제기만큼 이항의 대응 목소리도 동등하게 보도해 프레임이 한쪽으로 쏠리지 않게 했다. 이런 경우 한국 언론은 서구 언론의 보도만 인용하고 말거나 중국 입장은 구색 맞추기에 그친다. 프레임이 쏠리지 않으면 독자들은 서구 언론의 프레임에 종속되지 않고 독자적으로 사안을 판단할 수 있는 기회를 얻게 된다. 여의도에서 드론 택시를 띄운 이항은 한국 개미 투자자들에게 중요한 투자 대상이다. 이런 기사가 한국의 개미 투자자에게 제대로 된 정보를 제공하고 그들의 피해를 줄여 준다.

《지디넷코리아》의 중국 기사는 한국의 다른 언론에서는 잘 보도되지 않지만 우리가 알아야 할 주요 사안을 있는 그대로 자주 보도한다. 화웨이를 망한 기업처럼 대하던 시기인 2021년 3월 15일 보도한 〈화웨이, 라이다 탑재 첫 전기차 내달 발표〉 같은 기사가 대표적이다. 화웨이가 전기차 시장에서 상품을 생산하기 시작한다는 뉴스는 향후 전기차 시장의 판도에 영향을 미칠 만큼 중요한 뉴스이다. 화웨이 라이다는 5G 기술을 선도하는 화웨이의 기술이 집약된 운행 지휘 장치이다. 이 자동차의 성능은 중국의 자율주행 기술 수준을 가늠할 수 있는 주요한 잣대일 수 있다. 이 기사는 중국 사이트 《아이카치쳐》발 보도이다. 한국의 중국 기사에는 중국 뉴스를 제대로 들여다보고 보도거리를 찾는 기자가 거의 없다.

유효정 기자의 기사는 매우 한국적인 프레임을 가지고 있다. 한국적이라는 것은 한국인의 삶에 도움이 되는 기사를 뜻한다. 분노와 혐오를 일으키고, 중국을 몰아내기 위해 전투를 벌이는 기사와 달리 한국의 현재와 미래에 참고해야 할 중국에서 벌어지는 일들을 차분하게 사실 중심으로 기사를 쓴다. 중국이 세계 최대 국가 탄소배출권 거래 시장을 개장했다는 소식도 유 기자가 최초로 보도했다.[45] 한국 언론들이 잘 보지 않는 《중궈칭녠왕》까지 참조하여 기사를 썼다. 이 기사를 보면 우리도 중국발 미세먼지라고 비난만 할 일이 아니라 탄소배출권 거래 시장을 만들어야 하지 않을까 생각하게 된다.

이브람 X. 켄디는 반인종주의자는 인종주의자를 대하는 감정이나 태도, 인지의 문제가 아니라고 주장한다. 그는 인종주의 정책, 권력과 싸우지 않는 사람은 모두 인종주의자라고 규정한다. 그런 의미에서 본다면 지금 한국에 반짱깨주의자는 별로 없다. "달리는 기차 위에 중립은 없다"는 하워드 진의 금언은 짱깨주의에도 그대로 통한다. 누군가가 짱깨주의적 권력을 분석하고 그들과 싸우지 않으면 짱깨주의 권력은 확대재생산되기 때문이다. 지금 한국에는 적극적 짱깨주의자와 무의식적 짱깨주의자만 넘친다. 김동인 기자와 유효정 기자와 같은 반짱깨주의자들이 참 드물다. 짱깨주의와 싸우고자 하는 전선도 없고 진영도 없다.

---

45 〈중 세계 최대 탄소배출권 거래 시장 개장〉, ZDNet Korea, 2021.07.16.

12부

한국 진보진영의 중국 담론

1 실천적 중국 담론의 실종

중국은 다면적인 정체성을 가진 국가이다. 칭화대학 옌쉐퉁 교수는 이를 '이중적 정체성'이라고 정리한다.[1] 개발도상국이자 강대국이라는 뜻이다. 중국은 강대국이다. 존재 그 자체가 이웃 국가들에게는 위협이 된다. 그런 점에서 중국에 대한 한국 진보주의자들의 경계는 자연스러운 일이다. 민족주의자들은 중국의 부상이 가져오는 국익의 변화에 민감할 수밖에 없다. 작은 국가를 지향하는 분리주의자들에게도 거대한 중국은 언젠가 해체되어야 할 대상이다. 중국은 GDP 중심의 세계관을 가지고 가장 급속한 성장을 하고 있는 국가이다. 더 이상 지구의 오염을 방관할 수 없는 생태주의자들에게는 가장 집중해서 감시해야 할 대상이다. 중국은 강대국이지만 동시에 개발도상국이다. 개발도상국인 중국은 가난을 미개함과 동일시하고 차이를 차별로 대하는 유사인종주의자들

---

1 Yan Xuetong, "Becoming Strong: The New Chinese Foreign Policy", *Foreign Affairs*, Jul./Aug. 2021.

에게만 비웃음거리가 되는 것이 아니다. 민족주의자들에게는 미래의 먹을거리를 송두리째 빼앗아 갈지 모르는 불안의 대상이기도 하다. 마르크스주의자들에게는 고도로 성장하는 중국에서 드러나는 자본중심적이자 국가주의적인 성격이 비판의 대상이 될 수밖에 없다. 중국은 일당국가이다. 유럽중심주의 민주주의자들에게는 일당제 자체가 바로 비민주적인 것이다.

그러나 중국의 다면적 정체성이 늘 위협이나 공포의 대상인 것만은 아니다. 신식민주의체제 내에서 새롭게 부상하는 강대국이라서 미국의 폭력성을 견제할 수 있는 균형추가 되기도 한다. 분리된 소국이 아니라 통합된 대국이라서 분쟁과 전쟁이 훨씬 적을 수 있다. 개발도상국이라서 자국의 생존권 확보가 우선일 수밖에 없어 외부 문제에 개입할 소지가 적을 수도 있다. 지구의 공장이라서 환경오염의 주범이기도 하지만 지속가능한 개발을 추진한다면 탈서구적인 생태 대안을 만드는 주역이 될 수도 있다. 고도 성장은 불평등과 노동 문제를 만들지만 14억 인구의 절대적 가난을 해결해 나가고 있다. 전 세계 빈곤 퇴치 분야에서 중국의 기여율은 70%에 달한다.[2] 아직도 고도 성장을 하고 있어서 이웃 국가들에게는 경제적 풍요를 나눌 수 있는 기회의 땅이며, 정치적 안정이 절대적으로 필요해 평화체제의 동반자가 될 가능성도 높다. 혁신의 기지라서 공통의 미래를 구상할 수도 있다. 식민주의를 경험해 봐서 반식민주의 연대 가능성도 높다.

박근혜 대통령의 탄핵, 북미 간의 대화, 북미협상 중에 한국의 진보

---

2 백원담 외, 앞의 글, 2018, 135쪽.

진영이 중국에 보인 태도는 시종일관 '중국은 빠져!'였다. 이 시기 한국 진보진영은 국가 간 체제를 모색할 때 트럼프의 시혜적 종전선언만 바라보고 있었다. 트럼프의 미국은 아시아의 전후체제를 결정할 수 있는 초국가적 존재로 규정했고, 중국은 무시해도 되는 국가로 규정했다. 트럼프행정부의 억압에 중국과 공동 대응할 방안을 모색하거나, 미국 중심의 불평등한 일방주의를 다자주의로 전화시키는 데 중국의 힘을 사용하자고 하는 중국 활용론은 몇몇 친중주의자들의 '돌아온 사대주의' 정도로 취급되었다. 중국을 내부자의 시각으로 바라보는 허쉐펑의 글을 번역한 김도경 교수는 "중국에 관한 어떤 이야기들은 간혹 '친중'이나 '국가주의', 심지어 '반민주'라는 평가를 듣곤 한다"[3]고 고백했다.

중국에 대해 진보진영이 비판적으로 접근하는 것은 당연한 일이다. 그러나 진보주의는 켄디가 주장하는 대로 감정이나 태도, 인지가 아니라 행동이다. 진보를 향한 '실천성'이 담보되어야 한다. 여기서 말하는 실천성이란 미뇰로가 비판이론의 새로운 역할을 규정하면서 제시한 "제국적 차이와 식민적 차이를 인식하는 지식의 지정학적 고려"를 하는 데서 출발할 수 있다.[4] 미뇰로의 주장을 재해석해 보면 1) 지정학적 고려란 지금 여기에 서서 문제를 바라보아야 한다는 뜻이고 2) 제국적 차이란 식민 권력 사이의 차이를 파악해야 한다는 뜻이며 3) 식민적 차이란 다양한 모순 사이에서 차이를 검토하여 구현할 수 있는 것을 찾아야 한다는 뜻이다.

---

3 허쉐펑, 앞의 책, 310쪽.

4 월터 D. 미뇰로, 앞의 책, 2018, 5쪽.

지금 진보진영의 중국 담론은 한반도라는 지정학에 서 있지 않은 경우가 많다. 키신저 시스템이 구축된 뒤로 중국의 중국연구가 '실천'에서 '학문'으로 나아갔다면, 한국의 중국연구는 그때나 지금이나 여전히 '학문'에 머물러 있다. 중국사학자 이성규 교수는 동양사 연구 50년을 회고하면서 1980년대 한국 역사학계의 '운동 열풍'에 휘말리지 않고 "그 열풍을 '건강하게' 헤쳐 나왔다"고 말했다. 그 증거로 동양사학회가 《중앙일보》가 주는 중앙문화대상을 받은 것을 들었다.[5] '실천'으로써 중국연구와 '학문'으로써 중국연구의 가장 큰 차이는 지식의 지정학이다. 안타깝게도 지금 한국의 비판적 중국연구자들은 한반도에서 '우리에게 중국은 무엇이어야 하는가'를 묻는 것이 아니라 추상적 공간에 서서 "중국은 어디로 가야 하는가"를 따져 묻는 데 집중하고 있다. 우리의 민주주의를 위해 중국을 이야기하는 것이 아니라 중국의 민주주의를 위해 중국을 이야기하는 경우가 대부분이다. 나아가 그들이 하는 이야기의 수신지가 어딘지 알 수 없는 글이 대부분이다. 미뇰로가 말하는 '지식의 지정학' 문제가 발생하는 것이다.

《황해문화》는 2021년 여름호에서 중국공산당 100주년을 기념하는 특집을 마련했다. 한국을 대표하는 진보적 중국연구자인 성공회대 백원담 교수는 특집의 권두언을 아래와 같이 마무리했다.

> 중국이 공산당 창당 100년에 소강사회를 이룬 쾌거 또한 아시아적 경험이다. 그것이 자본주의적 근대 추수의 귀결로써 한 종지부를 찍고 근

5 이성규, 〈동양사학회 오십년과 동양사학〉, 《동양사학연구》 133권, 2015, 22~23쪽.

대극복을 시작하는 새로운 출발점이 되기를 바라는 마음 간절하다. 그 때 새로운 출발의 사상은 그러나 사회주의 강국건설이 아니라 오늘의 피 흘리는 미얀마의 경험까지 아시아와 세계 곳곳에 노동의 숨결을 보듬는 따뜻한 사람들이 만드는 진보지향이었으면 좋겠다.

이 글은 한국을 대표하는 비판적 중국연구자인 백원담 교수의 '지식의 지정학'이 한국이 아니라 중국임을 엿볼 수 있게 한다. 한국의 비판적 중국 담론이 '지식의 지정학'을 '중국'으로 설정하면 한국의 중국 담론은 진보와 보수의 구별이 사라진다. 백원담 교수는 "한국 정부와 시민사회가 홍콩 사회에 이어 미얀마 사태에 대해 적극적 연대에 나서는 국면은 역사적 자본주의의 운행 궤도를 바꾸는 중국의 행로와 확실히 다른 양상"이라고 평가한다. 국경을 초월한 시민사회 간의 연대라는 관점에서 초월적 시공을 구성하다 보면 중국에 대한 그런 평가는 가능하다.

늑대전사외교[戰狼外交]와 같이 중국 해외공관 외교관들의 대상국을 향한 공격적인 대응에서와 같이 이미 많은 문제들을 노출해 왔다. 중국은 서구 패권주의의 강권적 세계지배와는 다른 경제 중심의 호혜적인 세계관계 질서를 구축하겠다는 유라시아 경제협력네트워크로서 일대일로(The Belf & Road Intiative)를 강력하게 추동하고 있다. 그러나 실제 진행과정에서는 해당국이 부채함정에 빠지고, 기후변화를 무시한 과도한 개발문제 등 불협화음과 우려가 크다. 최근 중국은 코로나 격변 속에서 백신외교와 일대일로를 통한 세계경제의 조기 회복을 추동하고자 하지만, 실제 정황 속에서 중국이 주도하는 다자간 체제와 인류운명공동체에 대해서 부정적 시각이 만만찮다. 또한 홍콩범죄인중국송환법반대투쟁에 대한 중국의 강압적 대응, 국가보안법과 선거법 개정으로 드러난 일국양제 정치실험의 한계 등 중국식 정치모델에 대한 많은 논란이 일어나고 있다. 대만에 대해서도 무력통일 가능성을 시사하는 등 강권적 대응은 중국 국내에서의 언론통제와 노동운동탄압, 신장(新疆)문제 등과 맞물리면서 중국의 당-국가체제의 정치역량과 한계에 대한 문제제기가 계속되고 있다.[6]

백원담 교수가 중국을 바라보는 인식은 보수언론과 달리 중국의 행위를 긍정적으로 고려하고 있지만, 결과적으로 날마다 신문에 오르내리는 한국의 안보 보수주의자들의 중국인식과 거의 차이가 없다. '지식의 지정학'을 '중국'으로 잡고 지식의 지향점을 초월적 시공간으로 잡으면 이런 일이 일어날 수밖에 없다.

한국의 대표적인 진보주의자조차 양비론적 태도를 보이는 사이에 한국의 중국 담론은 냉전 시기로 회귀했다. 중국 담론의 권력 지형을 무시한 채 보편가치를 평면 위에 나열시키면 진보를 표방하는 담론조차 보수의 담론에 균열을 일으키는 것이 아니라 권력 지형을 한층 더 치밀하게 만들 가능성이 있다. 2021년 6월 《시사인》에서 보도한 여론조사 결과는 한국에서 신냉전적 짱깨주의가 어떻게 유통되고 있는지 여실히 보여 준다. 중국인에 대한 감정의 온도는 진보진영에서 26.9도였다. 중도(26.7도), 보수(26.7도)와 거의 차이가 없었다.[7] 일본(28.8도)보다도 북

6 백원담, 〈중국공산당 100년과 다른 100년의 향도〉, 《황해문화》 111호, 2021년 여름호, 4~5쪽.

한(28.6도)보다도 더 나쁜 결과였다. 중국에 대한 부정적 온도는 미국에 대한 긍정적 온도로 채워져 있었다. 미국에 대한 감정적 온도는 진보가 57.2도였고, 보수는 63.6도였다.[8] 진보진영에서 중국에 대한 호감도는 미국에 비해 무려 두 배 이상 나쁘다. 중국공산당에 대한 한국인의 부정 인식은 81.1%에 달한다. 냉전 시대와 거의 차이가 없었다. 진보진영(83.3%)이 보수진영(80.8%)보다 더 높다. '중국인이 우리나라 토지를 매입하는 것을 허용하면 안 된다'는 주장이 92.1%에 달한다. '중국인이 우리나라 기업 주식을 매입하는 것을 허용하면 안 된다'는 77.1%에 달한다. 한국의 민주주의를 위한 비판적 중국 담론의 역할은 한국 현실에서는 어디에서도 찾아보기가 힘든 지표이다.

진보진영조차 강하게 비판해야 할 만큼 중국이 더 나빠졌기 때문이라고 주장할 수도 있다. 그러나 중국에 대한 미국인의 호감도 조사와 비교해 보면 이런 주장은 설득력이 떨어진다. 중국에 대한 미국인의 비호감도는 역사상 가장 높지만 공화당 지지자들과 민주당 지지자들 사이에 매우 큰 차이가 난다. 공화당원의 76%가 중국을 최대의 적으로 꼽은 반면 민주당원은 22%에 불과하다.[9] 트럼프행정부의 대대적인 중국 때리기에도 미국의 진보진영은 크게 동요하지 않았다. 중국이 더 나빠진 것은 아니라는 간접 증거이다.

중국에 대한 감정 온도에서 미국의 진보진영과 한국의 진보진영이 차이가 나는 것은 왜일까? 안보적 보수주의 크기가 달랐다고 추정해 볼

---

7 〈중국의 모든 것을 싫어하는 핵심 집단 누굴까?〉, 《시사인》, 2021년 06월 17일.

8 〈중국에 대한 반감, 그 반대편에 친미가 있다〉, 《시사인》, 2021년 07월 12일.

9 Gallup, 2021.03.16.

수 있다. 그러나 트럼프행정부의 중국 때리기가 한국의 안보적 보수주의에 비해 결코 약했던 것은 아니다. 한국의 문재인정부는 가담하지 않았지만 미국은 트럼프행정부와 민주당, 공화당, 그리고 여러 언론들이 가담했다. 힘이 약한 한국이 미국과 달리 중국에 대해 더 불안을 느꼈을 수도 있다. 그러나 그런 것이라면 미국에 대한 감정 온도도 나빠져야 했다. 트럼프행정부는 한국에게 한미 방위비 분담금을 5배 이상 인상할 것을 요구했고, 미국 땅에서는 한국인을 포함한 아시아 인종에 대한 인종주의적 폭력이 난무했으며, 북미 정상회담은 트럼프의 술수인 것이 드러났다.

한국의 중국 담론이 퇴행하는 경향을 검토하면서 주목한 것은 한국에서 비판적 중국 담론이 실종한 현실이다. 바이든행정부가 들어선 직후인 2021년 3월 《포린폴리시》 전 편집국장인 조너선 테퍼먼(Jonathan Tepperman)은 《포린폴리시》에 조시 로긴(Josh Rogin)이 쓴 책 《*Chaos Under Heaven: Trump, Xi, and the Battle for Twenty-First century*(저자 주: 지상의 카오스)》의 서평을 게재했다. 이 책은 트럼프행정부 내 강경론자들의 입장을 옹호하며 중국은 변화가 불가능하니 중국에 대한 강경책을 끊임없이 이어 가야 한다고 주장한다. 테퍼먼은 이 책에 대해 다음과 같은 질문을 던진다. "도대체 누가 여전히 중국의 위협에 대해 각성해야 하는가?" 그는 "이미 트럼프의 반중국 정책을 계승하고 있는 바이든행정부도 아니고, 트럼프 시대에 비해 두 배 이상이나 중국을 위협적인 국가로 인식하는 미국의 대중도 아니다"라며 저자에게 지식의 지정학을 따져 묻는다.[10]

백원담 교수에게 따져 묻고 싶은 질문이다. "도대체 누가 여전히 중국의 위협에 대해 각성해야 하는가?" 한국에서 홍콩이나 미얀마의 민주주의에 대해 중국이 문제가 없다고 말하는 사람은 거의 없다. 그런데 왜 한국의 진보적 중국 담론을 이끌어 가는 백원담 교수가 여전히 그런 질문을 하고 있는가? 하나 더 물어야 한다. 누가 테퍼먼처럼 안보적 보수주의의 우익적 기획인 짱깨주의에 대해 따져 묻고 있는가? 한국의 비판적 중국 담론은 누구를 위해 싸우고 있는가?

물론 특집의 전체 기조처럼 '중국도 문제다'라는 점을 밝혀내는 것 또한 진보 지식인의 역할이다. 그러나 구체적 싸움터가 지정되지 않은 지식은 변혁을 향한 급진성을 상실한다. 그것은 결국 제국과 식민의 차이를 고려한 약한 고리 전략의 부족으로 귀결된다. 제국의 차이에 대한 무감각은 식민의 차이에 대한 전략의 부재를 낳는다. 약한 고리 전략이 없는 그의 주장은 실천성과 급진성이 제거된 공허한 담론으로 메아리친다.

> 한국에 와서 일하는 미얀마 학생이 광주에 거주하면서 광주민주항쟁을 공부하고 추체험하고 그로서 촛불혁명도 경험하고 미얀마를 위해 촛불을 들기 시작한 것은 확실히 하나의 사태이다. 홍콩 사태에 남아시아에서 온 여성 노동자들도 중국 대륙에서 온 신이민자들도 '새로운 접속' 시도가 이루어졌다는 것, 국가안전법과 선거법 개정으로 홍콩은 조국에 애국자로서의 자기증명을 하지 않을 수 없는 절망의 땅이 된 것 같지만 그 안에 궐기하는 삶의 경험들, 그 속에서 홍콩이 새롭게 구성

---

10 Jonathan Tepperman, "Why China Is America's Hardest Foreign-Policy Problem: A new book on Trump's failures underscores just how tough it is to get Beijing right", *FP*, 2021.03.18.

되고 있음을 확인한 아시아가 아시아로 연결되는 연대의 정치적 경험까지 무화될 수는 없을 것이다. 그것이 21세기 아시아가 기층적 아시아다움을 만들어가는 과정이고 신자유주의 세계화가 아닌 다른 세계의 가능성을 여는 공간장이 열리고 있다는 점은 분명하다.

백원담 교수의 글에서 '지식의 지정학'이 '중국'이라면 한국인들은 지금처럼 살면 잘 살고 있다고 평가받을 수 있을 듯하다. 그러나 만약 '한국'이라면 진보주의는 무엇을 하자는 것인지 알기 힘들다.

같은 특집에 실린 박민희 한겨레 논설위원의 글 〈길을 잃은 시진핑 시대의 중국〉도 백원담 교수와 거의 비슷한 '중국도 문제다'라는 프레임에 서 있다. 이 글은 마치 중국 문제 찾기 전시장 같은 글이다. 시진핑 시대의 중국 문제들이 논문 한 편에 거의 다 나열되어 있다. 중국 문제를 평면에 나열하여 등가화한 뒤 신장-중국, 홍콩-중국이라는 이항적 대립 관계로만 중국을 바라본다. 아무리 양보해도 이런 글은 어젠다가 종속되는 문제가 발생한다.

한국적 지형에서 안보적 보수주의와 동일한 어젠다는 인식의 권력 지형상 프레임의 종속을 가져올 수밖에 없다. 세계시민주의는 제국과 식민의 차이에 무감각해지면 이는 곧 자유주의 프로젝트와 동일한 효과를 낼 수밖에 없다는 미뇰로의 주장이 현실화되는 것이다.[11] 《시사인》 조사에 따르면 한국인이 중국에 반감을 가지는 주요 어젠다는 황사 및 미세먼지(89.4%), 코로나19(87.3%), 중국 누리꾼의 혐한 표현(80.0%), 사

11 월터 D. 미뇰로, 앞의 책, 2018, 435쪽.

드 보복(78.9%), 중국의 정치사회 체제(78.1%), 한국에 대한 중국의 부정적인 언론보도(74.7%), 동북공정 등 역사문화 갈등(72.7%), 중국의 6·25 참전(72.5%), 티베트, 위구르족에 대한 대응(68.9%), 홍콩 민주화운동(56.6%) 들이었다. 대부분 백원담 교수와 박민희 논설위원이 나열하고 있는 중국의 문제들과 일치할 뿐만 아니라 안보적 보수주의가 유사인종주의와 신식민주의 프레임으로 집중 공략한 어젠다들이다. 대중들은 한국이라는 지식의 지정학 위에서 중국을 바라본다. 백 교수와 박 위원이 쓴 글도 같은 프레임 위에 서게 된다. 지적 권력 체계가 그렇게 구성되어 있기 때문이다. 《한겨레》에 실리는 '중국이 문제다'라는 글 밑에 달리는 댓글을 보라. 거의 예외없이 짱깨주의투성이다.

2020년 8월 26일 성균중국연구소는 아모레퍼시픽포럼과 함께 '중국공산당 100주년과 한국인의 중국인식'이라는 토론회를 열었다. 한국인의 중국인식을 비판적으로 꼼꼼하게 검토하기보다 좌담회 성격으로 그친 것이 아쉬웠지만, 좋은 시도는 곧 새로운 무언가를 만들어 낸다는 것을 보여 준 토론회였다. 이 토론회에서 단연히 눈에 띈 발표자는 한 20대 청년이었다. 서울시립대 석사과정에 재학 중인 김준호 씨는 다음과 같은 질문을 던졌다. "학계의 지식이 대중들에게 닿지 않는다면 연구는 어떤 의미가 있을까요?"

그 질문이 나에게 남다르게 다가온 까닭은 구체적인 장소가 실종된 계급, 젠더, 인종에 대한 카테고리들이 탈영토화된 정체성 담론으로 부유하던 시기[12]에 그 간단한 질문 속에도 탈식민적 주체가 명확히 상정되

12 안태환, 앞의 글, 55쪽.

어 있었기 때문이었다. 김준호 씨는 대중과 소통 가능한 새로운 정보채널을 구축하자는 제안으로 끝맺었지만 그 질문은 매우 본질적인 것이었다. "한국의 진보적 중국연구자들은 한국 현실의 민주주의를 위해 무엇을 하고 있는가?"

안보 보수주의자들의 짱깨주의적 기획은 성공했다. 신식민주의 체제하에 있는 대중들에게 '중국도 문제다'라는 프레임의 글은 신식민주의를 강화하는 역할을 할 수밖에 없다. 이와 같은 인과관계를 《시사인》의 이오성 기자가 〈중국에 대한 반감, 그 반대편에 친미가 있다〉는 기사로 잘 요약했다. 특히 포털저널리즘에 무한정 노출된 20대는 가장 강한 반중주의자이자 가장 강한 친미주의자들이 되었다. 그들은 미국의 신식민주의도 경계하고, 부상하는 중국의 신팽창주의도 경계하는 전후체제 너머의 '신세대'가 아니다. 김준호 씨가 지적한 대로 오히려 중국인을 혐오하는 것이 놀이문화가 된 신식민국의 신세대였다.

서울대학교 아시아연구소가 "동북아 주요 현안과 쟁점에 대한 학문적·대중적 이해와 심화에 이바지"할 것을 목적으로 만든 《China Perspective》에서 중국공산당 창당 100주년을 다루었다.[13] 중국공산당 창당 100주년이 거의 조롱거리로 전락하던 시점이기에 좋은 기획이었다. 대중들의 이해를 높이겠다는 목표도 시기적절했다. 글 네 편이 실렸다. 그러나 아쉽게도 네 편의 글은 예외 없이 주류의 중국 담론과 전혀 다르지 않은 어젠다와 프레임—"치유를 향한 '황제'의 고단한 여정", "'민족주의'와 '부흥'의 모자를 쓴 중국공산당", "'좌회전'하는 중국", "당

13 서울대학교 아시아연구소 동북아시아센터, 《China Perspective》 #2.

의 영도와 분투하는 인민"—을 사용했다. 그런 글들이 이미 너무 많이 말한 결론들—"균형을 위해 성장을 희생해야 하는 딜레마", "중국공산당의 수요에 호응하는 사회는 발전시키고, 그 수요에 부합하지 않는 사회는 배제되거나 감시 억압의 대상이 된다", "강화하는 국가주의 누가 박수쳐 줄 것인가", "거친 표현이나 정제되지 않은 표현은 중국의 호전성과 비호감을 높일 뿐"—에 도달하는 것은 당연한 수순으로 보인다.

그런 결론이 내려지는 것에는 전형적인 프레임이 작동했다. 유럽중심주의("국제사회에서 인정받을 수 있을까?" 같은 질문) '사회주의 중국' 프레임("좌회전하는 중국" 같은 좌와 우를 따지는 이념 잣대), 근대화론적 시각("중국사회의 사회적 토대가 지속가능한지"를 묻는 변형된 중국 붕괴론), 오리엔탈리즘("머리가 깨져 피 흘린다" 같은 선정적인 표현을 채집하여 전시)이 숨어 있다. 미중 충돌 시기였고, 북미협상 시기였으며, 코로나19 시기이기도 했다. 창안에서 창밖을 묘사하던 냉전 시기 한국의 중국학과 별반 다르지 않다. 대중들이 그런 글들을 읽을 때 무엇을 할까?

리영희 선생의 글쓰기는 실천적 중국학의 한 전형이었다. 그는 단순히 '중국은 좋은 나라'라고 말한 친중주의자가 아니었고 '미국이 문제'라는 것을 지적하고자 하는 반미주의자도 아니었다. 리영희 선생이 쓰는 글의 지정학은 한국이었다. 한국의 민주주의를 위한 글쓰기를 했다. 리영희 선생은 지금 여기에서 무슨 이야기를 할 것인가 명확하게 규정했고, 누구와 싸울 것인가를 분명히 드러냈으며, 보수주의 프레임과 전선을 형성하며 싸웠다. 한국의 민주주의를 위하여 대중을 향해 중국을 이야기했다. 리영희 선생은 중국에 관해 한국어로 쓴 글을 읽는 수많은 한국인들에게 신식민주의체제하의 식민성에 갇혀 자기들이 한쪽 날개로

만 날고 있다는 깨달음을 던져 주었고, 양쪽 날개를 가지기 위해 몸부림치게 만들어 주었으며, 민주화의 싸움 속으로 뛰어들게 만들었다. 리영희 선생은 누구나 말하는 중국과 싸웠고, 누구도 말하지 않는 중국을 말했다. 그의 싸움이 샌프란시스코체제를 완화시키는 데 큰 기여를 했다는 것은 두말할 필요가 없다.

한국의 실천적 중국학은 지금 길을 잃었다. 한국의 진보적 중국연구자들은 누구나 말하는 중국에 대해 말하고 있고, 아무도 말하지 않는 중국에 대해서는 침묵한다. 세계시민주의를 빙자한 짱깨주의적 모독과 혐오가 지속되어도 나와서 싸우는 이가 없다. 자유주의적 보편가치를 내세우며 상상된 공간에서 멋진 집짓기에 바쁘다. 전후체제의 위기 시대에 드디어 우리 식의 근대를 만들 절호의 기회가 왔지만 서벌턴화된 분과 학문 체계하에서 제국의 문제 의식에 끼워 맞춘 문제풀이나 하고 있다. 그사이 한국의 대중들은 신냉전적 기획의 포로가 되었다. 진보적 중국 담론이 길은 잃은 까닭은 어젠다의 문제가 아니다. 바로 진보적 중국 담론의 프레임 그 자체로부터 나온다.

2 중국도 문제라는 프레임

나는 진보와 보수를 아우르는 현대 중국연구 플랫폼인 '성균중국연구소'를 운영하는 성균관대 이희옥 교수와 한때 '중국을 어떻게 볼 것인가'라는 문제를 두고 논쟁을 벌인 적이 있다. 나는 미국의 패권이 작동하는 전후제제의 구조를 고려하지 않고 중국의 문제점을 나열하는 이희옥 교수의 글쓰기는 신식민주의적일 수 있다고 비판했다. 실명 비판은 대개 암묵적인 왕따로 대응하는 주류의 대응방식과 달리, 이희옥 교수는 감사하게도 두 가지를 글로 반박했다. 하나는 미국의 중국 위협론에 공조한 적이 없다는 것이었고, 다른 하나는 미국이 중국 위협론을 내세우는 것과 상관없이 중국의 문제는 중국의 문제로 비판해야 한다는 것이었다.[14] 미국의 패권뿐만 아니라 중국의 성장에 따르는 문제 역시 문제가 있다는 논리이다.

이희옥 교수의 반박은 정확하게 한국의 진보진영이 중국을 바라보는 가장 기본적인 패러다임이 무엇인지 보여 준다. 미국도 문제지만 '중국도 문제다'라는 패러다임이 그것이다. 한국의 진보적 중국연구자들뿐만 아니라 한국의 진보주의자들이 공유하는 대표적 중국 패러다임 중 하나이다. 대개 좌파 지식인은 이 프레임 위에서 중국을 바라본다. 미중 패권이 가속화되던 시기인 2019년 《진보평론》의 주요 논객인 이재현 문화평론가는 "트럼프 방식의 미국 제국주의가 대외적으로 아주 난폭하고 광란적인 것만큼이나, 시진핑 버전의 중국 제국주의도 그 발상이나 담론에 있어서 매우 거칠고 주관적인 인지편향에 사로잡혀 있다"고 주장했다.[15]

나 또한 이희옥 교수가 미국이 문제가 없다는 주장을 하려고 중국의 문제들을 나열했다고는 생각하지 않는다. 이희옥 교수는 미국은 "주유고 중국대사관 공습, 보스니아 내전 개입, 아프리카 공격, 이라크 공격 등에서 '인권이 주권을 우선할 수 있다'는 명분을 내세우고 있다. 이러한 '인권카드'는 사활의 이해가 걸린 세계적 또는 동아시아에서의 패권적 지배를 공고히 하려는 전술임에 분명하다"고 지적했다. 이희옥 교수가 편향된 한국의 중국 담론을 균형 있게 하려는 노력을 하지 않는 것도 아니다. 오히려 성근제 교수는 이희옥 교수가 이끄는 성균중국연구소가 과도하게 중국 주류의 시각을 내보내고 있다고 비판한다.[16] 그러나 문제

---

14 이희옥 교수는 "한국의 비판적 중국연구자들이 패권적 패러다임에 기초한 미국의 '중국 위협론'에 공조한 적은 없는 듯하다. 중국 위협론은 강한 중국을 추구하려는 중국의 의도, 국력의 증가와 성장 잠재력, 지속적인 국방 예산의 증가와 군비확장 움직임, 국제 문제에 대한 적극적인 개입 등에 기초하고 있다"고 반론을 제기했다. 이희옥, 《중국의 새로운 사회주의 탐색》, 창비, 2004, 237쪽; 〈한국에서 중국학을 어떻게 할 것인가?〉, 《역사비평》 58호, 2002년 겨울호.

15 이재현, 〈중국의 부상과 미중 패권경쟁〉, 《진보평론》 81호, 2019, 214쪽.

16 성근제, 〈과불급의 중국학: 성균중국연구소의 최근 연구동향과 관련하여〉, 《황해문화》 104호, 2019년 가을호 참조.

는 작업의 양이 아니라 프레임이다. 프레임이 실천적 급진성을 발휘하기 때문이다.

이희옥 교수의 반론에서 주목한 것은 '그러나'로 시작하는 그다음 이야기이다. '중국도 문제다'라는 프레임이 가지는 문제점이 그대로 나타나기 때문이다. 이희옥 교수는 "그러나 그렇다고 해서 중국 민족주의를 '긴급한 폭력'에 대응하는 저항적 시민민족주의로 강조하거나, 아시아에서의 수평적 연대를 유보할 수밖에 없다고 해서는 안 될 것이다"고 주장한다. 이희옥 교수는 내가 쓴 글을 오독했다. 나 또한 '중국은 문제가 없다'고 주장한 것이 아니었다. 당연히 중국도 문제가 있다. '아시아에서의 수평적 연대'를 유보할 수밖에 없다고 한 적은 더욱 없다. 전혀 그 반대이다. 아시아에서의 수평적 연대는 계몽주의적 훈계나 몇몇 지식인의 지적 실험에 그칠 공산이 큰 디아스포라식의 연대로는 불가능하다고 주장했다. 전 지구적 시각을 가진 지식인 연대도 의미가 있지만 안보 보수주의자들의 공습에 저항하기 위해 우리 안에 실천적 중국 담론부터 구축하자는 것이었다. 진보진영이 가진 힘의 크기와 안보 보수주의자가 구축해 놓은 한국 중국 담론의 현실을 고려할 때 전선이 잘못 형성되었다는 주장이다.[17]

이희옥 교수가 사용하는 '중국도 문제다'라는 프레임이 가지는 첫 번째 문제는 급진성의 상실이다. 제한된 역량으로 모두와 싸우는 것은

---

17 김희교, 〈한국의 비판적 중국 담론, 그 실종의 역사〉, 《역사비평》 57호, 2001년 겨울호; 〈한국의 동아시아론과 '상상된' 중국〉, 《역사비평》 53호, 2000년 겨울호; 〈한국학계의 신식민주의-중국 담론을 중심으로-〉, 《역사비평》 64호, 2003년 가을호; 〈역사비평과 한국의 중국 담론의 진로〉, 《역사비평》 103호, 2013년 여름호 참조.

결국 누구와도 싸우지 않는 것을 의미한다. 라클라우가 말한 위계질서를 재구축하려고 하는 보수주의의 반동적 기획에 맞서기 위해 제안한 대항권력의 '등가 사슬의 확장'은 불가능해진다.[18] 미중 충돌이 극대화되던 시점에 이희옥 교수는 '미중 관계와 한국의 정책 선택지'에 대해 미중 관계에 따른 다양한 주장들을 열거하고, 그 장단점을 비판한 뒤 다음과 같은 결론을 내린다.

> 한국 외교의 미래는 결국 사안을 얼마나 잘게 쪼개 조합해 패키지 딜(package deal)을 만들면서 미중 전략 경쟁에서 선택을 강요당하지 않고 능동적이고 유연한 정책을 전개하는가에 달려 있다.[19]

이 결론은 트럼프행정부와 차별을 가지면서 중국봉쇄를 계속하려는 바이든행정부의 '규범 있는 원칙'이라는 전략만큼이나 '안개'[20] 같은 해답이다. 병행할 수 없는 일을 병행하려고 할 때 대개 추상적으로 변한다. 그의 제안에는 무엇을 향한 급진성인지 보이지 않는다. 저항의 주체도, 저항의 대상도 알기 힘들다.

'중국도 문제다'라는 프레임이 가지는 두 번째 문제는 '약한 고리 전략'의 부재이다. 이희옥 교수가 '중국도 문제다'라고 말하고자 하는 목적인 '중국적 저항'이 무엇인지 정확히 알 수 없지만 중국의 문제에 대한 전 지구적 저항이라 읽힌다. 그것도 당연히 필요하다. 그러나 그것이 한

---

18 에르네스토 라클라우·샹탈 무페, 302쪽.

19 이희옥 외, 이희옥·수창허 엮음, 《중국의 길을 찾다: 한·중 학계의 시각》, 책과함께, 2021, 30쪽.

20 Peter Beinart, "The Vacuous Phrase at the Core of Biden's Foreign Policy", NYT, 2021.06.22.

국에서 비판적 중국 담론을 이끄는 주류가 주력해야 할 실천적 과제인가는 다른 문제이다. 한국의 진보 지식인 말고도 그런 일을 하는 사람들은 전 지구적으로 참 많다. 지금 대한민국의 거의 모든 언론이 날마다 하는 일이다. 한국의 보수주의자가 틈만 나면 하는 일이기도 하다. 뿐만 아니라 신식민주의 권력의 중심인 미국도 학계와 언론을 동원해 '중국이 문제다'라는 프레임을 만드려고 전면전을 한다. 중국의 진보 지식인도 그런 일을 하고 있다. 우리는 열악한 진보 역량을 집결해 쏟아부을 수 있는 약한 고리 전략이 필요하다.

열악한 진보진영의 힘을 약한 고리를 부수는 데 집중해야 하지만 한국의 진보진영은 '중국도 문제다'라는 프레임에 서서 중국과 미국을 다 상대하려고 했다. 단일 문제를 중심으로 실천에 집중해야 하지만 모든 문제와 전투를 했다. 학계만 그런 것이 아니다. 진보언론도 전혀 다르지 않았다. 미중 무역전쟁이 미국 내 중국 영사관 폐쇄로 이어지던 시기인 2020년 7월 20일 《오마이뉴스》는 〈"미국에 대해 4가지를 몰랐다" 중국인의 뒤늦은 통탄〉이라는 기사를 내보냈다. "미중 전쟁과 중국인의 내로남불"이라는 부제가 붙었다.

이 기사는 미국이 중국 영사관을 폐쇄하며 달려드는 데도 어느 나라도 중국 편을 들어 주지 않는다면서 "미국보다 오히려 중국이 점점 고립되고 있는 형국"이라고 주장했다. 그리고 묻는다. "중국이 왜 이렇게 되었을까?" 이 기사는 1) 코로나19 사태 위기를 활용하여 중국이 "슬그머니 남중국해 군사 활동을 늘려 나갔고" 2) 홍콩 국가보안법을 강행했으며 3) "인도와의 국경 충돌을 야기하여 인도군 사상자를 냈으며" 4) 신장 위구르 자치구의 인권문제를 국제사회가 지적했지만 중국이 내정간섭이라며 불응해 왔기 때문이라는 주장을 하고 있다.

'중국도 문제다'라는 프레임에 서 있는 이 기사는 우선 어젠다가 종속적이다. 어젠다의 종속은 신식민주의에 대한 무감각이 숨어 있는 경우가 허다하다. 이 기사의 '어느 나라'에는 중국에 우호적인 국가들은 아예 빠져 있다. 한국 언론은 중국의 홍콩보안법에 대해서도 전 세계가 반대한 것처럼 보도했지만 그것은 '그들의 세계'에 국한된 이야기였다. UN에서 50개국이 넘는 국가들이 홍콩보안법을 찬성했고, UN은 합의된 공식 논평조차도 내지 못했다.

중국이 코로나19 사태를 기점으로 '슬그머니' 남중국해로 진출했다는 주장도 그저 서방 언론에 호의적인 한국 언론의 주장일 뿐이다. 중국의 '진출'은 오래전부터 이루어졌다. UN 중재재판소에서 판결까지 나온 사안이다. 이를 두고 코로나19 위기를 악용하고 '슬그머니'라는 표현을 써 중국을 자국의 이익만 챙기는 탐욕스럽고 팽창하려는 국가로 묘사하는 것은 전형적인 짱깨주의의 혐오 표현이다.

비판받지 않는 짱깨주의가 진보진영에서도 얼마나 위험하게 유통되는지 이 기사의 다음 주장에서 명확하게 드러난다. 이 기사는 미국의 베네수엘라 내정 개입과 아프가니스탄 정복까지도 성공했다고 판단하고, 성공한 까닭을 "개입 당시의 명분 싸움에서 승부를 결정지었기 때문에 가능했다"고 주장한다. '중국도 문제다'라는 주장을 하기 위해 신식민주의체제의 폭력성에 둔감해진 기사이다. 그런 일은 자주 일어난다. 미국 무역전쟁 이후 한국 언론에서 쏟아 낸 무차별적이고도 일방적 보도에 대해서 중국 외교부는 〈중국과 관련된 인권문제에 대한 각종 오해와 진상〉[21]이라는 해명서를 내놓았다. 이 해명서를 한 번만이라도 읽어 보면 미국과 중국 사이 충돌이 단순히 명분 수준의 싸움이 아니라는 것을 알 수 있다.

《한겨레》도 중국을 보도할 때 자유주의적 보편주의에 서서 '중국도 문제다'라는 프레임 속에서 보도하는 경우가 많다. 호주의 신냉전 전략에 맞선 중국이 호주 상품 수입을 규제한 것을 두고 "시진핑, '진정한 동반자'라던 호주에 독한 보복"이라고 비판한 보도가 그 한 예이다.[22] 이 기사는 호주의 신냉전 전략에 맞선 중국의 상품 수입 규제를 두고 '독한 보복'으로 보고 있다. 우파정부인 스콧 모리슨정부는 트럼프행정부의 중국봉쇄 정책에 가장 적극적으로 가담했다. 세계에서 가장 먼저 미국의 화웨이 배제에 동참했다. 반중국 군사동맹 성격인 쿼드에 가입했고, 일본과 '공동훈련 등에 관한 군사협정(RAA)'를 맺어 전후체제 수립 이후 최초로 일본과 군사협정을 맺은 국가가 되었다. 그런 상황에서 나온 중국의 상품 수입 규제 조치를 두고 《한겨레》는 호주의 신냉전 전략보다 중국의 무역제재에 초점을 맞추며 '독한 보복'이라고 비판했다.

'중국도 문제다'라는 프레임은 제국과 제국적 요소를 가진 국가의 모든 것과 싸움을 전개하면서 급진성과 실천성을 상실한다. 싸움의 대상은 불투명해지고, 전선이 추상화되고, 진영은 다변화된다. 앞에서 언급한 박민희 한겨레 논설위원이 쓴 글 〈길을 잃은 시진핑 시대의 중국〉의 마지막 문장은 이를 잘 드러낸다. "중국은 자국 내에서 민간사회와 관계를 재설정하고, 주변 국가와 억압적이지 않은 관계를 맺을 수 있어야만, '인

---

21 中国外交部, 〈关于涉华人权问题的各种谬论及事实真相〉, 2020.07.04.
22 〈시진핑 "진정한 동반자"라던 호주에 독한 보복…미 동맹에 '경고'〉, 《한겨레》, 2020년 12월 08일.

류운명공동체'가 비로소 첫걸음을 내디딜 수 있을 것"이라고 주장한다. 만약 한국의 어떤 문제에 대해 이런 식으로 제언했다면 틀림없이 '공자님 말씀'이라고 하는 진보진영의 엄청난 비판에 직면했을 것이다.

'중국도 문제다'라는 보편적 계몽주의 관점에 서면 지식인은 참 편하다. 중국 내의 노동자 문제, 환경오염, 사회 불안정, 부패, 정부에 대한 불확신, 실업, 티베트, 홍콩, 대만의 민주주의를 이야기하는 한 그는 여전히 진보주의자로 대접받을 수 있다. '미국도 문제다'라고 말하기 때문에 좌파로도 대우받을 수 있다. '중국도 문제'라고 말하기 때문에 친중주의자라는 딱지를 붙이지 않아도 된다. '미국도 문제다'라고 말하지만 태극기부대와 실천적인 전선을 형성하지 않으므로 안보 보수주의자들로부터 공격받는 일이 없어 편하다. 현실에서 누구와도 전선을 만들지 않아도 되니 짱깨주의자들과 얼마든지 학회나 연구소, 혹은 프로젝트라는 명목하에 연대도 가능하다. 잘하면 《조선일보》와 《중앙일보》에 구색 맞추기 위한 저명인사로 끼일 수도 있다.

한중수교 이후 수많은 중국연구 단체가 만들어졌지만 진보를 표방하는 단체는 단 하나도 없었다. 중국 관련 학술 잡지가 만들어졌지만 주류의 짱깨주의와 싸움을 벌이는 기획은 거의 없었다. 2021년 8월 인천대학교 중국학술원이 주도한 '만보산 사건' 90주년 기념 학회나 2021년 11월 서울대학교 아시아연구소가 개최한 'Asia-china Dialogue 2021' 들은 평화체제라는 관점에서 볼 때 적절한 기획이었다. 하지만, 아쉽게도 분산적인 연구자들의 관심을 모은 이벤트 형식에 그쳐 짱깨주의와 싸움으로는 나아가지 못했다. 중국 담론에 관한 한 진보와 보수는 아무런 갈등 없이 어젠다와 프레임을 공유하며 공존해 왔다. 지식의 지정학이 한국인 글은 드물다. 왜 지금 여기서 해야 하는지 알 수 없는 연구들도 형식을 갖추고 학회 구성원들의 비위만 건드리지 않으면 우수한 연구가 되고, 교수가 되고, 승진과 승급을 한다. 신진 연구자들은 연구재단의 프로젝트가 내세우는 어젠다를 중심으로 줄서기를 하고, 대학은 연구재단 지표에 목숨을 건다. 그러는 사이 지금 여기서 중국을 어떻게 말해야 하는가라는 실천적 고민은 사라졌고, 짱깨주의는 중국 담론을 장악했다. 중국 담론에서 유사인종주의가 난무해도 싸우는 자가 없고, 신식민주의를 벗어날 절호의 기회가 왔는데도 관심이 없다. 이런 상태에서는 또 다른 광복이 온다 하더라도 틀림없이 또 하나의 '미완의 근대'일 수밖에 없을 것이다.

지금 여기서라는 실천을 잃어버린 진보적 중국 담론이 가는 길은 급진성이 거세된 추상적 공간이다. 미국도 문제고 중국도 문제라는 이희옥 교수가 제시하는 실천 강령은 "동아시아 각국이 국가주의와 민족주의를 상대화하고 혼성적 정체성을 추구할 것 등을 제시"한다. 결국 이희옥 교수의 계몽적 보편주의는 《창작과비평》의 동아시아론이 제시하는 추상적 지적 실험과 결합한다. '혼성적 정체성을 추구하는 것'이 무엇일까? 한국에서 동아시아론이 떠돈 지 벌써 몇십 년이 되어 가는데 그것이 현실에서 어떻게 구현되었는지 알 길이 없다.

《중앙일보》의 홍석현 회장이 주관하는 〈한중비전포럼〉에는 내노라하는 한국의 진보적 중국연구자들이 있다. 이 자체로는 문제가 없다. 그런 활동들이 경제적 보수주의 진영을 평화체제 진영으로 편입시키는 역할도 할 수 있을 것이다. 그러나 그것은 《중앙일보》가 내보내는 신식민주의적 중국 담론과 JTBC가 끊임없이 사용하는 유사인종주의적 보도와 실천적 전선을 형성해 나가면서 싸울 때나 성립되는 이야기이다. 그들은 시민사회 그 자체도 “수많은 억압 관계의 장소이며, 결국 적대들을 향한 민주적 투쟁의 장소”[23]라는 사실을 쉽게 잊는다.

급진성을 거세하고 문화주의적 진보주의에 서면 체제와 대결을 벌이지 않고도 얼마든지 진보로 행세할 수 있다. ‘혼성적 정체성’ 같은 알기 힘든 서구의 탈식민주의 담론에 물들면 싸움은 늘 상상된 공간에서나 벌어진다. 아리프 딜릭이 “탈식민성은 본래부터 반혁명적이다”라고 한 말이 현실화되는 순간이다. 탈식민주의적 비평은 “혁명을 지우는 데 공헌하거나 최소한 혁명을 불신하는 데 공헌”해 왔다.[24] 지금 한국의 비판적 중국 담론이 반혁명적이지 않은지 되짚어 볼 시점이다.

---

23 에르네스토 라클라우·샹탈 무페, 앞의 책, 307쪽.

24 아리프 딜릭, 황동연 옮김, 《포스트모더니티의 역사들》, 창비, 42쪽, 45쪽.

3 자유주의적 보편가치의 전유

專有, appropriation

'중국도 문제다'라는 프레임의 바탕에는 보편가치라는 잣대가 들어 있다. 인권과 노동, 그리고 환경의 관점에서 미국과 중국의 문제를 바라보는 것이다. 당연히 그런 시도는 필요하다. 그러나 그런 시도를 초월적 공간에서 작동하면 지적 실험에 그칠 수밖에 없다. 계몽주의적 도덕론에서 빠져나와 중층적 권력구조 안에서 실천적 문제를 고민해야만 한다. 한국에서 중국을 바라볼 때 작동하는 보편가치라는 잣대는 한 국가 안에서 작동하는 보편가치와는 전혀 다른 기능을 수행한다. 국가의 주권문제, 국가 간 체제의 문제, 글로벌체제의 자본 문제가 개입하기 때문이다.

전통적인 자유주의자들이 주장하는 것과 달리 민주주의는 단일한 가치로 구성되는 것이 아니라 하나의 묶음이 된다. 네그리와 하트가 자유주의가 주장하는 소유권을 절대적이고 단일한 것이 아니라 '소유권 다발'이라는 다층적인 권리로 재구성했듯[25] 민주 또한 다층적 묶음으로 재해석해야 한다. 중층적 모순의 구조하에서 민주는 단순히 등질로 구현되지 않는다.

현재 동아시아에서 민주주의는 대략 네 가지 층위의 민주로 구성되는 다면적 민주이다. 다면적 민주의 제1층위는 보편적 가치 층위이다. 국가와 인종을 넘어서 구현되어야 할 인간의 보편가치 영역이다. 두 번째는 주권의 층위이다. 국민국가 시대의 보편인권은 대개 국가 단위로 구현된다. 국가는 주권이라는 권력을 행사하며 보편권리를 보호하는 한편 국가 간의 폭력이나 구조적인 적폐를 청산해야 할 임무를 가진다. 세 번째 층위는 국가 간 체제의 층위이다. 대개 세계는 각각 다른 수준의 국가권력과 다양한 주권의 형태를 가진 국가들이 양국 또는 지역으로 체제를 결성하여 국가 간 체제를 구성한다. UN과 같은 국제 규범 기구일 수도 있고, 식민지 시기 인도-영국처럼 지배-피지배 관계일 수도 있고, 미일동맹이나 한미동맹처럼 수직적 동맹체제일 수도 있고, 아세안이나 역내포괄적경제동반자협정(RCEP)처럼 다자협력체이거나 EU처럼 다자주의적 관계일 수도 있다. 네 번째는 글로벌 체제 층위이다. 전 지구적으로 확산된 자본주의체제의 영역이다. 부등가 교환 체계하의 노동 문제, 자본과 국가의 관계 문제, 글로벌 분업체계하의 환경문제 들이 이 영역의 문제에 속한다.

신식민주의체제 아래 한국에서 다른 국가의 민주를 말할 때 민주는 늘 중층적 층위에서 구현된다. 민주를 말한다고 해서 곧바로 민주가 구

---

25 안토니오 네그리·마이클 하트, 이승준 옮김, 《어셈블리: 21세기 새로운 민주주의 질서에 대한 제언》, 알렙, 2020, 170~171쪽.

현되는 구조가 아니다. 2020년 12월 국회에서 '대북전단살포법'이 의결되었을 때 국민의힘 태영호 국회의원은 미국을 방문하여 미국 의원들에게 자기들이 북한 인권을 말할 수 있도록 한국 정부에 압박해 달라는 요청을 했다. 대북전단을 뿌리는 추상적인 인권 행위를 지속하기 위해 살아 있는 신식민주의 권력을 동원하여 한국 의회의 결정을 뒤집으려고 한 것이다. 자유주의 보편가치가 전유된 사례이다.

자유주의 보편가치가 전유되면 모든 가치가 등질화된다. 보편가치 우선주의의 전유가 일어나면 일상의 가치와 주권의 문제, 국가 간 체제의 문제, 글로벌 보편가치의 문제가 평면으로 나열되어 등질화되는 경향이 나타난다. 키신저 시스템에서 한국은 내부의 정치 민주화에 너무 빨리 축배를 든 채 보편가치의 극대화에 치중하는 양상을 드러냈다. 손흥민이 넣은 한 골이 한미군사훈련과 등질화된다. 조국 자녀의 표창장 문제가 이재용 삼성회장의 뇌물보다 더 큰 죄가 될 수도 있다.

등질화된 자유주의 보편가치가 중국에 적용될 때 발생하는 가장 대표적인 문제는 유럽중심주의 경향을 띤다는 점이다. 한국에서 자주 발생하는 대표적인 유럽중심주의는 로베르토 웅거가 개념화한 '제도적 물신숭배'이다. '대의민주제, 시장경제, 자유로운 시민사회'와 같은 틀을 구축하면 민주가 완성된다고 보는 제도주의가 팽배하고 있다.[26] 탈식민주의 싸움은 미뇰로의 주장대로 '보편성의 신화'를 깨부수는 데서 시작해야 한다.[27] 하위주체 연구자인 김택현 교수가 주장하는 대로 "보편은

26 로베르토 웅거, 이재승 옮김, 《민주주의를 넘어》, 앨피, 2017, 158쪽.

27 월터 D. 미뇰로, 김영주 외 옮김, 《서구 근대성의 어두운 이면: 전 지구적 미래들과 탈식민적 선택들》, 현암사, 2018, 30쪽.

논리적으로나 현실적으로 실현 불가능한 상상"이다. "단일한 총체 안에 포괄될 수 없는 차이의 공간이 존재"하기 때문이다.[28] 따라서 서구적 보편가치나 제도가 곧 동아시아의 민주로 연결되지 않는다. 한국에서는 너무 쉽게 마르크스 이론을 빌려와 '사회주의 중국' 프레임을 들이대며 현실의 중국이 얼마나 폭력적인 체제인가를 강조하거나, 서구의 제도를 민주주의로 등치시킨 뒤 중국의 일당제가 지닌 '후진성'을 강조하거나, 이상주의적인 생태주의를 끌어와 '세계의 공장'인 중국의 발전주의를 비판하는 일들이 벌어진다.

자유주의 보편가치가 중국에 적용될 때 발생하는 두 번째 문제는 '저항의 차이'에 둔감해진다는 점이다. 저항의 차이는 제국의 차이와 식민의 차이로 나눌 수 있다. 기본적으로 유럽중심주의는 저항의 차이에 눈감게 만든다. 김택현 교수가 유럽중심주의를 비판하면서 강조한 대로 하위주체를 향한 저항의 출발점은 그 속에 내재된 권력 체계를 파악하고 기존의 유럽중심주의 보편 담론이 규정하는 것과 다른 '저항적 차이'를 드러내는 것이다.[29] 그러나 한국에서 작동하는 자유주의 보편가치는 '저항의 차이'를 드러내지 않고 가치를 등질화해서 나열하는 데 치중한다. 한국의 중국 담론은 자유주의 보편가치를 우선하면서 중국을 바라보는 다면적 민주의 관점을 사라지게 하고, 탈식민주의를 달성하기 위한 시대적 과제에 관심을 사라지게 만들며, 신냉전체제를 구축하는 수단인 유사인종주의에 대한 저항도 사라지게 만든다.

---

28 김택현, 〈유럽중심주의를 다르게 비판하기〉, 강정인 편, 《탈서구중심주의는 가능한가: 서구중심주의에 대한 우리 학문의 이론적 대응》, 아카넷, 2016, 415쪽.

29 김택현, 앞의 글, 408쪽.

이준석 국민의힘 당 대표는 2021년 7월 《블룸버그》 통신과 인터뷰를 진행하며 문재인정부가 중국에 경도되었다고 비판했다. 그 근거로 문재인정부가 홍콩문제에 대해 언급하지 않은 것을 들었다. 주목할 점은 비판의 근거다. “우리는 반드시 민주주의의 적들에 대항하여 싸워야 한다”는 것이다.[30] 전형적인 보편가치 우선주의의 전유이다. 홍콩 사태를 두고 민주주의의 적들과 싸워야 한다는 논리는 한국의 진보진영이 공유하는 논리였다. 한국의 진보진영에서는 홍콩 사태를 ‘민주주의의 적들과 싸움’이라고 보는 이준석의 시각과 다른 시각을 찾아보기 힘들었다.

한국의 진보진영은 홍콩 사태를 민주주의의 1차 층위 문제로 접근했다. 보편가치 우선주의에 서서 중국의 송환법이 홍콩의 민주주의를 훼손했다는 논리였다. 그런 대표적인 논리가 홍콩의 민주화운동을 광주민주화운동과 등치시키는 일이었다. 그러나 홍콩은 광주와 전혀 다른 억압의 구조 아래 놓여 있었다. 홍콩의 문제는 다면적 민주의 문제이다. 다층적 권력 관계가 엮여 있다.

1980년대 광주는 샌프란시스코체제가 강하게 작동하던 시기이다. 미국의 힘은 강고했고, 한국 내 안보적 보수주의의 위력도 막강했다. 그들은 서로 긴밀하게 결탁되었다. 그런 시대에서 한국의 민주화운동은 민주 대 반민주라는 이항 대립 구도로 진행되었다. 군사독재에 저항한 학생운동도, 이웃 주민의 죽음에 항거하는 시민들의 저항도, 광주를 응원하는 미국 시민의 지지도 모두 민주화운동의 일환이었다. 반대로 시

30 “South Korea’s Harvard–Taught Political Boss Rips China ‘Cruelty’”, Bloomberg, 2021.07.12.

민의 저항을 비판하는 언론, 학생운동을 막는 군사독재정권, 군사독재를 지원하는 미국 정부는 반민주진영이라 볼 수 있다.

그러나 2020년 홍콩이 처한 억압의 구조는 다층적이고, 대립은 다면적이었다. 민주와 반민주가 단순하게 나뉘지 않는다. 중국 정부의 억압이라는 1차 층위의 민주 문제뿐만 아니라 미국과 영국의 신냉전 전략이라는 2차, 3차 층위의 문제가 개입해 있다.[31] 신자유주의 경제체제가 가져다준 홍콩 자본과 노동의 위기, 본토인이 이주민에게 화살을 돌리는 저성장 시기의 자본 문제처럼 4차 층위의 문제도 동시에 개입되어 있다. 자유주의 보편가치 문제뿐만 아니라 탈식민주의 보편가치 문제도 결부되어 있다. 광주가 샌프란시스코체제의 산물인 독재정권의 문제였다면, 홍콩은 샌프란시스코체제 그 자체가 맞은 위기의 문제였다. 따라서 프랑스 영토였던 마르티니크의 선례에서 보듯 식민지였던 홍콩에서 정치적 자치가 곧 주민의 자치로 단순하게 연결되지 않는다.

체제 위기 시대에 태극기 부대가 등장한 것에서도 알 수 있듯이 대규모 시위가 곧 민주화운동은 아니다. 체제의 위기 시대에는 체제에 옹호하는 보수주의자들도 거리로 나선다. 위기의 시대에 등장한 홍콩 시위에 민주항쟁이라는 찬사를 보내기 전에 그 운동 속에 잠재하는 우익적 성격이 없는지를 점검해야 했다. 그러나 한국의 진보진영은 '중국도 문제다'라는 자유주의적 보편가치 프레임에 갇혀 홍콩 시위의 다면적

---

31 胡婷, 〈美国"全政府"对华战略中的香港政策：变化与特征〉, 《统一战线学研究》, 2020, 02; 张建·张哲馨, 〈香港回归以来美国国会对香港事务的介入及其影响〉, 《太平洋学报》, 2017, 07; 张建, 〈美国对香港修例风波的介入: 评估与影响〉, 《统一战线学研究》, 2020, 01; 张建·张哲馨, 〈香港回归以来美国国会对香港事务的介入及其影响〉, 《太平洋学报》, 2017, 07 참조.

성격에 둔감했다.

우선 홍콩은 1980년대 한국의 군부독재 정권과 완전히 다른 지배 권력이 통치하고 있다. 형식상 홍콩을 지배하는 중국 중앙정부의 권력은 1980년대 한국의 군부 권력과 비교할 수 없을 정도로 불완전한 미완의 권력이다. 광주 민주화운동 시기 한국의 군부 세력은 '국가보안법'을 앞세워 전면적 통치 권력을 확보하고 있을 때였다. 그러나 홍콩 사태 시기 중국은 송환법 제정조차 심한 반대에 맞닥뜨려야 하는 허약한 권력이었다. 그런 상황에서 홍콩의 반중운동이 곧 민주화운동일 수는 없다.

중국은 국제법으로 홍콩에 대해 형식상 주권은 승인받았지만 실질적인 통치는 하지 못하는 '일국양제'를 시행하고 있었다. 중국은 구식민주의 영국을 밀어내고 '일국'의 권력을 획득했지만, 중국의 통치방식을 직접 적용할 수 없는 '양제'라는 틀 속에서 운영할 수밖에 없었다. 영국의 제도와 이데올로기 유산까지 물려받아야 했다. 홍콩의 관점에서 보면 일국양제는 중국의 억압으로 생각될 수 있지만, 중국의 관점에서 보면 구식민주의의 불완전한 청산이자 근대화의 미완이다.

홍콩의 내부 권력 구조를 살펴봐도 중국 정부가 홍콩을 통제하는 것이 얼마나 불완전한지 알 수 있다. 홍콩 정부는 홍콩 자본가 권력과 중국 정부의 연합체 같은 성격이다. 홍콩 의회는 홍콩 자본가들의 이익을 더 대변한다. 홍콩의 자본가들은 늘 친중국적이지 않고, 그렇다고 반중국적인 자본가가 아예 없는 것도 아니다. 홍콩의 시민운동에 상당히 긍정적인 평가를 하는 플랫폼C 활동가 홍명교조차도 "홍콩의 친중 정치가들은 홍콩 사회를 개혁할 힘이 없다. 즉 홍콩의 행정장관 캐리 람은 홍콩 시민들이 비난하듯 '꼭두각시'일 뿐이다. 단 시진핑만의 꼭두각시가 아니라, 부동산 엘리트들의 꼭두각시이기도 하다"[32]라고 말한다. 피케티는 이런 성격을 띠는 홍콩 체제를 두고 '식민주의-소유주 체계'라고 부른다. 식민지 홍콩은 "간접선거로 선출되는 복잡한 의회에 의해 통치되었지만, 실제로는 경제 엘리트가 지배하는 위원회에 기초"하기 때문이다.[33]

한국의 자유주의 보편가치로 홍콩 사태를 바라볼 때 발생하는 두 번째 전유는 홍콩 사태를 중국과 홍콩의 문제로만 국한해서 바라본다는 점이다. 홍콩은 전 지구적 위기의 한복판에 놓여 있는 곳이다. 샌프란시스코체제의 혜택을 가장 많이 받은 지역일 뿐만 아니라 키신저 시스템의 위기가 가장 첨예하게 노출되는 지역이다. 전 지구적 권력의 흐름을 놓친 채 홍콩 사태를 홍콩-중국의 문제로 국한해서 바라보면 보편가치 우선주의의 전유가 일어날 수밖에 없다. 2, 3, 4차 층위의 민주와 관련된 탈식민주의 보편가치는 사라지고 1차 층위의 민주만 문제 삼는 자유주의 보편가치만 살아남는다. 이는 홍콩의 실질적 민주에 도움을 주기보다는 한국 사회에 신식민주의 혐오를 조장하는 결과만 낳을 수 있다.

홍콩 사태는 홍콩의 시민활동가 베리 사우트먼과 옌하이룽이 말하는 '식민현대성'[34]을 가진 홍콩의 우익들이 적극 가담했고, 운동을 주도했다. 아시아에서 일본의 유니클로와 쌍벽을 이루는 의류 브랜드인 지오다노의 경영자였던 극우 성향의 지미 라이는 이 운동을 주도한 사람 중 한 명이다. 지미 라이는 홍콩의 극우 일간지 《빈과일보》의 창간자이

32 홍명교, 〈홍콩 시위의 현황과 사회경제적 배경〉, 역사문제연구소 좌담회, 2020년 6월 20일, 22쪽.
33 토마 피케티, 앞의 책, 683쪽.
34 베리 사우트먼·옌하이룽, 연광석 옮김, 〈홍콩 본토파와 '메뚜기론'; 신세기의 우익 포퓰리즘〉, 《황해문화》 92호, 2016년 가을호, 120~121쪽.

다. 《빈과일보》는 홍콩에 기반을 둔 또 다른 인터넷 플랫폼인 《골든포럼》과 함께 우익의 전 지구적 플랫폼이다. 지미 라이는 이번 시위를 지휘한 범민주파의 가장 큰 후원자였다.[35]

지미 라이가 홍콩 사태를 적극 지휘한 것은 홍콩의 자본가들이 중국의 개입을 최소화하려는 전략이 숨어 있다. 지미 라이는 노골적으로 트럼프행정부와 손잡고 미국의 힘을 홍콩에 끌어들이려고 시도했다. 홍콩인들이 보이는 우익 성향을 두고 홍콩의 운동가 진철군은 "홍콩의 '식민지 노예근성'"[36]이라 부른다. 홍콩의 우익들은 대륙에서 이민 온 중국인을 '신 이민자'라고 부른다. '본토인'인 그들과 다른 중국인이라고 구분 짓는 것이다. '메뚜기'라고 부르기도 한다. 홍콩인의 영토를 침범하고 자기의 생활방식을 끝장낸다는 뜻으로 이미지화한 것이다. 뱀처럼 국경을 넘는다며 '인간뱀(人蛇)'이라고 부르기도 한다.[37]

중국에 대한 유사인종주의는 일부 홍콩 우익에 국한된 것이 아니다. 한국 가수 싸이의 노래 '강남스타일'을 개사한 '역겨운 지나'는 2012년에 인터넷에 공개된 지 2주 만에 100만 뷰를 넘었다. 이 노래는 식민지 시대 일본과 현재 일본 우익들이 사용하는 '지나'라는 용어로 중국을 표상하며 "소양이 천박하고, 난폭하고, 야만적이며, 개화되지 않았다"고 노래한다.[38]

홍콩의 우익들이 반중전선에 동원한 또 하나의 방법은 홍콩 경제의

35 베리 사우트먼 외, 앞의 글, 108쪽.

36 진철군, 〈홍콩을 바라보는 우리의 눈, 틀렸다: "Be water, my friends!" 홍콩 그리고 광둥, 차이나〉, 《프레시안》, 2019년 07월 24일.

37 장정아, 〈타자로서의 이주민: 홍콩의 중국본토 이주민〉, 《비교문화연구》 8권 2호, 2002, 48쪽.

38 베리 사우트먼 외, 앞의 글, 112~113쪽.

침체와 실업의 위기, 생존권의 위협을 중국과 중국 노동자의 탓으로 돌리는 것이었다. 영국 옥스퍼드대학의 샹뱌오 교수는 홍콩이 홍콩의 문제를 외부화하는 경향을 "홍콩 민주화의 외향성"이라고 표현한다.[39] 그들은 홍콩의 이주노동자들을 "홍콩에 공헌하는 것은 하나도 없으면서 정부의 지원금만 받아먹는 존재"라고 생각한다.[40] 수많은 홍콩인은 "150여 년 통치기간 동안 단 한 번도 피식민자들의 참여를 허용한 적이 없는 과거는 잊고, 식민정부는 공산 중국의 위협 앞에서 홍콩의 자유와 민주를 최대한 넓힌 이"로 기억한다.[41]

한국의 진보진영은 홍콩 사태를 두고 '홍콩항쟁'으로 칭송했지만 홍콩 사태의 본질은 중국과 홍콩 간의 1차 층위 민주의 문제로만 볼 수 없다. 샌프란시스코체제의 위기를 신냉전체제로 해결하고자 하는 미국의 중국봉쇄 정책이 놓여 있다. 홍콩이 미국과 연합하여 독립하려 할 때 중국은 '일국양제'를 지키던 기존의 태도를 버리고 일국을 지키려는 물리적 시도를 할 수 밖에 없었다.[42] 미국과 손잡으려고 하는 홍콩 자본의 독주를 막아 내야 했다. 중국은 샌프란시스코체제의 이완으로 극대화된 홍콩의 자본을 억제하고 이원화된 홍콩의 구조를 혁신해야 했다. 전후체제의 위기 속에서 팽창된 홍콩민의 자본주의적 욕구도 해결해야 했다. 국가주권의 개입이 필수적인 사항들이다. 다면적 민주의 문제를 1차 층위의 문제로 환원해서 '중국도 문제다'라고 이야기하는 것은 그저 안

---

39 샹뱌오, 〈홍콩을 직면하다-대중운동의 민주화 요구와 정당정치〉, 《역사비평》 128호, 2019년 가을호, 388~392쪽.

40 장정아, 앞의 글, 38~58쪽.

41 장정아, 〈홍콩 정체성과 폭력의 문제〉, 《성균차이나브리프》 5권 1호, 2017, 143쪽.

42 李晓兵, 〈"港区国安法": 破解"台独""港独"合流有力之举〉, 《两岸关系》, 2020. 09.

보적 보수주의가 '중국이 문제다'라고 말하는 것과 별다른 차이를 가져오지 않는다.

1차 층위의 민주만 강조할 때 내세우는 세계시민주의는 탈식민주의적 세계시민주의가 아니라 자유주의적 세계시민주의로 귀결되기 십상이다. 자유주의 보편가치를 내세우며 전 지구의 문제에 대해 말하는 것과 특정 지역의 보편성을 구현하는 것은 전혀 다른 문제이다. 안토니오 네그리가 말했듯 "제국적 권력에는 제국 수준의 대항권력이 맞서야 하는 것"이다.[43] 라클라우는 "그 어떤 헤게모니 기획도 민주주의 논리에만 기반을 둘 수 없다"고 말한다.[44] 글로벌 세계체제의 문제점은 고려하지 않은 채 한국에서 보편가치 우선주의로 '중국도 문제'라고 외치면 제국적 수준의 대항권력은 어떻게 구축할 수 있을까?

라클라우가 분석한 대로 대항 헤게모니를 구축하기 위한 "실제적 조직화를 위한 일련의 제안" 없이 "순전히 일정한 질서에만 전복적인 부정적 요구들만 제시"한다면 "이 요구들이 대항 헤게모니로 작동할 가능성은 애초부터 제외되는 하나의 '반대전략'으로 전락한다. '반대전략'은 '새로운 질서 구축전략'이 아니라 추상적 공간에서 자기만족을 추구하는 문화주의에 빠질 수밖에 없게 만든다.

《한겨레》는 홍콩 시위를 5·18 광주 민주화운동과 동일선상에 놓고 민주항쟁이라고 평가하며 '초국경적 시민연대의 승리'라고 예찬했다. 당연히 그런 평가는 가능하다. 그러나 문제는 그 근거이다. 《한겨레》는

---

43 안토니오 네그리, 앞의 책, 214쪽.

44 에르네스토 라클라우·샹탈 무페, 앞의 책, 321쪽.

"홍콩 시민들이 촛불을 밝힌 채 '임을 위한 행진곡'을 부르는 모습은 아시아 시민사회가 오랫동안 교류하고 연대하며 '마음의 다리'를 만들어 냈음을 깨닫게 한다" 같은 감상주의로 접근한다. 감상적 문화주의에 서면 초월적 현실인식이 가능해진다. 《한겨레》는 '시민사회의 연대에 중국민도 예외는 아니'라고 주장한다. 그런 일이 일어났는가? 문화주의적 발상법은 시민사회의 기능이 국가 안에 내재화된 중국과 시민사회의 연대를 통해 새로운 동아시아를 구축하려는 것이다. 이런 주장은 한국에서 동아시아론이 태동할 때부터 등장했다. 하지만 그때나 지금이나 그런 일은 일어나지 않았다. 중국에게 한국의 보편가치 우선주의는 또 하나의 주권과 국가 간 체제의 문제, 그리고 미국의 동맹국인 한국의 식민주의로 받아들여지기 때문이다.

결국 탈현실적 인식은 어디로 향하는지 알 수 없는 낭만적인 결론을 내리게 만든다. 《한겨레》는 "국제적인 연대와 공감이 홍콩인의 '승리'에 힘을 보태고 중국에도 희망의 메시지를 전했듯, 서로에 대한 편견과 혐오를 넘어서는 아래로부터 끊임없는 이해와 연대가 아시아의 미래에 의미 있는 대안을 만들어낼" 것이라고 예측한다. 국가 간 체제 문제라는 실재하는 갈등을 상상으로 해결하는 자유주의적 보편주의의 문제해결 방식이다. 결국 한국 주류 언론의 관심이 홍콩에서 비켜나자 우리 속에 홍콩 문제는 하루아침에 사라지고 말았다. 우리는 무엇을 행동했는가?

당분간 《한겨레》가 추구하는 "아래로부터 끊임없는 이해와 연대"는 문화주의적 상상이나 관념 속에서나 가능할 가능성이 높다. 왜냐하면 《한겨레》의 기대와 달리 샌프란시스코체제를 넘는 새로운 정치경제적 대안이 마련되지 않는 한 "우리 모두는 홍콩인"[45]이 될 수 없기 때문이다. 미뇰로의 주장대로 근대성과 식민성은 서로 표리를 이루고 있다. 문화주의는 그 차이를 초월하여 자유주의의 세계시민주의와 공존한다. 현실에서 모두가 홍콩인이 되는 것을 바란다면 상상이나 지적 실험이 아니라 샌프란시스코체제 너머의 새로운 체제에서 찾아내야 한다. 지금 홍콩인도 이 문제를 중국의 문제로 단순하게 치환할 일이 아니라 전후 체제 너머의 세계 구상 속에서 무엇을 할 것인가 고민해야 한다. 한국의 보편가치 우선주의자들은 '정체성의 정치와 문화정치가 신자유주의라는 구조를 옹호하는 결과를 낳을 수도 있다'는 충고를 새겨볼 필요가 있다.[46] 다면적 민주의 시각으로 홍콩을 바라보고 지금 여기의 실질적 민주를 모색해야 한다.

---

45 〈우리는 모두 '홍콩인'이다〉, 《한겨레》, 2019년 06월 16일.

46 안태환, 앞의 글, 47쪽 재인용.

4 사회주의 중국 프레임

한국의 진보주의자들이 중국을 바라보는 시각이 부정적으로 바뀐 결정적 계기는 중국이 개혁개방을 시작하면서부터이다. 소설가 김영하의 독백은 그 시절 한국 진보주의자들이 어떻게 중국에 대한 인식을 전환했고 이것이 오늘날까지 어떻게 유전되는지 극적으로 잘 보여 준다. 김영하가 쓴 책 《여행의 이유》는 2005년 상하이 푸동 공항에서 '추방'되는 이야기부터 시작한다. 김영하가 추방된 까닭은 비자를 받지 않고 갔기 때문이다. 중국은 비자가 필요 없다고 생각한 것이다. 추방된 다음 당일 집으로 돌아온 김영하는 오히려 안온감을 느꼈다. "마음속 깊은 곳에서 나는 중국에 가고 싶지 않았던 것이다." 중국은 젊은 날의 환상이 깨져 나간 곳이고, 정신적 멀미의 괴로움이 아직 남아 있는 곳이었기 때문이다.

김영하의 '젊은 날의 환상'은 사회주의 중국에 대한 환상이었다. 당시 운동권들은 "마오쩌둥의 어록이라든가, 마오와 홍군의 대장정을 기록한 에드가 스노우의 《중국의 붉은 별》 같은 책을 읽으며 사회주의 중국에 커다란 환상을 품고 있었다.” 김영하도 그중 한 명이었다. 그런 김영하의 인식을 완전히 바꿔 놓은 것이 중국 여행이었다. 천안문 사태가 진압된 지 반년도 지나지 않은 그해, 김영하는 운동권 학생을 회유하기 위해 보내 준 중국여행을 갔다. 사회주의 중국을 학습하고 싶기도 했고, 천안문 사태에 대한 중국민의 분노도 경험하고 싶었다. 그러나 눈앞에는 그가 기대하던 중국은 없었다. 베이징대학 기숙사에서 본 것은 미국 지도였고, 두 시간가량 만난 중국 대학생은 천안문 사태에 대해 분노하기는커녕 미국 유학이 꿈이었다. 거리에서 본 것은 “거의 모든 면에서 급격하게 국가자본주의체제”로 이행하는 중국이었다. 김영하는 그때 느꼈던 정신적 멀미가 2019년까지 별로 변한 것 없이 자기를 괴롭히고 있다고 고백한다.

좌파 지식인이 중국에 대해 우호적이지 못한 것은 한국의 지식계에서만 일어나는 문제는 아니다. 아리기도 개방의 길을 간 중국에 대해 비판적 태도를 가지는 것은 “워싱턴 컨센서스의 주창자들 사이에서만큼이나 좌파 지식인 사이에서도 일반적”[47]이라고 분석한다. 신자유주의의 길을 옹호하는 ‘워싱턴 컨센서스 주창자들’이나 신자유주의의 길을 반대하는 ‘좌파 지식인’들이나 중국에 결코 우호적이지 않다는 것이다.

마르크스주의 좌파들이 중국의 역사 진행방향에 우호적이지 못한 까닭은 크게 보아 대략 네 가지이다. 첫 번째는 마오가 마르크스주의를 제대로 수용하지 않고 중국식으로 ‘왜곡’한 것, 두 번째는 중국공산당이

---

47 조반니 아리기, 앞의 책, 2009, 487쪽.

자본주의를 수용하여 사회주의의 길을 저버린 것, 세 번째는 천안문 사태 때 중국 정부가 무력으로 노동자와 학생들의 시위를 진압한 것, 네 번째는 중국식 사회주의가 신자유주의적 반노동자 정책을 구사한 것으로 볼 수 있다. 그중에서도 서구 좌파들이 중국에 대한 기대를 버린 가장 결정적인 까닭은 중국이 시장주의 경제 노선을 선택한 것이다. 하비의 경우가 대표적인 부류이다. 하비는 중국이 시장경제로 편입한 것을 자본과 자본가 중심의 신자유주의적 시장경제로 편입한 것이라고 본다. 그는 "공산당 정책에는 자본가 계급의 형성을 막고자 입안된 것도 있지만 동시에 중국 노동자들의 대규모 프롤레타리아화, '철밥통'의 파괴, 사회적 보호의 배제, 수익자 부담금 부과, 유연한 노동시장 체제 창출, 공유자산의 민영화 들도 포함되어 있다"고 지적한다. 중국공산당이 여전히 사회주의 특성인 자본가에 대한 견제를 버리지 않고 있지만 신자유주의적 세계 자본주의의 흐름에 적극 편입하여 반노동 정책들을 진행한다는 것이다.[48]

한국 사회에서 '사회주의 중국'의 진보성을 발견하는 주역이었던 리영희 선생이 중국에 대한 애정을 철회한 것도 중국이 시장주의 경제체제를 수용한 것 때문이었다. 아리프 딜릭이 지적한 대로 1980년대 이후 전 세계의 탈식민적 진보 지식인은 중국이 '사회주의적 대안'으로 기대를 저버리자 "사회적·정치적 급진주의를 문화적 영역으로 환치시켜 심리적 안도감"[49]을 얻었다. 리영희 선생도 그런 길을 걸었다. 리영희 선생

48 데이비드 하비, 최병두 옮김, 《신자유주의: 간략한 역사》, 한울, 2007, 184쪽.
49 아리프 딜릭, 앞의 책, 35쪽.

은 "나는 마오나 주은래나 1세대들이 중국에서 이룩하고자 했던 그런 방향의 도덕주의, 순수한 인간주의적인 것에 매혹된 것이지, 좀 더 잘 먹고 하는 이런 것에 중점을 두는 것은 중국의 혁명이 타락하기 시작하는 징조로구나라고 생각"[50]했다.

리영희 선생 이후 한국의 진보진영에는 사회주의 국가가 아니라 국민국가 중 하나로 귀환한 중국에 대한 거부감이 상존했다. 사회주의 중국이 변화한 데 대한 실망감의 핵심은 거대한 국민국가의 등장에 따르는 경계심, 자본주의 수용에 대한 우려, 발전주의 성장에 대한 거부감이다. 이러한 실망감은 현실 중국에 대해 과도하게 이상적인 사회주의 잣대를 들이대는 '사회주의 중국' 프레임으로 자리 잡았다. 한국 진보진영에서 유통되는 '사회주의 중국' 프레임은 중국은 사회주의여야 한다는 기대와 국민국가로의 전향에 따른 실망이 공존하는 이상주의적 잣대였다. 중국에 대한 《한겨레》의 입장을 가장 잘 대변하는 박민희 논설위원에게도 이런 현상은 잘 드러난다.

> 나는 쇠락해 가는 제국 미국을 대신해 중국이 언젠가는 대안적 질서를 제시할 것이라는 기대를 품고 오랫동안 중국을 취재해 왔다. 시진핑 시대의 중국이 점점 오만해지고 강압적으로 변하는 모습을 보며 곤혹스러웠다. 한반도와 동아시아 평화를 위한 한-중 협력이 절실한 상황에서 중국에 대한 실망감이 한국의 외교·안보 선택지를 좁히고 있다.[51]

---

50 리영희 선생 화갑기념문집위원회 엮음, 〈대담: 전환시대의 이성 리영희 선생의 삶과 사상〉, 《리영희선생 화갑기념문집》, 두레, 1989, 589쪽.

51 박민희, 《중국 딜레마》, 한겨레출판, 2021, 23쪽.

한국의 진보주의자들에게 중국은 중국의 뜻과 전혀 상관없이 미국을 대체하는 새로운 대안국가로 존재해 왔다. 그러나 실제 중국은 미국을 대체하는 이상주의 국가가 되는 것은 고사하고 자국의 국경조차도 미국의 힘 때문에 분열될 것을 염려하는 과민한 국민국가이자 신자유주의적 욕망을 갖기 시작한 중국민을 먹여 살려야 하는 국민국가일 뿐이었다.

박민희 논설위원이 쓴 책 《중국 딜레마》는 그런 '실망감'이 '분노'로 바뀌었다는 것을 잘 보여 주는 결과물이다. 박 위원은 런즈창, 보시라이, 마윈처럼 한국의 안보 보수주의자가 문제 삼아 왔던 어젠다를 더욱 강하게 비판하는 방식과, 왕취안장, 선멍위, 셴즈와 같은 안보 보수주의자조차 주목하지 못한 중국의 저항자들을 더 많이 주목하는 방식으로 안보 보수주의자들과 차이를 만들고자 한다.

'사회주의 중국'이라는 프레임이 가지는 가장 심각한 문제는 '제국의 차이'에 무감각한 것이다. 중국은 미국과 차이가 있다. 미국이 살아 있는 제국이라면 중국은 사라진 제국이다. 미국이 신식민주의의 종주국이라면 중국은 여전히 그 체제에 편재되어 있는 강대국 중 하나일 뿐이다. 중국은 미국처럼 수직적 동맹질서를 관장하지도 않으며, 전 세계에 군대를 파견하지도 않고, 그들의 가치를 내세우며 수시로 다른 국가를 침탈하지도 않는다. 아무리 양보하더라도 제국이 될 가능성이 있는 국가일 뿐이다.

강대국 중국에게 지구상 어느 국가도 도달하지 못한 이상주의적 형태의 사회주의라는 잣대를 들이대거나, 상상된 미래의 제국을 상정하고 절대적 보편주의를 들이댈 때 그 결과는 대개 미국보다도 더 나쁜 중국으로 귀결된다. 개발도상국인 중국은 미국이라는 선진국이 이미 도달한 인권, 노동, 생태 문제에서 진보의 면모조차 제대로 갖추지 못하고 있기 때문이다.

한국의 진보진영이 가지는 실망감, 즉 중국이 이상적인 '상상된 중국'으로 나아가지 못해서 느끼는 실망감은 주로 "중국은 사회주의인가 아닌가"를 묻는 사상검열 형태로 나타났다. 중국은 사회주의 국가인가라는 질문은 대개 마녀사냥 형태를 띤다. 사회주의 중국이라면 노동의 자유, 민주 정부, 여성 인권, 소수자 보호뿐만 아니라 심지어 생태적으로 완전한 국가를 당연하게 구축할 것을 기대하거나 요구했다. 전 지구적 자본주의 시대에 그런 잣대를 들이댈 때 살아남는 국가는 별로 없다. 결국 '중국도 문제'일 수밖에 없다.

'사회주의 중국'으로 가지 못하고 국민국가로 전환한 중국에 대한 실망감은 국민국가가 된 중국의 문제점 찾기로 나아갔다. 사회주의 농업공동체가 해체되면서 일어나는 교육 문제, 의료체계의 붕괴, 그리고 도시로 이주한 농민공들의 저임금과 취약한 생활상, 국유기업들의 생산성 제고 과정에서 나타나는 노동자의 해고, 고용불안, 연해지역과 내륙지방과의 소득 격차와 지역 불균형, 국영기업의 사영화와 방만한 운영에 따른 도산, 마오 시대 주어졌던 주택, 의료, 교육, 연금 같은 복지제도가 개인의 책임으로 바뀌면서 벌어지는 삶의 불안정성, WTO 가입에 따른 중국경제의 종속화 가능성 들은 한국의 진보적 중국연구자들에게 주요 어젠다이다. 국민국가가 된 중국이지만 여전히 탈제국의 길을 걷고 있고, 전 지구 빈곤의 70% 이상을 해결해 나가고 있으며, 대항체제의 성격도 가지고 있는 상대적 '제국의 차이'에는 무관심하다.

창비의 동아시아론을 이끈 핵심 인물인 백영서 교수의 동아시아론은 '사회주의 중국' 프레임의 결정체로 볼 수 있다. 백영서 교수가 쓴 책 《동아시아의 귀환》과 《핵심현장에서 동아시아를 다시 묻다》는 주로 이상적인 사회주의 잣대로 사회주의 중국에 대한 기대와 국민국가가 된 중국을 비판한다. 마르크스주의 관점에서 국가주의를 비판하고, 민족주의 관점에서 부상하는 중국에 경계심을 드러내고 있으며, 생태주의 관점에서 개발주의를 비판한 것이 모두 녹아 있다.[52] 이상적인 국가로 나아가야 하는 중국에 대한 제언들의 총합체이다.

백영서 교수는 제국을 "제국 본국이 주변부 국가들—동아시아 질서 역사에서 조공국, 식민지, 위성국으로 성격이 각각 변하였다—과의 관계에서 일정한 위계질서를 창출하여 제국 권역 안에 있는 국가들의 대내외적 정책을 독점적으로 규제하는 권력"으로 규정한다. 그는 지금의 중국과 중화제국과의 연속성을 강조하며 '제국'에 대한 해석을 통사적으로 확대해 지금의 중국을 미국과 동일한 제국의 범주에 포함시킨다. 나아가 그는 주변부 시각에 서서 "비대칭적 존재감"을 가진 강대국인 중국이 제국화할 가능성을 경계하며 중국 민중들 속에 존재하는 "풀뿌리 제국의식"까지 제거해야 한다고 강조한다.[53]

백영서 교수의 주변부 시각은 류준필 교수가 지적하고 있는 대로 각 지역에 존재하는 전혀 다른 층위의 위계적 질서를 간과하고 있다.[54]

---

52 백영서, 〈중국학의 궤적과 비판적 중국연구-한국의 사례〉, 《대동문화연구》 80권, 565~568쪽, 589~560쪽.

53 백영서, 위의 글, 119쪽.

54 류준필, 〈분단 체제론과 동아시아론〉 이정훈·박상수 엮음, 《동아시아, 인식지평과 실천공간》, 아연출판부, 2010, 206쪽.

현실 위계질서의 다층적 구조를 무시하고 주변부의 시각에서 어느 사회 어느 시기에도 불가능한 "풀뿌리 제국의식"까지 제거할 것을 중국에 강조하는 '사회주의 중국' 프레임은 세계시민주의의 한국 버전으로 보인다. '금수'도 '이적'도 없는 동아시아라는 '상상계'를 구축하면 결국 그런 상상이 가능한 지식인들의 지적 실험장에 그치고 만다. 미뇰로가 지적한 대로 세계시민주의는 자유주의적 프로젝트가 될 수도 있고, 탈식민주의적일 수도 있다.[55] 그러나 세제르가 지적한 대로 유럽적 자유주의 가치는 식민주의 문제를 해결할 능력을 상실했다.[56] 한국의 '사회주의 중국'이라는 세계시민주의가 한국 보수주의가 이야기하는 자유주의적 프로젝트와 다른 탈식민주의적 프로젝트가 되기 위해서는 '지역화'해야 한다. 담론 체계의 '지역화'란 '지식의 지정학'을 구체화하고, 구체화된 지역의 권력체계 위에서 행동이 구상되어야 한다. 그러나 백영서 교수는 '지역화' 대신에 '추상화'를 택했다. 정규식 교수가 동아시아의 탈냉전 시대 선언은 너무 빨랐다고 한 지적은 급속하게 탈현실화하여 추상화된 창비의 동아시아론에 대한 비판으로 볼 수 있다. 동아시아는 여전히 "식민주의, 민족주의, 냉전 이데올로기, 제국적 상상이 착종"된 지역이다.[57]

탈식민주의적 보편주의 관점에서 동아시아를 바라보면 중국이나 중국의 주변국이 가지는 '중국중심주의'는 아무리 양보해도 주변 문제이다. '지식의 지정학'을 한국으로 바꾸면 한국에서 '중국중심주의'는 안보 보수주의자들의 '상상된 중국' 안에서나 존재한다. 중국은 위협적인

55 월터 D. 미뇰로, 앞의 책, 2018, 435쪽.

56 에메 세제르, 앞의 책, 9쪽.

57 정규식, 〈홍콩 '범죄인 인도법' 반대 시위가 말해주는 것들〉, 《프레시안》, 2019년 06월 21일.

강대국이지만 미국이 구축해 놓은 전후체제하에서 자국의 영토조차 지키기 버거워하고 있다. 데이비드 샴보가 정의한 대로 여전히 '불완전한 강대국'일 뿐이다. 제국으로 규정하기에는 제국의 경험이 통시적으로 유전된다는 증거는 부족하며, 제국이 될 가능성이 있는 강대국이지만 제국이 될 수 없는 불완전한 민족국가 중 하나이다. 특히 우리에게 중국은 제국적 질서는커녕 봉쇄의 대상국으로 거론될 정도이고, 우리 안에 '중국중심주의'는 이미 해체된 지 오래이다.

백영서 교수의 '사회주의 중국' 프레임이 향하는 지정학은 상상된 동아시아이다. 나는 한국동양사학의 태두라고 불리는 민두기 교수가 훌륭한 학자일 수는 있지만 비판적 중국연구자는 아니라고 비판한 적이 있다. 이에 백영서 교수는 민두기 교수도 중국의 문제와 싸웠다는 점에서 비판적 중국연구자로 분류해야 한다고 주장했다. '지식의 지정학'을 이상적인 동아시아로 상정하면 민두기 교수도 '중국중심주의'에 도전한다는 점에서 비판적 기능을 했다고 평가할 수 있다. 냉전 시기 리영희 선생이 중국의 소수민족 정책이 가지는 상대적 우월성을 긍정 평가한 연구를 두고 백영서 교수가 "다분히 중국 관방의 입장을 반복한 느낌"이라는 평가를 한 것도 '지식의 지정학'을 이상적 동아시아에 두면 충분히 가능한 일이다.

그러나 '지식의 지정학'을 '한국'으로 바꾸면 민두기 교수와 리영희 선생이 같은 평가를 받을 가능성은 거의 없다. 리영희 선생은 지식의 지정학을 냉전 시대 한국으로 두었다. 그러나 민두기 교수의 지식의 지정학은 한국의 현실이 아니었다. 민두기 교수가 훌륭한 학자였지만 냉전 시기 한국 사회의 비판적 중국연구자는 아니었다.

백영서 교수의 동아시아 담론은 실질적 제국인 미국이 구축하고 있는 신식민주의에 관심을 두기보다는 '제국 없는 제국'인 중국의 '중국중심주의'에 공격을 치중하면서 '최선의 의도'에도 제국의 담론에 부응하는 '순진한' 결과를 낳고 만다. 네그리와 하트가 지적한 대로 신식민주의체제를 관장하는 제국은 '주권국가'를 해체시키려는 열망을 가지고 있다.[58] 동시에 신식민주의체제하에 강력한 주권국가가 등장하면 탈식민주의에 대항하는 성격을 지닐 수밖에 없다. 따라서 탈식민주의 보편가치에 대한 고민 없이 '중국중심주의'를 공격할 때 그들이 추구하는 보편가치로 전유가 발생한다.

제국의 차이를 인식하지 않는 관념적 세계인식은 무엇을 위한 싸움인가가 불분명하여 행동할 주체가 형성될 리 없고, 누구와 싸워야 할지 불투명하여 진지를 구축할 수 없다. 백영서 교수가 동아시아 공동체를 주창한 지도 20여 년이 되어 가지만 그것들을 만들 주변부 시각을 가진 근대와 탈근대를 동시에 넘는 '주체'는 어디에도 보이지 않는 까닭이 여기에 있다. 한국에 살고 있는 20대 청년이 던진 "한국의 진보적 중국연구자들은 한국의 현실 민주주의를 위해 무엇을 하고 있는가?"라는 질문에 그 자리에 있었던 백영서 교수를 포함해서 '사회주의 중국' 프레임으로 중국중심주의 해체에 몰두하는 모든 진보적 중국연구자들이 답해야 할 때가 왔다.

한국의 진보적 중국연구자들이 '사회주의 중국' 프레임에 갇혀 중국문제에 집중하는 사이 "세계는 소란"했다. 중국은 부상했고, 전후체제는

58 안토니오 네그리·마이클 하트, 윤수종 옮김, 《제국》, 이학사, 2001, 200쪽

흔들렸다. 미국은 중국봉쇄 정책을 실시했고, 중국은 대항했다. 북미회담은 진행되었고, 평화체제의 기회는 왔다. 트럼프의 립서비스는 끝났고, 미국은 종전선언에 냉담했다. 그러나 한국의 중국학계는 조용했다. 하워드 진이 미국 학계에 파편화된 지식권력을 비판하면서 "세계는 소란했지만 우리는 항상 그 바깥에 있었다"고 한 지적이 한국의 중국학계에서도 그대로 적용되었다.[59]

한국의 학회들이 중국의 모든 문제를 다루는 것은 잘못이 없지만 지금 여기의 중국연구 문제를 다루지 않는 것은 문제이다. 한국의 중국 관련 학회는 단 한 번도 한국 사회에서 번지고 있는 중국에 대한 유사 인종주의 문제나 신식민주의체제 너머로 나아가기 위해 중국을 어떻게 활용할 것인가를 제대로 다룬 적이 없다. 안보적 보수주의의 '중국이 문제다'라는 프레임이 '상상된 중국'을 만들어 냈다면, 한국의 진보적 중국연구자들이 만들어 낸 '사회주의 중국' 프레임은 사회주의라는 '상상된 중국'를 상정해 놓고, '사회주의 중국'에 대한 기대를 바탕으로 그것이 무너지는 데 대한 안타까움과 실망, 그리고 혐오가 뒤섞인 글들을 쏟아 내었다. 방법은 달랐지만 결과는 같다. '중국이 문제다'라는 프레임의 강화이다.

문정인 이사장은 미중 충돌 시기에 한국이 택할 수 있는 외교 전략을 1) 한미동맹을 강화하는 밸런싱 전략 2) 새로운 패권 세력으로 부상하는 중국과 손을 잡는 중국편승 전략 3) 안보는 미국, 경제는 중국이라

---

59 하워드 진, 김한영 옮김, 《역사의 정치학: 가치 있는 역사는 어떻게 만들어지는가?》, 마인드큐브, 2018, 30~33쪽.

는 논두렁 전략 4) 영세중립국 전략 5) 동북아 다자안보체제로 나눈 바 있다.[60] 밸런싱 전략이 안보적 보수주의의 전략이라면 나머지 전략은 진보진영의 평화체제 전략으로 활용할 가능성이 있다. 이 모든 전략에 중국은 적극적으로 활용해야 할 대상이다. 그러나 한국의 진보 지식인은 '사회주의 중국'이라는 기대를 바탕으로 '중국도 문제다'라는 프레임에 치중하여 중국의 모든 것과 싸움을 만들어 내 우리가 선택할 수 있는 여지를 좁히는 데 기여했다. '사회주의 중국' 프레임은 '중국은 아무것도 하지 말라'라는 추상적 요구를 만들어 내어 '약한 고리 전략'을 태생부터 막아 버렸다. 지금 여기서 우리는 중국과 어떤 협력도 이끌어 내기 어려울 정도로 중국 담론을 냉전 시기로 회귀해 놓았다. 노력을 기울이고 있는 문재인정부에게 친중정권이라는 비난이 쏟아져도 한국의 중국연구자들은 "그 바깥에 있었다".

개혁개방 이후 중국의 행보는 '사회주의 중국'과 거리가 멀어졌지만 사회주의 토대를 가진 국민국가라는 차이는 존재했다. 한국의 진보진영과 달리 일부 서구 좌파들은 이 점을 주목했다. 서구 좌파들 중에는 중국이 시장경제로 편입한 것이 중국의 빈곤 해소를 포함한 노동자의 삶에 진보를 가져왔고, 미국의 신자유주의적이고 군사주의적인 행보를 제어하는 힘이 된다고 긍정적으로 평가하는 부류도 있었다. 아리기는 그 대표적인 학자 중 한 명이다.

아리기는 중국이 수용한 시장주의가 신자유주의적인 퇴보가 아니라 애덤 스미스적 발전이라고 주장한다. 아리기도 중국이 시장경제로

---

60 〈코로나19 이후, 대한민국 길을 묻다-제5편 미중관계〉, KBS, 2020년 07월 05일.

편입한 것을 두고 "마오쩌둥 시대의 도시 노동자들이 누리던 고용안정을 크게 와해"하고, 민영화 과정에서 해고된 노동자들과 농촌에서 유입된 도시 일용노동자들에 대한 과도한 착취는 노동 불안과 사회적 대립을 만들어 냈다고 인정한다. 그러나 아리기는 중국 정부의 정책이 노동자 전체의 복지를 희생하는 신자유주의적 발전과 달랐다고 주장한다.

> 1인당 소득이 비슷하거나 심지어 더 높은 국가와 비교해 보아도 합자회사에서 노동자들의 의료, 연금, 기타 '의무적 혜택'은 여전히 관대했으며, 공공부문의 경우 노동자의 해고는 여전히 어려웠다. 더 중요한 것은 고등교육의 확대, 새로운 산업에서 대안적 고용기회의 신속한 증가, 그리고 농촌주민들이 더 많은 노동력을 농촌경제에 투입하도록 한 농촌의 세금 감면과 여타의 개혁들이 서로 결합하여 노동력 부족을 만들어 내고, 그 결과 이주노동자를 과도하게 착취할 수 있는 기반이 줄어들고 있다는 점이다.[61]

다시 말해 아리기는, 중국이라는 국가는 모든 노동자들의 편에 서서 모두의 이익을 대변해 내는 이상적 사회주의 국가는 아니지만 신자유주의 국가들처럼 다수의 노동자들을 착취하는 국가가 아니었을 뿐만 아니라 평균적인 국가들에 비해서는 더 높은 수준의 노동자, 농민 중심의 국가라는 것이다.

중국이 이런 '제국의 차이'를 드러내는 가장 밑바닥에는 토지를 사

---

61 조반니 아리기, 앞의 책, 2009, 496쪽.

유화하지 않는 사회주의적 토대가 있다. 신자유주의 광풍 속에서도 중국의 토지는 집체소유와 국가소유만 존재한다. 농촌의 농업용 토지는 해당 지역의 농민들이 소유하고, 비농업용 토지는 국가가 소유한다. 비농업용 토지를 개발할 권리는 지방정부에게 있고, 사용권을 투자자에게 넘겨주고 개발할 때 발생하는 이익은 지방재정으로 수용된다. 개발 권리를 가진 지방정부는 국가의 정책에 따라 토지를 무상으로 대여해 주거나 저렴하게 임대하여 정책 산업을 육성하고, 개발 이익을 사용하여 지역주민의 복지와 환경정비에 사용한다. 따라서 중국은 여전히 강력한 사회주의 정책을 수행해 나갈 동력을 확보하고 있다. 그러나 한국의 좌파 진영에서는 서구의 시장경제 질서와 중국의 시장경제 사이 차이점에 거의 주목하지 않았다.

네그리가 지적한 대로 "탈근대 사회와 같은 복잡한 사회에서의 저항은 그 자체만으로는 허공에서 작동할 수 있으며, 더 나쁘게는 체제의 순환 메커니즘 안에서 조작될 수 있다."[62] 저항 그 자체가 목표가 아니라 대항권력의 구축이 목표라면 지금 여기서 무엇을 말하며 누구와 대항권력을 구축할 것인가를 고민해야 한다. 한국 지식인이 쓴 글을 읽고 대항권력이 형성되는 곳은 중국이 아니라 지금 여기 한국이다. 한국에서 '중국이 문제'라는 주장은 이미 너무 많이 했다. 이런 지적 지형도 위에서 '자유주의적 보편가치 우선주의'나 '사회주의 중국' 프레임으로 '중국도 문제다'라는 글쓰기를 지속하는 것은 진보적 급진성을 상실할 뿐만 아니라 오히려 보수주의의 '중국이 문제다'라는 프레임을 강화시키거나

62 안토니오 네그리, 정남영 외 옮김, 《다중과 제국》, 갈무리, 2011, 205쪽.

그 프레임에 종속당하는 결과로 이어지기 십상이다. 전 지구적이지도 못하고, 한국적이지도 못한 그들만의 글쓰기 리그로 전락할 가능성이 높다.

5 사라진 평화체제 담론

북미회담이 한창 진행되던 2019년 12월 말 한중 정상회담 때 있었던 일이다. 문재인 대통령이 시진핑 주석을 만났다. 문재인 대통령이 내세운 정상회담의 의제는 평화체제였다. 이 시기 문재인정부는 중국을 주로 탈식민주의 관점으로 접근했다. 한국이 구상하는 평화체제에 북미 사이 충돌이 야기되며 일촉즉발인 시점에, 다자주의를 내세우고 있는 중국은 누구보다도 활용가치가 있는 중재자였다. 문재인정부는 북미회담의 성공을 위해 중국과 협의하기를 원했다. 북미회담으로 촉발된 분단체제의 해소 가능성은 중국을 포함한 동북아 지역의 평화체제 구상과 직접 연결된 문제였다.

그러나 정작 한국 언론이 주목한 한중 정상회담의 어젠다는 홍콩의 인권문제였다. 보수언론은 시진핑 주석이 '홍콩의 문제는 중국의 내정'이라 말한 것을 공격하는 데 지면을 할애했다. 보수언론의 주된 관심사는 문재인 대통령이 시진핑 주석을 만나 '홍콩의 인권에 대해 뭐라고 했나'였다. 북미회담 중이지만 분단체제 해소나 국가 간 평등체제 확보, 그리고 평화체제 구상 들은 보수언론의 어젠다에서 사라져 있었다. 한국의 진보진영이 '중국도 문제다'라는 프레임에 몰두하는 동안 중국과 연계된 한반도의 평화체제 운동은 정부의 정책 입안자 몇몇이 꾸려 나가는 수준에 그쳤다는 현실이 그대로 드러난 것이다.

보수언론이 인권 담론으로 이 회담을 바라본 목적은 분명하다. 보수언론은 미국식 인권 담론으로 문재인정부의 평화체제 담론을 전유하는 것이 전략이었다. 문재인 대통령에게 '당신은 인권변호사 아니었냐'라는 식으로 묻거나, 홍콩의 인권문제에 개입하는 당위성을 설파하며 한중 정상회담의 어젠다를 인권문제로 몰아갔다.

반면 이 시기 한국의 진보진영이 보인 중국에 대한 태도는 이해하기 쉽지 않다. 한반도가 전쟁이냐 평화체제로 가느냐를 가늠하는 위기의 시기인데도 한중 정상회담의 주요 어젠다를 보수진영과 다름없이 홍콩의 인권문제로 설정했다. 《한겨레》는 홍콩 사태를 '홍콩항쟁'이라는 프레임 아래 민주적인 홍콩 시민 대 비민주적인 홍콩 정부라는 구도에 서서 홍콩 시민들의 저항이 곧 민주화라는 등식으로 접근했다.

언론의 이런 경향들은 기본적으로 홍콩 사태를 '홍콩 대 중국의 문제'로 한정해서 보는 학계의 연구 성향과 연동되어 있다. 대부분 홍콩 사태를 중국과 홍콩 사이 일국양제의 문제로 해석하거나, 시진핑 정권이 홍콩에 강경한 정책을 펼친 결과로 평가하는 연구를 바탕으로 한다. 동아시아론자들이나 홍콩연구자들 대부분은 소수자이자 약자의 관점에서 홍콩의 미래는 홍콩인이 결정해야 한다고 주장하고 있었다.[63] 일부 마르크스주의 진영에서는 송환법이나 보안법을 미국과 다를 바 없는

'제국주의 중국'의 본격적인 팽창정책으로 평가하거나, 노동자 계급 운동으로 전환되어야 한다고 주장했다.[64] 일부 한국의 민족주의 진영이나 진보를 표방하는 정치인도 이런 비판 대열에 가담했다. '약소국'인 홍콩의 입장에서 부상하는 중국에 경계심을 극대화시키며 중국의 보안법과 억압을 강조했다.[65]

그러면서 홍콩 사태가 지니고 있는 탈식민주의 문제나 홍콩 자본가들의 탈국가화 문제, 홍콩인의 유사인종주의, 홍콩의 우익화, 미국의 패권전략과 홍콩 사태와의 관계 문제는 인권 담론에 완전히 잠식당했다. 동아시아는 식민주의, 민족주의, 냉전이데올로기, 제국적 상상이 착종되어 복잡하게 얽혀 있으므로 다면적 분석이 필요하다는 문제 제기[66]나, 탈식민주의 관점에서 홍콩 사태를 중국의 근대화를 미완성한 과정으로 해석하려는 연구[67], 미국의 세계전략과 중국의 대응 결과가 홍콩 사태의 핵심이라는 연구[68], 미국의 패권적 침탈에 중국이 대응해서 생겨난 반패

---

63 한국의 홍콩연구자인 장정아의 연구와 주장이 대표적이다. 홍콩 사태 이전에 그는 홍콩이 가진 복합성에 누구보다도 세심하게 접근하는 연구자였지만 홍콩 사태에 대해서는 급격하게 민주 대 반민주의 시각으로 접근하고 있다. 《차이나는 클라스》 JTBC 참조, 2020년 04월 01일.

64 2019년 11월 13일 노동자연대는 고려대 모임과 함께 고려대에서 '홍콩 민주항쟁 왜 지지해야 하는가'라는 토론회를 열었다. 노동자연대처럼 마르크스주의 관점에서 홍콩 시위를 옹호하는 입장은 이정구, 〈홍콩 항쟁을 둘러싼 한국 진보·좌파 내 논점들〉, 《마르크스21》 32권, 2020년 1월호를 참조하기 바란다.

65 민주당 박용진 의원의 "한국이 민주화될 때 받은 국제사회의 관심과 연대가 홍콩에도 필요하다"는 주장이 대표적이다. 《국제뉴스》, 2021년 04월 12일,

66 정규식, 〈홍콩 '범죄인 인도법' 반대 시위가 말해 주는 것들〉, 《프레시안》, 2019년 06월 21일

67 강인화, 〈2019년 홍콩 시위와 민주주의, 그리고 '탈식민'〉, 《내일을 여는 역사》 77호, 2019. 12쪽.

68 김정호, 〈미국의 패권전략과 홍콩 사태(1)〉, 《민플러스》, 2019년 12월 11일; 김정호, 〈미국의 패권전략과 홍콩 사태(2)〉, 《민플러스》, 2019년 12월 13일; 이지용, 〈미국의 중국정책 전환과 미중 무역분쟁〉, 《한국과국제정치》, 35권 2호, 2019년 여름호.

권주의적 성격에 대한 관심[69] 들은 한국 시민이 홍콩을 바라보는 시각에는 별다른 영향력을 미치지 못한 채 소수의 파편적 연구 성과에 머물고 말았다.

데이비드 하비가 지적한 대로 추상적 보편주의는 늘 제국적 야망을 은폐하는 데 기여한다.[70] 중국의 신장 지역 인권문제와 마찬가지로 자유주의 보편인권 담론은 홍콩문제를 두고서도 국경을 초월하여 연대했다. 홍콩 민주화운동의 상징적인 인물인 조슈아 웡은 홍콩보안법에 대해 중립을 지키는 한국 정부에게 실망이라고 강하게 비판했다. "한국 정부에 강하게 실망했습니다. 대만과 일본 정부 모두 우려를 표시했습니다. 어떻게 인권변호사 출신 대통령이 그럴 수 있죠?"라고 문재인정부를 비판했다. 보편인권 문제 제기나 연대가 문제는 아니다. 그것은 그것대로 의미가 있다. 문제는 보편인권 담론의 전유이다.

우리의 생명권이 달린 문제를 가늠하는 중요한 시기에서도 홍콩의 인권을 걱정하는 자유주의 보편가치의 전유는 또 다른 형태의 식민성이다. 신식민주의체제 내에서 보편인권 문제는 다른 층위의 민주의 문제를 모두 잠재우는 강력한 메커니즘을 가지고 있다. 특히 안보적 보수주의가 헤게모니를 장악하고 있는 중국 담론 체계에서는 이런 일은 일상적으로 일어난다. 우리의 생명이 달린 문제까지 기꺼이 희생해서 저 멀리 지구의 평화를 지키겠다는 기사들은 하루가 멀다 하고 포털 사이트에 오르내린다.

---

69 이신욱, 〈미·중 패권경쟁과 홍콩〉, 《세계지역연구논총》 37권 4호, 2019.
70 데이비드 하비, 앞의 책, 2005, 62쪽.

문재인정부가 시진핑 주석 앞에서 홍콩보안법 문제를 거론하지 않은 것은 대략 세 가지 측면에서 충분히 이해할 수 있다. 하나는 실효의 문제이다. 문재인 대통령이 시진핑 주석에게 항의한다고 해서 홍콩보안법이 철회되거나 중국의 자세가 바뀔 가능성은 거의 없기 때문이다. 특히 이 시기에 그런 어젠다를 내세우는 것은 한미동맹 체제에 있는 한국이 신냉전체제에 가담하려는 사인으로 볼 수도 있다. 그럴 경우 한국 정부가 홍콩문제에 외압을 행사하면 홍콩에 대해 더 강경한 태도를 만들어 내거나 양국 사이 적대적 긴장 관계만 높일 가능성이 있다.

두 번째는 한국의 국익에 별로 도움될 것이 없기 때문이다. 외교는 도덕률로 결정되지 않는다. 중국은 이 시기에 미국과 전쟁을 하고 있었다. 적과 우군을 명확하게 가르는 시기인 것이다. 중국에게 홍콩보안법을 거론하는 것은 얻을 것은 별로 없고 잃을 것은 많은 현명하지 못한 외교 행위이다. 홍콩보안법 거론과 평화체제 구축안은 상호충돌하는 어젠다이다. 문재인정부는 평화체제 구축 어젠다를 내세웠다.

세 번째는 평화체제 구축에 중국을 활용하기 위한 선택이었다고 볼 수 있다. 중국은 종전선언의 당사국이자 북한에 가장 강력한 영향력을 행사하는 국가이며 샌프란시스코체제 이후 국가 간 체제에서 주요한 한 축이다. 특히 미국이 평화체제로 나아가는 것을 거부할 때도 중국은 우리가 활용해야 할 가장 강력한 힘이다. 미국이 휴전협정을 종전협정으로 바꾸는 것을 거부하고 한반도의 적대 관계를 유지시키고자 할 때, 미국이 임의로 북한을 선제공격하고자 할 때, 중국은 우리의 평화를 지키는 데 가장 중요한 우군이 될 수 있다.

지금 한국에서 이루어 낸 민주화의 성과는 1920년대 일본의 다이쇼

데모크라시 시기와 매우 비슷한 구조적 특징을 가지고 있다. 1920년대 일본은 국내적으로는 역사상 전례가 없는 민주주의가 이루어지고 있었지만 국제적으로 완전한 독립 국가를 만들어 내지 못한 상태였다. 결국 1930년대 들어서면서 일본은 천황제라는 군국주의 방식으로 새로운 세계질서에 대응해 나가다가 패망하는 결과를 초래했다. 지금 한국은 아직 불완전한 주권과 불평등한 국가 간 체제 아래 '주어진 민주화'의 시기이다. 지금은 일면적 민주주의의 승리를 만끽하며 축배를 들고 있을 때가 아니라 전면적 민주주의를 향해 나아갈 때이다.

13부
샌프란시스코체제의 위기

안보적 보수주의가 기획한 짱깨주의가 상당한 수준으로 성공을 거두어 일상화되었다고 해서 안보적 보수주의가 짱깨주의를 통해 얻으려는 목표가 곧바로 이루어질 수 있는 것은 아니다. 역사는 동시대를 살아가는 여러 사람의 인식만으로 만들어지는 것이 아니다. 그것이 이전 시기를 살아온 사람들이 만들어 놓은 정치경제적 구조를 넘어설 만큼 강력한 대항권력을 형성할 수 있느냐의 여부가 중요하다. 짱깨주의를 구축하려는 세력도, 짱깨주의를 넘어서는 세력도 짱깨주의가 작동할 세계의 정치경제적 토대를 있는 그대로 살펴보는 것이 필요한 까닭이다.

짱깨주의적 신식민주의 인식의 기본 토대는 미국이 옳고, 미국이 이기니, 미국 편에 서야 한다는 것이다. 이러한 냉전적 인식이 과연 제대로 된 판단인지 검토해 보는 것이 중요하다. 미국이 이길 것이라면 안보적 보수주의의 주장대로 계속 미국 편에 서는 것도 하나의 대안일 수 있기 때문이다. 이 장에서는 미국이 이길 것이니 미국 편에 서야 한다는 주장이 실제인가를 좀 더 구체적으로 검토해 볼 예정이다.

설령 미중 간의 충돌에서 미국이 이긴다고 하더라도 미국이 신식민주의 성격을 지닌 샌프란시스코체제를 냉전 시기처럼 가동할 수 있느냐는 또 다른 문제이다. 미국도 중국도 이기지 못하는 다자주의 세계가 올 수 있기 때문이다. 그런 세계에서는 미국이 자의든 타의든 식민주의적 성격을 완화시키고 전후체제 너머의 세계에 동참할 가능성도 있다. 미중 충돌과 코로나19 사태, 그리고 미국의 아프가니스탄 철수에서 드러난 사실은 미국이 더 이상 신식민주의적 샌프란시스코체제를 유지하지 못하는 시기가 왔다는 사실이다.

1 미국 헤게모니의 추락

샌프란시스코체제 위기의 근원은 무엇보다도 미국 자체에 있다. 미국의 힘이 예전만 못한 것이다. 미국발 금융위기를 예언했던 아리기는 미국 국내경제 시장의 축소와 국외 시장의 반발로 "세계경제에 대한 미국의 지배력이 갈수록 감소하고, 세계경제에서 미국의 중심적 역할이 축소되고, 지불수단이자 기축통화로써 역할이 감소할 것"[1]이라고 예측한 바 있다. 이러한 아리기의 전망은 트럼프행정부의 군사주의적 정책과 미국적 시스템의 한계를 분명하게 드러내는 코로나19 사태를 계기로 대부분 현실로 드러났다.

트럼프행정부가 일방주의와 보호무역주의를 실시한 까닭은 미국산업의 경쟁력이 전반적으로 현격히 저하된 데서 왔다. 거의 모든 영역에서 미국 상품은 경쟁력을 잃고 있었다. 가장 미국적 산업이며 20세기 산

1 조반니 아리기, 앞의 책, 2009, 280쪽.

업의 꽃이라 불리던 자동차 산업은 이미 유럽과 일본에 뒤처진 지 오래 되었다. 미국이 선도하던 컴퓨터나 가전 산업도 한중일 삼국에 선두 자리를 거의 내주었다. 반도체 분야에서 일부 기업이 명맥을 유지하고 있지만 한국의 삼성과 대만의 TSMC에게 우위를 내주었다.

더욱 심각한 문제는 미래 산업이다. 미국에서는 여전히 애플과 테슬라 같은 미래 산업이 등장하고 있다. 그러나 미국은 앞으로 산업분야에서 예전처럼 압도적으로 앞서 나가 패권적 지위를 유지할 가능성이 불투명해졌다. 미국이 전례 없이 화웨이를 제재하려고 노력한 것은 상징적 사건이다. 미국이 군사작전처럼 화웨이 제재에 나선 것은 화웨이의 미래기술에 대한 두려움이 깔려 있다. 미국에서 5G 산업의 선두주자는 시스코이다. 그러나 시스코의 5G 기술 수준은 화웨이뿐만 아니라 한국이나 유럽에 비해서도 한참 뒤처져 있다. 화웨이 문제의 핵심은 미래기술의 표준화 문제였다. 이미 5G 표준화 영역에서 중국은 미국보다 더 강한 발언권을 가지고 있다.

미국이 중국에게 관세 폭탄을 터뜨린 분야는 통신설비, 산업용 로봇, 항공기, 선박, 전기차 들에 집중했다. 모두 미국이 중국의 추월에 위협을 느끼는 분야이다. 미국이 제재를 가한 중국의 주요 앱과 기업은 인공지능과 빅데이터, 드론 관련 분야이다. 이 분야는 이미 중국이 앞서 있다. 인터넷으로 연결되는 초연결 사회에서 핵심적인 허브 역할을 하는 IT 분야에서도 미국과 겨룰 수 있는 '플랫폼 굴기'[2]를 하고 있다. 중국에는 1차 산업부터 3차 산업 상품을 하나의 플랫폼을 통해 유통시키는 기

---

2 윤재웅, 《차이나 플랫폼이 온다: 디지털 패권전쟁의 서막》, 미래의창, 2020, 97~114쪽.

업들이 속속 등장하면서 기존의 산업도 경쟁력을 발휘하게 만들고 있다. 미국이 절대적으로 우세했던 군수산업조차도 4차 산업 시대에 들어서면서 경쟁력이 약해지고 있다. 그 분야 또한 5G, AI, 로봇, 양자컴퓨터 같은 기술이 중요하다. 그 분야에서 중국의 추월이 가속화되고 있다. 이런 현상을 두고 조지프 나이는 중국이 "빅데이터계의 사우디아라비아"가 되어 간다고 표현했다.[3] 서강대 정유신 교수는 단정적으로 《중국이 이긴다》고 선언했다.

미국 산업의 경쟁력 저하에는 미국 자본주의가 금융자본주의화하면서 발생한 미국 제조업의 몰락이 도사리고 있다. 이것은 미국의 노동문제를 살펴보면 잘 드러난다. 미국 제조업 부문 노동력 비율은 1965년에 28%로 정점을 찍었다가 1994년에는 16%로 떨어졌다. 2000년에서 2010년까지 10년 동안 제조 부문 일자리는 36% 줄었다.[4]

미국의 경제적 패권 지위는 미국이 주도해 온 국제기구를 통해 보호받았다. WTO, IMF, IBRD는 미국의 '워싱턴·월스트리트동맹' 이익을 대변하는 '불경한 삼위일체'였다.[5] 그러나 미국이 경제적으로 추락하자 전후체제의 핵심적인 경제 기구인 WTO, IMF, IBRD 들에서 미국의 영향력은 현격히 감소했다. 미중 무역전쟁 중 미국은 WTO체제를 비난하고, 중국은 옹호하는 아이러니한 현상이 발생하는 지경에 이르렀다. 앨프리드 맥코이(Alfred McCoy)는 미국의 몰락으로 야기되는 지금의 변화를 '미국의 세기가 저물고 있다'고 표현한다.

---

3 조지프 S. 나이, 《미국외교는 도덕적인가》, 명인문화사, 2021, 321쪽.

4 Ding Gang, "Sticking strong to industrialization, China will win competition with US", GT, 2021.06.30.

5 리처드 피트 외, 박형준 외 옮김, 《불경한 삼위일체》, 삼인, 2007, 429쪽.

전후체제는 미국이 가진 일방적인 힘의 우위로만 만들어진 것이 아니었다. 전후체제는 구식민주의와 다른 신식민주의 질서이다. 은크루마의 정의를 빌리면 신식민주의란 종속국들이 형식적으로 독립을 누리지만 경제체제는 종속적이고 정치적 자율권은 종주국에게 장악당하고 있는 국가 간 체제를 뜻한다.[6] 신식민지체제를 작동시키는 것은 헤게모니이다. 아리기는 헤게모니란 "지배집단이 지배집단의 이익뿐만 아니라 종속집단이 이익이 되는 방향으로 사회를 이끌어 나갈 때 지배집단에게 생기는 추가적인 힘"[7]이라고 정의한다. 일방적 힘의 우위로 지배체제를 유지하던 구식민주의와 달리 신식민주의는 종속국들에게 반대급부를 제공하면서 얻어진 자발적 헤게모니가 매우 중요하다.

아리기는 미국 중심의 전후체제가 유지된 핵심 근거로 거대한 국내시장과 경제적 힘을 가진 미국이 전후체제에 편입된 동아시아 국가들에게 정치적 종속을 요구하는 대신에 경제적 혜택을 주었기 때문이라고 본다. 아리기는 그것을 '선물'이라고 불렀다.[8] 아리기는 예전 중국 중심의 조공책봉체제가 제국의 위상을 가질 수 있었던 근거로 '선물'을 강조했다.[9]

미국은 국내경제의 위기가 발생하자 선물은커녕 동맹국조차도 자국의 경제적 이익에 복속시키는 방향으로 나아갔다. EU에 방위비 인상을 요구하다 거절당하자 미군을 축소했다. 한국에게는 터무니없는 방위

---

6 로버트 J. C. 영, 김택현 옮김, 《포스트식민주의 또는 트리컨티넨탈리즘》, 박종철출판사, 2005, 94쪽.

7 조반니 아리기, 앞의 책, 2009, 212쪽.

8 조반니 아리기, 위의 책, 2009, 475쪽.

9 조반니 아리기, 위의 책, 2009, 475~476쪽.

비 인상을 요구했고, 대만에게는 천문학적인 규모로 무기를 팔았다. 일본에게는 미중 무역전쟁으로 중국에 팔지 못하는 옥수수를 떠넘겼다.

미국이 선물을 줄 수 없는 까닭은 간단하다. 선물을 줄 여유가 없기 때문이다. 막대한 운영비가 들어가는 미군의 해외주둔도 주둔국의 방위비를 인상하지 않으면 유지하기 어려운 지경에 도달했다. 동맹국들에게 제공했던 미국의 거대 시장은 일자리 부족에 시달리는 미국인들로부터 제조업을 돌려 달라는 요구를 받는 중이다. 미국 투자 기업에게 주어졌던 다양한 경제적 지원이나 혜택도 줄여야 했다. 트럼프행정부의 일방주의 선언은 그런 차원에서 나왔다.

미국이 신식민주의체제를 유지하는 또 하나의 동력은 군사력이다. “봉쇄와 군사적 위협”은 미국이 전후체제를 이끌어 온 주요 수단이었다.[10] 군사력은 국가와 국가 간 적대 진영이 구축되었을 때만 유용한 동력이다. 그러나 냉전 시대는 가고 탈군사주의 시대가 왔다. 독일은 트럼프의 요구에 따라 독일에 주둔한 미군의 축소를 흔쾌히 수용했다. 아세안은 군사적 충돌보다 경제적 이익을 더 중시해 나가고 있다. 중국을 봉쇄하기 위해 동맹국들에게 군사적 동맹 성격의 쿼드 플러스를 가동했지만 군사적 보호보다 경제적 이익이 더 중요한 동맹국으로부터 외면받았다.

한반도에서도 마찬가지 현상이 벌어졌다. 한국은 경제성장과 더불어 세계 7위 수준의 군사력을 확보했다. 미군 없이도 북한을 상대할 만한 수준의 군사적 억지력은 확보했다. 반면 미국의 군사력이 힘을 발휘할 수 있는 가장 강력한 적대 세력이었던 북한이 노골적으로 키신저 시

10 조반니 아리기, 앞의 책, 2009, 476쪽.

스템 안으로 들어오고자 노력하고 있다. 한국은 군사적 대치 말고도 북한의 위협을 감소시킬 수 있는 대안이 생긴 셈이다.

만약 미국이 마땅한 대가 없이 불필요한 신냉전체제로 몰아가면 미국은 더 이상 자발적 헤게모니를 유지할 수 없다. 미국의 딜레마이다. 터프츠대학교 국제정치학 교수 대니얼 W. 드레즈너(Daniel W. Drezner)와 동료들은 "세계 정치의 권력은 더 이상 예전의 것이 아니다. 국가가 권력을 행사할 수 있는 능력, 권력을 행사하는 방식, 권력을 부여하는 목적, 누가 권력을 쥐고 있는지 등 모든 것이 근본적으로 바뀌었다"며 그 결과 "무질서의 새로운 세계가 탄생"한다고 주장했다.[11] 미국의 헤게모니 붕괴는 미국의 관점에서는 무질서한 세계이지만 우리의 관점에서는 드디어 샌프란시스코체제가 지닌 신식민주의로부터 탈피할 기회가 온 것이기도 하다.

---

11 Daniel W. Drezner, Ronald R. Krebs, and Randall Schweller, "The End of Grand Strategy: America Must Think Small", *Foreign Affairs*, May/Jun. 2020.

2 중국봉쇄 정책과 미국의 헤게모니

트럼프행정부의 동아시아 정책은 한마디로 정리하면 미국의 경제적 헤게모니를 부흥시키기 위하여 키신저 시스템을 파괴하고 샌프란시스코체제를 강화하는 것이었다. 키신저 시스템을 붕괴하기 위해 미국은 정치적으로 중국봉쇄 전략을 사용했다. 그러나 트럼프행정부의 신냉전 전략은 미국이 원하는 결과를 가져오지 않았다. 《포린폴리시》의 주요 논객인 싱가포르국립대학의 키쇼어 마부바니(Kishore Mahbubani)가 한마디로 정리한 대로 트럼프행정부의 "새로운 반중동맹 구축은 실패"[12] 했다.

트럼프행정부가 추진한 신동맹 결성 전략의 핵심은 새로운 아시아 태평양 동맹을 결성하여 중국을 봉쇄해 샌프란시스코체제의 헤게모니

---

12 Kishore Mahbubani, "Why Attempts to Build a New Anti-China Alliance Will Fail: The big strategic game in Asia isn't military but economic," *FP*, 2021.01.27.

를 부활시키는 것이었다. 그러나 결과는 성공적이지 못했다. 군사주의적 지역 동맹체인 쿼드는 미국 이외에 호주, 일본, 인도만 가입했다. 아세안과 한국조차 가입시키지 못했다. 또 다른 군사주의적 동맹체인 클린네트워크는 NATO 회원국 30개국 이외에 겨우 20개국 정도만 참여한 유명무실한 단체가 되었다. 쿼드와 클린네트워크 모두 바이든행정부가 들어서면서 반중국적 성격은 약화되고 있다.

중국봉쇄를 성공했는지 아닌지와 별개로 중국과 벌인 무역전쟁이 무역수지 개선이나 미국 내 제조업의 부활을 가져오지도 못했다. 《월스트리트저널》 보도에 따르면 미국은 무역전쟁 개시 후 2년이 지났지만 1)무역수지의 개선 2) 일자리 증가 3) 제조업 부활 중 어느 것도 이루어내지 못했다. 미국 상무부가 발표한 2020년 2분기 미국의 실질 경제성장률은 -32.94%로, 1947년 이후 가장 큰 폭의 마이너스 성장을 기록했다.[13] 코로나19 사태를 감안하더라도 중국의 성장률과 비교하면 미국이 원했던 결과는 전혀 나오지 못한 것이다.

중국으로부터 수입을 차단한다고 미국의 제조업이 부흥한 것도 아니었다. 중국 상품에 높은 관세 적용은 미국 상품의 소비증가로 이어지지 않고 수입선의 다변화만 이루어졌다. 중국산 대신에 베트남, 멕시코 등으로 수입선이 바뀌었을 뿐이다. 오히려 '제조업의 귀환'이 미국 경제에 또 다른 문제를 일으키기도 했다. 마스크가 대표 사례이다. 미국은 국내생산이 1%에 머물고 있던 마스크를 국방물자생산법까지 동원하여 자급체계를 갖추었다. 그러나 중국산 마스크에 비해 경쟁력을 가지지 못

13 Flash News, 국제금융센터. 2020년 07월 31일.

하면서 국가의 지원 없이는 생산할 수 없는 처지에 놓이게 되었다. 결국 다시 대규모 해고 사태가 발생하는 악순환이 이어졌다.[14]

가장 역설적인 결과는 미국인의 일자리에서 벌어졌다. 트럼프행정부가 미중 무역전쟁을 개시한 가장 큰 명분은 미국의 일자리였다. 그러나 《로이터》의 보도에 따르면, 중국과 비즈니스를 하는 미국기업을 대변하는 미중 비즈니스협의회(U.S.-China Business Council)는 중국과 무역전쟁으로 최대 24만 5,000개의 미국 일자리가 사라졌다고 발표했다. 반면 제조업이 귀환하면 증가하는 일자리는 2025년까지 약 14만 5,000개에 그칠 것으로 전망한다. 더 나쁜 전망도 있다. 만약 미중 사이 디커플링이 더욱 가속화된다면 2022년에는 73만 2,000개의 일자리가 줄어들고 2025년에는 32만 개의 일자리가 줄어들 수 있다고 전망했다.[15]

2020년 대선 과정에서 나타난 월가의 반응을 보면 트럼프행정부의 키신저 시스템 폐지 전략이 성공을 거둘 가능성은 별로 없고, 미국 경제에 도움이 되는 것도 아니라는 게 분명하게 드러났다. 《뉴욕타임스》의 보도에 따르면, 보도 당시 기준으로 월스트리트 금융가들이 선거 지원금으로 바이든에게는 4,400만 달러, 트럼프에게는 900만 달러를 냈다. 월가는 바이든 손을 들어 준 것이다. 트럼프행정부가 적극적인 감세 정책을 펼쳤고, 금융계에 대한 감시 감독도 완화한 것을 고려하면 매우 이례적인 현상으로 볼 수 있다.

월가가 바이든을 지지한 것은 애덤 투즈가 지적한 대로 월스트리트

---

14 〈마스크난 겪은 미, 이제 재고 넘쳐 경영난…'중국산에 밀려'〉, 《연합뉴스》, 2021년 08월 04일.

15 "U.S.-China trade war has cost up to 245,000 U.S. jobs: business group study", Reuters, 2021.01.15.

는 트럼프가 무소불위의 권력자처럼 마음대로 기존 시스템을 파괴하는 것을 선호하지 않았다[16]는 까닭만 있지 않다. 가장 주된 이유는 미국 금융자본의 중국투자 비중이다. 2019년 기준으로 미국인은 주식에서 약 20%가 해외투자이고, 그중 약 3분의 1이 중국기업에 투자한 것이다. 미국에서 가장 큰 30개 공적 연금이 해외시장에 약 1,500억 달러를 투자하고 있는데, 그중 500억 달러 이상을 중국기업에 투자하는 것으로 추정하고 있다.[17]

중국이 문제여서 미국이 추락한 것이 아니라 전 지구적 자본주의 체제에서 미국의 지위가 하락한 것이다. 2004년 미국에서 다른 나라로 이전한 일자리 중 중국으로 간 것은 24%였다. 그러나 멕시코로 이전한 것은 34%였다. 문제의 본질을 잘 보여 주는 사실은 이 시기 미국에서 사라진 일자리 중 기업이 해외로 이전하여 사라진 일자리는 그리 많지 않다는 점이다. 2004년 1분기 사라진 일자리 730만 개 중 중국으로 옮겨 간 것은 2만 5,000개이고, 멕시코로 옮긴 것은 3만 5,000개에 불과했다.

바이든행정부는 트럼프행정부가 실패한 미국 우선주의를 버리고 가치동맹을 역설하며 자유민주주의 국가 동맹의 결성을 통해 중국봉쇄정책을 수행하고 있다. 그러나 민주주의를 표방하며 권위주의 중국에 대항하자는 가치동맹은 사실상 자기모순에 빠질 수밖에 없다. 선출된 독재라 불리는 인도 모디정부와 우익화된 일본을 묶어서 가치동맹을 표방할 때 여기에 동의하고 참여할 국가는 많지 않다. 모디정부는 카슈미

---

16 애덤 투즈, 앞의 책, 814쪽.

17 Steven Schoenfeld, "Americans Are Investing More in China—and They Don't Even Know It", *FP*, 2020.01.14.

르의 전통적인 자치권을 폐지했고, 소수 종교를 탄압하는 헌법 개정안을 통과시켰으며, 인터넷 접근을 통제했고, 대중들의 시위를 방해했다. 2020년 2월 트럼프 대통령이 인도를 방문하는 동안에는 폭동이 일어나 50명 이상이 사망했다.[18] 인도 모디정부의 가치동맹 참여는 인도 내부에서 강력한 반발에 직면해 있다. 가치동맹의 앞날을 보여 주는 가장 단적인 예가 2021년 12월 바이든정부가 주최한 민주주의 정상회의(Global Summit for Democracy)였다. 권위주의에 맞서고 인권수호를 내세우며 개최한 이 회의는 뚜렷한 행동강령도 만들지 못하고 끝나고 말았다. 베이징 올림픽 보이콧도 사실상 실패로 끝났다. EU의 4개국만 지지했다. 독일과 프랑스는 보이콧 동참을 거부했다.

결국 바이든의 가치동맹이 성공할 것인지 아닌지는 미국의 동맹국들에게 중국이 주던 몫까지 선물로 줄 수 있어야 성공할 가능성이 높다. 달라이 라마 효과라는 경제학 용어가 있다. 한 국가가 달라이 라마를 초청하면 경제적 손실이 약 7% 발생한다는 이론이다. 일부 군사 동맹국을 제외하면 중국과 마찰을 벌여 경제적 손실을 입을 각오까지 하며 신냉전체제 구축에 가담할 가능성은 거의 없다. 군사적 긴장을 조성하여 신냉전체제를 구축하려면 중국에 교역을 의존하는 국가들의 경제 문제를 해결할 수 있는 대체재가 마련되어야 한다.

유럽외교위원회(European Council on Foreign Relations)는 2020년 4월, 프랑스, 독일, 스페인, 이탈리아 같은 유럽 9개국에서 시민 1만 1,000명

---

18 Alyssa Ayres, "How Biden Can Bolster India's Democracy: Listening, Not Lecturing", *Foreign Affairs* Jul. 2021.

이상을 대상으로 설문조사를 진행했다.[19] 이 설문조사에서 "코로나 시기에 자국의 가장 중요한 동맹은 누구였는가"라는 질문을 했다. 미국이라고 대답한 사람은 2.1%였다. 미국이 가장 높게 나온 국가는 이탈리아로 6%였다. 반면 이탈리아에서 중국이라고 대답한 사람은 25%였다. 미국에 비해서는 4배 이상 높았고, 두 번째로 응답율이 높은 WTO보다도 두 배 이상 높았다. 독일과 프랑스에서도 미국은 중국보다 뒤에 있었다. "미국에 대한 시각이 어떻게 변했는가?"를 묻는 설문에는 57.6%가 더 나빠졌다고 대답했고, 6%가 더 좋아졌다고 대답했다. 반면 중국은 46.4%가 더 나빠졌고, 13.2%가 더 좋아졌다고 대답했다. 중국이 코로나19의 발병지로 알려졌지만 미국은 유럽에서조차 중국보다 더 나쁜 이미지를 가지게 되었다. 미국의 중국봉쇄 정책이 유럽에 영향을 전혀 미치지 못했다는 것을 드러내는 결과이다.

부시행정부 시절 미 국무부 관료였던 로버트 A. 매닝(Robert A. Manning)은 "미국은 승리하기 위해 중국의 붕괴가 필요하지 않다"고 단언했다. 오히려 경쟁적인 공존이 미국에게 더 유리하다고 주장한다.[20] 레이건 대통령의 특별보좌관이었던 더그 반도우(Doug Bandow)도 비슷한 주장을 했다. 미국이 중국을 악마화하면 중국을 더욱 하나로 뭉치게 만들고 강하게 만들 것이라고 전망했다.[21] 중국을 봉쇄하는 것이 미국 패권의 부활로 이어지지 않는다는 것은 이미 미국의 전직 행정관료조차 잘 알고 있던 사실이다.

---

19 "Europe's pandemic politics: How the virus has changed the public's worldview", ecfr.ed, 2020.06.24.

20 Robert A. Manning, "The U.S. Doesn't Need China's Collapse to Win", *FP*, 2021.3.24.

21 Doug Bandow, "The Sane Way to Challenge Xi Jinping's China", *FP*, 2020.05.15.

3 미국 국내 이익 집단의 상호충돌

문정인 세종연구소 이사장은 '볼턴 회고록'을 비평하며 북미회담에서 드러난 미국 정부의 의사결정구조를 "봉숭아 학당 같은 백악관"이라고 표현한 적 있다. 국내의 이해관계가 백악관에서조차 조정되지 못하고 서로 극단적으로 충돌하는 모습을 빗댄 표현이다. '볼턴 회고록'에서 드러난 미국은 서로 다른 이해관계를 가진 집단끼리 극심한 충돌이 일어나고 있고, 이해관계를 조정하지 못한 채 문제가 외부로 노출되는 의사결정구조에서 위기인 것을 알 수 있다. 안보보좌관이던 볼턴이 그 자리에서 밀려나자마자 국가 정상들끼리 나눈 대화를 대외적으로 공개하는 것 자체가 미국 내 이익집단의 충돌이 더 이상 감추기 어려울 만큼 심각하다는 것을 보여 주는 사례이다.

미국 내에서 중국에 관한 이해관계는 매우 다양하다. 《워싱턴포스트》의 칼럼리스트인 조시 로긴이 쓴 책 《*Chaos Under Heaven: Trump, Xi, and the Battle for the Twenty-First Century*》에 따르면 트럼프행정부에서도 포팅거가 이끄는 강경파, 존 케리 미 국무장관과 수잔 라이스 국가안보보좌관과 같은 오바마행정부 관료 출신들, 콘, 므누신 같은 트럼프가 직접 임명한 관료들, 닐 부시 같은 외부자문가, 헨리 키신저나 짐 김 세계은행 총재 같은 백악관 바깥 세력의 압력 들이 매우 혼재되어 있었다.[22] 그의 주장을 정리해 보면 당시 미국 백악관에는 전통적인 군수산업의 이익을 대변하는 매파, 자본 이익을 중시하는 비둘기파인 월스트리트파, 국내 인권 세력을 등에 업고 국제정치보다 국내정치를 우선하는 인권파, 중국을 악마화하여 자기들의 이익을 추구하는 반중주의적 포퓰리스트, 중국과 교역이 미국의 이익에 좋다는 실용주의자 들이 상존했던 것이다. 백악관 밖에는 전 지구적 과제인 환경문제와 코로나19에 공동대응하기 위해 중미 간 상호협력해야 한다는 진보주의자들, 중국을 악마화하는 것을 반대하는 반인종주의자들도 존재했다.

중국에 관한 이해관계는 서로 다르다. 때로는 충돌하기도 하고 때로는 협력한다. 따라서 미국이 키신저 시스템을 파괴할 때 미국 내 중국 관련 이익집단의 충돌은 가속화될 수밖에 없다. 중국과 관련한 이해관계 단체들이 많고, 이해관계의 크기도 상당한 수준에 도달해 있어 미국 정부가 이를 조정할 능력이 있느냐는 중국봉쇄 정책에서 가장 중요한 변수 중 하나였다.

미국의 반중정서는 공화당과 민주당 사이에 별 차이가 없다. 진보언론과 보수언론 사이에서도 마찬가지이다. 중미 간 무역전쟁 초기만 하더라도 미국의 중국 때리기가 미국 내에서 별다른 잡음이 없었던 것은

---

22 Jonathan Tepperman, "Why China Is America's Hardest Foreign-Policy Problem", *FP*, 2021.03.18.

기저에 깔려 있는 반중정서 때문으로 볼 수 있다. 그러나 반중정서가 곧 미국의 중국 정책이 될 수 있는 것은 아니다. 키신저 협약도 냉전 시기 극심한 반중정서 속에서 나왔다. 트럼프행정부가 우익적 기획으로 반중정서를 고양했지만 그렇다고 모든 중국 정책에 반영될 수는 없는 일이다. 경제 영역은 경제 논리로 움직인다.

미국이 반중정서를 기반으로 한 일관된 중국봉쇄 정책을 지속할 수 있을지를 가늠할 수 있는 가장 중요한 변수는, 중국과 관련한 미국 국내 이익집단들의 이해관계가 조정 가능한지 여부였다. 트럼프를 당선시킨 러스트 벨트는 미국에서도 가장 반중정서가 강한 지역으로 볼 수 있다. 트럼프가 내세운 '제조업의 귀환' 정책을 가장 환호한 지역이었다. 트럼프의 보복관세 정책에 대항해 중국은 미국산 대두를 포함해 농산물 수입을 줄였다. 그러자 러스트 벨트 지역 농가들은 트럼프행정부에게 중국봉쇄 정책을 해제할 것을 요구했다. 반중정서의 존재 여부와 상관없이 제조업의 귀환 정책과 농산물 수출 이익이 상호충돌한 것이다.

막연히 존재하던 반중정서와 달리 실제로 중국 때리기를 실행하자 미국 내의 반응은 엇갈리기 시작했다. 중국의 인권문제에 관심이 많은 인권단체들, 중국에 기독교 세력이 미약해서 불만이거나 기독교 전파에 관심이 있는 종교단체들, 19세기 이후 지속되어 온 황화론을 믿는 극우 인종주의자들, 저렴한 중국의 노동력이 유입되는 것이 불만인 노동계, 중국의 가성비 높은 제품이 미국시장을 점유해 피해를 보는 일부 산업계 들은 우호적이었다.

그러나 중국 제재로 직접적인 타격을 입은 산업계는 적극적인 반대에 나섰다. 트럼프 대통령이 중국산 제품에 대해 약 3,000억 달러 규모의 관세를 추가로 부과하려고 하자 미국농업인연맹(American Farm Bureau Federation)의 지피 듀발(Zippy Duvall) 회장은 "버티기 위해 고군분투하는 수천 명의 농부와 목장주에게 큰 타격"이라며 정부 정책에 강력하게 저항했다. 전국돼지고기 생산자협회(The National Pork Producers Council)는 중국에서 아프리카 돼지열병이 발생해 찾아온 역사적 기회를 놓치지 않도록 "무역전쟁을 끝내라"고 요구했다. 미국이 중국으로 수출하는 농산물은 2017년 195억 달러에서 2018년 91억 달러로 줄었다.[23] 크레이그 앨런 미중 비즈니스위원회 회장은 트럼프정부가 중국 제품에 부가한 관세의 90%를 미국기업이 부담한다며 "미중 분쟁이 미국인을 해친다"고 주장했다.[24]

트럼프 대통령은 집권하자마자 NAFTA 탈퇴를 선언했다. 트럼프행정부는 캐나다와 멕시코로부터 즉각적인 반발에 부딪친 동시에 수백 명에 달하는 미국기업 대표들, 농무부 장관, 상무부 장관, 국무부 장관 들의 강력한 반발에 부딪쳤다. 그들이 내민 것은 NAFTA 탈퇴로 미국이 입게 될 피해 예상 자료였다. 결국 트럼프 대통령은 그 일이 자기의 정치적 기반을 갉아먹는 일이라고 인정하고 철회했다.[25] 2020년 5월 미국의 3,700여 개 기업은 미국 국제무역법원(US Court of International Trade)에 트럼프행정부의 보복적 관세 환불과 철회를 요구하며 소송을 제기했다.[26]

퀄컴(Qualcomm)은 반도체를 생산하는 미국의 대표 기업이다. 퀄컴

23 "U.S. farmers suffer 'body blow' as China slams door on farm purchases", Reuters, 2019.08.05.
24 GT, 2021.07.13.
25 애덤 투즈, 앞의 책, 821쪽.
26 "Why US-China trade talks are failing to take off despite pressure from American business", SCMP, 2021.08.15.

은 미국이 화웨이 제재를 감행할 경우 이 시장을 대만이나 한국에 빼앗길 것이라 예측했다. 퀄컴은 트럼프행정부에 화웨이 제재를 풀어 줄 것을 로비했다. 화웨이는 지금 필요한 반도체 수요를 줄이고 미국 의존도가 낮은 대체재 개발에 착수했다. 결국 바이든의 집권이 유력해진 2020년 11월 중순 미국 상무부는 퀄컴이 화웨이에 수출하는 것을 허가했다.

퀄컴과 달리 트럼프행정부의 중국봉쇄 정책에 전혀 아랑곳하지 않고 중국과 더 적극적으로 사업을 확장해 나간 기업도 있다. 대표적인 기업이 테슬라이다. 미국의 전기자동차 회사 테슬라는 트럼프행정부가 키신저 시스템으로 회귀하려는 노력을 다하고 있던 2020년 8월 베이징에서 새로운 충전소를 공개했다. 현재 중국에 있는 충전소 2,500여 개보다 훨씬 많은 4,000여 개를 올해 내에 설치하겠다고 발표했다. 미국이 제재해도 중국의 자동차 시장이 확대될 것이라는 테슬라의 판단은 옳았다. 중국은 코로나19 사태에서 가장 먼저 정상적인 경제활동을 재개해 2021년 전반기 전년 대비 승용차는 5.3%, 상업용차는 59.6% 증가했다.[27]

트럼프행정부가 중국 제재 방안으로 외국인 비자 취소 조치를 시행하자 하버드대와 MIT는 시행 중단을 요구하는 행정가처분 신청을 냈다. 곧이어 예일대와 대부분의 아이비리그 대학이 포함된 미국의 59개 대학이 이를 지지하는 의견서를 냈다.[28] 해마다 21만 3,000명에 달하는 중국 유학생은 미국 사립대학의 가장 큰 재정 수입원이다. 미국 대학에서 중국 유학생을 추방할 경우 미국 정부는 거의 모든 미국 사립대학에 막대

---

27 〈세계 최대의 자동차 시장…중국에서 들려오는 '희망가'〉, 《데일리카》, 2020.08.10.

28 〈트럼프 맞선 하버드대·MIT에 59개 대학 '지원사격'〉, 《연합뉴스》, 2020년 07월 13일.

한 재정을 지원해야 한다.

키신저 시스템을 무너뜨리고 중국을 봉쇄하는 전략이 미국 내 이익단체들 사이 상호충돌을 불러일으킨다는 사실을 가장 극명하게 보여 주는 사례가 미국 국방부의 태도이다. 의외로 미중 무역전쟁 초기 미국 국방부는 상무부와 달리 화웨이 제재에 비교적 소극적이었다. 국방부는 전쟁과 긴장 관계를 통해 먹고사는 방위산업체들의 이해관계와 직접 연결되어 있는데 뜻밖의 태도를 보인 것이다. 그러나 최근 방위산업체들의 수익 창출구조가 이전과 달라진 점을 알 수 있다. 지금의 방위산업체들은 무기만 팔아서 먹고살지 않는다. 민간 항공기, 민간 인공위성, 항공운항 제어시스템 따위를 팔아서 돈을 번다. 중국과 충돌은 세계에서 가장 큰 민수품 판매처를 상실할 가능성이 높아진다는 것을 뜻한다.

미국인들은 대개 중국 상품을 소비한다. 소비자로서 미국인은 중국과 디커플링을 원하지 않는다. 2019년 《뉴욕타임스》의 여론조사에 따르면 중국에 관세를 높이는 것을 두고 미국인의 43%가 좋다, 53%가 나쁘다고 했다. 인상하지 말아야 한다는 의견이 더 많았던 것이다. 그 까닭은 간단하다. 관세를 올리면 소비자가격이 올라갈 가능성이 높기 때문이다. 관세가 올라갈 가능성이 높다고 본 미국인은 68%에 달한다. 물론 관세가 올라가더라도 일자리가 늘어난다면 해 볼 만한 도박이다. 그러나 미국인은 일자리가 늘어날 것이라 본 사람은 42%였고, 아니라고 본 사람은 54%였다.[29] 결국 2022년 초반 중국과 디커플링은 미국 물가 상승의 가장 큰 요인으로 작용했고, 물가 상승은 바이든행정부의 가장 큰 고

29 “Trump's Case for China Tariffs Fails to Persuade Americans”, NYT, 2019.06.28.

민거리가 되었다.

바이든 대통령이 '반중국동맹'을 내세우지 않고, '하나의 중국' 정책을 지지하며 시진핑 주석과 정상회담에 나선 가장 주된 까닭은 트럼프의 중국봉쇄 정책과 체인화된 글로벌 경제의 와해로 인해 미국의 물가가 상승하고 있기 때문이다. 재무장관 재닛 L. 옐런(Janet L. Yellen)은 CBS와 인터뷰에서 트럼프행정부가 부과한 징벌적 관세를 내리면 물가는 떨어질 것이라고 표명했다.[30] 재닛은 일찍부터 "무역전쟁은 미국 소비자의 부담으로 돌아온다"고 판단하고 중국봉쇄에 반대하며 다자주의를 지지해 온 인물이다.[31]

만약 바이든행정부가 트럼프행정부의 중국봉쇄 정책을 지속적으로 진행해 나간다면 미국이 감당해야 할 미국 내의 이해관계 충돌은 더욱 극심하게 나타날 것이다. 키신저 시스템이 붕괴되는 상황까지 도달하면 중국은 틀림없이 지금처럼 좌고우면하는 신중한 대응방식을 버리고 전면 대응을 할 것이기 때문이다. 중국이 전면 대응한다면 거대한 투자처를 잃게 되는 금융계, 중국 저가상품의 혜택을 얻지 못하는 소비자 단체, 높아지는 노동임금을 감당해야 하는 산업계, 미중 무역으로 먹고사는 상업계의 반발은 더욱 거세질 것이다. SCMP의 보도에 따르면 미국 기업의 중국 투자 규모는 약 1,000조에 달한다. 왕희야오 중국·세계화센터 소장은 결국 손실은 미국 투자자들이 볼 것이라고 전망한다.[32] 바이든행정부가 들어서면서 미중 충돌에 대한 미국 내 반발은 더욱 거세졌

---

30 GT, 2021.11.16.

31 "Yellen Says China Trade Deal Has 'Hurt American Consumers'", NYT, 2021.07.16.

32 SCMP, 2020.01.07.

다. 2021년 7월 초 미국 내 40개가 넘는 각종 단체가 바이든 대통령과 의회에 냉전적 태도를 버리고 중국과 협력을 우선할 것을 촉구했다.[33]

미국이 키신저 시스템을 파괴하려면 미국 내 중국이 점유해 온 의존도의 크기부터 줄여야 가능하다. 그러나 지금 미국에서는 그럴 만한 힘이 보이지 않는다. 폴 크루그먼은 만약 트럼프의 의지대로 미국이 중국을 봉쇄한다면 세계무역은 지금의 3분의 2 수준으로 감소할 수 있다고 예측했다. 세계경제가 1950년대 수준으로 후퇴한다는 것을 뜻한다.[34] 미국은 그런 세계로 돌아갈 준비가 전혀 되어 있지 않다. 가장 강력히 반대하는 세력은 미국 안에 있다. 애런 프리드버그는 "중국과 좋은 관계를 유지하려는 개인 혹은 집단의 연합은 1990년대 초반에 비해서 더욱 강력한 영향력을 발휘"한다고 말한다. 그는 "무역이 민주주의와 평화를 증진한다는 생각은 미국 내에서 더욱 폭넓게 자리 잡을 것"이라고 보았다.[35]

---

33 "Fearful of being surpassed, Washington shows anxiety in China policy", GT, 2021.07.12.

34 마크 셀던, 앞의 글, 49쪽.

35 애런 프리드버그, 안세민 옮김, 《패권경쟁: 중국과 미국, 누가 아시아를 지배할까》, 까치, 2012, 143쪽.

4 동맹국 사이 상호 이해관계의 충돌

트럼프행정부가 키신저 시스템을 무너뜨리고 중국을 봉쇄하기 위해 선택한 국가 간 체제는 지역동맹 확대 정책이다. 정치적으로는 쿼드 플러스와 클린네트워크를 계획했고, 경제적으로는 경제번영네트워크(EPN)를 선택했다. 쿼드는 2007년 결성된 미국, 일본, 인도, 호주 4개국이 결성한 안보회의체이다. 트럼프행정부는 2020년 8월에 쿼드를 공식기구로 만들고 한국과 베트남, 그리고 뉴질랜드를 포함시키는 쿼드 플러스로 확대하려고 했다. 그러나 미국의 계획은 순항하지 못했다. 한국이나 뉴질랜드, 베트남이 참여하지 않았다. 참여하지 않은 까닭은 분명했다. 3개국 모두 중국이 제1교역 대상국이다. 쿼드 플러스에 가입하는 순간 중국과 경제적 마찰은 불을 보듯 뻔한 일이었다.

쿼드 동맹 내에서도 미국이 내세운 주요 목적인 중국봉쇄에는 반대하는 기류가 역력했다. 2020년 10월 8일 도쿄에서 열린 쿼드 회의에서 4개국은 상호 간 협력은 강조했지만 중국을 배제하는 실질적인 조치에 대한 어떤 언급도 피했다. 이는 폼페이오 미 국무장관이 이 회의 전에 밝힌 "중국공산당의 위협에 우리가 반대하는 것을 확인하기 위해 일본을 방문"한 목적이 가시적인 결과로 나타나지 않았다는 것을 뜻한다. 공동성명조차 발표하지 않았다. 중국봉쇄에 따른 중국의 대응을 감당할 만큼 새롭게 주어지는 이익이 없다고 판단했기 때문이다.

바이든도 트럼프의 가치동맹을 통한 중국봉쇄 정책을 표방하면서 쿼드 회의를 소집했다. 그러나 예상과 달리 정상회담이 아니라 외무장관 회담에 그쳤다. 중국과 국경분쟁으로 충돌하던 인도가 분쟁이 완화되자 소극적인 태도를 보인 것이 주요 원인이었다. 결국 바이든행정부가 들어서면서 인도는 쿼드가 반중국적 성격을 띠는 것에 반대하고 다시 이전의 중립적인 태도로 복귀했다.

쿼드가 중국을 봉쇄하는 명실상부한 아시아태평양 안보기구가 되려면 아세안의 참여는 필수불가결하다. 그러나 아세안은 미국의 일방주의적 안보 우산 아래로 들어갈 가능성이 거의 없어 보인다. 싱가포르의 싱크탱크 싱가포르동남아연구소(ISEAS)의 조사에 따르면 아세안 국민의 70%가 이 지역에서 미국의 영향력이 줄어들 것이라고 전망했고, 73%가 중국의 경제적 영향력이 이 지역을 장악할 것이라 대답했다. 미국이 아세안을 끌어들이려면 중국이 주는 경제 혜택보다 더 많은 '선물'을 주어야 가능하다는 것을 알 수 있게 해 주는 자료이다. 미국이 자국의 추락하는 경제적 위상을 부흥시키기 위해 중국봉쇄 정책을 펼치는 것을 감안하면 아세안에 중국보다 더 많은 경제적 이익을 줄 가능성은 당분간 거의 없다.

아세안 국가의 반응을 보면 반중 성격의 정치경제적 연합체에 적극적일 가능성은 거의 없다. 많은 국가가 중국봉쇄로 얻을 이익이 별로 없기 때문이다. 호주의 독립연구센터(Centre for Independent Studies in Sydney) 연구원인 살바토레 바본스(Salvatore Babones)는 인도가 이런 준동맹체를 통해 얻을 수 있는 것은 국경분쟁 중인 중국에 대한 압력행사뿐인데 그것은 얼마든지 다른 방식으로 해결할 수 있다고 주장하며 인도는 중국봉쇄 정책에 가담하지 않을 것이라 예측했다.[36] 실제로 이 예측은 들어맞았다. 쿼드에서 인도는 반중 동맹의 성격을 지니는 것에 반대하고 나섰다.

반면 아세안 국가뿐만 아니라 미국의 동맹국들이 중국 중심의 역내포괄적경제동반자협정(RCEP)에 가입하는 까닭은 분명하다. 더 많은 경제적 이익을 얻을 수 있을 것으로 판단하기 때문이다. RCEP는 아세안뿐만 아니라 한국, 일본까지 가입했다. 전 세계 GDP의 30% 이상이 모였다.

미국이 중국봉쇄를 구축하는 신냉전 전략은 동맹국들과 중국 간에 문제만 일으키는 것이 아니다. 동맹국 사이 상호충돌도 일으킨다. 특히 일본과 한국의 충돌은 미국의 신냉전 전략을 실패로 만들 수 있는 가장 주요한 요인이 될 수 있다. 일본의 신냉전 전략은 한국의 분단체제를 지속시키는 것을 전제로 삼고 있기 때문이다. '볼턴 회고록'에 따르면 2018년 미일 정상회담에서 아베 총리는 트럼프 대통령에게 "북한은 미국이 최대의 압박과 압도적 군사위협을 가해야 하는 대상"이어야 한다고 강조했다. 일본이 북한에 가지는 적대 전선은 곧 한반도 분단체제의

---

36 Salvatore Babones, "India Doesn't Need the Quad to Counter China—and Neither Do Its Partners", *FP*, 2020.10.05.

공고화를 뜻한다. 이런 일본이 정상국가로 회귀하려는 노력은 한국의 평화주의 세력과 정면 충돌할 수 밖에 없다. 한국이 일본의 팽창주의 경향에 경계하는 것은 미국이 컨트롤할 수 있는 수준을 넘어섰다.

한국만 일본을 반대하는 것이 아니다. 일본도 한국을 반대한다. 트럼프행정부는 중국을 재봉쇄하기 위한 조직 중 하나로 G7에 러시아와 한국을 포함시키려고 했다. 그러나 예전 같지 않았다. 독일은 러시아의 가입을 반대했고, 일본은 한국의 가입을 반대했다. 미국은 이때도 이해관계를 조정할 힘을 발휘하지 못했다. 결국 한국은 초청국가라는 어중간한 형태로 G7에 참여했다. 환태평양경제동반자협정(TPP)에서 미국이 탈퇴하자 일본과 호주는 미국의 뜻과 상관없이 RCEP에 가입했다. TPP는 일본의 강력한 요구를 바탕으로 미국을 중심으로 만들었다. 그러나 동맹국의 경제적 이익까지 챙겨 줄 여유가 없었던 트럼프행정부는 일방주의와 보호무역 정책을 표방하며 TPP에서 탈퇴했다. 미국이 빠진 TPP는 일본, 호주, 캐나다와 나머지 11개국이 모여 포괄적·점진적 환태평양경제동반자협정(CPTPP)을 결성한 것과 동시에 중국 중심의 RCEP에 가입했다. 중국은 미국이 빠진 CPTPP에 가입신청서를 냈다.

미일동맹체제하에 일본의 군사주의는 일본의 침략을 경험한 아세안 국가들과 충돌을 일으킬 수밖에 없다. 일본은 미국과 공조하며 대만과 남중국해에 군대를 적극적으로 파견하고자 하는 중이다. 호주와 군사동맹을 맺고 자위대의 군사활동을 정당화하려고 한다. 그러나 그런 행위들은 이미 성장해 있는 아세안 국가들의 적대적 저항에 부딪칠 수밖에 없다. 미국에 우호적인 베트남조차도 미국이 일본을 군사주의 국가로 되돌려 놓는다면 가장 강력히 반대하는 국가가 될 것이다.

장기적으로 볼 때 미국의 아시아회귀 정책에 가장 강력한 적은 유럽일 가능성이 높다. 미국의 중국봉쇄가 곧바로 유럽의 손해와 이어지기 때문이다. 중국에 대한 봉쇄는 유럽의 피해로 나타나는 경우가 많다. 철강과 알루미늄 관세가 대표적이다. 이 제품 수입은 중국보다 유럽에서 더 많이 이루어지고 있다.[37] 《포린폴리시》의 마이클 허쉬(Michael Hirsh) 기자는 이런 현상을 두고 미국의 '배우자 학대(spousal abuse)'라는 상징적인 표현을 사용했다.[38] 중국을 군사적으로 봉쇄하기 위해 프랑스를 버리고 미국, 영국, 호주가 만든 새로운 안보동맹 오커스(AUKUS)는 '배우자 학대'의 결정판이었다. 프랑스와, 프랑스와 공조하는 EU는 이 같은 '배우자 학대'에 극단적으로 반발했다. 유럽은 미국의 '배우자'만큼 주요한 동맹이기에 5G 규제나 인권외교에 가담하지만 그것이 유럽의 '학대'로 나타난다면 유럽은 더 참지 않을 것이다. 이미 이탈리아는 일대일로에 편승했고, 독일은 5G 규제에 가담하지 않았으며, 프랑스는 노골적으로 중국봉쇄 정책에 반대하고 나섰다. AUKUS 결성 이후 프랑스가 어디로 갈지는 불분명하지만 중국이 유럽에게 주는 경제적 이익을 미국이 보완해 줄 방안을 마련하지 않고 학대를 계속한다면, 미국이라는 배우자에 대한 존중이 사라질 가능성이 높다. 그런 점에서 미국은 이미 아리기가 주장하듯 "단연코 세계 최강국으로 남아 있지만 이제 나머지 세계에 대한 미국의 관계를 가장 잘 보여 주는 말은 헤게모니 없는 지배"[39]를 하고 있다.

---

37 Chad P. Bown and Douglas A. Irwin, ibid.

38 Michael Hirsh, "Will the United States and Europe Break Up Over China?: Biden and Merkel will make all the right noises at their meeting this week. But deep transatlantic tensions persist", *FP*, 2021.07.14.

39 조반니 아리기, 백승욱 옮김, 《장기 20세기》, 그린비, 2014, 613쪽.

5 안보적 보수주의와 경제적 보수주의의 분화

MBN의 싱크탱크인 미디어기획부의 중국보고서 팀은 2018년 말《무엇이 중국을 1등으로 만드는가: 세계경제 뒤흔드는 智혁명이 온다》라는 보고서를 책으로 펴냈다. MBN의 장대환 회장이 쓴 서문을 보자.

> 중국을 방문해보셨습니까? 중국의 거리를 달리는 오토바이는 모두 전기오토바이고, 중국전역에 설치된 CCTV는 7분 만에 범죄자를 찾아내 범죄 없는 세상을 만들고 있습니다. 또한 국민 80%가 현금 없이 휴대폰만 들고 다니는 핀테크 왕국이 되었습니다. 한마디로 중국은 '지' 혁명을 통해 대한민국이 만들었던 IT강국을 뛰어넘는 혁신을 곳곳에 일으키고 있습니다.

평소에 아무런 거리낌 없이 짱깨주의를 사용해 오던 MBN의 태도와 달리 중국의 경제 혁신을 '지(智)혁명'이라고 부르며 예찬한다.

MBN 중국보고서 팀은 이 책에서 중국과 무비자 협정을 체결해야 하고, 한중 간 해저터널을 건설해야 하며, 제주도에 대중국 산업단지를 건설해야 하고, 5G 중심의 산업을 구축해야 한다며 지금보다 더 적극적인 한중 경제협력을 구축해야 한다고 주장했다. 심지어 '브리지 투 차이나'를 위한 북한 활용까지도 주장했다. 북한과 육로교통을 뚫어 중국과 교역해야 한다는 것이다. 안보적 보수주의의 중국봉쇄 전략과 완전히 다른 자유무역과 다자주의가 바탕이 된 전략이다. 전형적인 경제적 보수주의의 태도라고 볼 수 있다.

한국의 보수주의는 급속하게 변화하는 세계와 샌프란시스코체제의 위기 속에서 분화하고 있다. 샌프란시스코체제하에서 주류 이데올로기였던 반공주의, 친미주의, 경제지상주의 세계관이 새로운 세계의 등장으로 서로 충돌하기 시작했다. 가속화되는 글로벌 경제시대는 반공주의를 무너뜨리고, 미국 패권의 추락은 친미주의를 흔들리게 만들고 있으며, 저성장 국면은 경제지상주의의 위기와 맞닥뜨리고 있다. 보수주의의 위기이다.

보수주의의 위기가 가져온 가장 큰 변화 중 하나는 경제적 보수주의의 분화이다. 중국의 부상으로 만들어진 다자주의적 자유무역체제는 경제적 이익을 최우선 가치로 삼는 한국의 보수주의자가 중국을 기회의 땅으로 생각하게 만들었다. 이것은 체제의 위기를 극복하기 위해 유사인종주의와 반중주의를 내세우며 적대 진영을 구축해 대응하려 한 안보보수주의자의 전략과 근본적으로 부딪친다.

'안보는 미국, 경제는 중국' 시대에 걸맞게 보수주의 안보관과 경제지상주의를 동시에 가지고 있었던 경제 보수주의자는 경제적 이익과 안보관이 충돌할 때 경제적 이익을 우선할 것이 분명하다. 월가의 선택이 그 예이다. 미국 자본가들도 반중적이지만 세계관과 경제적 실익이 부딪칠 때는 경제적 이익을 선택하며 중국봉쇄 정책에 반대하고 나섰다.

한국에서 안보적 보수주의의 기획대로 경제적 보수주의가 중국봉쇄에 가담한다면 그 결과는 한국 경제의 부활이 아니라 손해로 나타날 가능성이 높다. 한국이 중국봉쇄에 적극 가담할 때 더 이상 '정치는 미국, 경제는 중국'이라는 전후체제 시대의 이중 전략은 불가능하다. 한미일 삼각동맹을 결성하면 중국은 이 동맹이 미국의 중국봉쇄 전략이 구현되는 핵심 고리라고 판단할 것이다. 사드 부지를 제공하고 난 뒤 롯데가 입은 피해를 보면 한중 사이 전면적 충돌이 일어날 때 벌어질 피해 규모를 충분히 상상할 수 있다.

중국은 문재인정부와 '3불정책'을 합의했다. 3불정책은 중국이 한국의 '정치는 미국, 경제는 중국'이라는 태도를 인정한다는 것을 드러내고 있다. 중국이 자기들에게도 불만족스러운 '3불정책'을 수용한 것은 한국이 적대 진영으로 완전히 재편되는 것을 두려워했기 때문이다. 그러나 한국이 중국봉쇄에 가담할 경우 중국은 더 이상 한국의 이중적 태도를 수용할 필요가 없다. 미국이 중거리 미사일을 한국에 배치할 가능성을 보도하자 중국이 드러낸 태도만 보더라도 이는 충분히 예상할 수 있다.

이해하기 힘든 것은 사드 사태 이후 안보적 보수주의가 짱깨주의로 나아갈 때 한국의 경제적 보수주의의 목소리가 들리지 않았다는 점이다. 냉전 시기 반공주의자들이 그랬듯 그들 스스로가 짱깨주의자들이 되어 경제적 희생을 각오하고서라도 '중국 없는 세상'을 만들고 싶은 희생일 수도 있고, 자기들의 행위가 가져올 전 지구적 파급효과를 제대로 파악하지 못한 안일함 때문일 수도 있다. 그러나 보수주의자들의 선택이 부상한 중국이 미칠 경제적 영향을 바꿀 수 있는 것은 아니다.

중국과 전면적인 충돌이 벌어질 때 한국의 경제 보수주의자는 어떤 선택을 할까? 아마도 미국 금융자본과 비슷한 선택을 할 가능성이 높다. 한국의 경제 보수주의자들이 가진 부의 상당 부분은 글로벌 경제체제의 산물이다. 애덤 투즈가 지적한 대로 "기업의 이름 앞에 인종차별과 극우 민족주의 기업이라는 꼬리표를 달기 원하는 사람은 아무도 없다."[40] 안미경중을 할 수 없는 시기가 온다면 한국의 경제적 보수주의도 그런 선택을 할 가능성이 높다. 정용진 신세계그룹 부회장이 SNS에 '멸공' 발언을 한 후 다음 날 신세계 주가가 6.8% 급락했다. 중국의 반발을 예상한 기관과 외국인 투자자들이 매도한 결과였다. 중국의 별다른 대응이 없자 주가는 정상 궤도를 회복했지만 한국이 중국봉쇄 정책에 가담했을 때 벌어질 일은 충분히 예상할 수 있다.

장기적 관점에서 보면 이데올로기가 실익을 이기는 경우는 거의 없다. '우한 바이러스'라고 부르며 적대적 중국 정책에 적극 가담했던 브라질 보우소나루행정부의 파비우 파리아(Fábio Faria) 국가통신부장관은 2021년 2월 중국을 방문하여 중국에 백신지원을 요청했다. 동시에 화웨이도 방문했다. 브라질은 백신을 공급받았고, 화웨이에 대한 제재도 풀었다. 브라질로서는 이데올로기를 앞세운 우익 정책보다 백신과 화웨이 통신망이 주는 경제 이익이 더 중요했던 것이다.[41]

---

40 애덤 투즈, 앞의 책, 794쪽.

41 "Brazil needs vaccines, and China is benefiting", NYT, 2021.03.16.

스웨덴은 화웨이 제재에 참여한 3개국 중 하나이다. 스웨덴의 에릭슨은 세계 3대 통신장비 회사 중 하나이다. 스웨덴이 화웨이 제재에 참가하자 에릭슨의 중국시장 점유율은 2020년 11%에서 2021년 1.9%로 줄어들었다. 보르예 에크홀름 에릭슨 사장은 스웨덴 정부에 강력하게 반발했다. 단순히 중국에서 시장점유율이 줄어서 반발한 것은 아니다. 그는 중국시장에서 배제되는 것은 세계 5G 통신 시장의 흐름으로부터 배제될 가능성이 높기 때문이라고 주장한다. 혁신의 기지에서 떨어져 나오면 혁신이 불가능하다는 논리이다. 그는 "정부가 화웨이 5G 통신장비에 대한 제재를 계속하면 우린 스웨덴을 떠나겠다"고 말했다.[42]

홍콩 사태를 가장 열성적으로 지지했던 대만인에게도 명분과 실익 사이의 이중 성향은 드러난다. 홍콩인은 이민이 가장 적합한 곳으로 대만(29%)을 꼽았다.[43] 그러나 대만인의 생각은 달랐다. 대만인 중 송환법에 반대하는 사람은 60%에 달했지만 홍콩인을 지원할 의무가 있다고 생각하는 사람은 29%에 불과했다. 이와 같은 이중성을 드러내는 배경에는 경제적 이유가 가로놓여 있다. 홍콩인이 대만으로 이주했을 때 집을 살 권리를 주자고 한 사람은 25%였다. 대만인은 주택 문제에 홍콩인이 가세할 것을 두려워하는 것이다.

미국의 신봉쇄 정책이 성공할 것인지 아닌지 상관없이 중국의 부상은 한국에서 경제적 보수주의의 분화를 가속화시킬 가능성이 매우 높다. 미국의 중국봉쇄 정책이 성공한다면 반대급부로 돌아올 경제적 손

42 "Beijing Shuns Ericsson, Nokia as the West Curbs Huawei", WSJ, 2021.08.03.

43 Lev Nachman, Nathan Kar Ming Chan and Chit Wai John Mok, "Hong Kongers Say Taiwan Is Their First Choice as Exile Looms", *FP*, 2020.07.08.

실이 양 계파 간에 분화를 만들어 낼 것이며, 봉쇄 정책이 성공하지 못한 다면 중국의 성장이 주는 매력이 분화를 촉진할 것이다. 결국 미국의 패권 상실은 주변국 내부에 새로운 이데올로기 지형을 만들어 내고 있다.

14부

다자주의 시대를 열 기회가 왔다

트럼프의 중국봉쇄 정책이 한창 진행 중이던 2020년 중반기에 알렉산더 쿨리와 다니엘 H. 넥슨은 "미국 중심의 단극체제는 끝났고, 그것은 다시 돌아오지 않는다"고 단언하고 미국은 글로벌 패권이 없는 시대의 국제질서에 대비해야 한다고 충고한다.

각국의 대중들도 다자주의가 온 것을 인지하기 시작했다. 트럼프식 신냉전과 EU식 다자주의 사이 갈림길에서 캐스팅 보트 역을 맡았던 유럽인의 생각도 마찬가지였다. 앞에서 언급한 유럽외교위원회가 진행한 설문조사에서 지금이 신냉전 시대라고 답한 사람은 15%에 불과했다. 반면 전략적 주권국가 시대라고 대답한 사람은 42%였고, 각국이 각자도생하는 시대라고 대답한 사람이 29%였다.*

여기에서는 짱깨주의자들의 주장과 달리 미국의 일극체제가 가고 다자주의 시대가 다가오고 있음을 살펴볼 것이다. 미국의 단극체제가 지나가고 중국의 시대가 왔다는 뜻이 아니다. 미국도 중국도 헤게모니를 장악할 수 없는 전혀 새로운 동아시아가 열린다는 것이다. 우리가 어떤 선택을 하느냐에 따라 우리가 어떤 세계에서 어떻게 살 수 있을지를 결정할 수 있는 가능성이 있는 시대가 열렸다는 뜻이다.

다자주의 시대가 오고 있다는 것이 평화와 안정의 시대가 왔다는 것을 의미하는 것이 아니다. 지금은 체제 위기의 시대이다. 다양한 국가 간의 충돌이나 국지전은 다자주의 세력과 신냉전 세력 간 성패가 결정될 때까지 쉴 새 없이 일어날 것이다. 신냉전 세력은 다자주의 흐름을 막고 다시 샌프란시스코체제를 강화하기 위해 다양한 형태의 냉전 전략을 구사할 것이다. 그러나 그들의 의도대로 샌프란시스코체제로 회귀하는 것은 결코 쉽지 않다. 다자주의 흐름은 이미 일부 신냉전 세력이 거부하기에는 너무 많이 진척되어 있기 때문이다.

* ecfr.eu, ibid.

1 중국봉쇄 불가능

앞에서 살펴본 대로 짱깨주의의 등장에는 미국이 옳고, 미국이 이기니, 미국 편에 서라는 신식민주의만 작동한 것은 아니었다. 중국이 나쁘고, 중국이 이길 수 없으니, 중국 편에 서지 말라는 신냉전적 중국봉쇄 기획도 숨어 있다. 신냉전 기획의 성공 여부는 무엇보다도 중국봉쇄 정책의 성패 여부에 달려 있다. 결론부터 말하면 중국봉쇄 정책은 실패로 끝났다. 싱가포르국립대학 마부바니 교수는 바이든 대통령이 G7 정상회담을 끝낸 뒤 2021년 7월 "새로운 반중동맹 구축 시도가 실패"했다고 선언했다. 중요한 것은 실패한 까닭이다. 마부바니 교수는 아시아에서의 '게임'이 이제는 더 이상 군사가 아니라 경제이기 때문이라고 말한다.[1] 유사한 이유로 투키디데스 함정론으로 유명한 하버드대학 그레이엄 앨리슨(Graham Allison)과 저명한 투자자 프레드 후(Fred Hu)는 중국

1 Kishore Mahbubani. ibid., 2021.01.27.

을 있는 그대로 다루는 것 외에는 선택의 여지가 없다고 주장했다.[2]

마부바니의 주장은 구체적인 자료로 증명할 수 있다. 2020년 6월, 윌리엄앤메리대학의 글로벌연구소 에이드데이터(AidData)는 141개국의 공공, 민간, 시민사회 지도자들을 대상으로 설문조사를 했다. 중국은 '개발파트너로서 영향력' 부문에서 2017년 21위에서 2020년에 8위로 올라섰다. 조사대상국 가운데 가장 빠르게 상승한 국가였다. 국가로는 미국 다음이다. 미국은 2017년 3위에서 2020년에도 그대로 머물렀다.[3] 트럼프의 중국봉쇄 정책은 일종의 도박이었다. 성공한다면 미국의 패권을 연장할 가능성이 늘어나지만 실패한다면 미국의 패권적 지위는 급속히 추락하고 중국의 부상은 급상승할 수밖에 없는 치킨 게임이었다. 중국의 영향력은 미국의 봉쇄에도 오히려 가장 급속하게 상승했다.

트럼프행정부의 중국봉쇄 정책이 최고조였던 2020년 10월 31일 중국 알리바바 계열의 핀테크 회사인 앤트그룹이 홍콩에서 상장했다. 공모주 청약을 신청한 개인투자자가 155만 명이었다. 홍콩 증시 사상 가장 많은 개인투자자가 참여했다. 청약 증거금은 약 190조였다. 배정물량의 390배에 달했다. 동시에 진행된 상하이 증권거래소에서도 마찬가지 현상이 일어났다. 약 510만 명이 참여했고, 청약 신청액은 약 3,230조였다. 앤트그룹 상장은 중국 당국의 핀테크 금융산업에 대한 제재로 중단되었지만 앤트그룹의 자본동원력은 증명되었다. 트럼프행정부의 중국봉쇄 전략이 중국기업들의 자본동원에 별다른 효과를 발휘하지 못했다는 것

---

2 "As Biden and Xi Begin a Careful Dance, a New American Policy Takes Shape", NYT, 2021.03.17.

3 "Listening to Leaders 2021: A report card for development partners in an era of contested cooperation", https://www.aiddata.org/listening-to-leaders-2021. 검색일: 2021.10.31.

을 보여 주는 사건이다. 처음부터 앤트그룹은 뉴욕 증시에 상장할 계획이었다. 그러나 트럼프행정부의 중국봉쇄 정책으로 홍콩과 상하이 증시로 방향을 바꾸었다. 서구의 우려와 달리 알리바바는 기업공개 사상 최대 규모인 약 340억 달러의 자금을 동원하는 데 전혀 문제없이 성공했다. 《블룸버그》 통신은 이번 공모주 청약 결과는 "중국이 미국 자본시장의 도움 없이도 막대한 자본을 동원할 수 있다는 것을 보여 주는 것"이라고 평가했다.[4]

트럼프행정부의 중국봉쇄 정책은 세 가지 축으로 진행되었다. 하나는 무역전쟁을 통한 제조업의 귀환, 두 번째는 안보를 빌미로 한 미래기술 전쟁 선점, 세 번째는 전방위적인 중국의 기업 성장 억제책을 사용하는 것이었다. 이들 세 가지 정책을 관통하는 핵심에는 자본 전쟁이 놓여 있다. 중국의 자본시장이 성장하는 한 미래기술도 중국기업도 성장을 지속할 수밖에 없기 때문이다. 제조업의 귀환 문제도 마찬가지이다. 아무리 되돌리고 싶다고 하더라도 중국 노동시장이 가성비가 높다면 미국으로 돌아올 가능성은 별로 없다. 그런 점에서 앤트그룹이 뉴욕 증시 대신에 홍콩과 상하이 증시 상장만으로도 사상 최대 규모의 자금을 동원할 수 있다는 사실은 트럼프의 신냉전 전략의 핵심인 중국봉쇄 정책이 실패로 끝났다는 것을 보여 주는 상징적인 사건이다.

미국의 중국봉쇄 정책에도 불구하고 중국의 기업공개는 활황이었다. 코로나가 한창 성행하고 있던 2020년 1분기 중국 본토 증시 상장은 건수로는 120건으로 전년 대비 88% 증가하고 금액으로는 197억 달

---

4 〈홍콩 뒤흔든 앤트그룹 공모…155만명 참여에 190조원 '동결'〉, 《연합뉴스》, 2020년 10월 31일.

러로 122% 증가했다. 반면 미국 증시는 건수로는 64건으로 전년 대비 28%가 감소했고, 자금 조달액은 223억 달러로 31% 감소했다.[5] 유럽도 미국과 비슷한 수준으로 감소했다. 2021년 상반기 중국에 대한 외국인 직접투자는 전년 대비 28.7%가 늘어났다. 서비스 산업(33.4%)보다 하이테크 부문(42.7%)이 더 높다. 국가별로 살펴보면 실크로드 주변 국가들의 중국 투자는 49.6%가 늘었고, 아세안의 투자는 50.7%가 늘었다. EU 마저 10.3%가 늘었다.[6]

세계 자본은 트럼프행정부의 신냉전 전략이 중국을 봉쇄하거나 중국을 추락시킬 것이라고 믿지 않았다. 미중 무역전쟁과 홍콩보안법 사태, 인도와 국경분쟁이 한창 벌어지고 있던 시점인 2020년 7월 13일 기준 중국 증시는 2015년 5월 이후 처음으로 시가총액 10조 달러를 돌파했다. 미국이 가장 심하게 견제하던 기술주 중심으로 강세가 이루어졌다. 이런 현상을 두고 《블룸버그》 통신은 '중국 경제성장에 대한 믿음과 미중 무역전쟁이 큰 영향을 주지 않을 것'이라는 위험인식의 결과라고 해석했다. 미국 투자자들의 투자도 오히려 증가했다.[7]

미국이 미중 무역전쟁을 통해 도달하려고 했던 핵심 목표는 달러 패권을 지키고 위안화를 추락시키는 것이었다. 그러나 그것 또한 별다른 성과를 얻지 못했다. 2020년 11월 말 중국의 외환보유고는 3조 1,784억 달러로 전년 대비 505억 달러 증가했다. 주요 원인이 달러 가치의 하락

---

5 〈코로나에도 중국 IPO 두 배 증가…미국에 압승〉, 《중앙일보》, 2020년 07월 05일.

6 "China's FDI inflow up 28.7 pct in H1", People's Daily, 2021.07.14.

7 Steven Schoenfeld "Americans Are Investing More in China—and They Don't Even Know It", *FP*, 2020.01.14.

과 위안화 가치의 상승이었다.[8]

트럼프의 중국 무역제재도 실패로 돌아갔다. 2017년 이후 미국의 아시아회귀 정책으로 감소해 오던 세계 무역 수출 점유율은 2020년 말에 사상 최고치를 기록하며 20%를 넘었다. 2021년도 전반기 중미 양국 간 무역은 전년 대비 45.7%가 늘어났다.[9] 중국의 대외 수출은 약 40% 증가했다. 중국과 해외 간 전자상거래는 약 36.9% 증가했다.[10] 무역제재는 미국이 행한 가장 손쉬운 제재일 뿐만 아니라 가장 좋은 효과를 거둘 수 있는 제재였지만 결과는 그 반대로 나타났다.

트럼프행정부의 미중 무역전쟁은 경제적으로 부상하던 일본을 무너뜨린 '제2 플라자 합의'를 의도한 것으로 판단된다. 그러나 중국은 일본이 아니었다. 중국의 경제규모는 세계 GDP의 16% 정도를 차지한다. 코로나19 이후 19%까지 오르기도 했다. 미중 경제관계는 이미 완전한 디커플링이 불가능할 만큼 서로 얽혀 있다. 플라자 합의 당시 미국에게는 일본이 아니어도 유럽이나 한국, 그리고 중국이라는 대체재가 있었다. 그러나 트럼프행정부는 중국을 대체하는 국가를 찾는 데 실패했다. 대외 의존적인 일본과 달리 중국 경제는 국내경제 중심으로 돌아간다. 한때 60%를 상회하던 중국의 대외경제 의존도는 최근 30%대로 떨어졌다. 애덤 투즈는 중국은 "현대사회가 시작된 후 처음으로 자국의 경제활동만으로 전 세계경제를 견인할 수 있는 수준으로 올라섰다"고 보았다.[11] 중국은 국내에 제조업을 가지고 있다. 제조업이 돌아간다는 것은

---

8 〈11월 말 중국 외환보유 3조 1784억$…3개월 만에 505억$↑〉, 《뉴시스》, 2020년 12월 07일.

9 "Phase one trade deal benefits US, China and entire world", GT, 2021.07.15.

10 "Export orders grow for about 40% of Chinese exporters despite challenges", GT, 2021.07.15.

경제의 내순환이 가능하다는 것을 뜻한다. 내순환이 가능하면 대외적 압력에 장기간 버틸 수 있고, 불의의 충격에도 바로 대체가 가능하다.

WTO를 포함한 국제기구들은 대체로 미국의 중국 제재에 부정적이었다. 2020년 9월 WTO는 트럼프행정부가 중국에 한 추가관세 부가 조치가 국제무역 규칙을 위반했다고 결정했다. WTO에서 미국의 위상이 급속하게 추락하고 중국의 위상이 강력하게 부상했다는 사실을 잘 드러내는 상징적인 사건이다.

미국의 중국봉쇄가 실패했다는 가장 극적인 증거는 미국의 화웨이 제재를 보면 알 수 있다. 미국은 전 지구를 돌아다니면서 온 힘을 다해 화웨이 제재를 감행했다. 트럼프행정부는 61개국에 화웨이 사용금지를 요구했지만 2021년까지 3개국만 응했다.[12] 2021년 1분기를 기점으로 보면 화웨이 제재는 부분적으로 성공했다. 화웨이 핸드폰 사업은 약 21% 정도 감소했다. 그러나 정작 제재의 핵심이었던 5G 사업에는 별다른 영향을 주지 못했다. 2021년 1분기 순이익율은 전년 대비 증가했다. 화웨이의 5G 사업은 중국 국내 수요만으로도 충분히 번성할 조건이 된다. 중국은 이미 세계 5G 기지국의 70%를 국내에 구축했다. 화웨이 핸드폰 사업의 빈자리를 채운 것은 중국기업이었다. 샤오미, 오포, 비보 들이 빈자리를 채워 전체 중국산 핸드폰 점유율은 전년 대비 상승했다. 결국 샤오미는 삼성을 누르고 전 세계 판매량 1위를 기록했다.

화웨이 5G 규제는 미국 내부에서도 흔들렸다. 2020년 6월 16일 미

---

11 애덤 투즈, 앞의 책, 363쪽.

12 Fareed Zakaria, ibid.

상무부는 5G 네트워크 국제표준 설정에 자국 기업이 참여할 수 있도록 화웨이와 협력을 허용한다고 발표했다. 2019년 5월 미 상무부가 화웨이를 블랙리스트에 올린 지 1년도 채 지나지 않은 시점이었다. 나오미 윌슨 정보기술산업협의회(ITIC) 아시아정책담당관은 환영 성명을 즉각 발표했다. 미국의 화웨이 제재에 대체로 우호적이던 《중앙일보》조차 국제 통신업계의 입을 빌어 "미국이 화웨이를 얕보다 결국 백기를 든 것"이라고 해석할 만한 조치였다.

영국의 《파이낸셜타임즈》는 영국이 화웨이를 배제할 경우 발생할 수 있는 위험을 두 가지로 요약했다. 하나는 새로운 통신분야의 구축 비용을 증가시킨다는 것이고, 다른 하나는 화웨이의 혁신기술을 사용하지 못함으로써 영국에서 새로운 데이터 기술을 출시하는 데 큰 타격을 준다는 것이다. 《파이낸셜타임즈》의 주장은 중국의 기술 수준이 봉쇄하기에는 이미 늦은 단계에 도달해 있다는 것이다. 미국이 제재를 가한 기업이 거의 대부분 미래기술과 관련된 기업이었고, 미국의 외압으로 주저앉히기에는 이미 너무 늦었다. 실제로 미국의 제재에도 불구하고 화웨이는 2021년 국제 특허를 6,952건 출원했다. 이는 2위인 미국의 퀄컴이 출원한 3,931건보다 압도적으로 높은 수치이다.

화웨이를 넘어서 중국 경제 전체를 보더라도 미국의 중국봉쇄 정책은 실패했다. 2020년 중국 경제성장률은 2.3%로 세계에서 가장 높았다. 2021년 경제성장률 예상치는 중국 정부 기준으로 6% 이상이다. 외부의 예상치는 이보다 훨씬 높다. IMF는 8.1%를 예상했다.[13] 실제 2021년 전

---

13 〈2021년 중국 전인대의 주요정책 내용〉, 《국제금융센터》, 2021년 03월 05일.

반기 중국의 무역 수출은 전년 대비 약 40% 늘어났다. 국가 간 전자상거래도 36.9% 늘어났다.[14] 2021년 7월 초 데이비드 맬패스(David Malpass) 세계은행 총재는 세계은행이 중국의 경제성장률 예상치를 8.1%에서 8.5%로 상향 조정하면서 중국 경제가 "몇 년 안에 세계에서 가장 큰 경제가 될 것"[15]이라는 예상을 내놓았다.

트럼프 대통령의 중국봉쇄 정책이 실패한 것을 두고 《뉴욕타임스》의 유명한 칼럼리스트 토머스 프리드먼은 "중국은 더 나아졌고, 우리는 더 나빠졌다. 고맙다. 트럼프"라고 비꼬면서 트럼프가 미국을 다시 위대하게 만든 것이 아니라 "중국을 다시 위대하게 만들었다"고 지적했다.

중국 지도부의 행보와 중국민의 태도에서도 미국의 중국봉쇄 정책이 실패했다는 것을 잘 알 수 있다. 미중 무역전쟁을 시작할 때 중국 지도부의 말 속에서 엿보이던 두려움이나 초조함은 미국의 힘을 실제 경험한 이후 자신감으로 바뀌었다. 코로나19 대처 능력에서 드러나는 미국의 무력함은 이를 더욱 가속화시켰다. GT는 2021년도 중국의 경제지표가 미국의 봉쇄 정책에도 압도적인 성장률을 보인 것을 발표하며 "중국이 해야 할 일은 분기마다 미국의 '억제 괴물(containment freaks)'을 화나게 하는 것"이라며 전례 없는 자신감을 드러냈다.[16]

중국봉쇄를 성공했는지 실패했는지 알 수 있는 가늠자는 EU였다. EU의 가장 큰 관심사는 2008년 금융위기보다 더 심각한 코로나19 이

14 "Export order grow for about 40% of Chinese experters despite challengers", GT, 2021.07.12.

15 "World Bank sees vital China role", China Daily, 2021.07.15.

16 "China's latest GDP figures frustrate US containment", GT, 2021.7.15.

후 경제회복이다.[17] NATO 정상회담 후 메르켈 독일 총리는 "중국을 무시할 수 없다"며 중국의 위협을 과대평가하지 말고 "적절한 균형을 찾아야 한다"고 언급했다. 메르켈 총리는 2021년 1월에 열린 세계경제포럼(WEF)에서 신냉전을 향하는 블록화를 반대한다고 분명히 밝힌 바 있다. 미국의 가장 가까운 동맹국인 영국의 보리스 존슨 총리조차도 중국의 부상은 "우리 삶의 거대한 사실"이라고 말하며 신냉전에 대한 거부감을 드러냈다.[18]

EU를 움직이는 중심축인 독일의 행보는 중요하다. 메르켈과 바이든의 정상회담을 두고 독일마셜펀드(German Marshall Fund)의 울리히 스펙(Ulrich Speck)은 "메르켈은 두 가지 메시지를 가지고 워싱턴에 갔다"고 말하며 "하나는 독일은 새로운 냉전을 원하지 않는다. 그리고 두 번째는, 독일은 디커플링을 원하지 않는다. 미국인이 우리를 중국에 적대적인 길로 인도한다면 우리는 참여하지 않는다"고 정리했다.

독일이 중국을 봉쇄하는 데 참여하기 쉽지 않은 까닭은 전 세계 127여 개국과 마찬가지로 중국은 독일의 최대 교역국이기 때문이다. 미국의 교역 대상국 숫자인 60여 개국보다 두 배 이상이다. 2020년 독일의 대중국 수출은 1,120억 달러이다. 메르켈이 취임한 2005년보다 5배 증가했다. 2016년 이후 중국은 미국을 제치고 독일의 최대 단일 교역 파트너가 되었다. 독일의 해외 기술 이전 순위에서도 중국이 1위를 기록했다.[19] 독일뿐만 아니라 EU 전체로 확대해도 마찬가지이다. 2020년 EU

---

17 Robin Niblett, "Europe: Divided on China", *FP*, 2021.07.23.

18 "Shifting Focus, NATO Views China as a Global Security Challenge", NYT, 2021.07.14.

19 "The highs and lows of Angela Merkel's long relationship with China", SCMP, 2021.08.22.

와 중국 사이 교역규모는 5,860억 유로로 미국을 제치고 중국이 최대 교역국이 되었다. 미국이 중국을 받아들이는 포용적 다자주의를 수용하지 않는 한 유럽과 미국은 삐거덕거릴 것이 분명하다.

데이비드 샴보 교수는 미국의 중국봉쇄 정책이 성공 가능성이 없는 허상임을 신랄하게 비판한다.

> 중국을 봉쇄한다는 전략은 터무니없는 대안이며, 애당초 성공가능성이 전혀 없는 발상이다. 이런 발상을 지지하는 사람은 현실에서 동떨어진 사람이다. 설령 봉쇄가 타당한 조치라는 결정이 내려진다 해도 중국은 실제로 봉쇄가 불가능한 나라이다.

그리고 덧붙인다. "미국이 봉쇄 정책을 취하려 해도 찬성할 국가는 지구상에 하나도 없다."[20] 실제 트럼프행정부의 중국봉쇄 정책에 가담하는 국가가 하나도 없지는 않았지만 데이비드 샴보의 주장대로 중국봉쇄는 실패하고 있다.

---

20 데이비드 샴보, 앞의 책, 473~474쪽.

2 중국의 성장

샌프란시스코체제 위기의 최대 진원지는 중국이다. 아리기는 지금 중국의 성장을 기존 질서에 대한 '근본적인 전복'이라고 표현했다.[21] 중국의 성장은 영국을 대체한 미국의 성장과 유사한 중심 이동이며, 계서제 내에서 수직상승한 일본의 성장과 달리 계서제적 동맹체제 자체를 흔드는 '전복'적 성격의 성장이라는 것이다. 세계체제론자 중 한 명인 홍호평도 중국의 경제성장은 국제 분업체계의 중심 이동일 뿐만 아니라 국가 간 체제의 변동을 불러일으키는 근본적인 전복이라는 데 동의한다.[22]

미국은 키신저 시스템이 샌프란시스코체제를 강화해 줄 것이라 판단했다. 중국이 서방의 대의민주주의를 수용하여 미국의 일방체제 하에

---

21 조반니 아리기, 앞의 책, 2014, 611쪽.

22 홍호평, 〈경고: 중국의 부상은 가능한가〉, 홍호평 외, 앞의 책, 277~278쪽.

편입되는 계기가 될 것이라고 믿었다. 그런 믿음은 중국이 WTO에 편입될 때 최고조에 달했다. 클린턴 대통령은 중국의 WTO 가입은 "인권과 정치적 자유에 중대한 영향을 미칠 것"이며, "세계는 중국시장과 값싼 수입품에 접근할 수 있고, 중국은 수억 명의 사람들에게 번영을 가져다 줄 기회를 얻게 될 것"이라고 표명했다. 그러나 WTO에 편입한 중국의 성장은 미국의 예상범위를 훨씬 넘어섰다. 영국의 싱크탱크 경제경영연구소(CEBR)는 2028년이 되면 중국이 세계 제1의 경제규모를 가지는 국가가 될 것이라고 예측할 만큼 미국의 예상치를 넘어섰다.

더 큰 문제는 성장의 속도였다. 중국 스스로도 이렇게 단기간에 G2라고 불릴 만큼 성장할 줄은 예상하지 못했다. WTO 편입을 두고 중국 내부에서 극심한 논쟁이 있었던 것은 이를 반증한다. 세계경제에서 중국이 차지하는 비중이 1980년대 2%에서 2020년에는 16%로 급증했다. 당시 중국은 인도의 경제규모와 동일한 수준이었지만 2020년에는 인도의 5배가 되었다. 미국의 경제규모는 25%로 여전히 중국보다 크지만 샌프란시스코체제가 구축되던 시기의 경제규모 40%에 비해서는 현격히 떨어졌다. EU는 35%에서 21%로 떨어졌고, 일본은 10%에서 6%로, 러시아는 3%에서 2%로 떨어졌다.[23]

팬데믹 시대 이후에도 중국은 성장하고 있다. 성장률보다 더 중요한 것은 경제규모이다. 중국의 정책입안자들은 2020년 말 중국의 GDP가 미국 GDP의 71%에 도달한 것으로 예측했다.[24] 2019년에는 미국 GDP

---

23 Ruchir Sharma, "The Comeback Nation: U.S. Economic Supremacy Has Repeatedly Proved Declinists Wrong", *Foreign Affairs*, May/Jun. 2020.

24 Yan Xuetong, "Becoming Strong: The New Chinese Foreign Policy", *Foreign Affairs*, Jul./Aug. 2021.

의 66% 수준이었다. 이 속도를 감안하면 앞으로 10년 이내에 나머지 격차를 좁힐 가능성이 높다. 경제규모가 성장하는 데에는 중국 경제의 질적인 전환이 바탕이 된다. 세계 공장에서 혁신기업의 진원지로 변모하고 있는 것이다. 중국은 2020년 기준 《포춘》이 선정한 글로벌 500대 기업 중 135개가 들어가 있다. 1995년에는 3개였다. 중국의 성장을 주도하는 것은 혁신기업들이다. 한국전자통신연구원은 '2020년 AI 7대 트렌드'를 발표하면서 가장 먼저 중국 AI의 성장을 들고 있다. 중국은 AI 시대를 열어 가는 선두주자이다. 인공지능 기술이 들어가는 자동차, 드론, 로봇 같은 분야에서도 눈부신 성장을 하고 있다.

중국의 경제성장과 더불어 커진 정치적 영향력은 미국의 봉쇄 정책을 뚫고 나와 전 지구적 세력으로 등장했다. 전후체제에서 미국으로부터 가장 처음 자립하기 시작한 지역은 유럽이다. 냉전이 와해되자 유럽은 미국의 군사적 보호를 받을 필요성이 적어졌고, 경제적 독립 의지는 강해졌다. 군사 보호가 덜 필요해진 유럽은 경제적으로 독립된 EU를 결성하였다. 트럼프 대통령의 당선과 영국의 브렉시트 선언 이후인 2017년, 메르켈 독일 총리가 "EU는 더 이상 미국과 영국에 전적으로 의지할 수 없다"[25]고 한 말은 EU에서 미국의 영향력이 추락했음을 상징적으로 보여 준다.

EU에서 미국이 담당하던 경제적 위상을 중국이 상당 부분 대체해 나갔다. 미국의 공세가 절정에 달했던 2020년 EU와 중국 사이 교역량은 사상 처음으로 EU와 미국 사이 교역량을 앞섰다. 대중국 수출은

---

25 J. Henley, "Angela Merkel: EU Cannot Completely Rely on US and Britain More", Gardian, 2017.05.28.

2.5%, 수입은 5.6% 증가한데 반해 대미 수출은 13.2%, 수입은 8.2% 감소했다.[26]

미국의 화웨이 제재에 대해 유럽이 보여 준 반응은 유럽에서 미국의 패권이 얼마나 무너져 가는지, 중국의 정치적 힘이 얼마나 성장했는지 잘 보여 준다. 관광 수입과 무역수지, 일대일로 사업, 코로나19 사태 때 적극적인 지원 들로 혜택을 누리는 유럽의 많은 국가들은 미국의 전방위적 공세에도 중국 배제에 적극 동참하지 않았다. 이탈리아와 헝가리는 처음부터 화웨이 제재에 동참하지 않는다고 공개적으로 발표했고, 독일과 프랑스는 관망하는 자세를 취하면서 미국의 공세에 적극 호응하지 않았다. 미국의 안보동맹국 파이브아이스 일원인 영국과 스웨덴 외에는 적극 동참하는 국가는 없었다.

EU는 트럼프행정부가 전력을 다해 중국봉쇄 정책을 실시하던 2020년 12월, 7년 동안 끌어오던 중국과 상호투자협정을 전격 체결했다. 상호투자협정은 홍콩과 신장 문제로 유럽의회에서 제동이 걸렸지만, 트럼프행정부의 중국봉쇄 정책에도 EU와 중국이 상호투자협정을 체결한 것 자체가 유럽과 중국의 관계가 얼마나 깊어졌는지 보여 주는 사건이다.

미국의 쇠퇴로 중동에서도 중국의 정치적 영향력이 강해졌다. 미국은 석유 산업에서 영향력을 확보하려고 아프가니스탄과 이라크를 침공하고, 이란을 제재했다. 미국은 석유 산업을 장악하는 데 성공했지만, 중동에서는 에너지민족주의가 강해졌다. 그런 미국의 빈자리를 중국이

---

26 〈"유럽은 중국 포기 못해"…G7 앞두고 재 뿌리기〉, 《한국일보》, 2021년 02월 16일.

채웠다. 2004년 중국은 사우디아라비아와 이란을 동시에 포함한 23개국이 참여하는 중국-아랍국가 협력포럼(China-Arab States Cooperation Forum, CASCF)을 결성했다. 중국은 석유 구매력을 바탕으로 이란과 사우디아라비아와 동시에 관계 맺는 국가가 된 것이다. 1990년과 2009년 사이에 중국이 중동에서 들여오는 석유 수입량은 10배 증가했다. 현재 중국 석유 수입량의 약 40%를 중동 국가들이 공급한다. 사우디아라비아는 최대 수출국이다. 중국은 석유뿐만 아니라 11개 중동 국가의 최대 교역 파트너로 자리 잡았다. 중국은 중동 지역의 최대 투자자이기도 하다. 트럼프행정부와 큰 차이가 없는 바이든행정부의 중동 정책은 중동 전문가 린다 카티브(Linda Khatib)의 주장대로 "중국이 중동에서 더 큰 역할을 할 수 있는 길을 열어 줄 것"[27]으로 전망한다.

중남미에서도 미국의 지위는 추락하고 중국의 지위는 상승했다. 냉전의 해체 이후 중남미에서 절실히 필요한 것은 미국의 군사적 지원이나 정치적 지도보다 경제적 지원과 자립이었다. 그러나 신자유주의적 성격을 띤 국제금융 자본은 이 지역을 불안정성에 무자비하게 노출시켰다. 1990년대 국제금융 위기는 라틴아메리카에서 미국의 헤게모니가 흔들리는 결정적 계기가 되었다. 1998년 베네수엘라를 시작으로 아르헨티나, 브라질, 칠레, 볼리비아, 에콰도르, 니카라과 들에서 반미 성향의 좌파정부가 들어섰다. 우파정부라고 해서 미국의 지위가 강고한 것도 아니었다. 트럼프행정부가 멕시코 장벽을 구축할 것을 요구하자 멕시코는 단번에 거절했다. 그들에게 중요한 것은 미국의 선물이지 간섭

---

27 Linda Khatib, "Middle East: Inaction Will Haunt Washington", *FP*, 2021.07.23.

이 아니었다.

미국의 공백은 중국이 채워 나갔다. 베네수엘라에 괴뢰정부를 세우고자 노력했던 미국식 행보와 달리 중국은 경제 협력 우선 정책을 펼쳤다. 중국은 2014년 중국-셀락포럼(China-CELAC Forum, CA-CELAC)을 결성하고 무역과 투자에 대한 협력을 강화했다. 우파정부인 브라질은 반중국 정책을 선언하고도 경제적 이유로 중국에 화해의 손을 내밀었다. 보우소나루행정부는 미국의 화웨이 퇴출 요구에 공개적으로 반대하고 나서며 중국의 백신을 공급받고 화웨이 제재를 풀었다. 중국이 개발한 저렴한 코로나 백신은 미국의 화이자 백신보다 라틴아메리카 국가들의 최우선 선택지였다. 베이징 동계올림픽 시기 아르헨티나 페르난데스 대통령은 일대일로 참가를 선언했고, 에콰도르 라소 대통령은 대만과 단교하고 중국과 무역 MOU를 체결했다. 2021년 중국과 중남미 교역은 2020년보다 41.4%가 증가했다.[28]

미중 무역전쟁이 한창 진행되던 2018년 9월 베이징에서 열린 중국-아프리카 협력포럼(Forum on China-Africa Cooperation, FOCAC) 회의가 열렸다. 57개국 중 단 한 국가도 빠짐없이 참석하여 앞으로 중국과 관계를 발전시켜 나갈 것을 다짐했다. 아프리카가 이미 중국의 영향력 아래 놓인 지 오래되었다는 것을 보여 주는 상징적 사건이었다. 아프리카는 트럼프 대통령이 '똥구멍 같은 나라들(shithole countries)'[29]이라고 표현할 만큼 이미 미국과 멀어져 있는 지역이다. 미국의 화웨이 사용 배제 요청

---

28 SCMP, 2022.2.12.

29 "Trump referred to Haiti and African nations as 'shithole' countries", NBC NEWS, 2018.01.18.

에 케냐가 그것은 자기들의 주권이라고 주장하며 화웨이를 사용하겠다고 공개적으로 표명한 것은 충분히 예견된 일이었다. 중국은 "북쪽 경쟁자들과 비교하여 정치적 단서는 더 적게 붙이고 비싼 상담료는 없으면서 더 많은 차관을 남쪽 국가들에 제공"[30]하고 있었기 때문이다.

동남아시아도 마찬가지이다. 전후 질서를 재편하는 과정에서 친미 조직으로 만들어졌던 아세안은 이미 충분히 미국으로부터 떨어져 나와 중립적이다. 2000년 중국과 아세안의 교역 규모(400억 달러)는 미국과 아세안(1,350억 달러)의 3분의 1도 못 미쳤지만, 2020년 교역 규모는 중국이 두 배 더 앞서고 있다.[31] 미국의 중국봉쇄 정책이 시행되었지만 2020년에 중국은 아세안의 최대 교역국이 되었다. 아세안은 남중국해에서 미국이 주장하는 '항행의 자유'조차 지지하지 않았다. 2021년 10월 중국과 아세안이 정상회의를 개최할 때 미국은 남중국해에서 일본의 구축함과 합동훈련을 했다. 아세안에게 중국 편에 서지 말라는 무력 시위였지만 아세안은 중국과 남중국해 회담을 지속했고 '긍정적인 진전'을 이루었다고 발표했다.[32]

새로운 경제관계는 국가 간 권력체제의 변화를 동반할 수밖에 없다. 중국의 부상은 미국의 동맹국들에게 미치는 미국 패권에 근본적인 문제를 발생시켰다. 한국은 중국으로부터 가장 많은 무역흑자를 얻는 국가이다. GDP의 70%를 수출에 의존하는 한국에게는 대중 수출이 가장 중요한 국가안보 요인이 되었다는 것을 뜻한다. 일본은 GDP의 30% 정도

---

30 조반니 아리기, 앞의 책, 2009, 526쪽.

31 Kishore Mahbubani, "China Biden Has Constrained His Own Options?", *FP*, 2021.07.23.

32 SCMP, 2021.11.14.

만 수출에 의존하지만 장기적인 경기침체와 미래의 먹거리 고민에 늘 시달리고 있어 일본에게도 중국이 중요해졌다. 트럼프행정부의 꼭두각시 노릇을 하면서도 중일 정상회담에 매달렸던 아베의 고민은 미국의 현주소로 볼 수 있다.

그러나 중국의 성장이 미국의 패권을 대체하거나 동아시아 지역의 패권을 차지한다는 것을 뜻하지 않는다. 미국의 패권적 지위가 무너진다고 해서 동아시아에서 강대국의 일원으로 역할을 할 수 없다는 뜻도 아니다. 미국의 힘이 동아시아에서 완전히 배제될 리가 없고, 아시아 각국의 힘이 성장해 대항권력으로 작동한다는 점을 고려할 때 중국이 미국의 패권을 대체해 불평등한 국가 간 체제를 형성할 가능성은 당분간은 별로 없다.

하버드대학에서 국제정치를 연구하는 스티븐 M. 월트(Stephen M. Walt) 교수는 "중국도 규범 있는 국제질서를 원한다"고 주장한다.[33] 바이든이 내세운 '규범 있는 질서'라는 미국 중심의 질서가 아니라 다자주의가 반영된 '규범 있는 국제질서'라면 중국은 기꺼이 수용할 가능성이 높다. 그런 점에서 미뇰로가 "중국의 민족주의는 서구 신자유주의에 대한 일종의 대응"[34]이라는 언급은 일리가 있다. 중국의 부상은 중국의 의도와 상관없이 전후체제를 균열시키는 데 가장 큰 진원지 역할을 하고 있을 뿐 아니라 다자주의적 세계질서를 여는 중심축이 되고 있다.

33 Stephen M. Walt, "China Wants a 'Rules-Based International Order,' Too: The question is who gets to write the codes—and whether the United States will live up to its own", *FP*, 2021.03.31.

34 월터 D. 미뇰로, 앞의 책, 494쪽.

3 아시아의 성장

전후체제의 위기가 전후체제의 중심부에서도 일어나고 있다. 동아시아 전후체제의 핵심은 미일동맹이다. 그러나 미일동맹 또한 미국 중심의 샌프란시스코체제 안에서 국가 간에 불평등하게 이루어진 수직적 동맹이었다. 일본에게도 샌프란시스코체제는 이중적 성격을 지니고 있었다. 비군사적인 평화헌법과 군사적인 미일동맹은 상호 배치되는 시스템이었다. 평화를 표방하며 만들어진 수직적 군사동맹은 "일본을 실질적 독립국가로 만들어 놓기보다는 미국의 군사적 속국"으로 만들어 놓았다.[35]

일본은 전후체제에서 가장 빠른 성장을 이룬 국가 중 하나였다. 일본은 경제적 성장과 더불어 군대를 가진 정상국가를 추구해 왔다. 일본이 줄곧 정상국가를 추구해 온 방식은 적대적 국가 체제 내에서 동맹에

---

35 이기호, 〈아베 정권의 '전후체제로부터의 탈각'과 기억의 정치〉, 《동향과 전망》 105호, 322~323쪽.

게 주어지는 혜택을 통한 자립 방식이었다. 일본은 철저하게 미국과 동맹 강화를 통해 정상국가를 추구했다. 미국이 전후 일본의 염원인 정상국가화를 지원하는 가장 강력한 우군이기 때문이다.

샌프란시스코체제 위기 시기 일본은 인도태평양 동맹을 통해 신냉전체제를 구축하고, 신냉전체제 내에서 미국의 아시아 전략의 교두보 역할을 하는 대신에 군대를 가진 정상국가를 만들고자 노력했다. 인도태평양 동맹은 일본의 정상국가화를 추구하던 아베 총리의 아이디어였다. 미국은 평화헌법 체계 내에서 양국 간 군사협력에 관한 규정을 수정해 '집단안보'라는 개념으로 일본이 군대를 가질 수 있는 길을 열어 주었다. 2001년에는 9·11 테러를 명분으로 일본의 자위대를 이라크에 파병시키기도 했다. 최근에는 남중국해에 일본 군대를 동원하려는 시도를 하고 있다. 평화헌법을 실질적으로 무력화시키는 전략이다.

그러나 일본의 평화헌법 개정은 전후체제를 근본적으로 뒤흔드는 체제 변혁적 시도이다. 미일동맹은 샌프란시스코체제의 핵심이고, 일본의 평화헌법은 이웃 국가들이 미일동맹을 받아들인 핵심 장치였다. 만약 일본이 평화헌법을 파기하고 한반도의 분단체제를 강제하고 중국을 봉쇄하는 신냉전 정책을 감행한다면, 이웃 국가들이 그것을 용인할 리가 없다. 그런 점에서 일본의 정상국가화는 중국에 대한 적대적 봉쇄를 풀고, 한반도의 분단체제를 해소할 때나 가능한 전후체제 이후의 체제 문제이다.

결국 일본은 수직적 미일동맹을 바탕으로 중국과 남한, 그리고 북한과 완전한 적대 관계를 맺으면서 신냉전 질서 아래 정상국가화를 추구할 것인가, 아니면 미일동맹이라는 수직적 체제를 버리고 공생적인 다자주의를 바탕으로 평화체제를 구축하여 이웃 국가들과 함께 신식민주의 질서에서 벗어날 것인가를 선택해야 할 시점에 놓여 있다. 트럼프행정부의 몰락은 무엇이 일본에게 더 유리한지 꼼꼼히 따져볼 기회를 줄 것이다. 미국은 일본의 정상국가화를 수용할 만큼 패권을 유지하지 못하고 있고, 그에 따르는 대가를 지불할 여력도 없다. 일본의 고민이 깊어질 수밖에 없는 시기이다.

미국의 패권이 무너지고 있는 상황에서 일본에게도 중국의 봉쇄라는 신냉전 전략은 결코 쉬운 선택이 아니다. 트럼프행정부의 미국 우선주의가 트럼프행정부의 대선 전략이 아니라 미국의 힘이 추락한 결과라면, 일본도 미국의 힘이 무력해진 동아시아를 대비해야 한다. 아베 총리마저 시진핑 주석과 정상회담을 기획했던 것은 일본 또한 전후체제의 한계를 절실히 느끼고 있었기 때문으로 판단된다. 일본 내부에도 군사주의적 신냉전체제를 옹호하는 세력만 존재하는 것이 아니다. 미일 안보조약 체결 이후 일본의 전후 대중국 정책의 근원이었던 '정경분리론'은 중국과 경제적 고도화와 상관없이 정치적으로는 미국 편을 들겠다는 선언이기도 하지만 미국이 중국과 경제적 관계까지 봉쇄해서는 안 된다는 의식의 표방이기도 했다.[36] 2009년 정권교체로 등장한 하토야마 유키오 민주당 정권은 미국 일변도의 외교정책을 탈피하여 동아시아의 평화를 중심으로 삼는 동아시아공동체론을 제시하기도 했다.[37] 미국이 일본에게 경제적 대가를 줄 수 없다는 사실이 밝혀지면 질수록 키신저 시스템 옹

---

36 서승원, 〈자민당 정권의 중국정책과 정경분리, 1955-1971: 관료정치화, 파벌정치, 그리고 친중국 연합전선〉, 《국제정치논총》 51권 4호, 2011 참조.

37 이철호, 〈일본의 동아시아공동체론과 중국〉, 《일본비평》 6호, 2012년, 101쪽.

호론자들의 목소리가 힘을 얻을 가능성이 높다. 일본국민이 중국을 바라보는 시각은 바로미터이다. 일본국민이 중국을 보는 시각은 냉전 시기에 대립적이었다가 키신저 시스템 구축 이후 미국의 아시아회귀 정책이 시행되기 이전인 2000년대까지 끊임없이 협력을 강조하는 우호적인 태도였다.[38] 일본에게도 평화체제의 잠재력은 상존하는 셈이다.

중국의 부상과 더불어 아시아에 다자주의 시기가 다가오게 된 또 하나의 동력은 샌프란시스코체제에서 배제되었던 남북한의 힘이 성장한 것이다. 한국은 전후체제에서 가장 급속하게 성장한 대표적인 국가이다. 한국의 힘이 성장한 중심에는 경제성장이 자리 잡고 있다. 고도의 경제성장으로 G7에 거론될 만큼 강대국이 되었다. 미래기술도 지속적으로 발전하고 있다. 일본과 경제 전쟁을 벌이고도 거뜬히 버틸 만큼 자립적인 기술 체계를 갖추고 있다. 애덤 투즈는 단정적으로 "이제 세계의 미래는 위기에서 살아남은 미국의 생존자들과 아시아의 신참자들 사이에서 결정될 것"이라고 본다.[39] 한국은 그 주요 국가 중 하나이다.

북미 정상 간에 협상 과정에서도 한국의 힘은 여실히 증명되었다. '볼턴 회고록'에서 드러나듯 북미 정상들을 한 테이블에 앉힌 동력은 한국의 힘이었다. 미국도 북한도 한국의 말을 들어야 할 힘의 한계가 있었던 것이다. 미국은 북한의 신뢰를 상실했고, 북한은 미국과 협상하기 위해서 한국을 배제할 수 없었다. 이것은 넓게 보면 한국이 샌프란시스코체제의 한계를 스스로 뚫고 나올 만큼 성장했다는 것을 뜻한다.

---

38 기미야 다다시, 〈중국을 둘러 싼 한일관계: 한국, 한반도에서 본 일본의 대중인식, 정책〉, 《일본연구논총》 47호, 2018, 152쪽.

39 애덤 투즈, 앞의 책, 43쪽.

한국은 이미 미국의 예스맨이 아니다. 아무 선물도 없는데 미국이 요구한다고 덜렁 쿼드에 가입하지 않을 수 있었고, 미국의 눈치를 보지 않고 중국의 우대를 받으며 RCEP에 가입할 수 있었다. 화웨이 제재에 동참하기를 강요받을 때 자국의 이익을 중심으로 판단하여 거부할 수 있었고, 과도한 방위비 인상을 요구받을 때 '노'라고 대답할 수 있었다. 만약 미국이 한국의 동의 없이 신냉전체제를 형성해 나가거나, 중국이 한국의 동의 없이 미국과 합의하에 북한을 붕괴시키거나, 일본이 한국의 의도와 상관없이 미국과 합의하에 평화헌법을 폐기하는 일이 일어난다면 한국은 가장 강력한 대항권력이 될 가능성이 높다. 한국은 그럴만한 힘이 있기 때문이다.

한국에게 중국의 부상은 미국이 IMF 사태와 같은 일을 벌일 때 피해 갈 수 있는 하나의 대체 통로로 활용할 수 있는 기회이다. 한국은 미국의 참여와 상관없이 아시아인프라투자은행(AIIB)에 참여했다. 단순 참여국이 아니라 주요 주도국 중 하나이다. 미국이 주도하고 미국이 팽개친 TPP에 참여하지 않았지만, 중국이 주도하는 RCEP에는 참여하였다. 미국이 참여하지 않는 아시아 국가들의 경제연합체가 탄생하는 데 한국이 중요한 역할을 한 것이다. RCEP은 AIIB에 이은 아시아 국가들의 두 번째 경제연합체이다. RCEP 같은 다자기구는 미국의 불합리한 압력에 맞상대할 수 있는 미국 대 다자간 대결 구조를 만들어 놓았고, AIIB 같은 금융기구는 미국이 마음대로 IMF와 같은 사태를 만들 수 없게 한다.

한국은 미국이 빠진 TPP 대신에 결성된 CPTPP에도 빠졌다. 한국이 CPTPP를 선택하지 않은 것은 노골적으로 반중국동맹의 성격을 띠는 CPTPP에 가입했을 때 입을 경제적 피해를 피하고자 한 선택이었다. 트럼프행정부가 중국을 견제하기 위해 G7을 G11로 확대하는 데 한국이 머뭇거린 까닭과 비슷하다. 만약 바이든행정부가 한국에게 반중 성격을 가진 쿼드 플러스나 CPTPP에 가입할 것을 요구하거나 중국시장을 포기하라고 요구한다면 한국은 미국에게 그 대가를 요구할 것이다.

전후체제 위기 시대에 미국이 한국에게 줄 수 있는 가장 큰 '선물'은 여전히 군사적 지원이다. 그러나 그 효력은 예전만 못하다. 우선 한국의 독자적 군사력이 성장했다. 핵은 보유하지 못했지만 한국의 군사력은 세계 7위로 북한을 억제하는 군사력으로는 충분하다. 북한이 글로벌 경제체제에 편입하려는 시도는 한반도에서 미국의 군사력이 더 필요없게 만들고 있다. 중국이 부상하며 동북아 평화를 주창하는 것도 미국의 군사적 '선물'의 효과를 떨어뜨리고 있다. 한국 내 평화주의 세력도 성장하여 신냉전적 이데올로기 공세로 미군의 필요성을 강조하기 쉽지 않아졌다. 한국의 안보 보수주의자들의 세력이 약화되고 분화되어 미국의 비합리적인 요구를 집행할 조력자의 동력도 현저히 떨어져 있다.

바이든행정부가 들어선 이후 2021년 7월 카말라 해리스 미국 부통령이 싱가포르와 베트남을 방문했다. 그동안 미국의 반중정서에 우호적이었던 국가들을 포섭하기 위한 것이었다. 싱가포르 리셴룽 총리의 입장은 이미 중립적이었기에 미국도 별다른 기대가 없는 방문이었다. 문제는 베트남이었다. 베트남은 그동안 아세안의 어느 국가보다도 중국에 대립각을 세우고 있었다. 그러나 베트남의 팜 민 찐(Pham Minh Chinh) 총리는 해리스 부통령을 만나기 이전에 슝보 주베트남 중국대사와 회담을 가졌다. 이 회담에서 팜 민 찐 총리는 "베트남은 항상 자립, 다자주의,

관계 다각화를 우선하는 독립적인 외교정책을 유지해 왔다"고 말하고, "베트남이 다른 나라와 싸우기 위해 한 나라와 동맹을 맺지 않을 것이며 중국과 정치적 신뢰를 높이고 교류를 촉진하며 협력을 유지하기를 희망한다"고 밝혔다.[40] 베트남은 미국 편에 설 생각도 중국 편에 설 생각도 없는 것이다. 아세안에서 가장 큰 국가인 인도네시아도 중립외교의 강력한 중심축이다. 미중 충돌 시기에도 인도네시아는 자국 주변에서 '총을 쏘는 강대국'을 원치 않는 등거리 중립외교를 지켜 왔다.[41]

샌프란시스코체제나 키신저 시스템이 더 이상 굴러갈 수 없을 때 한국은 어떤 선택을 할 가능성이 높을까. 그것은 어느 때보다도 한국인의 선택에 달려 있을 가능성이 높다. 한국은 한미일 삼각군사동맹을 체결하여 신냉전 시대로 후퇴할 수도 있고, 키신저 시스템을 포기하고 다시 미국의 '선물'만 바라보며 살 수도 있다. 반대로 다자주의 시대에 걸맞게 미국에게 신식민주의 요소를 줄이라고 요구할 수도 있고, 주도적으로 종전선언을 하고 평화체제로 나아갈 길을 모색할 수도 있다. 한국의 힘은 샌프란시스코평화조약 체결 시기와 분명히 달라져 있다. 그때는 열강들의 이해관계에 따라 한국이 배제되었지만 이제는 우리도 우리의 운명을 결정할 힘이 생겼다. 미국이나 중국이 선택했다고 우리가 그때처럼 따라야 할 필요는 없다. 한국은 선택을 할 힘이 있고, 그 선택이 앞으로 동아시아에 생겨날 새로운 체제의 방향을 결정할 수 있을 만큼 중요하다.

1960년대 아프리카 가나의 은크루마가 미국 중심의 새로운 체제를

---

40 "Vietnam says it will not side against China, as US' Kamala Harris visits", SCMP, 2021.08.25.

41 Evan A. Laksmana, "Indonesia Unprepared as Great Powers Clash in Indo-Pacific", *FP*, 2021.08.26.

신식민주의라 규정하고 "신식민주의는 그것을 자행하는 선진국가들의 목에 걸린 맷돌이다. 만일 그것을 없애지 않는다면 그것이 그들을 압살할 것이다"고 확신했다.[42] 지금 동아시아에서 보이는 불평등한 국가체제에 대한 저항의 크기는 신식민주의체제의 '소름끼치는 마지막 헐떡거림의 표지'라 보기에 충분하다. 바이든행정부는 스스로 자기들의 목에 걸린 맷돌을 풀어야 한다. 그 출발점은 미국이 수직적 동맹질서를 동아시아에 또다시 강요하는 것이 아니라 새롭게 구축되고 있는 동아시아의 다자주의적 질서를 받아들이는 데 있을 것이다.

그런 점에서 평화체제는 동아시아에서 미국도 연착륙이 가능한 나라가 될 수 있다는 합리적 대안이다. 종전협정이나 북미수교는 미국에게도 열려 있는 평화체제를 향한 첫걸음이 될 것이다. 바이든행정부가 역사를 다시 되돌리는 선택을 한다면 그것은 단순히 바이든행정부의 몰락이 아니라 미국의 급속한 몰락으로 이어질 가능성이 높다. 이미 세계는 샌프란시스코체제를 구축하던 시대가 아니기 때문이다.

---

42 로버트 J. C. 영, 앞의 책, 75쪽.

4 대항 세력의 성장

냉전사를 연구하고 있는 권헌익은 냉전의 해체를 유럽의 군사적 전략만으로 연구하는 것의 한계점을 지적했다. 냉전이 해체되는 데는 탈식민지역에서 치열하고 끊임없는 도전이 있었기 때문이라는 중요한 사실을 간과한다는 지적도 했다.[43] 중요한 지적이다. 새로운 시대가 오려면 구시대를 넘어서려는 대항세력의 성장이 반드시 필요하다. 샌프란시스코체제라는 불평등한 국가 간 체제가 흔들리게 된 데에는 미국의 추락과 중국의 부상, 아시아 국가들의 성장이라는 요인도 있지만 대항세력의 성장도 매우 중요한 영향을 미쳤다.

신식민주의 성격을 지닌 샌프란시스코체제는 대항세력의 끊임없는 저항을 받아 왔다. 대항세력의 성장이 가장 강력한 곳은 한국이었다. 한국에서 샌프란시스코체제의 가장 근본적인 대항세력으로 볼 수 있는 평

43 Heonik Kwon, "Rethinking Postcolonial History", 《비교일본학》 19집, 2008, 59~60쪽.

화체제의 세력이 등장했다는 사실은 매우 흥미롭다. 여기서 말하는 평화체제 세력이란 1) 불평등한 국가 간 체제를 평등한 다자주의적 국가 간 체제로 전환 2) 적대적인 분단체제의 종식 3) 평화적 방법으로 국가 간 체제의 전환과 분단체제 종식을 모색하는 세력을 뜻한다.

북미회담이 주춤거리던 2020년 6월 발표된 통일연구원의 조사에 따르면, 코로나19 사태와 관련하여 북한을 지원해야 한다는 쪽이 70.3%였다. 북한과 평화공존을 선호하는 사람의 비율은 2017년 46%에서 2020년 54.9%로 늘었다. 평화공존보다 통일을 원하는 사람 26.3%를 더하면 무려 81.2%에 달한다.[44] 이런 통계는 상당히 높은 편차를 보이며 쉽게 오르내리지만 평화주의자이거나 평화체제를 지향하는 성향을 가진 사람이 늘어난 것은 분명하다. 친미를 바탕으로 신냉전체제로 나아가기보다 다자주의라는 국제관계의 틀을 선호하고, 반공보다는 평화를 이념으로 삼으며, 군사주의 방법보다는 대화와 타협을 우선하는 세력들이 광범위하게 확산되었다. 전 국민의 96.5%가 트럼프행정부의 방위비 인상 요구에 반대했다는 점에서도, 한반도에 신식민주의체제를 넘어설 수 있는 평화체제 세력의 토대가 성장한다는 것을 알 수 있게 해준다.

평화체제 세력은 샌프란시스코체제가 지닌 신식민주의 특성에 근본적으로 대항하는 세력이지만 아직은 조직화된 세력으로 보기에는 미흡할 정도로 느슨한 형태의 진보연합 수준이다. 조직화하지 못했고, 평화체제를 지향하는 프레임과 어젠다를 정립하지 못한 상태이다. 그러나

---

44 통일연구원, KINU 통일의식조사 2020.

촛불집회와 서초동 집회를 살펴보면 예전과 다른 새로운 주체들이 역사의 전면에 등장했다는 사실을 발견할 수 있다.

서초동 집회의 가장 큰 특징은 자발성이었다. 예전과 달리 정당이나 시민단체가 주도하고 대중들이 참여하는 시위가 아니었다. 1980년대 시위는 전대협과 같은 대학생 진보조직이 중심이 되었고, 1990년대 시위들은 민주노총이나 진보적 종교단체 들이 주도하였다. 서초동 집회는 광화문 집회보다 더 자발적인 주체들이 참가해 이루어졌다. 광화문 촛불집회도 개인의 자발적 참여가 두드러지기는 했으나 진보정당과 단체가 핵심 역할을 수행한 것이 사실이다. 실제로 집회를 주도하고, 함께 대규모 모금을 진행하고, 참가자 숫자를 압도하는 스피커를 동원할 수 있었던 '박근혜정권퇴진비상국민행동' 같은 조직이 있었다. 그러나 서초동 집회는 달랐다. 광화문 탄핵 촛불집회 때처럼 '박근혜정권퇴진비상국민행동' 같은 조직적인 집행위원회가 주도한 것이 아니었다.

주도 조직이 아예 없었던 것은 아니다. '개싸움국민운동본부'와 같은 시위를 주도한 단체가 있었다. 그러나 이 단체는 잘 조직되거나 정비된 단체가 아니었다. 여러 시민단체가 연대한 단체도 아니었다. 그들 또한 시위의 규모가 하루아침에 그런 규모로 늘어날지 몰랐을 정도로 임시방편으로 결성된 즉흥적 조직이기도 했다. 일부 이론가는 조직화되지 못했다는 점에서 흔들리는 촛불이라고 한계를 지적했지만 이전과 다르게 조직의 틀을 벗어나 자발적이고 자율적으로 한순간에 등장할 수 있다는 점에서 네그리와 하트가 말하는 공동의 목표를 향해 모이는 다중의 등장으로도 볼 수 있다. 광화문 집회가 계급을 초월해 각성한 시민이 스스로 근대적 권리를 찾아 나선 주체로 등장한 것이었다면, 서초동 집회는 권력이 나아가야 할 방향을 놓고 벌인 주체들의 이합집산이었다. 천정환의 연구에 따르면 2008년부터 이런 현상은 나타나고 있었다.[45]

국가나 시민단체의 권력으로부터 독립적인 세계관을 가진 자발적 시민들은 어느 날 어떤 단체가 깃발을 들자 하루아침에 모여들었다. 장수풍뎅이연구회, 고산병연구회, 전국 한시적 무성욕자연합, 민주묘총, 범깡총연대, 얼룩말연구회, 거시기산악회, 전국양배추취식연합회, 트잉여운동연합, 안남대학교리볼버과, 나만 고양이 없어, 햄네스티인터내셔널, 일 못하는 사람 유니온, 탄누투바광산회사, 커리애호가모임, 꿀벌 7만, 미국너구리연합한국지부, 대한민국아재연합, 망굴모, 힝입니다ㅠ, 민트당 같은 다양한 형태의 정체성을 가진 집단들이 참가했다. 물론 "자주통일, 민족자주, 해방, 횃불 등의 구호"를 내세운 단체도 있었다.[46] 그러나 다양한 이름 아래 자기들의 깃발을 들고 참여한 다중들은 기존에 시위를 주도했던 학생회, 노조, 시민단체의 깃발을 압도했다.[47]

촛불 세력이 주도한 서초동 집회의 특징은 다양한 종류의 소규모 언론매체가 이 시위를 촉발했다는 점이다. 광화문 촛불집회를 JTBC나 《한겨레》 같은 거대한 언론사가 주도한 것과 다르다. 서초동 집회는 어떤 거대 언론도 헤게모니를 장악하지 못했다. 민주화 과정에서 언론권력으로 성장한 《한겨레》도, 박근혜 탄핵으로 급부상한 JTBC도, 수많은 언론 중 하나로 전락했다. 그런데도 시위 참가자의 숫자는 촛불집회 못지않

---

45 천정환, 〈누가 촛불을 들고 어떻게 싸웠나: 2016/17년 촛불항쟁의 문화정치와 비폭력·평화의 문제〉, 《역사비평》 118호, 2017, 446쪽.

46 이기훈, 〈집회와 깃발-저항 주체 형성의 문화사를 위하여〉, 《학림》 39권, 2017, 165쪽.

47 천정환, 앞의 글, 450~451쪽.

았고, 시위 참가 규모가 늘어나는 휘발성은 어느 시위보다 강력했다. 그 밑바탕에는 미디어의 다변화가 자리 잡고 있었다.

서초동 집회는 유튜브와 같은 1인미디어, 소셜네트워크, 팟캐스트의 힘이 기존 언론의 힘을 뚫고 나온 가장 획기적인 사건이다. 2000년대식 대자보 같은 느낌이다. 대자보가 정치의 억압을 뚫고 나온 것이라면 서초동 집회에 활용된 뉴미디어는 기존 언론의 틀을 넘어서고 나왔다. 시민들에게 이전과 완전히 다른 새로운 정보체계가 구축되었다는 것을 뜻한다. 1980년대 초반 영국에서 벌어진 크루즈미사일 기지건설 반대운동 과정에서 하위주체들이 저항운동을 펼치던 방법인 대안적 미디어 활동[48]이나 멕시코에서 1980년대 등장한 원주민 운동인 사파티스타 운동에서 나타났던 네트워크 언론의 재현이기도 했다. 사파티스타는 온라인 네트워크를 통해 전 지구적 힘을 빌어서 미국과 신자유주의적 수탈로부터 자율과 자치의 공간을 확보한 운동이었다.[49]

새롭게 등장한 네트워크 언론은 거대 언론보다 더 빠르고 더 선명한 정보채널을 구축하였고, 거대 언론, 막강한 검찰권력, 그리고 보수야당의 전방위적 공세에 흔들리지 않을 정도로 독립적인 정보채널로 자리 잡기 시작했다. 미셸 푸코가 개념화한 이른바 '파레시아(parrhesia)'의 시대가 열리는 것이다. 파레시아는 푸코가 민주주의의 모형으로 불리는 그리스 정치에 참가하는 주체들을 분석하면서 사용한 개념이다. 파레시

---

48 원동필·이종봉, 〈영국 그린햄커먼 여성평화캠프에 관한 연구(1981-1984): 저항주체의 형성을 중심으로〉, 《인문사회과학연구》 20권 4호, 143쪽.

49 박정원, 〈서발턴, '인민'의 재구성, 그리고 21세기 라틴아메리카 포스트신자유주의〉, 《비평과이론》 22권 3호, 2017, 189쪽.

아는 말하는 행위를 뜻한다. 다른 사람의 말을 전하는 것이 아니라 나의 말을 한다. 이것은 민주의 최소 단위이자 주체인 개인이 근대적 주체로 나아가는 첫걸음이다. 나의 말을 하려면 스스로에게 진실해야 하고, 그 말을 해서 자신에게 닥칠지도 모르는 위험을 감수할 용기가 있어야 하며, 기본의 법을 지킬 의무와 기본의 법을 넘어설 판단력이 있어야 하며, 스스로를 비판하고 동시에 타자도 비판하는 바탕 위에서 더 나은 목표를 향해 관계 맺으려는 의지가 필요하다.

기존 조직들과 완전히 다른 형태의 자발적 민중이 등장하는 것은 식민주의체제 아래서 벌어지는 전 지구적 현상이다. 라틴아메리카의 역사에서도 이런 현상은 나타났다. 2000년대 초반 아르헨티나에서 등장했던 '모두 꺼져 버려' 운동은 기존 질서에 저항할 뿐만 아니라 좌파 정당이나 노조 지도자들의 지휘에서도 벗어나 자율적이었다. 모든 매체의 권위도 부정되었다.[50] 페루의 우유잔공동체나 칠레의 국그릇공동체, 그리고 브라질, 멕시코, 베네수엘라 같은 국가에서 수많은 하위계층들이 등장했다. 1890년대 말 중국의 민중들이 지배계급이나 엘리트들로부터 독립해 스스로 자기들을 대변하면서 자발적 저항주체로 거듭나며 의화단운동 같은 대규모 저항운동을 일으키는 모습과 비슷하다.[51] 민중이 자발적으로 역사의 전면에 나선 것은 엘리트들이 자기들을 대변해 주지 못했기 때문이다.

---

50 김은중, 〈라틴아메리카 민족주의와 포스트-신자유주의 시기의 민족국가의 재구성〉, 《이베로아메리카》 19권 1호, 2017, 28쪽.

51 김희교, 〈청말 민중사회의 근대상-러시아배척운동(拒俄運動)과 반미상품운동(抵制美貨運動)을 중심으로〉, 《중국근현대사연구》 19권, 2003.

그러나 주체적인 근대 시민이 역사의 전면에 등장했다고 해서 그들이 승리의 노래를 부를 수 있는 것은 아니다. 역사는 헤게모니의 싸움이기 때문이다. 프랑스 혁명은 오랜 기간 반동의 시기가 있었고, 중국 혁명은 승패를 가늠하기 힘든 오랜 내전이 동반되었다. 대항권력이 기존 권력 체계를 넘어설 때 새로운 진보는 이루어진다. 대중의 잠재력에 부합하지 못하는 저항이나 반란은 역사의 진보에 무용하거나 해로울 수도 있다.[52] 반동의 역사는 그렇게 등장한다. 자발적 언론의 등장이 곧 진보를 의미하는 것도 아니다. 새로운 미디어는 탈전후체제적 주체를 등장시키기도 했지만 체제지향적인 보수우익들의 확대 재생산 도구이기도 했다.

문제는 새로운 시대에 하위주체들의 선택이다. 라나지트 구하는 하위주체를 "신분, 나이, 젠더, 그리고 직업 등으로 인해 종속된 상태에 위치한 이들"이라고 말한다. 식민주의체제하에서 하위주체들은 국가뿐만 아니라 시민사회 자체를 문제 삼는다. 시민사회 또한 식민권력의 성격을 지니기 때문이다.[53] 엘리트들이 대변하지 않는 하위주체들은 국가권력뿐만 아니라 기존의 시민사회 권력에도 저항하는 근대적 주체이다. 네그리의 정의를 빌리면 주체성은 "관계들의 총체의 산물"이다.[54] 근대적 주체는 근대적 관계를 인식한 주체들을 뜻한다. 서초동에 등장한 시민들은 식민 이후 정치권력의 주체이자 아직 어디로 향할지 질서가 생기지 않은 다중이었다.

---

52 안토니오 네그리, 정남영 외 옮김, 《다중과 제국》, 갈무리, 2011, 205쪽.
53 박정원, 앞의 글, 178쪽.
54 안토니오 네그리, 앞의 책, 2011, 148쪽.

반동의 역사를 만들어 낸 힘은 엘리트들의 분열과 엘리트들이 잘못 설정한 방향에서 출발하는 경우가 많다. 결국 촛불집회에서 시작된 근대와 탈근대를 동시에 넘는 체제 프로젝트를 완성하기 위해서는 엘리트들이 새롭게 등장한 다중을 어떻게 조직화하느냐에 달려 있다. 김기봉 교수는 조국 사태를 두고 벌어진 싸움을 '담론투쟁의 내전'[55]이라고 불렀고, 《황해문화》 편집주간인 김명인은 '촛불동맹의 분열'[56]로 불렀다. 그만큼 엘리트들은 새롭게 등장한 다중을 대변하지 못하고 분열하고 있었다.

정치적 주체로 각성한 다중과 분열된 엘리트들이 만들어 낸 대표적인 불협화음이 성주사드반대 투쟁이었다. 성주사드반대운동은 주민들의 생존권이라는 1차적 민주의 문제뿐만 아니라 주권이라는 2차 층위의 민주의 문제, 신냉전 전략의 성패가 달린 3차 층위의 국가 간 체제 문제, 글로벌 군산복합체 자본과 지역의 이해가 부딪친 4차적 층위의 민주의 문제까지 걸린 대항운동이었다.

성주사드반대운동은 성주여자중학교 학부모회, 바르게 살기협의회, 한의사회, 건설기계협회, 참외작목반, 부녀회, 새마을회, 동문회처럼 이전에 진보-보수, 관-민간, 엘리트-주민, 시민단체-지역주민의 시각으로는 이해할 수 없는 이름의 단체들이 참여했다. 정부의 시책에 주로 찬성만 해 왔던 단체뿐만 아니라 정치적 행동과 전혀 어울리지 않는

55 김기봉, 〈'조국 사태'와 '조국 현상': 비트겐슈타인과 후설에게 묻는다〉, 《철학과현실》 123호, 2019, 155쪽.

56 김명인, 〈'조국 사태', 그리고 그 이후: 과연 한국사회는 새로운 계급투쟁을 시작할 준비가 되어 있는가〉, 《황해문화》 105호, 2019, 279쪽.

단체까지 가장 첨예한 국제 문제에 자발적으로 뛰어들었다. 성주 군수는 촛불을 들고 나온 성주 여성을 두고 "정신 나간 술집하고 다방하는 것들"이라고 비아냥거렸다. 성주 군수의 발언은 1890년대 의화단운동 시기 10대 소녀들이 만든 홍등조(紅燈照)를 두고 지배계층들이 한 이야기와 정확히 일치한다.[57] 기존 권력으로 통제할 수 없고 이해할 수 없는 불손한 존재들이 등장한 것이다.

그들은 정당이나 학생회, 노조, 시민단체와 달리 기존의 방식으로는 통제 불가능한 단체들이었고, 기존의 가치관으로는 이해할 수 없는 '정신 나간' 존재들이었다. '다방하는 정신 나간 것들'이나 가장 관변적인 단체 '새마을회'가 진보진영보다 더 강력한 저항을 할 것이라고는 아무도 예상하지 못했던 것이다. 기존의 질서와 완전히 다른 자발성, 자율성, 급진성과 전 지구적 시각을 가진 지역민의 등장이었다. 사드 추가 배치를 공약으로 내건 윤석열 대선 후보는 어디에 사드를 설치할 것인가라는 질문에는 끝내 답하지 못했다. 신냉전 세력에게 전 지구적 시각을 가진 지역민은 가장 근본적인 대항세력인 것이 증명되는 순간이다. 하지만 성주사드반대운동은 기존의 진보 엘리트들로부터 철저하게 외면받으며 지역운동으로 그치고 말았다. 그럼에도 불구하고 '탈식민적 각성'이 이루어진 다중적 지역민이 출현한 것은 역사적으로 매우 의미가 있는 현상이다.

싱가포르국립대 남아시아연구소 소장인 C. 라자 모한(C. Raja

---

57 김희교, 〈義和團運動이 제2차 헤이노트(The Second Hay's Note)에 미친 영향〉, 《역사학보》 138호, 1993 참조.

Mohan)은 아시아의 민족주의가 미국의 패권주의와 중국의 지역패권화를 막는 힘으로 성장했다고 말한다. 대항권력이 지향하는 평등한 다자주의 세계가 오고 있다. 인도의 모디 총리가 미국 편을 들고 나서자 인도 정치계의 중도 및 좌파들이 우려를 표명했다.[58] 결국 트럼프행정부의 중국봉쇄 정책에 적극 가담하던 인도는 바이든행정부의 요청에도 반중국 정책 전선에서 이탈하였다. 인도는 더 이상 미중 사이에 벌어지는 게임에 "졸이 되기를 원하지 않았다."[59]

결국 문제는 샌프란시스코체제 내의 엘리트들이다. 대항권력은 전후체제 내에서 다자주의 시대를 바탕으로 성장해 왔고, 샌프란시스코체제 이후를 모색하고 있다. 한국의 평화체제가 성공할지 실패할지는 한국의 진보 엘리트들이 다자주의 시대와 함께 새롭게 등장한 근대적 주체세력을 발견하고, 안보적 보수주의의 냉전적 기획을 뚫고 자기들에게 필요한 프레임으로 새로운 세계를 만들어 나갈 어젠다를 제시할 수 있는지 아닌지에 달려 있다.

---

58 C. Raja Mohan, "A New Pivot to Asia: The fuzzy goodwill between Biden and America's Asian allies will soon be tested by China's growing power", *FP*, 2021.01.15.

59 Atman Trivedi India, "Doesn't Want to Be a Pawn in a U.S.-China Great Game", *FP*, 2020.08.07.

5 체인화된 국제 분업체계

키신저 시스템의 핵심은 전 지구적 분업체계이다. 트럼프행정부가 내세운 신냉전 전략의 핵심인 중국봉쇄가 성공하려면 이미 체인화되어 있는 전 지구적 분업체계의 대안을 마련하지 않는 이상 성공할 가능성은 거의 없다. 이미 세계는 작은 시골에 사는 촌부의 삶조차 글로벌 네트워크의 영향력 아래 편재되어 있기 때문이다. 미국이 중국과 디커플링하는 것은 두 국가만의 문제로 그치지 않는다. 글로벌 분업체계 자체의 붕괴를 뜻한다. 조지워싱턴대학교 정치외교학과 교수 헨리 파렐(Henry Farrell)과 조지타운대학교 정부학과 교수인 아브라함 L. 뉴먼(Abraham L. Newman)은 지금과 같은 글로벌 분업체계의 세계를 "체인화된 세계화(chained globalization)"라고 부른다. 그들은 체인화된 세계화 시대 미국이 중국과 "분리하기에는 이미 늦었다"고 본다. 지금은 각 국가들이 "자립할 능력이 거의 없거나 아예 없기" 때문이다.[60] 미국이 그 대표적인 국가이다.

2020년 8월 6일 트럼프행정부는 중국 앱 위챗을 사용금지하라는 명령을 내렸다. 위챗은 중국에서 생활하는 데 없어서는 안 되는 필수 앱이다. 트럼프행정부의 조치는 미국에서만 위챗 사용을 금지한 별 실효 없는 제재였다. 이마저도 바이든행정부가 들어서면서 완전히 해제됐다. 트럼프행정부가 '짖기만 하고 물지는 않는', 가장 중요한 까닭은 키신저 시스템에서 구축된 국제 간 분업체계의 힘 때문이었다. 위챗은 전 세계적으로 12억 명이 사용한다. 지난해 중국 모바일 결제 거래액이 약 60조 정도인데 위챗페이가 40% 가까이 차지했다. 위챗 사용금지는 모기업인 텐센트에만 영향을 미치는 것이 아니었다. 미국기업도 타격을 받는다. 애플이 대표적이다. 애플은 전체 매출의 15%를 중국에서 얻는다. 중국의 온라인 조사에 따르면 위챗을 사용하지 못하게 되면 아이폰 대신 다른 폰을 사용하겠다는 응답자가 90%가 넘었다.

위챗 사용금지는 대부분의 결제를 알리페이나 위챗으로 하는 중국인의 습관을 고려할 때 다양한 방향으로 미국기업들의 이익에 치명상을 입힐 수 있다. 예를 들면 마카오에서 카지노 영업을 하는 윈 리조트, MGM 리조트 인터내셔널, 라스베이거스 샌즈 같은 기업은 존폐의 기로에 설 수도 있다.[61] 월마트나 디즈니 같은 미국기업도 영향을 받는다. 아이폰의 공급에도 영향을 받을 수밖에 없다. 중국이 애플 제재를 감행할 가능성이 높기 때문이다. 애플 조립공장은 대부분 중국에 있다. 유통 비용도 상승할 수밖에 없다.

---

60 Henry Farrell and Abraham L. Newman, "Chained to Globalization: Why It's Too Late to Decouple", *Foreign Affairs*, Dec. 2020.

61 〈트럼프 위챗 금지, '애플-美 카지노 기업'이 역풍 맞나〉, 《연합뉴스》, 2020년 08월 11일.

미국이 중국을 봉쇄하면 우선 자국 내 중국 관련 산업과 기업의 존폐 문제를 해결해야 한다. 중국에 의존하는 저렴한 소비재 시장이 받을 충격은 불을 보듯 뻔하다. 미국 소비재의 26%를 중국에서 수입한다. 상품가격은 상승할 수밖에 없다. 동원할 노동력이 부족해지는 것도 문제이다. 노동집약적인 기업에 저렴한 노동력을 대규모로 동원하는 일은 이미 서비스와 금융 위주로 재편된 소비 사회 미국에서는 결코 간단한 일이 아니다. 히스패닉 계통의 이민자를 동원할 수는 있다. 그러나 그것은 중국 대신 히스패닉으로 바꾸는 것이지 미국의 근본적인 대책이 될 수 없다. 당장 고용할 수 있는 숙련된 노동자를 키워 내는 데는 상당한 시간과 비용이 추가된다.

고도화된 글로벌 분업체계에서 미국의 일방주의가 성공을 거두려면 미국기업의 협조는 절대적이다. 홍콩보안법에 대해 미국은 강력히 반발하고 있지만 주홍콩 미국상공회의소의 조사에 따르면 홍콩에 있는 미국기업 중 홍콩보안법이 시행되어도 홍콩을 떠나지 않겠다는 기업이 64%에 달했다. 중국이 주도하는 홍콩과 중국 남부 도시를 잇는 웨강아오대만구 개발계획에 대한 기대 때문이었다.[62]

동맹국들의 협조도 필요하다. 미국과 군사적 관계를 맺은 나라는 약 50여 개이다. 그러나 중국이 제1위 경제 교역 대상국인 나라가 120개에 달한다. 미국과 군사적 협력관계를 맺는 국가들 중에서도 대다수가 중국과 글로벌 분업체계 속에서 협력관계를 맺고 있다. 미국이 화웨이를 제재하면서 삼성은 핸드폰 판매에서 상대적 이득을 얻을 것으로 예상했

62 〈홍콩 진출 미 기업 보안법 우려되지만 64% "떠날 계획 없어"〉, 《연합뉴스》, 2020년 07월 14일.

다. 그러나 결과는 전혀 다르게 나타났다. 오히려 샤오미가 성장하여 삼성은 핸드폰 판매 세계 1위 자리를 샤오미에 내주었다. 그렇다고 그것이 곧 삼성의 손해로 이어진 것도 아니었다. 샤오미 핸드폰의 주요부품들이 삼성 제품이기 때문이다.[63]

미국과 긴밀하게 군사적 협력관계를 맺고 있는 파이브아이스 국가도 예외는 아니다. 트럼프가 전방위적으로 중국과 대결하던 2020년 5월 영국의 싱크탱크인 헨리 잭슨 소사이어티의 발표에 따르면 파이브아이스 국가 중 중국에 의존이 필요한 품목은 총 831개였고, 미국은 414개에 해당되었다. 호주가 595개, 캐나다가 367개, 영국이 229개이다. 이 통계만 보더라도 화웨이 통신장비라는 한 개 품목조차 퇴출하는 데 서로 협력하지 못한 파이브아이스 국가가 중국과 적대 관계를 맺으며 신냉전체제로 달려갈 가능성은 별로 없다.

중국도 체인화된 국제 분업체계에 속한 국가이다. 중국이 지금 이 자리까지 올라오는 데는 "오스트레일리아와 아라비아반도, 아프리카, 그리고 다른 아시아 국가들과 남아메리카 국가들로부터 대규모 원자재와 1차 부품들을 수입"하는 것이 필요했다. 기술과 첨단기계 장치들은 역시 서구 국가들로부터 수입했다.[64]

2008년 미국 경제가 붕괴되었다는 것을 전 세계에 적나라하게 보여준 리먼 브라더스 사태가 터졌을 때 프랑스 니콜라 사르코지 대통령은 UN총회에서 '21세기는 20세기 제도로 통치할 수 없다'고 주장했다. 그

---

63 〈'샤오미 돌풍'에 울고 웃는 삼성전자…스마트폰 악재지만 부품 사업 호재〉, 《조선비즈》, 2021년 08월 20일.

64 애덤 투즈, 앞의 책, 352쪽.

때 프랑스를 포함한 EU가 공통으로 가진 인식은 이제는 다극화의 세계가 열렸다는 것이다.[65] 2021년 전반기 미중 양국 사이 교역은 전년 대비 45.7% 증가했다. 아세안(38.2%), EU(37%)보다 높다. 중국의 미국 농산물 수입은 120.8% 증가했다. 체인화된 국제 분업체계는 이미 미국의 힘만으로 붕괴시킬 수 없는 수준이다. 이런 의미에서 미국 외교위원회 리처드 하스 회장은 미국이 행하는 중국에 대한 공세를 두고 "자멸적인 모순"이라고 불렀다.[66]

---

65 애덤 투즈, 앞의 책, 22쪽.

66 Richard Haass, "The Age of America First", *Foreign Affairs*, Nov./Dec. 2021

6 상호견제력이 확보된 군사력

미국 내 이해관계와 동맹국 사이 이해관계가 충돌하며 문화적 영도력이 붕괴됐을 때, 신냉전체제를 구축할 수 있는 거의 유일한 방법은 무력을 직접 사용하는 군사주의 전략을 사용하는 것이다. 이라크 전쟁에서 목격했듯 신냉전 세력에게 전쟁은 미국민과 동맹국들을 전시체제로 강제 동원할 수 있는 '신의 한수'이다. 그들에게는 여전히 누구도 넘볼 수 없는 세계 최강의 군사력이 있다. 한반도에 사드를 설치하는 것도 그런 시도 중 하나였다.

그러나 군사력은 상대국이 억지력을 확보하는 순간 무력화되는 특징을 가지고 있다. 미국과 구소련이 오랜 기간 교착상태에 빠진 것도 상호 간 확보된 억지력 때문이었다.[67] 특히 구식민주의체제와 달리 신식민주의체제에서 군사력은 칼집 안에 든 '전가의 보도'와 같다. 칼은 꺼내지

67 조반니 아리기, 앞의 책, 2009, 428쪽.

않고 사용할 때 위력을 발휘한다. 그러나 칼을 꺼내 사용하는 순간 칼의 방향은 어디로 향할지 알 수가 없다. 이라크와 아프가니스탄이 좋은 예이다. 군사력을 사용한 미국은 끝내 승리하지 못했고, 엄청난 경제적 피해를 입고 헤게모니가 추락한 채 철수했다.

군사력을 사용할 경우 더 큰 문제는 '끝나지 않은 전쟁'이다. 전쟁 한 번으로 100년을 지배할 수 있었던 구식민주의 시대와 달리 초네트워크의 신식민주의 시대에 벌어지는 전쟁은 결코 한순간에 끝나지 않는다. 미국은 이라크와 전쟁에서 일시적인 승리를 얻었지만, IS 세력의 테러는 끊임없이 전방위적으로 전개되었다. 9·11 테러는 초네트워크 시대에 군사력을 사용하면 그 칼날이 어디로 향할지 모른다는 결정적인 증거이다. 9·11 테러 이후 미국인의 일상은 비용으로 환산할 수 없을 만큼 과도한 공포와 더불어 살아간다. 다양한 사상과 신체의 검열 장치들로 삶의 질은 저하되었다.

미국이 이라크를 선제공격했듯이 동아시아에서도 북한이나 중국을 선제공격하여 미국의 이익을 지킨다는 시나리오는 늘 있어 왔다. 중국에 대한 선제공격은 미국 내에서도 회의적이지만, 북한에 대한 선제공격은 실행 가능한 시나리오였다. 그러나 이것도 이미 사용 가능성이 희박한 철 지난 시나리오가 되었다. 트럼프행정부의 의도와 상관없이 북미 정상회담은 북한이 핵개발에 성공했고, 대륙 간 탄도 미사일을 보유했다는 점을 기정사실화하였다.

이제 미국인에게 북한은 이란이나 이라크와 다르다. 북한은 미국에 핵 공격을 할 수 있는 국가가 된 것이다. 북한의 핵미사일이 미국 본토를 타격할 수 있을 것인가라는 기술적 논쟁은 별로 의미가 없다. 북한이 미국을 공격하는 것이 가능하다는 사실이 공인된 것만으로도 북한의 핵 보유 문제는 충분히 게임 체인저가 된다. 미국에게 북한은 결코 삼킬 수 없는 '고슴도치'가 되었다. 미국인이 자기들이 사는 본토 한복판에 핵무기가 떨어지는 위험을 감수할 가능성이 많지 않기 때문이다. 한 번도 전쟁으로 본토를 공격당해 보지 않은 미국에게 그것은 결코 상상하기 어려운 위협이다. 트럼프가 군사주의적인 중국봉쇄 정책에 들어가자 마크 밀리 미 합참의장이 대통령과 상의 없이 중국을 공격할 의도가 없고, 공격할 경우 중국에 미리 알린다고 한 사실은 미국인이 가지는 전쟁에 대한 공포의 크기를 잘 드러내 준다.

북한이 미국에 대해 핵 억지력을 확보하는 데에는 북한의 동맹국이 지원하는 것도 한몫을 하고 있다. 2020년 6월 2일 러시아 푸틴 대통령은 미국이 중거리핵전력조약(INF)을 탈퇴한 이후 처음으로 핵전략보고서를 발표했다. 핵심은 간단하다. 미국이 러시아와 동맹국에 탄도미사일과 같은 재래식 미사일만 사용해도 러시아는 핵무기로 대항하겠다는 것이다. 미국이 북한에 군사적 공격을 할 경우 중국의 개입과 러시아의 대응을 동시에 불러올 가능성이 한층 높아진 셈이다. 동아시아에서 미국의 군사력은 중동에서와 달리 칼집 속의 칼로만 간주될 가능성이 매우 높다.

중국도 미국의 군사적 공격에 대한 억지력은 이미 충분히 확보되어 있다. 상대적 군사력은 미국에 비해 절대 열세지만 미국의 선제공격을 억지하기에는 충분한 수준이다. 중국은 당분간은 미국의 군사력을 넘어서는 것이 불가능하다는 것을 잘 알고 있다. 중국의 기본 목표는 "월등한 우위를 가진 미국 군사력과 대등한 전력을 보유하기보다는 이를 무력화하는 데에 있다."[68] 1996년 타이완 문제가 발생했을 때 중국은 미국에게 중국의 반접근 역량을 보여 주었다. "타이완의 독립을 저지하기 위해서라면 미국과 핵전쟁을 각오하고 있으며, 미국이 전쟁을 하려면 로스앤젤레스를 희생할 각오가 되어 있어야 한다"[69]는 중국의 결기는 미국을 긴장시키기에 충분했다.

중국의 억지력과 더불어 아시아 국가들의 억지력도 동반 상승했다. 살바토레 바본스는 중국의 이웃 국가들인 인도, 필리핀, 베트남, 대만, 한국의 군사력을 고려할 때 미국이 내세우는 가치동맹식의 안보 프레임이 아니라 그 지역의 해양 안보에 중점을 두는 것으로 바뀌어야 할 것이라고 주장한다. "중국의 이웃은 우리가 생각하는 것보다 강하기" 때문이다.[70]

미국이 아프가니스탄에서 철수한 것은 미국의 군사주의가 급속도로 무력화될 가능성을 시사한다. 미국은 아프가니스탄에서 20년 만에 아무런 조건 없이 철수했다. 《포린폴리시》 칼럼니스트 캐서린 오스본(Catherine Osborn)은 "라틴아메리카의 외교와 여러 외교정책 커뮤니티 사람에게 아프가니스탄 사건은 다른 나라의 내정에 간섭하지 말라는 '내정 불간섭' 원칙의 중요성을 확인시켜 주었다"고 판단하고 있다.[71]

트럼프행정부의 일방주의는 더 이상 전쟁을 할 수 없는 미국이 취할 수 있는 마지막 수단이었다고 볼 수 있다. 군사력을 동원하여 미국의 이

---

68 애런 프리드버그, 앞의 책, 123쪽.

69 애런 프리드버그, 위의 책, 121쪽.

70 Salvatore Babones, "China's Neighbors Are Stronger Than We Think: All across the Indo-Pacific arc, countries are beefing up their defenses", *FP*, 2021.03.18.

71 Catherine Osborn, "A Non-Interventionist Region Reacts to Afghanistan", *FP*, 2021.08.20.

익을 지키는 것이 불가능하다면 미국이 할 수 있는 일은 군사력을 거두어들여서 군대 유지비를 축소하는 일이었다. 미국은 EU에서 군대 유지비를 감당하지 못해 미군을 축소했다. 이란과 대규모 전쟁을 벌이기보다 중동에서 군대를 철수하는 방법을 택했다. 북한에 선제타격을 하기보다 북한의 비핵화를 추진하면서 동맹국들에게 과도한 미군 주둔비를 요구하고, 불필요한 무기를 강매하는 방식을 채택했다.

바이든행정부는 트럼프의 일방주의를 완전히 청산하지 못하고 다시 전 세계에 자유주의적 간여를 표방했다. 그러나 바이든의 동맹외교가 미국의 패권을 되돌려 줄 가능성은 별로 많아 보이지 않는다. 바이든이 동맹국들에게 줄 수 있는 것이 트럼프행정부와 달라지지 않았기 때문이다. 그런 점에서 2018년 스탠포드대학 역사학자 니얼 퍼거슨(Niall Ferguson)이 주장한 대로 트럼프의 거친 중국봉쇄 정책은 미국에게 남은 유일하고 실행 가능한 "마지막 기회"[72]였을 수 있다.

다자주의 시대는 미국의 동맹국들이 자국의 실리 중심으로 움직이게 만들 것이고, 중국은 다자주의를 표방하며 미국의 일방주의를 넘어서서 다자주의의 중심축으로 나아가려고 할 것이며, 북한은 미국의 선제공격에 따른 체제 붕괴의 위협을 떨쳐 내고 다양한 방식으로 다자주의 국가체제에 동참하려고 할 것이다. 다자주의 시대가 군사주의를 무력화하고 있다.

72 조지프 S. 나이, 앞의 책, 2021, 280쪽.

7 문화적 영도력의 다원화

2020년 8월 2일 트럼프 대통령은 "45일 내에 마이크로소프트에 틱톡을 매각하라"고 명령했다. 7월 31일 보안 문제를 거론하며 미국 내에서 틱톡 사용금지를 발표한 지 3일 만이었다. 트럼프행정부가 중국기업의 보안을 핑계 삼아 중국 기술 기업의 소유권을 노린 이 사건은 트럼프행정부가 보안 문제를 제기하는 궁극적인 목표가 무엇인지 분명하게 보여 준다. 가장 선도적인 기술을 가진 중국기업에 제동을 걸고, 미국의 이익을 극대화하려는 것이었다.

바이든행정부가 들어선 뒤에도 이런 일은 계속되었다. 2021년 6월 바이든행정부는 신장 지역의 태양광 관련 중국기업(Xinjiang Daqo New Energy Co, Xinjiang East Hope Nonferrous Metals Co, Xinjiang GCL New Energy Material Co)을 제재했다.[73] 중국 정부의 강제노동을 빌미로 삼았다. '대량

73 "'Forced labor', 'genocide' in Xinjiang is the lie of the century," GT, 2021.06.24.

학살'이라는 프레임으로 중국을 공격하다가 벌이는 일치고는 너무 속보이는 처사였다. 해당 기업은 태양광 산업의 선두주자들이었다.

동아시아에서 미국의 헤게모니는 대개 네 가지 힘을 바탕으로 작동했다. 첫 번째는 경제적 능력이고 두 번째는 압도적인 군사력이며, 세 번째는 정치적 지배 방식의 차별성이었다. 미국은 구식민주의와 달리 주권을 탈취하여 자기들이 직접 지배하는 방식을 취하지 않고 간접 지배 방식을 택했다. 라틴아메리카에서처럼 군사력을 동원하거나 친미정부를 앞세워 지배해 온 곳도 있었고, 일본이나 한국, 필리핀처럼 군사기지를 두고 가급적 정치적 자율성을 존중하는 방식으로 지배한 곳도 있었다. 네 번째는 문화적 영도력이었다. 구식민주의의 영토와 주권의 침탈에 시달리던 피식민 국가들은 영토와 주권의 침탈을 강행하지 않는 미국의 차별적 힘에 끌리게 되었다. 그 차별적 힘이 곧 문화적 영도력이다.

샌프란시스코체제의 위기는 미국의 문화적 영도력이 붕괴하는 현상으로도 나타났다. 틱톡 제재에서 나타나는 미국의 속보이는 처사는 더 이상 미국이 그들의 아름다움을 유지하는 것이 불가능하다는 것을 잘 보여 준다. 미국의 문화적 영도력은 1) 미국적 제도의 우월성에 대한 믿음 2) 미국적 가치에 대한 보편성 인정 3) 미국의 행위에 대한 합리성에 대한 믿음 4) 미국의 힘에 대한 두려움으로 구성되어 있다. 구식민주의의 식민지배를 겪은 동아시아 국가들이 미국을 '아름다운 국가'라고 부른 까닭도 미국의 문화적 영도력에 대한 믿음 때문이었다. 미국의 문화적 영도력은 신식민주의체제에 편입된 국가들이 자발적으로 미국의 헤게모니를 수용하게 만든 핵심 요인이었다.

미국의 문화적 영도력은 2003년 대량살상무기를 빌미로 이라크 공격을 감행할 때부터 급속히 무너져 내리기 시작했다. 애덤 투즈의 표현을 빌리면 "자신들만의 신성한 의지와 십자군을 연상케 하는 열정을 뻔뻔스럽게 내세우며…. 국제연합이 내세우고자 했던 근대성과 투명성, 자유, 그리고 세계주의라는 가치와 이념을 이들은 무시"하기 시작했던 것이다. 2008년 금융위기는 "미국의 주도권이 저무는 또 다른 징후"였다.[74] 금융위기를 벗어난 미국의 트럼프행정부가 보여 준 거친 행동은 미국의 문화적 영도력이 추락한다는 가장 명확한 증거였다. 트럼프는 미국의 우파들이 "21세기라는 새로운 시대의 도전에 맞서 내놓은 해답"이었다.[75]

트럼프행정부의 거친 행동들은 동맹국들에게 미국의 문화적 영도력을 무너지게 만드는 역할을 하기에 충분했다. 하루아침에 여러 국제기구에서 탈퇴하면서 국제기구의 리더라는 역할과 책임을 포기해 버리거나, 기존에 지켜 오던 국제 규정을 무시하고 과도한 관세 인상을 요구하거나, 수직적 동맹관계를 빌미로 무리한 방위비 인상을 요구하는 일들을 벌였다. 그러나 세계는 칼집에서 나온 칼을 별로 두려워하지 않았다. 미국 없이도 국제기구는 잘 돌아갔고, 과도한 관세 인상이나 방위비 인상 요구에 굴복하는 국가도 없었고, 미국의 협박에 넘어가는 소비자도 드물었다. 2021년 전반기 틱톡은 전 세계에서 다운로드 횟수가 30억 회를 넘어섰는데[76] 페이스북 계열이 아닌 앱 중에서 최초였다. 결국 미국은 정책을 번복하거나, 하루아침에 관례와 규칙을 변경하거나, 국가

---

74 애덤 투즈, 앞의 책, 24쪽.
75 애덤 투즈, 위의 책, 25쪽.
76 "TikTok tops 3 billion downloads worldwide, the first non-Facebook app to do so", SCMP, 2021.07.14.

간 약속마저도 쉽게 뒤집는 일을 계속 할 수밖에 없었다.

미국의 문화적 영도력 붕괴는 미국의 힘에 대한 두려움을 상쇄시키는 데까지 나아갔다. TPP는 미국 없이 CPTPP를 결성했고, WHO는 다른 회원국들이 미국의 분담금을 나누면서 생존했고, WTO는 미국의 압력에 굴하지 않고 독자적인 수장을 내세웠으며, 독일은 미군의 축소를 주저 없이 받아들였고, 한국은 미국의 과도한 방위비 인상을 수용하지 않았다. 틱톡은 미국 행정부의 결정을 수용하지 않았고, 위챗은 미국 법원에 재판을 걸어 승소했다. 미국의 거친 행동에 겁먹지 않는 세계가 등장한 것이다.

코로나19 사태는 미국적 모델의 한계와 미국의 한계를 동시에 드러내는 전시장이었다. 의료보험의 사유화에 따른 의료체계의 붕괴, 진료 받을 권리마저 박탈당한 기초복지 수준, 마스크 하나도 국내에서 만들지 못할 정도로 금융자본화된 미국산업 형태의 한계, 감염병 환자들을 추적조차 할 수 없는 국가기능의 무력화, 마스크 쓰지 않을 권리를 막을 수 없는 과도한 자유방임주의, 수많은 목숨이 죽어 나가도 경제가 우선이라며 아무런 대책도 내놓지 못하는 양당제의 문제점 들이 고스란히 드러났다. 그런 문제점의 바탕에는 미국 사회의 구조화된 빈부격차, 회복이 불가능해진 인종차별, 위기에 처한 생존 안전망, 급진성을 상실한 대의제의 한계가 숨어 있었다.

미국의 신냉전 전략은 중국의 추락을 목표로 했지만 오히려 중국의 힘을 돋보이게 하는 역기능을 했다. 중국은 세계기후협약, WHO, WTO 같은 국제기구에서 지속가능한 개발에 대한 책임, 다자주의와 자유무역 옹호, 코로나19 사태에 대한 국제 연대를 외치며 미국의 공백을 채우고자 노력했고 일정한 성공을 거두었다.

더욱 중요한 것은 중국이 자신의 체제와 능력에 자기 확신을 가지게 되었다는 점이다. 사스 사태를 계기로 신자유주의적 의료체계의 민영화를 멈추고 새로운 사회보장제도를 수립한 덕택에 코로나19 사태에 신속한 대처가 가능했다. 또 우한을 전면 봉쇄한 강력한 국가의 존재, 제조업이 가동되는 산업체계, 자본에 대한 적극적인 통제와 지휘가 가능한 당-국가체제에 스스로 믿음이 생겼다. 베이징대학 왕지쓰(王緝思) 교수는 《포린어페어》에 기고한 글을 통해 트럼프행정부가 드러낸 미국적 정치체제의 한계, 가동할 수 있는 힘의 크기, 코로나19 사태 대응 들을 보면서 "많은 중국인, 특히 젊은 세대는 자신감과 도전적인 승리의식으로 미국의 압력에 맞서는 것이 충분히 정당하다고 생각한다"고 밝혔다.[77]

미국의 문화적 영도력을 무너뜨리는 데는 중국이 중심 역할을 하고 있다. 2021년 일본 문부과학성 산하 과학기술·학술정책연구소의 연간 보고서에 따르면 2017~2019년 중국은 '상위 10% 주목 논문'에서 점유율 24.8%를 차지해 1위에 올랐다. 22.9%인 미국을 앞섰다. 미국의 주목 논문이 2008년 이후 3%씩 증가하는 동안 중국은 5.1배 늘었다. 전체 논문 수는 이미 지난해 조사(2016~2018년)에서 중국이 35만 3,174건으로 미국(28만 5,717건)을 앞섰다. 논문 분야에서 중국은 재료과학, 화학, 공학, 계산기·수학, 환경·지구과학의 5개 분야에서 1위를 차지했다. 재료과학(48.4%)과 화학(39.1%), 공학(37.3%)의 점유율은 30%를 훌쩍 넘었

---

77 Wang Jisi, "The Plot Against China?: How Beijing Sees the New Washington Consensus", *Foreign Affairs*, Jul./Aug. 2021.

다. 미국은 기초생명과학, 임상의학, 물리학의 3개 분야에서 1위를 유지했다.[78]

미국의 문화적 영도력을 무너뜨리는 국가는 중국뿐만 아니다. 한국도 그중 하나이다. 한국의 문화적 영도력이 성장한 것은 BTS 현상으로 잘 드러난다. BTS는 기록을 갱신하며 빌보드 차트를 휩쓸었다. BTS의 성과는 한 그룹이 만들어 낸 단순한 결과물이 아니다. BTS의 성장 배경에는 싸이, 원더걸스 들이 있었다. BTS뿐만 아니라 블랙핑크도 있다. 한국의 문화적 역량이 총체적으로 성장한 결과이다. 문화산업은 반도체나 백색가전과 다르다. 하나의 인식체계를 동반하기 때문이다. BTS의 노랫말과 행동이 미국인에게도 먹힌다는 것이다. 아카데미를 석권한 봉준호 감독의 영화 《기생충》과 넷플릭스에서 1위를 한 드라마 《오징어 게임》도 있다. 미국이 유일한 표준인 시대가 저물고 문화적 영도력조차 다원화되고 있다는 것을 명확하게 보여 주고 있다.

BTS가 미국의 문화적 영도권을 침범해 들어갈 수 있었던 요인 중 하나는 영어 헤게모니의 붕괴도 있다. BTS가 만든 한국어 노래가 빌보드를 장악한 것은 몇몇 비영어권 언어의 노래가 빌보드를 장악한 것과 차원이 다르다. BTS의 신곡이 나오면 곧바로 아미들이 모국어로 번역해 퍼뜨린다. 이 현상은 아미들의 특성을 넘어 AI 시대의 특징이 숨어 있다. 전 지구 어느 곳에서도 구글 앱만 설치하면 어떤 언어로 된 텍스트도 읽을 수 있는 시대가 왔다. 이런 특징은 감시사회를 만들고 확증편향을 심화시킬 위험을 낳지만 영어 헤게모니를 무너뜨리고 지식의 지구화를 가

78 〈중국, 세계 1위 과학대국 '가시권'…일본 추락·한국 정체〉, 《한국경제》, 2021년 08월 11일.

져오기도 한다. 대중들도 마음만 있다면 이 지구 곳곳의 정보들을 제국의 해석을 거치지 않고 바로 접할 수 있다. 그것이 제국의 헤게모니를 강화하는 무기로 쓰일 수도 있지만, 그들의 글과 인식도 별다를 게 없다는 새로운 다원주의 인식을 만들어 내는 계기가 되기도 한다.

샌프란시스코체제의 결론은 미국의 환경론자 빌 맥키번(Bill McKibben)이 말하는 대로 점점 더 '비극'으로 향한다. 붕괴의 진앙지는 바로 미국과 미국인 그 자체이다. 맥키번은 "우리가 에너지를 덜 쓰면 그들(중국인)은 더 쓸 수 있고, 우리가 고기를 덜 먹으면 그들은 더 먹을 수 있다"며 미국이 문화적 영도력을 지속시킬 수 있는 답안을 제시한다. 그러나 미국은 "먼저 누렸단 이유만으로 누릴 권리를 가진 것은 아니라고 할 정치적 가능성이 미국에 있는가?"라고 묻고 단호히 답한다. "없다." 그 대신 미국은 "중국이 환경을 오염시킨다고 비난"하면서 "여전히 중국인에 비해 9배가 넘는 에너지를 사용"[79]하는 삶을 택한다.

신식민주의라는 헤게모니 시대에 미국 스스로가 문화적 영도국으로서 품격을 상실한다면 이는 당연히 헤게모니 손상으로 돌아올 수밖에 없다. 데이비드 하비는 미국이 협소하게 자기 이해관계에 따라 행동할 경우 동의와 협력이 절대적으로 요구되는 미국의 헤게모니는 무너질 수밖에 없는 성격을 지녔다고 보았다.[80] 샌프란시스코체제를 구축할 시기에 냉전 전략은 동맹국들에게 미국의 힘을 강화시키는 역할을 수행했지만, 샌프란시스코체제 이완기에 등장한 신냉전 전략은 미국의

79 Bill McKibben, "The Great Leap: Scenes from China's Industrial Revolution", *Harper's Magazine*, Dec. 2005, p.52.

80 데이비드 하비, 최병두 옮김, 《신제국주의》, 한울, 2005, 52쪽.

문화적 영도력을 떨어뜨리면서 오히려 미국의 힘을 이완시키는 역할을 수행한다.

15부

평화체제와 중국

국제정치학에서 말하는 다자주의는 신현실주의자인 로버트 코헤인(Robert Owen Keohane)이 주장하는 국가 간 합의를 중시하는 '다자주의 협력' 방식과, 구성주의자인 존 러기(John Ruggie)가 주장하는 공통의 목표를 설정하는 '협력적 다자주의' 방식이 대표적이다. 샌프란시스코체제에서 미국의 패권 질서가 무너지고 있고, 키신저 시스템에서 중국의 경제적 다자주의가 부상하는 지금 우리가 모색해야 할 것은 탈식민주의적 다자주의이다. 탈식민주의적 다자주의는 다자주의 협력과 협력적 다자주의를 포함해서 자유로운 이동이 가능한 공간의 재영토화를 포함한 개념이다. 이 장에서는 분단체제 해체를 포함해 동북아시아의 탈식민주의적 국가 간 평화체제 구축 가능성을 검토해 볼 예정이다. 그 가능성의 출발점은 우리와 중국 간 평화체제가 가능한가라는 문제가 놓여 있다.

1 평화체제 관점으로 중국 보기

문재인 대통령은 2019년 3·1운동 100주년 기념식에서 신한반도체제 구상을 발표했다. 신한반도체제 구상은 두 가지 축으로 구성되어 있다. 평화협력공동체와 경제협력공동체이다. 3·1운동의 탈식민주의를 계승하여 분단체제를 넘고, 샌프란시스코체제의 위기를 지역공동체로 극복하자는 대안이다. 촛불운동으로 등장한 정부다운 구상이었다. 그러나 문재인 대통령의 신한반도체제 구상은 트럼프행정부의 퇴장과 함께 급속하게 수면에서 사라졌다. 바이든행정부가 들어선 2021년 여름 문재인정부는 다시 한미군사훈련을 시작했다.

문재인정부의 구상이 앞으로 나아가지 못하고 주저앉게 된 배경에는 대중들이 보수주의로 회귀하는 현상이 놓여 있다. 대의 민주주의체제 아래에서는 기존의 사유의 틀과 행동 양태를 넘어서는 대중들의 혁명적 급진성 없이는 새로운 시대가 열릴 수 없다. 트럼프행정부의 북미회담 쇼가 끝나자 한국의 대중들은 체제 지향적으로 빠르게 바뀌었다.

미국에 우호적으로 변했고, 북한에 거부감을 나타냈으며, 중국을 새로운 적국으로 대했다.

역사적 관점에서 보면 동아시아에서 지역 평화체제를 수립하는 것은 샌프란시스코체제와 전혀 다른 시대를 여는 것을 뜻한다. 수직적 위계관계에 있는 신식민주의적 국가 간 체제가 평등한 국가 관계로 전환되는 것이 그 핵심이다. 한반도의 평화체제는 한반도 분단체제의 종식과 동아시아 지역공동체 형성이라는 두 가지 축으로 구성된다. 경제적으로는 지역화해야 하고, 정치적으로는 협력적 다자주의 시스템을 구축해야 한다. 경제적 지역화를 만드는 방식은 지속가능한 개발 방식이어야 하고, 협력적 다자주의를 만들어 가는 방식은 탈군사주의적이고 평화적인 방식이어야 한다. 동시에 국경을 허물고 자유로운 이동이 가능하게 재영토화해야 한다.

일부 한국 진보진영의 막연한 기대와 달리 미국은 자발적으로 한반도 평화체제에 손을 들어줄 가능성은 별로 없다. 트럼프행정부 말기에 미 하원에 제출된 한반도 종전선언안은 하원 의원 435명 중 47명만 동의했다. 미국 하원의 정치 성향은 당분간 크게 변할 가능성이 없다. 미국은 예나 지금이나 한반도의 평화체제보다 미국에게 위협이 되는 북한의 비핵화가 늘 우선이었다. 바이든행정부는 트럼프식 북미회담은 없다고 확언했다. 바이든행정부의 북미 관계는 제2의 '전략적 인내' 시기가 될 공산이 높다.

대안적 국제질서는 미국의 입만 바라본다고 구축될 리가 없다. 김동춘 교수는 "종전선언을 하더라도 평화체제로 가는 길에서 미국이 가장 어려운 상대가 될 것"[1]이라고 전망한다. 실제로 2018년 4·27 판문점

선언과 9·19 평양공동선언은 2018년 11월부터 시작된 한미 워킹그룹에 통제되어 아무런 진전을 이루지 못했다.[2]

제국에 맞서는 대항권력은 결코 일국 차원에서 만들어 낼 수가 없다. 지역적인 국가 간 대항체제를 마련하는 것이 적극 필요한 시점이다. 평화체제 관점에서 중국을 바라보면 중국은 미뇰로가 말하는 '복수의 보편성'을 만들 여지가 있는 '차이'가 존재하는 국가이다. 중국의 힘과 미국의 힘은 많은 차이가 있고, 힘이 생겼을 때 사용하는 방향과 방식에서도 차이가 있다. 한반도에 대한 억압의 차이가 있고, 한반도가 나아가야 할 방향을 바라보는 시각에도 차이가 있다. 역사적 차이도 있다. 한반도와 동일한 식민주의의 피해를 당했고, 식민주의에 저항한 경험이 있다. 차이만 존재하는 것이 아니다. 공통의 역사도 있다. 아리기가 주장한 대로 동아시아에는 300년 동안 평화롭게 국가 간 체제를 유지해 온 경험이 있다.[3] 《삼국지》를 같이 읽으며 정의로운 국가를 꿈꾸어 왔고, 사서삼경을 배우며 예를 실천해 왔고, 마을을 이루고 이웃과 더불어 사는 공동체를 이루어 온 생활세계도 존재한다. 다자주의 세계에서 평화롭게 국가 간 체제를 유지해 온 경험을 되살리면 더 평등한 새로운 세계가 열릴 수 있다.

다행스러운 것은 일부 진보진영에서 꾸준히 평화체제의 가능성을 모색해 왔다. 1990년부터 와다 하루키가 '동아시아의 새로운 공동의

---

1 백원담 외, 앞의 글, 2018, 122쪽.
2 〈정세현 전 장관 "미국은 북한을 중국에게 빼앗기지 말라"〉, 《아시아경제》, 2021년 03월 06일.
3 조반니 아리기, 앞의 책, 2009, 433~435쪽.

집'[4]을 구상한 것을 포함하여 고 노무현 대통령, 우메바야시 히로미치 교수, 강상중 교수, 문정인 이사장 들이 끊임없이 평화체제를 주창했다. 중국을 포함한 지역 구상도 진전했다. 중국연구자인 이남주 교수는 정치적 다자주의의 방식으로써 한반도-중국의 동북지방-러시아 극동지역을 연결하는 '소다자 협력'[5]을 제시하고 있다.

물론 중국은 이상적 사회주의 국가와 거리가 먼 자국의 이익을 최우선으로 하는 강대국이다. 우리나라와 비대칭적 역량을 가진 국가이기에 경계를 해야 하는 것은 분명하다. 중국 자본의 발전 속도를 보아 어느 시점에는 국가의 통제를 벗어나 다수의 이익보다 자본가들의 이익을 더 우선하는 국가로 변질될 가능성도 여전히 남아 있다. 중국공산당도 당-국가체제를 버리고 중국민의 이익보다 당의 이익을 우선하는, 말 그대로 일당 독재국가로 나아갈 가능성도 있다. 자본가 중심의 일당 독재국가로 변한 중국이 또 다른 식민주의를 표방하며 이웃 국가를 침략할 가능성도 이론적으로 불가능한 것은 아니다.

그러나 그런 '상상된 중국'이 실현되기에는 아직 시간이 있다. 중국의 자본이 전 지구에서 경쟁력을 가지기 시작했지만 아직은 압도적인 단계가 아니다. 중국의 당-국가체제는 기존의 금융자본과 전혀 다른 자본주의 국가의 길을 갈 가능성도 열려 있다. 시진핑의 집권이 연장된다 하더라도 권력이 사유화되어 '시진핑의 중국'이 될 가능성은 별로 높지 않다. 경제 발전이 최우선 과제인 중국은 무엇보다도 주변 지역의 안정

---

4 와다 하루키, 〈동아시아와 한반도에 평화체제를 건설하자〉, 《기독교사상》 732호, 2019.

5 이남주, 〈동아시아 질서의 변화와 새로운 지역협력의 모색: 샌프란시스코체제의 동학을 중심으로〉, 《경제와 사회》 125호, 2020년 봄호, 33쪽.

을 최우선 과제로 삼고 있다.

미국의 신식민주의 권력이 쇠퇴하고 중국이 조공체제의 부활을 꿈꾸기에 아직 이른 시기인 지금이 바로 우리에게는 기회의 시간이다. 미국의 권력을 제어하는 데 중국의 꿈을 활용하고, 중국이 지역패권을 차지할 가능성을 제거하는 데 동아시아에 대한 미국의 전략적 가치를 이용한다면, 우리는 우리가 100년 동안 꿈꿔 왔던 진정한 의미의 독립을 이룰 가능성이 충분하다. 우리에게는 그럴 힘이 없다고 생각하는 식민주의자들이 있다. 그들은 미국이나 중국에 빌붙어 사는 것이 우리의 숙명이라고 말한다. 분단된 땅덩어리에 갇혀서 사는 것이 최선이라고 말한다. 엔리케 두셀이 말하는 식민주의적 '은폐'이자 생활세계의 식민화이다.[6] 지금은 그런 식민주의의 토대가 무너지는 시기이다. 시대에 걸맞은 세계관을 가져야 할 때이다.

미국 전략국제문제연구소의 주드 블란쳇은 시진핑의 대외정책을 '약한 고리 전략 이론'으로 설명한다. 중국이 이른바 '중진국 함정'을 벗어나려고 미국의 패권이 기울면서 일어나는 국가 간 세력 변화의 시기에 약한 고리를 활용하여 중국의 부상을 꾀한다는 것이다. 시진핑 주석이 앞으로 10~15년 동안 그런 시기일 수 있다고 보고, 기존의 틀을 도박하듯 변화시키고 있다고 본다.[7] 시진핑 주석이 그렇게 보고 있다는 블란쳇의 주장에 동의할 수는 없지만 하나는 분명히 동의할 수 있다. 바로 지

6 엔리케 두셀, 박병규 옮김, 《1492년, 타자의 은폐: '근대성 신화'의 기원을 찾아서》, 그린비, 2011, 66~67쪽.

7 Jude Blanchette, "Xi's Gamble: The Race to Consolidate Power and Stave Off Disaster", *Foreign Affairs*, Jul./Aug. 2021.

금이 동아시아 국가들에게 자기들의 구조적 모순을 해결할 수 있는 결정적 시기이다.

옌쉐퉁은 미국인에게 "향후 10년 동안 중국 외교관계의 초점은 지속적인 경제성장을 하기에 필요한 필요조건을 유지하는 데 있다"고 말하며 미국과 중국이 세계를 장악하려 충돌하는 그런 세상을 만들지 말자고 제안한다.[8] 옌쉐퉁이 말하는 10년은 매우 의미 있는 시기이다. 아프가니스탄에서 미군이 철수하자마자 탈레반이 점령했다. 미국인은 "우리 모두는 아프가니스탄을 잃었다"고 외쳤다. 그런 외침의 한복판에는 지난 20년 동안 미국이 벌인 개입과 간섭 정책의 한계를 인정하고 오판에 대한 반성이 숨어 있다.[9] 베트남 전쟁의 실패에 이어 이라크, 아프가니스탄에서 미국의 패배는 제국의 내부에서도 제국에 대항하는 대항권력이 꿈틀거리게 만들었다. 바이든정부 시기 내내 그런 경향이 드러날 것으로 보인다. 그런 점에서 향후 10년이라는 시간이 평화체제 세력에게는 가장 중요한 기회이다.

---

8 Yan Xuetong, "The Age of Uneasy Peace: Chinese Power in a Divided World", *Foreign Affairs*, Jan./Feb. 2020.

9 P. Michael McKinley, "We All Lost Afghanistan: Two Decades of Mistakes, Misjudgments, and Collective Failure", *Foreign Affairs*, Aug. 2021.

2 전쟁 억지력으로써 중국

한반도 평화체제 세력이 세운 첫 목표는 종전선언이다. 언제든지 전쟁할 수 있는 체제에서 더 이상 전쟁을 하지 않는 상태로 바꾸는 것이 평화체제의 첫걸음이다. 누가 뭐래도 미국은 한반도가 휴전상태로 남아있게 만드는 강력한 주역이다. 안보 보수주의자들은 북한 때문이라고 말하지만 미국은 북한을 평화체제로 나오게 할 수 있는 힘이 있다. 이 사실은 트럼프행정부의 북미회담 과정에서 더욱 명백하게 드러났다.

미국은 평화를 말하는 그 시점에도 한반도에서 전쟁을 구상했다. '볼턴 회고록'에 따르면 트럼프행정부는 북한을 직접 공격하는 시나리오와 중국과 협의하에 북한 정권을 교체하자는 논의가 있었다는 것을 알 수 있다.[10] 대표적인 한반도 전문가 브루스 커밍스 시카고대학 교수는 2021년 6월 워싱턴에서 열린 한 토론회에서 "미국은 지금까지도 한

---

10 〈"트럼프 정부, 2017년 북 핵실험 당시 군사작전 실제 거론"〉, 《연합뉴스》, 2020년 08월 11일.

반도에서 전쟁을 끝낼 의사가 없다"고 단언했다.[11]

2020년 9월 24일 《조선일보》는 문재인 대통령이 UN 연설에서 세계 각국에게 종전선언에 협조해 달라고 하자 〈"미국 입장과 이렇게 다른 한국 대통령 UN연설은 처음 봐"〉라는 기사를 내보냈다. 아프가니스탄에서 미국이 철수하고 나서 탈레반이 수도 카불을 점령하자 《중앙일보》는 〈나라 뺏기면 이렇게 된다…화물처럼 포개진 600명 탈출 장면〉이라는 기사를 내보냈다.[12] 나라를 빼앗은 것도 미국이고 나라를 버린 것도 미국인데 비판의 화살은 아프가니스탄 국민을 향한다.

한국의 안보 보수주의자들이 지닌 식민성은 약소국이라서 어쩔 수 없이 보이는 전략적 선택이 아니라 프란츠 파농이 말한 이른바 '백인성'의 일종이다. '백인성'은 백인에게 전권을 위임하고, 백인의 눈에 자신들을 비추어 행동하며, 백인의 가치로 세계를 보는 의식을 말한다. 북한에 대한 미국의 선제공격을 옹호한다는 것은 미국의 가치로 세계를 보고, 미국의 눈에 맞추어 행동하며, 미국에게 자기들의 생존권마저도 맡기고 있다는 증거이다. 자신의 생명조차도 주인의 결정에 맡기는 무서운 '백인성'이다.

'백인성'에서 벗어나 북한에 대한 미국의 선제공격을 직시하면, 미국이 북한을 선제공격했을 때 북한만 고스란히 사라지는 일은 불가능하다. 2020년 8월 미국 군사 관련 최대 싱크탱크인 랜드연구소(RAND Corporation)는 《북한의 재래식 포: 보복, 강압, 억제 또는 사람들을 공포

---

11 〈브루스 커밍스 "미국이 한반도 전쟁 못 끝낸 게 '북한 핵보유' 촉발"〉, 《프레시안》, 2021년 06월 25일.

12 2021년 08월 17일.

에 떨게 하는 수단》이라는 보고서를 발간했다. 핵 공격 없이 재래식 무기만으로도 북한의 공격이 얼마나 가공할 위력을 지녔는지 분석한 보고서이다. 6,000여 개의 재래식 포대를 구축한 북한이 한국의 민간인을 공격할 경우 1시간 내에 최대 20만 명의 사상자를 낼 수 있다고 분석한다. 이 보고서의 결론은 "미국과 동맹국들은 그런 상황을 만들지 마라"[13]는 것이었다.

한반도에서 미국의 선제공격 전쟁을 방지하는 데 가장 주목해야 할 세력은 중국이다. '볼턴 회고록'을 보면 트럼프 대통령이 "북한과 전쟁에서 성공할 가능성이 얼마나 된다고 보느냐? 50대 50?" 묻자 볼턴은 이렇게 대답했다. "그것은 전적으로 중국에 달려 있다."[14] 볼턴의 발언은 중국이 미국의 선제공격을 결정하는 데 가장 주요한 변수임을 분명히 말해 준다. 만약 미국이 한반도에서 전쟁을 도발하고자 할 때 중국은 가장 강력한 전쟁 억지력으로 작용할 가능성이 높다.

중국은 한반도에서 전쟁을 주변 어느 국가보다도 반대한다. 중국이 유달리 평화를 사랑해서가 아니다. 한반도의 안정이 중국의 국익에 중요하기 때문이다. 중국은 지난 30년 동안 지구상에서 가장 가파른 경제성장을 해 왔다. 중국이 펼치는 대외정책의 가장 핵심은 주변 지역의 안정이다. UN의 대북결의에 적극 동참하면서도 북한을 붕괴시키는 일까지 진행하지 않은 것이나, 1962년과 달리 인도와 국경분쟁에서 중국이 매우 소극적인 자세로 대처한 것 모두, 지금 이대로가 중국에게는 최적

---

13 Rand Corporation, *North Korean Conventional Artillery: A Means to Retaliate, Coerce, Deter or Terrorize Populations*, RAND Corp., 2020.08. p.21.

14 John Bolton, The Room where It Happened, pp.30~31.

의 환경이기 때문이다. 2021년 9월 문재인 대통령이 UN에서 '종전선언'을 요구하자 중국은 곧바로 '지지한다'고 회답했다. 미국의 대답은 '논의할 수 있다'였다.

미국이 북한을 선제공격하는 것 말고 한국을 지역 전쟁에 동원할 가능성은 많다. 1) 남중국해에서 미중 간 충돌 2) 대만해협 충돌 3) 일본의 군사주의에 따른 국지적 충돌 들이 그것이다. 애런 프리드버그가 지적한 대로 노무현정부가 미국에게 한반도 외 지역에서 주한미군을 동원하려고 할 때 한국과 협의하도록 관철시킨 것은 미국이 "중국과 군사적 대립을 위해서 주한미군을 동원할 수 있는 여지를 제한할 수 있다"[15]는 가능성 때문이었다. 미국이 1), 2), 3) 안처럼 일을 벌인다면 미국은 한국을 끌고 들어갈 가능성이 높고, 중국은 한국은 빠지라고 요구할 가능성이 높다. 결국 지역적 충돌에서 중국은 미국이 신식민주의 권력을 폭력으로 행사할 때 제어할 수 있는 힘으로 기능할 가능성이 높고, 일본이 군국주의 국가로 나아갈 때 대항세력이 될 수 있다.

미중 충돌 시기 한국의 평화체제 세력은 어떤 선택을 할 것인가? 프레임과 어젠다부터 평화체제로 바꾸어야 한다. 첫 번째 평화체제 프레임은 당연히 '우리는 더 이상 전쟁하지 않는다'이어야 한다. 전쟁하지 않을 어젠다를 만들어야 하고, 전쟁하지 않겠다는 국가의 손을 들어 주고, 그런 국가와 한편이 되어야 한다. 한반도를 전쟁의 한복판으로 끌어들일 북한에 대한 선제공격, 남중국해와 대만해협의 충돌, 일본의 평화헌법 개헌에 '노'라고 말해야 한다. 미국에 위임해 놓은 '전쟁하지 않을 권

15 애런 프리드버그, 앞의 책, 127쪽.

리'를 이 시기를 활용하여 되찾아 와야 한다. 전쟁을 시작하려는 북한, 전쟁을 부추기는 중국에도 '노'라고 대답해야 한다. 전쟁하지 않으려는 국가와 적극 연대해야 한다. 투키디데스 함정을 들먹이며 어느 국가 편에 서느냐고 질문을 한다면 우리는 이렇게 대답해야 한다. "미국이나 중국 중에 어디를 선택할 것이냐 묻지 말라. 당신은 당신이 원하는 대답을 듣지 못할 것이다."[16] 미국이냐 중국이냐는 그들에게나 의미 있는 질문이다.

베이징대학 진징이 교수의 주장대로 중국은 역사적으로 "한반도의 평화와 안정이 없으면 중국의 평화와 안정도 있을 수 없다"[17]고 인식하고 행동해 왔다. 1975년 UN에서 중국은 43개국과 함께 "휴전협정을 항구적인 평화협정으로 전환하고 한반도의 자주적 평화통일을 촉진"하는 결의안을 제출했다. 1979년 UN총회와 1982년 UN총회에서도 비슷한 주장을 했다. 북핵 위기가 고조될 때 중국은 6자회담을 주최하며 북미 사이 직접 충돌을 중재하고 항구적인 평화 질서를 수립하기 위해 노력했다. 천안함 사태로 남북한이 충돌해 일촉즉발의 위기가 고조되었을 때도 중국은 미국에게 항구적인 평화체제 구축을 제안했다. 지금도 중국은 한미군사훈련과 북한의 핵개발을 동시에 멈추는 '쌍잠정'과 비핵화와 평화체제 구축을 동시에 진행하는 '쌍궤병행'을 주장한다. 바이든행정부가 북미회담을 중단하는 시점에도 미국에게 북미회담에 나서라고 촉구하고 UN의 대북제재를 완화시켜 북한을 더 이상 막다른 골목으로 몰아가

---

16 Fareed Zakaria, ibid.

17 진징이, 〈한반도 평화프로세스〉, 성균중국연구소 기획, 《한반도 평화와 중국》, 지식공작소, 2019, 277쪽.

지 말라고 요구했다.

미중 충돌 시기 필리핀의 선택을 살펴보면 샌프란시스코체제의 위기가 하위체제에 있는 국가에게는 기회가 될 수 있다는 사실을 잘 알 수 있다. 2020년 2월 11일 두테르테 필리핀 대통령은 미국과 합동군사훈련을 하지 않을 것이라고 공표했다. 미국이 필리핀 상원의원인 델라 로사에게 방문비자를 거부하자 1998년부터 미국과 진행해 오던 방문군협정(Visiting Forces Agreement, VFA)을 거부한 것이다. 필리핀은 1951년 상호방위조약을 체결했고, 2014년 방위협력확대협정(EDCA)을 체결한 상태이다. 필리핀의 독자 행보에서 우리가 주의해서 보아야 할 점은 미국의 대응이다. 미국 내 의견은 두 가지로 나뉘었다. 주마닐라 미국대사는 심각한 조치라며 강력히 항의했고, 《뉴욕타임스》와 CNN은 친중국적인 두테르테가 미국을 몰아내고 있다고 비판 기사를 내보냈다. 트럼프 대통령은 "우리는 많은 돈을 아낄 것이다…나는 그것을 매우 고맙게 여긴다"고 발표했다. 반면 마크 에스퍼 미 국방장관은 트럼프 대통령의 결정에 반대했다. 국내 여론과 상관없이 중국이 필리핀에 대해 우호적인 자세를 보이는 시기 미국이 선택할 수 있는 유일한 일은 필리핀으로부터 미국이 배제되지 않을 방법을 찾는 일이었다. 2021년 필리핀은 백신 공급과 국내 선거를 목적으로 미국과 VFA를 복원했다. 미국은 흔쾌히 응했다.

한국의 평화체제 세력들은 라모의 주장에 귀 기울일 필요가 있다. 라모는 "지금은 중국굴기가 좋은가 나쁜가를 따질 시점이 아니다"고 단정적으로 말한다. 라모는 "미국이 자신의 이익을 보호하기 위해 일방적 정책을 펼치고 있는 반면", 중국은 "국제적 사무의 주요 영역에서 미국의 영향력을 약화시키기 위한 자원들을 결집시킴으로써 미국이 패권적 행동을 함부로 할 수 없는 환경을 만들어 가고 있다"고 보았다. 그리고 덧붙인다. 중국의 부상이 어떻게 "진정한 독립을 실현할 것인가를 고민하는 세계의 여타 국가들이 그 고유한 생활방식과 정치적 선택을 지키도록 이끌고 있다."[18]

라모의 주장은 미국을 버리고 중국으로 가라는 이야기가 아니다. 중국의 부상이 주변국들에게 진정한 독립을 이루게 하는 기회로 작용한다는 것이다. 우리는 중국의 부상을 우리의 평화체제 구축에 적극 활용해야 한다. 전쟁하지 않을 권리를 확보해 두는 것이 첫 번째 일이다.

---

18 조슈아 쿠퍼 라모, 앞의 책, 63~64쪽.

3 다자주의의 중심축

김동춘 교수가 지적한 대로 “종전선언을 하더라도 평화체제로 가는 길에서 미국이 가장 어려운 상대가 될 것”이라면 한국의 평화체제 세력은 마크 셀던이 제안하는 대로 평화체제 구축에 “중국이 어떤 긍정적인 역할”을 할 것인가를 살펴보아야 한다.[19] 그러나 한국의 진보진영은 부상하는 중국에 대해 대개 ‘중국도 문제다’라는 프레임으로 ‘중국은 아무것도 하지 마라’는 메시지를 시종일관 보내고 있다. 왕후이가 구상한 ‘트랜스 시스템 사회’를 조공체제의 부활이라며 알르레기 반응을 보인 것이 그 예이다.

왕후이가 구상한 ‘트랜스 시스템 사회’는 국민국가의 틀을 넘어서는 식민 이후의 국가 간 체제에 대한 구상이었다. 트랜스 시스템 사회는 중국이 ‘식민 이후’의 이상적 국가 모델이라고 주장하거나 중국이 국가 간

19 백원담 외, 앞의 글, 2018, 133~134쪽.

체제에서 헤게모니를 잡는 것을 뜻하는 것이 아니다. 왕후이가 말하는 트랜스 시스템 사회는 “서로 다른 문명, 종교, 종족, 집단, 기타 시스템을 포함하는 인간 공동체이거나 사회연결망”[20]이다.

왕후이는 트랜스 시스템의 한 가지 예로 전근대 동아시아 사회에 존재했던 조공 시스템을 언급했다. 국가체제를 넘어서는 조공 시스템은 식민체제와는 달리 1) 쌍방향이고 2) 국가의 역량에 따라 가변적이며 3) 중국은 조공물에 의존하여 자신만의 경제 시스템을 운용하지 않아 약탈적 경제체제가 아니고 4) 국가 간 관계 외 민간 무역도 존재하는 시스템이라고 설명했다. 그러나 한국의 일부 진보진영에서는 왕후이가 과거 조공 시스템을 모델로 삼았다는 까닭으로 신조공체제를 부활시킨 것이라고 비판했다. 비판의 핵심은 이 구상이 중국중심주의라는 것이다.

왕후이와 한국의 진보진영 사이 가장 큰 차이는 중국의 부상을 바라보는 시각이다. 한국의 진보진영은 ‘사회주의 중국’이라는 프레임에 서서 중국은 부상하더라도 대외적으로 어떤 힘도 행사하지 말아야 한다는 주장을 바탕으로 삼고 있다면, 왕후이는 중국이 부상해서 생긴 힘은 사용될 수밖에 없으나 기존의 위계적 국가 간 질서에서 다자주의 체제로 전환하는 데 그 힘을 사용할 가능성이 높다고 주장하는 것이다.

> 중국이 부상한다고 해서 곧 중국이 미국의 위치를 대신하게 된다는 것은 아니다. 그러나 중국과 이 지역이 세계경제 전체에서 차지하는 위상이 올라감에 따라 제1세계, 제2세계, 제3세계로 이어지는 전통적인 세

---

20 왕후이, 송인재 옮김, 《아시아는 세계다》, 글항아리, 2011, 409쪽.

계질서에 변화가 생기고, 세계의 다극화에 도움이 되고 있다.[21]

아울러 왕후이는 중국은 국제관계에서 경제적 군사적 패권을 차지하려는 노력을 하지 않는다고 평가한다.[22]

'베이징 콘센서스'라는 개념을 만드는 데 결정적인 역할을 한 라모도 이 점에 적극 동의한다. 서구가 중국의 발전을 예측하며 중국 위협론을 퍼뜨리는 것이 논리적 근거도 희박할 뿐만 아니라 매우 잘못된 판단일 가능성이 높다고 주장하며 "중국은 세계 역사상 전례가 없는 비대칭적 초강대국, 유사 이래로 힘을 표출하는 전통적인 수단에 가장 적게 의존하는 국가가 되고 있다"[23]고 말했다. 헨리 키신저도 "중국의 미래가 세계의 기존 질서에 대한 비정상적인 도전이 아니라 정상적인 상태로 돌아가는 것"[24]이라고 보았다.

중국은 스스로 구식민주의적 팽창을 진행한 유럽과 달리 '복수의 근대화'가 가능하다고 주장해 왔다. '중국 특색의 사회주의'가 그것이다. 중국 특색의 사회주의는 '사회주의 중국' 프레임이 말하는 완벽한 사회주의와는 거리가 멀지만, 서구의 강대국이 발전해 온 방향과 다른 '복수의 근대'를 추구하겠다는 강한 의지를 표현한 것은 분명하다. 하버드대학의 스티븐 M. 월트 교수는 "중국도 규칙에 기반한 국제질서를 원한다"고 주장하며 문제는 오히려 그것을 주장하는 미국이 스스로 규칙을 위

21 왕후이, 앞의 책, 2014, 54쪽.
22 백원담 외, 앞의 글, 2018, 134쪽.
23 조슈아 쿠퍼 라모, 앞의 책, 63쪽.
24 Henry Kissinger, *On China*, NewYork: Penguin, 2012. p.546.

반하지 않는 것이라고 말했다.[25]

미국의 신식민주의가 존재하는 동아시아에서 중국은 다자주의의 중심축이다. 마크 셀던은 중국의 부상이라는 현실을 놓고 볼 때 미국이 아시아-태평양 지역을 오랜 기간 지배한다는 전략은 현실적으로 불가능한 방안이라고 단정적으로 말했다.[26] 그는 중국을 포함한 다자주의만이 북핵문제를 해결할 유일한 방안이라고 주장한다. 실제로 중국은 북미 충돌 시기에 끊임없이 6자회담을 추진한 가장 강력한 추진축이었다.

중국의 다자주의 추구는 단순한 정치적 수사가 아니라 경제적 이해관계가 바탕이 되어 있다. 트럼프행정부가 키신저 시스템을 철폐하려고 계속 시도했지만 중국은 WTO를 지지하고 다자간 무역체제를 지키려고 노력했다. WTO가 문제가 있다면 WTO를 없앨 일이 아니라 WTO를 개혁해서 사용해야 한다고 주장했다.[27] 시진핑정부의 핵심 브레인으로 꼽히는 옌쉐퉁은 중국은 미국의 패권에 도전하는 것이 아니라 전 세계의 이해를 포괄하는 다자주의를 지지하는 것이라고 주장하며 미국의 일방주의, 보호주의, 패권주의에 대해서는 강력하게 저항하겠지만, 코로나19와 싸움, 빈곤 감소, 무역증진, 국제 인프라 및 개발, 디지털 화폐와 같은 영역에서는 상호 협조하겠다고 밝혔다.[28]

중국이 주도하는 다자주의 세계에 다른 국가들도 호응한다는 것을 보여 주는 가장 상징적인 사건이 WTO 사무총장 인선이었다. 미국 우선

25 Stephen M. Walt, ibid, 2021.03.31.

26 마크 셀던, 〈전쟁에서 평화로: 한반도와 아시아·태평양 지역의 사례를 국가, 지역, 그리고 지구적 시각으로 본다〉, 《황해문화》 100호, 2018년, 50쪽.

27 Cui Hongjian, "'NATO for trade' goes against economic rules, consensus unlikely", GT, 2021.06.29.

28 Yan Xuetong, ibid.

주의를 내세운 트럼프행정부는 한국의 유명희 통상교섭 본부장을 밀었고, 다자주의를 내세운 중국은 나이지리아의 응고지를 밀었다. 결국 다수의 국가들은 다자주의 편을 들었다.

카네기국제평화재단의 이사장을 지낸 제시카 매튜스(Jessica T. Mathews)는 바이든행정부에게 미국의 외교정책을 복원할 것이 아니라 다시 만들어야 한다고 충고한다. 그가 제시한 대안은 중국의 부상을 인정한 다자주의이다. 그는 "중국은 군사력을 증강시키고, 남중국해에서 도발적인 작전을 수행하고, 점점 더 억압적인 인권정책(신장과 홍콩에 대한)을 행하고 있고, 코로나19 대유행을 일으킨 장본인"이지만 미국이 할 수 있는 일은 "이 급성장하는 경제 및 군사 강국과 성공적인 공존을 위한 전략을 개발하는 것 외에는 다른 방법이 없다"며 미국은 "중국을 악마화하는 게으른 습관을 버리고" "냉전과 유사한 이념적 투쟁을 구실로 중국과 경쟁하는 것을 버려야 한다"고 주장했다.[29]

29 Jessica T. Mathews, "Present at the Re-creation?: U.S. Foreign Policy Must Be Remade, Not Restored", *Foreign Affairs*, March/April, 2021.

4 단일 시장의 급진성

한국 진보진영이 가지는 중국에 대한 경계심에는 중국이 팽창적인 시장주의 국가로 나아갈 가능성에 대한 염려가 있다. 중국이 자본주의를 유입하면서 국가체제를 자본 중심으로 재편하고, 자본이 국가를 움직이는 상황이 발생할 수 있기 때문이다. 특히 한국의 마르크스주의자들은 중국의 부상을 곧바로 미국과 똑같은 또 다른 제국주의 국가의 출현으로 받아들인다. 《진보평론》에 실린 이재현의 글이 그 예이다. 이재현은 "미중 두 제국주의 국가 간의 무역분쟁이나 패권경쟁 이전에 애당초 미국 제국주의 자체, 그리고 중국 제국주의 자체가 크나큰 문제거리"[30]라고 주장한다.

마르크스주의자들이 중국을 스스럼없이 제국주의로 규정하는 것에는 두 가지 문제가 있다. 하나는 유럽중심주의이다. 그들은 유럽을 역사

30 이재현, 〈중국의 부상과 미중 패권 경쟁〉, 《진보평론》 81호, 2019, 216쪽.

발전의 표준으로 삼고, 거대 시장이 곧 팽창으로 연결된다고 상정한다. 그럴 경우 당연히 부상한 중국은 팽창의 길로 나아갈 것이라 전제할 수밖에 없다. 두 번째는 탈식민주의 관점의 결핍이다. 탈식민주의 관점에서 중국을 바라보면 중국은 살아 있는 제국주의와 다른 '제국의 차이'가 분명히 존재한다.

중국이 서구적 근대화의 길을 갈까? 중국은 스스로 유럽의 자본주의와 다른 역사적 길을 가고 있다고 주장한다. 유럽의 시장경제를 도입했지만 자본의 이익을 대변하는 국가는 되지 않겠다는 것이다. 중국이 수용한 시장경제는 서구식 자본주의가 아니라 '중국 특색의 사회주의'라고 부른다. 자본주의적인 거대 시장은 형성하지만 공산당이 이끄는 국가가 자본을 철저하게 통제하여 자본 중심의 국가가 아니라 인민을 위한 국가가 되겠다는 것이다.

중국 특색의 사회주의는 개혁개방 초기부터 현재까지 중국에서 일관되게 주창한 구호이다. 덩샤오핑은 1970년대 후반 시장경제를 구축하던 시기부터 시장경제가 곧 자본주의는 아니라고 강조했다. 덩샤오핑의 사고방식에서는 시장화가 곧 시장주의로 발전하는 것이 아니라는 비마르크스주의적 사고가 있다. 덩샤오핑의 비마르크스주의적 사고가 곧 '중국 특색'이다. 중국 특색의 사회주의는 가라타니 고진이 말하는 경제발전과 사회주의적 평등성이라는 제국의 원리를 갖춘 '제국주의 없는 제국'과 비슷하다.

전통적인 마르크스주의와 달리 브로델은 시장경제와 자본주의는 구분해야 한다고 본다. 브로델은 레닌이 말하는 자본주의를 시장경제와 자본주의로 분리하였다. 브로델은 물질문명을 자본주의와 비자본주의 세계로 나누고, 자본주의 세계는 물질문명, 경제(시장경제), 자본주의로 세분화한다.[31] 브로델은 그중 자본주의만 독점이 일어난다고 본다. 유럽의 시장체제에서 드러나는 독점과 분배의 문제는 시장경제 자체에서 나타난 것이 아니라, 시장경제에서 만들어진 자본주의에서 나타나는 문제라고 보는 것이다. 이 점은 월러스틴과도 명확하게 차이가 난다. 월러스틴은 시장경제를 '근대 세계경제 시스템'의 하나로 간주하지만 브로델은 시장경제는 고대 그리스에도 있었고, 중세 유럽에도 있었다고 보았다.[32]

브로델이 시장경제와 자본주의를 나누는 핵심에는 국가의 역할이 있다. 브로델이 시장경제의 전형적인 예로 든 '시장마을'과 독점이 이루어지는 '원거리 무역과 금융투기'의 결정적 차이는 국가의 역할에서 차이가 있다고 본다. 브로델은 레닌과 달리 자본과 국가가 반드시 결탁하는 것이 아니고 단지 서구의 자본주의가 그런 특징을 지닌다고 보았다. 서구의 자본주의 발전경로에서 자본이 국가와 결탁하여 기술을 독점하고 시장경제의 교환과정을 왜곡했다는 것이다.[33]

브로델이 말하는 자본주의의 전형적인 국가는 영국이다. 영국의 자본주의는 1) 대자본이 독점을 감행하고, 더 많은 독점을 위해 지리적 팽창을 단행하여 전 지구적 세계경제 체제를 만들어 내었고 2) 자본가들 간에도 경쟁이 이루어져 자본가 사이에 계서제가 형성되며 3) 지리적으로도 자본의 집중에 차이를 만들어 내었고, 지역 간 편차를 생기게 했다.

---

31 페르낭 브로델, 주경철 옮김, 《물질문명과 자본주의 II-2: 교환의 세계 下》, 까치, 1996, 646쪽.

32 가라타니 고진, 앞의 책, 109쪽.

33 페르낭 브로델, 주경철 옮김, 《물질문명과 자본주의 III-2: 세계의 시간 下》, 까치, 1997, 864~870쪽.

4) 이 모든 배경에는 자본과 국가의 결탁이 있다는 것이다.[34]

브로델은 중국은 서구와 다르다고 말했다. 서구 자본주의와 달리 중국은 시장경제와 자본주의가 일찍부터 분리되어 있다고 주장했다. 중국에는 서구 자본주의가 유입되기 이전에 이미 16세기 유럽의 자본주의와 비슷한 상인과 은행가들의 공동체가 존재했다. 그러나 중국에서는 국가나 자본가들이 독점을 지휘하지 않는다고 보았다. 브로델은 "중국의 시장교환 메커니즘은 결국 꼭대기 층은 없고 바닥에 평평하게 퍼진 모양"[35]이라고 기술했다.

브로델의 논의를 좀 더 구체화시킨 것이 아리기이다. 아리기는 중국에서 시장경제와 자본주의는 분리되어 있었고, 그것은 '비자본주의'였다고 주장한다.[36] 나아가 비자본주의적인 중국의 시장경제는 앞으로도 자본주의로 진화하지 않을 가능성이 더 높다고 보았다. 왜냐하면 중국은 서구의 시장경제가 유입되기 이전부터 시장경제를 채택하여 경제적 축적이 이루어져 있었지만, 그 힘을 대외적으로 팽창하는 데 사용하기보다는 국경을 안정시키고 국민의 경제 기반 향상에 주로 사용했기 때문이라고 보고 있다. 즉 중국의 본원적 축적은 외부지향적으로 이루어진 것이 아니라 내부지향적으로 이루어져 왔다는 것이다.

아리기가 중국의 발전을 추적하면서 주목한 것 중 하나가 아편 전쟁 이전 동아시아 국가들 간 평화를 유지해 온 시기가 유럽에 비해 훨씬 장기적이었던 점이다. 중국에서 500년 동안 평화가 지속된 까닭은 그들이

---

34 백승욱, 앞의 책, 2005, 19~20쪽.
35 페르낭 브로델, 김홍식 옮김, 《물질문명과 자본주의 읽기》, 갈라파고스, 2012, 43쪽.
36 조반니 아리기, 〈장기적 관점으로 본 시장경제〉, 홍호평 외, 앞의 책, 55쪽.

가진 동력을 유럽처럼 해외로 향한 것이 아니라 자국의 "국가 만들기와 경제 만들기"에 사용했기 때문이었다. 아리기는 청 통치 시기 변경지역에서 무수히 많은 전쟁이 벌어졌지만 유럽과 다른 몇 가지 특징이 두드러진다고 분석했다. 1) 대부분 방어 전략이었고 2) 전쟁에 승리한 뒤 그 지역을 평화지대나 완충지대로 만들었으며 3) 주변 지역의 자원을 수탈하기보다 주변 지역으로 자원을 이동시켰고 4) 유럽이 군사주의를 채택하여 해외로 영토팽창을 한 데 비해 중국은 자본과 군사주의가 결탁하여 상승작용을 일으키지 않았다는 것이다.

아리기는 중국이 수세적인 역사 행보를 한 까닭을 중국민의 의식이나 도덕성에서 찾지 않고 중국의 시장경제 특성과 국가의 성격에서 찾는다. 자본주의 이전부터 형성되어 있었던 시장경제는 자본주의 유입 이후에도 서구식으로 독점화 과정을 거칠 필요가 없었다는 것이다. 중국이라는 시장경제는 유럽과 달리 이미 하나의 국민경제체제를 이루고 있었기 때문에 굳이 해외로 팽창할 필요가 없었으며, 팽창을 할 경우 오히려 수익성이 낮아질 수 있었기 때문이라고 보았다. 왕후이는 이를 '자본주의 없는 자본주의'라고 표현한다.

자유주의 이론가들 중에는 '자본주의 없는 자본주의'의 존재를 인정하는 경우가 많다. 프랜시스 후쿠야마도 그중 한 명이다. 그는 역사의 종말을 선언하면서 두 개의 중심축을 언급한 적이 있다. 가장 완전하고 이상적인 체제로 도달한 '역사의 종말'에는 두 개가 필요하다고 보고 있다. 하나는 '자유민주주의 정치체제'이고, 다른 하나는 세계의 '공동의 시장화'(Common Marketization)이다. 그가 말하는 공동의 시장화는 시장이 자유민주주의 국가체제와 결합할 경우 더 이상 나아갈 것이 없는 완전한 형태가 된다는 것을 뜻한다. 그는 시장 자체가 억압이나 팽창을 만들어 내지 못한다고 보았다.

우리가 주목해야 할 것은 평화체제 관점에서 보면 중국의 시장화는 진보적 성격을 지닐 수 있다는 점이다. 이미 동아시아는 중국의 시장화가 얼마나 진척되었는지 상관없이 전 지구적 자본이 국가와 결탁하여 1) 국가 간 체제의 불평등 구조 아래 식민 종주국의 금융자본 이익을 최우선으로 반영해 내고 있으며 2) 전 지구에서 계서적 분업관계를 형성하여 지역 간 불평등 구조를 체계화시켜 놓았고 3) 부등가 교환 시스템을 구축하여 자본과 노동을 불평등한 이원화 구조로 만들어 놓았다.

그런 점에서 전 지구적 자본주의체제하에서 중국의 부상은 라클라우가 말하는 '탈구(Dislocation)' 즉 신자유주의 수탈체제를 균열시키는 한 축으로 기능할 가능성이 있다. 중국을 포함한 초국가적 단일 시장이 가질 수 있는 급진성과, 중국이라는 국가가 지닌 비자본주의적인 국가 특성 때문이다. 마이클 하트가 발견한 자본주의의 역설이 중국이라는 거대 시장의 등장으로 발생한 것이다. 자본주의의 역설이란, 자본의 극단적인 소유 추구가 비물질적인 것까지 소유해 나가면서 소유할 수 없는 것들이 존재한다는 것을 받아들이지 않고서는 더 이상 소유가 불가능한 단계에 이른 것을 말한다.[37] 중국의 부상이 만들어 낸 새로운 거대 시장은 자본의 소유 영역만 확대한 것이 아니라 소유를 극대화하기 위해 반드시 필요한 협력과 공통적인 것을 구축했다. 트럼프행정부가 시행한 중국봉쇄 정책에 가장 강력한 대항세력이 미국의 금융자본이었다

37 안토니오 네그리·마이클 하트, 앞의 책, 2001, 34쪽, 40쪽.

는 것은 이를 증명하는 단적인 예이다. 새로운 네트워크 시대 미국 금융자본이 중국을 소유할 수 있는 가장 나은 방법은 비물질적인 것의 주체인 소비자로서 중국인과 협력하는 것이다. 그런 점에서 새로운 시장체제가 만들어 놓은 '공통적인 것'들은 계급 운동으로는 넘어서기 힘든 새로운 변혁을 위한 탈구의 기점이 될 가능성을 보여 줘야 한다.

동아시아가 하나의 단일 시장으로 구축될 경우 발생하는 급진성은 세 가지 정도가 있다. 하나는 거대 시장이 주는 새로운 공간들이 새롭게 등장한 다중을 기존 체제를 넘어서는 동력으로 전화시켜 평화체제 세력으로 재편할 수 있게 한다는 점이다. 한국은 급진성이 상실된 양당제로 굳어졌다. 대의제에서 체제를 넘어설 정치적 구상을 실현할 수 있는 유일한 방법은 다중들의 정치적 급진성을 고양시켜 급진 세력이 다수가 되게 만드는 방법뿐이다. 새로운 시장이 던져 주는 매력은 경제지상주의에 포섭된 대중들에게 급진성을 부여하고, 안보적 보수주의로부터 경제적 보수주의의 분화를 촉진시키는 것이다. 이는 경제 보수주의자들을 신식민주의 질서로부터 벗어나게 만들 가능성이 높다. 이런 현상은 미국 내부에서도 일어날 수 있다. 거대 시장에 대한 매력은 기존의 금융자본가부터 국제 분업체계에 편제된 미국의 농민까지 안보 보수주의자들로부터 분화시킬 수 있다.

두 번째로 동아시아에서 만들어지는 거대 시장이 가지는 힘은 국가의 지향성을 변화시킬 가능성이 높다. 동아시아의 단일 시장화는 미국에게는 새롭게 만들어지는 거대 시장에 접근하기 위해 신식민주의 요소를 완화시킬 여지를 줄 것이고, 중국에게는 이웃 국가들에게 호감을 줄 수 있는 다자주의 정책을 펼치게 만들 것이며, 일본에게는 거대 시장에 참여하는 국가들이 인정할 수 있는 정상국가로 나아갈 가능성을 높게 만들 것이고, 북한에게는 스스로 소프트랜딩하게 만드는 원동력으로 작용할 수 있을 것이다. 그런 점에서 남한과 북한, 중국과 러시아, 중앙아시아가 하나의 경제권으로 통합되고 유럽과 교통로가 놓이는 새로운 시장이 주는 매력은 안보 보수주의자들이 펼치는 우익적 기획에 비해 훨씬 강력하고 폭발적인 급진성을 가지고 있다.

세 번째는 동아시아에 하나의 단일 시장이 구축되면 생태주의자들이 주장하는 소규모의 지역화에 비해 훨씬 더 큰 범위에서 신자유주의 자본질서에 대항하는 대항체제로 작동할 수도 있다. 라틴아메리카 연구자인 김은중 교수는 라틴아메리카를 분석하면서 시장경제 자체가 “원래 사회적인 것이 묻어 있다”고 주장한다. 신자유주의 시장경제는 시장경제의 사회성을 억제한 시스템이라는 것이다.[38] 만약 동아시아에 자율적 주권국가들이 모여 다자주의 질서에 입각하여 단일 시장을 구축한다면 서구의 글로벌 자본들이 만들어 놓은 자본의 자유로운 이동, 민영화, 규제완화, 환경 및 사회적 요인의 외부화 같은 신자유주의 행태들은 규제될 수밖에 없다. 자율적 주권국가들이 탈자본적 권력 행사로 애덤 스미스가 구상한 ‘더 공정하고 정의로운 경제시스템’이 구축될 가능성이 생기는 것이다. 아리기는 만약 약소국들조차도 세계시장으로 동원이 가능하다면 제3세계의 연합은 성공할 가능성이 높다고 보고 있다.[39] 거대 시장을 바탕으로 한 국가 간 평화체제 구축이 헬레나 노르베리 호지가 꿈

38 김은중, 앞의 글, 2011, 13쪽.
39 조반니 아리기, 앞의 책, 2009, 529쪽.

꾸는 자율성을 가진 애덤 스미스식의 "정부의 규제하에 소규모 지역생산자들이 활동하는 세상"[40]이 올 가능성이 더 높다는 것이다.

급진성이 발휘될 수 있는 단일 시장은 FTA식의 동아시아 경제공동체를 말하는 것은 아니다. 상품뿐만 아니라 사람도 마음대로 오고 갈 수 있는 평화공동체적 단일 시장을 뜻한다. 사람이 걸어서 서로 오갈 수 있는 단일 시장은 애덤 스미스가 오래전부터 구상한 "문명연방(commonwealth of cvilization)"과 비슷한 형태일 수 있다. 한반도 평화체제 세력은 중국을 전후체제 너머의 새로운 문명연방 구축에 활용해야 한다. 동아시아 지역에서 나오는 잉여들을 더 이상 미국과 미국이 지배하는 기구들의 처분에 맡길 것이 아니라, 이 잉여들을 더 나은 국가체제를 구축하는 해방의 도구로 어떻게 사용할 것인가를 고민해야 할 때이다. 결국 문제는 국가의 성격이다. 국가가 1) 자본의 이익을 대변하느냐, 다수 국민의 이익을 우선하느냐 2) 국가의 힘이 자본의 힘을 넘어설 수 있느냐의 문제이다.

---

40 헬레나 노르베리 호지, 김영욱 외 옮김, 《행복의 경제학》, 중앙books, 2012, 115쪽.

5 자본 억제적인 당-국가체제

2020년 10월 알리바바 계열의 앤트그룹이 상장하려 할 때 중국 정부가 개입해 중단된 사건은 중국 정부와 자본 간의 상관관계를 살펴볼 수 있는 좋은 사례였다. 한국 언론은 마윈의 발언이 중국 정부 관계자들의 심기를 거슬러 제재를 받았다는 선정적인 보도로 일관했다. 2021년 6월 KBS가 중국공산당 창당 100주년 기념으로 기획해 방송한 프로그램도 이 사건을 마윈과 중국공산당 간의 갈등으로 다루었고, 중국공산당이 마윈을 '붉은 자본가'로 길들였다는 논조로 방송했다.

미중 무역전쟁 중 시행된 앤트그룹의 상장은 두 가지 점에서 주목할 만하다. 하나는 중국이 미국의 자본시장으로부터 얼마나 독립적으로 설 수 있느냐를 가늠할 수 있는 지표였다. 그것은 앞에서 언급한 대로 충분히 성공적이었다. 두 번째 주목할 점은 사영그룹인 앤트그룹이 추진하는 핀테크 금융을 중국 정부가 어느 정도 용인할 것인가라는 문제였다. 중국 정부의 '선성장 후규제 정책'에 따라 별다른 규제 없이 성장하던 핀테크 산업은 이 시기에 이르러 많은 문제를 노출하기 시작했다. 핀테크 플랫폼을 사용하여 불법 거래가 늘고, 은행과 달리 지급준비금 없이 무한성장하여 부실 위험이 증대하였으며, 부적절한 데이터 사용 같은 문제가 두루 나타났다. 이익은 사영기업이 차지하고 책임은 정부가 지는 형태가 무한히 확장되었던 것이다.

특히 앤트그룹과 같은 사영 금융기관이 가지는 가장 큰 문제는 부실의 위험성이었다. 일반은행은 대출금의 30%에 상당하는 자본을 은행이 현금으로 보유해야 하지만 핀테크 금융은 2%에 불과했다. 2019년 기준 중국의 핀테크 산업은 앤트그룹, 징둥, 바이두금융이 세계 핀테크 산업 순위 1, 3, 6위에 도달할 만큼 성장했다. 그러나 그들의 대출방식은 독일 언론인인 슈만(Harald Schumann)과 그레페(Christiane Grefe)가 '세계 차원의 사기'[41]라고 불렀던 미국에서 모기지 사태를 일으킨 파생금융상품과 매우 비슷했다. 핀테크 금융이 대대적으로 확장하자 중국 정부는 사영기업의 금융기능을 축소했다. 중국 정부는 2018년을 기점으로 적극적인 규제에 나서기 시작했다.[42]

중국은 2008년 반독점법을 제정했다. 중국 정부는 앤트그룹에 반독점법을 적용했다. 그중 '행정 독점'에 관한 규정은 우리나라 변호사들이 '현재의 시장경제를 가로막는 큰 걸림돌 중에 하나'로 부를 만큼 정부가 자본의 권리를 적극 억제하는 법이다.[43] 2021년 서구 금융자본들의

---

41 하랄트 슈만·크리스티아네 그레페, 김호균 옮김, 《신자유주의의 종언과 세계화의 미래》, 영림카디널, 2010, 129쪽.

42 김성애, 〈中 핀테크 산업규제 본격화〉, 《KOTRA 해외 시장뉴스》, 2021년 05월 25일, 3쪽.

43 이수진, 〈사회주의 시장경제를 추구하는 중국 반독점법상 행정독점 규제〉, 《중국법연구》 43권, 2020년, 46쪽.

강력한 요구에도 중국은 알리페이와 같은 비은행 계열 결제회사나 시장 점유율이 67% 이상인 회사는 해체할 수 있다고 명시했다.

앤트그룹에 대한 제재는 시진핑정부가 내세우기 시작한 공동부유 전략과 관련되어 있다. 자본의 이익을 국가가 적극 관여하여 국민의 이익과 부합하게 재분배하겠다는 전략이었다. 디디추싱과 메이퇀에 대한 규제도 그런 차원에서 이루어졌다. 디디추싱은 중국 차량 공유 플랫폼 기업으로 시장 점유율에서 절대적인 우위를 차지하고 있었다. 뉴욕에서 기업을 공개한 지 이틀 후 중국 사이버 공간 관리국에 의해 신규 고객 확보를 중단하라는 명령을 받았다. 디디추싱은 정부 당국의 반대에도 미국 증시에 상장했다가 규제를 당했다. 당-국가체제가 지향하는 방향과 다른 선택을 하는 자본에 대한 강력한 규제였다. 데이터 보안이 부실하다는 것을 문제 삼았지만 메이퇀을 규제한 것은 공유경제에 대한 강한 의지도 포함되어 있었다. 팬데믹 시대에 고속성장한 메이퇀과 달리 메이퇀의 배달원들은 여전히 저임금에 놓여 있었다. 이에 중국 정부는 메이퇀 제재를 통해 배달원의 임금을 약 10배 인상한 것이다. 최저임금 인상을 범죄라고 주장[44]하는 한국의 주류와는 전혀 다른 팬데믹 시대 중국식 대응법이었다.

빅테크의 성장은 중국을 부상시키고, 가난한 중국을 부유하게 해 주는 역할을 하지만 동시에 서구 자본주의가 가지는 독점의 문제를 드러냈다. 중국민이 마윈을 바라보는 입장에서도 빅테크를 바라보는 이중성이 고스란히 드러난다. 알라바바가 중국의 대표기업으로 성장할 때 마

---

44 〈최재형 "일자리 뺏는 최저임금 인상, 범죄와 다름없어"〉, 《뉴스1》, 2021년 07월 31일.

윈은 중국몽의 화신으로 환호를 받았다. 그러나 알리바바가 서구적 대기업의 면모를 드러내고, 마윈이 '996'을(9시 출근, 9시 퇴근, 주 6일 근무) 찬양하자 중국민은 적대적으로 돌아섰다. 시진핑정부는 사회적 약자의 편에 서서 자본을 통제하는 쪽을 선택했다. 디디추싱과 메이퇀의 주가 하락은 충분히 예상된 일이었다. 《조선일보》는 〈중, 이번엔 배달업 철퇴… 메이퇀 시총 72조원 증발〉[45]이라는 식으로 자본과 시장의 편을 들고 나섰다.

중국에서 자본과 국가의 관계가 어떻게 설정되어 나아갈 것인가 하는 문제는 앞으로 동아시아의 진로를 전망하는 데 매우 중요하다. 중국이 부상하면서 얻는 대가를 사영기업이 독점하고, 중국의 사영기업은 더 많은 자본의 이익을 위해 세계시장으로 나가고, 중국 정부가 이들의 대변자 노릇을 한다면 중국 또한 또 다른 거대 억압 국가가 될 가능성이 높다. 그런 점에서 '시진핑의 중국'은 한국의 자본가들에게는 위협적이지만 평화체제 세력에게는 희망을 준다. 세계 자본시장으로부터 외면받을 것을 무릅쓰고 감행한 앤트그룹과 디디추싱에 대한 규제는 그것이 국내 자본이든 외국 자본이든 상관없이 자본의 이익보다 국가의 이익을 우선하겠다는 것[46]을 명백하게 보여 주는 사건이었다. 세계 자본시장의 동요에도 부동산 재벌 헝다그룹의 파산 위기를 방치한 것도 서민들을 위해 치솟는 부동산 가격을 안정시키겠다는 정부의 강력한 의지를 표현한 것이었다.

---

45 2021년 07월 28일.

46 Kevin Rudd, "China: Biden Has Embraced 'Strategic Competition'", *FP*, 2021.07.23.

중국은 마르크스가 꿈꾸는 그런 이상적 사회주의 국가와 거리가 멀다. 중국의 사회주의적 유산에 관대한 왕후이조차도 지난 30년 동안 중국은 "'세계혁명'의 중심에서 가장 활발한 자본 활동의 중심으로 바뀌었으며, 제국주의의 패권에 저항하는 제3세계 국가에서 그들의 '전략적 동반자'이자 경쟁자로 변했고, 계급이 거의 소멸되어 가던 사회에서 '재계급화'가 진행되는 사회로 변모했다"[47]고 보았다. 중국은 이제 하나의 국민국가로 자리 잡은 것이다.

그러나 중국이 국민국가라고 해서 중국이 곧 서구의 길로 나아간다는 것을 뜻하는 것은 아니다. 국민국가화 중국의 길은 여전히 두 가지가 열려 있다. 하나는 홉스가 말하는 최후의 권력체제로, 주권국가로 완전히 자리 잡아 제국주의화하는 것조차 주권국가의 권리로 행사하는 것이다. 다른 하나는 가라타니 고진이 말하는 제국주의 없는 세계국가를 지향할 수도 있다. 중국이 세계 국가가 될 수 있느냐의 여부는 결국 중국 특색의 사회주의를 진두지휘하는 당-국가체제의 성격에 달려 있다.

중국의 당-국가체제를 바라볼 때 중국의 지식인과 한국의 진보진영 사이에 간극은 매우 크다. 한국의 대표적인 중국연구자인 백승욱 교수는 브로델과 달리 시장경제 자체가 세계시장화된 자본주의에 종속적 성격을 지닌 것으로 판단한다.[48] 이런 시각은 현재의 중국을 바라보는 데도 적용된다. 백승욱 교수는 중국이라는 일국 사회주의는 배타적 이데올로기를 지향할 가능성이 높고 당-국가체제는 대중의 우위에 서서

47 왕후이, 앞의 책, 2014, 67쪽.
48 추이 즈위안, 앞의 책, 188쪽.

억압적인 장치로 변질될 가능성이 높다고 판단한다.

백승욱 교수는 중국의 사회주의 체제에 비판적인 것만은 아니다. 그는 지난 40년 동안 중국 사회주의가 만든 물적 토대를 "①탄탄한 국유부문, ②체계적인 관료통제체제, ③집체소유에 기반한 상대적으로 안정적인 농촌, ④탈집중화된 경제, ⑤중앙통제가 가능한 금융, ⑥단위체제를 통한 관리, ⑦홍콩을 매개로 연결된 세계경제"를 들고 있다.[49] 그러나 국민국가화하면서 변질된 중국의 당-국가체제를 매우 엄격하게 바라본다. 그는 중국의 당-국가체제가 가지는 발전주의적 경향과 국가주의적 성격에 관심이 많고 매우 비판적이다. 중국의 당-국가체제를 바라보는 백승욱의 시각은 문화대혁명을 보는 시각에서 더욱 두드러지게 나타난다. 백승욱 또한 리영희 선생이 그랬듯 마오 시대의 중국의 역사발전에 대해서는 매우 긍정적이다. 그 시기에 봉건적 토지 몰수와 농민소유로 전환, 독점 자본을 국가소유로 전환, 민족상공업 보호 같은 진보적 발전이 있었다고 보고 있다. 그러나 문화대혁명은 마오가 중심이 된 따라잡기식 중국의 발전 방향이 낳은 두 가지 문제, 즉 발전주의 구조와 국가주의 구조가 실패한 결과물이라는 점을 강조하고 있다. 국가주의와 따라잡기식의 발전주의는 "불가피하게 자원의 불균등 배분, 지역별 차이, 노동의 분할"을 낳았고, 문화대혁명 시기 추진된 국유화는 엘리트 중심의 계획경제 속에서 관료적 형태로 고착화되는 국가주의 성격을 지니게 되었다고 비판한다.[50]

---

49 백승욱, 〈'신시대' 중국의 역사 다시 쓰기〉, 이희옥·백승욱 엮음, 《중국공산당 100년의 변천 1921-2021》, 책과함께, 2021, 321쪽.

50 백승욱, 《세계화의 경계에 선 중국》, 창비, 2008, 366~367쪽.

시장의 이익을 국가가 독점한다고 보는 비판은 세계체제론의 관점에서 전 지구적 자본주의를 비판하는 연장선에서 이루어지고 있다. "침몰하는 배의 마스트 꼭대기에 앉아서 우리만은 안전하다고 생각한다고 해서 생존 가능성이 높아지는 것은 아니다"라는 백승욱의 말은 자본주의화한 중국 또한 자본주의적 발전 경로에서 예외가 될 수 없다는 상징적 표현이다. 라몬 그로스포구엘이 세계체제론의 관점에서 발전도상국의 발전주의 성장이 반제국주의의 대안이 될 수 없다고 한 주장[51]과 비슷하다. 그의 논지에는 세계혁명의 중심에서 세계 자본의 중심으로 이동하는 중국에 대한 염려가 짙게 배여 있다.

애덤 투즈도 백승욱 교수와 비슷한 관점이 있다. 2008년 리먼 브라더스 사태가 미국만의 문제라고 좋아할 때가 아니라고 했다. 중국 또한 금융자본주의를 수용하고 있고, 금융위기에서 벗어나기 위해 미국과 비슷하게 정부가 주도해서 인위적인 경기부양책을 사용하고 있으므로 전 지구적 자본주의의 위기로부터 자유롭지 못하다고 보았다. 그러나 애덤 투즈는 백승욱 교수와 달리 중국이 가지는 국가의 자율성에 좀 더 무게를 싣고 있다. 그는 백승욱 교수에 비해 신자유주의적 힘보다 개별 국가의 '자체적 역량'에 더 비중을 두었다. 그는 아시아 국가들이 미국발 금융위기를 벗어날 수 있었던 것은 미국 연방준비제도(연준, Fed)의 개입이 영향을 미쳤지만 개별 국가가 가진 자체 역량 강화도 중요한 역할을 했

---

51 라몬 그로스포구엘, 〈케팔주의에서 신자유주의로: 라틴아메리카에서 개념적 전향에 대한 세계체제론적 비판〉, 에티엔 발리바르 외, 이미경 외 옮김, 《발전주의 비판에서 신자유주의 비판으로: 세계체계론의 시각》, 공감, 1998 참조.

다고 보았다.[52]

페르낭 브로델은 백승욱과 달리 자본과 국가 간의 관계가 중성적인 것이 가능하다고 본다. 그는 시장에 국가의 개입을 완전히 배제하고 완전한 자유를 줄 때만 독점이 배제된다거나, 모든 독점을 국영화를 통해서 제어할 수 있다는 주장에 반대한다.[53] 그는 "국가는 자본주의의 발전을 저해할 수도 있고 자본주의는 국가를 방해할 수도 있다"[54]고 주장한다. 라클라우 또한 국가가 "관료제적 결정체"가 될 수도 있지만 "분산되고 정치적 경험이 없는 대중들의 조직체가 될 수 있으며, 민주주의 투쟁을 확장하고 심화하는 도구로 이바지할 수 있다"고 보았다.[55] 미국발 금융위기에서 벗어나는 데 중국이 미친 영향을 고려해 보면, "이 권위주의적 사회주의 정부가 1980년대 신자유주의의 전 지구화에 기여했다"는 라몬 그로스포구엘의 주장[56]과 달리 중국이나 중국이라는 당-국가체제에 대한 브로델식 해석이 충분이 가능하다.

아리기도 중국이라는 국가의 역할이 독점이나 수탈만은 아니라고 보고 있다. 이 평가는 백승욱과 사뭇 다르다. 백승욱 교수와 달리 아리기는 문화대혁명에 대해 "도시 관료와 지식인에게 문화혁명이 아무리 고통스러운 경험이었다고 하더라도 문화혁명은 중국 혁명의 농촌기반을 공고히 하였고, 경제 개혁의 성공을 위한 토대를 놓았다"[57]고 긍정적

52 애덤 투즈, 앞의 책, 29쪽.
53 페르낭 브로델, 《물질문명과 자본주의 III-2: 세계의 시간 下》, 869쪽.
54 페르낭 브로델, 《물질문명과 자본주의 II-2: 교환의 세계 下》, 793쪽.
55 에르네스토 라클라우·샹탈 무페, 앞의 책, 308쪽.
56 라몬 그로스포구엘, 앞의 책, 208쪽.
57 조반니 아리기, 앞의 책, 2009, 514쪽.

평가를 한다. 백승욱이 문화대혁명 시기를 중국의 발전주의와 국가주의에 방점을 두고 주목하고 있다면, 아리기는 봉쇄된 세계체제 속에서 살아남기 위해 추진된 문화대혁명 시기조차 중국의 당-국가체제는 농촌을 버리지 않았고, 사회주의의 경제적 토대를 지켜 냈다는 점에 주목하고 있다. 나아가 아리기는 전 지구적 자본도 국가가 통제할 수 있다고 바라보았다. 그는 "아무리 상상력을 발휘해도 중국이 외국자본과 화교 자본가들의 하인으로 보이지 않는다"[58]고 평가했다.

중국의 주류 지식인도 백승욱과 다른 시각으로 중국의 당-국가체제를 바라본다. 왕후이는 중국의 당-국가체제가 탈계급화될 가능성을 보여 주었다고 평가한다. 중국공산당이 국가화되는 과정에서 특정 계급의 이익을 반영하는 정당이 아니라 국가처럼 중립화되어 각자 다른 계급의 이해관계를 조정하는 기능을 수행한다는 것이다. 따라서 지금 중국은 '탈정치화된 국가체제'에 놓여 있다고 본다.[59] 중국공산당은 프롤레타리아 독재를 내세우고 집권했지만 실질적으로는 "계급통치가 아니라 계급 그 자체의 소멸을 지향하는 계급통치"를 한다는 주장이다.[60] 야오양은 이런 중국을 두고 '중성화된 국가'라고 부른다.[61] 하남석이 지적한 대로 야오양의 '중성화된 국가'는 왕후이에 비해 좀 더 케인즈주의에 가깝지만[62] 둘 다 국가가 탈계급적 성격을 지닐 수 있다고 보는 점에서는 동일하다.

---

58 조반니 아리기, 앞의 책, 2009, 494쪽.

59 왕후이, 앞의 책, 2014, 73~74쪽.

60 왕후이, 위의 책, 79쪽.

61 姚洋, 〈中性政府:对转型期中国经济成功的一个解释〉, 《经济评论》, No3, 2009, p.5.

62 하남석, 〈중국의 고민을 어떻게 이해할 것인가〉, 《황해문화》 82호, 2014, 389쪽.

왕후이는 자본가와 노동자가 탈계급화된 당-국가체제 내에서는 국가가 기업의 이윤을 노동자와 함께 나눌 수 있기 때문에 굳이 적대적 계급투쟁에 호소할 필요가 없다고 보고 있다. 그런 점에서 중국의 사회주의 실험은 실패했지만, 중국의 당-국가체제는 시장주의 질서 속 의회제보다 오히려 실질적인 민주주의, 즉 공공선과 공공이익을 실현하는 데 더 유리하다는 것이다. 특히 의회주의가 정치적 무관심과 군사동원기제와 결합하여 민주공화국이 과두제나 제국으로 변질될 가능성이 높은 데 반해, 당-국가체제는 서구적 대의제보다 더 진보적일 수 있다고 주장한다.[63]

비마르크스주의적 신좌파인 추이 즈위안은 중국이 여전히 독점화한 시장경제로부터 자율성을 가지고 있다는 증거로 중국은 투기자본에 '자본계정'을 개방하지 않는다는 것을 들고 있다. 수출입 업무에 종사할 경우만 중국화폐를 달러로 교환할 수 있는 법을 가졌다는 것이다.[64] 미국의 압력에도 자본계정을 개방하지 않는 것은 독점화하는 자본을 통제하는 중국의 당-국가체제의 성격과 관련 있을 뿐만 아니라 당-국가체제의 힘에 대한 평가도 같이 들어 있다. 추이 즈위안은 중국의 당-국가체제는 금융의 세계화조차 "정부가 그러려는 의지만 있다면 그리고 정부가 보통사람들을 수용하겠다고 한다면 충분히 통제할 수 있는 것"이라 본다.

중국의 당-국가체제가 자본의 이익을 얼마나 대변할까? 중국 내 국

---

63 왕후이, 앞의 책, 2014, 77쪽.
64 추이 즈위안, 앞의 책, 189쪽.

가에 의한 자본의 통제 정도를 가늠하는 데는 피케티의 통계적 접근이 유용하다. 피케티는 중국이 2005년 이후 전체 자본 중 공적자본의 비율이 약 30% 정도로 안정화되어 있다고 분석한다.[65] 이 30%가 참 애매한 수준이다. 개혁개방 이전에는 약 70%에 달하던 공적자본의 비중이 현저히 떨어졌다는 점에서 피케티는 중국은 "더 이상 공산주의는 아니다." 라고 단정적으로 말한다. 30%라는 수치는 피케티나 한국의 마르크스주의자들이 내세우는 이상적 사회주의 국가 모델과 한참 거리가 있는 수치이다. 그러나 지금 중국은 공적소유가 항상 30% 이상을 상회하고, 공적소유가 실질적인 힘을 행사하고 있기 때문에 "완전하게 자본주의도 아니다."[66] 미국을 포함한 모든 자본주의 강대국에서 공적자본의 비율이 거의 0%에 수렴한다는 사실과 비교해 보면 중국 내 공적자본의 비율은 서구에 비해 훨씬 높다.

국가의 공적자본 소유 비율이 다른 국민국가에 비해 높을 뿐만 아니라 사영기업의 자본에 공적자본이 차지하는 비율도 매우 높다. 중국의 공권력은 2010년대 기업 총자본의 55~60%를 보유하고 있다. 실질적으로 거대 자본이 당-국가체제의 통제 아래 있다는 것을 뜻한다. 외부로부터 유입된 자본에 대한 통제도 엄격하게 이루어지고 있다. 최근 들어 기업자본 중에서 외국 투자자 보유 비율은 오히려 감소하는 추세이다.[67]

시진핑정부 이후 중국이 어떻게 될 것인지 가늠하는 데는 당-국가체제의 구성을 살펴보는 것이 유익하다. 아리기와 달리 피케티는 중국

---

65 토마 피케티, 앞의 책, 667쪽.
66 토마 피케티, 위의 책, 668쪽.
67 토마 피케티, 위의 책, 668쪽.

의 의회 격인 전국인민대표대회를 분석하여 그들이 자본계급을 과잉대표하고 있다고 지적하며 앞으로 중국이 어떻게 될지 장담할 수 없다고 보았다. 그러나 피케티의 분석은 대표성의 문제를 지니고 있다. 중국이 자본과 어떤 관계를 맺을 것인가를 살펴보고자 한다면 피케티처럼 전국인민대표대회가 아니라 당-국가체제의 핵심인 중국공산당의 구성비를 살펴보아야 했다. 중국의 권력을 분석할 때 정작 중요한 기구는 전국인민대표대회가 아니라 중국공산당이다. 피케티도 알고 있는 대로 중국공산당은 당원의 약 50%가 노동자, 사무원, 농민이고, 20%가 퇴직자이며, 30%가 기업과 국가의 행정기술 관리직이다. 결코 유럽의 정당에 비해 자본을 과잉대표하는 구성비를 보이지 않는다.

형식적 계급 구성비보다 더욱 중요한 것은 실질적으로 기업의 이익이 어떻게 분배되는가 하는 문제이다. 중국에서 만들어지는 새로운 형태의 기업이 플랫폼형 기업이다. 한국의 배달 앱처럼 플랫폼 기업이 기업의 이윤을 독식하는 독점적 플랫폼 기업도 있지만 중국형 플랫폼 기업도 존재한다. 플랫폼 기업은 두 가지 형태가 존재한다. 첫 번째는 대기업이 플랫폼을 만들고 중소기업이나 자영업자, 1차 산업 종사자들이 대기업의 플랫폼을 이용하여 소비자들에게 직접 물건을 파는 형태이다. 한국의 플랫폼 기업과 유사하다. 두 번째는 대기업은 자본조달, 디자인, 유통을 맡고, 중소기업은 제조를 담당하여 대기업의 이름으로 제품을 판매하는 형태를 말한다. 이런 형태를 중국형 플랫폼 기업이라 볼 수 있다.

중국형 플랫폼 기업은 중국이 중국 특색의 사회주의를 표방하며 추진해 온 향진기업의 도시형 버전에 가깝다. 향진기업은 중국이 서구식 시장경제를 수용하면서 자본을 견제하기 위해 만들어 낸 중국형 기업 형태이다. 도시형 향진기업 형태는 두 가지 특징을 가지고 있다. 하나는 지분에 따른 분배와 노동에 따른 분배를 결합한 형태의 주식합작제를 채택하는 것이고, 다른 하나는 포드식의 단품종 대량생산이 아니라 다품종 소량생산 방식을 채택한다는 점이다. 주식합작제는 자본에 비해 노동자에게 유리하고 다품종 소량생산은 대기업보다 중소기업에게 유리하다.

중국형 플랫폼 기업들은 서구의 일반 플랫폼 기업들과 몇 가지 차이가 있다. 특히 이익의 분배형태, 생산방식, 기업의 지향가치에서 차이가 있다. 중국형 플랫폼 기업들은 이익을 대기업이 독점하는 경우가 거의 없다. 중국의 대기업들은 기업주가 독점하는 것도 어렵다. 국가가 직간접적으로 개입한다. 화웨이는 우리식의 노동자주식보유제를 채택하고 있다. 주식은 대부분 종업원들이 보유한다. 그러나 화웨이의 노동자주식보유제는 우리식의 종업원지주제처럼 월급을 강제로 저축하게 하여 배당하거나 스톡옵션식으로 경영자 일부에게만 배당하는 것이 아니다. 화웨이는 노동자만 주식을 살 수 있고, 노동자들이 대부분의 주식을 보유하고 있으며, 기업의 이윤을 보유금액에 따라 배분받는다.

샤오미는 월마트처럼 구매자 주도의 하청형 기업이 아닌 생산자의 기술이 우선인 합작형 기업이다. 샤오미는 한국의 재벌기업들처럼 계서제적 하청관계로 상품을 생산하지 않는다. 중소기업에게 상품 제조를 맡기고 대금을 지불하고 상품을 구매하는 것이 아니라 생산량만큼 지분을 공유하는 방식으로 운용한다. 생산방식도 다르다. 다품종 소량생산을 하는 경우가 많다. 중소기업들과 협업이 불가피한 방식이다. 추이 즈위안이 지적한 대로 지금 등장하는 중국형 플랫폼 기업은 "포드주의와 대립되는 유연적 전문화의 가장 좋은 사례"이다.[68] 로베르토 웅거가 포드주의의 대안으로 제시한 소상품 생산을 구현할 수 있는 새로운 생산 및 교환 제도로 자리잡을 가능성도 있다. 그 배후에는 당-국가체제의 기업정책이 자리를 잡고 있다.

당-국가체제의 엄격한 자본통제는 많은 기업가들이 자발적으로 국민기업이 되려고 노력하게 만든다. 미국의 상속세 제도가 수많은 장학재단을 탄생시킨 것과 비슷한 현상이다. 알리바바는 주주보다 국민이 우선이라고 내세운다. 알리바바의 타오바오는 이런 정신이 잘 드러난다. 알리바바는 농민들에게 직거래 플랫폼을 제공하면서 수수료를 거의 받지 않는다. 알리바바의 국민기업 정신과 당-국가체제의 공공성이 결합된다면 '네트워크 공공재'[69]가 만들어질 가능성도 있다. 네트워크가 상품이 아니라 사회적 공공재가 되는 것이다. 샤오미는 가장 좋은 물건을 가장 싼값에 국민에게 제공하는 것을 목표로 삼는다. 샤오미의 가성비에는 그런 정신이 배어 있다. 영업이익률을 5% 이내로 고집하는 샤오미의 정책은 소비자들에게는 가성비를 제공하며, 하청기업들에게는 동반성장의 가능성을 준다.

이런 기업들은 국민의 정서적 지원과 국가의 정책 지원을 받아 국민기업으로 성장한다. 국민은 플랫폼 기업들을 국민기업으로 인식하며 위기가 닥칠 때마다 자기 일인 양 후원한다. 화웨이에 대한 '애국소비'가 그 예이다. 국가는 국민에게 이익을 돌리는 기업에게는 더욱 적극적인

---

68 추이 즈위안, 〈제도혁신과 제2차 사상 해방〉, 황핑 외, 앞의 책, 203쪽

69 닉 다이어-위데포드, 〈공통적인 것의 유통〉, 《자본의 코뮤니즘, 우리의 코뮤니즘》, 난장, 2012, 202쪽.

정책 지원이 가능하다. 그야말로 명실상부한 국민-당-국가체제가 돌아가는 것이다. 기존의 자본주의 시장 질서에 공동체의 이익을 끌어들인 형태가 된다. 중국에 등장하는 새로운 중국형 플랫폼 기업은 가라타니 고진이 말하는 '교환양식 D'에 가깝다. 그런 점에서 자본 통제적인 당-국가체제와 공동체의 이익을 반영해 내는 중국형 플랫폼 기업이 합쳐져 동아시아로 확장된다면 동아시아는 신식민주의체제보다 더 나은 새로운 체제로 나아갈 가능성이 충분히 있다.

무엇보다도 중국의 당-국가체제가 팽창할 가능성을 점검하는 핵심은 중국이 성장시킨 주도적 자본의 성격이다. 애덤 투즈도 분명하게 밝히고 있는 대로 "국내 경제활동만으로 전 세계 경제를 견인할 수 있는 수준"에 도달한 중국의 성장이 만들어 낸 것은 "역사 속에서 찾아볼 수 있는 다른 엄청난 성장과 발전 사례와 달리…군산복합체가 아니었다."[70] 전 지구적 금융위기 속에 중국이 대대적인 경기부양책을 사용하면서 중국이 집중 투자한 곳도 군산복합체가 아니었다. 오히려 2008~2009년 중국의 전체 공공부분 지출에서 국방비가 차지하는 비중은 12%에서 6%로 반토막 났다. GDP 대비 2%를 밑돌았다. 중국을 성장시킨 주력 업종은 제조업과 빅테크였다.

중국의 당-국가체제가 하위주체들의 계급 이익을 반영해 나가 라모식의 새로운 발전 모델로 자리 잡을지는 아직 분명하지도 않고 우리에게 그것은 그다지 중요하지도 않다. 중국이 사회주의냐 아니냐, 중국이 새로운 발전 모델이냐 아니냐 같은 유럽중심주의적 질문보다 먼저

70 애덤 투즈, 앞의 책, 365~366쪽.

던져야 할 질문은 우리에게 중국의 당-국가체제가 어떤 영향을 끼칠 것인가를 가늠해 보는 일이다. 영국 런던대학의 루디(Ludi, 荻) 교수는 지금 중국은 신자유주의 세계체제에 복종뿐만 아니라 저항과 공존도 모색하고 있다고 주장한다. 특히 그는 지금까지 중국의 발전이 다른 국가의 발전에 결코 억압적이지 않았다고 분석한다.[71] 분명한 것은 지금 중국의 당-국가체제는 러시아가 갔던 군사주의적이고 대외 팽창적이었던 국가사회주의와 다른 길을 간다는 점이다. 그런 점에서 중국의 당-국가체제가 동아시아 평화체제의 파트너가 될 수 있는 가능성은 여전히 열려 있는 셈이다.

---

71 盧荻, 〈中國「走出去」, 擠壓了世界發展?〉, 《公共論壇》, 2016.12.23, https://www.coolloud.org.tw/node/87240, 검색일: 2021.12.03.

6 내부지향적 국가의 경험

중국의 당-국가체제가 중국의 자본을 원활하게 통제한다면 결국 한국의 평화체제론자들이 검토해야 할 다음 문제는 당-국가체제가 지닌 막강한 권력이 어디에 쓰일 것인가라는 점이다. 미래의 중국이 팽창할 것에 대한 과도한 경계심을 가지고 있는 한국의 진보진영은 2020년 1월 3일 미국의 CNN 보도를 참조할 필요가 있다. CNN은 향후 미중 간 대결양상이 이전의 냉전체제와 다를 수밖에 없다고 전망했다. 그 까닭은 두 가지이다. 하나는 중국이 구소련과 같은 군사주의 체제가 아니라 경제중심 체제라는 점이고, 다른 하나는 세계가 이미 서로 엮여서 하나의 글로벌 경제를 이루고 있다는 점이다. 스탠포드대학 역사학자인 니얼 퍼거슨은 "중국은 소련과 같은 세계 팽창주의 접근 방식을 갖고 있지 않다. 중국 돈은 외국의 게릴라 운동 지원이 아니라 기반 시설 확충과 정치인의 주머니에 들어간다. 시진핑 중국 국가주석의 대표적인 해외 투자 프로그램인 '일대일로' 구상은 세계 혁명을 목표로 하지 않았다"고 주

장한다.[72]

현재 중국은 경제성장을 중심에 둔 국가이다. 소련이 붕괴하기 직전인 1989년 구소련의 군사비는 GDP 대비 8.4%를 지출했던 반면 현재 중국은 1.9%만 지출한다. 구소련이 군사 및 우주 기술 개발에 중점을 두었다면 중국은 빅테크 기술 개발에 중점을 두고 있다.[73] 군사주의 체제인 소련과 달리 중국은 경제 발전을 중심에 둔 국가이다. 중국은 지난 30년 동안 지구상 어느 국가보다도 높은 경제성장율을 기록해 왔다. 냉전시대 일본보다 경제규모가 작았던 구소련과는 대조적인 현상이다. 그런 점에서 중국은 지구 어느 국가보다도 지금 이대로의 안정이 중요한 국가이다. 주변 지역이나 미국과 충돌은 가급적 피하는 것이 최상의 전략이다.

중국이 핵 억지력 중심의 군사전략을 사용한다는 점도 중요하다. 미국이 핵탄두를 약 6,000개 보유한 반면 중국은 약 350개만 가지고 있어 핵무기 경쟁으로 나아갈 가능성도 적다. 브레진스키의 주장대로 중국이 미국과 군비경쟁을 하지 않는 까닭은 핵 억지력의 힘이라 볼 수 있다.[74] 미국과 소련이 핵 억지력이 만들어진 이후 직접 충돌이 사라졌던 것처럼 미국과 중국도 그럴 수밖에 없다는 것이다. 핵 억지력 정책을 사용하는 중국이 성장의 힘을 과도한 군사비나 군비체계를 구축하는 데 사용할 가능성은 그리 높지 않다.

구소련의 부상은 적대 진영을 강화시키는 가운데 이루어졌지만 중

---

72 Niall Ferguson, "The New Cold War? It's With China, and It Has Already Begun", NYT, 2019.12.02.

73 Yanfei Li, "Understanding China's Technological Rise", The Diplomat, 2018.08.03.

74 Zbigniew Brzezinski and John J. Mearsheimer, "Clash of the Titans", *FP*, 2009.10.20.

국의 부상은 글로벌 경제체제에 편입되면서 이루어졌다는 점도 중국이 팽창이나 냉전으로 나아가기 힘든 점이다. 구소련이 적대 진영으로 나뉘어져 경제권이 사회주의 권역으로만 국한되어 있었던 반면 지금 중국의 경제권은 전 지구적이다. 미국의 주요 동맹국들과도 고도의 경제협력관계를 구축하고 있다. EU뿐만 아니라 한국과 일본과도 냉전 시대와 비교할 수 없는 수준의 경제관계를 맺고 있다. 미국의 정보공유동맹인 호주, 캐나다, 영국, 뉴질랜드, 이른바 파이브아이스 국가와도 주요한 교역국이다.

라모는 중국의 힘이 팽창으로 나아갈 가능성이 별로 없다는 점을 중국의 '비대칭적 역량'이라는 개념으로 설명한다. 라모는 "제1차 세계대전 이전의 독일제국과 지금의 중국 사이에는 결정적인 차이가 있다. 당시의 독일제국은 현존하는 초강대국인 대영제국에 맞서기 위해 대칭적인 역량을 키우려 했지만, 지금의 중국은 비대칭적 역량을 발휘하고 있다. 또한 독일과 달리 중국은 주변 국가들을 적대시하는 것이 아니라, 그들을 친구로 만들고 있다"고 한다. 라모가 말하는 비대칭적 역량이란 "충돌을 회피할 수 있는 힘"이다.[75]

중국의 힘이 비대칭적 역량을 구축하는 선에서 머무는 까닭 중 하나는 중국의 반식민지화 경험이 바탕이 된다. 중국이 반식민지를 극복하기 위한 비대칭적 힘을 구축하는 과정에서 서구가 가진 팽창의 주요 기제들이 미약해지거나 생성되지 못하는 결과가 나타났다. 탈식민주의 시기를 거치면서 인종주의적 우익 세력, 종교적 원리주의, 군산복합체, 거

---

75 조슈아 쿠퍼 라모, 앞의 책, 115쪽, 122쪽.

대 기업의 문어발식 사유화, 토지의 사유화, 국가의 금융자본주의화 들이 등장하지 않았다. 중국이 막 부상하던 시기인 후진타오정부 시절 중국이 제시한 신안보 전략은 이런 기제를 반영했다. 신안보 전략은 1) 패권을 추구하지 않고 2) 힘의 정치를 추구하지 않으며 3) 동맹을 맺지 않고 4) 군비경쟁을 하지 않는다는 '4노정책'이다. 이 원칙들은 시진핑 시대의 평화굴기 속에도 변함없이 그대로 녹아 들어가 있다.

성장한 중국의 힘이 군비경쟁이나 군사 체제 구축, 그리고 군산복합체를 만들어 내지 않을 때 어디로 지향할까? 아리기는 역사적으로 중국의 국가권력이 지닌 성격은 '내부지향적'이었다고 규정한다. 그는 전근대 시기 중국은 "1406년에 진왕조를 복귀시키기 위해 베트남을 침략한 것 이외에는 다른 동아시아 국가와 전쟁을 한 적이 없다"고 분석한다.[76] 아리기가 말하는 전쟁은 침략전쟁을 뜻한다. 외부로 향한 팽창 대신 중국이 택한 것은 국경의 안정이나 상업의 번창이었다. 예를 들어 명대를 보면 1) 국내시장의 확대 2) 변경의 개발과 개간 작업 3) 농업개량과 교통로 건설 4) 자신의 영토를 외부의 침략으로부터 지키기 위해 이웃 국가들을 관리하는 것에 치중했다. 청대도 비슷한 형태로 나타났다. 국가의 시장규모가 커지고 외부에 대한 방위 부담이 줄어들면서 늘어난 부와 힘을 1) 안정된 조세 제공 2) 관리의 부패와 탈세 근절 3) 토지조사 3)정보수집제도 확립 4) 토지 재분배 5) 노동자 신분상승 6)농업개량 7)관개 및 수로 개선에 썼다.

아리기의 분석에서 특히 주목해야 할 부분은 중국의 수세적 국경관

---

76 조반니 아리기, 앞의 책, 2009, 436쪽.

리이다. 중국은 강력한 힘을 외부로 확장하여 주변국을 자국의 영토로 편입하는 노력보다는 주변국을 관리하는 데 주력했다. 중국의 통치에 도전하는 행위 즉 약탈, 정복, 전쟁, 불법무역 대신에 중국에 복종하면 더 남는 장사가 된다는 것을 깨닫게 하는 데 치중했다.[77] 아리기는 이를 "유럽 내 힘의 투쟁이 외향적이었고, 자본주의, 군사주의, 영토주의가 결합하는 형태"로 나타난 것에 반하여 중국은 힘의 투쟁이 끊임없이 내향적으로 나타났다고 평가한다. 시카고대학의 케네스 포메란츠 교수도 18세기 이전 중국의 성장이 중국민의 해외 이주나 해외 토지 확보를 위해 사용되지 않았다는 데 동의한다.[78]

수세적 국경관리를 한 까닭은 무엇보다도 경제적 요인이었다. 근대 유럽은 원거리 무역이 필요했던 반면 중국은 근거리 무역으로 충분했다. 자급 경제체제가 형성되어 있었기 때문에 오히려 원거리 무역은 비용에 비해 수익이 너무 낮았다.[79] 따라서 중국은 침략이나 정복 대신에 조공무역을 선택하여 변경 지역의 안정을 꾀하고 방위비를 줄일 수 있게 했다. 그렇게 축적한 힘은 다시 관료들의 부패 근절과 지주들의 힘을 약화시키는 데 사용하거나 국민에게 혜택이 돌아가도록 했다는 것이다.

중국의 국가들이 위정의 핵심에 인민을 두는 것은 사회주의 중국 시대까지 유전되었다. 중국공산당의 핵심 구호는 '인민을 위하여(爲了人民服務)'였다. 개혁개방이 진행되던 1990년대 중국을 여행하다 보면 어디

---

77 조반니 아리기, 앞의 책, 2009, 448쪽.

78 케네스 포메란츠, 김규태 외 옮김, 《대분기: 중국과 유럽, 그리고 근대 세계 경제의 형성》, 에코리브르, 2016, 334~342쪽.

79 조반니 아리기, 앞의 책, 2009, 441쪽.

서든지 쉽게 볼 수 있었던 구호였다. 그것이 중국 혁명이 성공한 핵심요인이기도 하다. 월등한 군사력과 미국의 지원을 등에 업고 있었던 국민당을 누르고 통일할 수 있었던 원동력은 중국 인민들은 중국공산당이 자신들을 더 위한다는 믿음을 가졌기 때문이었다. 중국공산당이 내세우는 인민을 위한 정치의 핵심에는 대지주들의 토지를 국유화하고 국유화한 토지를 농민들이 경작할 수 있도록 재분배한 토지정책에 있었다. 사유화하지 않은 토지는 "농촌에서 저비용 사회보장체제를 유지하는 토대가 되었고, 국가가 토지자원을 이용하여 조직적으로 개발을 시행하고 그에 따라 이익을 배분할 수 있는 가능성을 열어 주었다."[80]

개혁개방 이후에도 어느 국가보다도 공적소유의 비율을 높게 유지해 대규모 재해나 기간산업 구축, 부의 불평등 완화에 사용하였다. 중국의 국유기업이 납부하는 대규모 세금은 위기 상황에서 정부가 조정능력을 발휘하는 토대가 되었다.[81] 특히 중국에서 국가의 힘은 14억 인구 중 절대다수를 차지하던 절대빈곤 계층의 생존권을 보장하고 삶의 질을 높이는 데 사용되었다. 황핑은 20세기부터 지금까지 중국인이 먹고살기 위해 노력해 온 역사를 고찰한 뒤 "오늘날 개혁의 위대한 성과를 꼽으라면 첫 번째로 내세울 수 있는 것이 바로 개혁을 통해 식량 문제, 먹고사는 문제가 기본적으로 해결되었다는 것"이라고 말한다.

중국은 여전히 절대빈곤 계층이 존재하고, 수많은 내부 문제에 시달리고 있다. 중국모델론을 주장한 라모는 중국의 발전이 전체 인구 가

80 왕후이, 앞의 책, 2014, 36쪽.
81 왕후이, 위의 책, 2014, 36~37쪽.

운데 25%에 달하는, 하루 1달러 미만의 수입으로 생활하던 이들을 절대 빈곤에서 벗어나게 한 점이라고 말한다. 그런데도 중국에는 가난한 지역이 많고 상대적 빈곤에 시달리는 사람들이 많다. 중국인은 스스로 '세계에서 가장 큰 개발도상국'이라고 부르곤 한다. 강대국이라는 정체성보다 여전히 개발도상국이라는 데 무게추가 가 있다. 중국민의 입장에서 보면 그럴 수밖에 없다. 2020년 IMF의 발표에 따르면 중국의 1인당 GDP는 1만 484달러로 부유한 국가들(미국 6만 3,416달러, 독일 4만 5,733달러, 일본 4만 146달러)에 한참 뒤처진다. 인구의 43%에 해당하는 약 6억 명의 월수입이 약 150달러에 불과하다.

그런 의미에서 시진핑의 '중국몽'은 외부로 향한 힘의 과시가 아니라 중국인민들의 더 나은 삶을 이루겠다는 청사진이어야 했고 실제로 그런 의미가 중심이 되었다. 시진핑정부가 채택한 3차 역사결의의 핵심은 '공동부유'였다. 공동부유는 기존의 피라미드형 성장정책을 올리브형으로 바꾸고, 성장보다 지속가능한 개발을 중시하는 부의 분배 패턴을 채택한 정책이다. 중국몽이 말하는 평화굴기란 황핑이 말하는 "시장경제로 축적된 힘으로 국내 문제를 해결하고 국제적으로 자립하여 다른 국가로부터 '모욕당하지 않을 힘'[82]을 뜻한다고 볼 수 있다. 미국이 패권을 장악한 상황에서 중국은 영국식 팽창도 미국식 팽창도 불가능하다. 그것은 그들도 잘 알고 있다.[83] 그런 중국의 힘이 성장하면 가장 먼저 향할 곳은 가난한 중국 인민이다. 그것이 중국의 당-국가체제의 특성이다.

---

82 황핑, 앞의 글, 30쪽.
83 황핑, 위의 글, 29쪽.

동아시아에서 미국의 존재와 주변국의 힘이 성장하는 것도 앞으로 중국의 힘이 외부로 나아가기보다는 왕후이가 말하는 '실질적 민주'를 추구하는 방향으로 나아갈 가능성이 높다. 중국을 둘러싼 외부환경은 그 어느 시기보다 중국이 팽창으로 나아가기에는 비우호적인 환경이다. 당분간 군사력에서 미국에 비해 절대적 열세에 있고, 남북한은 강성해지고 있으며, 아세안의 성장이 가파르게 이루어지고 있다. 몽고와 중앙아시아는 이미 국경이 의미가 없을 만큼 경제적으로 통합되고 있다. 미국이 주도하여 중국을 봉쇄하는 신냉전 전략이 지속되지 않는 이상 중국의 힘은 외부로 향하기보다는 절대 빈곤에 허덕이는 다수의 국민이 존재하는 내부로 향할 가능성이 높다. 한국의 평화주의 세력은 이 힘을 적극 활용해야 할 것이다.

7 공통의 생활세계

라틴아메리카의 탈식민주의 운동을 지속해 온 페루 출신 미국 빙엄턴대학 아니발 키하노 교수는 제3세계가 정치적으로 독립을 했는데도 '권력의 식민지'가 해체되지 않고 지속되는 까닭으로 '문화적 식민주의'를 주목했다. 유럽은 정치경제적인 지배 이외에도 인종주의를 발명하고 지적 체계를 장악하는 문화적 식민주의 체계를 만들어 유럽의 식민주의 권력을 지속시켜 나간다는 것이다. 식민주의는 인종주의를 바탕으로 앎의 방식, 지식과 관점을 생산하는 방식, 이미지, 상징, 표현 들을 표준화하고 동시에 타자화된 지역의 주민들로부터 특정 신념, 사상, 이미지, 상징, 지식, 권력구조를 몰수하여 억압적인 체계를 구성한다고 본다.

키하노의 주장에서 가장 주목할 지점은 식민주의자들이 구성해 놓은 식민권력을 넘어서는 방식이다. 키하노는 두 가지를 제시한다. 하나는 유럽중심주의적 지적 패러다임을 전복하고, 이른바 서구 문화 바깥에 있는 존재들의 가치가 유럽의 가치와 등질로 회복하는 총체성을 가지기 위해 스스로 주체가 되어야 하는 일이고, 다른 하나는 유럽에 의해 타자화된 지역 사이 "모든 소통관계, 지식교환 및 문화적 지식생산 방식"을 회복하는 일이다.[84]

키하노의 주장은 짱깨주의를 넘어서기 위한 방법론을 모색하는 데 매우 유용하다. 짱깨주의의 근간인 유사인종주의, 신식민주의, 신냉전 체제로의 복귀, 자본 중심의 세계화를 넘어서기 위해서는 키하노가 제안한 두 가지 주장을 차용할 필요가 있다. 우리는 유사인종주의에서 탈피해야 하고, "모든 소통관계, 지식교환 및 문화적 지식생산 방식"을 창출할 수 있는 새로운 공간 형성을 위해 노력해야 한다. 서양 바깥에 존재하던 모든 문화와 비전, 이미지의 가치를 복원시키는 것이다.

안보 보수주의자가 짱깨주의를 구축하는 데 사용한 대부분의 어젠다들은 중국과 싸우자고 덤비는 것 대신 얼마든지 다르게 생각할 수 있다. 우한에서 코로나19가 창궐한 뒤 한국외국어대학은 중국 학생들이 한국으로 돌아오는 시기에 "우리는 모두 한국외대의 학생들이다. 우한도 힘을 내고, 중국도 힘을 내라"는 플래카드를 내걸었다. 아마 외국어대학도 중국에서 코로나19가 유입되는 게 두려웠을 것이다. 그러나 그것은 방역의 문제이지 인종이나 국적의 문제가 아니라는 것을 알고 있었다. 짱깨주의 대신에 '우리는 모두 한국외대의 학생들이다'라는 공통분모를 찾아냈다.

선한 행동은 선한 영향력을 행사한다. 이 플래카드는 한 중국인 학

---

84 Anibal Quijano, Michael Ennis, "Coloniality of Power, Eurocentrism, and Latin America", *Nepantla: Views from South*, Volume 1, Issue 3, 2000, pp.533~580.

생이 위챗에 올려 많은 중국인이 보았다. 그 위챗을 본 중국인들은 한국에서 당시 진행되던 중국인에 대한 과도한 제재에 불편해하기보다는 한국인이 보인 우정에 감사를 표시했다. 국경을 초월하는 평화주의 세력이 만들어 낸 작은 승리였다.

네그리와 하트가 지적한 대로 공통적인 것을 찾아내고 만들어 나가는 것은 혁명이 불가능해진 시대의 평화체제 전략으로 매우 중요하다. 왜냐하면 그것은 전혀 다른 형태의 반체제 운동이 될 수 있기 때문이다. 네그리와 하트는 이 힘을 '엑소더스'라고 부른다. 엑소더스는 자본과 맺어진 기존 관계에서 빠져나오는 것을 뜻한다.[85] 이 엑소더스는 국가전복이나 새로운 공화국 건설과 같은 혁명과는 전혀 다른 변혁의 주체가 될 힘이 있다.

엑소더스를 통해 새로운 삶의 체계를 현실화하려면 기존의 사회적 관계에서 벌어진 틈을 넘어서 새로운 삶의 형태를 발견하고, 사회적 관계를 맺어야 가능하다. 그 출발점은 '공동체 되기'이다. 네그리와 하트가 말하는 '공동체 되기'는 프랑스혁명에서 주창되었던 자유, 평등, 우애 중 우애의 영역이다. '공동체 되기'는 자유주의 개념인 '공동이익'도 아니고 마르크스주의가 말하는 '공동자산'도 아니다. 이웃의 생명을 나와 같이 존중하며 평화로 생명권을 지켜나가고, 후속 세대의 삶도 지금을 사는 사람들과 동일한 권리로 인정하여 지속가능한 개발을 해 나가고, 경쟁이 아니라 조화를 중시하고, 소비하는 쾌락이 아니라 일상에서 즐거운 삶을 추구하는 일이다. 자유가 자본에 억압되고, 불평등이 식민주의

85 안토니오 네그리·마이클 하트, 정남영 외 옮김, 《공통체》, 사월의책, 2014, 225쪽.

로 공고화될 때, 우애는 그 틈을 비집고 나오는 새로운 역사의 출발이 될 수 있다.

지금 한국 언론은 중국과 차이를 더욱 많이 드러내고, 중국과 공통된 것을 찾는 데는 관심이 없다. 하트가 말한 대로 "우리는 너무나 우둔해져서 세계를 사적인 것 아니면 공적인 것으로밖에 인식할 수 없었다. 우리는 공통적인 것을 보지 못하게 됐다."[86] 미세먼지 문제, 황해오염 문제, 전염병 문제를 두고 소유권을 바탕으로 서로의 책임을 따질 것이 아니라 공동의 문제라는 인식을 바탕으로 협력해야 한다. 지적소유권, 일대일로, 철로, 디지털 화폐, 위성, 통신처럼 같이 협력할 부문이 널려 있다.

메릴랜드대학 미셸 겔펀드(Michele Gelfand) 교수는 대만과 미국의 플로리다에는 약 2,000만 명으로 비슷한 인구가 사는데, 2021년 5월 기준으로 코로나19 사망자를 따져보면 대만은 사망자가 23명만 나왔는데 플로리다는 왜 3만 6,000명이 나왔을까 하는 의문을 던졌다.[87] 그는 이런 현상이 사회문화적 규범의 차이에서 나온 결과라고 설명했다. 미국에는 법을 넘어서는 규범이 존재하지 않았고, 대만에는 존재했다는 것이다. 겔펀드 교수가 주목한 사회문화적 규범은 아날학파들이 말하는 생활세계라고 볼 수 있다. 생활세계는 자본주의 너머에서 존재해 왔고 존재해 가고 있다. 중국과 우리는 경제적 이익, 법, 이데올로기, 자본주의를 넘어서는 공통의 생활세계가 존재해 왔다. 코로나19 사태를 대하는 자세에서도 그런 것은 공통적으로 발휘되었다. 공통의 이익을 위해

---

86 마이클 하트, 앞의 책, 39쪽.

87 Michele Gelfand, "The Threat Reflex: Why Some Societies Respond to Danger Better Than Others", *Foreign Affairs*, Jul. 2021.

서라면 법이나 개인적 손익을 너머 서로 하나가 된다.

페르낭 브로델은 가장 산업화된 국가에서조차도 자본주의 영역 중에서 비경제영역은 30~40%를 차지한다고 분석한다.[88] 비자본주의 영역까지 합치면 계산할 수 없는 생활세계의 영역은 더욱 넓어진다. 한국과 중국 사이에는 수천 년 동안 소통하면서 만들어 온 공통의 생활세계가 존재한다. 누군가가 선을 긋고 경계를 나누며 차이를 두고 차별하고자 하지만 또 누군가는 선을 없애고 경계를 넘으며 차이를 인정하고 차별에 대항해야 한다. 그것이 중국을 위한 것이 아니라 우리를 찾는 것이다. 비자본주의적인 공통의 생활세계를 복원하는 것은 평화체제 건설의 가장 중요한 동력이 될 것이다.

이제 자유주의 보편질서 아래에서 은폐된 '지식들'을 발견해 내고 차이보다 공통점을, 충돌보다 평화의 시기가 더 길었던 역사를 복원해 내야 한다. 중국과 우리는 여전히 이웃이다. 싸우는 시기보다 사이좋게 지낸 시기가 훨씬 더 길었다. 수많은 공통의 역사를 더불어 보내 왔고, 서로 좋은 공동체가 되기 위해 노력해 왔다. 불행한 식민지 시대를 함께 보냈고, 지금도 탈식민주의를 위해 같이 몸부림치고 있다. 의리를 중시하며, 약자의 아픔을 그냥 넘기지 못하는 인정이 있고, 내가 바라지 않는 것을 남에게 하지 않는 예의가 있으며, 낯부끄러운 일을 함부로 하지 못하는 체면도 있다. 자본과 이데올로기를 넘어서는 '공동체 되기'의 핵심이 아직 살아 있다. 중국에서 한번 살아 보면 그곳에도 수많은 좋은 이웃이 살고 있다는 것을 절감할 수 있다.

---

88 페르낭 브로델, 《물질문명과 자본주의 III-2: 세계의 시간 下》, 867쪽.

인천대학교가 중국에서 돌아오는 중국인 유학생을 맞이하는 태도에서도 '공동체 되기' 노력이 있었다. 인천대학교도 한국외대와 마찬가지로 코로나19 사태를 국가나 민족의 범주로 접근하지 않았다. 한국인이든 중국인이든 그저 인천대학교 학생으로 대했다. 중국에서 귀국하는 모든 학생도 학생이라는 범주를 사용하여 코로나19 사태를 극복해 나갔다. 한 사람의 공동체 되기는 다른 한 사람의 호응을 얻기 십상이다. 자가격리된 인천대학교의 한 중국학생은 언론에서 자가격리된 불편함보다 대학의 조치에 감사를 표시했다.

2020년 1월 28일 《연합뉴스》에는 〈"고마워요 한국" 중누리꾼, 한국 구호물품 지원에 '감사 인사'〉라는 기사가 실렸다. 한국이 중국에 마스크 200만 개를 지원하자 중국의 언론들과 네티즌들이 감사를 표시했다는 기사이다. 2020년 3월 9일 《연합뉴스》는 〈중국 기부한 마스크 300장, 의료용 장갑 20만 장으로 되돌아와〉라는 기사를 내보냈다. 부산에 있는 어떤 인문학 모임이 중국에 마스크 300장을 기부했는데 중국의 기업인이 이 소식을 듣고 감사 표시로 의료용 장갑 20만 장을 부산에 보냈다는 소식이다. 이 시기에 짱깨주의 프레임에 빠지지 않고 공통의 것을 찾은 보기 드문 기사 중 하나이다. 짱깨주의에서 빠져나와 중국을 보면 이런 일들은 의외로 참 많다. 트럼프행정부가 벌인 한반도 평화게임이 무산되고 난 뒤 북한 주민의 삶에 관심을 보인 국가도 중국이다. 북한은 가뭄과 코로나19가 겹쳐 심각한 경제난을 겪었다. 중국은 북한에 대한 UN의 제재를 완화하자는 제안을 어느 국가보다도 먼저 했다.[89]

---

89 "Wang Yi: Outside interference is biggest threat to stability in South China Sea," CGTN, 2021.08.07.

2019년 한중 정상회담이 끝난 직후인 12월 28일 《인민일보》의 자매지인 《환추스바오》는 한국의 일부 보수매체들이 중국을 가짜 친구라고 비난한 것에 대해 과도한 선동을 한다면서 이런 질문을 했다. "중국을 가짜 친구라고 한다면 한국의 진짜 친구는 누구냐", "방위비를 5배 올리는 미국인지, 한국에 주요 기술 수출을 중단한 일본인지 모르겠다"고 반문했다. 그리고 덧붙였다. "한반도 문제와 관련해 한국과 가장 공통의 이익을 가진 것이 중국"이라고 주장했다.

《환추스바오》가 언급한 공통의 이익이란 두 가지 측면으로 해석할 수 있다. 공통의 이해관계와 공통의 공감대이다. 한국과 중국 사이에는 공통의 이익이 많이 걸려 있다. 환경문제, 지역화, 평화체제, 지속가능한 개발이 그것이다. 북핵문제에서 우선하는 순서도 똑같다. 미국이 평화체제보다 비핵화를 더 우선한다면, 중국은 평화체제가 비핵화보다 우선순위이다. 샌프란시스코체제로부터 탈출이 필요한 것도 공통의 이해관계가 걸려 있다. 북한을 평화적으로 연착륙시켜야 한다는 점도 마찬가지이다.

중국은 한국과 공통의 공감대도 넓다. 한국에서 코로나19 사태가 빠르게 확산해 나갈 때 중국은 어느 국가보다도 적극적으로 한국을 지원했다. 그것이 정치경제적 실리만 생각해서 한 일이 아니라는 것은 미국과 비교해 보면 잘 알 수 있다. 동맹국인 미국은 코로나19 사태 초기에 인정이나 의리뿐만 아니라 심지어 체면치레나 예의조차 거의 없었다. 그것은 옳고 그름의 차이가 아니라 공통의 생활세계가 존재하느냐 아니냐라는 차이의 문제이다. 한중 간에는 동맹국인 미국과는 가질 수 없는 생활세계의 공통점이 있다.

수많은 중국인은 손흥민이 축구 경기에서 골을 넣으면 자기 일인 양 기뻐한다. 봉준호 감독의 영화가 아카데미상을 받았을 때 수많은 중국인이 누구보다도 감격했다. BTS가 빌보드를 장악하면 그들의 일인 양 감격하는 사람들이 BTS가 밴플리트상을 받았다고 비난하는 사람보다 더 많다. 사실, 공통의 것을 찾는 것에는 국경을 나눌 필요가 없다. 중국과 미국 사이도 마찬가지이다. 미중 무역전쟁 중에도 중국인은 미국의 아이폰을 사용했고, 《하우스 오브 카드》와 《모던 패밀리》 같은 미국 텔레비전 히트작을 시청했으며, 호주의 바닷가재를 먹었고, 영국의 EPL을 보며 환호했다.

코로나19 바이러스가 델타 변이로 전 세계에서 4차 확산이 이루어지던 시점인 2021년 7월 13일 《인민일보》의 영문판 《People's Daily》에는 "부유한 국가들은 부스터를 사용하지 말고 백신을 기부해야 한다"는 기사가 실렸다. 한국 언론에서는 별로 볼 수 없는 기사이다. 이 기사는 턱없이 부족한 백신을 효능도 확실하지 않은 3차 접종에 사용할 것이 아니라 아직 한 차례도 예방접종을 하지 못한 나라가 사용할 수 있게 해야 한다고 주장한다. WHO에 따르면 아직 60여 개의 국가가 어떤 백신도 공급받을 계획을 세우지 못하던 시점이었다. 중국도 백신접종을 완전히 마치지 못한 시기였다. 웨이크포레스트대학 리나 베납달라(Lina Benabdallah) 교수는 2021년 아프리카인의 63%가 중국의 영향력에 대해 긍정적으로 평가하고 있다고 분석하고 있다. 그는 이런 현상이 단순히 일대일로 사업 때문이 아니라 '친구를 사귀는 일'들을 지속적으로 해온 결과라고 평가한다.[90]

중국과 우리가 가진 가장 중요한 공통의 생활세계는 식민지 경험이다. 중국의 대표적인 책사로 꼽히는 칭화대학의 후안강(胡鞍鋼) 교수는 식민주의 시대에서 공영주의(共贏主義) 시대로 나아가자고 제안한다. 공영주의 시대는 평화발전, 개방적인 세계경제, 전 지구적 과제에 대한 공동대처, 국제사회에 대한 책임과 의무로 구성되는 신형 국제관계를 뜻한다. 중국이 공영주의를 주창하는 것은 이전의 식민주의, 제국주의, 패권주의 시대를 거치면서 중국이 피해를 입은 경험이 있기 때문이라고 주장한다.[91] 식민주의 경험은 결코 쉽게 없어지지 않는다. 한중이 공통으로 겪은 식민주의 경험은 평화적 발전과 개방적 세계, 그리고 전 지구적 과제에 적극 관심을 보이는 공영주의로 나아가게 하는 힘이 될 가능성이 높다.

한반도가 평화 프로세스로 나아간다면 안보 보수주의자가 끊임없이 문제 삼아 온 평화체제 건설 비용이 주요한 문제로 대두될 것이다. 미국은 그것을 지원할 생각이 없다는 것을 분명히 해 왔다. 트럼프행정부뿐만 아니다. 바이든이 부통령을 지낸 오바마행정부 시기에도 직간접적으로 그런 의사를 표명해 왔다. 그러나 중국은 라틴아메리카와 아프리카에서 보인 행보를 감안해 볼 때 이 비용을 충분히 지원할 가능성이 높다. 그런 용도로 쓰기 위해 중국 주도로 AIIB도 만들어졌다.

평화주의자들은 이제 중국 문제에서 짱깨주의 프레임에서 벗어나 평화체제 프레임을 설정하고 어젠다를 선점해 나가야 할 때이다. 평화체제적 어젠다란 중국의 문제에 눈감고 중국은 무조건 우리 편이라는

---

90 *Foreign Affairs*, 2021.12.23.

91 후안강, 〈"국강필패(國強必霸)"를 넘어 "공영주의(共贏主義)"로〉, 《성균차이나브리프》 3권 4호, 2015, 24쪽.

식으로 중국을 찬양하라는 말이 아니다. 평화체제 프레임으로 중국을 있는 그대로 보라는 것이다. 평화체제 프레임이 미국중심주의가 될 리가 없듯이 중국중심주의가 될 리도 없다. 누구의 편에 서라는 식민주의 프레임에서 벗어나 평화체제 프레임으로 평화주의자들을 모으는 싸움을 시작해야 할 때이다. 왕후이가 주장했듯 평화체제 관점에서 아시아를 다시 구성하는 것은 "19세기 유럽의 '세계 역사'에 대한 재구성이자 21세기 '신제국' 질서와 그 논리를 극복하는 실험"[92]이다. 다시 평화체제 관점에서 중국인과 중국을 바라보아야 할 때이다.

---

92 왕후이, 앞의 책, 2011, 105쪽.

8 짱깨주의를 넘어 : 다른 방식의 세계 꿈꾸기

짱깨주의를 넘어서려면 가장 중요한 일은 꿈을 꾸는 일이다. 월드컵에서 우승하는 것만 우리의 꿈이 아니다. 19세기 동학 농민들이 꾸었던 꿈, 만주 벌판에서 이름 없는 어느 독립운동가가 꾸었던 꿈, 해방정국에서 태극기를 흔들며 거리로 뛰쳐나왔던 수많은 시민의 꿈, 문재인 대통령과 김정은 위원장, 그리고 트럼프 대통령이 판문점에서 만났을 때 우리가 꾸었던 꿈. 그들은 남과 북이, 우리와 세계가 공간의 벽을 허물고 평등한 관계 속에서 이웃처럼 살고자 했다. 그 꿈을 이 땅의 다수가 꾸어야 한다. 우리와 중국이 좋은 이웃이 되고, 우리와 미국이 평등한 국가간 체제에 사는 것이 불가능하다고 말해서는 안 된다. 미국의 신식민주의체제에 시달려 온 라틴아메리카 국가들이 "많은 세계가 포함된 하나의 세계"를 꿈꾸는 저항운동을 연구한 김은중 교수의 주장처럼 "다른 세계는 이미 가능하다." 다른 세계들이 이미 존재한다면 다른 방식의 세계(worlds others)도 가능하다.[93] 월드컵 4강에 오른 그 시기 전 국민이 붉은

옷을 입고 거리로 나서 "꿈은 이루어진다"고 외쳤듯 완전한 주권을 가진 평화로운 국가에서 사는 우리의 꿈은 이루어 질 수 있다.

그런 세상이 없다고 말해서는 안 된다. 지금 독일이 그렇게 살고 있고, 프랑스도 그렇게 살고 있다. 바로 엊그제 우리는 그들과 G7 자격으로 어깨를 나란히 했다. 심지어 중미의 코스타리카는 군대조차 가지지 않고도 복잡한 주변 정세 속에서 잘 살고 있다. 우리보다 한참 뒤떨어진 경제력을 가진 인도네시아도 탈강대국 정치를 선언하고 잘 살아가고 있다. 생각만 바꾸면 길은 있다. '198가지 방법'을 포함한 미국의 진보단체들은 평화로운 세상, 살기 좋은 세상을 위해 신냉전적 사고를 멈추고 '새로운 국제주의'를 추구하라고 주장한다. 기회는 왔다. 우리도 새로운 국제주의적 세계관을 가지고 더 살기 좋은 평화로운 세계로 나아갈 꿈을 꾸어야 한다.

지금 새로운 국제질서 아래 새로운 국가를 만들 수 있는 기회가 왔다. 무엇보다도 희망적인 현상은 신식민지체제의 종주국인 미국 내에서 새로운 국제질서에 대한 모색이 일어나고 있다. 프린스턴대학의 G. 존 아이켄베리 교수는 미국이 주도하는 자유주의적 국제주의는 이제 한계에 부딪쳤고, 새로운 국제주의가 필요하다고 말한다.[94] 미국이 변화할 수밖에 없는 시대가 왔고 다른 국가들은 그 변화를 이끌어 내야 한다. 부상하는 중국에 대한 경계도 해야 한다. 다행히도 부상하는 중국은 아

---

93 김은중, 〈다른 세계는 이미 가능하다: 전 지구적 남부와 트랜스모더니티〉, 《이베로아메리카연구》, 29권 2호, 2018, 21~22쪽.

94 G. John Ikenberry, "The Next Liberal Order: The Age of Contagion Demands More Internationalism, Not Less", *Foreign Affairs*, Dec. 2020.

직은 평화로운 지역 질서를 강조하고 있다. 그런 정책이 변하기 전에 구조화시켜야 한다. 미국의 싱크탱크 뉴아메리카(New America)의 대표 앤 마리 슬로터(Anne-Marie Slaughter)는 '미국우선주의' 정책을 지속하는 바이든행정부에게 "20세기 사고방식에서 벗어나야 할 때"라고 주장한다.[95] 전후체제의 위기는 20세기 사고로는 극복할 수 없다.

이제 20세기 사고방식에서 벗어나야 할 때가 왔다. 시대는 이미 미국의 단극시대가 가고 다자주의 시대가 왔다. 다시 신냉전체제로 회귀를 도모하던 트럼프정권의 몰락은 미국인이 선택한 결과일 뿐만 아니라 지금 이 시대 구조의 결과이기도 하고, 전 세계인의 선택이기도 하다. 미국이 키신저 시스템을 공격하고 있는 이상 안보는 미국, 경제는 중국이라는 이중정책은 불가능하다. 일방적으로 미국 편에 서고 중국을 등지는 일은 시대착오적인 선택이며, 이 선택으로 전후체제의 위기를 넘어설 수는 없다.

그러나 다자주의 시대가 왔다고 해서 그런 시대가 곧 우리의 시대가 되는 것은 아니다. 늘 그런 시대에 앞서가는 국가가 있고 뒤처지는 국가가 있다. 역사는 지금 여기에 자리 잡고 있는 정치경제적 구조와 그것을 바꾸려는 사람들의 노력이 결합하여 만들어진다. 이제 남은 것은 이 공간에 사는 사람들의 노력이다. 어떤 시기에는 사람들이 노력해 정치경제적 구조를 바꾸기도 했고, 또 어떤 시기는 정치경제적 구조에 매몰되어 퇴행의 길을 걷기도 했다. 지금은 전후체제 너머의 항구적 평화체제 구축에 힘을 쏟아야 할 때이다.

---

95 NYT, 2021.11.12.

우리가 짱깨주의를 넘어서서 더 나은 미래로 나아가기 위해서는 단순히 '그래, 짱깨주의가 문제가 있구나'라는 인지만으로는 불가능하다. 행동해야 한다. 짱깨주의가 무서운 것은 그들이 원하는 시대로 만들어 나갈 힘은 없지만, 새로운 시대로 만들어 나갈 세력들을 그들 기획에 포로로 만들 수 있다는 점이다. 지금 평화체제 세력은 짱깨주의를 넘어서 지금 여기의 정치경제적 구조를 있는 그대로 파악하고, 약한 고리 전략을 모색하고, 이 고리에 맞는 프레임과 어젠다를 설정해야 한다.

짱깨주의에서 탈피하여 중국을 보면 중국은 신식민주의적 샌프란시스코체제 이후 지역의 평화체제를 구축하는 데 어느 국가보다도 유용하다. 중국은 신식민주의적 샌프란시스코체제의 가장 큰 피해자이자 적대적 봉쇄의 대상국이다. 우리와 탈식민주의 공감대가 형성되어 있다. 적대 진영을 넘어서 구축된 키신저 시스템의 가장 큰 수혜자이며, 글로벌 네트워크 구축의 전도사이기도 하다. 지난 30년 동안 다자주의적 경제 네트워크의 혜택을 가장 많이 받은 국가이기에 국가나 지역 간 충돌을 가장 두려워하는 국가이기도 하며, 식민지 경험과 사회주의적 이상을 추구해 온 역사를 바탕으로 군사주의 팽창이나 타국의 주권과 영토 침해에 대한 자발적 경계가 살아 있는 국가이기도 하다. 평화체제가 국가이익에 필수적인 국가인 것이다. 실제로 국제평화 유지에 어느 국가보다도 많은 노력을 기울여 온 국가이기도 하다.[96]

중국은 이미 우리에게 평화체제를 함께 열어 가자고 손 내밀고 있

---

96 2000년과 2018년 사이에 국제 규칙이나 규범을 위반했다고 간주되는 국가에 제재를 가하자는 안보리 결의에 190개 중 중국은 182개를 지지했다. "주권 존중", "영토 보전", "불간섭" 원칙은 중국이 여전히 지켜오는 제1 외교 원칙이다.

다. 제3차 역사적 결의를 한 뒤에도 시진핑정부는 지속적으로 "개발도상국의 정당한 권리와 이익을 지지"하며 "다자주의를 확고하게 수호할 것"이라고 표명했다. 시진핑 주석이 바이든 대통령에게 제시한 외교 원칙은 "상호존중, 평화공존, 상생협력"이었다.[97] 한국에게도 마찬가지 태도를 가지고 있다. 베이징대학의 진징이 교수는 "중국의 일대일로 구상과 한국의 신북방정책, 북한의 새로운 경제건설 노선이 연계된다면 한반도 평화체제 구축에 강력하고 거대한 긍정적인 에너지가 될 것"[98]이라고 판단했다. 실질적으로도 중국은 가장 강력한 평화체제 지지자이다. 2021년 12월 문재인정부가 힘겹게 미국과 종전선언 담판을 벌이던 시기 양제츠 중국 외교담당 정치국 위원은 서훈 국가안보실장을 만나 종전선언 추진을 지지했다.

중국이 부상하고, 미국의 신식민주의체제가 흔들리고, 아시아의 역량이 성장했고, 미국과 중국 중 어느 쪽도 패권을 장악하지 못하는 지금이 바로 우리에게 기회이다. 100년의 꿈을 꾸자. 지난 100년 동안 꾸었던 꿈. 앞으로 100년 동안 누려야 할 그 꿈. 짱깨주의를 넘어서기 위해 해야 할 가장 중요한 일은 꿈을 꾸는 일이다.

중국과 조공책봉체제가 느슨해져 가던 조선 말기, 조선의 실학자들은 걸어서 어디라도 갈 수 있는 세상을 꿈꾸었다. 연암 박지원이 걸어서 압록강을 건너 요동 벌판에 들어서면서 "캄캄하고 막혀서 갑갑하게 지내다가 갑자기 넓고 훤한 곳에 나온" 아이처럼 "비로봉 산마루에 올라가

---

97 Xinhua, 2021년 11월 16일.

98 진징이, 앞의 책, 280쪽.

동해를 바라보면서 한바탕 울어 보고 싶다"고 독백했다.[99] 공간 인식의 재영토화(re-territorialization)였다. 서울역에서 기차를 타고 압록강을 지나 유럽 어느 역에 내려, 박지원은 터뜨리지 못했지만, 우리는 새로운 세계를 만난 아이처럼 울음을 터뜨려 보자. 우리에게 탈구의 기회가 왔다. 캄캄하고 갑갑한 분단의 경계선을 허물고 걸어서 유럽까지 갈 수 있는 평화체제에서 한번 살아 보자. 기회가 왔다.

---

99 박지원, 앞의 책, 114~115쪽.

부록

참고 문헌
찾아보기

참고 문헌

저자 논저

《안녕? 중국!》, 보리, 2014.

〈전후체제의 위기와 홍콩사태〉, 《한중관계연구》 8권 1호, 2022.
〈사드(THAAD)와 한국 보수주의의 중국인식〉, 《역사비평》 121호, 2017.
〈역사비평과 한국의 중국 담론의 진로〉, 《역사비평》 103호, 2013.
〈중국 애국주의의 실체: 신중화주의, 중화패권주의, 민족주의〉, 《역사비평》 75호, 2006.
〈한국 언론의 동북공정 보도 비판〉, 《역사비평》 69호, 2004.
〈한국학계의 신식민주의-중국 담론을 중심으로-〉, 《역사비평》 64호, 2003.
〈위기의 한반도와 중국 위협론 너머의 중국보기〉, 《실천문학》 70호, 2003.
〈티베트와 한국의 다문화주의〉, 《역사와 문화》 7호, 2003.
〈청말 민중사회의 근대상-러시아배척운동(拒俄運動)과 반미상품운동(抵制美貨運動)을 중심으로〉, 《중국근현대사연구》 19권, 2003.
〈한국의 비판적 중국 담론, 그 실종의 역사〉, 《역사비평》 57호, 2001.
〈한국의 동아시아론과 '상상된' 중국〉, 《역사비평》 53호, 2000.

〈동양사 연구자들의 '객관주의' 신화 비판〉, 《역사비평》 51호, 2000.
〈'멸양'에서 '반미'로: 민중 설화로 본 청말 민중사회 I〉, 《동양사학연구》 64권, 1998.
〈미국상품불매운동(The Anti-American Boycott of 1905)과 미국의 對中國政策〉, 《동양사학연구》 57권, 1997.
〈義和團運動이 제2차 헤이노트(The Second Hay's Note)에 미친 영향〉, 《역사학보》 138권, 1993.

국내 논저

가라타니 고진, 조영일 옮김, 《제국의 구조: 중심·주변·아주변》, 도서출판b, 2016.
강정인 외, 《탈서구중심주의는 가능한가: 서구중심주의에 대한 우리 학문의 이론적 대응》, 아카넷, 2016.
구해우, 《미중 패권전쟁과 문재인의 운명: 미중 신냉전 시대와 한반도 자유통일 국가전략》, 글마당, 2019.
고부응 외, 《탈식민주의: 이론과 쟁점》, 문학과지성사, 2003.
고성빈, 《동아시아 담론의 논리와 지향》, 고려대학교출판문화원, 2017.
기 메탕, 김창진·강성희 옮김, 《루소포비아》, 가을의아침, 2022.
김대흥, 《미국, 아시아로 회귀하는가》, 푸른역사, 2014.
김성환, 《악을 기념하라》, 보리, 2022.
김영하, 《여행의 이유》, 문학동네, 2019.
김인희, 《중국 애국주의 홍위병, 분노청년》, 푸른역사, 2021.
김택현, 《서발턴과 역사학 비판》, 박종철출판사, 2003.
나인호, 《증오하는 인간의 탄생》, 역사비평사, 2019.
니시카와 나가오, 박미정 옮김, 《신식민주의론》, 일조각, 2009.
다나카 미치아키, 정승욱 옮김, 《미중 플랫폼 전쟁 GAFA vs BATH: AI시대 메가테크 기업, 최후 승자는?》, 세종서적, 2019.
데이비드 샴보, 홍승현 외 옮김, 《중국, 세계로 가다: 불완전한 강대국》, 아산정책연구원,

2014.
데이비드 하비, 최병두 옮김, 《신자유주의》, 한울, 2007.
라몬 그로스포구엘 외, 이미경 외 옮김, 《발전주의 비판에서 신자유주의 비판으로: 세계 체계론의 시각》, 공감, 1998.
로버트 J. C. 영, 김택현 옮김, 《포스트식민주의 또는 트리컨티넨탈리즘》, 박종철출판사, 2005.
로베르토 웅거, 이재승 옮김, 《민주주의를 넘어》, 앨피, 2017.
류준필, 이정훈·박상수 엮음, 《동아시아, 인식지평과 실천공간》, 아연출판부, 2010.
리시광 엮음, 김용경 옮김, 《중국몽과 소프트차이나: 시진핑, 중국의 부활을 꿈꾸다》, 차이나하우스, 2013.
리영희선생 화갑기념문집편집위원회 엮음, 《리영희선생 화갑기념문집》, 두레, 1989.
리처드 맥그레거, 송예슬 옮김, 《미국, 새로운 동아시아 질서를 꿈꾸는가》, 메디치미디어, 2019.
리처드 피트 외, 박형준 외 옮김, 《불경한 삼위일체》, 삼인, 2007.
마이클 하트 외, 연구공간 L 엮음, 《자본의 코뮤니즘, 우리의 코뮤니즘》, 난장, 2012.
마틴 자크, 안세민 옮김, 《중국이 세계를 지배하면: 패권국가 중국은 천하를 어떻게 바꿀 것인가?》, 부키, 2010.
맷 타이비, 서민아 옮김, 《헤이트: 우리는 증오를 팝니다》, 필로소픽, 2021.
문정인, 《문정인의 미래 시나리오: 코로나19, 미·중 신냉전, 한국의 선택》, 청림출판, 2021.
미셸 푸코, 이정우 옮김, 《지식의 고고학》, 민음사, 1992.
박민희, 《중국 딜레마》, 한겨레출판, 2021.
박지원, 이가원 옮김, 《열하일기》, 올재, 2016.
배우성, 《조선과 중화》, 돌베개, 2014.
백승욱, 《세계화의 경계에 선 중국》, 창비, 2008.
______, 《문화대혁명: 중국 현대사의 트라우마》, 살림, 2007.
백승욱 편저, 《'미국의 세기'는 끝났는가?》, 그린비, 2005.
백영서 외 엮음, 《동아시아의 지역질서: 제국을 넘어 공동체로》, 창비, 2005.

백영서,《핵심현장에서 동아시아를 다시 묻다》, 창비, 2013.
______,《동아시아의 귀환》, 창비, 2000.
백원담 엮음,《중국과 비중국 그리고 인터차이나》, 진인진, 2021.
송병건,《세계화의 단서들》, 아트북스, 2019.
스테파니 루스·에드나 보나시치 외, 하남석 외 옮김,《중국, 자본주의를 바꾸다》, 미지북스, 2012.
스튜어트 홀, 임영호 옮김,《문화, 이데올로기, 정체성》, 컬처룩, 2015.
신시아 인로, 김엘리 외 옮김,《군사주의는 어떻게 패션이 되었을까: 지구화, 군사주의, 젠더》, 바다출판사, 2015.
아리프 딜릭 외, 김진공 외 옮김,《베이징 컨센서스》, 소명출판, 2016.
아리프 딜릭, 황동연 옮김,《포스트모더니티의 역사들》, 창비, 2005.
안토니오 네그리, 정남영 외 옮김,《다중과 제국》, 갈무리, 2011.
안토니오 네그리·마이클 하트, 윤수종 옮김,《제국》, 이학사, 2001.
______, 정남영 외 옮김,《공통체》, 사월의책, 2014.
______, 이승준 옮김,《어셈블리: 21세기 새로운 민주주의 질서에 대한 제언》, 알렙, 2020.
앤드루 류 외, 백영서 엮음, 이종임 외 옮김,《팬데믹 이후 중국의 길을 묻다: 대안적 문명과 거버넌스》, 책과함께, 2021.
애런 프리드버그, 안세민 옮김,《패권경쟁: 중국과 미국, 누가 아시아를 지배할까》, 까치, 2012.
에르네스토 라클라우·샹탈 무페, 이승원 옮김,《헤게모니와 사회주의 전략: 급진 민주주의 정치를 향하여》, 후마니타스, 2012.
엔리케 두셀, 박병규 옮김,《1492년, 타자의 은폐: '근대성 신화'의 기원을 찾아서》, 그린비, 2011.
왕후이, 송인재 옮김,《단기 20세기: 중국 혁명과 정치의 논리》, 글항아리, 2021.
______, 성근제 외 옮김《탈정치 시대의 정치》, 돌베개, 2014.
______, 송인재 옮김,《아시아는 세계다》, 글항아리, 2011.
윤재웅,《차이나 플랫폼이 온다: 디지털 패권전쟁의 서막》, 미래의창, 2020.
응구기 와 시옹오, 이석호 옮김,《탈 식민주의와 아프리카 문학》, 인간사랑, 1999.

이용인·테일러 워시번,《미국의 아시아 회귀 전략》, 창비, 2014.
이승우,《중국몽의 추락》, 기파랑, 2020.
이정희,《한반도 화교사》, 동아시아, 2018.
이희옥·양철 엮음, 성균중국연구소 기획,《한반도 평화와 중국》, 지식공작소, 2019.
이희옥·장윤미 엮음,《중국의 민주주의는 어떻게 가능한가》, 성균관대학교출판부, 2013.
이희옥·백승욱 엮음,《중국공산당 100년의 변천 1921-2021》, 책과함께, 2021.
이희옥 외, 이희옥·수창허 엮음,《중국의 길을 찾다: 한·중 학계의 시각》, 책과함께, 2021.
이희옥,《중국의 새로운 사회주의 탐색》, 창비, 2004.
월터 D. 미놀로, 김영주 외 옮김,《서구 근대성의 어두운 이면: 전 지구적 미래들과 탈식민적 선택들》, 현암사, 2018.
______, 이성훈 옮김,《로컬히스토리/글로벌 디자인》, 에코리브르, 2013.
______, 김은중 옮김,《라틴아메리카, 만들어진 대륙》, 그린비, 2010.
전인갑,《현대중국의 제국몽: 중화의 재보편화 100년의 실험》, 학고방, 2016.
제임스 페트라스 외, 황성원 외 옮김,《제국은 어떻게 움직이는가?》, 갈무리, 2010.
정규식,《노동으로 보는 중국》, 나름북스, 2019.
조반니 아리기, 강진아 옮김,《베이징의 애덤 스미스: 21세기의 계보》, 길, 2009.
______, 백승욱 옮김,《장기 20세기》, 그린비, 2014.
조영남 편, 성균중국연구소 엮음,《시진핑 사상과 중국의 미래》, 지식공작소, 2018.
조지프 S. 나이, 이기동 옮김,《미국의 세기는 끝났는가》, 프리뷰, 2015.
______, 황재호 옮김,《미국외교는 도덕적인가》, 명인문화사, 2021.
추이 즈위안, 김진공 옮김,《프티부르주아 사회주의선언》, 돌베개, 2014.
______, 장영석 옮김,《중국은 어디로 가고 있는가》, 창비, 2003.
카스 무데, 권은하 옮김,《혐오와 차별은 어떻게 정치가 되는가》, 위즈덤하우스, 2021.
카롤린 엠케, 정지인 옮김,《혐오사회》, 다산초당, 2017.
케네스 포메란츠, 김규태 외 옮김,《대분기: 중국과 유럽, 그리고 근대 세계 경제의 형성》, 에코리브르, 2016.
케리 브라운, 도지영 옮김,《중국 외교 읽기》, 시그마북스, 2018.
토마 피케티, 안준범 옮김,《자본과 이데올로기》, 문학동네, 2020.

페르낭 브로델, 김홍식 옮김, 《물질문명과 자본주의 읽기》, 갈라파고스, 2012.
______, 주경철 옮김, 《물질문명과 자본주의 I-1: 일상생활의 구조 上》, 까치, 1995.
______, 주경철 옮김, 《물질문명과 자본주의 II-2: 교환의 세계 下》, 까치, 1996.
______, 주경철 옮김, 《물질문명과 자본주의 III-2: 세계의 시간 下》, 까치, 1997.
하랄트 슈만·크리스티아네 그레페, 김호균 옮김, 《신자유주의의 종언과 세계화의 미래》, 영림카디널, 2010.
하워드 진, 김한영 옮김, 《역사의 정치학: 가치 있는 역사는 어떻게 만들어지는가?》, 마인드큐브, 2018.
허쉐펑, 김도경 옮김, 《탈향과 귀향 사이에서: 농민공 문제와 중국 사회》, 돌베개, 2017
허 자오톈, 임우경 옮김, 《현대 중국의 사상적 곤경》, 창비, 2018.
후안강, 이은주 옮김, 《2020년 중국》, 21세기북스, 2011.
______, 성균중국연구소 옮김, 《중국공산당은 어떻게 통치하는가》, 성균관대학교출판부, 2016.
V. Y. 무딤브, 이석호 옮김, 《조작된 아프리카: 영지주의, 철학, 그리고 지식체계》, 아프리카, 2021.

강인화, 〈2019년 홍콩 시위와 민주주의, 그리고 '탈식민'〉, 《내일을 여는 역사》 77호, 2019.
기미야 다다시, 〈중국을 둘러 싼 한일관계: 한국, 한반도에서 본 일본의 대중인식, 정책〉, 《일본연구논총》 47호, 2018.
김기봉, 〈'조국 사태'와 '조국 현상'—비트겐슈타인과 후설에게 묻는다〉, 《철학과현실》 123호, 2019.
김명섭, 〈샌프란시스코평화체제의 변동과 6자회담〉, 《국방연구》 50권 2호, 2007.
김명인, 〈'조국 사태', 그리고 그 이후: 과연 한국사회는 새로운 계급투쟁을 시작할 준비가 되어 있는가〉, 《황해문화》 105호, 2019.
김성보, 전인갑·왕위안저우 편, 〈동아시아 분단·전쟁의 연쇄와 한국·중국의 민족주의 역사의식〉, 《한중 역사인식의 공유》, 동북아역사재단, 2020.
김성원, 〈베르사유조약과의 비교를 통한 샌프란시스코조약의 비판적 검토〉, 《동아법학》 85호, 2019.

김성해, 〈미국패권의 조력자 혹은 다자주의 촉진자?: '코로나19'를 둘러싼 국제사회의 패권경쟁과 국내 언론의 담론정치〉, 《한국언론정보학보》 103호, 2020.
김은중, 〈권력의 식민성과 탈식민성: 유럽중심주의와 제3세계주의를 넘어서〉, 《이베로아메리카》 22권 2호, 2011.
______, 〈라틴아메리카 민족주의와 포스트-신자유주의 시기의 민족국가의 재구성〉, 《이베로아메리카》 19권 1호, 2017.
김진공, 〈누가 유랑하는 지구를 구할 것인가?-영화 《유랑지구》와 중국의 '인류운명공동체' 이념〉, 《중국어문학지》 68권, 2019.
김태웅, 〈1920·30년대 한국인 대중의 화교 인식과 국내 민족주의 계열 지식인의 내면세계〉, 《역사교육》 112호, 2009.
권헌익, "Rethinking Postcolonial History", 《비교일본학》 19집, 2008.
마상윤, 〈미중관계와 한반도: 1970년대 이후의 역사적 흐름〉, 《역사비평》 109호, 2014.
마크 셀던, 〈전쟁에서 평화로: 한반도와 아시아·태평양 지역의 사례를 국가, 지역, 그리고 지구적 시각으로 본다〉, 《황해문화》 100호, 2018.
______, 〈포스트-인쇄 시대에서의 전자 출판과 비판적 지성-아시아-태평양의 관점에서〉, 《동방학지》 152집, 2010.
박민희, 〈길을 잃은 시진핑 시대의 중국〉, 《황해문화》 111호, 2021.
박용현, 〈남중국해 분쟁의 평화적 해결방안 모색〉, 《베트남연구》 17권 1호, 2019.
박정원, 〈서발턴, '인민'의 재구성, 그리고 21세기 라틴아메리카 포스트신자유주의〉, 《비평과이론》 22권 3호, 2017.
박진빈, 〈인종주의의 역사와 오늘의 한국〉, 《역사비평》 129호, 2019.
백영서, 〈대한제국기 한국언론의 중국인식〉, 《역사학보》 153호, 1997.
______, 〈중국학의 궤적과 비판적 중국연구-한국의 사례〉, 《대동문화연구》 80호, 2012.
백원담, 〈중국공산당 100년과 다른 100년의 향도〉, 《황해문화》 111호, 2021.
백원담 외, 〈전후체제를 극복하는 한반도 평화프로세스는 가능한가?〉, 《황해문화》 100호, 2018.
베리 사우트먼·옌하이룽, 연광석 옮김, 〈홍콩 본토파와 '메뚜기론'; 신세기의 우익 포퓰리즘〉, 《황해문화》 92호, 2016.

샹뱌오, 〈홍콩을 직면하다-대중운동의 민주화 요구와 정당정치〉, 《역사비평》 128호, 2019.

서승원, 〈자민당 정권의 중국정책과 정경분리, 1955-1971: 관료정치화, 파벌정치, 그리고 친중국 연합전선〉, 《국제정치논총》 51권 4호, 2011.

서옥란·오창학, 〈한국 언론에 그려진 중국 이미지 연구-『조선일보』 보도를 중심으로〉, 《한중인문학연구》 46호, 2015.

성근제, 〈과불급의 중국학: 성균중국연구소의 최근 연구동향과 관련하여〉, 《황해문화》 104호, 2019.

손승회, 〈1931년 식민지조선의 배화폭동과 화교〉, 《중국근현대사연구》 41집, 2009.

신동준·하루투니안·커밍스, 〈미국 아시아학의 비판적 검토: 주류 학계의 국익에의 종속, 독선, 인종적 편견의 실상과 그에 맞서온 두 학자의 학문과 인생〉, 《역사비평》 54호, 2001.

신욱희·권헌익 엮음, 〈냉전의 개념사적 이해: 베트남의 두 전쟁을 중심으로〉, 《글로벌 냉전과 동아시아》, 서울대학교출판문화원, 2019.

안치영, 〈중국 공산당은 왜 권력을 다시 집중하는 것일까〉, 《관행중국》 137호, 2022.

안태환, 〈사회적 소수자를 바라보는 두 개의 시각-포스트식민주의와 탈식민성 담론〉, 《코기토》 75호, 2014.

와다 하루키, 〈동아시아와 한반도에 평화체제를 건설하자〉, 《기독교사상》 732호, 2019.

왕샤오광, 〈시진핑 시기 중국의 민주주의〉, 《성균차이나브리프》 3권 3호, 2015.

원동필·이종봉, 〈영국 그린햄커먼 여성평화캠프에 관한 연구(1981-1984): 저항주체의 형성을 중심으로〉, 《인문사회과학연구》 20권 4호, 2019.

이기호, 〈아베 정권의 '전후체제로부터의 탈각'과 기억의 정치〉, 《동향과 전망》 105호, 2019.

이기훈, 〈집회와 깃발-저항 주체 형성의 문화사를 위하여〉, 《학림》 39권, 2017.

이남주, 〈동아시아 질서의 변화와 새로운 지역협력의 모색: 샌프란시스코체제의 동학을 중심으로〉, 《경제와 사회》 125호, 2020.

이동률, 〈남중국해 판결 이후 중국의 행보〉, 《EAI논평》, 2016.

______, 〈시진핑정부 '해양강국' 구상의 지경제학적 접근과 지정학적 딜레마〉, 《국제정치

논총》 57권 2호, 2017.
이성규, 〈동양사학회 오십년과 동양사학〉, 《동양사학연구》 133권, 2015.
이수진, 〈사회주의 시장경제를 추구하는 중국 반독점법상 행정독점 규제〉, 《중국법연구》 43권, 2020.
이신욱, 〈미·중 패권경쟁과 홍콩〉, 《세계지역연구논총》 37권 4호, 2019.
이재현, 〈중국의 부상과 미중 패권 경쟁〉, 《진보평론》 81호, 2019.
이철호, 〈일본의 동아시아공동체론과 중국〉, 《일본비평》 6호, 2012.
장정아, 〈모든 것이 정치다 : 2019년 홍콩 시위의 기억과 유산〉, 《황해문화》 105호, 2019.
______, 〈홍콩 정체성과 폭력의 문제〉, 《성균차이나브리프》 5권 1호, 2017.
______, 〈'본토'라는 유령: 토착주의를 넘어선 홍콩 정체성의 가능성〉, 《동향과 전망》 98호, 2016.
______, 〈타자로서의 이주민: 홍콩의 중국본토 이주민〉, 《비교문화연구》 8권 2호, 2002.
전우용, 〈한국인의 화교관-자가당착적인 민족서열의식〉, 《실천문학》 63호, 2001.
전희진, 〈상상된 중국인 그리고 식민지 조선 지식인의 딜레마〉, 《사회와역사》 97호, 2013.
조영남, 〈중국공산당 100년과 시진핑 시대의 중국 평가〉, 현대중국학회 중국공산당 100주년 기념 특별 춘계학술대회 발표문, 2021, 5-7쪽.
조형진, 〈신장위구르 자치구의 칫솔〉, 《관행중국》 2020년 12월호.
천정환, 〈누가 촛불을 들고 어떻게 싸웠나: 2016/17년 촛불항쟁의 문화정치와 비폭력·평화의 문제〉, 《역사비평》 118호, 2017.
초보군·양은경, 〈중국 신세대들의 저항적 온라인 참여 연구〉, 《사이버커뮤니케이션학보》 33권 2호, 2016.
최필수, 〈일대일로의 부채 문제에 대한 고찰〉, 《성균차이나브리프》 7권 1호, 2019.
______, 〈야말 LNG 프로젝트가 '일대일로' 접근법에 주는 함의〉, 《성균차이나브리프》 6권 3호, 2018.
______, 〈一帶一路 프로젝트의 개념적 이해-상업성과 전략성〉, 《韓中社會科學硏究》 15권 3호, 2017.
친티엔·차창훈, 〈중국 대외정책의 현상 변경 서막?: 2010년 이후 중국의 남중국해 정책

변화와 그 요인을 중심으로〉, 《21세기정치학회보》 27권 3호, 2017.
하남석, 〈중국의 고민을 어떻게 이해할 것인가〉, 《황해문화》 82호, 2014.
홍명교, 〈홍콩 시위의 현황과 사회경제적 배경〉, 역사문제연구소 좌담회, 2020년 6월 20일.

외국 논저

Alexander Cooley and Daniel H. Nexon, *Exit from Hegemony: The Unraveling of the American Global Order*, Oxford Univ, 2020.
Ibram X. Kendi, *How to Be An Antiracist*, New York: one world, 2019.
Kishore Mahbubani, *The New Hemisphere: The Irresistible Shift of Global to the East*, New York: Public Affairs, 2008.

Alastair Iain Johnston, "China in a World of Orders: Rethinking Compliance and Challenge in Beijing's International Relations", *International Security*, Vol.44, No.12, Aug. 2019, p.10, p.14.
Alexander Cooley and Daniel H. Nexon, "How Hegemony Ends: The Unraveling of American Power", *Foreign Affairs*, Jun. 2020.
Alyssa Ayres, "How Biden Can Bolster India's Democracy: Listening, Not Lecturing", *Foreign Affairs*. Jul. 2021.
Andreea Brinza, "Biden's "Build Back Better World" Is an Empty Competitor to China", *FP*, 2021.06.29.
Anibal Quijano, Michael Ennis, "Coloniality of Power, Eurocentrism, and Latin America", *Nepantla: Views from South*, Vol.1, Issue3, 2000.
Atman Trivedi India, "Doesn't Want to Be a Pawn in a U.S.-China Great Game", *FP*, 2020.08.07.
Azeem Ibrahim, "China Won't Repeat America's Mistakes in Afghanistan", *FP*, 2021.08.17.
Branko Milanovic, "The World Is Becoming More Equal: Even as Globalization Hurts

Middle-Class Westerners", *Foreign Affairs*, Best of 2020.

C. Christine Fair, "Pakistan and the United States Have Betrayed the Afghan People", *FP*, 2021.08.16.

C. Raja Mohan, "A New Pivot to Asia: The fuzzy goodwill between Biden and America's Asian allies will soon be tested by China's growing power", *FP*, 2021.01.15.

Catherine Osborn, "A Non-Interventionist Region Reacts to Afghanistan", *FP*, 2021.08.20.

Chad P. Bown and Douglas A. Irwin, "Trump's Assault on the Global Trading System: Why Decoupling From China Will Change Everything", *Foreign Affairs*, Jan./Feb. 2020.

Daniel W. Drezner, Ronald R. Krebs, and Randall Schweller, "The End of Grand Strategy: America Must Think Small", *Foreign Affairs*, May/Jun. 2020.

Doug Bandow, "The U.S. Shouldn't Be Afraid of China: Overreaction may be more dangerous than Beijing itself", *FP*, 2021.03.08.

______, "The Sane Way to Challenge Xi Jinping's China", *FP*, 2020.05.15.

Emma Ashford, "What's the Point of the G-7?", *FP*, 2021.06.11.

Elise Labott, "Biden's Democracy Agenda Just Died an Ugly Death in Kabul", *FP*, 2021.08.17.

Evan A. Laksmana, "Indonesia Unprepared as Great Powers Clash in Indo-Pacific", *FP*, 2021.08.26.

Fareed Zakaria, "The New China Scare: Why America Shouldn't Panic About Its Latest Challenger", *Foreign Affairs*, Dec. 2020.

Frances Z. Brown and Thomas Carothers, "Washington's Democracy Dilemma: Crafting a Democracy Strategy in an Age of Great-Power Politics", *Foreign Affairs*, Jul. 2021.

G. John Ikenberry, "The Next Liberal Order: The Age of Contagion Demands More Internationalism, Not Less", *Foreign Affairs*, Dec. 2020.

Henry Farrell and Abraham L. Newman, "Chained to Globalization: Why It's Too Late to Decouple", *Foreign Affairs*, Dec. 2020.

Hillary Clinton, "America's Pacific Century: The future of politics will be decided in Asia, not Afghanistan or Iraq, and the United States will be right at the center of the action", *FP*, 2011.10.11.

Jack Detsch, "Biden Looks to Contain China—but Where's the Asian NATO?", *FP*, 2021.03.26.

Jake Werner, "Does America Really Support Democracy-or Just Other Rich Democracies?: Washington's Fight Against Autocracy Will Fail If It Leaves Out the Poor", *Foreign Affairs*, Jul. 2021.

Jennifer Lind and William C. Wohlforth, "The Future of the Liberal Order Is Conservative: A Strategy to Save the System", *Foreign Affairs*, Jan./Feb. 2020.

Jessica T. Mathews, "Present at the Re-creation?: U.S. Foreign Policy Must Be Remade, Not Restored", *Foreign Affairs*, Mar./Apr. 2021.

Jonathan Tepperman, "Why China Is America's Hardest Foreign-Policy Problem: A new book on Trump's failures underscores just how tough it is to get Beijing right", *FP*, 2021.03.18.

Jude Blanchette, "Xi's Gamble: The Race to Consolidate Power and Stave Off Disaster", *Foreign Affairs*, Jul./Aug. 2021.

Kent E. Calder, "Securing security through prosperity: the San Francisco System in comparative perspective", *The Pacific Review*, Vol.17, No.1, 2004.

Kevin Rudd, "Why the Quad Alarms China: Its Success Poses a Major Threat to Beijing's Ambitions", *Foreign Affairs*, Aug. 2021.

______, "China: Biden Has Embraced 'Strategic Competition'", *FP*, 2021.07.23.

Kishore Mahbubani, "China Biden Has Constrained His own Options?", *FP*, 2021.07.23.

______, "Why Attempts to Build a New Anti-China Alliance Will Fail: The big strategic game in Asia isn't military but economic," *FP*, 2021.01.27.

Kurt M. Campbell and Ely Ratner, "The China Reckoning: How Beijing Defied American Expectations," *Foreign Affairs*, Dec. 2020.

Kurt M. Campbell and Rush Doshi, "The Coronavirus Could Reshape Global Order", *Foreign Affairs*, Dec. 2020.

Lauri Tahtinen, "Only China Can End Brazil's Climate Crisis", *FP*, 2021.07.01.

Lee Hsien Loong, "The Endangered Asian Century: America, China, and the Perils of

Confrontation", *Foreign Affairs*, Dec. 2020.
Lev Nachman, Nathan Kar Ming Chan and Chit Wai John Mok, "Hong Kongers Say Taiwan Is Their First Choice as Exile Looms", *FP*, 2020.07.08.
Linda Khatib, "Middle East: Inaction Will Haunt Washington", *FP*, 2021.07.23.
Mark Selden, "Yan'an Communism Reconsidered", *Modern China* 2-1, 1995.
Michael Hirsh, "Will the United States and Europe Break Up Over China?: Biden and Merkel will make all the right noises at their meeting this week. But deep transatlantic tensions persist", *FP*, 2021.07.14.
Michele Gelfand, "The Threat Reflex: Why Some Societies Respond to Danger Better Than Others", *Foreign Affairs*, Jul. 2021.
Natalia Linos and Mary T. Bassett, "Public Health Calls for Solidarity, Not Warfare", *Foreign Affairs*, Dec. 2020.
Nathan Levine, "Ideological Competition With China Is Inevitable—Like It or Not", *FP*, 2021.08.06.
Michael McKinley, "We All Lost Afghanistan: Two Decades of Mistakes, Misjudgments, and Collective Failure", *Foreign Affairs*, Aug. 2021.
Oliver Stuenkel, "Vaccine Diplomacy Boosts China's Standing in Latin America: Beijing has increased its leverage in the region—but Washington can still stage a comeback", *FP*, 2021.06.11.
Richard Haass, "The Age of America First", *Foreign Affairs*, Nov./Dec. 2021.
Richard M. Nixon, "Asia after Viet Nam", *Foreign Affairs*, Vol.46, No.1, Oct. 1967.
Robbie Gramer and Zamone Perez, "Biden to Ship Millions of Vaccines to Africa: The United States will donate 25 million doses as African countries reel from a third wave of COVID-19", *FP*, 2021.07.16.
Robbie Gramer, "U.S. Blunts China's Vaccine Diplomacy in Latin America: The Biden administration ships millions of vaccines to the region as its public health crisis worsens", *FP*, 2021.07.09.
Robin Niblett, "Europe: Divided on China", *FP*, 2021.07.23.
Robert A. Manning, "The U.S. Doesn't Need China's Collapse to Win", *FP*, 2021.03.24.
Ruchir Sharma, "The Comeback Nation: U.S. Economic Supremacy Has Repeatedly

Proved Declinists Wrong", *Foreign Affairs*, May/Jun. 2020.

Rumana Ahmed and Moira Whelan, "China Knows the Power of 5G. Why Doesn't the U.S.? New infrastructure technology will tip the scales in favor of authoritarianism or democracy worldwide", *FP*, 2021.07.17.

Russell Jeung and Jessica J. Lee, "Rivalry Without Racism: Can America Compete With China and Avoid Fueling Anti-Asian Hate?," *Foreign Affairs*, Jul. 2021.

Salvatore Babones, "India Doesn't Need the Quad to Counter China—and Neither Do Its Partners", *FP*, 2020.10.05.

______, "China's Neighbors Are Stronger Than We Think: All across the Indo-Pacific arc, countries are beefing up their defenses", *FP*, 2021.03.18.

Sam Dunning, "China Is Protecting Its Thin Corridor to the Afghan Heartland", *FP*, 2021.08.14.

Stephen M. Walt, "China Wants a 'Rules-Based International Order,' Too: The question is who gets to write the codes—and whether the United States will live up to its own", *FP*, 2021.03.31.

Steven Schoenfeld, "Americans Are Investing More in China—and They Don't Even Know It", *FP*, 2020.01.14.

Sumit Ganguly, "What the Taliban Takeover Means for India," *FP*, 2021.08.17.

Van Jackson, "America Is Turning Asia Into a Powder Keg: The Perils of a Military-First Approach", *Foreign Affairs*, 2021.10.22.

Wang Jisi, "The Plot Against China?: How Beijing Sees the New Washington Consensus", *Foreign Affairs*, Jul./Aug. 2021.

______, "The Plot Against China?: How Beijing Sees the New Washington Consensus", *Foreign Affairs*, Jun.. 2021.

Yan Xuetong, "Becoming Strong: The New Chinese Foreign Policy", *Foreign Affairs*, Jul./Aug. 2021.

______, "The Age of Uneasy Peace: Chinese Power in a Divided World", *Foreign Affairs*, Jan./Feb. 2020.

Yeling Tan, "How the WTO Changed China: The Mixed Legacy of Economic Engagement," *Foreign Affairs*, Mar./Apr. 2021.

Zachary Karabell, "Trump Got China All Wrong. Now Biden Is Too: Confrontation may be popular at home, but it won't make the United States more prosperous or secure", *FP*, 2021.03.21.

Zack Cooper and Adam P. Liff, "America Still Needs to Rebalance to Asia: After Ten Years of Talk, Washington Must Act", *Foreign Affairs*, Aug. 2021.

Zbigniew Brzezinski and John J. Mearsheimer, "Clash of the Titans", *FP*, 2009.10.20.

卢晓莉, 〈浅析南海问题的历史、现状及中国的立场〉, 《南昌教育学院学报》, 27-1, 2012.

姚洋, 〈中性政府:对转型期中国经济成功的一个解释〉, 《经济评论》, No3, 2009.

宋振华, 〈南海问题的由来、实质及应对之策〉, 《新西部》, Vol.33, 2017.

张建, 〈美国对香港修例风波的介入：评估与影响〉, 《统一战线学研究》, 2020.01.

张建 · 张哲馨, 〈香港回归以来美国国会对香港事务的介入及其影响〉, 《太平洋学报》, 2017. 07.

李晓兵, 〈"港区国安法": 破解"台独""港独"合流有力之举〉, 《两岸关系》, 2020. 09.

白玫佳黛, 〈花木兰与 Fa Mulan—性别、国族与中国故事再阐释, 和启示?〉, 《广州大学学报》, 2020年 6期.

胡婷, 〈美国"全政府"对华战略中的香港政策：变化与特征〉, 《统一战线学研究》, 2020.02.

韩晓强, 〈《花木兰》: 迪士尼公主与家国想象〉, 《电影批评》 395期, 2020年 6期.

찾아보기

〈ㅇ〉

〈ㅈ〉

〈ㅊ〉

〈ㅋ〉

〈ㅌ〉

〈ㅍ〉

〈ㅎ〉

〈기타〉

김희교

글쓴이는 연세대학교 사학과를 졸업하고 중국 푸단대학에서 중미관계사로 박사학위를 받았다. 지금은 광운대학교에서 교수로 재직하고 있다. <역사비평> 편집위원을 지냈고, 역사문제연구소 연구위원이다.
중미 관계가 동아시아에 미치는 영향과 아시아 민중의 성장이 국제관계에 미치는 연구를 주로 해 왔다. 한국의 중국인식에 대한 비평적인 글과 한국에서 소개되지 않은 중국의 탈식민주의적 역사에 대한 글을 주로 써 왔다. 지금은 동아시아 평화체제 구축에 관심이 많다.
쓴 책으로는 대중서로 《안녕? 중국!》《나를 찾는 46가지 질문》이 있고, 여럿이 함께 쓴 《역사용어 바로쓰기》가 있다. 중국과 홍콩에서도 함께 쓴 책을 여러 권 냈다. 옮긴 책으로 《현대 중국을 찾아서(모두 2권)》와 《20세기 포토 다큐 세계사 1: 중국의 세기》가 있다.

보리 인문학 3
짱깨주의의 탄생
-누구나 함부로 말하는 중국, 아무도 말하지 않는 중국

2022년 4월 25일 1판 1쇄 발행 | 2023년 6월 1일 1판 8쇄 발행

글쓴이 김희교

편집 김로미, 박은아, 윤은미, 이경희, 임헌 | **교정** 김성재
디자인 서채홍 | **제작** 심준엽
영업 나길훈, 안명선, 양병희, 조진향 | **독자 사업(잡지)** 김빛나래, 정영지
새사업팀 조서연 | **경영 지원** 신종호, 임혜정, 한선희
인쇄와 제본 (주)상지사 P&B

펴낸이 유문숙 | **펴낸곳** (주)도서출판 보리 | **출판등록** 1991년 8월 6일 제9-279호
주소 (10881) 경기도 파주시 직지길 492 | **전화** 031-955-3535 | **전송** 031-950-9501
누리집 www. boribook.com | **전자우편** bori@boribook.com

값 33,000원
ISBN 979-11-6314-237-9 04300
ISBN 979-11-6314-096-2 (세트)

보리는 나무 한 그루를 베어 낼 가치가 있는지 생각하며 책을 만듭니다.

* 2021년 광운대학교 교내학술연구비 지원으로 수행한 연구를 책으로 펴냈습니다.